2003
成都铁路局年鉴

成 都 铁 路 局 年 鉴 编 纂 委 员 会

西南交通大学出版社

图书在版编目（CIP）数据

成都铁路局年鉴．2003／成都铁路局年鉴编纂委员会编．—成都：西南交通大学出版社，2003.9
ISBN 7-81057-776-X

Ⅰ．成…　Ⅱ．成…　Ⅲ．铁路局－成都市－2003－年鉴　Ⅳ．F532.6-54

中国版本图书馆CIP数据核字（2003）第080333号

成都铁路局年鉴 2003年

成都铁路局年鉴编纂委员会

*

责任编辑　张晓颖

封面设计　程　军

西南交通大学出版社出版发行

（成都二环路北一段111号　邮政编码：610031　发行部电话：87600564）

http://press.swjtu.edu.cn

E-mail:cbsxx@swjtu.edu.cn

成都铁路局印刷厂印刷

*

开本：787mm×1092mm　1/16　印张：28.625

字数：850千字　印数：1–1500册

2003年9月第1版　2003年9月第1次印刷

ISBN 7-81057-776-X/F · 085

定价：120.00元

成都铁路局管界示意图

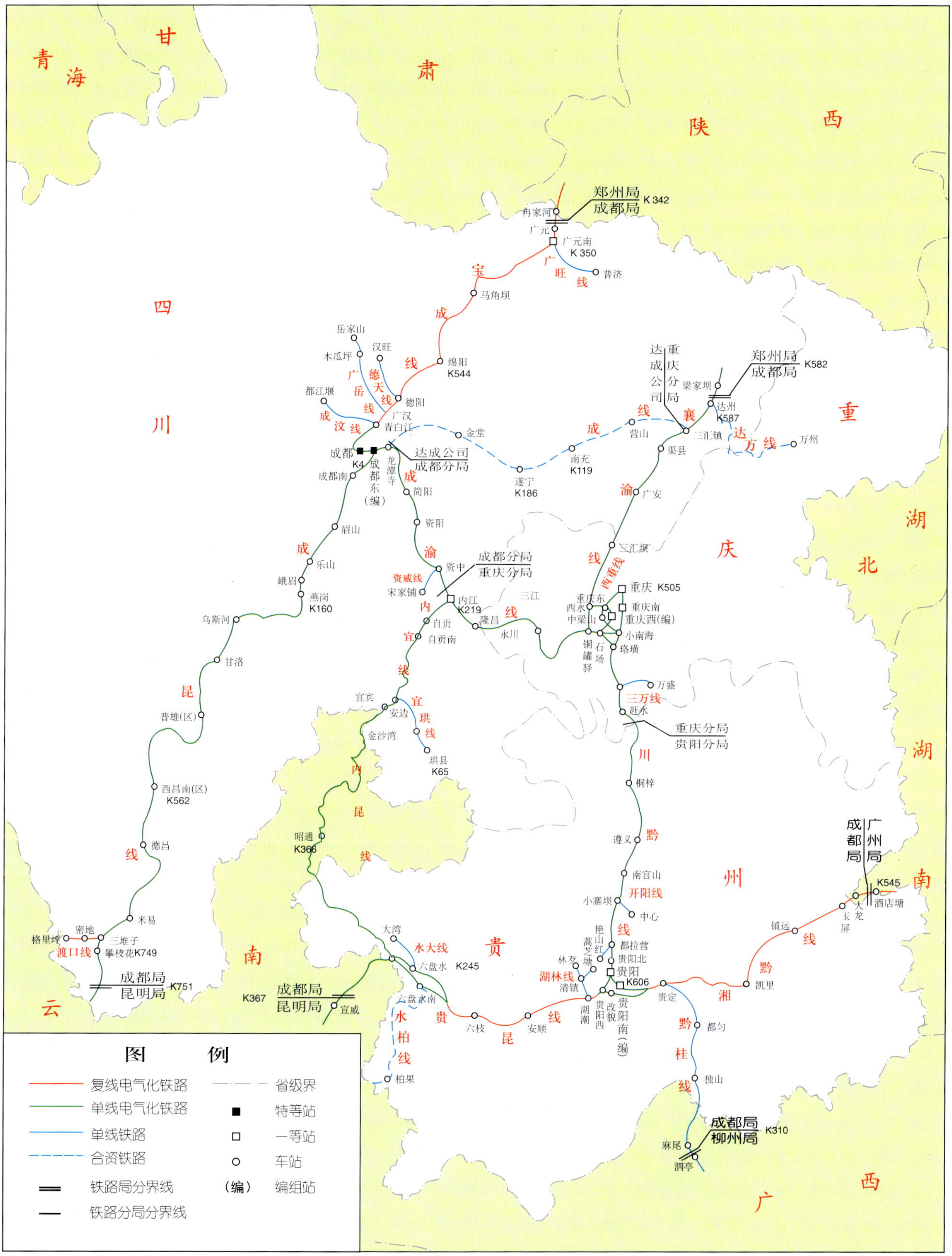

成都铁路局史志办　　　　(2003年8月)

编 辑 说 明

一、《成都铁路局年鉴》是成都铁路局史志办编著的大型专业性年刊，为路局各级领导干部和社会各界提供四川省、贵州省、重庆市铁路运输及铁路建设等综合性资料文献。2003年卷由西南交通大学出版社出版。

二、《成都铁路局年鉴》创刊于1990年。2003年卷主要记述2002年成都铁路局的主要工作及重要活动、重大事件，取得的新成绩和存在的主要问题。本卷共设有17个栏目、107个分目、1516个条目。

三、本年鉴采用文章和条目两种体裁，以条目体为主，辅以统计资料、照片、图表。为方便检索，编制了按汉语拼音排序的综合主题分析索引。

四、本卷年鉴的框架结构在2002年卷基础上保持相对稳定。在“铁路建设”栏目中增设“工程项目管理”分目；在“经营管理”栏目中增设“国有资产管理”分目；在“企业介绍”栏目中增设“直属多经企业”分目。

五、本年鉴资料由路局各部门及直属单位提供，经其主要负责人和路局主管领导审定。书中涉及的全局性统计数据以局计统处和主管部门为准。

《成都铁路局年鉴》2003年刊
编辑工作人员

主　　编　齐文超

副 主 编　宋红军　刘建镍　纪观群(常务)

责任编审　张晓颖

责任编辑　张晓颖　许　娜　司晓路　纪观群

封面设计　程　军

彩页设计　曹　宁

责任校对　张晓颖　许　娜　纪观群

主要撰稿人（按姓氏笔划为序）

万良成　马兆麟　马　俐　王　华　王　其　王　昕
王秋兰　王　瑛　王　聪　王嘉华　龙建华　乐重荣
冯高歌　许　瑜　成中华　孙宇红　孙　兵　孙　凯
孙　劲　李玉兰　李永秀　李光富　李永怀　刘思泽
刘保东　刘继敏　牟昕坷　任智力　何　风　何建春
吴英波　吴　艳　余粤东　沈晓峰　沈跃新　张克坚
张铁石　张　勇　张擎红　陈泽旗　陈战平　金　洲
罗雪兰　杨　泽　杨　隆　杨　隽　杨清忠　郑海君
赵建国　段陆奇　钟传璧　郭文蓉　侯成勋　顾　斌
唐静波　高　雁　高殿胜　徐中建　徐承恭　徐福芝
翁晓明　梁明书　曹　宁　曾　智　傅　妍　傅　英
詹安安　葛　薇　游建彬　熊先重　熊　索　潘志强

▶ 2002年5月12日，铁道部部长傅志寰、副部长蔡庆华在齐文超局长的陪同下，添乘机车检查株六复线。

曹宁 摄

◀ 2002年春运期间，铁道部副部长刘志军在齐文超局长、王宝顺书记的陪同下深入站段检查春运工作。

曹宁 摄

▼ 2002年7月29日，四川省委书记周永康、成都市委书记王荣轩和省政法委书记欧泽高在路局领导的陪同下，到局实业开发总公司慰问全国模范军队转业干部苏玉银。

曹宁 摄

◀ 2002年1月18日，路局领导班子与局属各大口单位领导签订《2002年资产经营责任书》。

曹宁　摄

▶ 2002年11月16日，中国共产党第十六次全国代表大会代表、局党委书记王宝顺在北京参加会议后返回成都，局长齐文超到机场迎接。

曹宁　摄

▼ 2002年5月8日，路局召开会议，宣布路局、局党委《关于建立多元经营新格局的决定》和新组建的多元经营管理中心领导班子。

曹宁　摄

▶ 2002年8月28日，成都铁路局客运公司成立大会在成都举行。

曹宁　摄

▲ 2002年5月12日，内昆铁路全线开通典礼在六盘水南站举行。新建的内昆铁路宜宾至梅花山段工程全长385.5公里，于1998年6月开工建设，2002年5月竣工，投入临管运营。

曹宁　摄

▲ 贵州省和铁道部合资修建的电气化铁路——水柏铁路，全长118.35公里，于1997年12月开工，2002年9月26日建成开通。图为水柏铁路优质工程北盘江大桥。

曹宁　摄

▲ 内昆铁路内江至宜宾段电气化工程全长116公里，于1999年11月开工建设，2002年4月18日提前开通。

曹宁　摄

▲ 达万铁路由铁路部、四川省、重庆市合资修建，全长157公里，于1997年10月开工，2002年6月竣工。

曹宁　摄

◀ 2002年，全局各级组织牢固树立“安全第一，预防为主”的思想，强化安委会制度，突出“客车、施工、防洪”三个安全重点，深入开展安全大检查和安全专项整治活动，打好安全翻身仗。年末全局实现安全生产468天，取得了自1997年5月以来的最好成绩。5月20日，铁道部副部长彭开宙率部安全检查组到湘黔线检查。

刘孟阳 摄

▶ 2002年7月，贵阳分局工会领导到黔桂线墨冲车站，为防止事故有功人员颁奖。

刘孟阳 摄

◀ 成都分局安全教育图片展自2002年5月起，在分局沿线187个站区巡回展出。青白江站区职工观看展览。

王凯 摄

◀ 2002年8月4日,达州车站开出的首列三峡移民专列。

曹宁 摄

▲ 成都车站严格查堵“三品”，防止火灾、爆炸事故，确保旅客运输安全。

王济民 摄

◀ 2002年，路局以春运为契机，狠抓“客运服务质量年”活动，塑造了铁路新形象。春运客流高峰期间，重庆车站秩序井然。

曹宁 摄

▲ 2002年，全局广泛开展"树立新观念，提供新服务，塑造新形象"的"三新"教育活动，进一步增强职工"敬业爱岗、服务人民、奉献社会"的职业道德意识。

王济民　摄

▲ 2002年局团委组织评选的第三届"十佳青年岗位能手"。

曹宁　摄

▲ 局纪委、监察处于2002年11月28日在成都举行第十二次案例分析报告会，广泛开展警示教育。

曹宁　摄

▲ 局党委组织的"十六大精神巡回报告团"于2002年12月9日至20日分赴基层宣讲20场，近6000名职工参加了报告会。

王济民　摄

▶ 2002年9月，驻局军代处从实战出发，运用该处开发的软件和科研成果，成功地举行了代号“029”铁流行动的应急输送网演练。

薛建伟　摄

▶ 成铁工程（集团）公司在2002年安全大检查中，突出对现场机械设备的安全性能检查。公司检查组成员在查看机具运行记录。

工程集团公司供稿

◀ 2002年，路局、局党委制定《加强安全生产中干部作风管理的办法》，提出从机制上根治干部作风“顽症”的六条措施，开展干部作风教育整顿活动，取得明显成效。全国“五一”劳动奖章获得者、广安工务段段长李国灿，深入一线督促检查。

李晓勤　摄

◀ 路局在成都召开“2002年新春劳模座谈会”，听取劳模对企业改革发展的建议，了解他们的工作和生活情况。

俞敏 摄

▲ 成都分局开展“学习十六大，文化送一线”系列活动，为沿线各单位发放流动图书箱。

周述虎 摄

▲ 内江机务段组织职工文艺汇演，欢庆党的十六大召开。

静渝 志新 摄

▶ 全局第八届运动会于2002年4月20日至10月26日在成都、重庆、贵阳等地举行。在成都举办的健身秧歌比赛开幕。

曹宁 摄

目　录

特载·专文

以党的十六大精神为指针
转变作风 强化基础 提高素质 谋求发展
努力把全局的改革与发展推向新阶段
——成都铁路局八届三次职代会行政工作
报告 …………………………… 齐文超(2)
坚持与时俱进　把握发展机遇
齐心协力开创全局改革发展的新局面
——在中共成都铁路局第九届委员会第
五次全体会议上的报告 …… 王宝顺(13)
与时俱进　真抓实干
奋力开创军交运输工作新局面
…………………………………… 白建生(25)
三峡库区第一路——达万合资铁路
…………………………………… 符兹和(29)
发挥导向作用　推进企业创新
…………………………………… 贾定成(32)
成昆铁路双流至攀枝花段
电气化铁路建设 ………………… 刘庆生(36)

大事记

2002年成都铁路局大事记 …………………………………………………………………… (41)

概　况

概　述
综　述 ……………………………………… (49)
管辖范围 …………………………………… (49)
固定资产 …………………………………… (49)
职工队伍 …………………………………… (49)
工人综合情况统计 ………………………… (49)
干部基本情况统计 ………………………… (50)
经营目标实现情况 ………………………… (50)
机构设置
机构变化 …………………………………… (51)
成都铁路局行政组织机构系统 ………… (52)
成都铁路局机关行政组织机构系统 …… (53)
中共成都铁路局委员会办事机构和组织系统(54)
中共成都铁路局纪律检查委员会组织机构(55)
领导人员名录
成都铁路局行政领导人 …………………… (56)
成都铁路局党委领导人 …………………… (56)
成都铁路局纪委领导人 …………………… (56)
成都铁路局工会领导人 …………………… (56)
各分局领导人 ……………………………… (56)
中共成都铁路局第九届委员会委员 ……… (57)
中共成都铁路局第九届委员会常务委员会
委员暨书记、副书记 ……………………… (57)
中共成都铁路局纪律检查委员会委员暨书记、
副书记 ……………………………………… (57)
局属公司、局控股公司领导人 …………… (57)
局机关行政各处、室负责人 ……………… (57)
局党委各部、室负责人 …………………… (59)
中国铁路工会成都铁路局委员会各部、室
负责人 ……………………………………… (60)
共青团成都铁路局委员会领导人 ………… (60)
成都铁路公安局领导人及部门负责人 …… (60)
成都铁路运输检察分院领导人及部门负责人…(60)
成都铁路运输中级法院领导人及部门负责人…(60)
局直属机关党委领导人 …………………… (61)
局直属机关工会负责人 …………………… (61)
局直属单位负责人 ………………………… (61)
局机关直属单位负责人 …………………… (61)

铁路运输

运输组织

综　述 ……………………………………………… (63)

安全生产 …………………………………………… (63)

运输组织 …………………………………………… (63)

挖潜提效 …………………………………………… (63)

车流调整 …………………………………………… (64)

军运、特运 ………………………………………… (64)

行包专列、五定班列 ……………………………… (64)

全路货车清查 ……………………………………… (64)

主要运输指标完成情况 …………………………… (64)

局口交接量完成情况 ……………………………… (65)

请求车与日均装车比较 …………………………… (65)

车站防溜紧闸器 …………………………………… (65)

编组站尾部停车器增加联锁功能 ………………… (65)

列车尾部安全装置 ………………………………… (65)

站场安全生产图像监控系统 ……………………… (66)

DIMS 系统 ………………………………………… (66)

TMIS 系统 ………………………………………… (66)

内昆线开通 ………………………………………… (66)

水柏线开通 ………………………………………… (66)

成都枢纽扩能 ……………………………………… (66)

青白江—成都增建二线扩能改造 ………………… (66)

新建遂渝线 ………………………………………… (66)

黔桂线扩能改造 …………………………………… (66)

襄渝线提速改造 …………………………………… (66)

达成线提速改造 …………………………………… (66)

列车运行图及编组计划 …………………………… (66)

运输施工配合 ……………………………………… (66)

全局车站站名等级 ………………………………… (67)

职工培训 …………………………………………… (68)

先进集体和个人 …………………………………… (68)

旅客运输

综　述 ……………………………………………… (68)

客运公司成立 ……………………………………… (68)

机构设置 …………………………………………… (68)

成都铁路局客运公司组织机构系统 ……………… (69)

公司体制 …………………………………………… (69)

职能调整 …………………………………………… (69)

旅客运输完成情况 ………………………………… (69)

行包运输完成情况 ………………………………… (69)

春节运输 …………………………………………… (69)

全局旅客运输任务完成情况 ……………………… (70)

各分局完成运输任务情况 ………………………… (70)

行包发送量统计 …………………………………… (70)

行包专列装车数运输收入 ………………………… (70)

春运特点 …………………………………………… (71)

春运组织 …………………………………………… (71)

春运安全 …………………………………………… (72)

规范售票渠道 ……………………………………… (72)

客流动态调整 ……………………………………… (72)

客运服务质量提高 ………………………………… (72)

暑期运输 …………………………………………… (73)

专运及涉外运输 …………………………………… (73)

达成公司旅客运输 ………………………………… (73)

安全基础建设 ……………………………………… (73)

票务管理 …………………………………………… (73)

客票销售 …………………………………………… (73)

客运服务质量年 …………………………………… (73)

列车分类及车次 …………………………………… (74)

旅客列车种类及车次范围 ………………………… (74)

客运营销

综　述 ……………………………………………… (74)

营销策略 …………………………………………… (74)

客运服务质量 ……………………………………… (75)

客运运能 …………………………………………… (75)

旅游客流组织 ……………………………………… (75)

货物运输

综　述 ……………………………………………… (75)

安全生产专项整治 ………………………………… (75)

安全考核 …………………………………………… (76)

货物装载加固 ……………………………………… (76)

专用线管理 ………………………………………… (76)

危险货物运输管理 ………………………………… (76)

设备配置 …………………………………………… (76)

部命名星级优质货场 ……………………………… (77)

规范服务 …………………………………………… (77)

货装人员培训 ……………………………………… (77)

汇编修改 …………………………………………… (77)

货损货差减少 ……………………………………… (77)

货运安全情况 ……………………………………… (77)

货运营销

综　述 ……………………………………………… (78)

五定班列 …………………………………………… (78)

运价调整 …………………………………………… (78)

运价下浮 …………………………………………… (78)

加强节假日装卸车 ………………………………… (78)

货运生产指标完成情况 …………………… (78)
集装箱五定班列统计 …………………… (79)
机　务
综　述 …………………… (79)
春运工作 …………………… (79)
改革用工制度 …………………… (79)
防火防爆专项整治 …………………… (79)
暑运、防洪 …………………… (80)
安全生产月 …………………… (80)
调图后机车运用组织 …………………… (80)
挖掘运输潜力 …………………… (80)
机车检修 …………………… (80)
机车整修 …………………… (81)
安全标准化活动 …………………… (81)
机车加装改造 …………………… (81)
机车互换配件 …………………… (81)
机车修制改革 …………………… (81)
机车验收 …………………… (81)
牵引供电 …………………… (81)
新线交验和管理 …………………… (82)
水电工作 …………………… (82)
水电安全专项整治 …………………… (82)
科技进步 …………………… (82)
节能工作 …………………… (82)
设备管理标准化 …………………… (83)
救援能力 …………………… (83)
机务能力 …………………… (83)
机务达标创优基地建设前期工作 …………………… (83)
机务专用设备更新 …………………… (83)
质量管理系列标准贯彻 …………………… (83)
机车运用指标完成情况 …………………… (84)
机车万吨公里能耗及节约对比 …………………… (84)
内燃、电力机车检修指标完成情况 …………………… (85)
车　辆
综　述 …………………… (87)
安全生产 …………………… (87)
春　运 …………………… (87)
客车购置 …………………… (87)
客车技术改造 …………………… (87)
提速客车吊杆更换及客车整修 …………………… (87)
货车检修 …………………… (87)
站修工作 …………………… (88)
货车运用 …………………… (88)
货车技术管理 …………………… (88)
基建扩能改造 …………………… (88)
设备基础管理 …………………… (88)
推进职工素质达标水平 …………………… (88)
车辆验收 …………………… (89)
压缩检修车 …………………… (89)
报废旧型货车 …………………… (89)
货车检修任务完成情况 …………………… (89)
主要技术经济指标完成情况 …………………… (90)
工　务
综　述 …………………… (90)
线路维修 …………………… (90)
线路大中修 …………………… (90)
桥隧涵大修维修 …………………… (91)
桥隧涵大修维修情况统计 …………………… (91)
路基维修 …………………… (91)
路基大修 …………………… (91)
设备专项整治 …………………… (91)
行车与劳动安全 …………………… (92)
工务行车事故统计 …………………… (92)
道口安全管理 …………………… (92)
降雨及汛期水害 …………………… (92)
防洪工作 …………………… (93)
科研与新技术应用 …………………… (93)
职工培训 …………………… (93)
养路机械化 …………………… (93)
检测工作 …………………… (93)
林业与采石 …………………… (93)
养路机械运用情况统计 …………………… (94)
电　务
综　述 …………………… (95)
安全生产 …………………… (95)
逐级负责制 …………………… (95)
生产布局调整 …………………… (95)
安全生产专项整治 …………………… (95)
全局信号安全信息统计 …………………… (96)
“天窗”修 …………………… (97)
质量体系认证试点 …………………… (97)
职工教育 …………………… (97)
设备整治和达标创优 …………………… (98)
安全管理 …………………… (98)
安全目标分解 …………………… (98)
规章制度 …………………… (98)
设备管理 …………………… (98)
信号微机监测技术 …………………… (98)
信号大修 …………………… (98)
电务系统安全控制目标完成情况 …………………… (99)
更新改造 …………………… (100)
中修维修费用 …………………… (100)

质量管理……………………………………………(100)
安全优质电务段……………………………………(100)
专用通信管理………………………………………(100)
电液转辙机巡回服务………………………………(100)
维修技术表演赛……………………………………(100)
安全监察
综　述………………………………………………(101)
行车事故……………………………………………(101)
事故损失……………………………………………(101)
路外伤亡事故………………………………………(101)
调车事故……………………………………………(101)
行车设备故障………………………………………(101)
安全目标确定………………………………………(101)
干部作风转变………………………………………(101)
安全生产责任制……………………………………(102)
安全管理机制………………………………………(102)
安全评估……………………………………………(102)
设备达标创优………………………………………(102)
道口安全……………………………………………(102)
客车安全……………………………………………(102)
安全生产专项整治…………………………………(102)
既有线施工安全……………………………………(103)
铁路沿线集贸市场专项整治………………………(103)
安全考核……………………………………………(103)
安全年阶段目标实施………………………………(103)
安全生产问题库……………………………………(103)
百日安全活动………………………………………(104)
安全天数……………………………………………(104)
安全信息管理………………………………………(104)
安全监察培训班……………………………………(104)
大事故………………………………………………(104)
重大路外伤亡事故…………………………………(104)
险性事故……………………………………………(104)
军事交通运输
综　述………………………………………………(106)
白建生任职…………………………………………(106)
军运任务圆满完成…………………………………(106)
军交运输优质服务活动……………………………(106)
部队军事训练铁路运输……………………………(107)
新老兵运输…………………………………………(107)
“0182”任务…………………………………………(107)
军交技术动员………………………………………(107)
军交专业训练………………………………………(107)
军专线管理…………………………………………(107)
军运设施设备建设…………………………………(107)
贯彻国防要求………………………………………(107)
干部队伍建设………………………………………(107)
“五风一突”检查整顿………………………………(108)
“四自”教育…………………………………………(108)
学雷锋先进个人陈承业……………………………(108)
安全稳定工作………………………………………(108)
保密工作……………………………………………(108)
后勤保障……………………………………………(108)
驻局军代处50年历程专题片………………………(108)
财经纪律检查………………………………………(109)
后付运费审核检查…………………………………(109)
银行账户及资金管理………………………………(109)
预算管理改革………………………………………(109)
实物资产管理………………………………………(109)
合资铁路
综　述………………………………………………(109)
达万铁路……………………………………………(109)
水柏铁路……………………………………………(110)
达成铁路……………………………………………(110)
达成铁路有限责任公司
综　述………………………………………………(110)
客货营销……………………………………………(110)
劳动合同管理………………………………………(110)
引进优秀车(队)长…………………………………(110)
完善管理体制………………………………………(110)
安全工作……………………………………………(110)
综合治理……………………………………………(111)
员工培训……………………………………………(111)
达成铁路技术改造可研审查………………………(111)
党委工作……………………………………………(111)
党组织建设…………………………………………(111)
党风路风建设………………………………………(112)
宣传思想工作………………………………………(112)
工会工作……………………………………………(112)
共青团工作…………………………………………(112)

铁路建设

建设管理
综　述………………………………………………(114)
年度建设工作方针目标……………………………(114)
三级工法评选………………………………………(114)
局“三级工法”评选结果……………………………(114)
成都枢纽西环线建成开通…………………………(115)

达万铁路建成开通…………………………………(115)
水柏铁路建成开通…………………………………(115)
内昆铁路建成开通…………………………………(115)
达成铁路通过国家环保总局验收…………(115)
安全征文…………………………………………(115)
勘测设计和建筑业施工等级资质证书…………(115)
铁路工程造价管理…………………………………(115)
工程招投标………………………………………(116)
实施工程质量监督报告……………………………(116)
质量监督专家评估制度……………………………(116)
质量监督检查手段改进……………………………(116)
优质工程评选……………………………………(116)
监督工程项目一览表……………………………(117)
工程项目管理
综　述……………………………………………(117)
在建项目完工销号…………………………………(117)
全局大中型基建项目完成情况……………………(118)
铁路建设十年会战成果……………………………(118)
内宜电化开通……………………………………(118)
水柏铁路开通……………………………………(118)
达万铁路开通……………………………………(118)
川黔货车外绕线开通………………………………(118)
成都枢纽西环线开通………………………………(119)
既有线重点病害整治………………………………(119)
成昆电化引入成都枢纽相关工程…………………(119)
青成复线开工……………………………………(119)
局工程管理中心成立………………………………(119)
遂渝铁路、青成复线预招标 ………………………(119)
新建铁路遂宁至重庆线站前工程施工和
监理招标中标单位…………………………………(119)
宝成线青白江至成都段增建第二线工程
施工和监理招标中标单位…………………………(120)
遂渝铁路建设指挥部组建…………………………(120)
基建例会…………………………………………(120)
审计整改…………………………………………(120)
工程质量回访……………………………………(120)
贵阳工程质量现场会………………………………(120)
建设管理体制改革…………………………………(120)
株六管理模式获奖…………………………………(120)
建设目标责任制……………………………………(121)
达成铁路建设
概　况……………………………………………(121)
达成铁路(东段)工程环保通过验收……………(121)
达成铁路(东段)征用土地通过验收……………(121)
指挥部撤销………………………………………(121)
宝成复线建设
概　况……………………………………………(121)
西环线两座公铁立交桥开建………………………(121)
西环线建成投产……………………………………(122)
宝成复线台账管理…………………………………(122)
工程质量回访……………………………………(122)
包价清理完成……………………………………(122)
成昆电气化改造
概　况……………………………………………(122)
总概算清理………………………………………(123)
工程收尾配套工作…………………………………(123)
安全管理和工程质量回访…………………………(124)
工程质量创佳绩……………………………………(124)
重点病害整治工程前期工作………………………(124)
接受国家审计……………………………………(125)
工程建设记录……………………………………(125)
达万铁路建设
概　况……………………………………………(125)
全线竣工初验准备工作……………………………(125)
解决调概资金来源和外资缺口问题………………(125)
达万公司召开股东会………………………………(125)
资金情况…………………………………………(126)
工程质量监督和管理………………………………(126)
工程初验准备……………………………………(126)
概算清理…………………………………………(126)
三正至万县西段危岩落石整治工程招投标…(126)
计算机化建设咨询服务……………………………(126)
建设收尾和全线开通临运准备……………………(126)
达万公司第十二次董事会…………………………(126)
达万公司第十三次董事会…………………………(126)
株六复线建设
概　况……………………………………………(127)
工程进度…………………………………………(127)
工程质量…………………………………………(127)
建设管理加强……………………………………(127)
工程质量回访……………………………………(127)
获贵州省“五一”劳动奖状…………………………(128)
贵阳枢纽石板哨车站站改开通……………………(128)
财务工作…………………………………………(128)
安全工作…………………………………………(128)
株六国债资金使用…………………………………(128)
贵阳枢纽工程水土保持工作………………………(128)
“部优工程”检查组检查新花苗隧道………………(128)
安顺公跨铁立交大桥架设完工……………………(128)
株六复线全线通信系统开通投运…………………(128)
工程质量现场会……………………………………(128)
18信息开通 ………………………………………(128)

枢纽建设协调会再次召开…………………………(128)
南明河特大桥铺架完工…………………………(128)
贵阳枢纽C标段顺利开通…………………………(129)
黄桶牵引变电所顺利开通…………………………(129)
既有线病害整治…………………………(129)
株六全线隧道通过雷达检测…………………………(129)
枢纽A标段交验…………………………(129)
正线站前工程竣工文件交付…………………………(129)
贵阳枢纽川黔货车外绕线开通…………………………(129)
株六管理模式获奖…………………………(129)
贵阳枢纽后巢双线隧道贯通…………………………(129)
贵阳客站站改进入第一阶段施工…………………………(129)
内宜电化建设
概　况…………………………(129)
开通前的各项工作…………………………(129)
建设经验总结…………………………(129)
概算清理…………………………(130)
收尾销号工作…………………………(130)
遂渝铁路建设
概　况…………………………(130)
遂渝铁路建设指挥部成立…………………………(130)
站前工程施工和监理招标…………………………(130)
遂渝铁路站前工程(中标)施工准备会…………(130)
征地拆迁工作会…………………………(130)
水柏铁路建设
概　况…………………………(130)
促进沿线经济发展…………………………(131)
收尾配套工作…………………………(131)
组织初验…………………………(131)
水柏铁路开通庆典…………………………(131)
运营准备…………………………(131)
管理机制建立…………………………(131)
渝怀铁路建设
概　况…………………………(132)
内昆铁路建设
概　况…………………………(132)
工程施工
综　述…………………………(132)
经营管理再创佳绩…………………………(133)
工程任务开发…………………………(133)
多元经营快速发展…………………………(133)
荣获全国企业管理创新成果奖…………………………(134)
广元客站综合工程获誉…………………………(134)
五丁苑商住楼…………………………(134)
经营模式创新…………………………(134)
绵广高速公路…………………………(134)
西环线通信信号正式投用…………………………(135)
六丘田大桥…………………………(135)
京秦客运通道改造工程…………………………(135)
京秦线信号工程…………………………(135)
设计鉴定
综　述…………………………(136)
审查质量提高…………………………(136)
设计文件审查鉴定…………………………(136)
设计文件审查鉴定项目…………………………(136)
大中型基建项目前期工作…………………………(136)
勘测设计
综　述…………………………(136)
机构设置…………………………(137)
重庆分院…………………………(137)
贵阳设计所…………………………(137)
全局信号大修改造工程…………………………(137)
路局TMIS车站综合管理信息系统…………………………(137)
重庆统景海螺宾馆…………………………(137)
成龙路跨成昆铁路立交桥…………………………(137)
勘察设计资质新项目…………………………(138)
设计获奖…………………………(138)
职工教育培训…………………………(138)
完成大中型重点勘测设计项目…………………………(138)

经营管理

计划统计
综　述…………………………(140)
铁路建设投资…………………………(140)
运输主要计划指标…………………………(140)
修建投资计划…………………………(140)
工业计划…………………………(140)
客货营销市场预测…………………………(140)
客运市场调查…………………………(140)
"十五"计划完善…………………………(140)
预可行性与可行性研究…………………………(140)
枢纽建设…………………………(141)
成都、重庆枢纽集装箱结点站…………………………(141)
绵阳货场规划…………………………(141)
项目库建设…………………………(141)
合资铁路管理…………………………(141)
计划管理基础工作…………………………(141)

小汽车控购和规范管理……………………(141)
设备安全大检查……………………………(141)
微机管理……………………………………(141)
各项统计报表任务完成……………………(141)
统计咨询服务………………………………(142)
统计手段现代化……………………………(142)
国债项目调查与清理………………………(142)
《统计证》年检工作…………………………(142)
运输策划调研………………………………(142)
修建计划调研………………………………(142)
长远规划调研………………………………(142)
业务培训……………………………………(142)
营销策划
综　述………………………………………(143)
营销规章完善………………………………(143)
春运、暑运营销策划分析　…………………(143)
营销目标跟踪预测…………………………(143)
部分营销措施建议…………………………(143)
营销策划工作综合评比……………………(143)
营销市场调查评比…………………………(143)
客运市场调查评比…………………………(143)
旅客定期抽样调查…………………………(143)
非铁路公共场所客流问卷调查……………(144)
铁路车站旅客抽样问卷调查………………(144)
旅客列车抽样问卷调查……………………(144)
专题调查研究………………………………(144)
营销基础工作………………………………(145)
财务管理
综　述………………………………………(145)
财务体制改革………………………………(145)
全局财务工作会……………………………(145)
运输进款……………………………………(145)
运输营业收入………………………………(145)
运输总支出…………………………………(145)
运输盈亏目标完成情况……………………(146)
工附业利润完成情况………………………(146)
“三率”指标完成情况………………………(146)
固定资产……………………………………(146)
运输收入管理………………………………(146)
收入专项检查………………………………(146)
堵漏保收……………………………………(146)
资金管理……………………………………(146)
资金中心资金运作…………………………(146)
运输成本计划管理…………………………(146)
成本控制……………………………………(146)
大修计划管理………………………………(146)
全面预算管理………………………………(146)
国有资本金效绩评价………………………(146)
国有资本监管………………………………(147)
财务监察……………………………………(147)
会计基础工作………………………………(147)
债权债务清理………………………………(147)
基本建设投资情况…………………………(147)
通用会计核算软件使用……………………(147)
　运输业务财务结果………………………(147)
财会学会……………………………………(147)
国有资产管理
综　述………………………………………(148)
国有资产管理重点工作……………………(148)
国有资产产权登记…………………………(148)
国有资本金效绩评价………………………(148)
国有资本监管………………………………(148)
运营固定资产清查与折旧匡算……………(148)
合资铁路国有资产清查……………………(149)
对外投资管理信息系统……………………(149)
国有资本监管预警通报……………………(149)
劳动工资
综　述………………………………………(149)
用工制度改革………………………………(149)
工人动态……………………………………(149)
　全年新进工人情况………………………(150)
部、省劳动用工检查达标…………………(149)
内昆新线开通营运的劳动力配备…………(150)
技校、成人中专毕业生分配　………………(150)
成人中等公安学校招生……………………(150)
劳动合同制管理动态………………………(151)
奖励与处分…………………………………(151)
技师评聘……………………………………(151)
职工岗位达标培训…………………………(151)
职工安全档案建立…………………………(151)
职工工资调整………………………………(151)
工资分配制度改革…………………………(151)
津、补贴及待遇规定　………………………(151)
单项奖励办法完善…………………………(151)
乘车证管理…………………………………(152)
劳动安全……………………………………(152)
尘毒治理……………………………………(152)
劳动安全考核………………………………(152)
劳动保护……………………………………(152)
工伤保险……………………………………(152)
安全生产月…………………………………(152)
劳动安全考评达标…………………………(152)

劳动安全监察队伍建设……………………(152)
《安全生产法》宣传学习……………………(153)
两个总量宏观调控……………………(153)
劳动工资管理……………………(153)
劳动统计……………………(153)
全局劳动生产率完成情况……………………(153)
全局各行业从业人员劳动生产率完成情况(153)
职工责任因工伤亡情况统计……………………(154)
人身安全考核情况统计……………………(154)
职工责任因工伤亡事故分类统计……………………(155)
尘毒治理情况统计……………………(155)
职业技能鉴定……………………(156)
技师鉴定……………………(156)
全路工务部门劳动定员标准修订……………………(156)
多元经营新格局建立……………………(156)
电务生产布局调整……………………(156)
建设管理体制改革……………………(156)
运输站段管服人员达标……………………(156)
专业技术职务定员编制……………………(157)
劳资干部培训……………………(157)
特种设备安全技术监督监察……………………(157)
特种设备安全技术检测检验……………………(157)
干部管理
综　述……………………(157)
干部队伍总数……………………(157)
“双好”活动……………………(158)
后备干部队伍建设……………………(158)
领导班子建设……………………(158)
领导干部选拔任用……………………(158)
干部队伍作风建设……………………(158)
人才引进……………………(158)
职称评聘……………………(159)
干部培训……………………(159)
人才交流培训中心工作……………………(159)
学习《条例》……………………(160)
公开招聘干部……………………(160)
择优聘用干部……………………(160)
人事执法检查和干部学历清理……………………(160)
机车、车辆验收人员管理……………………(160)
干部审查……………………(160)
军队转业干部接收安置……………………(160)
干部管理基础工作……………………(161)
物资管理
综　述……………………(161)
物资消耗……………………(161)
物资供应……………………(161)
物资信息网应用……………………(161)
集中招标采购成效显著……………………(161)
机辆配件代理制……………………(161)
防洪抢险物资检查……………………(161)
修旧利废工作……………………(162)
机辆配件目录修订……………………(162)
物资人员培训……………………(162)
审　计
综　述……………………(162)
审计工作会召开……………………(162)
保安全资金专项审计调查……………………(162)
车务系统审计……………………(163)
“内宜电化概算执行情况”建设项目审计……(163)
运输收入审计……………………(163)
任期经济责任审计……………………(163)
多元企业审计……………………(163)
跟踪审计……………………(164)
其他审计……………………(164)
审计工作制度……………………(164)
审计信息工作……………………(164)

综合管理

行政管理
综　述……………………(166)
文秘工作……………………(166)
督办调研……………………(166)
外事工作……………………(166)
档案管理……………………(166)
信访工作……………………(166)
机关财务管理……………………(167)
后勤管理……………………(167)
行车公寓管理……………………(167)
车队管理……………………(167)
路风监察
综　述……………………(167)
路风工作会……………………(167)
客运站车路风专项检查……………………(167)
清理整顿乱收费工作……………………(168)
加强春运期间路风监控……………………(168)
路风信访及路风事件……………………(168)
综合研究
综　述……………………(168)

运输体制改革……………………………………(168)
资产经营责任制…………………………………(169)
支线改革…………………………………………(169)
建立现代企业制度………………………………(169)
方针目标管理……………………………………(169)
法律顾问工作……………………………………(170)
软课题研究………………………………………(170)
职工培训…………………………………………(170)
企业管理协会
综　述……………………………………………(170)
荣获国家和部、省级奖项 ………………………(170)
第七届局“双优”评选……………………………(171)
优秀论文获奖……………………………………(171)
《成铁企业管理》出版……………………………(171)
企业管理培训……………………………………(172)
全局企协秘书长工作会…………………………(172)
优秀企协工作者评选……………………………(172)
卫生管理
综　述……………………………………………(172)
卫生服务…………………………………………(172)
增收节支与“双十”目标…………………………(172)
医疗保险制度改革进展…………………………(172)
科技及重点专科成果展示………………………(172)
药械采购执法监察“回头看”活动………………(173)
卫生服务质量年活动……………………………(173)
教育培训及学术活动……………………………(173)
传染病疫情………………………………………(173)
《职业病防治法》的宣传贯彻……………………(173)
卫生防疫监督体制改革…………………………(173)
环保考核指标完成情况…………………………(174)
清洁生产试点工作………………………………(174)
污染源治理及中水回用…………………………(174)
环境监测…………………………………………(174)
ISO14000 环境管理体系认证试点………………(174)
建设项目环境管理………………………………(174)
计划生育工作……………………………………(174)
成都中心医院……………………………………(175)
成都中心卫生防疫站……………………………(175)
成都职工疗养院…………………………………(175)
成都结核病防治院………………………………(175)
土地管理
综　述……………………………………………(176)
局直属机关土地管理工作移交…………………(176)
新线建设用地验交工作…………………………(176)
部召开铁路用地管理工作座谈会………………(176)
全局土地确权领证统计…………………………(176)
全局铁路用地年报………………………………(177)
加快局铁路用地 GIS 系统建设…………………(177)
房地产管理
综　述……………………………………………(177)
建立资产管理新体制……………………………(177)
局直属机关土地管理办公室成立………………(178)
房建单位转换经营机制…………………………(178)
房建安全工作……………………………………(178)
大修维修任务全面完成…………………………(178)
抗震减灾工作……………………………………(178)
经济适用住房建设………………………………(178)
住房公积金贷款…………………………………(179)
住房公积金管理…………………………………(179)
公积金管理机构调整……………………………(179)
住房产权证的办理发放…………………………(179)
住房制度改革……………………………………(179)
公有住房租赁管理………………………………(179)
住房档案管理……………………………………(179)
离退休职工管理
综　述……………………………………………(179)
铁道部表彰离退休先进集体和个人……………(179)
四川省委老干部局领导检查路局老干部
活动阵地…………………………………………(180)
路局老领导视察什邡养路机械厂………………(180)
铁道部离退休干部局领导到路局调研…………(180)
局离退休职工管理中心第一次党代会…………(180)
局老战士协会召开五届四次理事会……………(180)
为老红军祝寿……………………………………(180)
看望百岁退休职工………………………………(180)
四川省境内离休干部提高待遇…………………(180)
慰问离退休党员…………………………………(180)
《成铁金秋》新闻图片发行………………………(180)
业务培训…………………………………………(180)
老战士喜庆党的十六大…………………………(180)
全局离退休工作会议……………………………(181)
离退休工作调查研究暨成果发表会……………(181)
离休干部基本情况………………………………(181)
退休职工基本情况………………………………(182)
社会保险管理
综　述……………………………………………(182)
基本养老金调整…………………………………(182)
提高级别离休人员待遇调整……………………(183)
做好离退休人员稳定工作………………………(183)
部分工伤保险待遇执行属地标准………………(183)
工伤伤残抚恤金调整执行属地政策……………(183)
职工因病或非因工死亡待遇执行属地

政策 ……………………………………(183)
规范工伤保险管理 ……………………(183)
机构改革中职工养老保险关系的接续
工作 ……………………………………(183)
离退休人员死亡丧葬费纳入统筹支付……(184)
补充养老保险新程序的开发与应用……(184)
两省一市 2001 年职工平均工资 ………(184)
计算保险待遇的局企业平均工资 ……(184)
计算保险待遇使用的成都市最低工资
标准 ……………………………………(184)
社保基金运作管理规范 ………………(184)
关心下一代工作
综　述 …………………………………(184)
关工委成立十周年表彰会 ……………(184)
十周年纪念画册 ………………………(184)
《公民道德建设实施纲要》骨干培训班 ……(185)
“中华美德”全国青少年读书教育活动
获奖 ……………………………………(185)
全路青少年“关心热爱青藏铁路”书画
活动获奖 ………………………………(185)
纪念成渝铁路通车五十周年 …………(185)
喜迎十六大 ……………………………(185)
边远沿线小学优秀教师获奖 …………(185)
荣誉称号 ………………………………(185)

多元经济

多元经营
综　述 …………………………………(187)
多元经营集团公司 ……………………(187)
全局多元经营工作会议 ………………(187)
建立多元经营新格局 …………………(187)
巩固三分开成果 ………………………(188)
经济效益快速增长 ……………………(188)
寻求新的经济增长点的主要做法 ……(188)
资本运作与改制重组 …………………(189)
重点营销市场拓展 ……………………(189)
调整工业产品结构 ……………………(190)
审计工作 ………………………………(190)
资产管理 ………………………………(190)
规范企业经营行为 ……………………(190)
劳动安全 ………………………………(190)
质量管理 ………………………………(191)
劳动工资管理 …………………………(191)
信息化建设 ……………………………(191)
集体经济 ………………………………(191)
党委工作 ………………………………(191)
多元经营集团公司干部情况 …………(193)
多元集团公司工人综合情况 …………(193)
多元集团公司各企业主要经营指标
完成情况 ……………………………(194)
局属各单位多元经营主要指标完成
情况 …………………………………(195)
工会工作 ………………………………(195)
共青团工作 ……………………………(196)
问题与困难 ……………………………(196)
工业生产
综　述 …………………………………(196)
集体经济
综　述 …………………………………(196)
集体企业劳动用工管理暂行办法 ……(197)
集体企业职工基本养老保险暂行管理
办法 …………………………………(197)
集经工作会 ……………………………(197)
工作交接 ………………………………(197)
02 制服生产 …………………………(197)
集体企业工务配件生产 ………………(197)
工商年检 ………………………………(197)
资质审查复查 …………………………(197)
新产品开发 ……………………………(197)
产品技术改造 …………………………(197)
退休待遇计算和审核审批 ……………(197)
基本养老保险日常管理 ………………(197)
养老保险管理软件开发 ………………(198)
养老保险费缴纳 ………………………(198)
企业改制 ………………………………(198)
岗位培训 ………………………………(198)
集体职工子女考入清华 ………………(198)
“送温暖”活动 …………………………(198)
查获剧毒危险品受表彰 ………………(198)
先进表彰 ………………………………(198)
路局第七届“双优”评选 ………………(199)
集经成果展示 …………………………(199)
宜江综合贸易有限公司 ………………(199)
集体经济主要指标完成情况 …………(200)

教育·科技·文化

教　育
综　述…………………………………………(202)
全局岗位达标培训工作会…………………(202)
局职工岗位达标培训领导小组……………(202)
全局岗位达标培训文件……………………(202)
局办职工培训班……………………………(202)
春运培训……………………………………(202)
招生任务完成………………………………(202)
达标培训调研………………………………(202)
达标培训考核………………………………(203)
职工培训教材………………………………(203)
职工培训基地建设…………………………(203)
职工学历教育学费支付办法………………(203)
复退军人岗前培训…………………………(203)
教育宣传……………………………………(203)
"科学教育实验基地"挂牌…………………(203)
小学优秀青年教师巡回讲课………………(203)
教师队伍建设………………………………(203)
全国红旗大队………………………………(203)
优秀班主任夏令营…………………………(203)
省示范性普通高中…………………………(203)
铁道部表彰优秀教师………………………(203)
西昌幼儿园获省示范园称号………………(203)
高考成绩再上新台阶………………………(203)
学科竞赛成绩显著…………………………(204)
艺体教育……………………………………(204)
教育科研……………………………………(204)
全路重点中学校长研讨会…………………(204)
王德权老师获金牌…………………………(204)
基础教育工作会暨总结表彰会……………(204)
幼教青年教师培训班………………………(204)
市示范性普通高中…………………………(204)
教育学会……………………………………(204)
专业学校
内江铁路机械学校…………………………(205)
成都铁路运输学校…………………………(205)
技工学校
贵阳铁路高级技工学校……………………(205)
重庆铁路分局职工教育培训中心…………(206)
西昌铁路高级技工学校……………………(206)
成都铁路运输技工学校……………………(206)
科技管理
综　述…………………………………………(207)
编制运行图…………………………………(207)
调度信息管理系统…………………………(207)
车号自动识别系统管理工作………………(207)
科研开发……………………………………(207)
铁道部科研开发项目………………………(207)
科技推广……………………………………(207)
科技成果鉴定、评定………………………(207)
　局科研开发重点项目……………………(207)
　部下达开发计划项目……………………(208)
　科技成果鉴定、评定项目………………(208)
科技进步奖申报……………………………(210)
四川省科技进步奖…………………………(210)
安全技术审查………………………………(210)
电力机车入库受电弓状态自动检测装置…(210)
机务段股道管理自动化系统………………(210)
电气化铁路交直交站用电源装置…………(210)
牵引变电所故障录波分析系统研究………(210)
复杂岩溶地区铁路营运桥梁地基加固
　技术………………………………………(210)
YB－150 型液压拨道机……………………(211)
铁路运输企业物资管理信息系统应用
　软件………………………………………(211)
ISO9000 标准宣传贯彻……………………(211)
ISO9000 标准内审员培训…………………(211)
群众性质量管理活动………………………(211)
铁路工业产品质量监督……………………(212)
铁专标准装置复查考核……………………(212)
计量检定人员取证、换证培训……………(212)
计量标准建标、复查考核…………………(212)
计量微机管理系统…………………………(212)
标准规章管理………………………………(212)
成都铁路局计量所…………………………(212)
科技情报……………………………………(212)
科　研
综　述…………………………………………(212)
科研、推广课题……………………………(213)
科技成果转化………………………………(213)
线路及站场实景微机信息系统……………(213)
TMIS 货票信息共享及综合利用……………(214)
医院病案计算机信息管理系统……………(214)
工程质量检测………………………………(214)
科技论文……………………………………(215)
电子计算技术

综　述……………………………………………(215)
车站综合管理信息系统工程……………………(215)
确报系统……………………………………………(215)
办公自动化系统……………………………………(215)
车号自动识别系统…………………………………(215)
车号自动识别系统工程实施……………………(215)
分局调度系统………………………………………(215)
部统一制票软件应用工程………………………(216)
剧毒品货物运输跟踪管理系统…………………(216)
集装箱追踪…………………………………………(216)
三级建库及综合应用……………………………(216)
技术计划……………………………………………(216)
货运营销系统………………………………………(216)
局、分局货票库系统 ……………………………(216)
客票系统……………………………………………(216)
通信网络工程………………………………………(216)
内江站车站系统故障……………………………(216)
获奖情况……………………………………………(216)
会　议……………………………………………(217)
四川省铁道学会
综　述……………………………………………(217)
中国铁道学会换届及表彰………………………(217)
四川省科协换届及表彰…………………………(217)
学术交流活动………………………………………(217)
医学委员会…………………………………………(218)
人才研究委员会……………………………………(218)
牵引动力委员会……………………………………(218)
工务委员会…………………………………………(218)
西南交通大学学会活动…………………………(218)
中铁二局集团有限公司学会活动………………(218)
科普活动……………………………………………(218)
期刊编辑……………………………………………(218)
咨询服务……………………………………………(218)
组织工作……………………………………………(219)
西南铁道报社
综　述……………………………………………(219)
党的十六大宣传……………………………………(219)
安全宣传……………………………………………(219)
党建政工宣传………………………………………(219)
报纸编校质量提高…………………………………(219)
全局十大新闻………………………………………(219)
创优工作……………………………………………(220)
有线电视
综　述……………………………………………(220)
宣传十六大报道……………………………………(220)
安全生产报道………………………………………(220)
春运、暑运、节日营销报道…………………………(220)
“管理·质量年”活动 ……………………………(220)
网络建设……………………………………………(220)
通联工作……………………………………………(220)
获奖作品……………………………………………(220)
文学艺术
综　述……………………………………………(220)
作品创作……………………………………………(221)
骨干培训……………………………………………(221)
书刊出版……………………………………………(221)
队伍建设……………………………………………(221)
作品交流展览………………………………………(221)
史志工作
综　述……………………………………………(221)
《成都铁路局年鉴》2002 年卷出版发行 …(221)
优秀稿件、条目评选 ……………………………(222)
业务培训和学术研究……………………………(222)
史志工作在全路测评中获好评…………………(222)
年鉴获奖……………………………………………(222)
完成其他史志编撰任务…………………………(222)
体　育
综　述……………………………………………(222)
体育先进称号………………………………………(222)
群众体育活动………………………………………(222)
局第八届运动会……………………………………(223)
局第八届运动会比赛成绩……………………(223)
参加四川省九运会…………………………………(223)
组队参加省、市比赛 ……………………………(224)
老年体育活动………………………………………(224)
承办比赛……………………………………………(225)
体育场馆……………………………………………(225)

政治工作

局党委工作
综　述……………………………………………(227)
局党委九届四次全委(扩大)会议………………(228)
全局党委书记工作会议…………………………(228)
党务综合管理
综　述……………………………………………(228)
文秘工作……………………………………………(228)
督办工作……………………………………………(228)

信息工作……（229）
调研工作……（229）
刊物工作……（229）
机要保密……（229）
综合行管……（229）
组　织
综　述……（229）
基层党组织“三个代表”学习教育……（230）
党支部建设长效机制……（230）
领导班子专题民主生活会……（230）
党代表大会制度……（230）
局党员代表会议……（230）
党群机构定员编制工作……（230）
党支部建设……（231）
春运临客党支部建设……（231）
迎接十六大召开系列活动……（231）
慰问困难党员和老党员……（232）
党员电化教育……（232）
党员发展……（232）
党内统计和党费管理……（232）
宣　传
综　述……（232）
十六大精神的学习和宣传……（232）
干部理论学习……（233）
“三新”教育……（233）
新闻宣传……（234）
安全生产宣传……（234）
思想政治工作“两个纳入”贯彻落实……（235）
“四五”普法……（235）
营销宣传……（236）
“扫黄打非”、站车文化市场建设……（236）
公民道德建设……（236）
文明单位创建活动……（237）
侨务统战工作……（237）
政研会(企业文化协会)工作……（237）
纪检·监察
综　述……（237）
领导干部廉洁自律……（237）
案件查处……（238）
违纪案件特点……（238）
路风工作……（238）
执法监察……（238）
专项检查……（239）
源头治理腐败工作……（239）
落实党风廉政建设责任制……（239）
党风廉政建设成果宣传……（239）
警示教育……（239）
自身建设……（239）
评先表彰……（240）
党员干部理论教育
综　述……（240）
十六大学习培训……（240）
主体班开展专题教学……（240）
函授教育……（241）
局干部培训中心领导成员……（241）
机构调整……（241）
校址搬迁……（241）
全局基层党员先进性现状调研……（241）
全局党校科研工作会……（242）
新教学楼修建竣工……（242）
局党校机关党委换届改选……（242）
直属机关党委工作
综　述……（242）
理论学习……（242）
领导班子建设……（242）
组织建设……（242）
作风建设……（243）
思想政治工作……（243）
局直属机关第九次党代会……（243）
党风廉政建设……（243）
精神文明建设……（244）
治安综合治理……（244）
工会工作……（244）
共青团工作……（244）
工　会
综　述……（244）
工会工作获奖……（245）
局八届二次职工代表大会……（245）
局工会系统建家工作研讨会……（245）
局模范之家、优秀工会工作者……（245）
全局工会干部培训班……（245）
局八届职代会第三次联席会……（245）
局厂务公开工作……（245）
集体合同履行情况检查……（245）
局工会九届二次全委会议……（246）
平等协商会……（246）
群众安全监督检查……（246）
火车头“十五”立功竞赛……（246）
各类竞赛……（246）
劳模档案建立……（246）
技协工作……（246）
歌曲《路》获奖……（246）

火车头送温暖活动……………………(246)
局职工互助合作保障体系……………(246)
建立职工福利基金会…………………(246)
职工互助合作保险会…………………(247)
建立"火车头送温暖"基金……………(247)
建立帮困基金…………………………(247)
生活线建设和管理……………………(247)
"爱心献劳模"活动……………………(247)
表彰互助合作保障集体和个人………(247)
表彰全局生活线建设…………………(247)
特困优秀助学基金……………………(247)
女职工先进集体和个人………………(247)
"三八"表彰……………………………(247)
局工会第三届女职工委员会成立……(247)
参加四川省"救助困难职工子女"活动……(247)
财务工作………………………………(247)
团　委
综　述…………………………………(248)
青年思想教育…………………………(248)
庆祝活动………………………………(248)
新世纪青少年读书计划………………(248)
春运青年志愿者活动…………………(248)
青工安全生产…………………………(249)
青工百日安全生产竞赛………………(249)
青年职工创新创效活动………………(249)
青年文明号、青年岗位能手…………(249)
团组织建设……………………………(249)
党建带团建工作………………………(250)
双庆电话会……………………………(250)
局团委第十二届二次全委(扩大)会…(250)
学校团队活动…………………………(250)
获荣誉称号……………………………(250)

政法·人武

政　法
综　述…………………………………(252)
全局政法、综治工作会议……………(252)
成昆铁路凉山境内治安整治工作暨表彰
　会议…………………………………(252)
全局严打工作电话会议………………(252)
维护稳定工作…………………………(252)
严打斗争………………………………(253)
治安整治………………………………(253)
处置"法轮功"工作……………………(254)
经济犯罪案件查处……………………(254)
政法队伍建设…………………………(254)
综合治理
综　述…………………………………(254)
全局政法、综治工作会议……………(254)
全局综治办主任会议…………………(255)
维护铁路政治稳定……………………(255)
综合治理领导责任制…………………(255)
"严打"整治斗争………………………(255)
综合治理宣传教育……………………(255)
综合治理创模创安活动………………(256)
综合治理检查考核……………………(256)
公　安
综　述…………………………………(256)
机构设置………………………………(256)
国内安全保卫…………………………(256)
打击"法轮功"邪教组织专项斗争……(257)
"严打"斗争……………………………(257)
侦破大要、疑难案件…………………(257)
铁拳3号行动…………………………(257)
打击经济犯罪…………………………(257)
"2·17"、"4·26"特大抢劫强奸案破获……(257)
禁毒缉毒………………………………(258)
毒品犯罪特点…………………………(258)
刑事技术工作…………………………(258)
刑事犯罪情报资料工作………………(258)
治安管理………………………………(258)
打击倒卖客票…………………………(258)
安全大检查……………………………(259)
派出所基础建设………………………(259)
消防监督………………………………(259)
内部保卫………………………………(259)
警　卫…………………………………(259)
计算机安全监察………………………(259)
公安信息网络建设……………………(259)
科技强警工程…………………………(259)
内部执法监督…………………………(260)
劳动教养案件审批……………………(260)
监所管理………………………………(260)
直属系统公安保卫……………………(260)
纪检、监察……………………………(260)
党组织建设……………………………(260)
领导班子建设…………………………(260)
队伍建设………………………………(260)

争先创优……………………………………(260)
宣传报道……………………………………(261)
民警培训……………………………………(261)
检　察
综　述……………………………………(261)
机构改革……………………………………(261)
“严打”整治斗争……………………………(261)
主诉检察官…………………………………(262)
公诉改革……………………………………(262)
多媒体示证系统运用………………………(262)
青少年维权岗………………………………(262)
贪污贿赂大要案查办………………………(262)
渎职、侵权检察 ……………………………(262)
立案监督……………………………………(262)
侦查监督……………………………………(262)
刑事审判监督………………………………(263)
监所检察……………………………………(263)
驻所检察室规范化达标……………………(263)
罪案举报……………………………………(263)
控告申诉检察………………………………(263)
检察技术……………………………………(263)
局域网建设…………………………………(263)
检委会工作…………………………………(263)
检察调研……………………………………(263)
检察宣传……………………………………(264)
法警支队……………………………………(264)
法警岗位练兵………………………………(264)
干警培训……………………………………(264)
基层院建设…………………………………(264)
纪律作风教育整顿…………………………(264)
纪检监察……………………………………(265)
陈文清检察长检查铁检工作………………(265)
高检院铁检厅成都调研……………………(265)
分院机关办公楼搬迁………………………(265)
法　院
综　述……………………………………(265)
刑事审判……………………………………(266)
民事审判……………………………………(266)
执行工作……………………………………(266)
纪检监察……………………………………(266)
调研工作……………………………………(266)
宣传工作……………………………………(267)
法警工作……………………………………(267)
办公条件改善………………………………(267)
教育培训……………………………………(267)
机构改革……………………………………(267)
先进表彰……………………………………(267)
案件受理范围扩大…………………………(267)
赵天顺贪污、受贿案 ………………………(268)
安崇伦贪污、受贿案 ………………………(268)
承包合同纠纷案……………………………(268)
人武·战备
综　述……………………………………(269)
接触网抢修战备演练………………………(269)
贵阳机务段专业应急保障分队整组………(269)
战备设施、“450”物资清查…………………(269)
战备工程建设………………………………(269)
守护营房整治………………………………(269)
内昆线重要桥隧守护………………………(270)
民兵武器库整治……………………………(270)

人　物

模范人物
2002年全国“五一”劳动奖章获得者 ……(272)
　张宪广……………………………………(272)
2002年火车头奖章获得者 ………………(272)
　蔡国华……………………………………(272)
　刘国友……………………………………(272)
　刘　皓……………………………………(272)
　汪茂元……………………………………(272)
　吴晓艳……………………………………(272)
　胡桂芳……………………………………(272)
　梁友平……………………………………(272)
　徐正辉……………………………………(272)
　刘文刚……………………………………(272)
　刘延年……………………………………(272)
　罗重波……………………………………(272)
　董朝清……………………………………(273)
　石修锦……………………………………(273)
　黄玉明……………………………………(273)
　宋　平……………………………………(273)
　庄毅娟……………………………………(273)
　胡朝钰……………………………………(273)
　阎世英……………………………………(273)
　陈元水……………………………………(273)
　龙文强……………………………………(273)
　董兴荣……………………………………(273)
　张德谦……………………………………(273)

彭乃旻……………………………………(273)
高建国……………………………………(273)
新闻人物
中国共产党第十六次全国代表大会代表……(273)
王宝顺……………………………………(273)
第十届全国人民代表大会代表……………(274)
齐文超……………………………………(274)
中国工会第十三次全国代表大会代表……(274)
王瑞江……………………………………(274)
钟　声……………………………………(274)
中国共产主义青年团第十四次代表大会
代表……………………………………(274)
刘存明……………………………………(274)
中国共产党四川省第八次代表大会代表暨
中共四川省第八届委员会候补委员……(274)
王宝顺……………………………………(274)
中国共产党四川省第八次代表大会代表……(274)
阿米子黑…………………………………(274)
周　兵……………………………………(274)
周家鸣……………………………………(274)
中国共产党贵州省第九次代表大会代表……(274)
兰开锋……………………………………(274)
胡建湘……………………………………(274)
中国共产党重庆市第二次代表大会代表……(274)
李文林……………………………………(274)
省、直辖市人民代表大会代表……………(274)
齐文超……………………………………(274)
熊敬英……………………………………(274)
兰开锋……………………………………(275)
樊克敬……………………………………(275)
省、直辖市政治协商会议委员……………(275)
王志敏……………………………………(275)
乐重荣……………………………………(275)
张金瀛……………………………………(275)
黄文明……………………………………(275)
胡德银……………………………………(275)
郝龙潭……………………………………(275)
王瑞江……………………………………(275)
曹前明……………………………………(275)
张国珍……………………………………(275)
新任局职干部简介…………………………(275)
严中地……………………………………(275)
孙青山……………………………………(275)
2001年政府特殊津贴享受者……………(276)
李开南……………………………………(276)
胡永明……………………………………(276)
全国优秀共青团团干部……………………(276)
刘存明……………………………………(276)
最高人民检察院一等功荣立者……………(276)
刘　刚……………………………………(276)
荣誉记载
全国“五一”劳动奖状获得单位……………(277)
内江车务段自贡车站……………………(277)
火车头奖杯获得单位………………………(277)
成铁工程集团电气化工程有限责任公司…(277)
北碚供电段………………………………(277)
达成公司南充客运公司管内第三乘务组…(277)
凯里供电段龙里接触网工区……………(277)
成都东车辆段峰前场列检所……………(277)
2002年全国青年文明号…………………(277)
贵阳机务段$SS_3$4260青年机车包乘组……(277)
全路优秀党务工作者………………………(277)
全路学习实践“三个代表”重要思想基层
干部先进个人…………………………(278)
局党委“七一”表彰名单……………………(278)
全局“创岗建区”先锋………………………(278)
全局“一练三过硬”组织工作突出的站段党委(278)
全局“一练三过硬”组织工作突出的党支部…(278)
全局“创岗建区”成绩显著共产党员………(278)
全局“一练三过硬”成绩显著共产党员……(278)
全局优秀党务工作者………………………(279)
全局基层干部先进个人……………………(279)
人物名表
2001年评审通过的高级技术职务人员……(280)
2001年评审通过的高级政工师……………(286)

铁路分局

成都分局
综　述……………………………………(288)
管辖范围…………………………………(288)
机构设置…………………………………(288)
主要领导干部……………………………(289)
部门主要负责人…………………………(289)
职工队伍…………………………………(290)
成都分局工人情况………………………(290)
成都分局干部情况………………………(291)
技术设备…………………………………(291)

运输生产创历史新高……………………(293)
成都分局主要指标完成情况…………(292)
安全生产开创新局面…………………(293)
财务管理………………………………(293)
基建、更新、大修建设项目完成………(293)
多经集经工作…………………………(294)
工业生产………………………………(294)
土地管理………………………………(294)
教　育…………………………………(294)
生活福利………………………………(295)
医疗卫生………………………………(295)
党委工作………………………………(296)
工会工作………………………………(297)
团委工作………………………………(297)
重要记载………………………………(298)

重庆分局

综　述…………………………………(301)
管辖线路………………………………(302)
机构设置………………………………(302)
机构变化………………………………(302)
主要领导干部…………………………(302)
部门负责人……………………………(303)
职工队伍………………………………(303)
重庆分局工人情况…………………(303)
重庆分局干部情况…………………(303)
技术设备………………………………(304)
运输生产………………………………(304)
重庆分局主要指标完成情况…………(305)
货运营销………………………………(304)
客运营销………………………………(306)
经营管理………………………………(306)
安全生产………………………………(306)
土地管理………………………………(306)
路风建设………………………………(307)
科技成果………………………………(307)
多元经营………………………………(307)
集体经济………………………………(308)
职工福利………………………………(308)
教　育…………………………………(308)
医疗卫生………………………………(309)
政治工作………………………………(310)
达万铁路管理…………………………(311)
内昆铁路新线接管……………………(311)
重要记载………………………………(311)

贵阳分局

综　述…………………………………(315)
管辖范围………………………………(315)
机构设置………………………………(315)
主要领导干部…………………………(316)
部门负责人……………………………(316)
职工队伍………………………………(316)
贵阳分局工人情况…………………(316)
贵阳分局干部情况…………………(317)
技术设备………………………………(317)
铁路支线………………………………(317)
运输生产………………………………(317)
贵阳分局主要指标完成情况…………(318)
生产布局调整…………………………(319)
支线改革………………………………(319)
安全工作………………………………(319)
人事、分配制度改革 …………………(319)
客货营销………………………………(319)
重点工程………………………………(320)
路风建设………………………………(320)
科　技…………………………………(320)
教　育…………………………………(321)
多元经营管理…………………………(321)
医疗卫生………………………………(321)
铁路收费专项清理整顿………………(321)
打击票贩………………………………(322)
整治铁路治安秩序……………………(322)
打击骗逃铁路运费……………………(322)
党委工作………………………………(322)
党风廉政建设…………………………(323)
宣传思想工作…………………………(323)
工会工作………………………………(323)
团委工作………………………………(323)
重要记载………………………………(323)

铁道通信

铁道通信信息有限责任公司四川分公司

综　述…………………………………(329)
“3+1”改革 …………………………(329)
用工制度改革…………………………(329)
运维管理………………………………(329)
电信市场………………………………(329)
多元经营………………………………(329)
基础建设………………………………(329)

西藏分公司建设……………………………(330)
南充分公司组建……………………………(330)
党委工作……………………………………(330)
纪委工作……………………………………(330)
工会工作……………………………………(330)
团委工作……………………………………(330)
大事记………………………………………(330)
铁道通信信息有限责任公司重庆分公司
综　述………………………………………(331)
铁道业务……………………………………(332)
网络基础设施建设…………………………(332)
市场营销……………………………………(333)
员工培训……………………………………(333)
党委工作……………………………………(334)
工会工作……………………………………(334)
团委工作……………………………………(334)
大事记………………………………………(334)
铁道通信信息有限责任公司贵州分公司
综　述………………………………………(335)
机构人员……………………………………(335)
设　备………………………………………(335)
铁道通信……………………………………(335)
市场营销……………………………………(336)
党群工作……………………………………(336)
大事记………………………………………(337)

企业介绍

主要车站
成都车站……………………………………(340)
成都东站……………………………………(340)
广元车站……………………………………(340)
绵阳车站……………………………………(341)
西昌南站……………………………………(341)
重庆车站……………………………………(341)
内江车站……………………………………(341)
重庆南站……………………………………(342)
达州车站……………………………………(342)
重庆西站……………………………………(342)
贵阳站………………………………………(342)
贵阳南站……………………………………(343)
六盘水南站…………………………………(343)
客运分公司
成都客运分公司……………………………(343)
重庆客运分公司……………………………(343)
贵阳客运分公司……………………………(344)
车务段
江油车务段…………………………………(344)
德阳车务段…………………………………(344)
成都车务段…………………………………(345)
峨眉车务段…………………………………(345)
西昌车务段…………………………………(345)
攀枝花车务段………………………………(346)
北碚车务段…………………………………(346)
重庆车务段…………………………………(346)
内江车务段…………………………………(346)
贵阳车务段…………………………………(346)
六盘水车务段………………………………(347)
都匀车务段…………………………………(347)
遵义车务段…………………………………(347)
凯里车务段…………………………………(347)
机务段
江油机务段…………………………………(348)
成都机务段…………………………………(348)
峨嵋机务段…………………………………(348)
西昌机务段…………………………………(349)
重庆西机务段………………………………(349)
重庆南机务段………………………………(349)
内江机务段…………………………………(349)
贵阳机务段…………………………………(349)
遵义机务段…………………………………(350)
麻尾机务段…………………………………(350)
六盘水机务段………………………………(350)
供电段
绵阳供电段…………………………………(350)
成都供电段…………………………………(351)
西昌供电段…………………………………(351)
重庆供电段…………………………………(351)
北碚供电段…………………………………(351)
内江供电段…………………………………(352)
贵阳供电段…………………………………(352)
遵义供电段…………………………………(352)
凯里供电段…………………………………(352)
车辆段
广元车辆段…………………………………(353)
成都东车辆段………………………………(353)
西昌车辆段…………………………………(353)
重庆西车辆段………………………………(353)

贵阳车辆段…………………………………(354)
电务段
成都电务段…………………………………(354)
西昌电务段…………………………………(354)
重庆电务段…………………………………(354)
内江电务段…………………………………(355)
贵阳电务段…………………………………(355)
凯里电务段…………………………………(355)
六盘水电务段………………………………(356)
工务段
广元工务段…………………………………(356)
绵阳工务段…………………………………(356)
成都工务段…………………………………(357)
彭山工务段…………………………………(357)
普雄工务段…………………………………(358)
西昌工务段…………………………………(358)
永川工务段…………………………………(358)
自贡工务段…………………………………(359)
重庆工务段…………………………………(359)
广安工务段…………………………………(359)
贵阳工务段…………………………………(359)
六盘水工务段………………………………(360)
遵义工务段…………………………………(360)
都匀工务段…………………………………(360)
凯里工务段…………………………………(361)
安顺工务段…………………………………(361)
大型机械化养路段…………………………(361)
工务大修段
成都工务大修段……………………………(362)
西昌工务大修段……………………………(362)
重庆工务大修段……………………………(362)
贵阳工务大修段……………………………(362)
房建·建筑公司
成都建筑总公司……………………………(363)
峨眉建筑总公司……………………………(363)
重庆房产建筑工程总公司…………………(363)
内江房产建筑工程总公司…………………(363)
贵铁房地产开发建筑工程总公司…………(363)
工程企业
一公司………………………………………(364)
路桥公司……………………………………(364)
三公司………………………………………(365)
建筑分公司…………………………………(365)
通号分公司…………………………………(366)
电化公司……………………………………(366)
水泥有限责任公司…………………………(366)
实业有限公司………………………………(366)
工　厂
成都木材厂…………………………………(367)
广汉机械厂…………………………………(367)
资阳配件厂…………………………………(368)
重庆配件厂…………………………………(368)
成都材料总厂………………………………(368)
双流起重运输机械厂………………………(369)
德阳轨枕厂…………………………………(369)
成都铁路局印刷厂…………………………(370)
广汉科峰电子有限责任公司………………(370)
什邡瑞邦机械有限责任公司………………(370)
成都铁路局直属焊轨段……………………(371)
成都车轮厂…………………………………(371)
马角坝采石场………………………………(371)
西昌物资供应段……………………………(372)
贵阳材料供应段……………………………(372)
野马寨采石供应段…………………………(372)
直属多经企业
实业开发总公司……………………………(372)
成都中铁西南国际运输代理有限公司……(373)
华恒物资设备供应公司……………………(373)
四川华铁经济发展有限公司………………(373)
成都铁路局房地产开发公司………………(374)
成都铁路华太建筑工程总承包有限公司……(374)
西南铁路国际旅行社………………………(374)
四川成达国际经贸集团有限公司…………(375)
成都大西南铁路监理有限公司……………(375)
支线管理中心
开阳支线管理中心…………………………(376)
基层单位概况
成都分局……………………………………(376)
重庆分局……………………………………(379)
贵阳分局……………………………………(381)
客运公司……………………………………(383)
工程(集团)公司……………………………(383)
多元集团公司………………………………(384)
成都铁路局二等站段及以上单位…………(385)

统 计 资 料

运输营销预算计划完成情况…………………(387)
铁路工业计划完成情况……………………(387)

修建计划完成情况……………………………（387）
全局机车综合运用主要指标…………………（388）
铁路营业里程…………………………………（388）
铁路桥梁………………………………………（389）
铁路隧道及明洞………………………………（389）
配属机车台数…………………………………（389）
配属客车辆数…………………………………（389）
主要信号设备…………………………………（390）
全局行车事故统计……………………………（390）
全局路外伤亡事故统计………………………（390）
职工教育概况…………………………………（391）
全局综合医院及专科医院规模………………（391）
全局机械动力设备……………………………（392）

附　录

西南地区铁路单位简介
川东水泥有限公司……………………………（394）
中国南车集团资阳机车厂……………………（394）
铁道第二勘测设计院…………………………（394）
中铁二局集团有限公司………………………（395）
中国南车集团眉山车辆厂……………………（396）
中国南车集团成都机车车辆厂………………（396）
地方铁路简介
四川省地方铁路局……………………………（397）
彭州分局………………………………………（398）
普乐分局………………………………………（398）
泸州铁路公司…………………………………（398）
成都地方铁路公司……………………………（398）
中铁(宜宾)铁路公司…………………………（398）
文件目录
2002 年局发文目录 …………………………（398）
2002 年局党委发文目录 ……………………（407）

索　引

汉语拼音主题索引…………………………………………………………………（409）

特载 专文

责任编辑 纪观群

以党的十六大精神为指针
转变作风 强化基础 提高素质 谋求发展
努力把全局的改革与发展推向新阶段

——成都铁路局八届三次职代会行政工作报告

成都铁路局局长 齐文超

（2003年1月8日）

正当举国上下认真学习贯彻党的十六大精神之际，局八届三次职工代表大会今天隆重召开了。这次会议的主要任务是：总结2002年工作，分析面临的形势，确定和部署2003年各项任务，动员全局干部职工坚定信心，知难而进，振奋精神，努力把全局的改革与发展推向新阶段。首先，我代表路局和局党委向出席会议的各位代表、并通过你们向战斗在生产一线的全局广大干部职工、离退休老同志表示崇高的敬意和衷心的感谢！下面，我代表路局作行政工作报告，请予审议。

一、2002年全局工作的简要回顾

2002年，全局干部职工认真贯彻落实“转变作风、强化基础、提高素质、谋求发展”的总体工作思路，克服重重困难，奋力拼搏进取，齐心协力抓安全，扎实苦干强基础，深入市场促营销，积极稳妥搞改革，圆满实现资产经营目标，质量良好地完成各项工作任务，实现我局三年打好翻身仗的阶段性目标。

（一）强化基础，安全生产实现新突破。按照局设备整治三年规划，狠抓设备达标创优。全年共投入资金25.84亿元用于大修、更改和整治设备。自2001年9月以来，已累计更换混凝土轨枕160万根，其中2002年更换102.3万根；混凝土枕线路3 762公里，占正线延长的76.4%，干线木枕线路比专项整治前下降了18.9%；大修线路300公里。新购机车126台、25G空调

客车232辆、起重160吨的救援吊机5台。安装小曲线防脱装置828处。襄渝线渝达段建成局级安全优质达标线,机务、车辆系统7个段正在全面推进安全优质达标段建设。安全专项整治涉及的问题销号率达到92.4%。投入5 204万元,平改立道口66处、完工41处,取缔非法道口96处,对241处无人看守道口实施地方看守和监护。协调两省一市地方政府对63个距铁路100米以内的集贸市场进行整治,已撤除18处。狠抓干部作风转变,逐级负责制进一步落实。修订完善制度办法,安全管理进一步规范。强化安全激励约束机制,加大在安全上的"三项制度"改革力度,增强了干部职工对安全工作的事业心和责任心。路局每半年对局属单位从6个方面、39个项目进行安全评估,促进了安全管理的规范和安全问题的解决。建立"安全问题库"和"干部职工个人安全档案"。安全取得1997年以来的最好成绩,突破安全周期始终在300天以内徘徊的困境。全年共发生行车事故117件。其中大事故1件,险性事故6件,同比下降53.8%;一般事故110件,同比下降42.4%。相继实现行车安全300天、400天和安全年。同时,消灭水害行车事故,水害中断行车时间为历年最少,连续取得第18个防洪胜利年。消灭职工责任因工重大死亡事故,实现劳动安全2个"百安"。

(二)战胜困难,生产经营再创新业绩。进一步完善资产经营责任制,深化运输财务体制改革,积极推行全面预算管理。全局运输收入完成96.12亿元,超年计划1.62亿元,比上年增收5.82亿元,增长6.4%。换算周转量完成1 183.3亿吨公里,超年计划38.3亿吨公里,比上年增加71.2亿吨公里,增长6.4%。货物发送完成11 207万吨,超年计划357万吨,比上年增运850万吨,增长8.2%;货运收入完成50.7亿元,比上年增收3.87亿元,增长8.3%。旅客发送完成6 806万人,比年计划减少94万人,比上年减少69万人,下降1%;客运收入完成45.42亿元,比上年增收1.95亿元,增长4.5%。日均装车完成5 334车,比年计划超144车,比上年增加398车,增长8.1%。周时2.77天,比上年压缩0.11天。质量良好地完成春运、暑运及黄金周运输,保证重点物资运输,多次受到四川、贵州省政府通报表彰。全局多元完成经营收入(含成铁工程集团公司)60.28亿元,比上年增长23.83%;实现利润3.32亿元,比上年增长64.36%。其中,原多元系统完成经营收入40.28亿元,同比增长18.82%,利润1.64亿元,同比增长4.46%。全局集经实现经营收入8.5亿元,比上年增长7.6%;实现利润3 500万元,比上年增长6.7%。加强资金管理和运用,实现资金效益1.015亿元。全局物资采购和修旧利废节约成本8 502万元。审计促进效益6 400万元。

(三)积极稳妥,改革取得新进展。全局进行四大改革:一是调整电务生产布局。全局撤销4个电务段,其平均管辖里程增加230公里,达到596公里。二是建立多元经营新格局。撤销物资工业总公司,重组并成立多元经营集团公司,将工程、工附业等运输业以外的有关单位全部纳入多元系统,改革促进效益的显著增长,全局多元经营收入比上年增加11.6亿元。三是完成客运体制改革。成立局客运公司及成都、重庆、贵阳客运分公司,实行客运分业经营,成为客运经营管理的责任主体。四是完成建设管理体制改革。按照建设行业管理和项目管理分开的原则,组建局建设管理处和工程管理中心,分别对全局建设项目实施管理、监督,承担项目建设单位的职责,实行建设质量终身责任制。同时,"三项制度"改革也取得了新的进展。积极推进领导干部选拔任用民主化进程；进一步深化以竞争上岗为核心的用工制度改革；建立以岗位工资为主、安全和效益决定工资收入分配的新机制。运输从业人员劳动生产率125.4万换算吨公里/人年，与上年同比增长4.4%；按运输收入为10.05万元/人年，同比增长4.9%。

（四）会战告捷，跨世纪铁路建设创造新纪录。全年完成基建大中型项目投资28.29亿元。内昆、达万、水柏铁路通过初验开通临管运营，完成内宜电化、株六复线贵阳枢纽川黔外包线、成昆电化西环线引入成都枢纽等工程。从1992年起先后开工的8个大中型基建项目，除株六复线贵阳枢纽及其他一些少量收尾配套工程外，全部完工销号。十年会战，国家共向我局投资506.46亿元（含内昆120.04亿元）；其中我局承担的总投资规模为359.72亿元。特别是从1998年开始的五年跨世纪铁路决战，我局连年完成国家计划和投产目标，完成投资占十年总投资的78.26%。十年来我局管内新建铁路1 017.5公里，增建二线842.6公里，电气化、改扩建1 166.3公里，实现铁路建设跨越式发展，为路局的更大发展奠定坚实基础。

（五）保证投入，科技教育迈上新台阶。全年安排科研开发和科技推广经费1 593.2万元，新立科研项目75项，科技推广项目27项，完成局级成果鉴定、评定29项。我局“山区铁路安全保障体系研究”课题列入部科研计划。大力提高职工素质，路局出台9个“岗位达标培训”配套文件，明确职责，从经费投入、考核使用、培训待遇上建立职工教育的激励和约束机制，提高了培训质量。完成运输岗位“两年十个工作日”培训72 160人，客运服务人员每年40学时培训9 044人，职工成人中专学历招生5 417人，工班长培训6 721人，全面超额完成年度培训计划。同时，新增定员8 096人全部配备到主要行车工种，在一定程度上缓解了工学矛盾。

（六）尽力办好，职工生活有了新改善。全局职工年平均收入16 490元，比上年同期增加1 766元，增长12%，工资增幅位居全路第一。计划修建经济适用房3 549户，已竣工998户，建筑面积83 233平方米。大力实施送温暖工程和领导干部联系特困职工制度，全年发放慰问金946万元，支付困难补助340万元。完善职工互助合作保险和发展福利基金会，为职工办保险待遇并支付保险金330万元，为职工借、贷款480万元。投资1 600万元，改善沿线职工生活条件，为新线艰苦地区职工发放生活补贴。

同时，精神文明和路风建设、综合治理、廉政建设、审计监察、卫生环保、计划生育、军事运输、离退休、关工委、人武、信访和公、检、法等工作都取得了较好成绩，为完成全年资产经营目标做出了积极的贡献。

2002年是我局极不平凡的一年，各项工作成绩来之不易，是全局干部职工统一思想、振奋精神、真抓实干的结果。我们在工作中体会到：坚持“安全第一”永恒主题不动摇，在任何时候都把安全放在一切工作的首位，是确保路局改革、发展与稳定的重要前提；坚持解放思想、转变观念、改革创新，是确保路局发展的不竭动力；坚持转变作风、求真务实、逐级负责、真抓实干，是实现路局不断开创新局面的关键；坚持强化基础、提高素质，是推动路局工作不断迈上新台阶的保证；坚持资产经营责任制，以市场为导向，强化营销，是不断增强路局竞争能力和提高经济效益的途径；坚持团结协作、全心全意依靠工人阶级，是促进路局平稳、有序和健康发展的根本。

在总结经验的同时，我们也清醒地看到工作中还存在一些问题：一是安全管理和设备基础还比较薄弱。因管理不到位、责任心不强、违章违纪造成的事故时有发生；全年因行车设备质量问题，引发的设备故障485件，影响行车672小时，特别是客车设备隐患，对安全的威胁很大。二是社会治安环境对运输安全影响大。沿线居民安全意识差，路外伤亡事故仍然比较突出，因货盗、道口交通肇事等引发的事故和安全隐患屡有发生。三是对运输市场的研究还不够。部分单位和职工的营销观念、市场调查、营销策略、营销手段等与激烈竞争的市场还不相适应。四是人员素质还有待提高。在设备科技含量越来越高的情况下，高素质的管理和技术人才、高技能的技术工显得不足。

二、2003年全局面临的形势和任务

2003年是党的十六大提出全面建设小康社会，开创中国特色社会主义事业新局面的第一年。贯彻十六大精神，改革开放将进一步深化，社会主义市场经济体制将加速完善，国民经济在新的一年将继续稳定增长，国内GDP增长率预计在8%左右。国家积极推进西部大开发，加强东、中、西部地区的交流与合作，将在投资、财税政策和发展科技教育等方面加大对西部地区的支持，西南两省一市GDP增长率预计将达到9%，经济的快速发展、外贸的强劲增长和基础设施的加快建设，兰成渝输油管道的开通和电煤用量的增加等，将直接带来货运需求的增长。2003年全路将实施第五次大提速、编制新的列车运行图，部规划的7个提速通道中，涉及我局的有沪昆(成)通道中的株六复线和西南北通道中的襄渝、达成线。提速后重庆至北京、贵阳至广州可实现一日到达；贵阳至上海、北京运行时间可压缩2至3小时。第五次大提速、西南地区联合开发旅游资源战略的实施和人民生活水平的进一步提高，将有利于我局客运的增长。随着内昆、达万、水柏和株六复线、成昆电化等一批新线的投产和旧线改造项目竣工，遂渝铁路、青成复线、渝怀铁路等新项目的开工和续建，将使我局的运能进一步扩大，为增运增收创造了良好条件。通过设备整治，线路基础不断强化；通过转变干部作风，管理水平不断提高，都为我们进一步做好工作提供了有益的经验和条件。2003年，全局运输收入在历史上将首次突破百亿元大关，标志路局的发展跨上一个新的台阶。

同时，我们也面临着不少困难和问题。随着与铁路干线并行的高速公路不断开通，中、短途客运市场竞争日趋激烈；民航几大航空公司的重组改革，将带来服务质量的提高和机票价格的降低，对铁路长途客流也将造成一定的影响。货运面临高附加值货源的争夺战，货源不足与运输能力点线不配套、点上能力紧张的矛盾依然难以缓解。电价和生产资料价格上涨，使控制成本的难度增大。经过近年高速增长，全局运输收入要在高起点上比上年增长7个百分点以上，难度很大。同时，长期困扰我局安全的七大难题在短期内难以得到根本解决，增运增收还存在许多不确定因素。党的十六大展现的宏伟蓝图，对铁路改革与发展提出了更高的要求；贯彻落实“三个代表”重要思想，对运输安全提出了更高的要求；全面建设小康社会，对运输服务质量提出了更高的要求；加快改革与发展步伐，实施资产经营责任制还面临许多新的问题。

从总体上看，宏观经济形势对我局运输生产比较有利，运输需求继续保持上升

态势，关键在于我们能否再接再厉，超前做好各方面的工作，在更加激烈的运输市场竞争中争取主动，扩大市场占有份额，保持持续稳定发展。

2003年全局的主要任务目标是：

1. 资产经营目标：运输收入确保目标102.8亿元（其中，客运47.6亿元，货运55.2亿元），奋斗目标105亿元；运输利润38 218万元；国有资产保值增值率100.71%，净资产收益率1.15%，运输营业收入利润率2.96%。

2. 安全生产目标：消灭旅客列车责任行车重大、大事故，责任行车重大事故件数控制在每百万机车总走行公里0.01件内；消灭责任重大职工死亡事故，职工责任因工死亡率不超过0.03‰；消灭责任重大路外伤亡事故；消灭责任重大旅客伤亡事故；消灭责任货运重大事故；消灭责任特别重大火灾、爆炸事故。确保实现行车3个百安，2月1日实现安全500天，5月12日实现600天，9月19日实现跨年度安全两周年，力争全年实现第二个行车安全年。实现劳动安全2个百安，力争实现劳动安全年。

3. 运输生产目标：旅客发送6 920万人；货物发送11 820万吨；换算周转量1 219亿吨公里。

4. 多集经经营目标：多元经营确保完成经营收入60.52亿元，力争63.54亿元（其中工程集团确保15.52亿元，力争16.29亿元）；确保实现利润2.95亿元，力争3.09亿元（其中工程集团确保1.19亿元，力争1.25亿元）。集体经济确保完成经营收入7.9亿元，力争完成8.3亿元；确保实现利润2 800万元，力争3 400万元。

5. 铁路建设目标：按部基建大中型项目投资计划安排。

6. 在确保安全稳定和效益不断增长的前提下，职工收入稳步增长，生活福利待遇进一步改善。

三、2003年全局的重点工作安排

根据新的形势和任务，全局2003年工作的总体要求是：坚持以邓小平理论和“三个代表”重要思想为指导，认真学习贯彻党的十六大和全路工作会议精神，继续坚持把“转变作风、强化基础、提高素质、谋求发展”的思路贯穿全年工作始终，与时俱进，安全第一，深化改革，推进体制、管理和技术创新，大力增运增收，提高质量效益，切实处理好改革发展与稳定的关系，不断加快发展，努力开创全局工作的新局面。

（一）认真贯彻落实《安全生产法》，全面推进“规范管理、强基达标”，不断强化安全基础

认真贯彻全路安全工作会议精神，坚持“安全第一、预防为主”的方针和“基础管理科学化，技术装备现代化”的工作目标，强力推进“规范管理、强基达标”，努力实现全年安全生产目标。

1. 大力宣传贯彻《安全生产法》，增强干部职工的法制观念。要认真学习贯彻《安全生产法》，增强法制观念，充分认识到出现责任事故，不仅是违章违纪，而且是违法，如果造成人民生命财产重大损失，还要依法追究法律责任；要充分认识到确保运输安全，保障人民生命财产安全，就是落实“三个代表”重要思想的具体体现。各级领导干部要把主要精力放在运输安全生产上，正确处理安全与效益和其他工作的关系，坚定不移地把安全工作摆在各项工作的首位并抓紧抓实，确保全局安全周期逐

步延长。

2. 真抓实干，落实逐级负责制，不断推进安全管理规范化。要建立安全管理的长效机制。以《安全生产法》为指导，认真贯彻铁道部《关于"十五"期间深入推进铁路安全规范管理强基达标工作的意见》，制定并实施我局"规范管理、强基达标"的三年规划，健全完善以落实逐级负责制为主线，以领导负责、岗位负责为重点，以严格考核、责任追究为保证的安全责任体系。要加强专业技术管理，组织制定局行车规章管理办法，明确统一的规章管理与审批机构，清理并修订完善行车规章体系。达到管理依据合法、健全完善，管理主体权责明确、责任落实，管理监督行为规范、有效到位。要进一步完善安全保障机制。加大收入增长与安全周期增长挂钩的力度，继续实行安全效益决定工资总量、安全责任风险抵押考核等有效机制。建立百日安全考核浮动工资新机制。完善干部职工个人安全档案，并把安全业绩与个人待遇紧密挂钩考核。加大对发现重大安全隐患和防止重大事故有功人员的奖励力度。继续实行对安全事故责任者、责任单位、未完成盈亏目标的单位和职工，取消、停发和扣减安全效益工资的办法。按照《安全生产法》规定，在运输生产站段完善安全专职机构。要抓好日常安全管理与安全大检查的结合。安全评估和大检查、专项检查要以各系统为主、专业技术负责，重在发现问题、解决问题；要发挥好安全问题库的作用，重大问题要归入安全问题库，并及时提交安委会研究解决，每一个问题都要追踪落实、直至销号；各级安委会要按逐级负责的原则，及时研究解决本级安全工作中的重大问题。同时，要根据铁道部资产经营责任制对安全考核的变化，加强对国铁控股合资铁路的安全监管。严格对地方铁路和地方企业专用线过轨机车安全装备、司机驾驶证的考核发放。要重视劳动安全和汽车安全管理，防止重大职工伤亡事故。

3. 抓好整治，强化基础，逐步实现技术装备达标创优。一是强化设备投入保证机制。要根据路局三年打好设备翻身仗的推进计划，集中人力、物力和财力，抓好设备专项整治和安全优质达标线、达标段的创建工作，在继续巩固完善渝达段安全优质达标线成果的基础上，大力推进机务、车辆系统安全优质达标段建设，并结合部提速规划和路局实际，选择有条件的干线或区段继续创建安全优质达标线。2003 年内在全局干线要彻底消除木枕，并配套完善换枕线路基础设施，使线路基础得到根本性改善。二是强化设备日常养护维修。完善修程修制改革，实行设备等级管理，建立健全设备"用、管、修"责任制。三是从源头上提高设备质量。严格执行设备采购招投标和质量准入制度，严禁不合格产品进入建设和运营设备中，建立产品质量事故分析程序，落实鉴定、验收、采购、生产等各环节的责任追究制度。

4. 突出重点，狠抓关键，确保运输安全。一是确保旅客列车安全。加强客运公司安全管理，针对客运组织机构的变化，从机构设置、人员配备、资金投入和分配政策上都要以安全为重点。分局对客车安全负有监督检查的责任，各级都要加大对客运安全的检查监督力度，狠抓客车各项安全措施的落实，提高客车设备质量和职工技术业务素质，重点抓好春运、暑运、防洪、"五一"、"十一"黄金周期间的客车安全管理。二是严防死守保防洪安全。认真落实《成都铁路局防洪工作管理细则》和《暴风雨行车办法》等有关规定，早部署，抓落实，坚持和完善"四防机制"、"七道防线"、领导防洪值班制度，狠抓重点病害处所的防范，确保汛期行车安全。三是确保既有线施工安全。要认真贯彻落实铁道部《关于加强营业线施工安全管理的规定》,完善施工安全协议,健全施工安全管理,强化对施工安全的监督检查。坚决实行“天窗修”制度,严格施工计划审批,严禁无计划施工,狠抓施工过程控制,认真执行列车放行规定。四是完善安全卡控措施。严格职工两纪和标准化作业,努力实现现场作业全方位控制。重点抓好非正常情况下的作业控制;穿越正线的调车作业;道口安全;机车、车辆和车列的溜逸;折角塞门关闭;车辆配件脱落;防火、防爆工作及铁路治安等安全的关键。加强危险品、爆炸品、剧毒品和货物装载运输的管理。

(二)以全面预算管理为纽带,不断提高经营管理水平

全面预算管理是企业经营目标的具体化和责任化,是分解和落实经营目标的渠道和手段,是企业完成总目标的保证。要通过推进全面预算管理,实现对全局经营活动的有效控制。

1. 加强成本管理,促进经营目标的实现。坚决落实中央提出2003年要实现成本零增长的要求,按照“以收定支、总量控制、动态调整、有减有增”的原则,坚持精打细算,合理安排和控制支出。一是确保安全和直接生产费的投入。大修计划安排要根据设备整治三年规划,在确保机车车辆不失修、工务线路大修不低于上年水平的前提下,重点对危及行车安全的重点项目及设备还欠账的投入。二是严格监控全局财务计划的执行情况。动态掌握经营状况及财务收支情况,优化成本结构,加大对运输成本、尤其是间管费的控制力度;落实生产过程中的节约措施,重点抓好货车使用费、物资节约、机车运用等支出大项的节支降耗工作,完成各项节约目标。三是进一步细化成本管理。在去年查对标工作的基础上,要把成本目标层层分解落实,责任到人,节奖超罚。

2. 加强收入管理,确保完成运输收入目标。围绕经营和运输收入目标动态掌握运输收入的变动情况,对运输进款和旅客票价收入进行认真分析,为营销部门和领导决策及时提供真实信息。制定“货网分账核算”模拟运作的财务管理办法,强化收入部门网上货票审核工作,确保货运运费清算工作的正常进行。加强对客运公司运输收入的管理和指导,做好客票销售和客运收入统计和管理。加强稽查队伍建设,大力开展堵漏保收和运输收入专项检查、稽查工作。切实加强审计监督和纪检监察工作,严禁隐瞒、截留、转移收入,严禁挤列、虚列运输成本,严禁将生产资金转化为消费资金。要开展对各分局2002年资产经营责任的审计,继续进行运输收入审计和领导干部任期经济责任审计,加强对多元企业的审计。要加大财务收支审计力度,加强对大修资金使用情况的检查监督,加大执法监察力度。

3. 完善工资总额和职工总量调控机制。一是对工资来源和工资总额计划实行“双控”。二是加强工资管理。三是完善职工总量调控机制。四是落实劳动定员标准。按照强一线、精二线、增新线、促安全的原则,强化刚性补充一线人员,进一步精干管服人员。同时,按照铁道部运输生产布局,结合既有线改造和新线建设实际,进一步优化生产布局,做好新线人员储备工作。

4. 加强监管,积极探索科学的国有资产管理方式。要以产权为纽带,理顺资产关系,防止国有资产流失。适应新会计制度,抓好国有资产管理的基础工作,减少国有资产的风险。要围绕铁路运输企业财务体制改革,结合收入、成本规程、进款清算、营业收入清算、固定资产折旧计提等制度、办法的修订,认真研究国有资产工作与运输盈亏目标相结合的切入点。转变资产移

交观念,做好基本建设投入使用资产的组资移交工作,适应全局资产经营的需要。要加强国有资本监管工作。针对铁道部国有资本监管预警通报提出的问题,及时分析存在问题的原因,提出整改措施和建议。在全局范围定期或不定期进行国有资本监管预警通报,促进各级改进管理的薄弱环节,保障国有资产的安全。完善对国有资本、债权债务、重大经营行为的监管,建立和完善科学民主的决策机制。做好投资项目的事前调查和可行性论证,努力规避风险,提高投资效益。

5. 强化资金管理,确保效益目标的完成。规范资本运作,加强内部调剂,确保资金安全,降低财务费用,进一步提高资金效益。全力抓好建设资金的筹集、分配和调度,确保各项建设资金到位。理顺在新的建设管理体制下的基建财务管理,加强建设系统的财务监督和资金管理,提高国家投资使用效益。

(三)深入市场,强化营销,实现运输生产的稳步发展

1. 继续强化全员、全过程、全方位的客货营销。要主动深入市场调查研究,超前掌握客流、货源变化规律,用优良的产品、优惠的价格、优质的服务,吸引旅客货主、取信旅客货主、争夺旅客货主、稳定旅客货主,不断提高我局在运输市场的份额。客运要继续在安全、便捷、舒适和服务等方面下功夫,在提高基本服务质量的基础上,积极探索特色服务、个性化服务,合理利用价格杠杆,提高竞争能力。要狠抓客车"新三率",即:增加本局客车开车率、客运直通收入率和车座利用率。充分利用非繁忙区段短途客车线路使用费下调的政策,与公路进行竞争。同时,要做好市场营销的基础性工作,对所有图定客车、临客和准备开行的客车,都要进行认真分析研究,准确算出每趟车的盈亏平衡点,增开和停开客车都要以盈亏为标准,不能盲目增、减客车。货运要在"大、快、准"三个方面下功夫。"大"就是多开大列、直达列车,提高输送能力;"快"就是简化货运手续,抓好装、卸、排,提高货物送达速度;"准"就是提高货物送达准点率。大力发展集装箱运输,力争在较大货源集散地区增开五定班列和行包专列。积极开展货物运输"门"到"门"服务。

2. 优化运输组织,提高运输能力。紧密围绕资产经营目标,根据新线开通和运输条件的新变化,加强运输组织,搞好车流调整,优化运力配置,提高机车车辆运用效率;要提高调度工作质量,合理安排施工方案,提高运输生产和施工效率,做到运输和施工"两兼顾,双丰收"。要做好提速后新图的编制工作,把新图编成安全图、市场图和效益图,运力要向货源充足的地区和车站倾斜;要加快车站货场"短、平、快"扩能项目的建设,抓住有效货源,稳住大宗货源,加大长运距、高附加值货物运输和外局货源装车组织力度;要根据货源结构和车种布局,合理调整运用车分布,搞好车种代用,加速重车移动,压缩车辆周转时间,提高车辆运用效率。加强客流组织和票额管理,优化列车开行方案,提高旅客列车正点率;切实抓好春运、暑运和"五一"、"十一"黄金周运输,继续开好各种特色列车,稳住中、长途客流,吸引管内短途客流,实现增运增收增效。

3. 提高服务质量,深入开展"三新"教育。要以新理念推动新服务,以新服务树立新形象,巩固发展"客运服务质量年"活动成果,坚持八项目标不变,狠抓旅客反映突出问题的整改、达标。继续巩固深化绿皮车和中间站整治成果,彻底改变脏、乱、差的面貌。认真落实部颁布的客运服务质量新标准,广泛开展局内外对客运服务质量的测评活动,接受社会各界和舆论的监

督。要做好春运售票管理，坚决防止票外加价行为反弹；货运要杜绝乱收费和截留运输收入等问题，力争路风工作再上一个新台阶。

（四）突出重点，与时俱进，不断深化完善企业改革

1. 深入实施资产经营责任制。要根据铁道部资产经营责任制考核办法的变化，修订我局资产经营责任制实施办法，完善配套、延伸办法，落实经营责权，硬化经营考核。国铁控股的合资铁路公司纳入路局实施资产经营责任制考核范围后，要实行财务单列、严格考核、奖惩兑现，确保资产保值增值。继续落实机车运用、货车使用效率、堵漏保收、节支降耗等激励约束机制，降低运营成本，提高经济效益；研究制定《超收奖励办法》，按超过运输收入的一定比例对超收单位进行奖励，确保实现年度经营目标。

2. 稳步推进运输体制改革。根据客运公司定位于铁路局内部客运事业部的管理体制，落实公司经营管理责任主体和客运营销主体地位。进一步完善各项配套改革，建立健全符合事业部特点，管理高效和有利于确保安全的内部生产组织管理体系和劳动工资管理机制。建立客运公司工资总额与客票收入和车补收入挂钩的工效考核办法。把客运分业经营的体制优势，转化为确保安全、提高服务质量、增强竞争力、增加经济效益的市场优势。同时，做好“货网分账”模拟核算，为货运收入直接来自市场做好基础性工作。此外，要继续深化和完善铁路支线改革。

3. 积极推进非运输企业改革。要按照严格标准、规范运作、注重实效的原则，采取多种形式，放开搞活非运输企业，特别是及时对具备条件的企业实施公司制改造，实现投资主体多元化。要巩固和完善多元经营新格局，加快多元企业建立现代企业制度的步伐。落实铁路运输业对多元经营国有资本出资人制度，建立多元经营国有资本管理、监督、营运体系和绩效评价制度，实现对多元经营企业国有资产产权的统一管理。在明确经营责任主体的基础上，实施资产经营责任制和授权经营，逐步形成符合市场经济规律、权责明晰、管理科学、精干高效的法人治理体系，使运输业与多元经营相互独立、相互依托、市场运作、协调发展。

4. 深化三项制度改革。在干部制度改革方面，要继续坚持干部选拔任用民主推荐、民主测评、任前公示制度，积极推行干部考察预告、差额考察等制度，进一步完善公开招聘、民主选举办法，研究制定引咎辞职、责令辞职的具体办法；打破专业技术职务终身制，在能上能下方面有新的突破。努力形成广纳群贤、人尽其才、能上能下、充满活力的用人机制。在用工制度改革方面。要建立人力资源开发和使用良性循环机制，在总量控制的前提下，坚持按需配人，动态调整结构，优化人员素质，将人员从单纯数量的减少转变到留住高素质员工、减员分流低素质员工的轨道上来。在提速区段率先建立按标上岗、能上能下、能进能出的用工新机制。在分配制度改革方面。要完善岗位安全效益工资制，强化工资分配的激励导向功能，与职工个人安全、效率、技能和工作绩效紧密挂钩。加大岗位工资在工资总额中的比重，坚持岗变薪变、效高薪高原则，系统推进以绩定收的岗位薪点工资分配机制，总结、完善机车检修人员岗效及岗薪工资经验；完善客车乘务员薪点乘务小时工资制，突出安全和工作质量。2003 年 2 月 1 日实现安全生产 500 天后，为激励全局职工向更高目标奋进，将研究适当提高安效工资。此外，还要有序进行住房、医保制度改革。

（五）瞄准难点，积极创新，围绕安全运

输生产大力实施科教兴局战略

一是抓住铁道部实施第五次大提速的机遇，改变我局客车旅速低的落后面貌。目前，全路客车平均旅行速度为61.9公里/小时，而我局客车平均旅行速度仅为48.8公里/小时。路局要成立提速领导小组及工作机构，以襄渝线渝达段、株六复线提速为重点，结合管内线路的具体实际，积极进行宝成线等其他干线区段的提速方案研究，争取配合铁道部开展对山区提速使用摆式列车、提速货车的研究和试验。二是积极对行车安全技术装备进行研究。2002年铁道部已将我局“山区铁路安全保障体系研究”课题列入科研计划，路局成立了课题组并将成昆线确定为试点线，要认真学习沪宁、京广南段安全示范线建设的成功经验，根据山区铁路的具体情况，开展安全保障体系的研究。采用先进成熟的技术和自我开发相结合的办法，重点发展以网络技术为基础的安全监控技术和装备，逐步建成集监测、控制和管理为一体的行车安全监控网络，形成一定规模的安全技术保障体系。三是加快信息化建设。要加快全局调度信息系统的建设和应用步伐，进一步扩大联网售票和异地售票范围，进一步推进办公信息系统建设。加快现代信息技术应用，积极推广使用管理信息系统，全面实现上网单位物资业务、仓储核算“网上作业”，通过先进的技术手段，建立规范透明的物资采购渠道，降低物资库存，减少资金占用，控制采购成本。

要狠抓职工培训，推进整体素质达标。要认真落实职工素质达标三年规划，确保运输岗位职工每两年有一次不少于10个工作日的脱产培训，对不同岗位实施针对性强的岗位达标培训，“十五”期末所有上岗人员必须达到岗位标准。要健全岗前培训、适应性培训、职务变动培训机制，完善职工培训与考核、使用、待遇相结合的激励机制，激发职工钻技术、学业务的积极性和主动性。提高培训质量，积极采用事故案例教学、实作技能演练等多种培训形式，适应新技术、新设备、新工艺的技能要求。要保证人员配备与工作量相适应，主要行车工种要保持一定的预备率，为职工培训和推行竞争上岗提供保证。要统筹培训资源，进一步优化配置，建立一支专职为主、兼职为辅的职教师资队伍。同时，要着力提高干部队伍素质。建立干部培训的激励、约束机制，进一步充实和改进培训方式和内容，努力造就一支精业务、善经营、会管理的干部队伍。要以专家队伍建设为重点，建立一支门类齐全、结构合理、素质优良、有创新能力和市场竞争力的专业技术骨干队伍。

（六）安全有序，狠抓质量，全面实现铁路建设目标

随着西南铁路建设新立项和新开工项目的实施，我局又将迎来新一轮的铁路建设高潮。要巩固和完善建设管理体制改革的成果，建设、工程管理系统要进一步理顺关系、整章建制、各负其责、协调运转，确保完成2003年的建设任务。在深化前期工作的基础上，进一步整顿和规范我局铁路工程建设市场，切实加强建设项目管理，深化监理制度改革，加大投资控制力度和建设项目执法监察、质量监督力度，严格招投标、安全、工期、质量和建设资金管理，加大对违法违规行为的查处力度，提高工程质量，努力提高投资效益。对新开工项目，要建立完善的管理制度，使工程质量、安全、投资、工期始终处于可控状态。抓好完工销号项目的竣工验收工作，及时做好收尾工程以及环保、消防设施建设、土地确权、竣工资料归档、财务决算、竣工审计等配套工作。年内确保完成大中型基建项目投资计划，实现株六复线完工销号，青白江至成都复线基本建成，遂渝铁路、成都北编组站

等新开工项目按计划推进。

(七)巩固新格局,规范运作,实现多元经营快速发展

多元经营企业要按照专业化分工和规模化经营的原则,打破部门和区域分割的利益格局,积极稳妥地推进多元经营企业的资产重组、企业重构和结构调整。以资源的优化配置提高产业集中度,重点规划和建立规模化的优势产业,并以此为基础构建新型的多元经营产业体系,优化多元经营产业组织结构。要根据产业结构特点,综合运用经济、法律和行政手段进行资产重组,谋求资源配置最优化和整体效益最大化。重点解决三个层次的调整:一是对全局性、跨地区、扩张型优势产业按“资源联合、资本联合、经营联合”的原则,构建产业化、资本化、专业化的集约经营平台,培育效益型的支柱性产业。二是对地区性优势资源按专业化分工、规模化发展、集约化经营进行行业整合。采取剥离、合并、强强联合的方式,建立多元经营资本运营主体的利润中心。三是加大投入和开发的力度,培育新的经济增长点,增强多元经营可持续发展能力。要把经营规模的扩大和经济效益的提高有机地结合起来,创新经营模式,进一步提升经济总量和经济增长质量。积极培育企业核心竞争能力,建立技术创新机制,增强技术创新能力。要提高劳动密集型产业的科技含量,在服务业、高新技术和新兴产业领域,努力增强开发和创新能力,拓展生存发展空间,增强多元企业的创效、创岗能力。同时,要积极稳妥地推进集经企业的改革,建立规范的法人治理结构,努力开辟新的经济增长点,保证集经队伍的稳定。

(八)立足根本,统筹兼顾,不断提高职工生活水平

要全心全意依靠工人阶级办好企业,进一步完善厂务公开制度,强化民主决策、民主管理和民主监督,把企业改革发展的重大问题、涉及职工群众切身利益的重要问题以适当形式向职工群众公开,增强职工的主人翁责任感,引导他们主动参与和支持改革,促进企业经营目标的实现。要把“三个代表”重要思想落到实处,从密切党和群众的血肉联系及维护稳定大局的高度,特别关注并切实解决好在职和离退休困难职工的生活问题,落实各项扶贫帮困措施,继续完善职工互助合作保障体系,在生产发展、安全稳定、效益提高的基础上,不断提高职工的物质文化生活水平,实现职工收入随着企业发展而适度增长。要加强各级领导班子建设,加强党风廉政建设,不断加大从源头治理腐败的力度。加强精神文明建设,树立良好企业形象,以积极有效的措施,营造团结稳定的良好氛围,为安全、经营和运输生产打下良好的基础,实现两个文明建设协调发展。

同志们,党的十六大为新世纪全面建设小康社会规划出美好的前景,只要我们认真贯彻十六大精神,以“三个代表”重要思想为指导,沿着我们的既定目标,脚踏实地,埋头苦干,就一定能够实现三年打好翻身仗第二阶段的目标,以稳定的环境促进路局各项事业的全面发展。让我们万众一心,开拓进取,努力拼搏,夺取更大胜利!

坚持与时俱进　把握发展机遇 齐心协力开创全局改革发展的新局面

——在中共成都铁路局第九届委员会第五次全体会议上的报告

成都铁路局党委书记　王宝顺

(2003年1月7日)

这次全委会是在深入学习贯彻党的十六大精神的时候召开的。会议的主要任务是:贯彻落实全路工作会议精神,分析当前形势,总结部署工作,研究制定措施,动员全局各级组织和干部职工,围绕十六大提出的新目标,抓住机遇,与时俱进,推动全局改革发展迈上一个新的阶段。下面,我受局党委常委会的委托,向本次全委会作工作报告,请予审议。

一、2002年全局工作的简要回顾

过去的一年,是紧张繁忙的一年,也是工作成绩十分显著的一年。一年来,在安全生产压力大、运输生产任务重、基建与运营矛盾突出、市场竞争日趋激烈的情况下,全局各级组织紧紧围绕以优异成绩迎接党的十六大这个目标,努力实践"三个代表"重要思想,认真贯彻落实部党组的工作部署,按照"转变作风、强化基础、提高素质、谋求发展"的工作思路,坚持以安全生产为重点,以转变干部作风为突破口,以提高职工队伍素质为着力点,切实增强基层党组织的凝聚力和战斗力,充分发挥思想政治工作的服务保证作用,凝聚全局上下的力量,全力以赴保安全、保稳定,圆满完成了各项任务。值得特别肯定的主要有四个方面:一是安全生产实现新突破。在确保春运、暑运、防洪安全,相继实现安全生产300天、400天之后,又实现了安全年,创造了自1997年以来安全生产的最好成绩,迈出了打好三年安全生产翻身仗的坚实步伐。二是运输生产稳步发展。通过强化营销、加强管理,运输生产保持了强劲的增长势头,主要经济技术指标又创历史新高,多元经营收入比上年增加11.6亿元,全局的

经济效益显著提高。三是基建和设备整治取得新成绩。株六、内昆、水柏、达万等8个项目的复线、新线、电气化技术改造相继开通投产，8大干线更换混凝土轨枕已达160万根，路网建设有了新的发展。四是改革取得新进展。推进多经“三分”，构建了多元经营新格局；组建内部客运公司，明确了客运经营的责任主体；实施建设管理体制改革，成立了工程管理中心和建设管理处；调整电务生产布局，将原来的11个电务段撤并为7个电务段。总之，经过全局的共同努力，圆满地实现了资产经营目标。这是全局各级组织和广大干部职工团结奋斗、克服困难、扎实工作的结果，各级党组织强有力的思想政治工作，发挥了积极的促进作用和有力的保证作用。归纳起来，全局政治工作比较突出的主要有以下几个方面：

（一）紧紧抓住“三个代表”重要思想这个指针，突出十六大精神的学习宣传。坚持以学习实践“三个代表”重要思想为主线，加强干部理论学习，认真学习江泽民同志“五·三一”重要讲话，增强指导工作和改革实践的能力。党的十六大召开以后，各级党组织把学习宣传十六大精神，作为首要的政治任务，及时组织传达学习。重点抓了各级领导班子和处以上党员干部的学习，及时举办培训班，组织十六大精神宣讲团，深入到局属各单位进行了20多场巡回宣讲，使广大干部职工深受鼓舞。充分发挥各级宣传阵地的作用，采取多种形式广泛宣传，掀起了学习贯彻十六大精神的热潮。

（二）紧紧抓住安全生产这个重点，扎扎实实开展工作。坚持把确保安全稳定作为全局最大的政治，带领干部职工大打安全生产翻身仗。在首战春运中，加强临客的安全管理，组建临客党支部154个，合理调整了党员的分布，充分发挥了党支部和党员在春运安全中的作用。组织全局学习《安全生产法》，开展安全生产如何“严得起来、落得下去”的大讨论，扎实开展形式多样的宣传教育活动，组织“安全宣传图片巡回展”，充分发挥正反典型的激励和警示作用，使全局深刻地吸取了以往事故的教训，统一了全局上下抓安全的认识和行动，为确保安全生产提供了有力的思想舆论保证。结合安全“四查”活动，重点解决安全意识、安全管理、干部作风、职工两纪等问题。注意发挥各级组织的作用，制定实施了《党支部安全生产责任制》，组织党员开展“两保两促”活动。工会、共青团组织，紧贴安全稳定工作，开展了一系列的活动，形成了党政工团齐抓共干，全力以赴抓安全的良好态势。

（三）紧紧抓住干部作风这个关键，切实加强了干部队伍建设。紧紧扭住干部作风建设不松手，以扎实的干部作风保安全。路局机关在狠刹“五风”的基础上，开展了“回头看”；建立机关首问制、出差报告制度，督促机关干部转变作风；对局机关业务处室的负责人进行工作写实，广泛接受监督；在分局机关和站段开展了作风教育集中整顿，重点整治突出问题，开展塑形活动，使各级干部作风有了新的变化。坚持用制度来规范各级领导班子和干部的行为，扎扎实实深化“双好”创建活动，认真贯彻干部选拔任用《条例》，加大干部交流力度。坚持公开招聘、民主推荐、任前公示、干部考察预告制、干部日常积分考评、民主选举领导干部等好做法，推动了干部作风建设。正是由于各级干部转变了作风，发挥了作用，从而有力地促进了全局各项任务的完成。各级干部的思想作风和工作作风，在春运、暑运、防洪等关键时期经受了检验，也得到职工群众的认可，在局机关组织开展基层评议机关、职工评议干部的活动中，参评的35个部门平均得92分，创五年来“双评”活动的最好成绩。

（四）紧紧抓住学教活动这个载体，切实推动了基层党组织建设。高质量、高标准地抓了第二、第三批的学教活动。切实加强组织领导，建立党委常委联系点，进行具体指导帮助；严把四个步骤，抓住主要矛盾，解决突出问题；开展“回访复查”，注重整改落实，投入整改资金2 652万元，用于改善职工生产、生活条件，让广大职工群众感受到了实实在在的效果。同时，把学教活动与安全大检查、干部作风整顿、运输生产经营相结合，做到了两促进、两不误。各级党组织在认真总结学教活动经验的基础上，积极探索长效机制，着力提高领导班子民主生活会质量，不断增强了基层党组织解决自身问题的能力。加强工作指导，局属和站段单位党委按期换届率分别达到100%和97.3%，客运公司等新建单位的党建工作得到加强。

（五）坚持以“三新”教育为载体，促进了客运服务质量年活动。扩大教育范围，把教育对象从12个试点单位，延伸到全局运输系统，重点抓分类指导、系统培训、典型示范。坚持把“三新”教育与客运服务质量年活动相结合，开展了“以新理念提供新服务，以新服务塑造新形象，以新形象开拓新市场”的主题宣传，促使干部职工的服务理念发生了很大的变化，先后推出一系列特色服务，切实提高服务质量。坚持把“三新”教育与《公民道德建设实施纲要》相结合，抓职业道德教育和服务技能培训，全局共有3万多人参加系统培训，窗口单位培训率达100%。2002年10月，组织召开全局“三新”教育经验交流会，展示成果，交流经验，促进深化。一些站车作为铁路行业的代表，已经进入了“创建文明行业示范点”的先进行列，全局形成一批“三新”示范群体，起到很好的示范作用。围绕春运、暑运、“五一”、“十一”等关键时期，组织对外营销宣传报道，抓好正面舆论引导，全年在中央级新闻单位用稿848篇，创历史最好纪录，为运输生产经营创造了良好的外部环境。

（六）加强和改进思想政治工作，充分发挥服务保证作用。坚持把实施“两个纳入”作为加强和改进思想政治工作的一项重要措施，在总结试点经验的基础上，确立了“围绕中心，融为一体；共同负责，各有侧重；双向考核，重在结果”的工作思路。构建了党委统一领导、党政共同负责、党政工团齐抓共管的领导体制和责任机制；出台了《推进“两个纳入”的实施方案》，把政治工作纳入企业目标管理、经营管理、安全管理、干部管理和信息管理，较好解决了规范运作的问题；建立考评机制，实行上下联挂考核，严格兑现奖惩；建立保障机制，实施岗位轮训，着力培养复合型人才，从根本上增强干部履行“双重职责”的能力。通过实施“两个纳入”，使政治工作的服务保证作用得到更加有效地发挥。一年来，全局各级党组织围绕中心，服务大局，紧密结合资产经营、运输生产、改革发展等重点工作，广泛开展形势任务教育，统一干部职工的思想，凝聚全局上下的力量，调动各方面的积极性，有力地促进了经营目标的实现。

（七）坚持标本兼治，深化源头治理，促进了党风廉政建设。坚持以落实党风廉政建设责任制为主线，一手抓宣传教育，一手抓反腐败三项重点工作的推进。通过制定实施《领导干部廉洁谈话制度》，举行案例分析报告会，开展领导干部廉洁自律各项规定执行情况“回头看”、“党风双月谈”、“廉政公仆”、“述廉评廉考廉”等活动，切实抓好廉洁自律、案例警示、责任反思、榜样示范教育和“两节”期间的预防教育，大力选树了一批廉政典型。采取有力措施，清理整顿乱加价、乱收费，使全局路风工作处于一个相对平稳的时期。推进源头治理，继续开展重点执法监察和专项检查,进一步规范了铁路有形建筑市场和物资设备采购招投标工作,集中力量查处了一批违纪违法案件。全面推行厂务公开,扩大监督面,增强透明度。抓住严格考核标准、严格追究责任两个关键,对15个局属单位落实党风廉政建设责任制的情况,进行了全面检查,在党风廉政建设的测评中,广大干部职工认为好和较好的都在95%以上。由于措施有力,执行制度逗硬,责任制得到落实,有力地促进了全局的党风廉政建设。

(八)努力维护稳定这个大局,营造了改革与发展的良好环境。完善了抓稳定的领导体制和工作机制。合力抓重点,在迎国庆、确保十六大胜利召开的时期,各级党组织把保安全、保稳定作为全局最大的政治,落实责任,加强一线,盯住关键,强化宣传,形成了强大声势。层层抓排查,多次对全局不稳定因素进行分析梳理,对影响稳定的重点问题进行专题研究,逐一落实责任,及时化解不稳定因素。积极抓引导,针对影响稳定的热点问题,进行政策宣传和耐心细致的解释工作,保持全局稳定的局面。大力抓治理,重点整治成昆线等重点区段的治安秩序,加强对"法轮功"人员的查堵和监控,妥善处置地方冲击铁路的群体性事件,保持企业和队伍的稳定,为全局改革发展创造了良好环境。同时,侨务统战、离退休、关工委、信访和公检法等部门也围绕中心,做了大量工作,为保证全局工作任务的完成,发挥了积极的作用。

总之,一年来,全局政治工作在不断改进与加强中,充分发挥了宣传教育、团结协调、激励鼓劲的作用;在紧扣中心、全面渗透中,与运输安全生产结合得更加紧密,服务保证作用显得更加突出。回顾一年来的工作,我们深切体会到:必须始终坚持用"三个代表"这个重要思想总揽全局,强化理论武装,着力指导实践,进一步解放思想、转变观念、与时俱进,才能为全局改革发展提供强大的精神动力;必须始终紧紧扣住安全生产这个重点不偏移,加大安全宣传教育力度,强化干部职工"安全第一"的思想,夯实基础,加强管理,才能不断取得安全生产的新成绩;必须紧紧扭住干部作风建设这个关键不松手,坚持从领导班子、领导机关抓起,进一步转变干部作风,求真务实,真抓实干,才能团结带领全局职工战胜困难,不断夺取改革发展的新胜利;必须牢牢把握维护稳定这个大局,发挥政治优势,坚持正确舆论导向,大力营造团结、奋进、鼓劲的浓厚氛围,才能不断巩固安定团结的大好局面;必须充分发挥各级组织的作用,凝聚全局上下的力量,调动方方面面的积极性,把全局的思想和行动统一到完成全年各项任务上来,才能实现资产经营的新目标。一年来的成绩应予充分肯定,经验应该认真总结。同时,我们还要保持清醒的头脑,还要看到工作中存在的一些不足之处:安全虽然实现了阶段目标,但安全基础仍然薄弱;干部作风虽然有了明显转变,但是一些干部作风不实的问题依然存在,离工作要求和群众期望还有差距;一些党支部和党员的带头作用还没有充分发挥;思想政治工作在内容和形式上还需要不断探索创新等等。这些问题都有待于我们在今后的工作中进一步加以改进。

二、2003年我们面临的主要形势

今年,是贯彻党的十六大精神的第一年,也是铁路与时俱进、深化改革、加快发展的一年。总的形势是机遇在扩大,挑战在增加。党的十六大报告指出,本世纪头二十年,是我们必须紧紧抓住的一个重要战略机遇期,这意味着在今后相当长的时期内,我国经济将保持较高的增长速度。中央经济工作会议决定,2003年要继续采取扩大内需的方针,拉动经济增长,对铁路运输的需求会进一步增加。特别是西部大开发战略的积极推进,地区经济发展速度更快,运输市场的需求更旺。今后一个时期,要加快西部铁路建设,扩大西部路网规模,完善中西部地区路网结构,进一步开发运输市场潜力,这对全局来说,都是极好的发展机遇。在新的一年里如何抓住机遇,促进全局实现新的更大发展,这是一个新的挑战和考验。

(一)贯彻落实党的十六大精神,引导干部职工解放思想、实事求是、与时俱进,政治工作面临更新更高的要求。以党的十六大召开为标志,我国已进入全面建设小康社会的发展阶段,铁路也将步入一个体制创新、机制创新、管理创新、科技创新的发展时期。随着全面贯彻落实十六大精神,经济运行的市场化程度将越来越高,铁路面临着如何应对市场严峻挑战的态势。特别是加入WTO后,我国市场化进程加快,这是大势所趋。适应这种形势发展的要求,紧跟市场变化的节奏,需要政治工作发挥好前瞻作用和导向作用,引导广大干部职工与时俱进,在进一步解放思想中统一认识,在不断转变观念中抓住机遇,推进全局改革与发展。

(二)实现高起点上的资产经营目标,充分调动一切积极因素,政治工作要肩负更重更大的任务。2003年部里给全局的运输收入目标102.8亿元,运输盈利目标3.8218亿元,任务是非常艰巨的。特别是高速公路迅速扩展,民航运量高速增长,运输市场的竞争更加激烈;我局管内部分区段运输能力紧张与客流货源相对不足的矛盾仍然存在;接管株六复线、内昆新线、达万铁路、水柏铁路等,固定资产折旧将大大增加,要实现盈利目标的困难和压力都比较大。如何引导干部职工坚定完成任务的信心,加大营销宣传力度,发挥各级组织的作用,调动和保护好各方面的积极性,抓住机遇,迎难而上,这里面有很多思想政治工作要做。

(三)推进企业改革发展,维护队伍稳定,政治工作要经受更严峻的考验。随着深化改革步伐的进一步加快,涉及管理体制、运行机制和企业结构上的一些深层次问题,将会不断显现出来。特别是干部职工的思想观念、思维方式将会发生一些新的变化,职工思想日趋活跃,存在矛盾心态、依赖心态、失衡心态、逆反心态等等,迫切需要政治工作发挥优势,加强改革形势教育,搞好舆论引导,协调好各方面的关系,积极稳妥地处理好热点、难点问题,化解不稳定因素,为推进全局改革发展营造一个和谐稳定的环境。

(四)夯实安全基础,确保安全大局,需要政治工作进一步发挥服务保证作用。安全仍然是全局工作的重心,是一项长期而艰巨的任务。虽然全局安全生产有了新的起色,但这仅仅是个良好的开端,安全基础仍然薄弱。《安全生产法》的颁布实施,对安全生产工作提出了更高的要求。三年安全生产翻身仗,今年是关键,规范管理、强基达标、提高队伍素质还有大量工作要做。政治工作必须更好地发挥优势,加大安全宣传教育力度,引导干部职工在任何时候、任何情况下,始终坚持“安全第一”的思想,凝聚全局上下的力量,全力以赴确保安全。

三、2003年政治工作的主要任务

总体要求是:“保安全、求实效、抓机遇、促发展”。基本思路是:把握一条主线,就是学习贯彻十六大精神,实践“三个代表”重要思想;紧扣两个重点,就是扣住安全稳定和干部作风;深化三项工作,就是完善学教活动长效机制,深化“三新”教育,创新思想政治工作;突出四个作用,就是突出政治工作的服务保证作用、基层党支部的战斗堡垒作用、党员的先锋模范作用和宣传思想工作的舆论引导作用。突出抓好以下几项重点工作:

(一)深入学习贯彻十六大精神,推动全局改革发展开创新局面。学习贯彻党的十六大精神,这是当前和今后一段时期全局政治工作的首要任务,也是一项带根本性的长期任务。要重点抓好各级领导干部的学习,同时抓好党员和职工的学习。各级领导干部要结合工作和思想实际,带头勤奋学习、善于思考,带头解放思想、与时俱进,带头实践创新、锐意进取,以自己的模范行为,把学习贯彻十六大精神逐步引向深入。

1. 要认真学习,深刻领会,全面准确地把握十六大的精神实质。党的十六大报告,是我们党在新世纪新阶段的政治宣言和行动纲领,是一篇马克思主义的光辉文献。它通篇围绕着一条主线,就是“三个代表”重要思想;贯穿着一个精髓,就是解放思想、实事求是、与时俱进;通篇讲一个目标,就是全面建设小康社会。学习十六大精神,必须深刻理解十六大的主题,深刻理解十六大的灵魂,深刻理解十六大的精髓,深刻理解全面建设小康社会这个宏伟目标,既要从总体上把握精神实质和思想内涵,又要系统地理解和领会一系列新思想、新观点、新论断。贯彻十六大精神,必须紧紧抓住“三个代表”这一主线,始终坚持用“三个代表”重要思想总揽全局,指导实践;必须紧紧抓住与时俱进这一关键,始终坚持创新发展的工作思路,勇于实践,锐意进取;必须紧紧抓住发展这个第一要务,始终坚持以经济建设为中心,扎实工作,加快发展;必须紧紧抓住保持党的先进性这一核心,始终坚持以改革的精神加强和改进党的建设;必须紧紧抓住执政为民这一本质,始终坚持全心全意为人民服务的宗旨不动摇,努力实践“三个代表”的根本要求。要把全局干部职工的思想认识统一到十六大精神上来,把智慧和力量统一到实现小康目标上来,把“三个代表”重要思想转化为搞好工作的实际行动。

2. 抓住改革发展的机遇期,树立与时俱进的观念和意识。党的十六大已经明确指出,本世纪头二十年是我们发展的重要战略机遇期,我们能否抓住机遇而不丧失机遇,开拓进取而不因循守旧,解放思想是前提,更新观念是先导。因此,我们必须保持与时俱进的思想品德,不失时机地从那些不合时宜的观念束缚中解放出来,努力克服固步自封、安于现状、因循守旧的思想观念,树立不发展不行,发展慢了也不行的观念,树立改革靠创新,创新没有止境的观念。要在实践中努力培养与市场经济发展相适应的“四种意识”,即:抓住大发展的有利时机,加快企业改革发展的机遇意识;把握改革的市场方向,围绕市场促经营的市场意识;抢占市场靠竞争、岗位靠竞争的全方位竞争意识;遵守法律法规,规范企业行为的规则意识,坚持用十六大精神武装头脑,不断促进思想观念的转变,为深化改革，加快发展，夯实思想基础。

3. 坚持理论指导实践，用创新的思维推动工作。贯彻十六大精神要有好学风。要坚持理论联系实际的学风，做到理论与实际、学习与应用、言论与行动相统一，把指导实践，推动工作，研究解决改革发展中的问题，作为学习的出发点和落脚点。切实把学习贯彻十六大精神的过程，变成统一思想、开拓创新、谋求发展的过程，变成用党的创新理论武装头脑、提高素质、改进作风，做好工作的过程。贯彻十六大精神贵在创新。创新是无止境的，创新是企业发展的保证，是深化改革的不竭动力，要在观念的创新中寻求新思路，在管理体制和经营机制的创新中谋求新发展。贯彻十六大精神关键在实践。必须立足实践，用"三个代表"重要思想总揽全局，着眼于对现实问题的解决，着眼于新的实践，用发展着的马克思主义指导实践，用"三个代表"的思想不断审视我们的工作，把"三个代表"要求贯彻落实到企业改革发展的方方面面，把"三个代表"作为部署工作的方向、推进工作的动力、检验工作的标准。

(二)集中力量确保安全，推动全局安全生产实现新目标。安全是我们工作成败的关键性因素。我们必须突出安全这个重点，坚持任何时候、任何情况下安全第一的位置不动摇。一定要面对全局安全基础仍然薄弱的客观现实，按照"规范管理，强基达标"的总体要求，加强安全基础建设，集中全局的力量，努力再创安全生产的新成绩。重点突出"三个作用"：

1. 突出各级干部的关键性作用。要继续抓住干部作风这个关键，使安全管理真正"严得起来、落得下去"。各级干部一定要从贯彻"三个代表"要求的高度，深化"安全第一"的认识，保持清醒的头脑，看到搞好安全生产的长期性和艰巨性，以科学的态度、严谨扎实的作风抓好安全工作。要严格落实安全生产逐级负责制，既要抓部署，又要抓落实，一级管理一级，一级管住一级，一级对一级负责。要强化对标检查和严格考核，把干部在安全工作中的表现，作为民主生活会和领导班子考核的一项重要内容，特别是加强对各级党政正职安全工作业绩的考核，把考核结果与干部的奖惩、任用相结合，增强抓安全的主动性和责任感，促进各项安全措施的落实。要把重点整治和日常管理结合起来，注重安全生产长效机制的建立，克服安全管理中的好人主义和形式主义，解决大检查时严一阵，安全好了松一阵，出了事故抓一阵的问题。各级领导干部要用人格的力量、榜样的力量去带动和激励广大干部职工全力以赴保安全。

2. 突出安全思想政治工作的服务保证作用。要紧贴安全生产，深入开展思想政治工作，坚持抓时机、抓主题、抓载体，突出思想教育引导、典型带动影响、素质培训提高和管理规范要求。要强化《安全生产法》的宣传教育，增强安全生产的法制观念和责任意识；强化安全形势任务教育，明确安全目标，落实安全责任，充分调动广大干部职工的积极性；运用正反两个方面的典型，加强安全示范和警示教育；要强化科技保安全的意识，加强新科技、新技术的培训和推广，突出培训的实际效果，提高职工的综合素质；要全面了解和掌握安全生产中干部职工的思想动态，坚持家访谈心、结对帮扶等行之有效的方法，做好关键岗位、关键环节、关键人员的思想政治工作，克服工作中的形式主义，着力提高思想政治工作的针对性和实效性。

3. 突出各级组织的合力作用。党政工团各级组织要围绕安全生产开展工作，要发挥各自的优势，形成整体合力，把各方面的力量集中到保安全、做贡献上来。各级党委要进一步细化和落实党支部安全生产责任制,扎扎实实地开展"两保两促"等党内活动。各级工会要组织开展群众性的安全生产活动,把广大干部职工安全生产的积极性发挥好、引导好、保护好。共青团组织要结合自身特点开展工作,充分发挥团员、青年在安全生产中的突击队作用。

(三)深入贯彻落实《条例》,推动各级领导班子和干部队伍建设适应新要求。要以贯彻落实《条例》为契机,大力实施龙头工程,切实增强领导班子的凝聚力和战斗力,全面提高干部队伍的整体素质。重点在"三个着眼于":

1. 着眼于全面贯彻落实《条例》。全面贯彻落实《党政领导干部选拔任用工作条例》,是我们加强领导班子和干部队伍建设的一项重要措施。领导干部要带头增强政治观念、组织观念和纪律观念,做执行《条例》的模范,特别是党政"一把手",要在选好人、用好人的问题上负起第一位的责任。坚持用好的作风选人,选作风好的人,决不能让那些搞形式主义、投机取巧的人吃香,决不能让那些勤勤恳恳、埋头苦干的人吃亏。要结合十六大精神贯彻落实《条例》,把建立健全干部选拔任用和管理监督制度作为重点,以科学化、民主化、制度化为目标,以落实职工群众对干部选拔任用的知情权、参与权、选择权和监督权为着力点,把党管干部原则与走群众路线有机结合起来,努力形成择优进入、严格监督、有效激励、正常退出的良好环流,着力在建立健全五个机制上下功夫:一是在建立健全科学的干部竞争机制上下功夫。要按照铁道部的有关规定,研究制定我局《领导干部选拔任用工作的实施办法》,在民主推荐、民主测评等环节上充分引入竞争机制,进一步加大干部公开选拔、公开招聘、竞争上岗的力度,把民主推荐、任前公示作为干部选拔任用的必经程序,没有经过民主推荐、任前公示的,一律不能提拔任用。二是在建立健全干部考核评价机制上下功夫。以实绩考核为重点,研究制定不同层次、不同类别、科学合理的干部考核指标体系,尽快建立起干部考察预告、差额考察、考察结果通报等一系列制度。今年,要组织力量对局属领导班子进行全面考核。三是在建立健全干部监督管理机制上下功夫。要加强对干部选拔任用各个环节的监督,进一步扩大民主监督的渠道,把党内监督和群众监督贯穿于选用工作的全过程,并严格执行用人失察失误责任追究制度。四是在建立健全干部交流机制上下功夫。要以改善领导班子结构、培养锻炼干部和增强干部队伍活力为目的,结合党委换届改选、机构调整重组,有重点、有计划地对各级领导干部进行交流。五是在建立健全干部培训机制上下功夫。要进一步拓展培训渠道,以各级党校和干部培训基地为依托,分层抓好干部的任职培训、业务培训、知识更新和继续教育等工作,切实提高干部培训质量。通过努力,逐步形成广纳群贤,人尽其才,能上能下,充满活力的用人机制。

2. 着眼于规范干部行为,进一步转变干部作风。要结合新的实际,按照十六大精神和十五届六中全会《决定》要求,进一步加强作风建设,切实解决思想作风、学风、工作作风、领导作风和干部生活作风方面存在的突出问题。要结合新的实际,在党员干部中开展艰苦奋斗的传统教育,引导广大党员干部,特别是党员领导干部牢固树立艰苦奋斗的思想,磨炼艰苦奋斗的意志,自觉地在艰苦奋斗的实践中加强党性锻炼,自觉地在艰苦奋斗中保持与职工群众的密切联系,自觉地在艰苦奋斗中实践"三个代表"的要求。要结合新的实际,采取有力措施,巩固干部作风整顿的成果,在防止"回潮"的同时,还要注意解决干部队伍中存在的"精神状态不佳、思想作风不纯、工作作风不实、工作标准不高、工作责任心不强”的“五不”问题。要结合新的实际，研究制定加强干部作风建设的长效机制，把集中整治突出问题和持续不断地加强作风建设结合起来，进一步深化“双好”和“双评”活动，扩大干部写实范围，抓好领导干部述职，严格干部作风考核，切实通过经常性地教育和严格落实制度，不断促进各级干部转变作风。

3. 着眼于解决突出问题，深入推进党风廉政建设。坚决反对和防止腐败，是全党一项重大的政治任务，我们一定要旗帜鲜明，毫不动摇地把反腐倡廉工作深入地开展下去。要按照十六大报告的要求，立足于教育，着眼防范，进一步抓好反腐败三项重点工作。要规范领导干部从政行为，严格执行“八个坚持、八个反对”和各项廉洁自律规定，完善和落实领导干部“廉洁谈话”、“述廉评廉考廉”制度，加强对执行情况的监督检查。要进一步落实党风廉政建设责任制，修订完善检查考核、责任追究的具体办法和措施，从领导体制和工作机制上保证党风廉政建设的顺利开展。要深入开展党风廉政建设宣传教育，深化“廉政公仆”活动，坚持典型案例报告会，进行示范教育、警示教育，提高党员干部拒腐防变的能力。要严厉惩处腐败分子，加大查办违纪违法案件的力度，提高办案水平，保证办案质量。要加强对乱加价、乱收费等惯性路风问题的整治，加强对春运、暑运、节假日等路风高发期的监控，努力维护路风路誉。要以领导机关、执法机关、领导干部和“六管”人员为重点，积极开展执法监察和效能监察，防止以权谋私，避免国有资产流失。要加大源头治理力度，进一步强化资金监管，加强行政领导干部离任审计，推行会计委派制，形成防止和惩治腐败的合力。

（四）着眼于长效机制的建立，推动全局党组织和党员队伍建设达到新水平。适应新形势新任务的要求，建立健全基层党组织建设的长效机制，必须联系新的实际，提出新的思路，把制度建设贯穿其中，体现规范性、操作性和实效性。

1. 开展党员先进性教育。十六大报告提出，要在全党开展党员先进性教育活动，这是新形势下，全面提高党员队伍素质，保持党员先进性和纯洁性的一项重要举措。各级党委要把这项教育活动作为今年党建工作的一个重点，根据部党组的统一部署开展工作。要集中力量对党员队伍状况进行一次全面调查摸底，对当前党员队伍中存在的突出问题及其具体表现做到心中有数，为下一步有针对性地开展党员先进性教育做好充分准备。要根据我局一线党员流动分散的特点，积极探索新形势下加强党员教育管理的新机制、新方法，完善并落实党员管理的各项制度，使每一名党员都置于党组织的管理之中。要以党员先进性教育为契机，按照新《党章》的要求，进一步做好发展党员工作，全面加强党员队伍建设。

2. 提高党委会工作质量。这是发挥党组织政治核心作用的关键。要按照党的十六大精神，突出解决好一些单位党委会工作质量不高的问题。要加强调查研究，全面剖析影响党委会工作质量的主要问题，有针对性地抓党委会制度的完善、程序的规范和内容的界定，进一步加强民主集中制建设，完善“三重一大”问题集体讨论决策制度，促进党委会工作质量适应企业改革发展的需要。要不断改进思想方法和工作方法，要善于谋大事、议大事、抓大事，增强把关定向、统揽全局的宏观驾驭能力；要提高议事质量，注意研究企业改革发展和生产经营中的重大问题，提高参与决策的能力和水平；要定期分析研究党的建设和思想政治工作，加强对工会、共青团工作的领导，坚持党的依靠方针，进一步推进厂务公开，推进企业民主政治建设。继续抓好党建带团建的工作，充分发挥好团组织的作用。要严格程序，精心组织，积极做好全局第十次党代会的筹备工作。

3. 开展创建“五好”党支部活动。开展创建支部班子好、党员队伍好、基础建设好、思想工作好、发挥作用好的“五好”党支部活动，是巩固学教活动成果的有效载体。要按照局党委的统一部署和要求，按照分层管理、逐级负责的原则，扎实有效地开展这项工作。要把“五好”党支部活动和“创岗建区”活动结合起来，按照党员所在岗位的工作性质、作业特点和工作职责，合理设置岗区，制定岗区标准，完善考核办法，做到一岗一标，按岗按标严格考核，进一步增强“创岗建区”的实际效果。要选树并推广创建典型，力争年内50%左右的党支部达到“五好”标准。适时召开全局党支部建设工作会议，总结交流经验。

4. 加强新经济组织中的党建工作。要根据新《党章》的要求，认真研究解决党建工作中出现的新情况、新问题，积极探索企业改制过程中，加强党组织建设的有效方法和途径。要针对多元经营新格局形成后的实际，着重抓好多元改制企业的党建工作。要针对客运公司组建后出现的一些新变化，加强对客运公司党建工作的领导，抓好旅客列车乘务党支部建设，切实增强列车乘务党支部的凝聚力和战斗力。

5. 落实党支部安全生产责任制。这是基层党组织保安全的有效措施，是党支部和党员在运输生产主战场发挥作用的重要保证。各级党组织要结合实际，细化落实措施，切实履行参与安全决策、开展安全宣传教育、提高党员保安全能力、保证目标兑现等各项责任。要加大对党支部安全生产责任制的考核，对责任落实好、成绩显著的党支部，要给予表彰奖励，对责任落实不好、安全工作薄弱的党支部，要责令其限期整改。要围绕安全生产组织党员学业务，练技术，开展党内保安全的活动，充分发挥党支部的战斗堡垒作用，以党员的先锋模范行为，带领广大职工群众，确保全局安全生产取得新的成绩。

（五）与时俱进，着力创新，进一步加强和改进思想政治工作。要根据新形势、新任务，从体制到机制，从方式到内容，不断改进和加强思想政治工作，使思想政治工作与运输安全生产结合得更加紧密。

1. 要在创新与发展上下功夫。要坚持“立足实际，重在创新，便于操作，务求实效”的思路，深化“两个纳入”，把构筑“共同负责、融为一体”的管理体制，作为创新的目标，进一步建立健全领导责任机制，明确党政共同负责、党政工团齐抓共管的责任体系，落实各级组织和各级各类干部做思想政治工作的职责，做到管人、管事、管思想“三位一体”；建立健全工作运行机制，从根本上解决“纳入什么”、“怎么纳入”的问题，形成一个较为完整的运作体系，提高操作性、针对性和实效性；建立健全制度保障机制，不断充实和完善“两个纳入”的配套制度，对责任界定、操作方法、考核标准等等，用制度的形式加以规范。要在融入和渗透上狠下功夫，坚持把目标管理融为一体，建立政治工作与生产经营一体化的管理目标；坚持操作程序融为一体，使思想政治工作真正渗透到生产经营的各个环节；坚持活动载体融为一体，精心设计贴近企业和职工的有效载体，使思想政治工作与生产经营在方式方法和实现途径上达到有机地融合。

2. 要在严格考核中落实责任。要抓考评机制的建立健全，进一步完善考核标准，严格考核办法，把“两个纳入”的考核与资产经营责任制考核结合起来，实行一体化考核，努力实现考核的内容具体化，考核的标准数据化，考核的方式科学化。在综合考核评定的基础上，严格兑现考核结果，加大考核联挂力度,着眼于提高干部履行“双重职责”的意识和能力,努力培养“复合型”干部,切实把思想政治工作落到实处。

3. 要在服务中心上求实效。通过“两个纳入”的有序推进,思想政治工作要更好地服务中心,围绕全年的经营目标和经营形势,进一步加强宣传教育,加大思想发动力度。各级党组织要把生产经营作为思想政治工作的主战场,针对今年经营目标高、完成任务难度大的客观现实,充分发挥各级宣传阵地的作用,唱响主旋律,打好主动仗,引导干部职工认清我们面临的形势任务,认真分析研究影响增收节支的深层原因,切实把经营的责任和压力层层传递到每个干部职工,以强有力地宣传发动,把各方面的积极性调动起来。要根据客运体制改革和运输市场的新变化,加大客货营销宣传力度,扩大铁路在社会的影响力,为拓展市场营销创造良好的舆论环境。

4. 要在维护稳定中促改革。各级组织要把稳定作为事关大局的政治任务来抓,进一步健全完善维护稳定的工作机制,巩固和发展全局安定团结的稳定局面。要把思想政治工作贯穿于深化改革的全过程,加强改革形势教育,超前做好改革的宣传导向工作,把改革的形势讲透,改革的任务讲明,改革的政策讲准。要坚持正确的舆论导向,严格对外宣传报道纪律,维护铁路的良好形象。对涉及职工切身利益的问题,不仅要纵向思考,把历史和现实结合起来,而且要横向比较,兼顾左邻右舍的情况,使改革的力度与职工的承受能力相统一。要定期分析职工思想动态,认真排查各种不稳定因素,针对职工群众关心的热点、重点、难点问题,有的放矢地做好解疑释惑工作,将思想和行动往正确的方向引导。要从实践“三个代表”重要思想的高度,积极维护稳定的大局,充分认识关心职工群众生活,解决困难职工生产生活问题的极端重要性,并把它作为密切联系职工群众的政治任务来抓。尤其是要关心劳动模范、先进工作者,关心离退休人员、特困职工、待岗下岗职工的思想和生活,把解决思想问题和解决实际问题结合起来,积极开展各种形式的送温暖、献爱心活动,推进再就业工程,拓宽帮困救助领域,大力实施“三个关爱”行动,即:关爱每一个困难职工和家属的生活、关爱每一个重病职工的治疗、关爱每一个困难职工子女的就学,做好稳定人心的工作。要搞好“四五”普法教育,加强铁路治安综合治理,对重点区段、重点站车进行重点整治。要进一步抓好对“法轮功”人员的教育转化工作,加强对重点人员的监控和管理,努力维护安定团结的政治局面。

(六)深化“三新”教育,推动全局精神文明建设迈上新台阶。运用“三新”教育这个载体,提高精神文明创建水平,与全面建设小康社会的目标,提高社会文明程度的要求是一致的。我们要坚持把拓展“三新”教育和企业精神文明建设结合起来,全面凝聚企业力量,积极创建文明行业,不断增强市场竞争力。

1. 深化“三新”教育要有新思路。要以“三个代表”重要思想为指导,把“三新”教育作为贯彻落实《公民道德建设实施纲要》的有效载体,以提高职工职业道德素质,促进铁路服务整体水平,提升企业形象为目的。在方针原则上,要坚持社会性要求与企业性要求相统一,行业的共性与企业的个性相统一,思想性与实践性相统一的原则;在内容上,突出职业道德教育、服务理念的树立、服务行为的养成和企业形象的提升四个重点;在活动的要求上,着力于服务理念、服务方式、服务规范、管理机制四个方面。深化“三新”教育,要突出创新这个关键,树立新理念要新在个性上,提供新服务要新在特色上,塑造新形象要新在品牌上。要把总体要求与各自的实际情况结合起来，着重抓好大站和进京、进沪、进穗列车，使这些站车率先做到规范服务、文明服务，在继承与创新的基础上，扎实推进“三新”教育活动。

2. 深化“三新”教育要突出五个重点。一是坚持以更新观念为先导。要积极思考提炼体现行业共性和企业个性、具有鲜明时代特征的新理念，使服务理念具体化，以便成为职工自觉遵循的工作要求和标准。二是坚持以提高素质为根本。全面贯彻《公民道德建设实施纲要》，深入开展理想信念教育、职业道德教育和服务宗旨教育，加强技术业务培训，注意新科技的学习和运用，着力提高广大职工的思想道德素质和服务技能。三是坚持以改进服务为重点。围绕提高服务质量的八项目标，认真抓好硬件整治，加大规范管理力度，创新服务内容，积极培育和选树先进典型，大力推广先进经验和工作方法，不断满足旅客对客运服务质量的新要求。四是坚持以创新机制为保证。要逐步建立站车服务标准体系，建立市场化的质量管理机制，完善社会评价机制，优化市场反应机制，在管理中体现服务，在服务中落实管理。五是坚持以深化改革为动力。要进一步深化“三项制度”改革，健全完善新的用人、用工和分配制度，真正把服务质量与职工的收入、干部的考核任用挂起钩来，充分发挥机制的激励约束作用。

3. 要结合“三新”教育，推进企业文化建设。十六大报告强调了文化建设的极端重要性。企业文化是企业精神文明建设的重要内容，是增强企业核心竞争力的重要方面。各级党委要站在代表先进文化前进方向的高度，切实加强对企业文化建设的领导；各级行政、工会、共青团组织要发挥各自优势，承担起建设企业文化的职责，用企业文化、企业精神来凝聚职工、凝聚力量，提升企业整体形象。要把企业文化建设与实施品牌战略结合起来，加强指导和培育，促进服务品牌的发展成熟，建成一批文明服务示范站车、文明服务示范线，努力形成精品系列和典型群体。要把企业文化建设与丰富职工文化生活结合起来，充分发挥文化线及体育场(馆)的辐射作用，广泛开展主题鲜明、形式活泼、内容丰富的文化娱乐、体育健身等活动，继续深化文明单位创建工作，发挥站区的整体功能作用。要切实加强站车文化市场管理，开展“扫黄打非”工作，净化站车文化场所，把铁路站车建成传播社会主义先进文化的重要阵地，促进全局精神文明建设迈上一个新台阶。

同志们，党的十六大确定的全面建设小康社会的宏伟目标，赋予了我们铁路新的历史使命，做好今年的工作，保持全局改革发展良好势头的任务光荣而艰巨。我们一定要以“三个代表”重要思想为指导，务必保持谦虚谨慎、不骄不躁的作风，务必保持艰苦奋斗的作风，抓住这来之不易的重要发展机遇期，以只争朝夕的精神状态，以永不懈怠的工作激情，与时俱进，开拓进取，努力实现新一轮资产经营目标！

与时俱进　真抓实干
奋力开创军交运输工作新局面

驻成都铁路局军事代表办事处主任　白建生

2002年,驻局军代处全体官兵以三个代表重要思想为指导,以军事斗争军交运输准备为龙头,以高标准完成军交保障任务为目标,在上级党委和路局军代处第一主任、第一书记的领导下,突出应急运输,完善各类保障预案,加快军交战备实施建设,积极开展军交优质服务,狠抓安全稳定工作,圆满完成军交运输保障为重点的各项任务,单位全面建设取得长足进步。

一、抓龙头,军交运输综合保障能力有提高

一是修改、完善各种应急保障方案。随着军交运输准备工作的逐步深入,针对管内重点保障部队的调整变化和铁路设备、能力的发展,按照“预有准备,多案并举”的原则,及时修改、完善各类运输保障方案和应急输送方案,确保随时做好重点方向、重点装卸载地域的应急输送准备。在2002年上半年管内某军械库的倒库应急运输中,经过军路通力协作,比上级要求提前两天完成倒库任务,整个过程组织严密,反应迅速,受到部队的好评和上级业务部门的充分肯定。二是加快军运实施建设步伐。铁路军运设施是军交运输保障能力的重要基础,是提高保障能力的一个重要因素。伴随铁路事业的不断发展,在铁路部门的密切配合下,军路共同抓住机遇,深入贯彻上级的一系列指示精神,按照“纳入、一道、发展”原则,对新建成都北编组站及遂渝铁路提出军事要求6项;落实了黔江军供站选址和建设方案;协调铁路部门投资1 000余万元对普雄、尼波等5个站的军运设施进行改造;结合燕岗、德阳站货场建设,新建了军运站台、备品仓库等军运设施;完成了达成线南充军供站新建工程,铁道部分别投资240万元和410万元的昭通、宜宾军供站现已开工建设;由四川省政

府投资455万元，并列为“拥军工程”的普雄军供站已决定整体迁建。三是军交业务训练成绩突出。驻局军代处认真贯彻“科训兴军交”战略，按照新的《军事训练与考核大纲》的要求，积极实行分类分级训练，以此为基础，采取办班培训、换岗轮训、网上推演等形式，不断拓宽训练手段，加大科技含量，全面锻炼，整体提高，切实使军交干部的业务素质强起来、硬起来，极力构筑复合型军交人才。在“029铁流行动”综合演练中，敢于启用年轻人挑大梁，做到人人参与，在全处上下掀起了科技练兵的热潮，既促进了全处业务水平的提高，又为基层单位培养了一批敢挑重担的业务骨干。全年还举办了各类讲座20余次，业务培训班4个，干部受训面达90%。

二、树形象，广泛开展优质服务活动

认真贯彻总后勤部“关于在军交运输系统深入开展优质服务活动”的通知精神，牢记“为部队服务、为国防建设服务”的两服务宗旨，把为部队排忧解难作为各项工作的出发点和落脚点，切实把优质服务贯穿到各项工作中，高标准、高质量地履行职责，以实际行动诠释军代处的“窗口”形象。一是在运输保障工作中搞好优质服务。对车辆使用量大、时间集中、扣车时间较短的部队演习、训练运输，我们积极协商路局有关部门停止管内商运平板车装车，确保部队任务需要。在拟制军列运行计划时，尽最大努力安排军列白天装卸载，保证部队官兵一天能吃上两餐热饭；装载前，主动派人到部队了解装备情况，及时审核新装备的装载加固方案，指导部队办理运输手续和超限电报，制订配载计划。装载中，军代表手把手地教部队官兵对装备定位及捆绑加固，做到装载一次为部队培训一批业务骨干。为使部队官兵掌握军运中的一些基本常识，专门组织有关人员编写了《铁路军事运输常识手册》、《新老兵铁路运输须知》、《铁路军事运输押运人员须知》和《铁路运输安全乘行常识》等小册子下发部队，深受官兵的欢迎。二是在交通战备工作中搞好优质服务。协调铁路部门抓重点部队、重点方向的军运装卸载地域的建设，进一步完善作战机动部队、训练基地、特种装备军运装卸的配套，逐步形成与战场、训练场相适应的军交运输基础设施保障体系。同时还积极与铁路部门、地方政府协调，贯彻落实渝怀线、内昆线、遂渝线以及襄渝线扩能改造、西北出川铁路通道国防要求，为平时应对紧急情况和战时运输打牢物质基础。组织协调南充军供站、昭通军供站和宜宾军供站新建工程。我们还积极协调省、州、县三级政府，使地处大凉山高寒山区的普雄军供站得以整体迁建。三是想方设法为过往军人提供优质服务。军路一齐抓住贯彻落实铁道部运输局、总后军交运输部《关于保障军人乘车购票的通知》的有利契机，广泛开展为过往军人提供优质服务活动。经军路双方共同努力，密切配合，管内各大客站共开辟军人候车室12个计2 000平方米，军人售票窗口15个。同时，为进一步解决过往的零星军人及军人家属购票难问题，在路局兼职领导的直接关心下，路局票务中心专门为军代处开设了一个订票户头，把为解决部队购票难落到了实处。2002年全处共为过往军人及家属解决硬座票6 000多张、卧铺票1万多张。在新老兵运输期间，积极协调铁路部门开展到部队上门服务，办理行李托运，为新老兵开辟专门通道，极大地方便了部队。

三、严管理，安全工作上台阶

2002年以来，全处以军交运输为中心，以确保安全为重点，突出对人和车辆的管理，狠抓落实，单位的安全稳定工作又有新的进步，连续第四年被军区联勤部评为“安全稳定工作先进单位”，连续25年无军运等级事故，为路局抓安全、促稳定、增效益做出了应有贡献。一是整章建制，安全工作纳入制度化管理。军路双方在认真贯彻上级有关规定的基础上，驻局军代处结合自身工作特点，依照上级有关规定，先后制定了《驻局军代处报废军用危险品铁路运输组织工作程序》、《驻局军代处机关办公保密秩序正规化建设实施细则》、《驻局军代处计算机管理暂行办法》等规定，使军交运输、办公保密、信息安全等方面都有章可循。二是坚持好“六项制度”，组织好“四个会议”。坚持安全工作检查制度，军运计划会审制度，军运考核评比制度，军运工作质量通报制度，军运周报制度；组织好每季度的保密工作会，每月的安全形势分析会，每周的驾驶班工作讲评会，每天的军运调度交班会，使抓安全防事故渗透到军运工作的各个环节，延伸到单位建设的方方面面。三是检查督促，确保各项制度得到落实。凡重要运输必精心研究、周密部署，工作有计划、有布置，处领导会同铁路有关部门下现场进行检查指导，注重跟踪问效；对于日常车辆管理，在执行有关车辆管理规定的同时，严格派车审批程序，严把车辆派遣关，坚持干部留营制度，加强查铺查岗的力度等，严禁出私车和私出车现象，确保车辆安全。

四、保重点，各项军运任务圆满完成

处党委和领导始终坚持以军事运输为中心，充分尊重兼职领导并发挥各级军交运输组织机构的作用，周密计划，精心组织，合理安排，迅速准确、安全保密地完成了进藏、进疆物资运输、“0182”运输、炮兵打靶、部队训练、新老兵、航空油料、军援外贸等运输任务。全年共完成军运装车1万多车，办理各种军列运行300余列，输送人员20余万人次，运送装备、物资50余万吨。日间装车计划兑现率、月计划兑现率、军列始发、运行正点率均达到或超过总部的规定。一是精心组织，确保整列运输安全顺利。因军事斗争准备力度的加大，我处承担的卫星发射、国防尖端保密产品等高等级运输常年不断。军路一齐周密计划,精心组织,严密监控,万无一失地完成了各级警卫方案运输。二是加强领导,健全制度,积极完成“0182”任务。所属各单位严格执行总部、军区的有关规定和要求,严格作业程序,确保不出任何事故隐患和责任差错。2002年5月至9月,共完成“0182”任务装车31车1 800余吨,接入运行37车2 200余吨。三是措施到位,部队训练、演习运输安全正点。部队训练、演习等运输使用车辆多,要求高,组织协同复杂,保障难度大。军路双方协调一致,采用多种切实措施,合理安排运行、返空计划,严密装、运、卸各个环节的组织指挥,圆满完成了军区高原“02”演习、部队训练等运输任务。四是反应迅速,应急运输保障有力。立足“应急”,着眼“快速”,为此,我们在调演、论证的基础上,不断充实、完善应急军事运输方案和办法,及时修订了管内部队应急铁路输送保障方案。2002年又根据西昌地区防震工作的需要,及时制订了各分局管内部队赴西昌地区抢险救灾应急运输保障方案。各级军代处及时更新了管内运输资料,添置了应急运输工作包,制订了大批量和零星等不同运量情况下应急运输工作程序,为做好应急运输提供了相应准备。五是规范管理,新老兵运输井然有序。军路领导高度重视,安排合理,运输组织井然有序,并逐步形成了从计划编制、任务部署到组织实施一整套的规范做法,确保了每一批新老兵运输安全顺利,实现了军区“无刑事案件、无严重违纪、无重大纠纷”的要求。

总之,2002年,在铁路部门的大力配合下,通过驻局军代处全体官兵的共同努力,圆满完成了以军事运输为中心的各项任务,单位全面建设稳步提高。

2003年,驻局军代处坚持以“三个代表”重要思想为指导,全面贯彻十六大精神,叫响“筑牢保底线,再创安全年”的口号,以迎接军交运输正规化建设二十周年为契机,坚持以军事斗争军交运输准备为龙头,以保障有力为目标,抓龙头,保战备;抓机关,树形象;抓基层,打基础;抓安全,促稳定;以昂扬的斗志,扎实的工作,完成好军交运输任务,奋力开创单位全面建设新局面。

三峡库区第一路——达万合资铁路

成都铁路局总工程师兼
达万铁路有限责任公司董事长　符兹和

达万铁路自襄渝线的达县站，经麻柳、开江、梁平、分水、李河至万县，全长161.75公里，1997年10月开工，2001年全线铺通。这条铁路的修建正如国家计委1996年初批复项目建议书中所指出的"为支援三峡工程及开发性移民工作，带动沿线资源开发和经济发展，形成四川省的铁路水路联运、出川达海的直接通道，促进四川省，鄂西、黔东及陕南地区对外开放"，是一条具有国土开发性质的铁路。

一

1994年国家计委批准达万铁路立项修建。1995年3月22日，四川省、铁道部决定合资修建达万铁路，并在成都市注册成立了"四川达万铁路有限责任公司"（四川省占有52%股份，铁道部为48%），董事长由控股方出任，双方选派人员组建公司，积极开展前期工作。1997年因重庆市行政区划调整，经国家计委协调，出资方更改为铁道部、重庆市、四川省（股比为70%、16.65%、13.35%）。人员进行个别调整后，"达万铁路有限责任公司"于1997年10月27日在万县注册。同年10月31日达万铁路在万县开工，时任国务院总理李鹏，副总理邹家华及铁道部傅志寰、蔡庆华副部长，重庆市蒲海青市长，四川省宋宝瑞省长出席了开工典礼，并为达万铁路奠基。

达万铁路全线设计为国家Ⅰ级单线铁路，线路总长161.75公里，限制坡度12‰，最小曲线半径1 000米，困难地段400米，内燃牵引，预留电化条件，闭塞类型为继电半自动，桥隧比例为34.6%。投资控制在25.5亿元，资本金原为10亿元，后调整为13.76亿元（占总投资的53.96%）。开行贷款3.44亿元，亚行贷款1亿美元折合8.3亿元人民币，重庆市、四川省政府在筹资中又申请使用了国债资金。由于立项较早，概算偏紧，在技术鉴定审查时，设计部门编制的站前工程概算已达32亿元（不含站后工程），只能削减工程量，缓开车站数目，并通过招标降低造价控制投资。

在建设过程中由于地质复杂，险象环生，先后发生万县西大滑坡、田家坡隧道出现溶洞暗河、葫芦潭隧道的大流沙，且又发生在雨季，施工既抢险。建设期间，国务院颁布了新《国土法》等一系列法律，使建设成本增加。部、省、市出资方实事求是，经董事会决定股东方批准，委托铁道部设计鉴定中心清理概算，总投资为 28.7581 亿元，资本金再次调整为 18.1386 亿元(占投资总额的 63.07%)，单位造价是1 777.9万元/公里，投资基本得到了控制。

由于出资方调整和公司改组使原定开工时间推迟一年，后又因工程地质病害工期延后一年。经过各方努力，终于于 2001 年全线铺通，2002 年通过工程初验，使公司从建设期转入了运营期。1994 年立项时预测达万铁路年货运量 400 万吨，由于行政区域交通格局的变化，2002 年运量只有 53 万吨，公司将面临沉重的债务负担、收不抵支新的营运压力和挑战。

二

达万合资铁路是改革开放的产物，决定了公司艰难的开拓历程。达万铁路有限责任公司是全路首次集建设与运营为一身，具有开创性的现代企业管理制度的独立法人结构。

(一)投资的多元化

达万合资铁路公司使用了亚行、开行贷款，也使用了国债，铁道部、重庆市、四川省既是出资方也是公司借贷的担保方。投资主体多元化，使达万铁路的筹资必须遵循投资三方协商一致的原则，概算调整必须经三方认可，从而使投资控制受到刚性约束。改变了过去铁路工程项目概算偏低，建设中屡屡调概，国家计委、财政部门多次提出意见的状况。达万铁路初步设计审查概算 27.03 亿元、技设鉴定概算 27.28 亿元、2002 年清理概算审查批准总概算 28.7581 亿元，比技设鉴定概算增加 5.4%。无论从概算调整次数，还是从概算调整幅度来看，都处于较好水平。

(二)独立的法人治理结构

达万铁路公司从项目筹建开始，就是一个集筹资、建设、运营、还贷四大责任于一身，按《公司法》组建的项目法人，具有较完善的法人治理结构。公司不仅要完成筹资、建设任务，而且要负责建成后的运营和还贷，考虑公司长远的生存和发展。这种新的体制和运行机制使公司具有了内在的自我约束的压力和动力。

(三)按国际交易规则办事

达万铁路由于使用亚行贷款，按国际惯例进行部分土建工程、物资设备、信息咨询的国际招标，其中土建工程国际招标是全国铁路系统第一家。整个招标和实施过程严格遵循亚行的《采购指南》和菲迪克条款规定的程序进行，每一个步骤都必须经亚行书面批准。招标中不设标底，在符合性审查、技术方案等条件满足的条件下，实行最低评估价中标。从发售标书到发出中标通知书的全过程中形成的所有文件、传真均作为合同附件，正式文件一律以英文为准。在合同实施过程中，均以合同文件为依据，工程监理通过国内招标实行第三方监理。

中标书发出后，亚行随即派团来公司考察。在项目进行中，公司每季度向亚行送交进度报告，每年向亚行送交环境监测评估报告和征地拆迁移民安置报告，由国家审计署对项目进行年度审计。亚行中期检查代表团每年来现场进行一至两次监督检查，并签订检查备忘录。项目完成后要向亚行送交项目完成报告，接受亚行项目完成代表团的完成检查和审计。在开始运营的五年间，公司每年要向亚行报送运营财务分析报告，五年后由亚行进行项目后评估。这种复杂的程序，严格的要求，迫使公司必须严格按国际规则办事，必须硬化合同管理。

三

通过实践，我们既取得了宝贵的经验，也有一些令人深省的教训。达万铁路公司在建设和发展中必须牢固树立“三个观念”

和“一个意识”。

第一,必须牢固树立投入产出观念,严格控制建设规模和标准。今天的投资,是为了明天的产出。投资所形成的固定资产如不能在运营中充分发挥作用,就会造成能力过剩,资产闲置,增加还贷压力。达万铁路是一条尽头线,运营初期几年间运量不大,市场培育需要一个过程。据此,设计和建设单位只能固本简末,因地制宜确定建设规模和标准。一是运营必须的设施力求配套、完善,方便货主和旅客,以利吸引货源,增加收入,但规模要适当;二是非企业职能社会化,不建学校、医院等非运营生产性设施,压缩住宅修建规模,使企业和社会各自的功能清晰,不搞小而全;三是根据运营需要考虑车站设置,全线设计车站18个(含达州站,下同),初期开站12个,经研究在技设鉴定时压缩为8个。通过采取上述措施,仅房屋建筑一项就由初设的16万平方米压缩为10万平方米,后又压至5万平方米。由过去争投资,争规模,改变为自觉控制建设规模,控制投资。

第二,必须牢固树立负债经营的观念,千方百计节约投资。达万铁路资本金以外的资金,是来自亚行和开行的贷款,建设期要付息,建成后要还本付息。这就是说达万铁路公司将在高负债(资本负债率高达36.9%)的压力下去运营,建设期调概即是调债,降造就是减负(债)。负债经营的压力迫使公司千方百计堵塞漏洞,降低造价,节约投资,谨慎使用建设资金,控制投资饥渴症。

第三,必须牢固树立合同观念,硬化合同管理。施工单位(特别是从铁道部剥离的各工程局、处)初次接触无标的国际招标,仍然抱着靠铁道部调概的固有观念,以低价竞标,造成严重亏损,对国际标的索赔条款也运用不当。承建洲河大桥(363.18米)、雷音铺隧道(3 296米)、分水隧道(4 747米)工程的施工单位都有大额亏损。从另一个角度看,这些单位都为三峡库区建设做出了突出的贡献,过去有问题找政府解决,现在有纠纷找法院告诉。

必须树立规则意识。亚行的《采购指南》和菲迪克条款是国际通行规则,是整个招标和项目实施过程都必须遵守的主要规则。合同则是合同的双方当事人都必须严格遵守的法律文件。在项目实施过程中,业主、施工、设计、监理各方都不同程度受到过规则的惩罚,同时也受到一次深刻的规则教育。

达万铁路有限责任公司也遇到一些棘手的问题,如公司章程规定资本金鼓励搞多种经营,但项目稽查执法又不允许;章程规定公司是独立法人,负责资金的借贷,但银行系统为减少不良贷款率,拒绝对公司借贷,实际是“举债无门”。由于开工时间推迟一年,但当时四川省对亚行承诺的还款期限又不准许顺延,建设费用更不能挪用还本付息等等。改革措施的不配套使公司常常陷入窘迫之中,公司每前进一步都深深感到改革的不易。国务院领导、铁道部、四川省、重庆市出资方和铁路局、局党委对达万公司的关心、指导始终是达万人坚持改革方向的不竭动力,李鹏委员长得知达万铁路即将开通,特意为万州车站(万县车站)题写站名。

站在三峡库区新的水位线上,看到蜿蜒曲折的达万铁路沿丘陵台地、山脊向前延伸。我不禁想到,这条铁路的建设南连达成线,北跨长江连通即将动工的万宜线,构成川汉铁路和沿江通道,使成都市人民公园矗立的“四川辛亥秋保路死事纪念碑”所铭刻的巴蜀人民百年来的愿望得以实现,虽然我们在建设和初期运营中困难重重,但前景光明、意义重大。

党的十六大提出全面建设小康社会,达万铁路有限责任公司要围绕发展这个执政兴国的第一要务,坚持“三个代表”,与时俱进,认真总结,进一步增运降耗,发掘现代企业管理制度在体制、机制上的优势,坚持创新,努力开拓多种经营,为三峡库区的经济发展做出不懈的努力。

发挥导向作用
推进企业创新

成都铁路分局党委书记　贾定成

当前，企业改革已进入攻坚阶段，发展处于关键时期，市场竞争日趋激烈，从业人员思想观念尚不能完全适应形势任务的需要。在内外环境发生深刻变化的情况下，认真贯彻十六大精神，始终高举创新大旗，保持与时俱进的精神状态，是企业适应新形势的必然要求。企业党组织要在新的形势下更好地发挥政治核心作用，就必须在创新中发挥好导向作用。

一、营造良好的创新氛围，是发挥导向作用的前提

一个企业，如果观念陈旧、机制僵化、思维禁锢，必然难以形成新的思路、推出新的举措、开创新的局面。企业党组织要发挥导向作用，首先必须在营造良好的创新氛围上下工夫。

努力营造与时俱进、开拓创新的良好氛围。思维指导行为，思路决定出路。充分发挥企业党组织在创新中的导向作用，必须在全体从业人员中形成与时俱进、开拓创新的思想氛围。既要继承经验和传统，又要敢于突破前人，引导全体从业人员根据形势的变化，自觉地把思想认识从那些不合时宜的观念、做法和体制的束缚中解放出来，从主观主义和形而上学的桎梏中解放出来。要始终把发展作为第一要务，正确处理改革、发展和稳定的关系，以发展为核心，走出瞻前顾后、患得患失的思维误区。以“三个有利于”、“三个代表”和“实践”的标准检验所作出的决策，只要符合这三条标准的，就大胆地干，大胆地闯，大胆地试，敢于走前人没有走过的路，做前人没有做过的事，在创造性的工作中推进各项事业的发展。

努力营造尊重知识、尊重人才的良好氛围。当前，知识经济蓬勃兴起，科技进步日渐成为经济发展的决定性因素，人才竞

争成为企业竞争的核心。努力营造尊重知识、尊重人才的良好氛围,充分激发和调动各类人才积极性、创造力,是营造创新氛围的重要方面。要遵循人才成长的基本规律,逐步建立起公平合理的竞争机制,给每一名干部创造施展个人才干的舞台,创造必要的物质条件,满足其实现自我价值的需要,努力形成物尽其用、人尽其才的良好局面。既要发挥精神激励的驱动作用,又要发挥物质利益的驱动作用,将简单劳动与复杂劳动、一般性劳动与创造性劳动区别开来,进一步深化分配制度改革,实现报酬与贡献相统一,激发各类人才的积极性。

努力营造民主讨论、百家争鸣的良好氛围。历史证明,民主是创新的基础和条件。企业党组织要在创新中发挥导向作用,就必须在倡导民主上下工夫,努力形成畅所欲言、百家争鸣、百花齐放的良好氛围,为各种创新活动提供一个宽松的环境。倡导民主,必须正确执行民主集中制。各级领导班子在各项工作中处于主导地位,要尊重每一名班子成员的意见和职权,调动班子每一名成员的积极性,努力在班子内部形成知无不言、言无不尽的良好氛围,为新思路、新举措的形成创造条件。倡导民主,必须尊重基层首创精神。基层单位和基层干部职工处于生产经营第一线,是各项政策措施的直接执行者,是各类技术装备的直接使用者,最清楚基层的实际情况,也最有发言权,各级领导注意倾听各方面的意见,善于向职工群众学习,将职工群众在具体实践中的智慧和经验集中上来,为创新提供不竭的源泉。

二、选好人,用好人,是发挥导向作用的关键

政治路线确定之后,干部就是决定因素。用什么人,不用什么人,对创新具有重要的导向作用。重用那些勇于创新、敢于负责的人,就会形成人心思进、奋力争先的氛围,促进各项工作的顺利推进;让那些不思进取、萎靡不振的人占据重要岗位,就会滋长因循守旧、墨守成规不良风气,延缓、制约各项工作的顺利推进。因此,要充分发挥企业党组织在创新中的导向作用,就必须在选人用人上下工夫。

正确识别干部,将创新精神和创新能力作为评价干部的重要标准。是否具有强烈的创新精神,是"德"的重要表现。邓小平曾反复指出,没有一股气呀、劲呀,就走不出一条好路,走不出一条新路,就干不出新的事业。只有那些牢记使命,有强烈事业心和责任感的人,才会始终保持旺盛的创造力;那些革命意志消退,患得患失、明哲保身的人,只会回避矛盾,遇事绕道走,难以开创新局面。是否具有较高的创新能力,是"才"的重要方面。创新的过程,归根到底是探索内在规律的过程。只有那些本职工作上的行家里手,才能正确总结工作经验,善于在各种纷繁复杂的现象中洞察事物的本质,把握事物发展的趋势,从而形成新的思路、推出新的举措、开创新的局面。创新精神和创新能力,是"德"与"才"的内在统一,是德才兼备的重要表现形式,

选拔任用干部，必须将创新精神和创新能力作为重要的考察内容。

科学管理干部，正确看待干部在创新中的挫折与失误。创新是突破性的发现、革命性的变革、综合性的创造、飞跃性的发展。创新之路，不可能一帆风顺，常会遇到挫折和失败。邓小平同志指出："不冒点风险，办什么事情都有百分之百的把握，万无一失，谁敢说这样的话？"他还指出："允许看，但要坚决地试。看对了，搞一两年对了，放开；错了，纠正，关了就是了。"各级党组织要坚持全面和历史地看待干部，对那些勇于改革，敢于管理、积极创新的干部，要允许他们出现一些失误，防止"一棍子打死"。只有这样，才能消除干部的顾虑心理，激发大家勇于创新的积极性。同时，也要防止形式主义。考察干部，既要看他是否有新的思路、新的方法和新的举措，同时又注意看这些思路、方法、举措是否结合实际，能否落到实处，是否产生了实在的效果，防止被表面现象所蒙蔽。

大力培养干部，全面提高干部队伍素质。提高干部素质，是提高创新能力的基本要求。要坚持用科学的理论武装干部头脑，提高大家运用马克思主义的立场、观点和方法分析、处理现实问题的能力，在不断解决现实问题的实践中推陈出新。当前，特别要抓好"三个代表"重要思想和党的十六大精神的学习，全面掌握其理论精髓和精神实质，统一企业干部职工的思想行动，不断激发凝聚力、战斗力和创造力，以新的思维、新的举措推进各项工作。实践证明，谁能紧紧跟上知识更新的步伐，谁就能始终处于时代发展的前沿，就有更强的适应能力，更大的发展潜力。要引导干部更多地掌握新知识，努力跟上知识更新、科技进步的步伐，提高认知水平，增强适应能力，推进事业发展。

三、党的建设创新，是发挥导向作用的核心

抓好党的自身建设，是抓好各项工作的关键。只有党的自身建设充满了生机与活力，才能为企业创新提供政治、思想和组织上的保证。

狠抓思路创新。要树立党建工作改革观。改革是发展的动力，党建工作既担负着为推进改革提供组织保证的重任，同时也是改革的对象，不推进党建工作自身的改革，党的建设就会落后于时代的要求，就难以发挥为改革发展保驾护航的作用，因此必须按照与时俱进的要求，根据形势任务的变化，及时充实党建工作的内容，改进党建工作的方法，创新党建工作的机制，使党的建设始终能保持生机与活力。要树立党建工作效益观。党的建设必须紧密围绕企业中心工作来开展，将党建工作的成效体现在确保安全、加强管理、促进经营、维护稳定等实际工作上，坚决防止"两张皮"；同时要针对党建工作是虚指标、软任务等模糊认识，引导大家充分认识党建工作的巨大威力，认识到党的建设对生产力的巨大推动作用，将党建工作摆在与安全运输生产同样重要的位置，做到同安排，同部署，有机结合，相互促进。要树立党建工作

质量观。党的建设必须创新，但决不能搞形式主义，更不能为了片面追求高指标而降低标准。比如，在达标党支部的比例上，必须严格标准，防止“拔苗助长”；在发展党员工作上，决不能为了完成计划而降低党员标准，也不能因指标的限制而将已经成熟的同志拒于党的大门之外。树立党建工作投入观。党的建设不能搞空对空，必须保证必要的投入，在财力、物力、人力上为党建工作的加强提供必要的物质保障。要树立党建工作科技观。主动适应科技进步和党员、职工认知范围不断扩大的要求，改进党建和思想政治工作的传统模式，增加党建和思想政治工作的科技含量，适应新形势的需要。

狠抓机制创新。制度更带有长期性和稳定性，新的工作思路必须依靠新的机制来加以约束和保证。在责任机制上要由党委主抓、行政支持向党委主抓、党政共同负责转变。各级党员领导干部要充分认识自己在加强党的建设中的重要职责，切实履行一岗双责，下基层要自觉将基层党组织建设作为重要的检查内容，特别要认真落实基层联系点制度，从整体上加强党建工作的领导力量。评价机制要由强化基础向强化作用转变。在基层党组织工作绩效的考核上，要坚决克服就党建抓党建的倾向，注意把完成生产经营任务、提高经济效益、确保安全生产、维护队伍稳定等方面的实绩作为基层党组织工作的主要标准，引导基层党组织将主要精力放到促进中心工作上。在约束机制上要由主要依靠外部督促向激发内在动力转变。内因是事物发展变化的决定因素，要将精神激励与适当的物质鼓励结合起来，与党员、干部的切身利益结合起来，特别是与党组织负责人的考核结合起来，与选人用人结合起来，调动全体党员、各级干部抓好党的建设的积极性。

狠抓载体创新。新的观念、新的机制，只有落实到新的载体之中，才能发挥应有的作用。为此，加强党的自身建设，必须不断创新党内活动。要紧密围绕贯彻落实上级精神创新载体，将上级的原则要求与本单位工作性质、党员队伍状况等自身实际紧密结合起来，因地制宜开展党内活动，保证上级指示、决议和方针政策的有效落实。要紧密围绕中心工作的难点、焦点创新载体，始终把服务中心工作、促进中心工作作为党建工作的出发点和落脚点，根据形势任务的变化，有针对性地设计和创新党内活动，增强党内活动的实效性。要紧密围绕提高党建工作质量创新载体，全过程、全方位掌握党的建设中存在的问题、差距和不足，有针对性地开展党内活动，提高党建工作的整体质量。

成昆铁路双流至攀枝花段电气化铁路建设

成都铁路局成昆电气化建设
西昌指挥部常务副指挥长　刘庆生

成昆铁路纵贯川滇两省，是我国西南路网中的一条重要干线。北起天府之国的心脏成都，穿富饶繁荣的川西平原南下，跨青衣江，溯大渡河而上，进乌斯河大峡谷，越奔腾汹涌的大渡河，12跨牛日河，翻越大小凉山，5跨孙水河，又8过安宁河，再渡金沙江，切过钢城攀枝花后进入云南境内，直抵“彩云故乡”的首府昆明。全长1 100公里，于1970年建成通车。

成昆铁路电气化改造前，尤其是在改革开放以后，随着铁路沿线经济建设的蓬勃发展，使得成昆铁路设计预期发展能力不足的问题日渐显现。主要表现在六个方面：区段输送能力不足；车站通过能力不足；机车牵引能力不足；货场装卸能力不足；线路抗灾能力不足；机车车辆检修能力不足。要打开制约攀西地区乃至四川经济发展的瓶颈，实现四川经济的跨越式发展，对成昆铁路实施大规模技术改造已迫在眉睫。

成昆铁路电气化建设工程，属国家重点建设项目。在铁道部、铁路局、铁路局党委的领导下，在各级地方政府的大力配合下，立项在“八五”，建设于“九五”，终成于“十五”初期，前后历时10年。成都铁路局管辖的双流至攀枝花段电气化工程全长737.6公里(包括渡口支线至密地车站)，1993年3月18日开工建设，1999年12月30日实现成昆铁路(四川境内)成都至攀枝花段电气化铁路竣工投产运营，2002年工程完工销号。建设工程前后历时十载，国家投入建设资金35亿元，10余万人次参与建设，续写了中国现代化、电气化铁路建设史的新篇章，在西南铁路建设第三次大会战中被誉为二十世纪中国现代化铁路建设史中“成都模式”的极其重要的组成部分，开创了一年之内在一个铁路局、一条既有铁路干线上、一次开通电气化铁路长度超过600公里的先河。

1992年12月，按铁道部的要求由原西昌铁路分局调集干部、职工数30余人丁组建了“成都铁路局成昆电气化建设西昌指挥部”，下设生产技术部、综合部、监理站、办公室，负责对成昆线双流至攀枝花段电气化工程的统一管理，路局主管建设工程的副局长兼任指挥长。铁道第二勘察设计院负责电气化工程的总体设计。中铁二局、五局、十二局、铁道部电气化工程局、昆明铁路局工程总公司、成都铁路工程集团公司等单位参加工程建设施工。成都铁路局勘测设计院参与该工程部分件名的优化设计，大西南监理公司担负工程监理。1993年3月18日，双流至攀枝花段电气化工程，在西昌车站举行了隆重的开工典礼。

双流至攀枝花段电气化工程由站前技术改造工程和站后电气化工程两部分组成。

站前技术改造工程面临“难”、“险”的严峻现实。“难”，既有线施工行车影响，安全要求标准高、工期紧，运输与施工的矛盾突出。“险”，一线桥改三线桥，旧桥边上建新桥；洞中建洞，洞内车站扩建修新线；编组场扩建，能力不减，作业不停，旅客列车到发场“翻边”，站场大拆大改；45天拿下百家岭“烂洞子”，上部施工，下部行车等等，处处都是“虎口拔牙”的攻坚战。站前技术改造工程的关键工期控制工程有：燕岗、西昌南车站技术改造、关村坝新建隧道1 178米、西昌南下行联络线新建马鞍堡隧道638米、轸溪单线大桥改三线大桥、隧道渗漏水病害整治278座。1994年11月23日至12月18日，连续26天架设了尼日、轸溪两座大桥和道林子一号、二号两座中桥以及双凤溪小桥，架梁132片，做到了万无一失，一次准确就位，确保了行车安全、运输畅通，比原计划提前8天完成了架梁工程，实现了运输、施工双丰收，打开了站前技术改造工程的新局面，受到了路局的通电嘉奖。

站前技术改造工程先后完成改建桥梁13座，总长1 940延长米(其中：大桥2座，1 342延长米；中桥4座，394延长米；小桥7座，204延长米)；改建各类涵洞109座，总长2 049横延米；新建隧道2座，总长1 808成洞米。尤其值得称道的是，设计人员和建设者在称之为“洞中车站”的关村坝站，大胆采用了“喇叭口”施工设计方案，创造了全路第一个“洞中掘洞，洞里有站，洞内出岔”的双洞三线车站奇观，使燕岗至乌斯河区段内的运输通过能力有了极大提高。站前工程重点病害隧道整治9座；隧道整治渗漏水278座，总长22万余延长米。尤其是成昆线上有名的“烂洞子”百家岭隧道和沙木拉达隧道，经过中铁十二局集团第三工程公司、成都铁路工程集团第二工程公司等施工单位的强攻后，病害处所得到了有效整治，取消了长达数年的慢行。工程先后对双流至攀枝花段67个车站的站场进行了技术改造，尤其是对技术条件复杂的西昌南车站进行了旅客列车到发场“翻边”，由Ⅰ场改Ⅲ场的技术改造。建设期间，共挖填路基土石方311万立方米；线路铺轨86公里，其中：正线铺轨近5公里，站场铺轨81公里；铺道碴34万立方米；新铺车站道岔307组，拆铺道岔650组；还配套新建了桐子林道碴采石场1座；新建车站货场7座。

双流至攀枝花段站后电气化工程，在架设牵引供电接触网和新建牵引变电所的同时，对通信、信号、电力、机务、车辆、给排水、暖通、客货运设施、生产房屋、职工生活福利房等运输生产主要设备及相关的辅助设施，实施了同步改造。电气化改建工程，利用了世界银行第六批铁路贷款，采用国际招标采购方式，引进了科技发达国家及国际先进水平的通信传输、牵引供(变)电、车辆红外线轴温监测等技术装备，增强了铁路运输主要技术设备的现代化科技含量，提高了电气化投产后主要运输生产设备的技术等级。1994 年 12 月 26 日上午，中铁二局集团电务工程公司在眉山车站栽下了“千里成昆第一杆”；同日下午，又在花龙门车站至青龙场车站区间埋下了通信“千里成昆第一缆”，标志着成昆铁路双流至攀枝花段电气化改建工程的站后工程正式进入施工阶段。成昆电气化建设西昌指挥部审时度势，结合工程建设的特点和工程建设进度安排，确定了站后电气化改建工程中关键控制工程的主攻方向：土建保房建，房建保“四电”(即：通信、信号、电力、牵引供电)。工程先后完成：铺设通信综合光缆线路 747 余皮长公里；改建通信站 18 个；利用外资引进奥地利伊宁公司的无线通信、美国朗迅公司的数字传输技术和光纤程控设备，对无线通信和通信传输系统进行同步改造；64 个车站改造 6026 电气集中为新型 6502 电气集中，其中：燕岗、西昌南、密地等 3 个车站实现了大站微机联锁，同时还对这 3 个车站的驼峰和调车调速系统进行了同步新建或改扩建；架设电力线路 258 公里，同步新建或改建电力变(配)电所 22 座；架设牵引供电接触网1 375条公里，新建牵引供电所 18 座；新建供电段 2 个；利用外资设备使双流至攀枝花段的牵引供电调度系统实现了远动集中控制。同时对峨眉、西昌机务段的机车整备设施，西昌车辆段的修车设施进行了全面技术改建；同步改建列检所 5 个、站修所 2 个；利用外资设备安装了第二代车辆轴温红外线监测系统，实现了远程终端集中监控系统。

双流至攀枝花段站后电气化工程中，改建或新建各类房屋面积达 23 万平方米，其中：生产房屋 15 万平方米，生活福利房屋 8 万平方米；新建客运站房 19 个；新建车站信号楼 67 个；新修和改扩建职工线路医院及沿线卫生所 6 所，职工子弟中学 1 所。在燕岗地区新建了日产水 1 万立方米的水厂，铺设 23 公里输水管路，彻底解决了近三十年来燕岗地区生产、生活缺水，望水，盼水的老大难问题，成为广大职工家属无不称道的“民心工程”。改扩建了沿线给水站 19 个，新建了水源 13 处，从根本上改变了沿线数万名职工家属的饮水及生活条件。

1998 年 12 月 22 日，成都至燕岗段电气化铁路投产营运。1999 年 9 月 25 日，普雄至西昌南段电气化铁路投产营运。1999 年 12 月 23 日，燕岗至普雄段电气化铁路投产营运。1999 年 12 月 25 日，西昌南至攀枝花段电气化铁路投产营运，成昆线双流至攀枝花段电气化铁路全部贯通。1999 年 12 月 30 日，四川省、成都铁路局在成都车站举行了简短隆重的“成昆线(四川境内)电气化铁路通车典礼”。至此，铁道部、铁路局所确定的成昆铁路双流至攀枝花段电气化铁路通车运营目标全部实现。

成昆铁路双流至攀枝花段电气化工程，既是国家大型的重点基本建设项目，也是一项纷繁复杂的系统工程。自开工建设之日起，建设指挥部就把工程质量摆在第一位，以质量保障安全生产，以安全生产确保工期目标顺利实现。在 10 年建设期间杜绝了一切因施工引起的工程质量责任重大、大事故，杜绝了一切因施工引起的行车责任重大、大事故，杜绝了一切因施工引起的重大人身伤亡事故，实现了 10 年施工 10 年安全的奋斗目标。全部工程交验合格率达到100%,优良率达到90%以上。双流至攀枝花段电气化工程,荣获铁道部“2001年度优质工程”称号;双流至眉山段电气化工程,荣获四川省工程质量“天府杯”金奖。

双流至攀枝花段电气化改建工程自开工建设之日起,就受到了国家、新闻媒体、社会各界的高度重视、关心。双流至攀枝花段沿线的各级政府、各族群众更是给予了大力的支援与帮助。自1994年起工程便开始接受国家审计署9年的连年审计,保证工程的建设资金始终处于国家财政法规的严密监控之下,确保整个工程的财务支出始终控制在铁道部所批准的工程总概算的规模范围之内。

双流至攀枝花段电气化工程的竣工投产,使成都铁路局的生产布局、资产结构发生了变化,极大地舒缓了运能与运量之间的突出矛盾,线路通过能力由原来的1 059万吨提高到目前的1 651万吨;货运量由1 000万吨/年增至1 220万吨/年;机车牵引定数由原来的上行1 900吨增至4 000吨,下行由1 600吨增至3 250吨;开行客车的对数也由电化前的7对增加至现在的9对。双流至攀枝花段电气化工程的竣工投产,给铁路沿线经济吸引区内的经济发展注入了新的活力,打开了制约发展的瓶颈,促进了攀西、少数民族地区经济新一轮的开发,为国家实施西部大开发的战略提供了坚实的物质基础,为四川省国民经济生产总值连续数年保持在两位数的递增幅度了做出了贡献。成昆铁路双流至攀枝花段电气化铁路的建成,无可辩驳地证明:在人文环境复杂、地质条件恶劣,在既有线运输极其繁忙的情况下,只要充分发挥大协作的建设管理系统工程的运行机制,只要始终坚持党的“三个代表”重要思想与时俱进,一切困难、一切艰难险阻,终将被克服,终将被战胜。如果说,成昆线的建设是人类征服大自然、改造大自然的奇迹;如果说,新一代的成昆线管理者在极其艰难的条件下,确保了运输的畅通,创造了奇迹;那么,成昆线电气化工程的建设者则以顽强的拼搏、无私的奉献精神,以对国家、对人民、对历史高度负责的主人翁精神,续写了人类征服大自然、改造大自然的奇迹,也只有在社会主义的中国才能创造出这样的奇迹。这就是成昆铁路双流至攀枝花段电气化工程在广袤的原野、沟壑纵横的山川铺设了一条彩虹般的电气化钢铁大道的同时,所馈赠予我们的宝贵的精神财富。成昆线电气化建设者,是自强不息、努力拼搏的群体,它代表了一种进取、向上、顽强的气质和时代精神。

建设在发展,道路在延伸。我们踏上了新的征程,探索,实践,奋斗,奉献,用我们的双手去开创西南铁路更加辉煌的明天!

大事记

责任编辑　纪观群

1月

1日　路局党政工团以成铁办[2002]1号文件下发《成都铁路局加强安全生产的决定》，自1月1日起执行。

7日　王宝顺书记、齐文超局长在重庆宣布重庆分局行政主要领导调整通知，樊克敬任重庆分局分局长，陈启华任成都分局分局长。

8日　王宝顺书记、齐文超局长在成都宣布成都分局党政主要领导调整通知，陈启华任成都分局分局长，贾定成任成都分局党委书记，严中地另有任用。

10日　王宝顺书记、齐文超局长在局纪委、监察处全体职工大会上宣布部党组关于严中地任局党委副书记兼纪委书记、吉史里土任调研员的任免通知。

同日　路局召开局内昆铁路验收领导小组会议。曾家良副局长主持会议并讲话。

15日　局党委召开九届四次全委会议，听取并审议批准王宝顺书记代表局党委常委所作的工作报告，听取并同意齐文超局长报告的行政工作，会议由吴家梁副书记主持。

同日　成都军区联勤部孙明树副部长宣布齐文超任成都军区驻成都铁路局军事代理处第一主任。

15日至17日　局八届二次职代会在成都召开。

18日　2002年全局工作会议在成都召开。齐文超局长、王宝顺书记作重要讲话，路局领导班子就经营管理目标与局属各大口单位进行对话，签订2002年资产经营责任书。

21日　王宝顺书记、齐文超局长在成铁运输检察分院职工大会上宣布马凤台退休，孙青山任检察长、党组书记的任命通知。

25日　成都铁路局党员代表大会在成都召开，会议选举王宝顺、严中地等出席四川省企业系统党代会代表。

同日　在全国纪检监察先进集体、先进工作者表彰大会上，成都分局纪委书记陈德友受到中央纪委、监察部嘉奖。

28日至3月8日　春运40天，全局直通旅客发送、客运收入再创新高。共发送旅客1 043.2万人(含达成铁路公司124万人)，同比增加29.7万人，增长2.9%。客运收入完成76 852万元，同比增加6 595万元，增长9.4%。全局日均装车5 176车，同比增加280车，增长5.7%；货物发送1 196万吨，同比增运68万吨，增长6%；货运收入47 955万元，同比增收2 708万元，增长6%，创历史新高。运输收入完成124 807万元，同比增收9 303万元，增长8.1%。圆满完成春运任务。

31日　傅志寰部长率部运输局、车辆局有关负责人，在保定登上由重庆客运段值乘的北京至重庆T9次旅客列车，就客运服务质量年活动的贯彻落实情况进行暗访。

2月

2日至6日　铁道部彭开宙副部长率部春运检查组到路局检查指导春运工作。彭副部长一行听取路局春运工作情况汇报，并在齐文超局长、王宝顺书记的陪同下，到局调度指挥中心，成都分局调度所、成都站、成都车辆段、成都客运段，成都分局公安处、检察院、法院及重庆站、重庆车辆段、重庆分局调度所检查指导春运工作，看望慰问特困职工。

8日　局纪委召开第十次全委会议，研究同意达成线万山寺隧道坍塌重大工程质量事故有关责任人的处理意见。

11日　齐文超局长、王宝顺书记陪同四川省张中伟省长到成都站检查指导春运工作，慰问干部职工。

12日　贵州省委书记钱运录，省委常委、秘书长庹文升，副省长刘长贵在贵阳分局兰开锋分局长陪同下到贵阳站检查指导春运工作。

15日至17日 铁道部副部长刘志军一行在齐文超局长、王宝顺书记、杨大松副局长的陪同下，深入达县、广安、重庆、成都、绵阳站，成都客运段、成都车辆段检查指导春运工作。详细了解运能调配、售票组织、旅客候车以及客车整备情况。

15日至19日 部政治部任喜贵副主任带领的中央新闻单位春运采访团在吴家梁副书记陪同下，先后到成都、重庆分局采访。

16日至25日 彭开宙副部长率部春运工作组分别在齐文超局长、王宝顺书记、杨大松副局长、王瑞江主席、张德明副局长陪同下，先后检查广安、渠县、重庆、永川、隆昌、内江、成都、德阳、绵阳、贵阳、遵义、峨眉等站及成都机务段、德阳车务段、贵阳机务段等单位春运工作。添乘机车检查成都至峨眉间线路情况。听取齐文超局长、王守增总经济师及有关部门就改革、经营、管理等工作的汇报，提出努力推进改革、强化管理的具体要求。

19日 路局召开春运对话会议。彭开宙副部长对路局春运工作提出要求，齐文超局长就贯彻落实部电话会议精神及抓好当前春运工作提出要求，杨大松副局长参加会议。

四川省黄小祥副省长在张超群副局长陪同下到成都站检查指导春运工作。

3月

5日 全国人大九届五次会议在北京召开，吴家梁副书记、原局长滕玉和参加为期11天的会议。

8日 齐文超局长主持召开第一次局长办公会，研究有关干部调配问题。

11日 铁道部召开运输电视电话例会总结春运工作，部署客运服务质量年活动第二阶段工作及开展站车防火、防爆安全专项检查。齐文超局长、王宝顺书记、杨大松副局长、王瑞江主席参加会议，杨副局长汇报全局春运工作。会后，齐局长对贯彻会议精神提出要求。

15日 下发《关于在全局继续深入开展安全生产专项整治工作的通知》，3月下旬至9月底，在全局继续集中对安全生产八个方面进行专项整治。

25日至28日 铁道部政治部王宪魁主任在王宝顺书记、齐文超局长、吴家梁副书记、杨大松副局长陪同下到成都客运段、成都车站、成都工务段检查指导“三新”教育工作，听取成都分局专题汇报。主持召开“三新”教育座谈会，与郑州、昆明和路局有关单位及部门负责人座谈，共同探讨客运服务工作面临的形势和对策。

31日 铁道部王兆成副部长一行到成都，听取关于达成线扩能提速预可行性研究、新建遂渝铁路可行性研究方案的汇报，齐文超局长、王宝顺书记、符兹和总工程师和局有关单位、部门负责人参加会议。

4月

1日至2日 王兆成副部长在齐文超局长、符兹和总工程师陪同下，检查成都至遂宁线路状况，在重庆主持召开新建遂渝线可行性研究、达成铁路扩能提速预可行性研究情况总结会，对新建遂渝线、达成铁路扩能提速有关问题提出要求。

12日 达万公司股东会在成都召开。四川省黄小祥副省长、重庆市陈重副秘书长，路局齐文超局长、符兹和总工程师及有关单位、部门负责人参加会议，出资三方股东议决按比例增加资本金等事宜并签字。

16日至17日 全局党风廉政建设工作会议在成都召开。王宝顺书记、齐文超局长出席会议并讲话。会议由吴家梁副书记主持，严中地副书记作工作报告，杨大松副局长宣读表彰决定。

同日 王宝顺书记召集局属各大口单位党委书记会议，对做好当前稳定工作提出要求。

18日 内昆铁路内宜段电气化通车庆典在内江站举行。符兹和总工程师出席庆典并讲话。

22日 王宝顺书记、齐文超局长召集局领导班子成员、公检法系统及局机关有关部门负责人，传达贯彻全路维护稳定工作会议精神，研究部署全局维护稳定工作。

23日 成都铁路运输检察分院检察长刘刚获最高人民检察院一等功，局检察分院举行授奖大会，严中地副书记到会并讲话。

28日 全局庆祝共青团建团八十周年暨纪念“五四”运动八十三周年电话会议在成都召开。王宝顺书记、齐文超局长，吴家梁、严中地副书记，杨大松副局长出席会议，并向先进代表颁奖。

同日 以成铁劳[2002]111号文下发《转发〈铁道部关于重大死亡事故责任追究办法〉的通知》，对局属单位和局机关业务部门事故责任人的行政处分做出明确规定。

29日 王宝顺书记主持召开局党委第23次常委会，研究部署有关工作。

印发《关于建立领导干部廉洁谈话制度的通知》。

30日 齐文超局长主持召开第二次局长办公会议。会议原则同意综合研究处关于建立全局多元经营新格局问题的汇报，劳资处关于电务系统改革问题和调整提高公安干警警衔津贴标准、检察院和法院办案人员津贴标准、专职信访人员津贴标准以及非因工死亡职工供养直系亲属生活困难补助标准问题的汇报。

5月

4日 局团委书记刘存明被共青团中央命名为“全国优秀共青团干部”。

7日至9日 内昆铁路工程初验委员会第一次会议在成都召开，蔡庆华副部长、王麟书总工程师出席会议并讲话。路局齐文超局长、符兹和总工程师、曾家良副局长参加会议，并陪同部领导乘路用列车到内昆线检查初验现场。

8日 路局召开建立多元经营新格局大会，宣布路局、局党委《关于建立多元经营新格局的决定》和新组建的局多元经营管理中心领导班子。吴家梁副书记、张德明副局长出席会议并讲话。

9日 路局认真贯彻落实部“5·9”安全紧急电话会议精神，对安全大检查工作进行部署，并决定由王宝顺书记、杨大松副局长负责全局安全大检查的领导工作；吴家梁副书记、张德明副局长负责重庆分局；严中地副书记（纪委书记）、张超群副局长负责成都分局；王瑞江主席、曾家良副局长负责贵阳分局；施成效副局长负责达成公司的安全大检查工作。

同日 路局、局党委联合下发《关于在全局立即开展安全生产大检查的通知》，决定进行为期一个月的以查安全意识、安全管理、设备质量、职工两纪为主要内容的安全生产大检查活动。

12日 内昆铁路全线开通典礼在六盘水南站举行。傅志寰部长、蔡庆华副部长，云、贵、川三省及国家计委和开发银行领导，中咨公司屠由瑞董事长出席庆典。路局齐文超局长代表接管运营单位发言，符兹和总工程师、曾家良副局长参加典礼。期间，傅部长、蔡副部长在齐局长、符总工程师的陪同下到六盘水地区检查，与六盘水地区各单位主要领导座谈。

14日 彭开宙副部长暗访由成都客运段值乘的T7次旅客列车。

同日 王宝顺书记在中共四川省第八次代表大会上当选为四川省出席中共第十六次全国代表大会代表、中共四川省第八届委员会候补委员。

15日至22日 彭开宙副部长率部安全检查组到路局检查安全工作。由王宝顺书记、吴家梁副书记，张超群、曾家良副局长陪同，先后到宝成线、成昆线、成渝线、川黔线、黔桂线、湘黔线，重点检查道口、施工、防洪安全、设备质量和安全生产大检查等工作，与部分职工代表就当前安全重点及存在的问题进行座谈。

27日 王兆成副部长率部调研组到路局就客运公司的组建工作进行调研，听取客运公司组建工作情况汇报。

同日　王宝顺书记主持召开局党政联席会，研究制定深入扎实抓好安全大检查和安全月工作的具体措施。

同日至6月18日　铁道部审计中心对原局长滕玉和任职期间的经济责任及成都铁路局2001年实施资产经营责任制情况进行审计。

6月

1日　全局电务系统生产布局调整结束，重新组建的成都、西昌、重庆、凯里电务段正式运作。

2日　齐文超局长在贵阳分局机关领导干部会上宣布，部党组关于满希民任贵阳分局党委书记的通知。

6日至7日　水柏铁路有限责任公司第六次董事会在成都召开。会议审议通过水柏铁路运营管理、初验安排等议案。齐文超局长、王宝顺书记、符兹和总工程师、曾家良副局长与水柏公司董事长、贵州省人大副主任杨谨华就水柏铁路初验、委托运营管理等问题交换意见。

10日　严中地副书记主持召开局纪委第11次全委会，研究局株六复线指挥部物资采购处处长孙醒民违反规定收受礼金的党纪处分问题，决定给予其党内警告处分。

16日　13时17分，24031次货物列车行至黔桂线贵阳分局栋青树至墨冲K439+892.5处，机后第3位运行方向前台车第一轴左轮脱轨，导致机后第4位至9位车辆脱轨，中断正线行车5小时39分，构成货物列车脱轨大事故。张超群副局长率路局事故调查组进行调查。此次事故贵阳工务大修段负主要责任，都匀工务段负次要责任。

17日　贵州省政府召开全省铁路道口安全工作紧急会议。会议决定7月31日前将贵州省境内36处非法道口全部取缔，7月1日起80处无人看守道口全部派人监护。贵州省常务副省长王正福、贵阳分局兰开锋分局长出席会议并讲话。

17日至19日　局老战士协会五届四次理事会在彭山召开。齐文超局长、吴家梁副书记、张德明副局长出席会议并讲话。

17日至28日　由局工会代表和职代会专委会代表组成的局职工代表安全巡视检查组对全局9个车站、9列旅客列车、9个领工区的安全管理工作巡视检查，对检查出的问题向基层单位发出事故隐患限期解决处理通知书。

18日　局八届职代会第三次联席会暨局管委会会议在成都召开。会议审查通过了局2002年调资办法，自2002年7月1日起执行。

19日至21日　王兆成副部长在齐文超局长、符兹和总工程师陪同下，添乘1319次机车检查黔桂线柳州至麻尾段沿线工点和麻尾至都匀段线路状况，听取黔桂线扩能工程预可行性研究方案汇报。

24日　局党委召开全局纪念建党八十一周年暨“创岗建区”、“一练三过硬”活动表彰电话会议。齐文超局长、严中地副书记、杨大松副局长出席会议并讲话。

同日　铁道部以铁政法函[2002]211号批复同意路局内部客运公司组建方案。

28日　成铁工程(集团)公司实现劳动安全3 000天。张超群副局长出席授奖大会。

7月

1日至8月31日　全局暑运共发送旅客1 231万人，同比增运24万人，增长2%。完成客运收入82 630万元，同比增收9 074万元，增长12%；货运收入同比增收6 555万元，增长8.5%。

4日　王宝顺书记主持召开局党委第20次办公会议，总结上半年政治工作，部署三季度重点工作。吴家梁副书记参加会议。

7日至8月5日　由齐文超局长任组长，张超群副局长为副组长，路局有关部门负责人及专业人员组成安全评估考核组，对各分局、成铁工程(集团)公司、达成公司的安全工作进行考核评估。

16日 18时，路局实现无责任行车特大、重大、大事故300天。

25日至26日 全局党委书记工作会议在青城山培训中心召开。王宝顺书记、齐文超局长，吴家梁、严中地副书记，王瑞江主席出席会议并讲话。

同日 18时，重庆分局实现无责任行车特大、重大、大事故1 000天。

29日 四川省委书记周永康，省委常委、成都市委书记王荣轩和省政法委书记欧泽高在王宝顺书记、齐文超局长陪同下，到成都铁路局实业开发总公司看望慰问全国模范军转干部苏玉银。

同日 路局召开2002年第二次安全委员会例会。齐文超局长、王宝顺书记等局领导参加会议。

同日 受中华全国总工会委托，王瑞江主席与前来路局进行工作访问的肯尼亚中央工会代表团进行工作会谈，陪同参观局文化宫、站东体育场和建设中的局体育文化中心。

同日 全总和全国安全生产监督管理局授予重庆分局全国优胜企业“安康杯”和重庆市“安全生产先进集体”奖牌。

8月

2日 局党委召开全局基层党组织“三个代表”重要思想学教工作总结电话会，表彰优秀党务工作者和基层先进个人代表。

12日 国家计委、中咨公司、铁道部、路局及重庆市、沿线政府有关负责人参加了新建遂渝铁路可行性研讨评估会，并形成初步意见。符兹和总工程师同国家开发银行重庆分行有关负责人就相关问题进行会谈。

15日 2时55分，成昆线K726+500-700山体滑坡发生泥石流，将桐子林车站成方咽喉道岔区段及站内正线、采石场专用线、粘土矿专用线覆盖，经抢修线路于10时05时开通，中断行车7小时10分。施成效副局长率队赶赴现场指挥抢修。

20日 齐文超局长主持召开第四次局长办公会议，研究局客运公司班子成员及部门负责人和各客运分公司班子成员的调配问题。

同日 王宝顺书记主持召开局党委第25次常委会，传达全路纪委书记暨党风廉政建设经验交流会精神，审定检、法两院机构改革方案，部署工作。

同日 路局、局党委印发《关于调整局、分局机关职能和机构编制的通知》，在组建内部客运公司同时，相应调整局、分局两级机关有关部门职能，并要求核减机关部门定员编制。

27日 铁道部王兆成副部长在齐文超局长、王宝顺书记、王守增总经济师、符兹和总工程师、曾家良副局长陪同下到成铁工程(集团)公司调研。

28日 成都铁路局客运公司成立大会在成都举行。王兆成副部长为客运公司揭牌，代表铁道部表示祝贺，对深入推进客运公司改革提出要求。齐文超局长、王宝顺书记分别讲话，吴家梁副书记主持大会。

9月

5日 贵阳客运分公司成立大会在贵阳举行，贵州省刘长贵副省长、路局杨大松副局长参加大会。

6日 重庆客运分公司成立大会在重庆举行，杨大松副局长参加大会并讲话。

8日 成都客运分公司成立大会在成都举行，齐文超局长、王宝顺书记、杨大松副局长参加大会。

9日 铁道部召开全路安全紧急电视电话会议，傅志寰部长对安全和路风工作作重要讲话。

齐文超局长，吴家梁副书记，杨大松、张超群副局长参加会议。会后对全局开展集中安全检查工作进行部署，就贯彻落实部领导讲话精神提出要求。

同日　四川省委企业工委在路局召开省国有重要骨干企业维护稳定工作会议。省委常委、省企工委书记甘道明作重要讲话。王宝顺书记、齐文超局长参加会议，严中地副书记介绍全局维护稳定工作的经验。

13日　王宝顺书记召集有关部门负责人进一步研究贯彻落实部"9·9"、"9·12"电视电话会议精神，制定政治工作保安全、保稳定8条措施。

19日　18时，路局实现无责任行车特大、重大事故一周年。

23日至25日　齐文超局长、王宝顺书记到内昆线现场办公，实地了解内昆新线职工生活情况，看望慰问沿线站区职工，听取重庆、贵阳分局工作汇报，并对安全稳定工作提出要求。

26日　水柏铁路开通典礼在六盘水车站举行，贵州省委钱运录书记，蔡庆华副部长，路局齐文超局长、王宝顺书记、曾家良副局长参加，贵州省委常委、常务副省长王正福主持典礼。

28日　王宝顺书记主持召开局党委第26次常委会，传达四川省政法委书记座谈会精神，听取客运公司工作汇报，研究建设系统改革有关问题，部署当前重点工作。

29日　齐文超局长主持召开第五次局长办公会，会议研究有关干部调配问题。研究并审议加快路局工程建设系统改革方案，决定由王守增总经济师牵头，建设管理中心为主，修改《关于加快我局建设系统改革的意见(讨论稿)》并形成正式文件。研究内昆新线临管运营的有关问题，决定由总工室牵头，建设管理中心等有关部门配合，对内昆线初验提出的问题梳理分类后抓紧落实责任主体。

10月

1日至7日　"十一"黄金周期间，全局运输安全稳定、运行秩序良好、服务质量提高、经济效益增长，实现了客货运输双丰收。运输收入完成16 998万元，同比增收1 906万元，增长12.6%。

9日　齐文超局长、王宝顺书记到成都分局宣布分局领导班子调整通知，对班子建设提出要求。

10日　全局2002年防洪工作结束。2002年汛期，全局共发生水害86次206处，中断行车100小时47分，干线发生水害53次103处，中断行车67小时12分。另外，内昆新线中断248小时18分。全局有效拦(扣)停列车42列，其中客车20列、货车22列。暴雨封锁区间191次/358个，累计封锁164小时16分。防洪结束后，全局保留防洪长期看守点20处。

15日　路局、局党委印发《关于改革我局建设管理体制的决定》，组建局建设管理处和局工程管理中心。

16日　召开局领导班子民主生活会，蔡庆华副部长参加会议并讲话。

18日至19日　蔡庆华副部长在王宝顺书记、曾家良副局长的陪同下，分别与四川省邹广严副省长，重庆市黄奇帆常务副市长、赵公卿副市长，就成都枢纽成都北编组站、宝成铁路青成复线建设，襄渝铁路渝达段、达成铁路提速，遂渝铁路、万宜铁路建设等有关问题进行协商。

20日　劳资处改革技师评聘制度，首次实行改评为考，成都、重庆、贵阳三地同时举行全局技师鉴定理论考试。全局53个工种1 068名高级工参加晋升技师的考试考核，考试合格率达76.95%。

21日至23日　达县至万州新建铁路工程经铁道部、重庆市、四川省等多方组成的初验委员会初验合格，于10月23日18时起全线委托重庆分局投入临管运营。

22日至11月5日　局工会对2001年至2002年全局实行厂务公开情况全面检查考核。截至10月31日，全局183个站段全面实行厂务公开，职工群众对厂务公开的形式及内容满意和基本满意率达95%。

24日 18时，路局实现无责任行车特大、重大事故400天。

11月

1日至2日 全路“两个纳入”工作座谈会在重庆召开。铁道部宣传部李广品部长主持会议，路局王宝顺书记、吴家梁副书记参加会议。成都铁路局、重庆分局、重庆车务段党委，重庆西站运转车间党总支分别介绍经验。

5日至6日 齐文超局长在重庆听取重庆分局领导班子工作情况汇报，到渝怀线、重庆枢纽江北站等地检查建设施工情况。

同日 吴家梁、严中地副书记，杨大松副局长召集局劳资、政法、公安、离退休、机关党委、党办、局办等部门和局客运公司、多元集团、工程集团、成都分局等单位负责人，专题研究和部署稳定工作，重点针对一些倾向性苗头和问题，制定并采取保稳定的六条措施。

6日至16日 王宝顺书记随四川代表团在北京参加党的第十六次全国代表大会。

15日 16时10分，内昆线彝良南至昭通北K349+500间二道桥第4、5号桥墩严重超限，危及行车安全，自贡工务段于16时18分封锁线路。施成效副局长率工务处、基建处有关人员连夜赶赴现场，制定应急措施。经有关单位的通力协作，线路于12月29日15时26分开通。

25日 路局、局党委印发《关于成立成都铁路局遂渝铁路建设指挥部的通知》。2002年12月1日，成立遂渝铁路建设指挥部。

26日 18时，成都分局实现无责任行车特大、重大事故500天。

28日 王宝顺书记主持召开局党委第二十八次常委会议，研究学习贯彻十六大精神等有关问题，部署重点工作。

12月

8日至9日 王宝顺书记参加重庆分局第九次党代会并讲话，并到重庆客运分公司检查工作。

同日 全局实现2002年第二个“百日”无职工责任因工死亡事故。

17日至18日 铁道部党组成员、纪委书记安立敏率部党风廉政建设责任制检查考核组到路局检查考核，王宝顺书记作专题汇报，齐文超局长和路局领导班子成员及机关部门负责人参加汇报会。考核组分别与班子成员及部门负责人谈话，交换意见。

18日 贵阳分局召开第八次党代会，吴家梁副书记出席会议并讲话。

20日 局直属机关党委召开第九次党代会，吴家梁副书记出席会议并讲话。

23日 成都分局召开第九次党代会，王宝顺书记出席会议并讲话。

25日 成都枢纽西环线通过路局组织的初验，决定于12月28日18时交付成都分局接管运营。

26日 公布《关于撤销达成铁路建设指挥部的通知》。2003年1月1日，撤销达成铁路建设指挥部。

28日至30日 全路工作会议在京召开。齐文超局长、王宝顺书记、王瑞江主席参加会议，齐局长在会上介绍经验。

31日 2002年全局干部职工围绕路局经营管理方针目标，以“转变作风，强化基础，提高素质，谋求发展”为各项工作的主线，抓安全、保生产、重效率，强化管理。换算周转量、货物发送、运输进款等主要运输指标再创历史最高水平。

（局长办公室）

概况

责任编辑　纪观群

概　述

【综　述】 成都铁路局机关设在四川省成都市。2002年末下设成都分局、重庆分局、贵阳分局、客运公司、成都工程(集团)有限责任公司、多元经营集团公司6个局属单位。全局职工总数149 329人,固定资产560.38亿元。

四川省、重庆市、贵州省及云南省多山川河流,地形复杂,气候多变,为自然灾害多发地区。局管线路地质复杂,坡陡弯急,桥隧相连。全局共有桥梁2 945座,隧道及明洞1 330座,总延长914.59千米,占全国铁路桥隧的22%,是名符其实的山区铁路。

(刘克群)

【管辖范围】 成都铁路局管辖四川、贵州、云南、重庆三省一市国有铁路,营业里程4 457.8公里。管辖干线有:宝成、成渝、襄渝、成昆、川黔、湘黔、黔桂、贵昆、内昆9条干线。管辖达成、达万、水柏3条合资铁路,计614公里。

【固定资产】 2002年末,全局固定资产原价560.38亿元,其中运营单位固定资产549.2亿元。主要设备有:

一、机车配属:1 042台,其中:电力机车772台,内燃机车270台。

二、客车配属:3 064辆,其中空调客车1 423辆。

三、营业里程:4 457.8公里,其中双线848.4公里。电气化铁路3 673.1公里,占82.4%,内燃化铁路784.7公里,占17.6%。

四、营业车站:484个。

五、桥梁:2 945座,254 968延长米。

六、隧道及明洞:1 330座,659 620延长米。

七、信号设备:自动闭塞里程570.0公里,半自动闭塞里程3 927.4公里;继电联锁车站387个,计算机联锁车站54个,电气集中车站453个。

(赵振芳)

【职工队伍】 2002年末,全局职工总数149 329人,其中女职工39 674人。干部总数32 468人,其中专业技术干部10 448人。

表3-1 工人综合情况统计 (2002年)

项目＼人员	代码	总数	综合情况				综合情况					技术等级									
												取得职业资格证书						技术等级证书			
			女工	共产党员	共青团员	少数民族	初中以下	高中	技校	中专	大专以上	计	初级	中级	高级	技师	高级技师	计	初级	中级	高级
甲	乙	1	2	3	4	5	6	7	8	9	10	11	12	13	14	15	16	17	18	19	20
铁路工人	1	115347	29362	21273	12549	2696	56124	34158	5780	14100	5185	48212	3787	22725	21215	480	5	47610	11650	28248	7712
技术工人合计	2	82608	18730	16604	9870	2295	37700	26135	4602	10504	3667	42089	2916	19257	19565	346	5	36267	7814	21854	6599
25岁及以下	3	6998	1515	784	5027	365	879	1765	1311	2542	501	3941	904	2827	210	0	0	1553	786	736	31
26岁至30岁	4	16252	3268	3385	4594	603	5256	4756	1849	3089	1302	8765	1155	5948	1655	7	0	5215	2579	2178	458
31岁至35岁	5	17527	4260	3469	216	512	7597	6074	699	2143	1014	9673	469	4629	4560	15	0	7510	2564	3991	955
36岁至40岁	6	17676	4955	3322	28	314	8337	6941	374	1469	555	9384	159	2775	6397	53	0	8185	789	6152	1244
41岁至45岁	7	9526	2598	2035	0	166	4397	4407	164	418	140	4757	64	1445	3218	30	0	5377	440	4026	911
46岁至50岁	8	9132	2035	2187	0	172	6909	1552	114	449	108	3601	85	1134	2259	123	0	5289	370	3353	1566
51岁至55岁	9	4567	89	1113	5	132	3699	467	60	302	39	1611	73	351	1090	94	3	2647	255	1221	1171
56岁至60岁	10	930	10	309	0	31	626	173	31	92	8	357	7	148	176	24	2	491	31	197	263

(周克渊)

表3－2 干部基本情况统计 （2002年）

项目	总数	女	少数民族	从工人中聘用的干部	学历						政治情况				年龄									
					研究生毕业	大学本科	大学专科	中专	高中	初中及以下	共产党员	共青团员	民主党派	无党派	25岁以下	26岁至30岁	31岁至35岁	36岁至40岁	41岁至45岁	46岁至50岁	51岁至54岁	55岁至59岁	其中:女	60岁以上
总计	32468	10312	1010	6533	96	6190	10963	8276	4168	2775	19184	2292	21	10971	859	4328	5230	6250	3727	5726	3813	2480	47	55
其中:从工人中聘用的干部	6533	2061	161	6533	0	531	2377	1891	1234	500	4185	214	4	2130	64	708	1191	1643	879	1196	597	253	0	2
司、局长	2	0	0	0	0	1	1	0	0	0	2	0	0	0	0	0	0	0	0	1	0	1	0	0
巡视员及相当职务	2	0	0	0	0	1	1	0	0	0	2	0	0	0	0	0	0	0	0	0	0	1	0	1
副司、局长	21	0	0	0	0	16	4	1	0	0	21	0	0	0	0	0	0	0	0	2	8	9	0	2
助理巡视员及相当职务	1	0	1	0	0	0	1	0	0	0	1	0	0	0	0	0	0	0	0	0	0	0	0	1
处 长	124	2	1	2	6	80	31	4	1	2	124	0	0	0	0	0	0	9	5	26	31	53	0	0
调研员及相当职务	13	0	0	0	0	9	3	1	0	0	13	0	0	0	0	0	0	0	0	0	0	11	0	2
副处长	468	17	4	21	8	230	174	38	13	5	465	0	0	3	0	0	2	33	31	137	125	137	0	3
助理调研员及相当职务	102	1	6	5	0	53	33	12	3	1	99	0	0	3	0	0	0	0	1	8	20	70	0	3
科 长	1234	112	21	75	14	501	497	152	41	29	1189	4	0	41	0	1	35	180	177	330	303	208	1	0
副科长	1294	150	47	162	9	371	531	225	85	73	1185	9	3	97	0	20	129	293	204	305	189	148	1	6
相当科级职务	3104	398	61	410	4	446	1196	610	349	499	2867	5	1	231	1	7	126	389	414	815	733	605	10	14
科 员	8760	1503	225	2084	7	910	2952	2046	1827	1018	6932	187	1	1640	17	404	1265	2178	1359	1721	1096	710	5	10
办事员	6895	2307	222	2503	8	777	2401	1923	1312	474	3477	615	7	2796	167	1555	1641	1442	647	837	423	179	6	4
专职从事专业技术工作人员	1048	5822	422	1271	40	2795	3138	3264	537	674	2807	1472	9	6160	674	2341	2032	1726	889	1544	885	348	24	9

（周一平）

【经营目标完成情况】 安全生产实现新突破。2002年投入资金25.84亿元用于大修、更改和整治设备。全年换轨102.3万根，大修线路300公里；新购机车126台、25G空调客车232辆、起重160吨的救援吊机5组。投入5 204万元，平改立道口66件，完工41件。路局每半年对局属单位从6个方面、39个项目进行安全评估，同时建立“安全问题库”和“干部职工个人安全档案”。全年相继实现行车安全300天、400天和安全年，突破了1997年以来安全周期始终在300天以内徘徊的困境。消灭水害行车事故，水害中断行车时间为历年最少，连续夺取第18个防洪胜利年。消灭职工责任因公重大死亡事故，实现劳动安全两个“百安”。

生产经营再创新业绩。2002年运输收入完成96.07亿元，比上年增长6.3%。换算周转量完成1 185.2亿吨公里，比上年增长6.6%。货物发送完成11 213万吨，比上年增长8.3%；旅客发送完成6 821万人，比上年下降0.8%。多经完成经营收入（含成铁工程集团公司）60.28亿元，比上年增长23.83%；实现利润3.32亿元，比上年增长64.36%。集经实现经营收入8.5亿元，比上年增长7.6%；实现利润3 500万元，比上年增长6.7%。加强资金管理和运用，实现资金效益1.015亿元。全局物资采购和修旧利废节约成本8 502万元。审计促进效益6 400万元。

改革取得新进展。2002年调整电务生产布局，全局撤销4个电务段，电务段平均管辖里程增加到596公里。建立多元经营新格局，撤销物资工业总公司，重组并成立多元经营集团公司，将工程、工附业等运输业以外的有关单位全部纳入多元系统，全局多元经营收入比上年增加10亿元。成立局客运公司及成都、重庆、贵阳客运分公司，实行客运分业经营。按照建设行业管理和项目管理分开的原则，组建局建设管理处和工程管理中心，分别对全局建设项目实施管理、监督，承担项目建设单位的职责，实行建设质量终身责任制。积极推进领导干部选拔任用民主化进程,进一步深化以竞争上岗为核心的用工制度改革,建立以岗位工资为主、安全和效益决定工资收入分配的新机制。2002年运输从业人员劳动生产率125.4万换算吨公里/人年,与上年同比增长4.4%。

跨世纪铁路建设创新纪录。全年完成基建大中型项目投资28.29亿元。内昆、达万、水柏铁路通过初验开通临管运营,完成内宜电化、株六复线贵阳枢纽川黔外包线、成昆电化西环线等引入成都枢纽工程。1992年起先后开工的8个大中型基建项目,除株六复线贵阳枢纽及其他少量收尾配套工程外,全部完工销号。10年会战,国家共向路局投资506.46亿元(含内昆120.04亿元),其中路局承担的总投资规模为359.72亿元。特别是从1998年开始的五年跨世纪铁路决战,路局连年完成国家计划和投产目标,完成投资占10年总投资的78.26%。10年来局管内新建铁路1 017.5公里,增建二线842.6公里,电气化、改扩建1 166.3公里,实现铁路建设跨越式发展,为路局的更大发展奠定了坚实基础。

科技教育迈上新台阶。全年安排科研开发和科技推广经费1 593.2万元,新立科研项目75项,科技推广项目27项,完成局级成果鉴定、评定29项。路局"山区铁路安全保障体系研究"课题列入部科研计划。路局出台9个"岗位达标培训"配套文件,建立职工教育的激励和约束机制。运输岗位"两年十个工作日"培训72 160人,客运服务人员每年40学时培训9 044人,职工成人中专学历招生5 417人。新增定员8 096人全部配备到主要行车工种,缓解工学矛盾。

职工生活有新改善。全局职工年均收入16 490元,比上年同期增加1 766元,增长12%,工资增幅位居全路第一。计划修建经济适用房3 549户,已竣工998户,建筑面积83 233平方米。大力实施送温暖工程和领导干部联系特困职工制度,全年发放慰问金946万元,支付困难补助340万元。完善职工互助合作保险,发展福利基金会,为职工办保险待遇并支付保险金330万元,为职工借、贷款480万元。投资1 600多万元,改善沿线职工生活条件,为新线艰苦地区职工发放生活补贴。

(孙宇红)

机构设置

【机构变化】 一、2月28日以成铁劳[2002]52号文印发铁路局、局党委《关于成立达成铁路公安分处的通知》,自2002年3月1日起成立达成铁路公安分处,为成都铁路公安处派出机构,受达成铁路有限责任公司、成都铁路公安处双重领导,公安业务工作以成都铁路公安处领导为主。

二、4月30日以成铁劳[2002]120号文印发铁路局、局党委《关于调整电务生产布局的通知》,撤销成都分局的江油、峨眉电务段,分别并入成都、西昌电务段;撤销重庆分局的北碚电务段,并入重庆电务段;撤销贵阳分局的都匀电务段,并入凯里电务段,并对其管辖范围进行了调整。电务新布局从2002年6月1日起运作。

三、4月30日以成铁劳函[2002]112号文印发铁路局、局党委《关于建立多元经营新格局的决定》,将全局非运输业的工附业(含装卸、工业、物资单位)、建筑施工业、房建系统、生活系统,以及多种经营系统的企业纳入多元体系。将局物资工业总公司与多元经营管理中心合并,重新组建局多元经营管理中心。

四、4月30日以成铁劳[2002]119号文通知将成都分局成都焊轨厂划为局直属单位。

五、6月17日以成铁劳函[2002]165号文通知成都焊轨厂更名为直属焊轨段。

六、8月20日以成铁劳[2002]203号文公布铁路局、局党委《关于调整局、分局机关职能和机构编制的通知》,成立局内部客运公司,同时撤销局、分局客运事业部(分处)机构定员。

七、10月15日以以成铁办[2002]251号文公布铁路局、局党委《关于改革我局建设管理体制的决定》,组建局建设管理处和局工程管理中心。

八、11月12日以成铁劳电[2002]686号电报通知,自2002年11月1日重庆分局达县站更名为达州站。

九、11月25日以成铁劳[2002]282号文公布自2002年12月1日起成立成都铁路局遂渝铁路建设指挥部。

十、12月26日以成铁劳[2002]315号文公布自2003年1月1日起撤销达成铁路建设指挥部。

(马德浩)

表3－3　成都铁路局行政组织机构系统

（2002年12月31日）

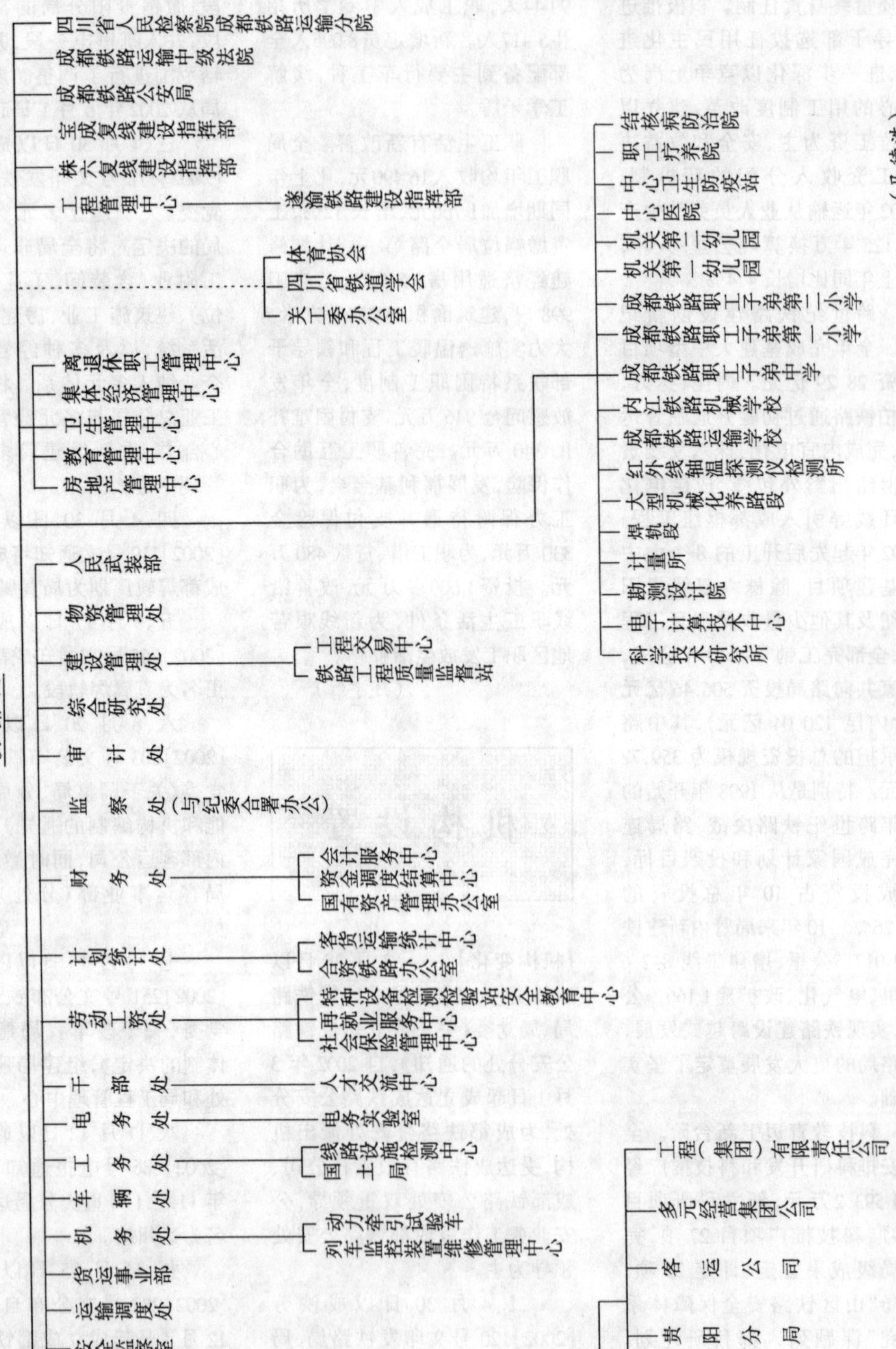

（马德浩）

表3－4　成都铁路局机关行政组织机构系统

(2002年12月31日)

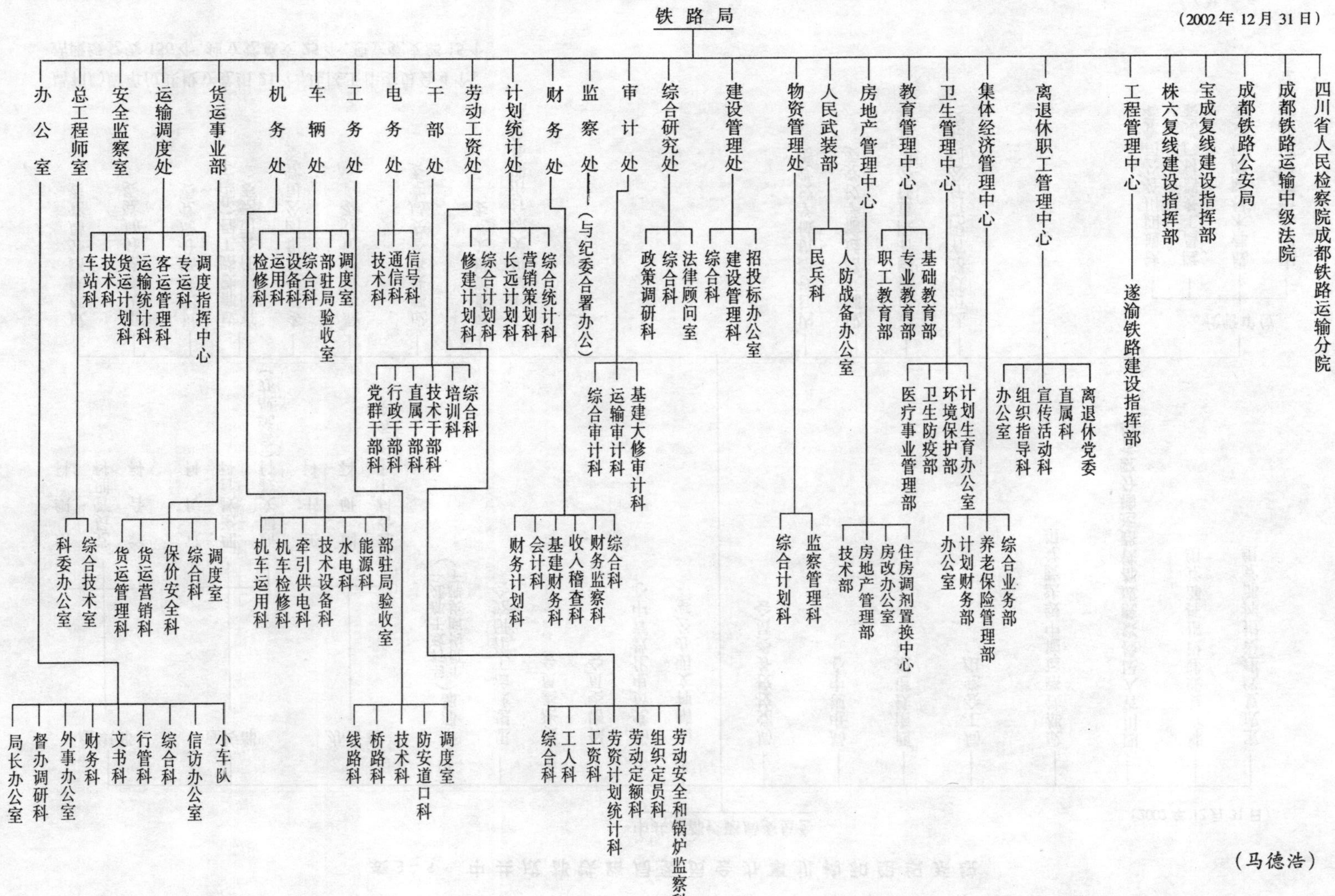

(马德浩)

表 3－5　中共成都铁路局委员会办事机构和组织系统

（2002 年 12 月 31 日）

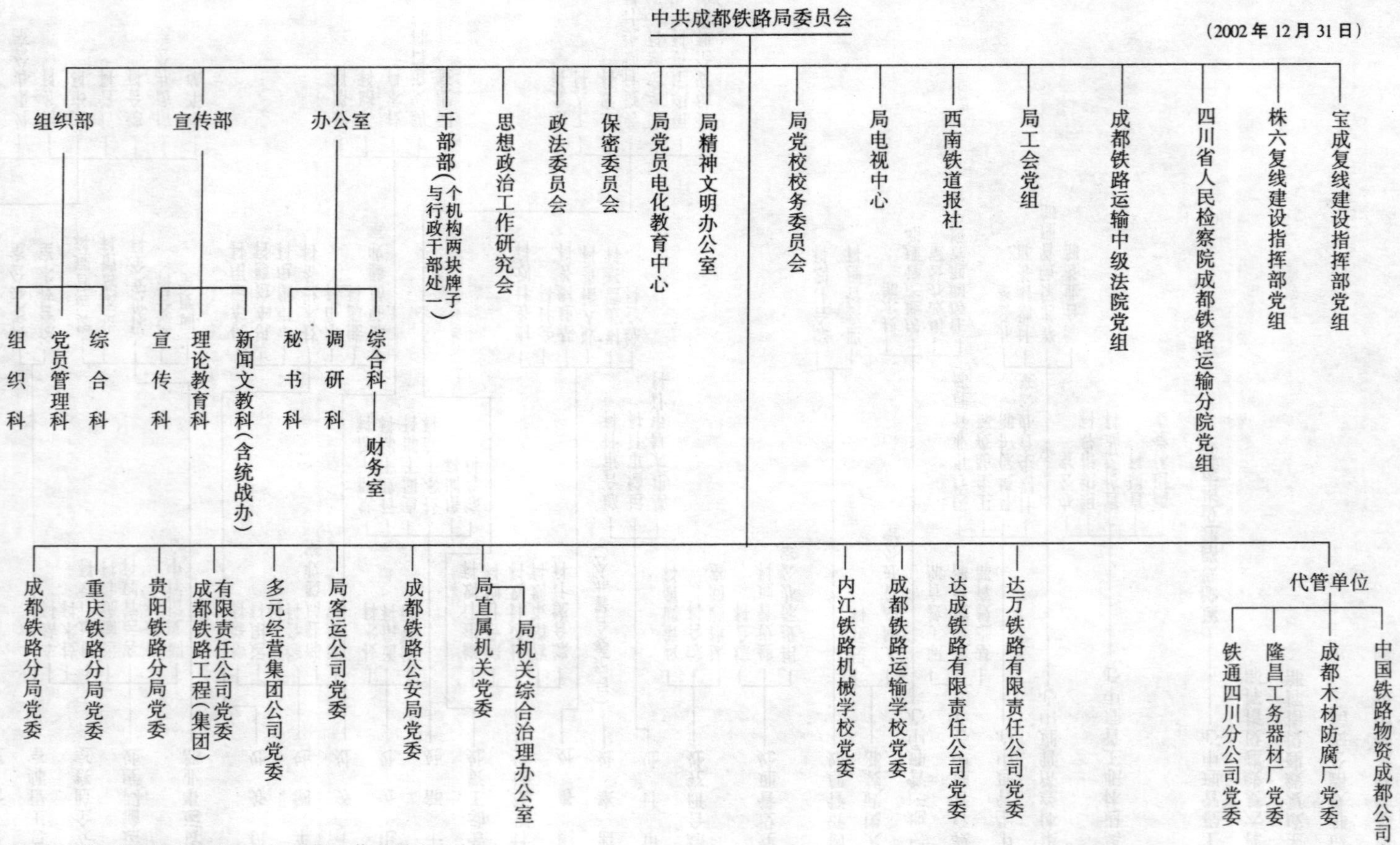

局和局属单位共设立党组 21 个，地区工作委员会 4 个。

站段级党委 156 个，独立党总支 25 个，独立党支部 15 个。

（韩方元）

表3-6　中共成都铁路局纪律检查委员会组织机构

（2002年12月31日）

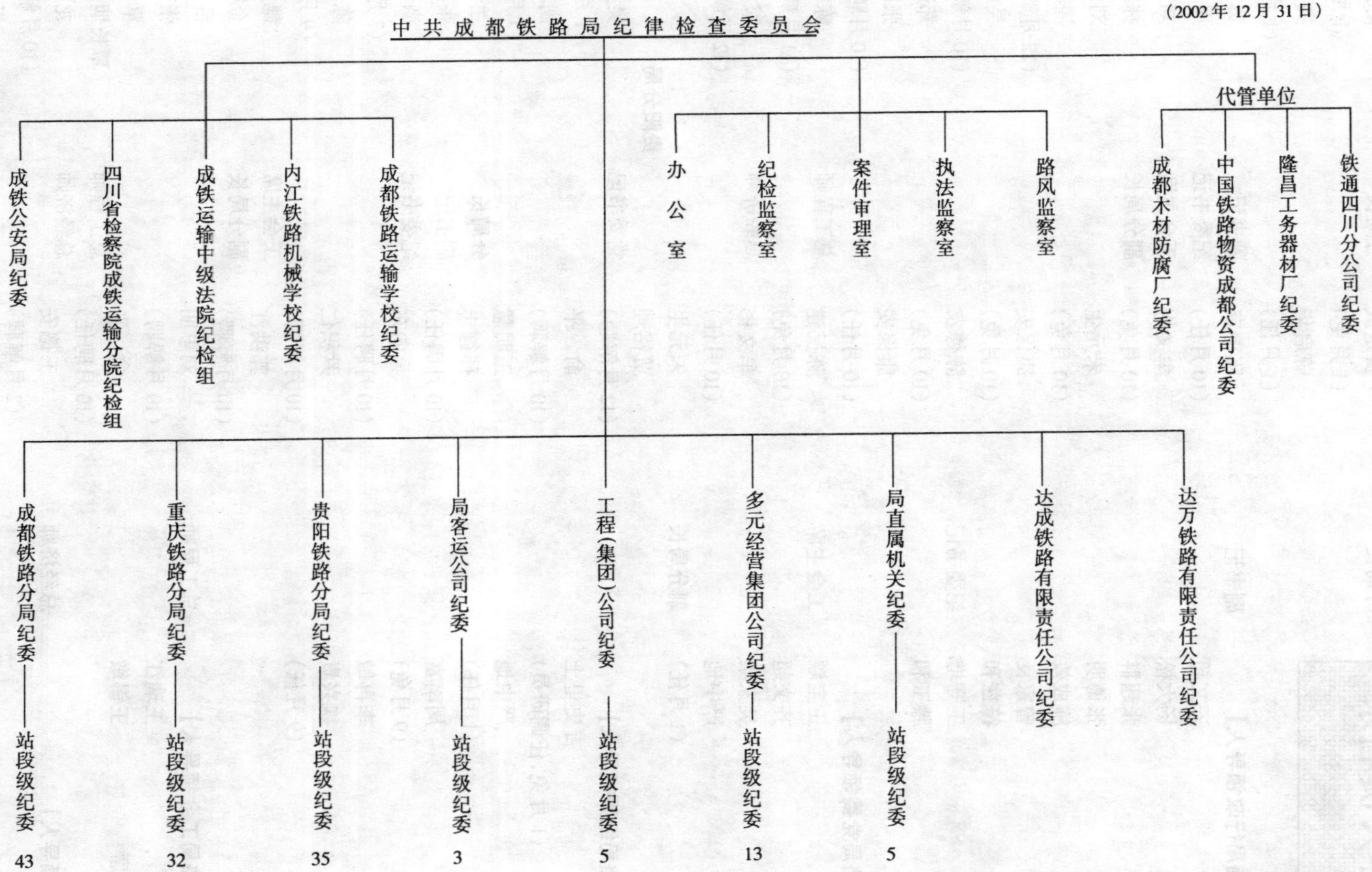

注：成都、重庆、贵阳分局纪委下设办公室、纪检监察室、案件审理室、执法监察室、路风监察室。工程(集团)公司、多元经营集团公司纪委下设纪检监察工作部。

（吴　艳）

领导人员名录

【成都铁路局行政领导人】

局　长　齐文超

副局长　杨大松
张超群
张德明
施成效
曾家良

总工程师　符兹和

总经济师　王守增

调研员　滕玉和

【成都铁路局党委领导人】

书　记　王宝顺

副书记　齐文超
吴家梁
严中地
(1月任)

【成都铁路局纪委领导人】

书　记　吉史里土
(1月免,任调研员)
严中地
(1月任)

副书记　周南富
(9月免)
李再敏
魏兴贵
(9月任)

【成都铁路局工会领导人】

工会主席　王瑞江

工会副主席　王锡敏

【各分局领导人】

成都分局

党委书记　严中地
(1月免)
贾定成
(1月任)

分局长　贾定成
(1月免)
陈启华
(1月任)

副书记　陈德友
(10月任)
牟文彬
(10月免)
朱元生
(10月免)
康保安
(10月免)

纪委书记　陈德友
(10月免)
康保安
(10月任)

工会主席　陈祝建
(10月免)
牟文彬
(10月任)

副分局长　朱元生
贾铭理
(12月解聘)
俞　平
(10月解聘)
王明慧
孙德忠
(10月聘任)
吴向东
(10月聘任)
尹积仁
(10月解聘)
郭洪江
(10月解聘)

总工程师　刘思明
(10月解聘)
俞　平
(10月聘任)

总经济师　王德安
(2月解聘)
陈祝建
(10月聘任)

重庆分局

党委书记　李文林

分局长　陈启华
(1月免)
樊克敬
(1月任)

副书记　黄文明

纪委书记　周　勇

工会主席　刘富全

副分局长　林原渝
刘世平
潘友元
(12月解聘)
吴向东
(10月解聘)
郑建卫
张国平
(10月聘任)

总工程师　陈积华
(11月病逝)

总经济师　俞　兵
(12月解聘)

贵阳分局

党委书记　樊克敬
(1月免)
满希民
(7月任)

分局长　兰开锋

副书记　张国珍

纪委书记　满希民
(7月免)
陈　平
(9月任)

工会主席　魏鼎铭

副分局长　金明强
吕　澍
张吉庆
覃长炳

总工程师　覃长炳(兼)

总经济师　龙腾飞
(10月解聘)
王益鹏
(10月聘任)

(何建春)

【中共成都铁路局第九届委员会委员】

(按姓氏笔画为序)

王守增 王志奋 王宝顺
王瑞江 吉史里土(彝)
刘存明 齐文超 孙青山
严中地 杨大松 李文林
李文宝 李伍国 吴家梁
张超群 张德明 陈启华
陈跃宗 施成效 贾定成
徐代强 唐应才 唐忠明
常树明 符兹和 曾家良
樊克敬 滕玉和

【中共成都铁路局第九届委员会常务委员会委员暨书记、副书记】

常务委员:
王宝顺 齐文超 吴家梁
严中地 王瑞江 杨大松
张超群 王守增
党委书记:
王宝顺
党委副书记:
齐文超 吴家梁 严中地

【中共成都铁路局纪律检查委员会委员暨书记、副书记】

(按姓氏笔画为序)

马 伟 王放明 邓宏伟
伍伟军 严中地 李书明
李再敏 周南富 黄 政
谭之彬 魏兴贵
纪委书记:
严中地(兼)
纪委副书记:
周南富(9月免)
李再敏
魏兴贵(9月任)

(张克坚)

【局属公司、局控股公司领导人】

局客运公司

党委书记、总经理 杨大松
(9月兼任)
党委副书记 周南富
(9月任)
副总经理 杜笑非
(9月聘任)
黄 卿
(9月聘任)
总经理助理 刘广明
(9月聘任)
总会计师 王德安
(9月聘任)
工会主席 刘存明
(9月任)
纪委副书记 张 川
(9月任)

成都铁路工程(集团)公司

董事长、党委书记 陈跃宗
副董事长、总经理、党委副书记
李世田
党委副书记兼纪委书记
杨宏钦
副董事长、工会主席 王荣华
副总经理 万立强
(10月调离)
袁 朗
(12月调离)
黄国良
总工程师 冀嵩山
总经济师 王开荣

局多元经营集团公司
(局多元经营管理中心)

总经理、主任 李自钧
(5月聘任)
党委书记 马庆国
(5月任)
党委副书记 智渝敏
(5月任)
纪委书记 秦昭文
(5月任)
工会主席 夏松柏
(5月任)
副总经理、副主任 智渝敏
(5月聘任)
陈学彦
(5月聘任)
罗在新
(5月聘任)
李世明
(5月聘任)
调研员 李伍国
(5月免物资工业总公司党委书记职务)
黄费双
(5月免物资工业总公司纪委书记职务)
陶长荣
(5月解聘物资工业总公司副总经理职务)

达成铁路有限责任公司

董事长、党委书记 唐应才
党委副书记兼纪委书记 罗永为
董事、总经理 席志全
董事、副总经理 徐祖湘
副总经理 于 良
董事、总经理助理 王朝东
副董事长(四川省选派) 刘仁明
副总经理(四川省选派) 常凯生
工会主席(四川省选派) 张孝举

达万铁路有限责任公司

董事长 符兹和(兼)
党委书记 徐 勇
(11月免)
董事、总经理 朱正龙
(11月调离)
万立强
(11月任)
副总经理(地方选派) 王连康
张小川
董事、副总经理 王直民

【局机关行政各处、室负责人】

办 公 室

主 任 宋红军
副主任 刘建镍
李仲平

（5月聘任）
蒋维忠
（5月解聘）

总工程师室

局副总工程师兼总工室主任 蒋 勇
局副总工程师 张忠富
朱正龙
（11月聘任）

设计鉴定中心

主 任 蒋 勇（兼）
副主任 曾维德

运输调度处

处 长 郑德威
副处长 魏 平
张伟民
（5月聘任）
蒋维忠
（5月聘任）
总工程师 张伟民
（5月解聘）

货运事业部

部长 郭庆松
副部长 吴长仁
（3月解聘）
总工程师 周介方

机 务 处

处 长 张国力
副处长 孙德忠
（10月解聘）
任朝阳
果小平
（10月聘任）
部驻局机车验收室主任 庄维霆

车 辆 处

处 长 黄 卿
（5月聘任，10月解聘）
尹积仁
（10月聘任）

副处长 宋禾军
总工程师 蒋海愚
部驻局车辆验收室主任 周余贵

工 务 处

处 长 陈阿能
副处长 伍衡昭
王 斌

电 务 处

处 长 李自新
副处长 孙国顺

房产管理中心

主 任 周明盛
副主任 黄纯贵

建设管理处

副处长 沈克里
（12月聘任，12月解聘建管中心总工程师）

计划统计处（企业策划部）

处 长 汪哲君
副处长 王益鹏
（10月解聘）
何玉良
赵 山
（10月聘任）

财 务 处

处 长 谭之彬
副处长 毛忠明
黎 宏

干 部 处

处 长 王志奋
副处长 马 伟
李明辉

劳 资 处

处 长 邓绍奎
副处长 杨书良
刘世勋

教育管理中心

主 任 张泽元
副主任 章曼琳
（女，10月聘任）

安全监察室

主 任 何 元
（3月聘任）
刘保祥
（3月解聘）
副主任 潘德明

卫生管理中心

主 任 胡来仪
副主任 陈祝九

人民武装部

部 长 温冀生

集体经济管理中心

主 任 朱震理
副主任 廖常伟

物资管理处

处 长 王家章
副处长 潘博璇

综合研究处

处 长 王德安
（3月聘任，9月解聘）
吴健康
（3月解聘）
副处长 李锦先

离退休职工管理处

处 长 刘金乐
副处长 吴晓封
叶 懿
（兼职工文化活动中心主任）

局关工委

秘书长 许 瑜（女）

史志办公室

主 任 纪观群（女）

外事办公室

副主任　白翔

监　察　处

处　长　周南富（兼，9月解聘）

魏兴贵（兼，9月聘任）

副处长　邓宏伟（兼）

赵有国（兼）

审　计　处

处　长　王放明

四川省铁道学会（企业管理协会）

秘书长　雷瑞之（12月解聘）

吴民方（12月聘任，12月解聘建管中心主任）

副秘书长　赵夏至

工程管理中心

主　任　张敏（12月聘任）

副主任　庄道权（12月聘任，12月解聘建管中心副主任）

孙守礼（12月聘任，12月解聘建管中心副主任）

梁建新（12月聘任）

总工程师　施建平（12月聘任）

达成铁路建设指挥部

办公室副主任　刘述才（11月解聘）

计财处处长　钱琨（2月退休）

计财处副处长　张纯光

宝成复线建设指挥部

副指挥长　张金坤

党组书记兼办公室主任　张德谦

办公室副主任　刘述才（11月聘任）

谢成彬（12月解聘）

工程监理处副处长　杨世武

技术处副处长　杨永乐

株六复线指挥部

常务副指挥长　曾家良（兼）

副指挥长　张敏（12月解聘）

李军（10月退休）

杜永福

张荣耀

赖有培（12月聘任）

孙京龙（12月聘任）

总工程师　赖有培

党组书记兼办公室主任　周义驱

办公室副主任　潘勇（12月解聘）

技术处处长　徐泳凌（6月退休）

计财处副处长　谭宏英（8月解聘）

工程监理处处长　张优益

工程监理处副处长　王正常

物资采购处处长　孙醒民（12月解聘）

遂渝铁路建设指挥部

指挥长　张敏（12月兼任）

党组书记　徐勇（12月任）

副指挥长　袁朗（12月聘任）

总工程师　周立新（12月聘任）

物资设备部部长　孙醒民（12月聘任）

办公室主任　谢成彬（12月聘任）

办公室副主任　潘勇（12月聘任）

技术部部长　黎康（12月聘任）

工程管理部部长　杨乃建（12月聘任）

计财部部长　石虎岗（12月聘任）

【局党委各部、室负责人】

办　公　室

主　任　孙青山（1月解聘）

张勤红（5月聘任）

副主任　尹朝良

组　织　部

部长　伍伟军

副部长　陆业武

宣　传　部

部　长　李文宝

副部长　李继森

郑天永

思研会副秘书长　胡文利（9月解聘）

干　部　部

部长　王志奋

副部长　马伟

李明辉

局　纪　委

办公室主任　魏兴贵

办公室副主任　杨福明

袁正伟（9月解聘）

纪检监察室主任　邓宏伟

审理室主任　黄良贵（9月聘任）

执法监察室主任　赵有国

执法监察室副主任　钟德明

(5月解聘)
袁正伟
(9月聘任)
路风监察室主任　王　灵
路风监察室副主任　宋登志
(9月聘任)

局政法委员会

书　记　吉史里土
(兼,1月免)
严中地
(兼,1月任)
副书记兼局政法办主任　陶长华

局　党　校

校　长　吴家梁(兼)
常务副校长　曾　践
副校长　赵宏章
孙桂春(女)

西南铁道报社

总编辑　于振国
副总编辑　罗祖祥
曾丛技

局有线广播电视站

站　长　许速中

局综治办

主　任　汪肇勤
(3月解聘)
智　敏
(10月聘任)

局整顿办

主　任　梅光荣

【中国铁路工会成都铁路局委员会各部、室负责人】

办公室主任　张　川
(9月解聘)
张宗瑞
(9月聘任)
组织民管部部长　李　笳
生产宣教部部长　李先勤
保障工作部部长　焦志敏
财务部部长　王成奎
局体协秘书长　蒋世才
局文联秘书长　刘旭光

【共青团成都铁路局委员会领导人】

书　记　刘存明
(9月免)
柳树国
(9月任)
副书记　蒋　征
(9月免)

【成都铁路公安局领导人及部门负责人】

局　长　谢家云
党组书记兼政治部主任　常树明
副局长　周良富
苟仲康
局长助理　李成渝
政治部副主任　陈攀忠
纪检组组长兼警务督察长
黄明芬(女)
政治部办公室主任　陈玉林
(4月任)
公安局办公室主任　唐立福
(4月任)
宣传教育处处长　周　东
(4月任)
行政管理处处长　王兆森
(4月任)
政侦内保处处长　张建华
(4月任)
法制监管处处长　黄　萍
(4月任)
警卫处处长　李志金
(4月任)
调度指挥中心指挥长
黄文健
(4月任)
计算机通信安全监察处处长
李怀华
(4月任)
警务督察室(队)主任(队长)
马兴文
(4月任)
刑侦技术处处长　单晨平
(10月任)
治安处处长　赵　明
(10月任)
消防处处长　范克非
(10月任)

【成都铁路运输检察分院领导人及部门负责人】

检察长、党组书记　马凤台
(1月退休)
孙青山
(1月任)
副检察长兼政治处主任　李书明
副检察长　刘茂松
魏德川
纪检组长、监察室主任　胡相智
反贪局局长　李　岗
政研室主任　黄方云
监所检查处处长　巫志明
法纪检察处处长　黄大喜
审查批捕处处长　周家明
起诉处处长　李玉林
技术处处长　李振川
(9月任)

【成都铁路运输中级法院领导人及部门负责人】

院长、党组书记　黄　政
副院长兼政治处主任　袁　征
副院长　邓启文
(4月免)
政治处副主任　付育良
纪检组组长　谷顺宝
办公室主任　宋为民
政研室主任　宫玉贤
经济庭庭长　李本善
告申庭庭长　于巨山
刑一庭庭长　贺明宇
刑二庭庭长　周小涛
执行庭庭长　凡维佳
(12月任)

【局直属机关党委领导人】

书　记　唐忠明
副书记　周思贵（女，9月免）
吴大全（12月任）
纪委书记　周安平

【局直属机关工会负责人】

主　席　蒋　征（9月任）

【局直属单位负责人】

内江铁路机械学校

校　长　李青锋
党委书记　束其民
工会主席　蒋　品
副校长　王世和
田喜仁

成都铁路运输学校

校　长　马　雄
党委书记　赵裕普
副校长　江光全
喻德松
呼金堂
傅晓川
工会主席　林祥清

成都铁路成人中等公安学校

党委书记　李安文
校长　周明才
副校长　李传俊
张玉洲
工会主席　朱仕民

成都科研所

所　长　白别文
副所长　盛光启
总工程师　毛　勇

成都勘测设计院

党委书记兼院长　林祥华
党委副书记　谭兴周
副院长　孙秦生
曾献平
总工程师　施建平（12月解聘）
工会主席　秦家骝

电子计算技术中心

主　任　梁隆海
副主任　徐中礼
总工程师　王义邦

成都铁路中心医院

院　长　李南平
党委书记　徐守健（9月免）
周思贵（女，9月任）
党委副书记兼纪委书记　钟德明（5月任）
王传武（3月免）
副院长　张奎林
王忠贤（女）
雷跃昌
工会主席　张世华（9月免）
代兵伟（9月任）

【局机关直属单位负责人】

成都铁路局中心防疫站

站长　赵秋平
党委书记　敬　军

人北铁中

校　长　邹明忠
党委书记　林明霄

直属大机段

段　长　李致文
党总支书记　严良成

直属焊轨段

段　长　胡　军（5月聘任）
党委书记　王　斌（5月任）

计量所

所　长　李世松
党支部书记　马　钧

成都疗养院

院　长　李远铁
党总支书记　刘兴国

成都结核病防治院

院　长　汪洪福（10月解聘）
党总支书记　朱方贵

（何建春）

铁路运输

责任编辑 许 娜

运输组织

【综　述】 2002年全局车务职工按照路局和路局党委关于“打好安全翻身仗”的统一部署和要求，始终将“安全生产”作为工作重中之重，认真落实逐级负责制和安全生产岗位责任制，加强设备整治力度，严格执行考核制度，在安全生产上取得突破。围绕路局《2002年经营管理方针目标》加强运输组织工作，在保证国家重点物资(电煤、化肥、粮食)任务完成的同时，优先安排高附加值、长距离货物的装运，确保路局运输利润的实现。全面完成运输进款、货物装车、运输周转量等数量指标，并按照全路的提速要求，路局对株六线、襄渝线、成昆线进行相应的提速、达速，提高客货列车的旅行速度，加速机车车辆周转，减少运用车占用，提高运输质量指标，节省运输成本支出。在旅客运输工作中，围绕铁道部“客运服务质量年”，狠抓运输服务质量，运输调度指挥部门精心指挥，确保旅客列车的安全正点。

根据《铁路局、局党委关于调整局、分局机关职能和机构编制的通知》，撤销局客运事业部，将原客运事业部负责管理的客运调度、车站客运组织、客运规章、行包专列、行包房、专运管理等职能划交局运输调度处。同时运输调度处增设客运管理科、专运科。运输调度处现设技术科、车站科、货运计划科、运输统计科、客运管理科、专运科、处长室以及调度指挥中心。

【安全生产】 2002年为打好“安全翻身仗”，车务系统根据部、局统一安排部署，车务系统开展了如下工作：

一、明确安全目标，为贯彻落实路局1号文件精神和成铁安[2002]83号文件要求，强化安全责任考核，在总结分析车务系统安全形势后，研究制定《成都铁路局车务系统2002年安全工作重点和推进计划》。

二、组织开展以客车安全为重点的安全专项检查。春运期间，围绕客车安全，运输调度处结合本系统年度安全工作推进计划，对提速区段客车安全、中间站防溜工作和调车作业安全进行了专项检查。检查覆盖3个分局26个站段和达成公司，发现问题82项，全部追踪整改。

三、按照部、局继续抓好安全生产专项整治的要求，运输调度处牵头制定了非正常情况下行车安全专项整治推进计划，确定车务系统三项重点目标，深入开展整治工作，车务系统的有关整治内容已经全部完成销号。

四、车务系统安全“四查”工作和“安全生产月”活动取得实效。按照路局的统一部署，运输调度处开展安全大检查工作，成立安全检查组，处领导带队对运输调度指挥、施工电报的审批和施工开通后首趟列车的放行以及车站接发列车作业、防溜工作和穿越正线调车作业等各个环节展开安全大检查。

五、为迎接党的“十六大”召开，根据成铁办[2002]610号电报要求，全局车务系统深入开展以“查安全管理、查设备质量、查职工两纪”的安全三查活动。

截至2002年12月31日，全局车务系统，消灭责任行车险性及以上事故，实现无责任重大、大事故2 065天、无责任行车险性事故819天和无责任因工死亡事故1 142天的好成绩。

【运输组织】 由于宝成、株六复线自动闭塞相继开通，2002年广元、大龙口实际接入列车对数，都比上年较大增加，其中大龙口图定货物列车对数由22对提高到28对，由于复线改造中没有对相应枢纽编组站进行改造，路局面临点线能力不配套的矛盾日益尖锐，为缓解成都东、贵阳南编组站能力紧张，加强两编组站内部挖潜扩能，充分利用相邻区段站的作用，大力组织通过成都东、贵阳南的直达列车，提高直达列车开行奖励力度，确保全局正常的运行秩序及编组站的畅通。在车流调整方面，充分利用内昆线开通后的分流作用，缓解川黔线能力紧张的矛盾，加大对贵阳分局的车流调整力度，对全局运输任务的完成创造了有利条件。

【挖潜提效】 为确保周转量的完成，充分利用宝成复线、株六复线的能力，增大广元口、大龙口的列车交接对数，全年广元口接入货物列车11 326列，较上年增加1 688列，交出货物列车11 195列，较上年增加2 036列；全年大龙口接入货物列车9 755列，较上年增加1 808列，交出货物列车9 738列，较上年增加1 760列。

为缓解贵阳南编组站能力

紧张，充分利用六盘水南编组站的能力，组织六盘水南开行通过贵阳南的直达列车，日均7列。

为缓解成都东编组站能力紧张，充分利用广元南、西昌南、燕岗、内江等周边站的能力，组织开行通过成都东的直达列车。

提高旅速，加速车辆周转，组织车种代用，减少空车走行距离，提高货车使用效率，全年完成货物周转量935亿吨公里，比上年增加78亿吨公里，根据换算同比上年日均需要增加部属运用车2 281辆，而实际日均仅增加1 337辆，节约部属运用车944辆，全年节省货车占用费2 205万元。

【车流调整】 为保证全年运输任务完成，春运前加大向贵阳分局的重、空车调整力度，保证全局春运期间客货运输的相对均衡。春节期间，利用部分客车停运，组织开行货物列车，调整全局运用车的平衡。

充分利用内昆线开通的分流作用，及时调整车流径路，内昆线昭通口全年交接货物列车合计2 503列。缓解了川黔线能力紧张的矛盾。

充分利用宝成复线的能力，将成都分局成都东为支点经达县口的车流改经广元口迂回运输。

为缓解贵阳南能力紧张，将贵阳分局六盘水南为支点原经川黔线到重庆分局铜罐驿以西的车流，改经内昆线、成渝线迂回运输。

为缓解川黔线能力紧张，将贵阳分局贵阳南支点原经石门坎口到成都东以远的部分车流改经凤凰山、攀枝花口迂回运输；同时将成都分局成都东支点原经石门坎口到贵阳南以远的部分车流改经攀枝花、凤凰山口迂回运输。

为缓解湘黔线施工造成大龙口能力紧张的压力，将贵阳分局原经大龙口的部分车流改经达县口迂回运输。

【军运、特运】 周密组织，确保军、特运输安全正点，全年共装运10 984车，全年共开行二级整列3列，三级整列3列，军列开行219列（其中始发126列，接入93列），组织军需冻肉18列（其中15列进藏冻肉），全部安全、正点、保密地完成了运输任务。

【行包专列、五定班列】 继续加大行包专列、五定班列的开行力度。全年共始发行包专列995列，终到行包专列1 001列；始发五定班列958列，终到五定班列3 031列，行包专列的始发正点率达到99.4%。

【全路货车清查】 2002年3月～6月，按照部局统一部署，由运输调度处牵头组织圆满完成2002年全路货车清查工作，并得到铁道部表彰。

表4－1　主要运输指标完成情况　（2002年）

项　目	计　算 单　位	2002年 计　划	2002年 完　成	2002年 完成 （+、-）	2001年 实　际	2002年与 2001年比 % （或+、-）
旅客发送量	万人	6900	6821	-79	6875	-54
货物发送量	万吨	10850	11213	+363	10357	+856
其中：煤炭发送量	万吨	3900	4339	+439	3732	+607
换算周转量	亿吨公里	1145	1185	+40	1112	+73
其中：货物换算周转量	亿吨公里	885	935	+50	857	+78
日均装车数	辆	5190	5334	+144	4935	+399
日均卸车数	辆		6013		5528	+485
综合运用车保有量	辆	29200	27758	-1442	26585	+1173
运输进款	万元	960000	960740	+740	903043	+57697
货车周转时间	天	2.90	2.93	+0.03	2.88	+0.05
客车始发正点率	%		99.8		99.8	0
客车运行正点率	%		99.1		98.6	+0.5
货车始发正点率	%		97.7		97.6	+0.1
货车运行正点率	%		97.6		97.4	+0.2

表4-2 局口交接量完成情况 单位:万吨

局口名称	2002年 计划 接入	计划 交出	完成 接入	完成 交出	比(+、-) 接入	比(+、-) 交出	2001年完成 接入	2001年完成 交出	2002年比2001年(+、-) 接入	2002年比2001年(+、-) 交出
广元	2085	1470	2227	1571	+142	+101	1722	1243	+505	+328
达州	1240	880	1165	671	-75	-209	1365	970	-200	-299
大龙	2275	2640	2217	2602	-58	-38	1851	2148	+366	+454
麻尾	505	650	485	639	-20	-11	543	673	-58	-34
攀枝花	945	820	1311	948	+366	+128	1099	918	+212	+30
凤凰山	1195	1115	1120	1241	-75	+126	1055	1116	+65	+125
柏果			6		+6				+6	
计	8245	7575	8531	7672	+286	+97	7635	7068	+896	+604

(张 勇)

表4-3 请求车与日均装车比较 (2002年)

月份	日均请求车	日均装车	比较(%)
1	12315	5279	42.9
2	8464	5193	60.7
3	9331	5339	57.2
4	13091	5312	40.6
5	11388	5307	46.6
6	9648	5177	53.7
7	9725	5379	55.3
8	7645	5199	68.0
9	8190	5401	65.9
10	8172	5392	66.0
11	10668	5577	52.3
12	10910	5438	49.8

(张 勇)

【车站防溜紧闸器】 路局山区铁路多,车辆的防溜工作一直作为安全重点工作。由于管内电气化区段较多,使用传统的手闸制动,调车作业人员离接触网距离较近,对调车作业人员人身安全构成威胁,2002年在局科委的支持下,积极推广经铁道部技术认定的防溜紧闸器。

【编组站尾部停车器增加联锁功能】 在六盘水南、燕岗编组站尾部停车器增加联锁功能,对减轻作业人员的劳动强度,提高编组站设备自动化程度起到重要作用。

【列车尾部安全装置】 组织有关部门完成成昆线中段燕岗至西昌南400k列尾装置使用试验

并取得成功。为解决该区段长大隧道400M无线通信盲区多,为列尾装置在该区段的应用和选型提供了技术资料和依据。

【站场安全生产图像监控系统】

推广站场安全生产图像监控系统,该系统通过先进的多媒体技术,对现场作业过程的数据、语音、图像进行可视化记录,以及进行实时远程传输,对提高运输效率,降低运输成本,保证作业安全,都能起到重要作用,对事故发生后的责任认定也有重要的作用,特别是恶劣天气时的作业监控,对安全生产更为有效。该项目的实现将彻底改变现有运输生产理念和方式。

【DIMS系统】 按照部、局的安排,2002年路局开始实施调度信息管理系统,根据路局的具体情况,将采取"D""T"结合,Y型结构,该系统完成后将实现路局调度指挥现代化。

【TMIS系统】 继续推进路局TMIS系统建设进程,运输调度处协助有关部门落实部分车站现车管理系统的改造和新建工作。参与完成路局TMIS项目中"车号自动识别系统"的验收工作。

【内昆线开通】 4月28日,下发《关于公布内昆线临管行车组织暂行办法的通知》,要求重庆、贵阳分局有关方面认真贯彻执行。5月1日内昆线开通,内昆线作为连接南北走向的重要通道,对路局"北车南调"的车流调整起重要作用,开通初期,在生活、交通条件很差的条件下,车务系统职工克服困难,保证运输的安全畅通。

【水柏线开通】 10月1日水柏线开通。水柏线是新建的地方铁路,北连贵昆线,南接南昆线,主要作用是提高贵州、云南的煤炭外运能力,水柏线的开通,将对西部大开发,促进地方经济建设起重要作用。

【成都枢纽扩能】 参与新建成都北编组站的立项审查工作。成都北编组站的修建,将彻底缓解宝成复线扩能改造后点线能力不配套的矛盾。

【青白江—成都增建二线扩能改造】 参与青白江—成都增建二线的立项审查工作,宝成线广元—青白江段复线开通后,青白江—成都东间成了制约宝成复线及成都枢纽能力的咽喉,青白江—成都增建二线对确保枢纽畅通起到重要作用。

【新建遂渝线】 参与新建遂渝线的立项审查工作。遂渝线建成后作为成渝间的快速通道,以客运为主,将大大缩短成渝间的旅行时间,对路局提高旅客运输质量,参与市场竞争将起到重要作用。

【黔桂线扩能改造】 参与黔桂线的扩能改造立项审查工作,黔桂线是路局线路标准最低的铁路,不仅运营成本高,且安全隐患多,黔桂线的改造不仅对云贵两省的经济起到重要的促进作用,而且对降低路局运输成本,保证运输安全都起到重要作用。

【襄渝线提速改造】 为配合全路大提速,路局对襄渝线部分区段进行提速改造,对提高路局山区铁路的列车运行质量和旅客运输质量,参与市场竞争,起到重要作用。

【达成线提速改造】 参与达成线遂宁—成都段提速改造的立项审查工作。达成线遂宁—成都段是成渝快速通道的组成部分,改造后可以大大缩短成渝间列车运行时间。

【列车运行图及编组计划】

一、2月23日~3月11日,进行施工图编制工作。

二、4月23日~4月28日,完成内昆线开通运行图编制及相应编组计划调整,初期安排开行路用列车1对,货物列车10对。

三、5月22日~5月31日,根据铁道部西南片区分流会要求,进行西南片区分流及暑运列车运行图编制,大龙口增加货物列车7对,凤凰山口增加货物列车4对,并于6月20日执行。

四、9月15日,根据内昆线病害整治需要,对内昆线运行图进行调整,并于9月30日执行。

五、10月16日~10月30日,进行水柏线分流,贵阳枢纽施工运行图编制,水柏线初期分流,开行货物列车4对,其中直达列车1对,于11月20日执行。

六、12月3日~12月22日,进行2003年春运图编制。

【运输施工配合】 2002年,在运输部门的精心组织安排下,全局施工计划的管理与执行有序,在确保全年运输生产任务完成的同时,保证全年施工计划任务的完成。运输部门对施工计划的管理,主要作法是:

表 4-4 全局车站站名等级 (2002 年)

分局	特一二等站	三等站		四等站								五等站	线路所	合计
成都	特等站	(宝成)	昭化	(宝成)	广元	走马岭	沙溪坝	上寺	竹园坝	斑竹园	厚坝	关村坝	白田坝	
	成都	马角坝	江油	小溪坝	双河口	老坪坝	三合场	彰明	龙凤场	石马坝	皂角铺	长河坝	东坝	
	成都东	二郎庙	德阳	绵阳北	谭家坝	罗江	黄许镇	新兴场	新都	天回镇		尼日	罗妙真	
		广汉	青白江	(成渝)	龙潭寺	石板滩	洪安乡	陈家湾	红花塘	五凤溪	灵仙庙	枣子林	马鞍塘	
		(成渝)	简阳	养马河	石桥镇	庙子沟	临江寺	墨池坝	侯家坪	长沙埂	顺河场	牛坪子	梅家沟	
	一等站	资阳	资中	登瀛崖	归德乡	陶家沟	茅店子	银山镇	史家乡			花龙门	白马关	
	广元南	(成昆)	成都南	(成昆)	沙河堡	双流	公兴	新津	青龙场	彭山	太和	回龙庵		
	绵阳	眉山	乐山	鲜滩	思蒙	吴场	马村	双福	九里	沙湾	轸溪			
		峨眉	普雄	刘沟	代湾	杨漩	共和	峨边	柏村	金口河	汉源			
		西昌	弄弄坪	苏雄	凉红	埃岱	甘洛	南尔岗	阿寨	白果	白石岩			
	二等站	巴关河	密地	越西	铁西	下普雄	拉白	上普雄	尔赛河	尼波	乐武			
	燕岗			红峰	沙马拉达		瓦祖	铁口	新凉	联合乡	喜德			
	(峨车)			冕山	新铁村	冕宁	漫水湾	月华	礼州	西昌北	经久			
	西昌南			黄联关	黄水塘	麻栗	黄家坝	德昌	小高	乐跃	蒲坝			
	攀枝花			永郎	弯丘	青杠	沙坝	米易	丙谷	垭口	桐子林			
	(攀车)			三堆子										
				(渡口支线)		倮果	渡口	格里坪						
				(广旺)	广元东	安家湾	元坝	白水	尚武	嘉川	旺苍			
				黄洋	普济									
				(德天)	杨嘉	孝泉	绵竹	汉旺						
				(广岳)	高骈	什邡	两路口	灵杰	永兴	雪门寺	穿心店			
				红白场	木瓜坪	岳家山								
				(成汶)	蒙阳镇	清流场	彭县	丽春	谭家场	都江堰				
				(资威)	宋家铺									
				(枢纽)	大弯镇	成都北	城厢							
	7	19									150	7	6	183+6
重庆	一等站	(成渝)	内江东	(成渝)	椑木镇	双凤驿	迎祥街	石燕桥	李市镇	安富镇	荣昌	洛中子		
	重庆	隆昌	广顺场	峰高铺	长河碥	双石桥	栏杆滩	临江场	柏林	茨坝	平等	黄沙溪		
	重庆西	大足	永川	白沙	金刚沱	油溪	古家沱	黄谦	铜罐驿	石场	伏牛溪	汇南		
	重庆南	朱扬溪	江津	茄子溪								洪家嘴		
	内江	小南海	大渡口	(川黔)	小南垭	七龙星	民福寺	夏坝	广兴	綦江北	转关口	农乐		
	达州	(川黔)	珞璜	东升坝	两河口	镇紫街	岔滩	石门坎						
		綦江	三江	(襄渝)	西永	团结村	回龙坝	磨心坡	天府北	清平	三汇坝			
	二等站	(襄渝)	北碚	长胜沟	庆华	高兴	华蓥	禄市	观阁	望溪	琅琊			
	赶水	广安	渠县	临巴溪	流溪场	渡市	覃家坝	河市坝						
	(重车)	三汇镇		(内珙)	凌家场	大山铺	俞冲	孔滩	王场	敬梓场	一步滩			
		(内宜)	内江南	南岸坝	福溪	汉王山	赛金桥	巡场	武家岩	卷子榜	珙县			
		自贡	自贡南	(宜安)	柏树溪	豆坝								
		宜宾北	宜宾	(重庆枢纽)		跳蹬	中梁山	白市驿	重庆东					
		金沙湾		(三万支线)		干坝子	谷口河							
		(三万)	万盛											
		(枢纽)	重庆北											
		梨树湾												
	6	25									79	5		115
贵阳	一等站	(川黔)	遵义	(川黔)	木竹河	松坎	三元坝	蒙渡	太白	九龙塘	大河坝	园田坝	乌速龙	
	贵阳	遵义南	南宫山	新场	凉风垭	桐梓	红花园	娄山关	汇塘河	松坝	李家湾		小冲头	
	贵阳南	小寨坝	都拉营	高炉子	遵义北	南白镇	阁老坝	艾田	乌江	董家坪	养龙司		花赖	
		(贵昆)	湖潮	盘脚营	息烽	阳朗	新萝村	久长	高坝	扎佐	大关冲		水山坡	
	二等站	安顺	六枝	蓬莱	大寨	贵阳北							翁塘	
	六盘水南	水城	贵阳西	(贵昆)	石板哨	马场	高峰	平坝	新平坝	天龙	七眼桥		朗洞	
	六盘水	(湘黔)	凯里	两所屯	么铺	黄桶	化处	大用	那玉	新窑	关寨		岩英	
		玉屏		二道岩	茨坝	滥坝	双水	马嘎	葡萄箐	梅花山	乐居		唐家桥	
		(黔桂)	贵定	罗盘地	树舍	扒挪块	荷马岭	背开柱	木嘎	田坝	邓家村			
		都匀	麻尾	且午	徐屯									
		(支线)	中心	(湘黔)	半边街	大栗树	黄丝	麻江	小龙洞	六个鸡	马田			
		清镇	福泉	普舍寨	桐木寨	加劳	宝老山	谷陇	施秉	水花	大坳			
				大石板	镇远	老王洞	蕉溪	青溪	羊坪	大龙				
				(黔桂)	谷立	大土	龙里	麻芝铺	高坪铺	观音阁	龙田			
				乐坪	大昌	谷硐	乐埠	苦李井	杨柳街	翁通	清泰坡			
				川弓	大河桥	栋青树	墨冲	丙午	京寨	大坪	深河			
				铜鼓井	独山	甲堡	学庄	打羊	筹洞	峰洞	星朗			
				朱石寨										
				(开阳)	天台	大水沟	楠木坪							
				(水大)	裕民	野马寨	下藤桥	二塘区	大湾					
				(湖林)	山林边	条子场	堰塘坎	林歹	蒿芝塘					
				(枢纽)	花溪	改貌								
	4	18									136	1	8	159+8
全局	17	62									365	13	14	457+14

(张 勇)

一、强化施工计划的安全管理。1.加强施工计划的审批权限管理,维护施工计划的严肃性。进一步明确路局、分局施工计划审批的分级管理权限,铁路局对各线的慢行附加时分实行重点专控审批,对保证各线运输的良好秩序起到了重要作用。2.强化施工计划执行的及时传达顺序与时间。3.强化施工计划执行的登记、消记制度。4.严格施工计划调度命令的发布,确保行车安全。

二、建立施工管理台账,对临时施工计划进行重点管理,全年局控重点临时施工计划74个,对施工计划的完成情况进行重点记录。

三、搞好运输施工计划方案的编制工作。对线路大修及换轨枕安全专项整治施工,编制重点方案,进行重点安排。

四、根据施工计划的影响程度,对列车运行图进行调整,确保施工天窗的兑现。

【职工培训】 一、为配合局DMIS系统实施,局调度指挥中心先后开办3期计算机培训班。

二、举办3期运行图编图培训班,提高了路局计算机编图质量。

三、在内江和六盘水与局科研所联合举办"列车尾部安全装置运用技术培训班",对有关人员进行技术业务培训。

四、举办站务组织人员培训班,提高车务人员的业务素质。

【先进集体和个人】 成都铁路局获2002年全路先进优质车务段(直属站)、全路先进中间站的单位:

全路先进优质车务段:江油、北碚、凯里车务段。

全路先进优质车站:成都东、重庆西、贵阳站。

全路先进优质中间站:双福、隆昌、蒙渡站。

调度指挥中心分析室获2002年度全路运输分析综合评比第一名。

按部统一部署进行2002年全路货车清查工作,路局获得先进单位组织奖第三名,全局有20人获得先进个人奖。

运输调度处举办2002年成都铁路局调车技能大赛,贵阳车务段获第一名,内江车务段罗超获个人第一名。

(张　勇)

旅客运输

【综　述】 2002年旅客运输,坚持"加快客运发展,深化客运改革,强化客运营销,提高服务质量,确保旅客安全"的指导思想,以经济效益为中心,以客车安全为重点,加大客运改革力度,构建新的客运管理体制和运行机制。2002年8月28日成立成都铁路局客运公司,并相继成立贵阳、重庆、成都客运分公司。强化客运营销,大力发展直通旅客运输;强化安全基础管理,确保旅客运输绝对安全;加大客运设施设备改造力度,提高客运服务质量,在体制改革、安全管理、客运收入、服务质量、职工生活等方面实现新的突破。2002年,全局旅客发送量完成6 821.3万人,客运收入完成454 437万元,旅客周转量完成266.4亿人公里。为全面完成路局的经营管理方针目标做出贡献。

【客运公司成立】 根据《铁路局、局党委关于成立成都铁路局内部客运公司的通知》(成铁办[2002]201号)文件精神,成都铁路局客运公司于2002年8月28日在成都正式成立。公司所属贵阳、重庆、成都3个客运分公司也分别于9月5日、6日、8日成立。全公司共有员工18 000余名,固定资产达30余亿元,占全局固资总额近10%。公司拥有各种类型的中高档客车车辆3 000余辆,开行有通达北京、上海、广州、杭州、武昌、昆明、南京、湛江等国内主要城市的旅客列车86对,其中开行局直通20.5对;局管内客车65.5对,年发送旅客能力近7 000万人次。

【机构设置】 成都铁路局客运公司管辖成都、重庆、贵阳3个客运分公司和直属机构:新都职业培训中心。公司设立党委、行政、工会、纪委、团委,定员85名,其中公司领导定员10名。行政设置9个职能部门,即:办公室、营运部、装备部、安全质量部、市场策划部、计划财务部、人力资源部(党委干部部)、监察部(与公司纪委合署办公)、关联业务部。设附属机构4个,定员50名:票务管理中心、调度室、物资采购中心、收入检查室。党群设置5个职能部门,即:党委工作部(对外仍称组织部、宣传部、办公室)、党委干部部(与人力资源部为一个机构两块牌子)、纪委办公室、工会工作部、团委办公室。(见表4-5)

表 4－5　成都铁路局客运公司组织机构系统

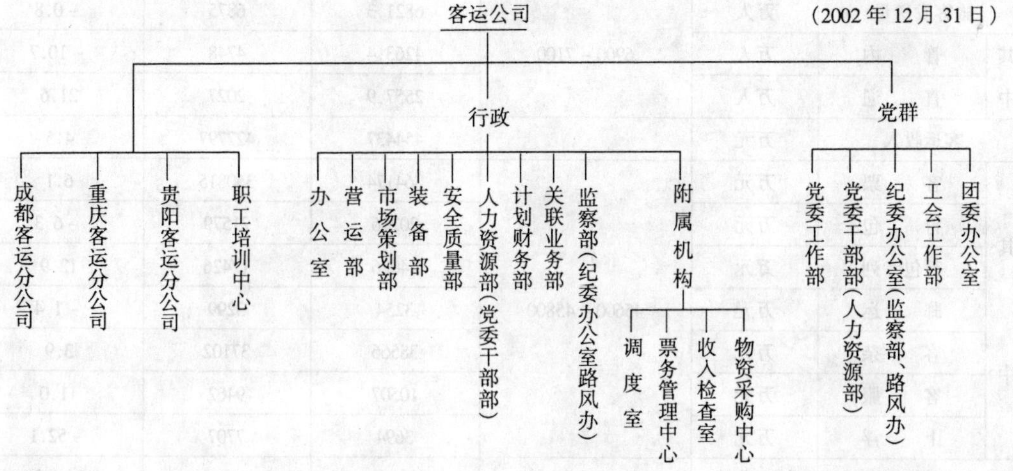

【公司体制】 成都铁路局客运公司实行公司一级法人,公司、分公司两级管理,是铁路局出资组建的从事旅客运输及相关业务的经营责任主体,模拟法人运作,享有客运经营自主权,承担相应的责任;在路局授权范围内自主经营,独立核算,自负盈亏,实行资产经营责任制,对所经营的国有资产承担保值增值责任;计划、财务、人事、劳资等综合管理和新技术开发应用,以及物资集中采购供应等职能集中于公司本部,发挥经营中心、利润中心的作用。路局与客运公司的关系主要是出资者与模拟法人的关系;客运公司与各分局的关系既是相互提供劳务、进行付费结算的平等的经济实体和市场主体的关系,又是铁路旅客运输全过程中不同工序的承担者,以追求路局效益最大化为目标,共同促进客运事业的发展。

【职能调整】 铁路局在组建客运公司、客运分公司的同时撤销局客运事业部、分局客运分处,相应调整局、分局机关职能。客运公司权限内的旅客列车编组调整及经铁路局批准的管内客车开行方案调整,具体安排由客调根据客运公司意见发布调度命令;路局在客运公司派驻车辆验收室;分局车辆分处客车管理职能移交公司;局、分局收入部门的客运收入稽查并入公司,其他工作按职能划分。客车检修与运用分开,车上乘务作业与车下整备作业分离,对客运(含检车)乘务、客车整备、车辆检修实施专业化分类管理。行李车由客运公司管理;客运列车广播设备、检修、养护职能划交客运公司。各分公司按照重组生产要素和优化资源配置的原则,重新整合车辆检修基地、客技站和客运乘务队、检车乘务队、餐营服务体系,形成新的管理体制和运行机制。

【旅客运输完成情况】 全局旅客运输任务完成情况见表 4－6;各分局旅客运输任务完成情况见表 4－7。

(游建彬)

【行包运输完成情况】 全局行包发送量统计见表 4－8;行包专列装车数运输收入见表 4－9。

(牟昕坷)

【春节运输】 2002 年春运,全局紧密围绕“确保安全,抓好重点,平稳有序,良好服务”的部定春运目标,加强领导,转变作风,超前准备,精心组织,带领全局干部职工顽强拼搏,奋力攻坚,实现了春运安全、平稳、有序,圆满完成春运 40 天和路局延长 10 天的各项任务,彻底扭转安全不稳的被动局面。实现了“六突破、两转变”。“六突破”:一是春运安全实现新突破;二是旅客发送实现新突破;三是运输效益实现新突破;四

表4-6 全局旅客运输任务完成情况 (2002年)

项目		单位	2002年 年度计划	2002年 实际完成	2001年完成	增长比率(%)
旅客发送量		万人		6821.3	6875	-0.8
其中	管内	万人	6900-7100	4263.4	4748	-10.7
	直通	万人		2557.9	2027	21.6
客运收入		万元		454437	427797	4.5
其中	客票	万元		364174	350815	6.1
	行包	万元		20216	21579	-6.3
	行包专列	万元		14026	12426	12.9
	邮运	万元	45600-45800	3254	3299	-1.4
	客杂	万元		38566	37102	3.9
	客服	万元		10507	9462	11.0
	上浮	万元		3694	7707	-52.1
旅客周转量		亿人公里	260.0-265.0	266.4	255.4	+4.3

表4-7 各分局完成运输任务情况 (2002年)

单位	旅客发送量(万人)	客运收入(万元)	旅客周转量(亿人公里)
成都分局	2896	210388	93.6
重庆分局	2148.9	146649	56.7
贵阳分局	1776.4	97400	116.1

(游建彬)

表4-8 行包发送量统计 (2002年)

单位	管内 件数	管内 重量(吨)	直通 件数	直通 重量(吨)	合计 件数	合计 重量(吨)	到达件数
成都分局	1067694	29284	2679630	67256	3747324	96540	4698376
重庆分局	410008	12335	1454867	35262	1864875	47597	2735267
贵阳分局	278888	7151	844906	14501	1123794	21652	2147443
铁路局	1756590	48770	4979403	117019	6735993	165789	9581086

表4-9 行包专列装车数运输收入 (2002年)

单位	装车数(辆)	2001年运输收入(万元)	2002年运输收入(万元)	增长比(%)
成都分局	16523	7750	8650	11.6
重庆分局	8996	3155	3272	3.7
贵阳分局	8642	1522	2104	82.6
铁路局	28699	12427	14026	16.3

(车昕坷)

是客运组织实现新突破；五是客车正点率实现新突破；六是在整治客票乱收费、乱加价上实现根本突破。“两转变”：一是干部作风实现了新转变；二是干部职工抓春运的观念实现了新转变。

【春运特点】 2002年春运有以下7个方面的显著特点。一是春运任务完成明显好于往年。春运40天，全局直通旅客发送、客运收入再创新高。累计发送旅客1 043.2万人（含达成铁路公司120.7万人），同比增加29.7万人，增长2.9%，日均发送26.1万人（单日最高发送34.8万人），其中直通发送410.0万人（含达成公司38.3万人），日均发送10.2万人，同比增加43.9万人，增长12.0%；管内发送633.3万人（含达成公司82.3万人），同比减少14.1万人，下降2.2%。客运收入完成7.69亿元（未含达成公司），日均完成1 921.3万元，同比增加6 595万元，增长9.4%。二是春运安全明显好于往年。春运期间，全局杜绝责任旅客伤亡事故；杜绝险性以上客车行车、火灾、爆炸事故；杜绝旅客食物中毒事故。三是春运能力安排明显好于往年。春运40天，全局共始发临客1 352列，同比增开201列。其中直通临客1 032列，管内临客320列。四是春运售票组织明显好于往年。全局牢牢抓住售票这一关键环节，利用电子计算机售票系统的功能，及时、合理地调整票额，加大车站窗口售票数量，增设临时售票窗口，发挥代售点作用，延长车票预售期，基本做到车站有票卖，旅客到后有票买。五是春运秩序明显好于往年。通过全力抓好售票、候车、乘降等春运组织工作，确保全局春运工作井然有序，忙而不乱；全局客车始发正点率达99.9%，运行正点率达99.5%，是多年来路局春运正点率最高的一年。六是春运服务质量明显好于往年。路局以春运为契机，狠抓“客运服务质量年”8个方面的工作，积极查改问题，提高服务质量。旅客普遍反映：“今年春运车票好买了，乘车有序了，环境改善了，服务质量提高了。”七是春运路风明显好于往年。路局采取强硬措施，加大对乱收费、乱加价行为的监督、检查、整治和查处力度，使困扰路局多年的春运期间乱加价、乱收费问题得到彻底整治。春运期间，旅客投诉比上年下降50%；各级新闻媒体正面报道稿件达2 423篇（条），其中中央级新闻媒体130篇（条）。

【春运组织】 路局、局党委根据全路春运工作的总体部署，结合实际，提出“落实责任、突出重点、畅通信息、万无一失”的总体要求，全局党政工团各级组织，把春运作为一季度的中心工作，精心组织，齐抓共干，取得较好成效。

一、抓早抓实，超前部署，全力以赴备战春运。1. 抓好客流调查，合理安排运能。路局根据管内客流调查、摸底情况，挖掘潜力，合理安排运能，制定3套预案，在开行图定客车116.5对的基础上增开临客42.5对，较上年增加5.5对。其中直通临客38对（临客35对，图定客车延长3对），增加7.5对；管内临客5.5对，安排管内预备线0.5对，保证了春运所需运能。2. 抓好宣传动员，超前部署春运工作。路局于2001年11月和2002年1月分别召开全局春运暨路风工作会议，31家中央和地方新闻单位参加的春运新闻发布会和全局春运暨开展“客运服务质量年”活动电视电话会，对春运和客运服务质量年工作进行临战前的动员和部署，为安全、有序、良好地开展春运提供了有力保障。3. 抓好人员培训，确保临客人员素质达标。路局深刻吸取上年“2·8”事故教训，采取措施，提早对临客人员进行培训，自2001年12月20日至2002年1月25日计35天，全局共培训临客人员11 620人（客运人员9 520人，车辆人员484人，机务人员948人，公安人员668人）。4. 加强设备整治，奠定春运基础。路局共投入5.3亿元对全局33对65组车底、1 998辆绿皮车进行全面整治，更换局内六条干线57.7万根木枕、成昆线新增60公里线路大修并新购置救援吊车2台、查危仪9台，更换渝达线接触网导线、增加站车消防设施等，为春运的安全、有序奠定了良好基础。

二、转变作风，落实责任，党政工团齐抓共干奋战春运。加强对春运工作的组织领导。路局成立春运领导小组，下设春运办公室，各负其责，分片包保。路局领导对各分局的春运工作进行责任包保，既挂帅，又出征，亲临春运第一线检查、指导春运工作，及时解决存在的问题，形成领导负责、专业负责、岗位负责、分工负责、各司其职、狠抓落实的良好局面。全局共组成43个春运工作组，上车下站检查、督促春运工作，加强监督检查，及时解决春运中的具体问题。

【春运安全】 强化管理，狠抓落实，全力确保春运安全。一、加强对设备、设施的安全检查和整修。路局、分局组织力量对与行车安全有关的设备、设施等进行逐台、逐辆、逐处、逐米的检查，消除故障隐患294个，确保状态良好。二、按图定车标准加强临客管理，重点加强对餐车、邮政车、行李车、宿营车、广播车的管理。严禁乘务员在班前、班中饮酒，严禁乘务员在车厢内和乘务室聚堆聊天、抽烟等行为。所有临客列车长都由出任过图定客车列车长的人员担当，临客检车长、乘警长、餐车主任和补票人员也都是值乘过图定客车的人员。凡抽调人员担当临客值乘任务的单位一律派干部协助临客列车长加强管理。共组成临客班组290个，每个临客班组至少有3名党员，组建临客党支部154个。三、认真贯彻落实部定各种列车超员率的规定，严格控制超员率，特别是严格控制通风较差的"双优"车超员率，确保旅客安全。四、严格查堵"三品"，防止火灾、爆炸事故。春运40天，全局共收缴刀具6 822把、危害性较大的枪支10支、子弹5发，炸药17.2公斤，鞭炮25万余响、雷管100枚、导火索57.8米，油漆类物品140公斤，化工品1 924公斤，其他危险品14 193件。五、加强站车治安秩序整治，严厉打击贩票，敲诈、抢劫旅客财物的不法活动，制止围车、跟车叫卖，维护良好的站车秩序。

【规范售票渠道】 狠下决心，双管齐下，严厉整治乱收费行为。在售票组织上做到卡死内部，严查外部，坚持"三规范，一打击"。三规范：1. 规范售票渠道。春运期间，对全局93个快车停车站、396个固定电子售票窗口、83个临时售票窗口、51个联网售票站、205个客票代售点进行全面的检查和监控；严禁有关单位把车票切块给路内外的旅行社、饭店、招待所等单位，一经发现，坚决查处，并撤销责任单位负责人的职务。2. 规范售票点行为。各代售点除可收取规定的5元服务费外，一律不得加收任何费用，一经发现坚决取缔并给予严厉处罚。春运期间，共整顿规范微机代售点81个，关、停27个。3. 规范收费，坚决取缔中间加价环节。民工的车票一律不经过各地民工疏导办，直接向民工售票，避免乱加价、乱收费行为，维护民工的切身利益。一打击：打击票贩子。春运40天，全局共抓获票贩子2 234人，刑事拘留44人，治安处罚375人，罚款1 030人，警告409人，其他处理376人；打掉倒卖车票团伙70个119人，缴获车票2 837张，票面值410 879元；破获制贩假票案件7起，抓获犯罪嫌疑人13名，查获半成品车票8 700张。

【客流动态调整】 精心组织，动态调整，确保春运平稳有序。一、确保重点运输。对学生运输实行"四优先"，预留出部分卧铺票和足够的有座票额供学生始发购票及中转签证；积极与地方政府协调配合，安排好团体民工输送计划，适时开行民工专列，确保民工运输。二、加强站车客运组织。落实车站接送车责任制，站长负第一位责任，在站车重点部位设岗，组织好旅客排队购票、候车、进站、上车。严格遵守售票纪律，确保不超额售票、不搞"门前清、一扫光"，做到"大站照顾小站、始发站照顾中间站"，为客流较大而又没有始发车的中间站预留部分整车，做到均衡有序；始发站硬座禁止套用短途票额，对"热门车"车票采取限购措施，控制"热门车"超员率，引流增加"冷门车"上座率。三、把握客流动态，以能定量，有流开车，无流停运，确保旅客走得了、走得好。四、加强运输调度指挥，按图行车，对晚点列车积极组织恢复正点，保持良好的运行秩序。

【客运服务质量提高】 以人为本，真诚服务，大力提高客运服务质量。春运期间认真开展"客运服务质量年"活动，最大限度地为旅客提供良好的服务。一、加强票务管理，发挥车站窗口主渠道售票作用。客流大的车站实行24小时售票，并做到计划、票务、售票、收费"四公开"。铁路售票窗口发售的车票达到总票额的80%，代售点票额不超过15%，节前共到40余所大中专院校售票3万余张。春运期间，严格按铁道部规定预售票，图定车车票预售10天，临客车票预售5天，学生票、异地票预售12天，方便了旅客购票，站车秩序井然。二、强化站车服务质量。按照部"百点计划"、"六项承诺"、"双三十条"和客运服务质量年的八项内容及提高普通旅客列车服务质量的要求，树立以旅客为中心的服务理念，变管理旅客为服务旅客，推行"以人为本"的特色服务和"三新"服务活动，不断提高服务质量。三、抓好客车上水和卫生检查监督。落实客车上水管理制度，保证过往客车上满水;开展“舒心旅途,放心食品”活动,搞好餐饮供应,保证食品质量;卫生防疫部门加大检查监督力度,杜绝了伪劣、假冒食品进站上车,防止了食物中毒事故发生。四、狠抓路风建设,加强对站车服务质量的监督检查,加大对路风事件查处、曝光力度,严禁乱收费、乱加价、以车以票谋私,一旦发现,坚决查处。

【暑期运输】 暑运期间,全局增开直通临客和各种专列374列,其中图内临客300列(成都局担当114列)、图外临客51列(成都局担当49列),开行旅游专列11列(成都局组织3列)、学生专列5列、民工专列4列、移民专列3列;图定直通客车延长62列、恢复管内客车开行124列;开行管内临客12列,合计572列。自7月1日起至8月31日止,全局共计发送旅客1 231.3万人,日均19.9万人,比上年同期多运24.2万人,增长2%;其中直通旅客发送412.4万人,日均6.6万人,比上年同期多运70.7万人,增长20%;管内旅客发送818.9万人,日均13.2万人,比上年同期减少45.7万人,下降5%。暑运中,全局完成客运收入82 630万元,比上年同期增收9 074万元,增幅为12%。

(游建彬)

【专运及涉外运输】 全局运送涉外旅客15 992人次,其中外宾11 876人次,港、澳、台胞4 116人次,挂运部专运包车22辆次,其中:挂运二级专包7辆次,挂运三级专包15辆次。安全运送部、省级领导46批,共计184人次。使用局专用车辆69辆次。

【达成公司旅客运输】 达成公司全年完成客运收入3.86亿元,比上年增加1.37亿元,增长55%。因开行成都—上海1216/1215次直通客车,全年客运收入大幅度上升。旅客发送量完成842万人,其中直通旅客428万人,管内旅客414万人。

(牟昕坷)

【安全基础建设】 各级组织把旅客列车安全摆在第一位,牢固树立“安全第一”的思想,在安全管理方面做了大量工作,为确保全局实现安全生产500天做出贡献。一、各级领导站在讲政治的高度,把确保旅客列车的绝对安全和旅客的生命财产安全作为第一要务,抓督促、抓检查,抓落实,保证安全稳定。二、开展“不忘教训,再创佳绩”的宣传活动和《安全生产法》学习活动,加强安全宣传教育,增强广大员工对安全工作重要性的认识。三、抓住安全生产的薄弱环节,认真开展安全专项整治,明确整治目标,制定整治措施,落实领导责任,有效地促进安全基础建设。四、狠抓安全责任制的落实,保证了安全管理职责清晰,目标明确,各项规定、措施落实到位。五、开展设备达标创优活动,制定切实可行的设备达标创优规划,继续加大对客车设备的整备。六、完善安全生产监督机制,进一步强化客车安全监督监察力度,确保客车和旅客生命财产安全。

【票务管理】 认真执行《全局计算机联网售票管理办法》和《计算机客票联网代售票暂行办法》,发挥售票主渠道作用,保证80%的票在车站窗口销售,15%的票由代售点销售;加强对售票网络的管理和维护,保证售票系统正常运行;加强对代售点的管理,严肃售票纪律,严禁乱加价、乱收费;加强车票预售,方便旅客购票。客运公司成立后,在各分公司建立了票务部,并将各代售点纳入公司统一管理,加强了售票工作的组织领导和对各代售点的监控力度。票务中心加强与各分局的协调,认真做好售票软件升级到4.0版本工作,提高了售票速度。

【客票销售】 在客流旺季运能紧张时,发挥计算机售票优势,提高售票速度,延长售票时间;增设售票网点,实行上门售票,扩大售票覆盖面;合理调整票额,增加重点地区票额数量,减轻重点地区压力;与地方部门密切配合,做好春运客流高峰期民工流动计划,将客票及时售到民工手中,保证有序运输。在客流淡季,强化市场营销,合理利用客票价格杠杆作用,畅通售票渠道,方便旅客购票。在部分双优车上使用移动补票系统,进一步增加客票销售收入。至年底,全局计算机售票车站已达94个,联网售票的车站达52个,计算机联网代售点达214个,上网票额达90%,全局电子客票发售量已占发售总量的84%以上,电子客票收入占全局客票总收入的91%以上。

(游建彬)

【客运服务质量年】 全面提高客运服务质量,满足广大人民群众对铁路运输质量越来越高的需求,是提高铁路竞争力、塑造铁路新形象、拓展旅客运输市场的迫切需要，也是铁道部当前的一项重要的战略部署。铁路局为认真贯彻铁道部会议精神，围绕“八项目标”，制定了详实的客运服务质量年活动推进计划，发动全局客运干部职工，开展了大量卓有成效的工作，实现了近年以来在铁路客运服务质量上继续深入开展落实“百点计划”、“双三十条”和“绿皮车整治”等服务质量攻关活动后的又一次飞跃。全年客运服务质量年工作中加强组织，抓好列车安全正点，搞好设备设施达标，站车环境卫生。加强教育，文明服务。搞好售票组织，方便旅客购票。搞好列车供水工作、加强站车管理。搞好投诉受理，确保渠道畅通、旅客满意。

【列车分类及车次】 随着铁路客货运量的不断增长，旅客列车的不断增加，现行的列车分类、车次已无法满足需要，为规范管理，根据铁运函[2000]251号通知要求，将旅客列车分为三个等级：特快旅客列车，快速旅客列车、普通旅客列车（含普通旅客列车和普通旅客慢车）。在车次的范围和规定上，尽量考虑全路直通车次和管内车次不重复。具体的车次范围见表4-10。

表4-10 旅客列车种类及车次范围 (2002年)

列车种类		全路车次范围	列车种类	全局车次范围
特快旅客列车		T1—T998	普通旅客列车	1001—8998
其中	跨局	T1—T198	其中普快旅客列车	1001—5998
	管内	T301—T998	跨三局及以上	1001—1998
快速旅客列车		K1—K998	跨二局以上	2001—3998
其中	跨局	K1—K398	管内	4001—5998
	管内	K401—K998	其中普通旅客慢车	6001—8998
临时旅客列车		L1—L998	跨局	6001—6198
其中	跨局	L1—L498	管内	6201—8998
	管内	L501—L998		
临时旅游列车		Y1—Y998	回送客车底列车	001—0298
其中	跨局	Y1—Y498		
	管内	Y501—Y998	因故折返旅客列车	原车次前冠以“0”

（牟昕坷）

客运营销

【综　述】 全局的客运按照“树立竞争意识，落实责任制度，构建市场机制”的指导思想，围绕以适应旅客运输市场需求，提高铁路在运输市场中的竞争力和扩大市场占有率为目标，加快推进客运管理体制改革，以市场为导向，以效益为中心，健全营销网络，准确把握市场脉搏，加大客运设施投入力度，努力提高客运服务质量，开发特色产品，大力发展中长途旅客运输，抓住春运、暑运、“五一”、“十一”等增运增收的有利时机，打好运输攻坚战，开创全局客运营销工作的新局面。

【营销策略】 客运部门坚持以市场为导向，以效益为中心，建立灵活多样的客运营销体系和营销网络，全面准确地掌握服务对象的变化、市场需求的变化以及各种运输方式的变化情况，优化生产布局和客运资源配置，不断开发适应市场与旅客需求的客运新产品；"停短开长"，大力发展中长途旅客运输；开发特色产品，提高客运市场竞争力；优化客车运行图，使运行图变为市场图、效益图；实行列车弹性编组，大力发展旅游运输市场，开辟新的效益增长点；加强售票组织，增开售票窗口，延长售票时间和预售期，增设微机联网售票点，增加电话售票、流动售票和送票上门等服务，开展客票代理等新的促销方式和措施，增强网上售票功能，进一步提高服务质量，树立铁路新形象。

全力以赴打好春、暑运营销战，把春、暑运作为全年客运营销的重点，使春、暑运成为实现全年客运增收目标的两个支柱。适时把握"五一"、"十一"假日带来的市场机遇。加大行包营销力度，采取灵活营销手段，对运量大、货源稳定的行包实行运价下浮的优惠，扩大对运能虚糜的隔离行李车承包，增强铁路行包的辐射功能，在和公路、航空、邮政运输的竞争中抢占市场份额，实现了行包运输收入的较大增长。

（游建彬　牟昕珂）

【客运服务质量】 为全面提高客运服务质量，进一步塑造铁路新形象，增强市场竞争力，客运部门一是认真做好提高客运服务质量活动的再宣传、再动员，引导干部职工深刻认识搞好服务质量年活动的重要意义，牢固树立质量就是形象、质量就是市场、质量就是效益的质量观，转变服务观念，强化旅客至上的服务意识，变管理旅客为服务旅客，变要我服务为我要服务，变被动服务为主动服务。二是明确服务目标，规范服务标准。坚持以旅客满意为标准，以八项承诺为目标，围绕列车正点、客运设备设施、卫生环境、待客服务、旅客购票、列车供水、安全秩序、投诉受理等内容，严格标准化作业，规范服务，保证了客运服务工作高标准、严要求。三是加强硬件建设，为旅客提供良好的乘车环境。在改进客运服务设施上下功夫，全面加强客运设备设施的检修工作，严格列车出库上线标准，严格交验制度，对直接关系到旅行环境的空调、供水、照明、厕所等设施做到随坏随修，确保直接为旅客服务的设施质量良好，功能齐全。整治卫生环境，针对空调车和非空调车的不同情况，分类管理，分层推进，基本做到窗明几净，四壁无尘，列车上的椅套，窗帘随脏随换，各种广告标语规范、醒目、整洁、美观，彻底改变客车面貌。四是加强监督检查，严格路风管理，对各类路风事件做到发现一件，查处一件，落实一件，处理一件，保证客运服务质量不出现反复，路风工作平稳推进。

【客运运能】 2002年，由于内昆、株六等新线开通运营，路局客运能力有了较大增长，路网结构得到进一步优化。全局有旅客列车121.5对，其中直通客车55对（始发47对、通过8对），直通客车中特快7对（始发6对、通过1对），快速19对（始发15对、通过4对），管内66.5对；普快24对（始发21对、通过3对），普客5对；管内客车中快速13对，普快18对，普客18对，市郊15对，混合2对。

【旅游客流组织】 抓住"五一"、"十一"黄金周期间增运增收的有利时机，强化营销宣传，合理调配运能，加大旅游客流组织，实现增运增收目标。共组织开行旅游专列32列，并利用图定车加挂（扩编）软、硬卧860辆次。共运送旅游客流20 286人，增收346万元。

（游建彬）

货物运输

【综　述】 2002年，全局货装干部职工围绕全局经营管理方针目标，积极开展货装系统安全生产专项整治活动，规范管理、强基达标，认真落实全局货运各项重点工作，圆满完成各项运输生产任务。全年货运收入完成50.6303亿元，与上年同期相比增加3.7943亿元，增长8.10%；货物发送吨完成11 212.8万吨，与上年同期相比增加855.4万吨，增长8.3%；货运吨收入完成45.15元/吨，夜间卸车比重完成46.5%。

全年实现无货运责任行车重大、大事故和重大路外伤亡事故；无职工人身死亡事故，无装卸机械重大、大事故。

货运事业部设部长室、货运管理科、货运营销科、货运保价科、装卸总公司、集装箱运输中心。现员55人，其中部长室4人，货运管理科5人，货运营销科3人，货运保价科7人，装卸总公司13人，集装箱运输中心23人。

【安全生产专项整治】 抓住货

运安全的关键环节，针对“两个”过程(从制度办法的制定到组织实施的管理过程、从货物受理到运输的作业全过程)，继续开展“对爆炸物品的管理和危险品运输安全生产专项整治”、“装载加固安全生产专项整治”和“专用线专用铁路安全生产专项整治”活动。加强督促指导，确保专项整治的质量和进度，重点组织两项检查：一是检查危险货物、长大笨重货物办理站(含专用线接轨站)；二是检查集装箱办理站，督促、指导车站严格执行部、局有关规定。共组织42个检查组、126人次，检查各分局货运分处、达成公司货运营销中心、164个车站，抽查货票4万余张、货车调送单2 344份、质量签认卡5 136份、三到场签认簿2 488份装车清单5 123份，查出的问题至年底全部销号。

【安全考核】 重新修订下发《货运系统安全考核评估办法》、《成都铁路局装卸服务总公司安全生产考核办法》、《成都铁路局货物保价运输考核办法》、《集装箱(篷布)代办费清算和运输考核办法》、《成都铁路局货运营销工作考核办法》、《成都铁路局夜间卸车工作考核办法》等6个文件。考核办法规定考核内容、范围、对象、时间、考核基数以及各种违章造成事故等情况的扣罚办法和标准。路局货运事业部每季度对管内各货运办理站的货运管理、货运检查、装载加固、危险货物运输、专用线管理、集装箱运输、装卸管理、保价运输、货运营销等方面内容进行重点抽查；并在成都东、贵阳南、重庆西站设点，对路局装载的重车(900辆)进行检查，对检查发现的问题结合日常掌握信息，按季度对各分局货运分处(达成公司货运营销中心)进行考核奖罚，同时对查出的问题责令有关单位立即整改并向全局通报。

【货物装载加固】 严格审定长大笨重货物办理站(专用线)资质。全局站内发运长大笨重货物的车站由196个减少到54个，专用线由298条减少到65条，都集中在条件较好的车站和专用线，为把好承运关、路企交接关奠定良好基础。

把好长大笨重货物受理关。车站认真吸取“7·13事故”教训，受理货物时，对托运人提供的技术资料、有无装载加固方案、是否对货物的活动部位固定等严格审核。

对专用线长大笨重货物装车严格卡控。禁止在专用线办理阔大货物共用；对需要方案的货物，在计划受理、路企交接作业环节实行二级签认，防止无方案或违反方案装车和匿报货物品名。

把好货物装载加固方案审批关。实行路局、分局、站段三级管理，全年局批方案167个，分局审批新方案1 104个、比照方案644个，为“按方案装车”创造了条件。

严把货物装车质量关。每季度在编组站、局分界站设点，组织货车抽查。共抽查3 825车，发现有问题的34车，占检查车总数的0.89%，比上年下降0.4%。

【专用线管理】 路局规范了专用线运输协议、共用协议、安全协议的格式和主要内容。全年共对110站、228条专用线的2 357户共用单位签订共用运输协议。

【危险货物运输管理】 严格审定办理站(专用线、专用铁路)资质。一是对管内的22个危险品办理站对照铁道部的要求再次进行检查、审定，压缩成19个。二是将原有114个剧毒品办理站(含专用线接轨站87个)调整到9个(站内办理3个)。三是对157个接轨站、244条专用线(铁路)及692个共用单位的资质进行审核，对符合条件的145个接轨站、235条专用线(铁路)及692个共用单位上报铁道部公布。

严格托运人资质认证。全局原有托运人近700户，通过逐级审核后，上报铁道部审批的404户，经部审查合格的298户。

强化危险货物运输全过程的监督管理。一是各办理站在办理危险货物运输时，对各作业环节实行责任签认。二是认真执行新化工产品鉴定和包装准运证制度，共鉴定样品1 478个，鉴定属危险货物的105个；经检测的包装共1 747批；基本消除了危险货物按普通货物办理、包装不符合要求的隐患。三是严格查堵匿报品名，车站定期、定量抽查集装箱42 641箱，查出匿报品名30起。四是途中站发现剧毒品等货车破封及有被盗丢失、泄漏痕迹等情况，甩车清点处理12车，防止事故的扩大和造成不良影响。五是强化剧毒品运输管理，各办理站实行作业流程签认，对剧毒品车辆加施防盗锁(卡)，及时向“跟踪系统”输入信息。

【设备配置】 配置轨道衡12

台、吊车电子钩头秤23台、轮重测重仪145台、单斗装载机重量显示仪16台、桥门吊对讲机26台,为防卡超载和确保装卸作业安全创造了良好的硬件条件。

【部命名星级优质货场】 铁道部命名2002年星级优质货场:重庆东(四星级),成都东、重庆南、贵阳东、达州(三星级),绵阳(二星级)。

【规范服务】 在重点对能力紧张的货场进行改造和扩建的同时,对货场的营业厅进行改造,以及改善道路标志和硬面、添置服务设施等,为货主办货提供良好的条件和舒适的环境。

认真执行货运事故处理“先赔付、后划责和发站办理赔偿”和“三快”(快速调查、快速受理、快速赔偿)的规定,简化办货手续,最大限度的方便货主。

牢固树立路风也是效益的观念,加强对车站的监督管理,严禁搞强制代理,防止内外勾结以整化零或截留运输收入、不规范收费等问题的发生。

【货装人员培训】 对全局货装人员按站段、分局、路局三级分工进行培训。全局共培训货运人员2 751名,占全局货运人员的56%。

【汇编修改】 对截至12月31日部、局出台的规章文电进行2次修改,废除24个,增加165个,重新编成《货运规章汇编》8册,于2003年1月1日起正式执行。

【货损货差减少】 针对成昆、湘黔、贵昆线货盗较严重的情况,各分局货运分处与公安部门签订站场治安管理和武装押运承包协议,加大沿线治安整治和武装押运;继续对装运重点货物的棚车加施防盗锁(卡);对易盗易燃货物在车门、窗和集装箱内顶部加防火隔离板和防盗衬垫。货物保价运输实际收入12 097.4万元,为年计划11 600万元的104.29%,较上年增加2.88%。

(杨 隆)

表4-11 货运安全情况 (2002年)

项目		本年发生		与上年比较	
		事故件数	赔款(万元)	事故件数	赔款(万元)
总计		1525	1465.6	+69	+23.9
事故件数	火灾	1	8.6	-1	+4.17
	被盗	796	843.04	+93	+126.94
	丢失	599	534.1	-92	-96.69
	损坏	59	63.9	+4	+1.2
	变质	3	11.25	-2	-0.35
	污损	6	2.11	+6	+2.03
	其他	61	2.55	+60	-13.13
事故等级	重大	0	0	0	0
	大	0	0	0	0
	一般	1525	1465.6	+69	+23.9
办理类别	整车	753	759.72	+115	+54.44
	零担	715	585.22	-46	-52.19
	集装箱	57	120.69	0	+21.64
责任单位	成都分局	1164	1067.54	+69	+14.82
	重庆分局	178	183.2	+46	+44.38
	贵阳分局	183	155.65	-46	-37.06
	其他	0	59.2	0	+1.72

注:本表系保价货物事故

(杨 隆)

货运营销

【综　述】 2002年，广大货装职工围绕全局经营管理方针目标，以优质的服务、灵活的价格、快捷的运输、良好的形象，积极参与市场竞争，圆满完成货运生产任务。全局货运收入完成50.6303亿元，较上年同期增加3.7943亿元，增长8.10%；货物发送吨完成11212.8万吨，较上年同期增加855.4万吨，增长8.3%；货运吨收入完成45.15元/吨，夜间卸车比重完成46.5%。

【五定班列】 以开行五定班列为龙头，加大适箱货源组织。以"五定班列"为载体，实现增运增收。全年开行整车"五定班列"8759车，同比增加1575车，货运收入8697万元，增收4523万元；开行集装箱"五定班列"698列、26934车，比上年同期多开行95列、5699车，分别增长15.8%、26.8%。其中，重点组织开行绵阳长虹厂出口货物集装箱班列，全年开行163列、8462车，分别占开行班列总数的23.35%、31.42%。

【运价调整】 根据《国家计委关于免征粮食、棉花等大宗农产品铁路建设基金的通知》(计价格[2002]463号)，铁道部铁运电[2002]48号规定：自2002年4月1日至2005年12月31日止，对整车运输的稻谷、小麦、大米、小麦粉、玉米、大豆、籽棉、皮棉免征铁路建设基金。铁路代收的福建、安徽、浙江和贵州四省的铁路地方建设附加费，对上述货物也同时免征。

【运价下浮】 对新增货源和从公路、水路竞争来的货源以及既有货源的超运部分，凡5号运价以上且从广元、达州口出局的货物，均按铁道部规定实行运价下浮，增加高附加值货物运量；将重质和轻浮货物的装卸费率下浮20%的权利下放至站段，灵活运用运价政策达到增运增收目的。全年运价下浮共29项，同比增加6项；全年装车45253车，同比增加2079车；发送201.6万吨，同比增加3.3万吨；货运多收入30345.4万元，同比增加656.7万元。

【加强节假日装卸车】 在"春节"、"五一"、"国庆"三大节日期间，以放长假不放松抓货运收入和装卸车为指导思想，节前掌握货源动态，抓好节日期间装车组织工作，特别是春运期间，适时推出自2002年2月8日起至2月20日止，各站发送货物停收治安费，四川省、重庆市分流运费，贵州省铁路建设附加费的营销措施，保证节假日期间收入淡季不淡。充分利用装卸设备和货场能力，及时卸车，加速车辆周转，确保货场畅通。全局三大节日期间装卸车完成情况：春节日均装5237车，同比增加454车，日均卸5979车，同比增加368车；五一节日均装5309车，同比增加468车，日均卸6386车，同比增加616车；国庆节日均装5338车，同比增加319车，日均卸6507车，同比增加732车。

（杨　隆）

表4-12　货运生产指标完成情况　(2002年)

序	项目			完成数	为年计划	与上年同期比
1	货运收入(亿元)	总收入		50.6303	100.45%	+8.1%
		其中管内收入		10.02	104.7%	+7.96%
2	集装箱	发送箱	总箱数(CTU)	49.23	98.5%	+7%
			其中国际(TEU)	4.41	100.2%	+52.4%
		发送吨(万吨)		432	98%	+7.1%
		收入(亿元)(按部口径)		4.38 (7.34)	87.5%	+5%
3	保价	保价收入(亿元)		1.2097	104%	+2.88%
		保价赔款(万元)		1465.64		+1.66%
4	装卸	作业总量(万吨)		14830	114%	+7%
		机械化比重(%)		43.3	106%	+2%
		全员劳动生产率(吨/人·月)	路　工	1363	124%	+12%
			委　外	328	109%	+3%

表4－13　集装箱五定班列统计　（2002年）

车次	发到站	列数	车数
80752	成都东—南仓	1	43
80754	成都东—徐州北	144	7768
80756	成都东—南翔	114	6000
80759	成都东—江村	197	6109
80758	重庆东—南京东	32	1496
80759	重庆东—江村	97	3522
80762	福泉—湛江	113	1966
合	计	698	26934

（杨　隆）

机　务

【综　述】　2002年机务工作按照局《加强安全生产的决定》，和资产经营目标的要求，一手抓行车安全，一手抓运输任务的完成，取得显著成绩。

在机务安全工作中安全专项整治发挥重要作用。在行车有关人员素质、安全管理、机车、牵引供电、水电设备质量等方面发现并解决一批存在的问题，使安全基础得到加强。

由于调图（包括铁道部实施的西南片区货运分流）、主要干线线路施工、成渝线成都至内江间实行客货分乘以及株六复线、内昆线等新线开通，造成贵阳、六盘水、成都、内江等机务段机车供应持续紧张。通过提速、提高牵引吨位，合理组织机车交路，提高机车利用率，挖掘运输潜力，保证了牵引任务的完成。

2002年机车牵引工作量、机车日车公里、列车平均牵引总重等主要运用指标比上年都有提高，全年投入运用机车312 279.8台日，比上年多提供15 491.9个台日。截至12月31日，机务实现无重大大事故1 939天，无险性事故145天。

机务处设机车运用科、机车检修科、牵引供电科、水电科、能源管理科和技术设备科，处长室、铁道部驻成都局机车验收室。附属机构：列车运行监控记录装置维修管理中心和动力牵引试验车。现员37人。

【春运工作】　为确保春运期间客货运输的需要，机务日均提供客运机车173.5台，比上年基本图多提供机车22.8台。

春运前全局共培训机车乘务员1 058名，选拔临客机车乘务员1 053名；春运期间各机务段加强对临客机车的检查和对临客机车乘务员的业务指导，抽调干部添乘夜间开行的临客机车，保证临客安全。

【改革用工制度】　为提高乘务管理人员素质，对指导司机、机务段机车调度员的任用初步实行"公开招聘、考评结合、择优聘用"的原则，全年共有153名人员参加指导司机竞争考试。有237人参加机车调度员的竞争上岗考试，根据考评成绩按10%的比例实行尾数淘汰。通过考评，淘汰15名机务段机车调度员、9名指导司机，岗位所缺人员从参加竞争上岗人员中按考评成绩择优上岗。

【防火防爆专项整治】　各段加强对职工的防火防爆培训。组织机车乘务员学习《成都铁路局机务非正常情况下行车作业标准及管理办法》中列车发生火灾时的处理办法。同时把机务系统防火防爆知识及消防器具的使用纳入机务段年度职工素质培训计划，作为晋升、晋级必考内容之一。各机务段按规定为每台机车配齐灭火器，并按机务处《关于规范机车工具、备品定置管理的规定》,对机车工具备品实行定置管理,将棉丝、油脂等可燃物按指定位置存放。

【暑运、防洪】 做好对行车有关人员的防洪知识培训,各机务段在汛期前组织行车主要工种人员进行防洪知识考试,上岗人员考试面达100%。

建立健全救援列车事故抢险奖惩考核机制。

为确保暑运临客安全,加强临客机车管理和人员的选拔。暑运期间,共整治18台临客机车;通过培训考试合格后,选拔110名机车乘务员担当临客牵引任务。

【安全生产月】 在各机务段自查自改的基础上,机务处、机务分处加强对现场作业的检查、指导力度。机务处成立以科室为单位的专业检查小组,分别深入三个分局和各段检查、指导。以安全意识、安全管理、设备质量、职工两纪等方面为重点进行抽查和暗访,全处共检查、抽查20个段、46个车间、108个班组,添乘机车26趟次,检查公寓6个,其中夜查12次,发现问题54个(安全意识5个、安全管理16个、设备质量26个、职工"两纪"7个),针对存在问题,坚持边查边改的原则,制定整改措施,明确整改期限、落实责任部门和责任人,并进行汇总、归纳、建档。

【调图后机车运用组织】 5月15日至22日铁道部在贵阳召开西南片区分流工作会议,根据会议精神,此次调图主要变化有:湘黔线增加7对货物列车;贵昆线贵阳南至六盘水(南)间增加7对货物列车,六盘水(南)至宣威(凤凰山)间增加4对货物列车;川黔线贵阳南至赶水间为安排施工时间货车抽减3对,开行16+12对;内昆线开行10对货物列车;成昆线因昆明局施工调整2511次开行时刻;成渝线成都至内江间实行客货分乘。此次调图由于株六复线开通后扩大分流增开货物列车,没有考虑相应的机车需求,造成机车供应非常紧张。贵阳机务段图定用电力机车129台,配属电力机车只有136台,其中SS_3B型机车只有18台,图定即用18台,完全没有检备率。六盘水机务段图定用车88台,由于新造机车还有15台未到位,六盘水机务段只有电力机车82台,六盘水南至威宁南间因牵引定数暂定为2 200±80吨可节省4台机车,图定用车84台,仍有2台机车的空缺。成渝线成都至内江段因客货分乘造成成都机务段一定程度的机车供应紧张,现成都机务段配属电力机车45台,图定用车42台,检备率按10%计,需配车47台,仍缺2台机车。通过机务有关部门积极组织,节约用车,检修部门积极抢修机车,在机车供应相对较紧张的情况下,圆满完成运输生产任务。新造机车陆续到位后,机车供应紧张的问题基本解决。

【挖掘运输潜力】 随着内昆新线的开通以及内江—宜宾南区段的电化转产,为保证运输生产安全,最大限度地发挥运输生产效率,路局于7月16日至24日组织有关人员对内昆线进行牵引试验,查定内昆线的牵引定数、区间运行标准时分,其中宜宾南—六盘水南区段上行牵引定数由2 200吨提高到3 500吨,内江至宜宾南区段电力机车牵引定数单机暂定为2 600吨,提高880吨,双机为4 000吨,提高1 280吨,如按现行图定开行11对大列,每日可多发送14 080吨货物,每年可多发送513.92万吨,工作量可多完成6.08亿吨公里。内宜段客车上行压缩23分、下行压缩22分,货车上行压缩29分、下行压缩23分。宜宾南至六盘水南间货车上行压缩3分、下行压缩9分。路局根据新标准重新编制内昆线列车运行图,提高了机车利用效率。

9月24日至25日路局对水柏线(六盘水南至红果)进行牵引试验,该线上、下行最大坡道均为23.5‰,设计方案中双SS_4牵引3 000吨,通过试验和牵引计算,查定双机可牵引2 681吨,最后定为2 600±80吨。通过试验还查定该区段列车区间运行时分标准。

【机车检修】 2002年全年机车检修工作重点围绕检修基地和标准化建设开展,全面推行安全、质量"双控"管理体系,在完善绩效考核的同时,广泛开展达标活动。

按照部、局要求及路局机车检修管理的需要,狠抓基础管理,先后编制和修订《成都铁路局机车检修工作"十五"规划》、《成都铁路局内燃、电力机车中修管理办法》、《成都铁路局机车及大部件段做大修管理办法(试行)》、《成都铁路局机车零、部件探伤工艺》(试行)等。同时,以220文件为主线,全面推行"双控体系"的落实。

【机车整修】 春运结束后，按照部、局要求，在全局开展机车整修工作。整修工作坚持三个"突出"：客运机车、"小而广"故障、重要部件。在整修过程中，首先对客运机车全部进行重点整修，其次对所有的内、电机车的走行部（重点是基础制动装置、牵引电机、轮对等）、电子电器、辅助装置以及电力机车的受电弓、内燃机车的柴油机进行全面整修。对运用机车入库整备时，进行轮对状态的全面普查（有条件的段进行了不动轮的探伤检查），最大限度地消除崩箍隐患，在整修的同时也保证机车的运用效率。机车整修工作到10月底结束，全局共整修内、电机车1 029台，鉴定机车的优良率为94.6%，机车总体质量基本稳定，但全局共有18台机车由上年的优良降为合格，优良率比上年下降1.4%，主要原因是DF_1、SS_1等机型的机车超期服役，质量下降。

【安全标准化活动】 2002年继续创建"安全标准化检修车间"、"安全标准化技术室"，通过创建活动，强化机务段车间一级管理者的管理意识，规范管理基础，确保检修工艺、范围的落实。2002年有成都、峨眉、西昌、重庆西、遵义等6个机务段检修车间和技术室申报标准化验收。

【机车加装改造】 2002年完成机车加装改造共计2 312万元，主要项目有：电力机车加装轴温报警装置（客运机车）、风源净化装置、空调装置以及主断路器、防窜车装置、新型受电弓、新型材质C级车钩、加强型齿轮箱的改造等；内燃机车加装空调装置（调小机车）以及免维护蓄电池、加强型齿轮箱、双风泵（DF_5机车）、增压器（DF_{7D}机车）、油压减振器、旁承的改造等。

为缓解株六复线开通后运量增加的压力，提高贵昆线的通过能力，对贵昆线95台电力机车进行双机重联的改造，至10月底，改造任务已经完成。

为解决折角塞门关闭对列车安全造成的危害，对西昌、六盘水、麻尾机务段共190台机车进行"防关判定装置"的改造。使折角塞门被关得到有效遏止。确保旅客列车的绝对安全，2002年完成119台客运机车加装轴温报警装置。

【机车互换配件】 为进一步提高机车大部件互换修水平，减少机车库停时间，2002年全局共安排2 010万元的资金用于机车互换配件购置。重点安排以下项目：内燃机车：柴油机、转向架、增压器、轮对、变速箱、启动电机、冷却单节；电力机车：牵引电机（含电枢）、转向架、轮对、受电弓、高、低压柜、电子控制柜、电源柜、硅机组等。

针对新型机车SS_{7C}的投入运用，安排部分资金购置小修互换配件，保证机车正常运用。

【机车修制改革】 "十五"期间，修制改革的总体思路是：机车检修实行弹性周期，以适应不同条件下的机车质量控制要求。机车维修方式实行基本修加视情修，以保证机车不同部件对于维修方式上的不同要求。

组织开发"当量公里记录仪"并装车试验运行。结合路局实际情况，将机车运行过程中的公里量、负荷量和时间量有机地结合在一起，由单一的"走行公里"过渡到"当量公里"作为机车检修周期的标准。

新建轴承检测站2个。至2002年底，全局共5个机务段建成检测站。轴承检测站的建立，加强了轴承寿命的统计、分析工作，并为路局建立走行部部件的寿命数据库打下基础。

【机车验收】 2002年机车验收工作重点是落实路局《机车验收工作细则》和机务处、物资处《关于加强机车重要件合格证管理的通知》，推行机车重要件验证装车和合格证收回制度，堵塞假冒伪劣产品渠道。

【牵引供电】 2002年，完成接触网综合大修325.4条公里，接触网钢支柱大修180根，牵引变电所设备大修1 150万元，购置轨道车和轨道吊车各一辆，供电轨道车辆检修设施建设37处共计444万元，全局既有接触网工区轨道车辆检修设施的修建基本完成，为供电轨道车辆质量提供了保障。

全年牵引供电量完成2 111.1百万千瓦小时，较上年增加6.6%。故障跳闸总件数：1 051件（其中重合成功682件），较上年1 005件增加10.5%。故障跳闸总停时：114.22小时，较上年131.20小时减少6.6%。每百万千瓦小时故障跳闸件数（目标值0.35件）0.175件，较上年0.229件降低21.9%。

争取优惠政策、降低牵引供电电费成本支出。根据四川省物价局《关于贯彻省委常委扩大会议精神利用价格杠杆促进电力消费的通知》文件精神，争取到路局电铁牵引用电享受四川省优惠电价，全年减少电费支出450万元。

组织人力、财力、作业机具开展集中整修，按每个接触网工区1年完成1个区间和1个站场的要求推进，落实了检查、验收考核制度。

2002年完成成都分局成昆线、宝成复线远程监控系统，各牵引变电所、分区亭RTU的调试；养马河、永川、树舍、息峰4座牵引变电所综合自动化的改造。全局9个供电段全部建成局域网系统，形成办公自动化网络。通过株六复线外资补采为贵阳配置了变电所综合程控试验车。结合内昆电气化工程配合完成自动过分相装置研制和试运行。

【新线交验和管理】 组织完成内昆线电气化工程的交验、开通、设备接收及接收过程中的有关协调工作。为内江、贵阳供电段增配380万元的抢修检测设备。针对云南境内外电能力不足问题组织了内昆线牵引供电能力联合测试，找出原因，提出解决方案。针对机车通过4处大坡道接触网电分相困难的情况，结合运输能力需要，采取停运邓家湾牵引变电所，减少两处大坡道接触网电分相的措施，每年可节省249.6万元的基本电费支出。加强株六复线、宝成复线和渝达提速配套收尾工程施工安全检查，加大工程遗留问题的整治力度，株六、宝成复线基本实现上下行分开供电，最大限度减少了由于工程施工和工程遗留缺陷造成的供电设备故障。参加遂渝、成都北编组站、宝成线青成复线工程的设计审查工作，并争取到渝怀线牵引供电专业的7项工程设计变更。

【水电工作】 2002年完成供水量5 407.36万立方米，供电量35 590万千瓦小时，完成水电设备大修3 071.1万元，其中，给水大修1 040万元，电力大修2 031.1万元。

2002年水电工作重点是抓自动闭塞电力线和电力贯通线的安全运行管理。通过落实安全逐级负责制、岗位负责制和专业技术负责制，建立起安全保证体系。通过加强对规章制度贯彻落实情况的考核力度，建立起一整套水电管理工作的规章制度体系。在硬件设施方面，按照水电设备分等分级管理原则，完成2002年水电设备鉴定，做到边鉴定边整修，结合专项整治，整治不良设备，加大对严重失修设备大修还欠账的力度，2002年，完成严重失修的成昆线10千伏贯通线和35千伏电源线大修任务。

【水电安全专项整治】 2002年安全专项整治的重点是道口电源设备和自闭线、贯通线电力设备。

全年共检查85处由供电段供电的道口电源设备，其中查出有缺陷的16处，全部进行整改。5处道口增加备用电源；更换变压器7台，更换线路1 320米。

在对自闭线、贯通线及其相关配电室、变电所的检查整治中，共检查685处，发现缺陷14处，其中整治13处，更换电力设备12台套，更换线路1 280米。

【科技进步】 推广二氧化氯消毒设备5套，年节约消毒运行费用近5万元。推广单因子自动化投药技术，降低药耗，提高了水质。

运用进口埃德尔管道检测仪对管道测漏，减少了漏水，经济效果明显，如成都供电段，2002年查出4处暗漏点，减少漏水量1.9万立方米/月，年节约费用15.5万元。

采用新型无功补偿装置，减少无功损耗，全局力率为97%（部标90%），负荷率58%（部标52%），变压器利用率26.2%（部标21%），“三率”节电量达799.4万千瓦小时，减少电费支出342.1万元。

线损率为5.5%，较上年同期（6.1%）下降10.9%。2002年，通过电力设备大修及更新改造，增大导线截面，将单相供电改为三相四线制供电方案，提高电压质量，降低线路损耗。仅线损一项节电289.6万千瓦小时，减少电费支出91.4万元。

推广使用S11系列新型节能变压器102台，由此减少变压器空载损耗和负载损耗计116.2千瓦小时，节约费用49.5万元。

合理调整变压器容量和运行方式，减少基本电费支出和损耗。2002年，全局“以大换小”变压器12台，减少容量1 250千伏安，减少基本电费支出17.5万元；全局利用季节负荷差，保停变压器节约基本电费31万元。

由于以上各项新设备、新技术的推广应用，全年合计减少电费支出531.1万元。

【节能工作】 2002年重点开展对机车节能降耗工作的探讨。在对内燃机车柴油添加剂在全路使用情况和效果的调查基础上，拟定柴油添加剂的试验方案，9月份开始在成都、麻尾机务段试验。为实现以科技管理手段对电力机车能耗进行有效的控制，以达到优化能源消耗，建立机车乘务员能耗考核机制，研制开发"电力机车运行操纵评价系统"。

在受提速、新线开通等对降低能耗不利的因素影响下，全年总的电力机车能耗每万吨公里仍较上年降低1.15千瓦小时，节约电力20 277.81千瓦小时，相当于节约运输成本支出1 115.3万元，节能工作取得显著成绩。

【设备管理标准化】 按照《机务段标准化设备车间评定条件》和《关于发布〈机务段标准化设备车间评分办法(试行)〉的通知》文件要求，各段对标准化工作进行认真的自查和整改，11个机务段共建立健全设备车间管理标准、检修技术标准、管理人员工作标准231项。90%以上的专用设备编制了小修范围和检修技术标准，改变过去专用设备检修无章可循的现象。加大人员培训力度，突出对管理和工程技术人员的培训，举办设备管理和机务段技术履历簿新程序的培训班，提高管理人员的管理水平和设备技术人员的素质。2002年，峨眉、内江、重庆西3个机务段设备部门达标，至此，机务系统达到安全标准化设备车间(部门)的单位有成都、江油、峨眉、西昌、内江、重庆南、重庆西、贵阳、遵义、六盘水10个机务段。

【救援能力】 2002年，路局铁路事故救援能力进一步加强，至年底，路局共有NS1602伸缩臂铁路起重机5台，分别配属在江油、峨眉、西昌、重庆南机务段和凯里救援列车；N1601型定长臂铁路起重机2台，分别配属在成都和贵阳救援列车；N1004型伸缩臂铁路起重机1台，配属在遵义救援列车；NS1252型伸缩臂起重机1台，配属在都匀救援列车；N1002型定长臂铁路起重机6台，分别配属在西昌、内江、六盘水机务段和普雄、赶水、广安救援列车。

【机务能力】 株六增建二线、内昆线、水柏线引入六盘水枢纽工程—新建六盘水南派驻机车折返段于2002年5月建成并投入使用，隶属六盘水机务段管辖。担当六盘水南至贵阳南、宣威、宜宾、红果的电力货机交路及电力机车小辅修任务。

建成后的六盘水南派驻机车折返段占地164亩，房屋建筑面积12 663平方米，设机车整备待班线5条(另预留1条)，机车出入库线3条，机车走行线2条，整备场设有整备棚、股道自动化系统、机车外皮洗刷设备等；检修设有96×24米贯通式小辅修库一幢。

达万线工程—新建万县派驻机车折返段于2002年10月建成并投入使用，隶属重庆西机务段管辖。担当万县至达州的内燃客、货机交路。

建成后的万县派驻机车折返段房屋建筑面积3 021平方米，设机车整备待班线2条(另预留2条)，机车出入库线1条，机车走行线1条，设700立方米油罐2座(另预留1座)。

【机务达标创优基地建设前期工作】 机务达标创优基地建设工作是按照局职代会、安全会、工作会的要求，围绕"从严治本，基础取胜"的方针，针对路局机务运用、检修存在的突出问题，计划通过三年的整治，逐步实现路局机务基础管理科学化和技术装备现代化，达到机务安全生产"有序可控，基本稳定"这一目标。计划先期实施4个中修基地(3个电力中修基地：贵阳、重庆西、成都机务段，一个内燃中修基地：峨眉机务段)，以此为基础，滚动发展，进而覆盖全局机务系统。

2002年完成贵阳、重庆西、峨眉机务段达标创优基地建设方案设计，贵阳机务段概算为5 000万元，重庆西机务段概算为3 700万元，峨眉机务段概算为3 500万元。

【机务专用设备更新】 水柏线采用SS_4电力机车牵引，局对六盘水南派驻机车折返段投资310万元，购置SS_4专用检修设备。对遵义机务段投资80万元，购置平波电抗器大修专用设备。投资320万元，峨眉、西昌机务段购置CK8015车轮车床各1台，江油机务段购置不落轮旋床1台，峨眉机务段购置C5116E立式车床1台。

【质量管理系列标准贯彻】 2002年，机务系统部分单位开始贯彻2000版ISO9000质量管理系列标准，以此作为规范管理、强基达标的载体。重庆西机务段于2002年11月通过第三方认证，成为路局机务系统第一个取得国家质量认证的单位。

(徐承恭)

表4－14　机车运用指标完成情况　(2002年)

分局	日车公里			日产量(万吨公里)			平均牵引总重(吨)			超轴	欠轴	机外停车	单机公里	机车总走行(公里)	
	计划	完成	与上年比	计划	完成	与上年比	计划	完成	与上年比	(吨)	(吨)	(次)	(公里)	完成	与上年比
成都	404	416	11	78.6	79.6	0.3	2633	2658	21	1043245	338360	12973	303578	57486900	4755369
重庆	368	370	2	82.0	77.9	－4.4	2435	2338	－103	718951	1480652	2150	168727	28962500	－2775356
贵阳	396	423	37	63.0	69.8	7.1	2885	2924	56	3307221	1996850	35426	178795	65642822	9307491
局计	392	413	23	70.6	74.6	2.9	2694	2716	25	5069417	3815862	50549	651100	152092222	11287504

(徐承恭)

表4－15　机车万吨公里能耗及节约对比　(2002年)

分局	内燃			电力		
	机车单耗(kg)		比计划节约	机车单耗(kwh)		增加(＋)节约(－)
	2002年	上年	(t)	2002年	上年	(kkwh)
成都	81.18	94.59	－2444.2	118.03	117.43	＋4162.22
重庆	68.08	59.77	＋1527.15	117.02	112.84	＋12206.06
贵阳	69.95	68.42	－841.42	136.33	143.59	－5117.90
局计	71.81	70.32	－1364.82	125.48	126.69	－20446.79

机车综合能耗(千克标准煤/万吨公里)

	本年实际	上年实际	增加(＋)、节约(－)(吨)
合计(综合指标)	53.47	54.28	－14429.47

(徐承恭)

表4－16　内燃、电力机车检修指标完成情况

（2002年）

单位（机务段）	支配机车台日	检修机车 合计%	检修机车 大修%	检修机车 段修 计%	检修机车 段修 其中临修	机车总走行公里	大修 修竣台数	大修 平均停时（天）	大修 平均走行公里	中修 修竣台数	中修 平均停时（天）	中修 平均走行公里	小修 修竣台数	小修 平均停时（小时）	小修 平均走行公里	辅修 修竣台数	辅修 平均停时（小时）	辅修 平均走行公里	机破 件数	机破 十万公里件数	临修 件数	临修 十万公里件数
重庆南	6018	3.5		3.5	0.6	1731319				3	8.6	417775	17	55.9	76908	37	20.3	28449	2	0.12	13	0.75
重庆西	10160.4	4.2		4.2	0.6	3562310				7	11.5	438082	47	53.3	75226	154	19.5	2668	2	0.06	24	0.67
内江	9712.8	3.4		3.4	1	4131555				4	15.3	403953	19	63.1	100927	45	208.9	37564	4	0.1	21	0.51
贵阳	43146.3	4.7	0.6	4.1	1.2	22699648	6	43.3	1678461	58	5.8	485817	190	48.6	99106	418	8.6	48622	8	0.04	103	0.45
六盘水	12473	2.6	0.5	2.2	0.3	5233266	1	32.4	1606281	4	12.6	447030	68	43.6	77736	65	24.7	38377	8	0.15	23	0.44
SS_1合计	81510.5	4.1	0.4	3.7	0.9	37358098	7	41.8	1668149	76	7.3	472384	341	49.4	90548	719	25.5	41266	24	0.06	184	0.49
遵义	30658.2	6.7	2.3	4.4	0.8	10513617	12	47.8	1607046	10	26.8	511995	99	45.8	197267	63	29.3	46889	8	0.08	83	0.79
六盘水	117	50.8	50.8				1	59.4	1631921													
SS_3合计	30775.2	6.8	2.5	4.4	0.8	10513617	13	48.6	1608959	10	26.8	511995	99	45.8	197267	63	29.3	46889	8	0.08	83	0.79
江油	32907.5	2.8		2.8	0.6	14605752				25	2.8	467194	174	36.4	83797	428	23.1	2514	6	0.04	126	0.86
成都	12561.8	3.1		3.1	1.1	7078125				10	6	445634	75	49.2	73011	122	20.8	38603	5	0.07	89	1.26
峨嵋	23587.5	6.2		0.36	1.2	12235602				36	14.9	806964	101	46.2	87248	213	37.6	27969	3	0.02	157	1.28
西昌	22377	4.3		0.34	0.5	11622353				26	11	475672	103	45.7	88160	244	18.3	30744	9	0.08	87	0.75
重庆南	10515	12.7	0.3	12.4	4.3	5437313				19	14.3	479625	47	36.8	90052	104	21.2	29654	13	0.24	86	1.58
重庆西	7993	4.4	0.1	4.4	0.6	2983378				14	15.2	462076	14	41.4	92973	90	15.4	25922			18	0.6
内江	3329	1.8		1.8	0.8	961158							11	22.1	33578	11	13.3	41566			9	0.94
贵阳	7421.2	11.7		11.7	1.8	3149064				18	9.6	497202	14	37.8	96847	50	8.5	48183	3	0.1	27	0.86
六盘水	16377	2.3	0.3	2	0.3	5929267	2	49.9	1652304	6	17.2	458493	54	42.5	72157	80	25.5	39779	2	0.03	42	0.71
SS_{3B}合计	137069	4.9	0.2	4.8	1.1	64002012	2	49.9	1652304	154	11.1	550889	593	41.8	82807	1342	23.2	30100	41	0.06	641	1
六盘水	300																					
SS_{4B}合计	300																					
重庆南	3561	4.6	0.9	3.7	0.7	1657689							16	111.8	86474	41	17.5	23358	2	0.12	11	0.66
SS_{7C}合计	3561	4.6	0.9	3.7	0.7	1657689							16	111.8	86474	41	17.5	23358	2	0.12	11	0.66
电力合计	253215.7	4.9	0.5	4.4	1	113531416	22	46.6	1631733	240	10.6	524409	1049	45.7	96182	2165	24	34169	75	0.07	919	0.81
江油	602.1	6.4	2.2	4.2	0.4	182369	1	41	760848				1	222	98400	3	129	40800			2	1.1
成都	2398	5.1		5.1	1.4	783646				1	3	1254861	17	57.5	45377						17	2.17
西昌	241	0.5		0.5		79722																
重庆西	417	9.2		9.2	1.7	172264				1	17.1	236586				2	42	38071				
内江	4435.4	3.9	0.1	3.8	0.4	1106363				2	17.5	292800	7	147.5	114519	25	17.8	32890			3	0.27
贵阳	123.1					26221																
六盘水	845	0.6		0.6		156693							4	20.5	90360	4	8	42240				
DF_1合计	9061.6	4.2	0.2	4	0.7	2507278	1	41	760848	4	20.8	269262	29	79.8	70099	34	27.9	34992			22	0.88
江油	2092.6	9	3.2	5.8	1.7	655643	3	40.3	748314				6	226.1	83040	12	32.2	39680			21	3.2
峨嵋	612	0.5		0.5		445417							3	25.3	71680							

续表 4－16

单位（机务段）	支配机车台日	检修机车 合计%	大修%	段修 计%	其中临修	机车总走行公里	大修 修竣台数	平均停时（天）	平均走行公里	中修 修竣台数	平均停时（天）	平均走行公里	小修 修竣台数	平均停时（小时）	平均走行公里	辅修 修竣台数	平均停时（小时）	平均走行公里	机破 件数	十万公里件数	临修 件数	十万公里件数
西昌	2896.1	4.4		4.4	1.1	1190310							13	68.9	81711	18	18.6	37627			14	1.18
重庆南	1907.4	4.3	1.7	2.6	0.9	528293							8	34.8	57054	9	25.9	28346	1	0.19	10	1.89
重庆西	1886	4	0.2	3.8		3352				1	23	194594				2	278	16578				
内江	7564	4.5	1.8	2.7	0.5	2298839	4	30	692057	1	14	247853	42	38	48411	44	21.2	23383	1	0.04	17	0.74
遵义	4334	4.6	0.1	4.5	1.4	1173458				4	19	110598	22	71.7	57792				1	0.09	23	1.96
六盘水	2920	1.6		1.6	0.2	843681				1	10.4	374400	15	34.9	71957	15	17.1	36427			6	0.71
DF_{4B}合计	24212.1	4.4	1.0	3.4	0.8	7138993	7	34.4	716167	7	17.6	179891	109	57.8	60697	100	27	30170	3	0.04	91	1.27
江油	1440	5.5		5.5	0.5	524208							9	144.1	77600	6	78	43600			3	0.57
成都	4735	1.5		1.5	0.5	1864639							29	38.3	69264						10	0.54
峨嵋	3820.7	2.2		2.2	0.2	1226371	2	180	162	3	14	388800	18	26.6	58788						6	0.49
西昌	2555	7.2		7.2	0.8	1169858				5	13.4	504576	10	76.8	66125	10	4.6	40272			7	0.6
重庆南	3296.1	4.9		4.9	0.3	1086035				4	10.2	255598	17	28.1	53788	18	27.4	30674			4	0.37
重庆西	2168.5	6.4		6.4	0.8	676330				2	11.5	294180	9	46.9	71120	10	20.8	39585			11	1.63
内江	945	2	0.9	1.1	0.2	342991							3	48	84480	1	16	838400			1	0.29
贵阳	4925	5.7	0.7	5	1	1650779				2	8.9	607920	27	38.6	67779	23	32.2	31537	1	0.06	14	0.85
遵义	62					21892							1	43.5	32075							
六盘水	23					1695																
DF_5 合计	23970.3	4.3	0.2	4.1	0.6	8564798	2	180	162	16	11.9	407242	123	47	65825	68	31.2	34942	1	0.01	56	0.65
江油	1440	3.9		3.9	0.2	526237				2	14.5	251790	7	109.4	82423	10	8.5	4128			5	0.95
成都	4479	1.9		1.9	0.2	1555190				2	16.3	315821	19	57.6	87089						6	0.39
峨嵋	275	1.9		1.9		140737							2	32.5	74640							
西昌	730	1.9	0.1	1.7		311577							2	35.5	105840	8	25.5	27976				
重庆南	365	2		2	0.8	157429							3	18	65243	2	18.8	37032			2	1.27
重庆西	2555	6.1	0.7	5.4	1.2	891901				2	14.5	346467	11	35.5	74858	11	29.9	41256			4	0.45
内江	610	1.9		1.9	0.4	206382							2	48	82080	2	48	38640			2	0.97
贵阳	4015	4.9	0.2	4.7	0.8	1522715				2	12.9	669360	22	43.7	62774	17	30	28432			14	0.92
遵义	62					22167																
六盘水	1543	0.6		0.6		538460							7	18	76800	9	10	41067				
DF_{7C}合计	16074	3.4	0.2	3.2	0.5	5872795				8	14.5	395859	75	48.3	75928	59	22.9	35504			33	0.56
麻尾	27797.1	7.4	1.6	5.8	1.6	17671886	6	70.8	700721	43	13	263742	205	40.8	43603	152	31.1	22691	17	0.1	166	0.94
DF_{7D}合计	27797.1	7.4	1.6	5.8	1.6	17671886	6	70.8	700721	43	13	263742	205	40.8	43603	152	31.1	22691	17	0.1	166	0.94
内燃合计	101115.1	5.0	0.8	4.2	0.9	41755750	16	66.7	623667	78	13.8	299486	541	48.8	58001	413	28.7	29362	21	0.05	368	0.88
内电合计	354330.8	4.9	0.6	4.3	1.0	155287166	38	55	1207284	318	11.3	67347636	1590	46.8	83191	2578	24.8	33399	96	0.06	1287	0.83

（徐承恭）

车辆

【综　述】　全路运输系统资产经营责任制进一步深化，面对新的一年改革经营任务更重、安全压力更大、市场竞争强度加剧，社会对铁路期望和要求不断提高，2002年8月成都铁路局客运公司正式成立。车辆部门在客车管理工作中始终坚持三个不变原则，即：客车工作的主旋律不变、搞好客车各项工作的思路不变、落实确保客车安全的各项措施不变。以客车为重点，抓好客车的资源配置，技术改造，暑运、春运及客车整修等重点工作。在工作中坚持“规范管理，强基达标，从严治本，基础取胜”的基本指导思想。

在全局的客、货车检修工作中，深入贯彻路局“转变作风、强化基础、提高素质、谋求发展”，开展修制改革，开展工装设备的更新改造和基建扩能改造工作，开发HMIS微机管理系统，促进车辆管理向科学化、规范化方向发展。基本工作思路为“抓管理、促规范，强机制、夯基础，抓建设、求发展，强科技、促创新，抓重点、保安全，抓培训、提素质”。进一步提高车辆段、厂整体管理水平和客、货车检修质量。车辆部门在2002年全面提前完成铁道部下达的各项检修生产任务，并实现全年“坚决消灭客车责任险性事故，消灭货车责任重大、大事故和货车冷切事故”的目标。

2002年末，车辆处设检修科、运用科、技术设备科、综合科，处长室、验收室、调度室。定员19人，现员18人，其中处长1人、副处长1人、总工1人。

全局车辆系统有成都东、广元、西昌、重庆西、贵阳5个货车车辆段及成都车轮厂和成都红外线检修所，以及客运公司所属的成都、攀枝花、重庆、贵阳客车检修基地。

【安全生产】　2002年全局车辆部门广大干部职工贯彻“安全第一，预防为主”的方针；牢固树立“从严治本、基础取胜”、“规范管理、强基达标”的思想，深入开展“安全生产专项整治”活动，狠抓干部作风和职工“两纪”，安全生产取得一定成绩，实现局安全目标，消灭责任行车特别重大、重大、大事故。截至2002年12月31日全局车辆部门累计实现无责任行车重大、大事故3 082天，无责任险性事故669天。2002年，全局车辆系统共发生行车一般责任事故2件，与上年相比减少4件，安全生产达到历史最高水平。

【春　运】　按照部、局对春运工作的要求，确保春运所需的客车质量和数量。在春运前几个月进行研究部署，有预想、有计划、有安排，使各项工作有序进行。将工厂及段内检修的客车在春运前全部修竣投入运用，春运期间全局客车检修车比定量压缩99.8%。春运除正式客车外，在2002年的春运工作中全局共编组、套跑、借用临客车体92组，车辆的使用率达到99%，在春运期间未发生任何事故，实现“五不、四好、两消灭”。为春运提供了质量良好和充实的车源。

【客车购置】　2002年购置新造客车232辆，其中25G型客车231车辆，配置成都分公司87辆、重庆分公司84辆、贵阳分公司61辆。25K型发电车1辆，配置贵阳分公司。

【客车技术改造】　为适应客车提速和提高客车服务质量，满足社会需求，针对现有运用客车存在的技术缺陷，加大对运用客车的技术改造力度。继2001年开展“绿皮车”整治之后，2002年，又对86辆餐车木制餐柜进行改造，全部更换为不锈钢餐柜；对150辆旧25型客车厕所更换为新型玻璃钢厕所；对45辆通过电气化区段的广播车天线全部更换为抗干扰天线；对200辆座椅、铺板破旧的客车进行全数更新。对危及客车安全的主要部件实施加装改造，提高客车的安全系数。集中轴报的改造进度进一步加快，全年共改造39列480辆，使全局集中轴报的安装使用率达到58%；客车漏电报警装置的加装率达到100%。全部“绿皮车”的电扇金属安装座全部更换为非金属安装座。

【提速客车吊杆更换及客车整修】　为及时消除安全隐患，在50天内完成对全局212辆提速客车CW－2转向架的吊杆探伤和更换的全部工作。认真落实铁道部对旅客列车服务质量工作会议的有关要求，加大客车上部设施的整治力度，改变路局老型客车车貌。

【货车检修】　认真贯彻落实“成都铁路局车辆部门推行和深化客、货车修制改革的实施意见”。围绕“异地检测、集中加修、扩大换件修”强化检修手段,改进作业方式和工艺流程、优化生产组织,在货车修理中引入竞争机制,继续在货车段修、辅修实施任务招标。强化质量意识和管理力度。全面推行修制改革的经验和管理,建立焊修中心、机加工中心、配送中心和抛丸除锈中心,按照厂修、段修、辅修优质优价考核办法,突出考核修制改革和质量水平,进一步提高修车的管理和检修质量。

【站修工作】 认真落实全路运用、站修工作会议精神,建立竞争激励约束机制。路局货车站修以不断提高站修质量、降低临修率为目标,以修制改革为手段,全面实施作业内容、作业方式、作业手段的转变,建立以“三分六专两集中”(三分:分解、检修、组装要全分开;六专:专人分解、专项检测、专人加修、专人检查、专人组装、专人验收;两集中:集中加修、集中配送)为核心的作业方式,重新构建以工艺流程,配件物资流转、信息流转为主线的先进生产管理,全面提高综合管理水平和基础建设水平,赶超全路一流。实施货车站修、辅修招标办法,为站修整体管理的提升和检修质量的提高奠定基础。

【货车运用】 加强对列检工作的领导,从开展标准化活动入手,改善管理、整章建制、强化基础、提高职工素质。贯彻全路货车运用、站修工作会议精神,全面引入竞争机制,形成竞争格局,建立主动发现故障的激励约束机制,制定职工发现故障与收入、先进评比挂钩的配套措施。2002年全局典型故障发现率较上年增长30%以上,责任甩车下降46%,第三季度的运用货车故障发现率为全路第一。

【货车技术管理】 按照铁道部的部署,建成HMIS信息管理系统,成立局车辆信息中心,实现部、局、段三级联网互传,信息共享,完善了信息管理网络。

【基建扩能改造】 车辆部门基建和更新改造工作。

一、组织制定车辆部门三年达标创优更新改造规划。

二、结合成都枢纽基建工程组织实施成都东货车提速、修制改革达标创优综合技术改造工作,该项目2002年底基本完工。

三、组织实施完成广元车辆段冰保车工装设备设施改造项目。

四、结合株六复线基建项目,组织开展贵阳车辆段货车提速、修制改革达标创优综合技术改造方案设计工作。

五、组织完成车辆部门行安更改项目12项、设备234台套、资金967万元。

六、2002年开工建设4条二代红外线监测网(宝成、成昆、内昆、株六线)的建设以及局间红外线信息联网互传建设和车辆处监控中心的建设。除株六线和成昆线红外线联网建设推迟至2003年一季度外,其余工程2002年底全部完工。

七、2002年开工建设车辆部门货车技术管理信息系统(HMIS),完成投资400万元。路局根据部统一的技术规范和软件平台,开发研制车辆部门货车技术管理信息系统(HMIS)段级应用软件,2002年已通过局科委组织的技术评审,已在路局货车段推广使用,并于11月实现部、局、段三级数据互传。

【设备基础管理】 为强化设备基础管理,制定《加强车辆部门新设备使用的管理规定》,从8条工艺线到行车安全的各项设施、设备以及新设备的选型、人员培训和使用管理等方面都做到有章可循、管理规范。

一、2002年2月制定《成都铁路局车辆部门推行和深化客、货车修制改革的实施意见》,规范转向架、轮对、制动、轴承、钩缓等8条基础工艺流水线的主要工序流程和主要设备配备标准。

二、2002年6月制定《车辆部门贯彻〈加强营业线施工管理的补充办法〉实施细则》,规范红外线、电动脱轨器、车号自动识别、平轮检测和其他设备安装施工的安全管理。

三、2002年7月制定《加强车辆部门新设备使用管理规定》,规范车辆部门新设备的选型、人员培训和使用管理。

四、2002年9月制定《成都铁路局货车段修管理实施办法》,规范段修生产现场设备的使用、维修、检测和校验。

【推进职工素质达标水平】 根据《成都铁路局职工岗位达标管理办法》的要求,2002年3月制定《车辆部门职工培训教育工作指导意见》,配合局教育中心开展各项职工培训教育工作。提出本系统岗位达标培训需求意见,协助落实培训计划,督促指导本系统职工岗位达标培训工作,参与培训教材开发等。

2002年车辆处制定统一的

《关键工种上岗合格证》，规范关键工种的上岗培训工作。对红外线值班员、摇枕侧架检查工和轮轴探伤工由路局审核颁发岗位合格证。

组织开展对车辆部门技术干部和工人骨干进行“新技术、新设备、新材料、新工艺、新规章”的培训。2002年共组织举办适应性教育培训7期120人。

【车辆验收】 驻局车辆验收系统贯彻执行“质量第一，预防为主，以质量保安全”的方针，狠抓检修质量的薄弱环节，强化内部质量监控，加强工序间的质量控制和中间检查，共发现各级修程故障56 784件，发现危及行车主要故障9 498件。其中：各梁裂35件、摇枕裂76件、侧(构)架裂29件、车轮裂纹31件、钩缓裂损49件，基础制动故障1 751件，制动管系故障827件，制动阀故障96件，滚动轴承故障175件，车电故障1 356件，空调三机故障292件。

加强车辆验收队伍的建设，共参加各种专业培训班4批次，计20人次。12月组织全局车辆验收人员共67人，在成都进行综合技术培训，经考试全部合格。

【压缩检修车】 各货车车辆段及时处理和修竣扣修的各类检修货车，大幅度压缩检修车停留时间，全年货车检修日均623.67辆，比部定检修车定量日均减少30.3辆，换算全年为运输多投入运用车11 059辆。

【报废旧型货车】 为适应全路重载提速的要求，将一些不适应提速或使用年代久的车辆淘汰报废。路局全年报废旧型货车737辆，改善了货车运用整体质量水平，适应了重载提速的运行条件。

（赵建国）

表4－17 货车检修任务完成情况 （2002年）

车辆别	项目	计算单位	计划	完成	完成计划%
货车	冰冷车厂修	辆	67	67	100
	棚车厂修	辆	186	186	100
	其他厂修	辆	19	19	100
	段修	辆	13050	13050	100
	辅修	辆	37300	37300	100
	轴检	辆		124	
	临修	辆		61772	
加装改造	改120阀	辆	1000	1000	100
	改防盗	辆	1000	1000	100
	闸条器大修	件	4950	4950	100
	改ST缓冲器	辆	1500	1500	100
	货轮新装	条	391	391	100

表 4－18　主要技术经济指标完成情况　(2002 年)

指标别	项目	计算单位	部局指标	实际完成
检修车	货车	辆	654	623.7
休车时间	货车段修	天	3	2.62
	货车辅修	小时	24	21.3
	货车临修	小时	24	20.51
一次交验合格率	货车段修	%	90	95.9
事故率	货车段修	件/千辆	3	0
	货车辅修	件/千辆	2	0
	货车通过修	件/万辆	0.2	0
机械设备	完好率	%	90	97

(赵建国)

工　务

【综　述】　2002 年全局工务系统围绕路局经营管理方针目标,按照“规范管理、强基达标”要求,在路局工务设备整治三年规划,大打工务设备翻身仗的精神指导下,认真落实专业技术负责制,通过广大干部职工的共同努力,重点抓好防止施工、防洪、道口及维修作业中“两违”危及行车安全工作。全面完成线、桥、路大中维修和设备专项整治,新线、既有线提速、达速等生产任务,实现经营管理方针、安全生产目标。

全局线路延展总长 7 642.174 公里,其中:正线 4 960.765公里,(不含临管正线 386.949 公里),有混凝土枕线路 4 877.914 公里/8 511 606 根,木枕线路 1 918.156公里/3 014 306 根,正线铺设无缝线路 1 656.608 公里,占正线延展长的 33.4%,正线钢轨平均重量为 57.7 千克/米,桥梁 2 955 座/256 618 米、隧道 1 333 座/1 660 709 米、涵渠 11 669 座/275 944 米、路基 6 140.781公里。

局工务处设有处长室、线路科、桥隧路基科、技术科、防洪安全道口科、调度室和附属单位:国土局及线桥设施检测中心,共有职工 47 人。全局共有 16 个工务段,4 个大修段,1 个直属大型机械化养路段,1 个直属焊轨段,共有职工 21 032 人。

【线路维修】　维修工作仍坚持“预防为主、防治结合、修养并重”的原则,加强钢轨接头、曲线、道岔的维修养护及线路道床病害的整治,线路设备质量较上年有较大提高。全年完成:正线综合维修 3 151.697 公里,其中机械维修 2 470.35 公里,占 78.4%,道岔 4 968 组;更换伤损线路上部建筑材料:新钢轨 2 549 根(31.8 公里),更换重伤轨 6 086 根(76.075 公里),更换再用轨 8 321 根(104.01 公里),新尖轨 356 根,新辙叉 885 个,鱼尾板 8 637 块,新混凝土轨枕 81 313 根,新木枕 22 958 根,补充道碴 3 231.2 公里,焊修钢轨 11 549 根,焊接无缝线路断缝 3 处,焊补叉心 1 440 个。

维修中养路工全年出勤 4 856 537 工日,出勤率为 96.5%。

【线路大中修】　在上年对大修技术措施进行调整的基础上,2002 年新增规定:60 千克/米单开道岔全部采用 92 加强型;在曲线半径 R≥500 米地段采用焊接无缝线路,R＜500 米地段,采用施必牢螺栓冻结成准无缝线路;无缝线路全部采用 PD3 耐磨轨;Ⅱ型及桥上砼轨枕螺栓道钉全部采用 70 型多元共渗防锈螺栓;在湘黔线结合大修首次进行全断面更换优质道碴,成渝、成昆线在接头、桥梁和道岔地段更换优质道碴等。由于各项技术措施的加强以及专业技术负责制和逐级负责制的落实,圆满完成 2002 年大中修任务,包括:更换新钢轨 300 公里,铺设无缝线路 208.2 公里，配合大修成段更换混凝土轨枕 21.0 227万根，道岔 128 组，线路正线中修 300 公里，完成率均为年计划的 100%。线路中修共使用道碴 16.5 万立方米，成段更换再用轨 100 公里。

线路大修全员劳动生产率为 27.5 人/公里，封锁时间兑现率为 74.8%。

【桥隧涵大修维修】 2002 年桥隧涵大修维修按等级分层次对重点病害集中资金进行整治，为保证工程质量和施工安全，制定下发《关于架空线路施工的补充通知》，对无缝线路地段的施工做出相关规定，所有工程件名实行件名负责制，并把技术负责制落到实处，全面完成投资计划，消灭失格桥梁 45 座，失格隧道 40座，失格涵渠 31 座，桥梁、隧道、涵渠失格率较上年分别下降 7.25%、5.39%、1.1%。

表 4－19 桥隧涵大修维修情况统计 (2002 年)

维修项目		单位	完成数量	大修项目	单位	完成数量
综合维修	桥梁	座/米	1625/145826	桥梁大修	件/万元	43/2755.5
	隧道	座/米	724/392584	隧道大修	件/万元	20/834
	涵渠	座/米	4791/107614	涵渠大修	件/万元	3/126.5
维修单项工作量	更换新桥	根	1262			
	油漆钢梁	孔/吨				
	钢梁加涂面漆	孔/吨	66.5/13612			
	更换松动铆钉	个	32			
	更换高强度螺栓	个	44			
	加固钢梁杆件	孔	2			
	修补圬工梁	孔	812			
	修补圬工拱桥	孔	6			
	整修支座	个	19294			
	墩台浅基护	个	4			
	整治隧道漏水	座/米	124/2022			
	整治河调建筑物	处	713			
	更换或增设人行道	座	912			
	整治线梁偏心	座	75			
	整治损坏涵渠	座	498			
	圬工梁更换防水层	座/孔	1/1			

(唐静波)

【路基维修】 清理排水设备 2 895.083公里，修补和改造排水设备 26.334 公里，路基防护及加固314 845平方米，清除危岩孤石1 931立方米，支撑危石1 455立方米，整治下沉、崩塌、风化、剥落、基床翻浆等小型路基病害 516 处，为年计划的 100.3%。

【路基大修】 完成各类病害整治 71 件/4 873.7万元，为年计划的 100%。其中基床病害 25 件/2 025.5万元，路堤下沉 6 件/303.7 万元，危岩落石 19 件/1 632.2万元，滑坡 3 处/317.1 万元，排水不良 14 件/264.5 万元，河岸冲刷 4 件/330.7 万元。

【设备专项整治】 2002 年路局加大力度，计划投资22 441万元用于专项整治，成段更换混凝土枕81.2 773万根。为保证该项工作安全、顺利的完成，工务处专门成立换枕专项工作小组，制定《成段更换混凝土枕专项整治施工组织设计》，对施工方法、作业程序、技术标准、进度安排、施工质量、安全卡控、旧料管理等方面均做了周密布置并提出具体要求。各工务段根据实际情况制定详细的施工组织措施，各分局共计筹措资金2 489.48万元，用于换枕地段的线路中修、跟进捣固、补充道碴等，提高了换枕工作质量。至年底已全面完成专项整治换枕计划。

【行车与劳动安全】 2002年在全局广大干部职工的共同努力下消灭行车重大事故，取得自1998年以来最好的安全成绩，实现安全年。在劳动安全方面，全年消灭责任因工人身伤亡事故。

全年共发生“三折”33次，其中断轨23次。有效拦停列车13列（其中旅客列车9列），防止因“三折”可能造成的行车事故。

表4－20 工务行车事故统计 （2002年）

责任单位	按事故性质分				按事故原因分			
	合计	大事故	险性	一般	作业违章	设备不良	轨道车	其它
成都分局计	2			2				
其中：西昌大修段	2			2	1		1	
重庆分局计	1		1					
其中：重庆工务段	1		1			1		
贵阳分局计	6	1	3	2				
其中：贵阳工务段	1		1			1		
遵义工务段	1			1				1
都匀工务段	1		1			1		
贵阳大修段	1	1			1			
野马采石场	2		1	1	1		1	
直属大机段计	1			1		1		
全局合计	10	1	4	5	3	4	2	1
与上年比	－6		＋2	－8				

注：以上统计不包含达成公司因作业违章造成的1件一般事故。

（唐静波）

【道口安全管理】 全局共有道口356处，其中干线195处，有人看守115处，无人看守241处。全年消灭了道口责任事故。发生非责任事故12件，比上年减少15件，非责任事故件数较上年下降60%，死亡1人，重伤4人，中断行车6小时56分。全年防止可能发生的道口事故16件。防止事故率较上年上升35.7%。

增强道口安全管理意识的同时，加大道口平改立交的进度，有效防止道口人身伤亡恶性事故的发生。在工务和地方各有关部门的积极协调与配合下，完成平改立交41件/5 204万元，已拆除道口39处，同时取缔非法道口57处，加大无人看守道口监管力度，将13处无人看守道口改为有人看守道口，与地方政府合作，实施地方看守道口52处，地方监护道口189处，对12处地方道口安装预警装置。

【降雨及汛期水害】 2002年全局管内沿线主要遭受4次大面积区域性暴雨和多次局域短时强降雨的袭击，降雨来得早，来势猛，雨强大，造成的水害次数、处所比上年多。降雨量与往年相比，襄渝、川黔、内昆线较往年偏多2～3成，成昆、湘黔线偏多1成，黔桂线略偏多，成渝、贵昆线略偏少，宝成线偏少3成。

全局共发生水害86次206处，中断行车100小时47分，发生水害处所比上年多49.3%，水害断道时间比上年减少8.5%。干线发生水害53次103

处,中断行车67小时12分。全局执行《雨强警戒办法》封锁区间191次/358个,累计封锁164小时16分,有效拦停(扣)列车42列,其中客车20列,货车22列,冒雨出巡11 520人次,工务冒雨出巡人员发现水害险情137处,工务部门主动防范发现水害170处,占82.5%,全局水害直接损失9 713万元。

【防洪工作】 防洪是路局工务的重点工作,全局在汛前即作部署和安排,准备充分。局确定重点险情预抢件名10件/500万元,各分局下达预抢工程226件/2 856万元,均按期高质量完工并及时形成抗洪能力。汛前工务段处理各类小型病害800余处,清理、疏通排水设施1 300余公里,处理危树危枝22 098株,组织抢险劳力45 724人、大型抢险机具34台,"D"型抢险便梁16孔,确定危险地段364处,储备片石10 700立方米、道碴19 000立方米、枕木13 170根、钢轨1 390根,设置看守点103处/354人。认真做好雨中、雨后检查,发现险情积极抢修并进行水害复旧,利用防洪信息网建立监测、控制、管理决策体系。连续18年取得防洪安全年。

【科研与新技术应用】 2002年科研立项14项/99万元,通过鉴定、评定5项,新技术应用推广8项/230万元,均已全面完成并在实践中收到良好效果。通过对局防洪计算机信息管理系统的完善和升级,配备数字交换机、路由器等设备,利用10M－100MKB/S、数字通道、MODEM点拨号等传输方式,形成部—局—分局—段局域网,实现了防洪信息及各类技术数据资料的信息共享和网络传送,在成昆、川黔、宝成线推广应用雨量报警及远程监测联网系统,进行桥梁洪水位、风速远程监测等工务监控信息的联网试点。

【职工培训】 按照路局对职工培训的有关精神和要求,工务部门采取三级培训等多种方式,举办各类工人培训班106期/7 318人次,干部培训209人。根据需要举办线路、桥隧、路基、钢轨探伤、钢轨焊接、救援起复等技术表演赛。2002年首次举办工务系统论文发表会,共收到各类论文98篇,发表64篇,评选出一等奖2篇,二等奖5篇,三等奖6篇。在局科委支持下,论文以《铁道科技》工务专刊形式发行。

【养路机械化】 路局2002年养路机械设备共投资6 028万元,另有专项投资640万元,用于组建17个机械化工队,现有123个机械化工队。局直属大机段累计完成1 764.293公里综合维修、提速改造及新线开通任务。全局120个小型机械化工队(工区)完成跟进大、中修,专项整治及1 455.003公里的综合维修任务。重庆、贵阳分局利用自购的大型捣固车分别完成268.8公里和547.43公里的线路起拨道作业。

【检测工作】 工务处线桥设施检测中心主要负责对全局线路进行轨道车动态检查、钢轨探伤检查和桥隧设备检查,及时发现并消除隐患,以确保行车安全。

一、轨检车检查:全面完成全年正检工作以及春运、防洪期间的全检,完成对襄渝、成渝线抽查11遍,对黔桂、成昆、达成线抽查8～10遍的任务。轨检车累计运行60 500公里,检查线路共计33 533公里,其中优良33 039公里,优良率达98.5%,合格465公里,合格率1.4%,失格29公里,失格率0.1%,发现三级超限328处,四级超限31处。

二、探伤车检查:全年共完成探伤8 000公里,发现重伤钢轨19根,下达《重伤钢轨紧急通知单》17次,检查出各类伤损345处,其中螺孔裂纹135处,焊缝缺陷53处,水平裂纹17处,另有大量的钢轨表面打伤。

三、桥梁检查:水文方面完成清江5#桥、川黔线班房沱大桥及成昆线岷江大桥水下地形测绘和水文检算,判明大桥基础病害并提出有效整治措施;结构方面实施了成昆线深水河5#桥伤损钢梁的病害检定,完成黔桂线新安河1#大桥16.5米普通钢筋砼梁采用粘贴碳纤维布加固前的结构试验,对宝成线岳村大桥长达一年的精密监测,取得墩基沉降、滑移的准确数据。针对列车提速后的车桥体系振动及加固措施进行科学研究,与西南交大合作完成"兰家河大桥车桥体系振动及病害整治措施研究"项目,对既有23.8和31.7米预应力钢筋砼梁的横向刚度不足,提出新的加固思路和办法。完成十余次大件货物运输的桥梁承载能力检算和线桥设备通过条件的制定工作,确保大件货物运输的安全。

【林业与采石】 营造绿化林乔木50.9万株,绿化线路310公里，灌木37.67万株，边坡防护林466.73万窝，义务植树46.1万株。

路局共计投资1.4亿元，用于修建三个优质碴场，2002年已完成1.3亿元，占投资计划的93%。已基本建成的三个碴场全年生产优质道碴17.5万立方米，另外三个既有碴场全年共生产Ⅱ级道碴56万立方米，基本满足全局用碴需要。

（唐静波）

表4-21 养路机械运用情况统计 （2002年）

	项目	合计	局直属大机段
组织	机工队数量	123	3
	机筛队数量		
机械化覆盖率	机械化覆盖率（%）	100	
	管辖正线公里	5347.71	
	机械化覆盖正线公里	6980.33	
	其中：1. 机工区（队）覆盖正线公里	4280.33	
	2. 大型机械覆盖正线公里	2700	2700
机械化捣固率	维修机械化捣固率（%）	78.38	100
	正线综合维修公里	3151.7	1015.35
	正线综合维修机捣公里	2470.35	1015.35
	其中：1. 大型机械捣固公里	1015.35	1760.29
	2. 小型机械捣固公里	1455	
	大修机械化捣固率（%）	100	100
	线路大修机捣公里	509.51	
	其中：1. 大型机械捣固公里		
	2. 其他机械捣固公里	509.51	
清筛率	线路清筛公里	544.75	
	其中：1. 工务段清筛公里	151.75	
	2. 大修段清筛公里	393	
机械单机效率	小型液压捣固机单机效率（千米/台·年）	3.2	
	小型液压捣固机合计捣固公里	4268.15	
	其中：1. 正线经常保养机捣公里	780.92	
	2. 临时补修机捣公里	340.77	
	3. 站线机捣公里	761.97	
	4. 专用线机捣公里	70.52	
	5. 工务段中修机捣公里	162.9	
	6. 工务段大修机捣公里	337.5	
	7. 大修段机捣公里	358.57	
	大型捣固车单机效率（千米/台·年）		294.05
	大型捣固车合计捣固公里（不含大修）		1764.29
完好率	设备完好率（%）	91.8	100
	主要养路机械保有数量	5107	20
	主要养路机械完好数量	4688	20

（唐前琥）

电　务

【综　述】 2002年，全局电务系统全面落实“安全第一，预防为主”的方针，围绕“规范管理，强基达标”总体思路，以客车安全、施工安全和围歼违章作业为重点，落实逐级负责制、安全岗位责任制和电务专业技术负责制，加强安全、技术和生产管理，加大现场业务指导力度，坚持规范和严格执行大修、中修、日常维护的修程修制，开展设备整治创优活动，巩固和发展安全专项整治成果。至12月31日，全局电务系统实现安全基本稳定，大修、更改工程完成100%，7项安全生产专项整治全部完成，脱产轮训干部322人次，在3个电务段试点开展ISO9000认证工作。

2002年路局电务设备共4 183.310公里（其中复线893.738公里），联锁车站451个（其中继电集中车站386个，计算机联锁车站54个），集中联锁道岔8 335组，自动闭塞区段570.045公里，半自动闭塞区段3 584.159公里，自动化驼峰10个，装备机车信号的机车1 021台，道口信号81处，信号换算道岔51 034.761组。

2002年路局电务系统消灭险性及以上行车事故，消灭职工因工死亡事故，消灭火灾事故。其中，一般行车事故共发生9件，比上年减少7件；信号障碍234件，同比减少82件；故障总延时386小时12分，同比减少189小时33分；外界影响信号设备正常运行385件，同比减少327件。

2002年度电务行车重要设备和安全设备达到路局要求。其中，车站地面信号机显示合格率98.7%，良好率81%；联锁道岔合格率97.7%；轨道电路合格率99.1%；机车信号出库良好率100%，显示合格率99.7%；道口信号报警设备合格率100%；列车无线调度电话接近区段呼叫合格率96.8%。

路局电务系统职工共3 900人，其中局电务处设通信科、信号科、技术科和电务试验室共20人（含离岗休息2人）。

【安全生产】 截至12月31日18时，路局电务系统实现无重大、大事故1 159天，无险性事故5 713天。其中，六盘水电务段实现6 883天无责任事故，贵阳、凯里、内江电务段实现全年无责任事故。（见表4－18）

【逐级负责制】 10月，局电务处公布《关于加强逐级负责，落实岗位责任的通知》，要求路局各级电务部门及专业技术干部（包括领工区领工员和技术负责人）制定部门及个人安全负责制、考核标准以及与经济效益挂钩的考核办法，认真落实逐级负责和岗位负责制。同时公布电务处、信号科、技术科、通信科安全生产负责制、考核标准以及电务处所有人员的岗位安全负责制、考核标准，并于四季度开始按公布的安全责任制和考核办法进行处内考核。各分局电务分处、电务段参照电务处安全生产负责制完成制定分处及电务段（领导、机关股室、主管工程师）安全生产负责制及考核办法，并从四季度开始考核，以上措施加大了下级部门对上级部门落实逐级负责和岗位负责的监督力度，纠正了电务部门安全管理工作中因责任不明、考核不严造成的失管、失职等问题，扭转工作作风不够落实的局面。

【生产布局调整】 6月1日，路局电务系统生产布局调整结束，全局电务段由11个减至7个。原成都、江油电务段合并为成都电务段，原西昌、峨眉电务段合并为西昌电务段，原重庆、北碚电务段合并为重庆电务段，原凯里、都匀电务段合并为凯里电务段。原重庆电务段管内成渝线黄谦至永川划入内江电务段。调整后重新组建的成都、西昌、重庆、凯里电务段正式运作。原贵阳、六盘水、内江电务段保持原有布局。

调整后的电务段平均管辖598公里，最多管辖768公里；各段平均管辖64站，最多87站；各段平均换算道岔总数约7 291组，最高11 033组；电务系统平均劳动生产率为12.99组换算道岔/人，为铁道部规定的劳动生产率的上限9.13组换算道岔/人的1.42倍。

【安全生产专项整治】 2002年电务设备安全专项整治，在巩固2001年专项整治工作成果的基础上，加大计算机联锁设备、提速道岔转辙设备等新技术新设备的管理和整治力度，进一步调查研究轨道电路分路不良及六盘水、广元南、西昌南驼峰工程施工遗留问题的解决办法，增强了信号机械室消防的预警和灭火能力，共完成安全生产专项整治7项：

一、开展信号机械室防火工作。10月，全局56个区段站

表4－22 全局信号安全信息统计 （2002年）

类别		单位	成都段	西昌段	成都分局	重庆段	内江段	重庆分局	贵阳段	六盘水段	凯里段	贵阳分局	铁路局
百组换算道岔			108.124	76.470	184.593	82.549	41.039	123.588	50.541	36.012	48.081	134.634	442.815
事故	件数	件数	1	2	3	3		3	3			3	9
		比上年	－3	－3	－6	0	－2	－2	＋3	－1	－1	＋1	－7
	延时	总延时	6:05	0:58	1:03	11:30		11:30	5:47			5:47	18:20
		比上年	－11:04	－26:41	－37:45	＋2:18	－9:47	－7:29	＋5:47	－2:31	－2:20	＋0:56	－44:18
障碍	件数	件数	73	50	123	21	21	42	25	22	22	69	234
		比上年	＋13	－10	＋3	＋5	＋6	＋11	－22	－16	－58	－96	－82
	延时	总延时	99:56	65:34	165:30	86:17	25:51	112:08	33:07	29:00	28:06	90:13	367:52
		比上年	＋2:27	－44:37	－42:10	＋37:00	－0:39	＋36:21	－38:16	－27:34	－73:36	－139:26	－145:15
故障	件数	件数	74	52	126	24	21	45	28	22	22	72	243
		比上年	＋10	－13	－3	＋5	＋4	＋9	－19	－17	－59	－95	－89
	延时	总延时	100:01	66:32	166:33	97:47	25:51	123:38	38:55	29:00	28:06	96:01	386:12
		比上年	－8:37	－71:18	－79:55	＋39:18	－10:26	＋28:52	－32:29	－30:05	－75:56	－138:30	－189:33
外界影响	件数	件数	110	98	208	22	54	76	32	33	36	101	385
		比上年	－42	－38	－80	＋5	＋9	＋14	－50	－59	－152	－261	－327
	延时	总延时	207:54	147:33	355:27	63:01	51:59	115:00	56:53	69:22	47:43	173:58	644:25
		比上年	－207:07	322:22	－529:29	＋3:33	－64:56	－61:23	－94:19	－93:55	－171:07	－359:21	－950:13
信息总数	件数	件数	184	150	334	46	75	121	60	55	58	173	628
		比上年	－32	－51	－83	＋10	＋13	＋23	－69	－76	－211	－356	－416
	延时	总延时	307:55	214:05	522:00	160:48	77:50	238:38	95:47	98:22	75:49	269:58	1030:37
		比上年	－215:44	－393:40	－609:24	＋42:51	－75:22	－32:31	－126:48	－124:00	－247:03	－497:51	－1139:46
	其中	红光带	65	57	122	19	39	58	17	13	12	42	222
		比上年	0	－26	－26	＋7	＋12	＋19	－36	－45	－70	－151	－158
		道岔故障	37	49	86	15	15	30	29	15	17	61	177
		比上年	－6	－16	－22	＋4	＋1	＋5	－22	－25	－74	－121	－138

（张挚红）

（重点站）安装无管网气溶胶自动灭火装置，主要干线（除新线外）的信号机械室进行防火封堵，54站信号楼电力电缆与信号电缆进行分沟。

二、加强分路不良轨道电路的安全管理。电务系统与运输部门就分路不良管理问题召开3次协调会议，并与安监、运输部门共同对资阳、北碚、南宫山等站的分路不良轨道电路专题调研，组织机车压道试验，总结分析出产生分路不良的几种原因。组织加工160根压力式测试线，统一完善测试手段。制定《轨道电路分路不良区段管理办法（初稿）》，将分路不良区段的测试登记纳入各种检查的主要内容进行管理和控制。

三、加强施工安全管理。2002年电务系统继续认真贯彻铁道部《关于加强营业线施工安全的规定》，落实路局《关于公布〈成都铁路局信号维修和故障抢修安全作业管理办法〉及〈成都铁路局信号施工安全作业管理办法〉的通知》，把住施工安全关。为适应电务维修体制改革，结合近年来施工安全检查反映的问题，对施工安全管理提出补充规定并发文公布《关于加强电务施工安全的补充规定》，进一步对信号联锁试验负责人的指派、联锁试验方法、内容、施工组织计划的编制和配合外单位施工等关键环节提出明确规定和要求。

四、开展驼峰信号设备专项整治。结合大修、中修，对缓行器、转辙设备、空压设备和风（油）管路整治达标。组织各分局对全局10个自动化驼峰开展交叉检查。组织生产、设计单位对广元南和西昌南驼峰的施工遗留问题进行研究，制定整改方案，并基本整治完毕。组织对六盘水驼峰进行调研，并组织研制、生产、施工、维修单位对驼峰控制系统软件进行修改。

五、道口设备专项整治。完成9处道口信号设备大修，组织两次道口信号设备专项检查，道口信号设备完好率100%。

六、计算机联锁设备专项整治。在全面建立信号联锁设备管理台账的基础上，针对路局已建成60个计算机联锁设备的情况以及计算机联锁设备技术新、发展快的特点，2002年组织检查全局计算机联锁设备运用情况。

七、提速道岔专项整治。根据铁道部要求，落实提速道岔心轨改造并组织实施。由于路局道岔型号不一，局电务处与北京通号设计院及生产单位联系，制定标准道岔的改造方案，对木枕道岔进行改造。9月20日，试验方案在六盘水站进行改造试验，将心轨改为钩锁。

【“天窗”修】 在2001年“天窗”修试点工作的基础上，2002年6月1日起全局电务系统全面推行“天窗”修工作。为规范维修体制改革后的电务工作，2002年组织3次各分局和各电务段主管人员进行研究，制定公布《成都铁路局电务设备“天窗”修实施办法》，明确信号设备纳入“天窗”修的范围和作业内容，规定开展“天窗”修的作业组织形式、管理制度和安全卡控措施。同时，制定公布《成都铁路局电务设备检修作业登、销记内容格式的补充规定》（成铁电[2002]229号），重新对信号设备检修作业进行分类，并规范各种检修登、销记格式和内容。为提高“天窗”修的兑现率，路局制定《“天窗”修考核办法》，实行严格考核。通过对“天窗”修实施过程中一系列的规范管理，路局信号设备“天窗”修基本步入正轨。

【质量体系认证试点】 以成都、重庆、凯里电务段为试点单位，路局、分局、电务段组织开展ISO9000认证试点工作。3月，路局电务处组织各分局、电务段领导及主管工程师参加ISO9000标准族普及知识培训。5月，组织试点单位参加铁道部ISO9000族国家注册审计员预备知识培训班。8月，召开ISO9000内部认证工作会。10月，路局电务处组织试点单位主管人员对广州电务段开展ISO9000认证工作进行调研并针对路局具体情况开展分析总结。目前，贯标试点单位已完成贯标文件初稿的编撰，为贯彻ISO9000标准，用国际通用的现代化科学管理手段搞好电务安全生产做好准备。

【职工教育】 3月，按铁道部颁发“岗位标准”制定职工教育培训计划。全年共组织举办新技术及维修管理培训班17期，培训技术管理人员322人次。其中，组织举办微机监测学习班2期、计算机联锁学习班2期、驼峰信号学习班1期、计算机技术学习班1期、电液转辙机技术培训班1期、18信息移频自动闭塞培训班2期、通用式机车信号培训班1期、安全技术室主任培训班1期、驼峰转辙机技术培训班1期、智能电源屏培训班1期、ISO9000认证培训班2期、全面质量管理培训班1期、

ISO9000内审员培训班1期。举办电液转辙机、6502电气集中和信号继电器维修技术表演赛各1次。

【设备整治和达标创优】 围绕客车安全正点,积极开展设备整治和达标创优活动。1月,组织制定《电务设备整治和达标创优三年达标规划》,确定电务设备整治项目及达标规划。10月,根据《安全生产法》、铁道部《关于"十五"期间深入推进铁路安全规范管理强基达标工作意见》和铁路局《"十五"期间深入推进安全规范管理强基达标工作的实施意见》,修订《电务设备整治和达标创优三年规划》。在设备大修和更新改造中,积极推广智能电源屏、铝合金信号机构、新型配线柜、液压断路器、免维护防雷箱等新技术、新产品,不断提高设备保安全的能力。为实现信号设备"状态"修,路局电务系统大力发展以网络为基础的安全监控技术和装备。2002年路局投资新建64个站微机监测设备并联网。通过有计划、有步骤的电务设备整治和达标创优活动,基本实现用设备质量和技术保安全的目的。

【安全管理】 建立安全问题库,对存在的安全问题实行闭环管理。每季召开电务系统安全电话会议,通报安全生产情况。组织电务系统职工学习《中华人民共和国安全生产法》,并对局电务处、各分局电务分处和电务段领导及主管工程师共计83人进行《安全法》和有关安全规章考试。抓好"反违章"教育工作,以《十年全路电务险性以上事故汇编》为安全教材,持续三年开展每季度进行的"2·14"、"4·29"、"7·29"、"10·29"安全反思周活动。

【安全目标分解】 2002年度各电务段事故控制目标为:消灭险性以上的行车事故,消灭职工因工死亡事故,消灭火灾事故,一般行车事故率不超过1.2件/千组换算道岔。2002年度各电务段自身故障及外界影响控制件数,按照各电务段2001年换算道岔组数分别乘2001年全局自身故障率(0.7479/百组换算道岔)及外界影响率(1.6079/百组换算道岔),然后进行适当调整;2002年度各电务段自身故障总延时控制时间,按照2002年自身故障控制件数乘1.5小时计算;2002年度各电务段外界影响总延时控制时间,按照2002年外界影响控制件数乘2小时计算。通过将安全生产目标量化,并分解到各分局电务分处、各电务段,层层落实安全责任,2002年电务自身故障总延时较上年减少32.92%。(见表4-19)

【规章制度】 继续贯彻"规范管理,强基达标",进一步建立和完善科学的安全管理体系。坚持"向管理要安全,用设备保安全"的管理理念,围绕安全生产中心,抓住施工、维修和故障处理三个安全的关键环节,制定公布《2002年信号技术组织措施》、《2002年信号中修工作指导意见》、《成都铁路局电务设备大修管理实施细则》、《成都铁路局电务设备"天窗"修实施办法》、《加强电务施工安全管理的补充规定》和《信号技术室工作条例》等规章制度,严格规范各级电务部门安全管理、技术管理、生产管理的工作内容和方法。

【设备管理】 加强对秋季信号设备质量鉴定工作的指导和管理,建立并完善局、分局、电务段三级《信号设备失修台账》。9月,路局电务处公布秋季信号设备鉴定工作要求。各分局电务分处组织各电务段结合安全生产专项整治工作,按《信号维护规则》有关信号设备质量鉴定工作的技术标准、质量评定办法、汇总分析方法等,对管内逐站、逐项信号设备逐一考核并登记。对质量鉴定中发现的问题,逐站逐项对设备进行登记汇总,各工区、领工区、电务段建立《信号设备技术质量档案》并存档。11月,信号设备秋季鉴定工作完成。各分局将管内各电务段上报鉴定结果及《信号设备失修台账》进行汇总分析并上报局电务处。12月,路局电务处召集各分局、各电务段主管工程师对《信号设备失修台账》进行审查修订,公布审查意见。

《信号设备失修台账》的建立和动态管理,及时全面掌握信号设备失修具体状况,成为路局按轻重缓急制定大修、更改建议计划的主要依据。

【信号微机监测技术】 2002年路局新建信号微机监测系统(含联网)64站。全局累计226站装备微机监测设备,其中宝成线35站,成渝线62站,渝达线34站,成昆线52站,川黔线20站,贵昆线12站,成都枢纽11站。

【信号大修】 全年信号大修8项,投资4 681.7万元。其中,车

表4－23 电务系统安全控制目标完成情况

（2002年）

类别／单位	换算道岔组数	控制数								发生数							
		电务责任故障				外界影响		信息总数		电务责任故障				外界影响		信息总数	
		总数		其中事故						总数		其中事故					
		件数	延时	件数	延时	件数	延时	件数	总延时	件数	延时	件数	延时	件数	延时	件数	总延时
铁路局	44281.57	332	498:00	48	72:00	712	1424:00	1044	1922:00	243	386:12	9	18:20	385	644:25	628	1030:37
成都分局	18459.35	138	207:00	20	30:00	296	592:00	434	799:00	126	166:33	3	1:03	208	355:27	334	522:00
成都段	10812.40	72	108:00	12	18:00	173	346:00	245	454:00	74	100:01	1	0:05	110	207:54	184	307:55
西昌段	7646.95	66	99:00	8	12:00	123	326:00	189	425:00	52	66:32	2	0:58	98	147:33	150	214:05
重庆分局	12358.79	77	115:30	13	19:30	178	356:00	255	471:30	45	123:38	3	11:30	76	115:00	121	238:38
重庆段	8254.91	48	72:00	9	13:30	118	236:00	166	308:00	24	97:47	3	11:30	22	63:01	46	160:48
内江段	4103.88	29	43:30	4	6:00	60	120:00	89	163:30	21	25:51			54	51:59	75	77:50
贵阳分局	13463.43	117	175:30	15	22:30	238	476:00	355	651:30	72	96:01	3	5:47	101	173:58	173	269:58
贵阳段	5054.12	38	57:00	6	9:00	81	162:00	119	219:00	28	38:55	3	5:47	32	56:53	60	95:47
六盘水段	3601.16	30	45:00	4	6:00	58	116:00	88	161:00	22	29:00			33	69:22	55	98:22
凯里段	4808.15	49	73:30	5	7:30	99	198:00	148	271:00	22	28:06			36	47:43	58	75:49

（张挚红）

站信号设备整站大修16站，道口信号大修9处，驼峰设备大修3处，电液转辙机安装装置大修383组，电液转辙机大修158组（含配合工务100组），电动转辙机大修580组（含还欠172组），车站信号电缆大修4站。

【更新改造】 全局电务设备更新改造共投入5 997.6万元。其中，电源屏改造11套，电源屏扩容6屏，增设信号设备全方位防雷41套，计算机联锁模拟测试系统4套，通用式机车信号78套，驼峰设备改造1处，微机监测64站，机车信号轨道电路记录分析系统34套，安排调度管理信息系统4 992.6万元。

【中修维修费用】 4季度路局组织各分局对1996年至2002年电务系统经营活动进行分析表明，全局信号设备维修直接费用（不含电费）自1996年平均每组换算道岔730元下降至2002年平均每组换算道岔511元。

【质量管理】 局电务处、维修中心联合QC小组完成《电液转辙机的推广与运用》成果，荣获全国优秀质量管理小组奖。重庆电务段北碚信号检修所QC小组完成《改进大站电源屏监控电路，减少供电对安全的影响》成果，获铁道部优秀质量管理小组。

【安全优质电务段】 按照《成都铁路局安全优质电务段评比办法和评分标准》，局电务处组织上、下半年度各1次信号设备质量、安全技术管理、班组管理考核，授予贵阳、西昌、凯里电务段2002年度安全优质标准电务段称号，授予内江、六盘水、重庆、成都电务段年度安全优质电务段称号。

【专用通信管理】 2002年，铁路专用通信在铁路通信改革过渡时期完成一系列管理规范、设备达标和基建配合等工作，规范路局专用通信的安全管理、日常业务管理、指挥调度程序及应用质量监督等工作。6月，在广泛征求铁通四川、重庆、贵州分公司，局内各有关单位意见基础上，制定公布《成都铁路局专用通信管理办法》。组织讨论铁道部《铁路运输通信服务标准》、《铁路运输通信费用清算办法》（征求意见稿），组织各分局电务分处、铁通分公司等有关单位按要求进行有关资料的填报审核工作。

加强通信质量服务监督，全年开展2次季度考核及2次半年度考核，共添乘检查无线列调1 034站次的接近区段呼叫，调度所检查73条调度回线1 307站次车站调度电话呼叫通话质量，区间专用通信检查6个车站的车站通信设备及12个区间通话设备。

协调铁通四川、重庆、贵阳分公司，完成各运输信息系统联网通道组网，并实行通道运用质量追踪。主要完成全局115个TMIS联网站的联网方案及实施、153个非TMIS联网站的联网方案论证、微机监测联网方案、电务信息网联网方案制定及实施、贵阳分局物资系统11个站段点联网方案、红外线监测联网方案及实施。

参加路局基建项目通信专业的设计方案审查、验收、开通、投产工作。其中，参加遂渝线、成都北编组场初步、技术设计；渝达线提速改造设计；成遂改造可研设计的方案审查工作，提出路局修正意见。参加内昆、株六复线、达万、水柏线等新线通信工程项目、内宜线电化工程通信配套工程的验收、开通、投产工作。

【电液转辙机巡回服务】 6月13日至28日、12月16日至27日，局电务处组织局电液转辙机维修中心、资阳配件厂、广汉机械厂等单位对全局7个电务段、12个修配所进行春运电液转辙机巡回服务及修配所工作检查，并对现场设备进行抽查。巡回服务共修复液压站45台，ZY4型电液转辙机7台，ZY6型电液转辙机5台，SH5转换锁闭器8台，为现场提供各类配件4 318件。电液转辙机巡回服务，提高了电液转辙机的维护和管理水平。

【维修技术表演赛】 11月5日至6日，局工会、电务处在资阳配件厂联合举行2002年度全局电务系统电液转辙机维修技术表演赛。全局7个电务段参加比赛。重庆电务段王宏、贵阳电务段刘汉德、内江电务段谢建民分获第一、二、三名，并荣获局技术能手称号。

12月24日至26日，局工会、电务处在内江电务段联合举行2002年度全局电务系统6502电气集中暨信号继电器维修技术表演赛。全局7个电务段及达成公司29名选手参加比赛。重庆电务段谢林、内江电务段刘扬扬、重庆电务段张德勇分获6502电气集中维修技术表演赛第一、二、三名，内江电务段李孟莉、重庆电务段李仁晴、成都电务段陈月桦分获信号继电器维修技术表演赛第一、二、三名，路局授予以上六位选手局技术能手称号。

（张擎红）

安全监察

【综　述】 2002年，全局以“三个代表”重要思想为指导，认真贯彻落实全路运输安全工作会议和路局安全工作会议精神，树立“安全第一、预防为主”思想，坚持以“规范管理、强基达标”为主线，党政工团齐抓共管；强化安委会制度，狠抓干部作风转变，落实逐级负责制；突出客车、施工、防洪三个安全重点和十六个安全关键；加大硬件投入，采用新技术、新材料、新工艺、新设备；深入开展安全生产大检查和专项整治活动；健全完善安全考核机制，加大考核力度；安全形势稳步发展，实现用三年时间打好安全翻身仗阶段性目标。截至12月31日，全局消灭行车特大、重大事故，实现安全生产468天，取得自1997年5月以来最好安全成绩，连续实现第18个防洪“安全年”，完成全年运输生产任务，实现年度运输利润目标。

局安监室定员14人，现员15人，主任、副主任、调研员各1名，设综合分析、车务、机务、工务、电务、车辆、路外监察。

【行车事故】 全年共发生各类行车事故117件，同比减少90件，下降43.4%。其中，重大事故无，同比减少3件；大事故1件，同比增加1件；险性事故6件，同比减少7件，下降53.8%；一般事故110件，同比减少81件，下降42.4%。路局每百万机车总走行公里事故为0.77件，其中成都分局0.70件，重庆分局1.07件，贵阳分局0.70件。

【事故损失】 全年各类行车事故造成机车小破5台，货车大破3辆、中破9辆、小破30辆，损坏钢轨388米、轨枕2 158根、道岔4组、尖轨7根，中断正线行车57小时11分钟，同比减少116小时19分钟，下降67%，直接经济损失203.75万元，同比减少350.9万元，下降63.3%。

【路外伤亡事故】 全年共发生路外伤亡事故1 290件，同比减少22件，下降1.7%。其中，重大路外伤亡事故1件，同比持平；死亡688人，同比减少8人，下降1.1%；重伤627人，同比减少14人，下降2.2%；轻伤4人，同比减少4人，下降50%；撞汽车10辆，同比减少18辆；撞拖拉机3台，同比增加1台；撞其他车无，同比减少2辆。路外伤亡事故造成正线中断257小时05分钟，同比减少16小时24分钟，下降6%；铁路支付金额768.4万元，同比增加62.2万元，上升8.8%。

【调车事故】 调车事故多发现象未见根本好转，全年共发生25件，占事故总数21.4%，同比减少12件，下降32.4%。其中，调车冲突3件，调车脱轨17件，挤道岔5件，分别占事故总数2.6%、14.5%、4.3%。

【行车设备故障】 行车设备故障频繁，安全隐患突出。共发生设备故障482件，占行车安全信息总数56%，影响运输生产（行车设备使用）671小时46分钟。全局因线路质量问题发生3件险性事故，发生设备故障一般事故60件，占事故总数51.3%。设备故障按单位分，成都分局162件，重庆分局117件，贵阳分局203件；按部门分，机车123件，电务162件，车辆57件，工务33件，供电107件。设备故障频繁原因主要有两方面，一是设备先天不足，二是检修工装设备落后，检修质量不高、维修措施不力、材质不良。

【安全目标确定】 面对严峻的安全形势，路局领导班子认真总结和剖析近年来安全生产问题和教训，充分认识到安全是全局最大政治，是各项工作的集中体现。明确提出“基础管理科学化，技术装备现代化”全局安全工作思路和用三年时间打好安全生产翻身仗的工作目标，并制定2002年全局实现年度安全年的阶段目标。

【干部作风转变】 路局、局党委制定《切实加强和改进局领导班子和局机关作风建设的意见》和《加强安全生产中干部作风管理的办法》，提出从机制上根治干部作风“顽症”六条措施，路局领导班子带头，在路局、分局两级机关开展干部作风教育、整顿活动。按照“自己查，群众帮，组织点”方式，狠刹五种不良风气。经过集中教育、整顿，促进干部逐级负责制落实和作风转变，干部事业心和责任感进一步增强。各级领导把安全摆在第一位，处处讲安全，亲自抓安全，全力保安全，在全局形成浓厚的安全工作氛围。2002年国庆期间,路局各业务部门负责人每天对分局、站段干部值班情况进行抽查,并派出检查组下基层检查,节后又将干部值班及抽查情况汇总下发各有关单位和部门,认真总结,逐步形成具有路局特色的节日期间工作方式。

【安全生产责任制】 路局一号文件进一步健全完善安全生产责任制,明确规范局、分局、站段安全管理责任,界定各管理层次和各级干部安全管理职责、权限和工作标准。年初,局机关16个部门修订完善部门、岗位安全责任制及考核办法。局属各单位、达成公司及行车站段单位也修订安全责任制。严格安全责任制逐级考核,促进管理水平提高。局机关八大业务处室、劳资处、建管中心、公安局正、副职将6月1日至10日工作情况进行写实,由路局主要领导和主管安全领导查看。并通报下发局属各单位,在《西南铁道报》上刊登,接受群众公开监督和评议,促进责任制落实。

【安全管理机制】 年初,路局制定《成都铁路局加强安全生产的决定》和《成都铁路局安全管理监督考核办法》等17个办法。在规范管理方面坚持以安委会为基础的日常安全管理制度,以逐级负责制和"五定三率"为主的安全责任制,以逐层定期考核为主的安全监督评价考核机制三个基本制度,推进基础管理科学化。建立健全安全生产监督、考核、党政工团齐抓共管、事故责任追究等制度(机制),建立《干部职工安全档案》、《安全问题库》,修订和完善《安全效益工资考核管理办法》,建立和完善以安全为中心分配和用工制度,把干部和职工安全业绩作为分配、评先、聘用和竞争上岗的重要条件。

【安全评估】 7月和12月,路局领导带领安全评估组,分别对三个分局、成铁工程(集团)公司、达成公司的安全管理、行车设备、人员素质、工会系统安全等方面情况进行半年度安全逐层考核评估,对各单位安全工作全方位诊断。对得分80分以上单位进行奖励,对不合格单位罚款,并实行为期三个月"安全生产警示"。评估情况通报在《西南铁道报》上全文公布,引起全局干部职工极大震动。通过一年实际运作,安全管理逐步规范化、制度化、科学化,基本形成切合实际的安全管理体系。

【设备达标创优】 路局制定设备质量达标创优三年规划和逐年整治推进计划。计划三年内将276.1万根木枕全部换成砼枕;线路大修每年安排300公里,更换全部1 097组站线失修道岔,对全局干线2 784个半径小于600米曲线全部安装防脱护轨装置。按规定对车务、机务、供电、电务、车辆等设备进行集中整治,使其达到部标。

根据设备质量达标创优三年规划,路局对4个机务段和3个车辆段各投入3 000万元~5 000万元进行达标创优基地建设,三年后建成路局标杆示范段。投资2.83亿元对成昆、株六复线路基、站场排水、桥梁、隧道及泥石流等重点病害整治。2002年完成渝达线工务安全优质达标示范线建设,11月初,路局对渝达段达标创优工作进行总结验收,召开现场会,推广经验。

【道口安全】 路局投入5 660万元,计划道口平改立51处,开工39处,完工12处;取缔非法道口109处;路局垫支165万元,对232处无人看守道口实施地方看守和监护。

【客车安全】 路局对确保旅客列车安全提出"落实责任、突出重点、畅通信息、万无一失"要求,狠抓各项工作落实,强化安全监督检查,确保春运、暑运,"五一"、"十一"黄金周及"十六"大召开重点时期和全年客车安全。一是吸取"2·8"事故教训,确保春运安全。强化领导包保、现场监督检查,狠抓临客准备、组织,严格控制超员、查堵"三品",加强站车治安秩序整治,确保春运工作安全、平稳、有序,实现全局安全生产"开门红"。春运50天,全局消灭行车险性及以上事故,一般事故共发生15件,比上年同期减少3件,下降16.7%。二是认真开展站车防火防爆专项检查。3月8日至4月底,全局开展站车防火防爆专项检查,共检查旅客列车190列3 266辆,检查餐车、行李车、邮政车、发电车和锅炉、茶炉等列车重点部位1 498处,检查客站141个(次),检查其他单位42个。路局梳理出26个突出问题,下达投资计划,实施专项整治,提高客车设备运用质量,强化客车安全基础。

【安全生产专项整治】 路局下发《关于在全局继续深入开展安全生产专项整治工作的通

知》,制定《推进计划》,对危险品运输安全、道口安全工作、施工安全管理、货物装载加固工作、专用线和专用铁路货物运输安全管理、非正常情况下行车安全、防火防爆安全工作、安全生产的行政审批等8个专题105个项目进行为期6个月专项整治。各单位和部门认真落实《推进计划》,加大投入和设备整治,路局每月编发专项整治《信息专报》。9月,进行总结验收、复查签认。至年底,105个整治项目已销号97项,占92.4%,剩余8个项目均已下达投资整治计划,一批老大难问题得到清理规范,阶段效果明显。

【既有线施工安全】 一、贯彻落实铁道部《关于加强营业线施工安全管理的规定》,重新修订《加强营业线施工安全管理的补充办法》,进一步细化施工安全协议、施工监督配合标准、拨接、站改、施工后放行列车等规定。

二、进一步规范和加强施工安全管理。工务处下发《关于加强施工组织和施工安全措施的通知》,先后对44个重点施工项目设计和施工安全措施进行逐项审查,达不到要求不准开工。建设管理中心加强对施工组织设计、安全措施编制和执行情况的检查。运输调度处认真做好运输施工方案编制,审批临时施工计划,审查施工方案技术条件;从列车运行图整体利益审批施工计划,坚持施工处所与慢行标尺双管齐下的施工计划审批原则。针对6月16日贵阳分局贵阳工务大修段在黔桂线换枕施工时,发生货物列车脱轨大事故情况,路局对贵阳大修段进行停工一个月整顿。贵阳大修段从干部作风、逐级负责制、施工组织等方面查问题、找教训、定措施,整改后,经路局评估小组评估合格后才准予施工。同时,路局对另外3个大修段进行安全评估,使工务施工安全管理整体水平得到进一步提高。

三、落实"天窗"修制度,对施工"天窗"兑现率和开通正点率进行考核,施工"天窗"兑现率得到较大幅度提高,做到"两兼顾、双丰收"。

【铁路沿线集贸市场专项整治】 6月10日至10月15日,会同地方政府有关部门对全局铁路沿线100米范围内集贸市场进行排查摸底,全局有63个集贸市场需撤除或搬迁。路局及时向四川、贵州省和重庆市政府通报情况,请求整治。四川省已清除13处,余7处尚待解决;重庆市已清除5处,另有2处需修人行通道;贵州省有36处,护路办已向贵州省政府提出解决办法。

【安全考核】 年初,路局制订《成都铁路局安全管理监督考核办法》,加大考核力度,实施安全评估、行车"百日"安全、旅客列车安全、车机联控、行车安全信息、施工安全监理、施工"天窗"兑现率和开通正点率等考核办法,明确考核对象、内容、奖惩标准。本着从严管理,帮促、落实原则,严格考核、奖惩,克服以前存在考核有水分、奖罚不落实等问题。对有令不行、有禁不止、顶风违纪现象,坚决处理。普雄工务段纪委书记因上班时间打麻将,给予其党内严重警告处分;成都工务段因线路质量差,安全隐患严重而处理不及时,段长、党委书记被免职,主管副段长被撤职,并通报全局。各分局、站段加大对违章违纪监督检查力度,强化现场作业控制,对"两违"严格考核,增强广大职工遵章守纪自觉性。

【安全年阶段目标实施】 路局把2002年安全目标分为五个阶段,每个阶段都有专项安全重点,分阶段组织实施,把上一阶段工作成果转化为下一阶段工作基础。第一阶段,打好春运第一仗,开展站车防火防爆专项检查,确保4月7日路局实现安全生产200天。第二阶段,抓防洪,开展以"四查"为主要内容的安全生产大检查和6月"安全生产月"活动,对各分局(公司)进行安全评估考核,确保7月16日路局实现安全生产300天。第三阶段,战暑运,打好防洪攻坚战,对16个安全关键进行专项检查,开展防溜逸和加强治安综合治理专项检查活动,进行安全生产专项整治总结验收,确保9月19日实现安全生产一周年。第四阶段,加大国庆"黄金周"安全检查,开展以查安全管理、设备质量、职工两纪等为主要内容的安全专项大检查活动,确保10月24日路局实现安全生产400天。第五阶段,进行客车安全、车机联控、安全评估考核,确保路局实现2002年安全年。

【安全生产问题库】 8月,路局发出《关于建立安全生产问题库的通知》,实行《安全生产问题库》制度。路局、分局运输、机务、工务、电务、车辆、客运、货运、劳资、基建、公安部门和各行车站段按建库单位、编号、存在问题、解决方案、责任部门(责任人)、完成期限、督办人等项建立,将本单位、部门在安全管理、干部作风、职工两纪、设备质量等方面存在的较严重问题纳入,实行专人负责,三级微机信息化管理。

【百日安全活动】 年初,修订《成都铁路局行车“百日安全”考核办法》,提高奖励标准。2002年,路局连续实现三个“百安”、跨年度安全年和年度安全年,“百安”数同比增加2个。各分局、成铁工程(集团)公司累计实现“百安”14个,同比增加5个。全局共发放“百安”奖506万元,同比增加326万元,上升181.2%。

【安全天数】 截至12月31日18时,路局实现无责任行车特大、重大事故468天。各分局、成铁工程(集团)公司实现无责任行车特大、重大、大事故天数为:成都分局535天,重庆分局1 159天,贵阳分局198天,成铁工程(集团)公司7 557天。

【安全信息管理】 制定《成都铁路局安全生产监督检查及信息管理考核办法》,对各分局行车安全信息进行季度考核,并将考核结果纳入半年安全评估。2002年,路局共收到行车安全信息860条,其中有漏报18条,占总数2.1%;错报3条,占总数0.03%。其中,成都分局283条,漏报3条,错报2条;重庆分局199条,漏报4条;贵阳分局378条,漏报11条,错报1条。

【安全监察培训班】 4月和6月,分别举办车辆监察和分析监察培训班,路局、分局、站段安监室领导和监察共108人参加,系统学习《技规》、《行规》、《事规》、《成都铁路局安全管理监督考核办法》、安全规章制度、车辆技术、车辆运用管理及发展方向、WTO、ISO9000族知识。通过考试,全部合格。

【大事故】 6月16日13时17分,24031次货物列车运行至黔桂线贵阳分局栋青树~墨冲K439+892.5处,机后第3位P_{64A}3423024运行方向前台车第一轴左轮脱轨,导致机后第4位~9位车辆脱轨,18时45分车辆全部起复,18时56分区间开通,车辆中破3辆、小破4辆,木枕损坏103根,中断正线行车5小时39分,直接经济损失25.8万元,构成货物列车脱轨大事故。

事故原因:贵阳工务大修段在K439+600~K439+900内做换轨前的施工准备工作,按“隔一拆一”拆卸部分连接零配件时扩大作业范围,违章超拆方向钉和内扣轨距钉,导致线路稳定性下降。在施工准备作业完毕后长达5小时47分等待封锁点过程中,未采取任何补强措施,经过13列列车反复冲击后轨距扩大,是造成事故主要原因。

都匀工务段未按《关于加强营业线施工安全管理的规定》和《加强营业线施工安全管理的补充办法》规定,与贵阳工务大修段签订规范的施工安全协议,未实施全过程监控,是造成事故次要原因。

责任单位:贵阳分局贵阳工务大修段负主要责任;贵阳分局都匀工务段负次要责任。

【重大路外伤亡事故】 6月7日10时18分,19024次货物列车运行至贵阳分局管内湘黔线黄丝—福泉间上行线K784+650处,因瞭望距离短(145米)、速度较快(53千米/小时),停车不及,撞死5名非法上道的赶集农民,在下行线运行的10067次货物列车撞死1名非法上道的赶集农民,构成重大路外伤亡事故。

责任人:6名死者负全部责任。

【险性事故】 一、5月12日5时12分,25022次货物列车运行至川黔线重庆分局赶水站北场进5道时,在226#道岔处,机后第29位G_{60}0964216两个台车脱轨并散架、第30位P_{64}3450875两个台车脱轨,中断正线行车1小时22分,车辆大破、中破各1辆,线路损坏48米,构成货物列车脱轨险性事故。

事故原因:226#道岔处钢轨疲劳折断(断面有核伤),致使列车运行稳定性受到严重破坏,导致列车脱轨。

责任单位:重庆分局重庆工务段。

二、5月16日5时36分,24008次货物列车运行至黔桂线贵阳分局京寨站3道K418+312处,机后第15位C_{64}4848168运行方向前台车第一轴右侧轮曲线下股内侧脱轨,构成货物列车脱轨险性事故。

事故原因:脱轨点处7根枕木失效,稳定性差,在小半径曲线上弹性挤开,导致列车脱轨。

责任单位:贵阳分局都匀工务段。

三、6月23日15时20分,24025次货物列车运行至黔桂线贵阳分局乐坪—龙田K309+

930 处，机后第 10 位 K_{13N} A5507127 运行方向前台车脱轨，车辆小破 1 辆，中断正线行车 2 小时 51 分钟，构成货物列车脱轨险性事故。

事故原因：野马寨采石供应段人员卸碴作业，由于右侧闸门机械销脱落打不开闸门，卸碴人员违反《铁路采石管理规则》第 3.10.3 条的规定，单侧卸车，致使车辆偏载，车轮在曲线上股减载爬上轨面而脱轨，是造成事故的主要原因。都匀工务段现场负责人对卸碴作业监控不力，作业人员违反规定上石碴车操纵室，发现非正常情况时未采取紧急措施，是造成事故的次要原因。

责任单位：贵阳分局野马寨采石供应段负主要责任；贵阳分局都匀工务段负次要责任。

四、7 月 20 日 19 时 48 分，23124 次货物列车运行至贵昆线贵阳分局贵阳西—贵阳南 K5 + 962.5 处，机后第 41 位 P_{62N} 3334124 运行方向后台车第二轮爬轨，走行 8.9 米后脱轨，继续走行 1 464.6 米后停在 K3 + 928 处，车辆中破 1 辆，轨枕损坏 1 800 根，中断正线行车 2 小时 48 分，直接经济损失 40.8 万元，构成货物列车脱轨险性事故。

事故原因：脱轨点前 100 米，三角坑超限 2 处，曲线正矢超限 4 处，爬轨点 40 # 铁钢轨接头剥落掉块 300 毫米。

责任单位：贵阳分局贵阳工务段。

五、7 月 25 日 12 时 46 分，70002 次货物列车（现车 7 辆、678 吨、计长 11.6，机车 $DF_7$0095，补机 $DF_7$0140，麻尾机务段配属）运行至黔桂线星朗—朱石寨 K327 + 640 处，机后第 5 位 D_{2G}5622104 运行方向第 1 台车 1、2、3 轴脱轨，15 时 14 分车辆起复，16 时 21 分开通区间，车辆小破 1 辆，损坏砼枕 100 根，中断正线行车 3 小时 35 分钟，构成货物列车脱轨险性事故。

事故原因分析：

1. D_{2G}特种平板车设计通过最小曲线半径 180 米，无任何限制运行速度要求。D_2 型 210T 凹底平车结构特点及存在问题表明："空车试验时，通过半径为 190 米曲线及 9 号道岔时，各种速度级的最大脱轨系数都超过危险限度 1.2，运行上虽未发生脱轨，但使用中仍需要注意观察"。当进入缓和曲线时，脱轨系数加大，接近极限，瞬间造成外股轮对减载，是引起脱轨的直接原因。

2. 黔桂线线路条件不能完全满足该车型运输，贵阳分局运输方案不够具体、优化。

综上所述：黔桂线 70002 次货物列车脱轨事故是特型车辆装载超限货物在小半径曲线运行中，各种不利因素叠加造成的悬浮脱轨。限于目前的科技、检测手段和认知水平，从技术上难以作出准确分析判断。

事故责任分析：

针对该起事故特殊性，根据路局领导指示，局安监室分别对局运输调度、车辆、工务、机务处和贵阳分局就安全意识、安全管理、运输审批、技术方案审核、督促、检查、落实等方面 34 个问题进行认真、全面查证，认为路局有关业务部门在该起事故发生中存在一些问题，主要是：

1. 车辆结构特性所具有的安全风险未引起足够重视。D_{2G} 是在 D_2 基础上改造，虽然车辆自重与尺寸结构发生变化，但转向架结构没有变化。由于 D_2 型车辆"空车工况下，通过半径为 190 米及 9 号道岔时，各种速度级最大脱轨系数大都超过危险限度 1.2"这一特性仍然存在，车辆处未把 D_2 型车辆这一特性提出来，以至未引起有关部门足够重视。

2. 技术方案审定、论证不充分。对贵阳分局报告中"对黔桂线清泰坡至麻尾间能否满足该超限货物运输安全进行评估"，路局仅以批复电报代替，牵头部门运输调度处未正式组织召开专题会议，工务处未对"速度与超高的匹配"和夹直线限速等相关问题进行技术检算，有关部门未对运输技术的复杂性、风险性作详细论证。

事故责任：鉴于此次事故的发生具有其特殊性，路局在技术管理方面存在一定问题，决定列路局其他责任事故。

六、8 月 8 日 3 时 28 分，1061 次旅客列车运行至川黔线贵阳分局新场站时，冒进关闭的出站信号机，构成旅客列车冒进险性事故。

事故概况及原因：1061 次列车运行至新场站外车机联控呼唤应答（进站、站内、出站分别为 22‰、6‰、18.9‰的上坡道），机车乘务员（重庆南机务段）得知在站内二道停车，列车正运行在慢行区段（预告信号—进站信号之间 K185 + 750—K186 + 50 处，施工慢行限速 25 千米/小时），按段要求，副司机使用副台解锁按钮 4 次打点，此时，监控显示进站信号为黄灯，当列车运行到进站信号机时，因列车当时速度为 14 千米/小时，速监模式误差 16 米（允许范围内），造成速监接收到出站信号红黄灯，机车信号突变，监控报警，司机马上进行解锁。同一时间副司机听到慢行终止，随即进行打点(第5次),无意造成监控大解锁,监控失去控制。此时,司机毫无察觉,控制速度恢复到线路允许速度。列车进站后,该机班臆测行车,即不确认地面主体信号,又不确认机车信号,进级闯坡,当听到车站值班员紧急呼叫后,才采取措施,列车于3时29分停于K188+748处,造成全列冒进出站信号机。

司机李洪波机班未执行一次乘务标准化作业程序,未执行呼唤应答制度,间断瞭望,不确认信号,盲目臆测行车;该机班对列车速度监控记录装置解锁按钮作用不熟悉,违章使用,在执行监控解锁和打点时,不相互提醒,巧合形成监控大解锁,导致监控装置失去作用,是造成此次事故的原因。

责任单位:重庆分局重庆南机务段。

(刘思泽)

军事交通运输

【综　述】 2002年,全处官兵认真贯彻"三个代表"重要思想,强化思想政治教育,先后进行"五风一突"检查整顿和"四自"教育,对"法轮功"非法活动反复进行拉网式清理排查。围绕"四个管好"、"三个不发生",以管好人员和车辆为重点,整章建制,狠抓落实,连续第四年被联勤部评为"安全稳定工作先进单位"。以军事斗争军交运输准备为龙头,深入开展军交正规化建设,不断提高军交运输综合保障能力和快速反应能力。投资1000多万元的5个军运装卸载站台已有两个于年内开工建设,完成两条军专线大修工程和20余条军专线共用协议年审工作,正式启动军专线对外有偿服务管理改革;加强对军专线日常维护管理,军专线优质率达70%以上。落实军运备品添置计划140万元,完成对2个新建军供站工程验收,落实4个军供站改造事宜,组织2次应急输送演练及1次集应急输送、军事比武、知识竞赛于一体的综合性演练。圆满完成进疆进藏战备物资、"0182"、核燃料组件等急难险重军运任务及炮兵打靶、部队训练、新老兵运输等日常军运任务,完成军运装车1万余车,人员20余万人次,连续25年未发生军运等级事故。

【白建生任职】 2002年12月18日,中央军委主席江泽民签署命令,任命白建生为驻成都铁路局军事代表办事处主任。根据有关规定,白建生同时兼任成都铁路局军交运输管理委员会副主任。

(金　洲)

【军运任务圆满完成】 以扎实做好军事斗争军交运输准备为龙头,广泛深入开展"优质服务"活动,不断提高铁路军事运输保障质量,圆满完成了各项军交运输保障任务。一是严格铁路军事运输管理;二是加强基础性建设,为完成应急运输等各种军事运输任务打牢基础;三是狠抓军事运输安全;四是认真履行职责,深入、持久地开展优质服务活动,努力为部队排忧解难。全年共完成装车1万余车,运送人员20余万人次,物资近50万吨,计划兑现率100%。军列始发和运行300余列,正点率达100%,做到了迅速准确、安全保密、综合运用、经济合理。

【军交运输优质服务活动】 各级军代处按总部及军区联勤部要求,广泛深入开展优质服务活动,在运输保障工作解决军人乘车购票难、交通战备工作

军列发车前联合检查。

莫雪强　摄

等方面搞好优质服务。立足本职,高标准、高质量地履行职责,收到明显成效。

【部队军事训练铁路运输】 军区部队军事训练铁路运输工作历时6个月,共开行军列140余列,使用各类铁路车辆4 600余辆,运输人员5万余人,装备18万余吨,饮食供应10万余人次,节约铁路车辆69辆,节约运费20万余元。运输过程中,路局及驻局军代处各级领导高度重视,要求以"三个代表"重要思想来指导军事运输工作,坚持为部队服务的宗旨,做到装卸载顺利、运行安全正点、人员无伤亡、物资无丢失、装备无破损。

【新老兵运输】 2002年度新老兵运输从11月18日起至12月25日结束,历时38天。全局共运输新老兵20余万人次,托运行李30余万件,开行新兵整列100余列,使用铁路客车1 400余辆。运输期间,军路双方认真贯彻"五部一局"的《入伍新兵和退伍老兵运输规定》,路局客运公司、公安部门和驻局军代处派出联合检查组,对各分局、重点站段的新老兵运输进行检查调研,路局军代处党委常委分别带工作组分赴各单位蹲点指导工作。做到部队满意、铁路满意、地方政府满意,达到了"无伤、无亡、无漏乘、无错乘、无重大纠纷"。

【"0182"任务】 "0182"任务运输要求高,组织工作复杂,运输危险性大。路局及驻局军代处严格执行总部、军区的有关规定和要求,专门成立组织领导机构,加强组织领导,严格作业程序。装载时,各级军代表亲临现场,靠前指挥,确保"0182"任务万无一失。

(薛建伟 张洪强)

【军交技术动员】 突出军事斗争准备,注重在设施、设备、人才、管理上下功夫。一是狠抓了普雄等五个装卸载站台、军供站、通信光缆等军运设施建设改(扩)建工程;二是以综合演练为龙头,狠抓干部业务理论分级分类训练,提高军交人才队伍业务素质;三是狠抓军专线通用保障管理,军交科研软件开发与利用,军运备品实物与货币储备。为实现"打赢"目标奠定了基础、推动了技术动员工作的全面发展,实现了保障有力。技术动员处荣获成都军区交通战备目标考核一等奖。

【军交专业训练】 认真贯彻总部下发的《驻铁路沿线军代处训练与考核大纲》,以提高军交干部综合素质和军交运输整体保障能力为目标,紧密结合"综合演练",围绕"打赢"在"新"字上下功夫,探索训练改革的路子。拓宽军交干部的知识面,提高军交干部的综合素质,为基层培养了一批年青骨干。一年来,举办综合演练1次,参演人员16人,举办综合演练预演3次,集训69人,讲座82学时;军交运输、计算机知识等讲座20余次。

【军专线管理】 驻成都铁路局军代处为确保管内军专线质量,保证军事物资正常供应,采取了以下措施:一、强化通用保障管理工作,规范管理工作程序,加强对分局军代处的指导力度,确保线路维修养护质量,全年军专线日常维修优质率70%。二、加强对军专线管理单位及其上级主管部门的指导。先后完成了线路大中修工程5项、电气化接触网大修工程1项,静电防护工程1项,均评为优质工程。三、组织由军专线上级主管部门参加的年检检查组,历时30天对管内军专线进行了年检和设备状况、共用情况调查,针对每条军专线具体情况提出改进意见。四、加强军专线共用管理力度,完善审批制度。

【军运设施设备建设】 为做好军事斗争准备,确保军事运输需求,以普雄、尼波等五个站军运设施建设为龙头,重点抓好燕岗、德阳两站新建军运装卸载站台,配合局武装部完成内江、德昌战备器材库改建工程计划及投资,乐山库方案的研究,并上报铁道部计划司。

【贯彻国防要求】 在新建成都北编组站,遂渝线、宝成二线铁路、黔桂线扩能等工程建设中提出军事要求20余项,参加铁道部铁路建设贯彻国防要求技术规程修订意见,青藏铁路拉萨地区军专线建设考察、可行性研究、建设规划及设计方案编制。完成达成线涪江大桥和六盘水枢纽战备抢修保障预案可行性研究。

(林建宏)

【干部队伍建设】 根据军交事业的需要,认真做好优秀年轻干部的选拔培养工作。对表现突出的优秀干部,除立功受奖外,提前晋升了职务,表现好差不一样、干多干少不一样,调动了全处干部的积极性。选送部分干部到西安交通大学和解放军重庆通信学院等院校攻读硕士研究生。在干部选拔任用工作中，坚持群众路线、注重公论、德才兼备、政治第一、注重实绩、“五湖四海”的原则，从单位长远建设和军交运输工作需要出发，切实把群众公认的优秀年轻干部选拔到各级领导岗位上。全处全年共提升、调整干部46名，办理军衔晋升39名，技术干部晋升专业技术职务4名，调整专业技术等级9名，安排干部转业3名，办理铁、水路领导兼职8名。接收院校毕业学员干部5名，有23名干部参加了军地有关大专院校的函授学习和学历教育。从而优化了干部队伍的年龄、知识、专业结构，提高了干部队伍素质，增强了干部队伍的活力。

【“五风一突”检查整顿】 2月下旬至3月下旬，按照先驻局军代处党委、机关，后团级军代处党委、机关的顺序，相继集中10天时间，分学习动员、清理清查、整改纠正、建章立制、总结提高五个阶段，进行思想作风、学风、工作作风、领导作风、生活作风，以及这五个方面突出问题的“五风一突”检查整顿。各单位从实际出发，对照相关制度规定，进行全面清理检查，查找问题，剖析原因，明确责任，制定措施。团以上领导干部和机关干部带头端正态度，检查自身在“五风”方面存在的问题，虚心听取下级和基层官兵的意见和建议，以普通党员的身份参加所在党支部和党小组的活动，并将个人自我对照检查材料在党小组和党支部范围内征求意见，接受群众监督。机关干部每人接受评议。党委、机关的表率作用得到增强。

【“四自”教育】 4至5月份，按照成都军区党委的统一安排，在团以上领导干部和机关干部中开展以“自重、自省、自警、自励”为主要内容的“四自”教育。针对军代处点多线长，人员高度分散的状态，坚持把教育的重点放在提高干部的“慎独”能力上，着重解决“谁管我、我管谁，我如何管好我自己”的问题。党委常委分片包干、干部积极参与，把“四自”教育的过程作为自我检查、自我批评、自我修养、自我提高的过程，增强自管意识，保证思想不失控、道德不失范、心理不失衡、工作不失职、纪律不失严。

（杨　挺）

【学雷锋先进个人陈承业】 驻路局军代处通讯员陈承业本着“当兵就是尽义务”的信念，时刻以雷锋“无私奉献”的精神鞭策自己。入伍一年来，在做好本职工作的同时，积极主动为周围的人做好事，受到驻局军代处官兵的一致好评。因工作突出，被军区联勤部评为“学雷锋先进个人”并通报表彰。

【安全稳定工作】 师、团两级军代处以学习贯彻重新修订颁布的条令条例为契机，狠抓单位的安全稳定工作。一是狠抓作风养成，在深化条令法规意识、严格纪律和抓规范化管理上下功夫，进行教育整顿。二是枪支弹药的管理，主要抓军械库室安全防范设施的专项整治，确保军械库室的三铁一器。下半年，路局军代处机关及时更换了不符合上级要求的枪柜及严重老化的报警器，确保军械室时刻处于严密监控之下。三是车辆管理，对车辆的技术状况进行了普查，完善了车辆技术档案，加强驾驶员的安全教育和职业道德教育，严格派车制度，并对一些车辆加装防盗设备，确保全年下现场等公务用车行驶近50万公里无擦挂。四是全处上下进行综合整治，形成时时讲安全，人人抓安全的良好氛围，保证了人员、车辆、保密等方面安全无事故。驻局军代处连续第四年被联勤部评为安全稳定工作先进单位。

【保密工作】 认真贯彻上级一系列指示精神，健全组织机构，加强保密教育，制定下发《驻局军代处机关办公保密秩序正规化建设实施细则》、《驻局军代处计算机管理暂行规定》，加大检查力度，确保各项制度落到实处。全年共迎接上级机关两次保密工作检查，组织一次保密知识竞赛，参赛面达90%以上。

【后勤保障】 认真贯彻“一保战备，二保生活”的原则，严格控制日常行政性消耗，把有限的经费用到“刀刃”上。在政策允许范围内，加强招待所、空余住房出租，强化经费管理，堵塞漏洞，增收节支，改善官兵生活。基本实现医疗卫生、营房和车辆维修、油料保障等后勤保障社会化目标。

【驻局军代处50年历程专题片】 11月下旬，在铁路有关部门的大力协助下，驻局军代处制作完成多媒体记录片《峥嵘岁月，辉煌历程》。专题片以军交运输建设为主线,从思想政治、军事训练、后勤保障等几个方面真实反映了驻局军代处在几代军交人的不懈努力下,不断成长进步的不平凡历程。

(金　洲)

【财经纪律检查】　根据军区要求,自5月下旬开始对机关及所属单位2000~2001年度财务管理及财经纪律执行情况进行了自查、复查,认真清理预算经费、预算外经费、家底经费收支及资金、资产管理等基本情况,总结了财务管理中的成功经验和做法,完善了制度,制定了整改措施,强化财务工作基础建设。6月下旬,军区检查组对处机关财经纪律执行情况进行了全面检查并给予充分肯定。

【后付运费审核检查】　2月,总后、军区两级工作组对驻局军代处2000~2001年度后付运费审核、军运计划提报、付费号码审批、军交节约开展等情况进行了认真检查。两年来,军代处在后付运费审核及凭证管理工作上严格执行总部和军区的有关规定,按月审核、及时上报,后付运费审核及凭证管理组织严密、措施具体、程序规范、制度完善,此项工作受到两级工作组的好评。

【银行账户及资金管理】　严格执行上级有关资金管理规定,积极适应新的形势和财务管理工作要求,加强资金集中统一管理。强化对机关及所属单位资金管理工作的检查与监督,建立提现审批制度,两次下发加强资金管理电话通知,就如何预防资金风险,确保资金安全,建立健全银行账户管理、现金管理制度提出明确要求,保证了资金不散、账户不乱。

【预算管理改革】　按照《军队预算编制改革实施方案》要求,全面实行预算编制改革。在年度预算编制上,细化预算项目,规范预算内容,坚持党委集体领导下的一支笔审批制度,强化"一保战备、二保生活"的保障原则,突出以军事运输为中心保证各项工作完成的经费需要,健全民主理财、科学理财、依法理财的制度,确认了年终单位家底经费积累基数,夯实了单位正规化建设和可持续发展的基础。

【实物资产管理】　认真落实军委、总部关于加强国有资产管理工作的指示精神,始终把实物资产计价核算及资产管理工作作为日常管理工作的重要内容,资产管理制度逐步健全完善,进一步落实管理责任,加强计价核算,有效地规范资产管理,提高资产使用效益。全处实物资产底数清楚、产权明晰、结构及分布合理。

(廖继全)

合资铁路

【综　述】　全局管辖范围内现有达成、达万、水柏三条合资铁路。局合资铁路办公室挂靠计划统计处,负责合资铁路管理工作。

为加强合资铁路的管理,2002年路局组织研究达万、水柏合资铁路的经营管理模式比选,提出委托管理模式的意见。达万铁路报部批复后采用委托运营的管理模式,水柏铁路采用上下分离、委托运输的运营管理模式。

根据水柏、达万管理模式的区别,分别组织研究了水柏铁路委托运输管理合同及附属分协议内容和达万铁路委托运输管理合同内容。

【达万铁路】　2002年3月,重庆分局向路局报送"关于达万铁路运营管理模式的报告"(重铁分办[2002]83号)。同年6月27日路局根据铁道部关于达万线运营管理模式函复意见,批复原则同意达万铁路采用达万铁路有限责任公司委托重庆分局的运营管理模式。

达万铁路2002年10月23日通过工程初验,采用全委托经营管理模式,委托重庆铁路分局进行临管运营。12月1日起与全路营业线开办货物直通运输。

达万铁路是2002年完工销号项目,由于缺少建设资金,工程年初已处于待工状态,为解决达万铁路建设资金不足问题,2002年4月13日,达万铁路有限责任公司召开股东大会,做出"关于增加达万铁路建设项目资本金的决定"。2002年4月15日,路局向部报送《关于达万铁路急需建设资金的报告》(成铁计[2002]94号),争取落实建设资金。

达万铁路开通运营后,初期运量不足,收益差,面临巨大的债务压力和财力困难,为解决公司资金债务压力,路局向部报送《关于解决达万铁路开行贷款债务问题的请示》(成铁计[2002]285号)。

【水柏铁路】 2002年2月21日,铁道部"关于水柏铁路运营管理问题的意见"(铁计函[2002]43号)对贵州省"关于水柏铁路建成后运营管理问题的意见"(黔府函[2001]139号)复函,原则同意贵州省提出的水柏铁路建成后,运营管理由水柏铁路公司委托成都局的意见。

2002年9月8日水柏铁路通过工程验收,9月26日正式通车。水柏铁路采用上下分离、委托管理的模式,其行车组织、机务、车辆、公安业务委托贵阳铁路分局管理。

【达成铁路】 达成铁路运营总长度395公里,达成公司管辖342正线公里。达成铁路采用公司自营管理模式。

(段陆奇)

达成铁路有限责任公司

【综 述】 达成铁路有限责任公司在激烈的市场竞争中不断发展。2002年,实现运输收入6.36亿元,同比增长54%;完成旅客发送量1 115万人,同比增长33.4%;货物发送量392万吨,同比减少10%;旅客周转量20.8亿人公里,货物周转量7.9亿吨公里。公司保持连续5年盈利,在合资铁路中名列前茅。

公司机关设运输调度指挥中心、安全技术教育室、客货营销中心、基础设备维护中心、人事劳资部、计划财务部、基建工程部、办公室、政工部等机构。基层设有金堂、遂宁、南充东、营山4个运营管理站,南充客运公司、机辆段、工务维修公司、电务水电维修公司、达成铁路公安分处共9个二级管理单位。公司现有员工2 593人,其中固定员工748人、招聘员工916人、返聘员工869人、劳务输入35人、临时工25人。

【客货营销】 客运方面:一是开展客运服务质量年活动。在提高客运服务水平的同时,完善营销网络和硬件设施,配置手提补票机33台;增设微机售票点7个;购置客车20辆;延长7个快车停站的站台;对候车室、售票厅的设施进行了翻新和改造。二是打好春运、"五一"、"十一"黄金周运输攻坚仗。春运期间,傅志寰部长、王兆成副部长先后登乘公司1216/1215次客车视察指导,对公司客运工作给予充分肯定。三是开展营销攻关。营销人员赴浙、赣、沪一带开展营销宣传,1216/1215次客车客流明显上升。开展货源、货流调查,建立货运档案;开办遂宁、南充东的20英尺集装箱业务;认真清理客货杂收费、专用线收费及装卸作业收费等项目。

【劳动合同管理】 2002年公司制定《劳动合同管理办法》,完善《劳动合同书》文本,经职代会审议通过,并实行所有员工使用同一合同文本的用工改革,公司与2 060人签订劳动合同,其中固定员工596人、招聘制员工916人,另与548名其他人员签订聘用协议。

【引进优秀车(队)长】 为提高客运竞争能力,开好成都至上海西1216/1215次客运列车,公司于2001年10月,从全国铁路客运服务"王牌"单位——沈阳铁路局大连客运段引进11名优秀车(队)长,值乘成都至上海西客车一年,对公司新招聘员工进行严格训练,规范管理和传、帮、带,推出以旅客为中心的人性化全新服务模式。他们带队执乘,经过一年时间的言传身教,公司客运服务水平实现了质的飞跃,取得经济效益和社会效益双丰收。上海车队深受旅客好评:"列车员立岗最标准、车厢最整洁、服务最热情、厕所最干净"。经引进人员的帮带,培养了一批优秀车长和乘务员,顺利执乘上海车队,提高了公司客运服务水平和竞争能力。

【完善管理体制】 为适应公司快速发展步伐,使各项管理工作步入规范,公司于2002年对原有专业管理体制进行了调整:一、将原南充东工务维修队和遂宁工务维修队合并,组建遂宁工务维修公司。二、将原南充东电务维修队、通信站、水电维修队合并,组建遂宁电务水电维修公司。三、在原达成公安指挥部的基础上,成立达成铁路公安分处,现有警力97人、联防队员86人,结束了达成铁路自开通以来由成铁公安处托管的模式。

【安全工作】 落实新颁发的《安全生产法》。一、完善安全生产管理机制,制定《达成公司安全管理监督考核办法》、《干部逐级负责考核管理办法》。二、改善行车装备,安装机车微机管理系统和机车语音录音装置、机车后视镜和备份监控装置等设备。三、开展安全生产专项整治,共查出问题135个,暂时无法整治的问题已纳入问题库。四、把客车安全放在首位,针对投毒、人为破坏、火灾等事件采取了积极预防措施。五、重点抓好线路质量隐患整治,"11·4"万山寺隧道坍塌事故暴露出达成线工务设备隐患严重,公司采取严防死守保安全措施,依据有关权威部门对桥梁、隧道进行检测和评估结论,对于查出的48处隐患和后经施工单位复查出的10处隐患,加大整治力度,现已整治43处,完成74%。万山寺隧道经过一年时间的整治,已施工完毕。六、对无人看守道口实施平改立5处,拆除3处。公司的安全生产基本实现稳定可控。

【综合治理】 针对达成线路外伤亡、道口事故、围车叫卖、乱耕乱种乱采乱挖、治安防范5个突出问题采取积极措施,做了大量工作。为沿线中小学生发放印有护路标语的汗衫2万件。建立由护路队员、铁路公安民警、巡道工共同上路巡视的"三位一体"护路联防机制。公司领导多次到省政府和沿线地方政府汇报工作,寻求支持。省政府办公厅发专文,要求沿线各级政府进行综合整治,以彻底根治达成线的安全隐患。

【员工培训】 针对公司组建仓促、扩张快、员工队伍素质偏低的现状,2002年,公司加大员工培训力度,采取委外培训和自办培训班等途径,加强员工的教育培训工作,全年共对24个专业1 037名员工进行培训,共计357.5天。举办为期一周的中层干部培训班,聘请西南交大专家教授授课,取得较好效果。

【达成铁路技术改造可研审查】

达成线遂(宁)成(都)段技术改造(包括电气化)可研审查会于11月4日至7日在铁二院召开,部鉴定中心、建设司、计划司、铁二院、路局等单位领导和专家100余人参加会议。公司唐应才董事长、席志全总经理出席会议并代表公司提出了意见和建议。

(郑海君)

【党委工作】 达成公司党委坚持以"三个代表"重要思想为指导,认真学习贯彻十五届六中全会和党的十六大精神,紧密围绕公司中心工作,大力加强党的建设和思想政治工作,充分发挥各级党组织和广大党员在安全运输生产中的作用,为实现公司经营管理目标提供了有力的思想和组织保证。

公司各级党组织利用中心组学习、"三会一课"、班组政治学习、脱产培训的形式,组织干部职工认真学习党的十五届六中全会精神和江泽民总书记"七一"、"五.三一"重要讲话以及"三个代表"重要思想。党的十六大召开期间,组织员工收看江泽民报告,对学习宣传十六大精神做出安排,举办中层干部骨干培训班,在南充组织90余名干部职工听取路局党委十六大宣讲团作的专题辅导报告。通过扎实开展理论学习教育,提高了党员干部职工的政策理论水平和政治思想素质。

【党组织建设】 抓好"学教"活动,推进党建工作。公司党委按照局党委部署,自5月8日开始,对所属1个站段党委、5个党总支、40个党支部、75名总支、支部成员进行为期47天的"三个代表"学习教育活动,切实抓好"学、评、查、改"四个阶段的各项工作,组织291名党员、1 139名职工对各级党组织进行民主评议,征集意见2 670条,制定整改措施245条,基本解决了党组织存在的突出问题。进一步转变了各级班子成员的思想工作作风,增强了党组织凝聚力和战斗力。

适应生产布局调整,健全党的基层组织。根据公司生产布局和行政机构的调整,在新建单位及时组建党的基层组织。分别于6月10日建立遂宁工务维修公司党总支、达成铁路公安分处党委,于9月23日建立遂宁电务水电维修公司党总支,同时组建14个基层党支部。至年底,公司党委下设基层党委2个、党总支7个、党支部51个。

按期换届改选,强化组织建设。公司所属基层党组织于2002年6月任期届满。为做好换届改选工作,公司党委做出具体安排,集中两个月时间,对5个党总支、15个党支部进行换届改选。一批素质较高的党员进入各级班子,担负起党组织建设重任。

加强党内培训,做好发展工作。上半年,公司党委从生产岗位上抽调24名兼职支部书记进行为期7天的脱产集中培训,提高生产一线党支部书记的党建工作能力和水平。公司党委举办1期建党积极分子培训班,对50名建党积极分子进行为期5天的脱产培训。各级党组织重视抓好发展工作,按照"十六字"方针,突出发展重点,加大发展力度,全年共发展新党员25名,转正预备党员8名。其中,在招聘职工中发展党员18名,转正8名。公司现有党员410名。

深入开展党内活动,充分发挥党员作用。公司各级党组织紧密围绕安全运输和经营目标,在党内深入开展“创岗建区”、“一练三过硬”、“两保两促”活动,充分发挥广大党员在各项工作中的先锋模范作用。“七一”前夕,公司党委对20个党员责任区,59名成绩显著的共产党员、9个组织工作突出的党支部进行了表彰奖励。有3人被局党委评为党内活动成绩突出的共产党员,1人被评为“创岗建区”先锋,2个党委和支部被评为“一练三过硬”组织工作突出的党组织。

【党风路风建设】 公司党委在抓好日常的党性党风党纪教育的同时,组织班子成员和中层干部收看《反腐败典型案件》专题片,观看四川省举办的反腐倡廉教育图片展,并结合路内外案例开展讨论,重温党纪党规,起到了警示作用,增强了廉洁自律意识。公司党委严格执行已建立的廉政制度和规定,并结合实际制定《关于中层以上管理人员实行述廉评廉考廉制度的规定》和《关于达成公司员工在经济交往中收受礼金礼品的管理办法》,进一步完善了党风廉政建设制度。凡是金额超过10万元的物资设备采购、工程招投标项目,公司纪检人员全过程参与监督,有效地防范违纪案件的发生。全年共收到各级管理人员上缴现金、回扣18 988元。为深化路风“四无”活动,公司结合开展客运服务质量年活动,抽调有关部门10余人组成两个检查组,对管内12个车站和19个车班进行两次路风专项检查,规范了站车收费,加强了制度管理,增强了员工路风意识。全年未发生路风事件,不良反映明显减少。

【宣传思想工作】 公司党委结合签订新一轮劳动合同和安全运输生产实际,组织员工认真学习《劳动法》、《合同法》和《安全生产法》,增强广大员工以法治企和安全生产的意识,确保全体员工顺利地签订新一轮劳动合同,再次实现安全年的目标。公司各级党组织继续深化“三新”教育活动,并与贯彻《公民道德建设纲要》和开展客运服务质量年活动相结合,不断创新服务理念,充实服务内容,提升服务形象,涌现出一批服务明星和先进典型,赢得社会各界广泛赞誉和部局领导高度评价,先后收到锦旗15面,表扬感谢信2 186条。为做好员工稳定工作,公司坚持“三及时、四不出”工作方针,即员工出现思想问题,要及时发现、及时掌握、及时疏导,解决问题不出班组、不出车间、不出站段、不出公司。妥善处理了机辆段40名借调员工集体上访的问题,确保员工队伍的稳定。切实抓好对内对外宣传,大力报道公司两个文明建设的典型,全年被中央、省市、局级报台用稿242篇。

【工会工作】 召开职代会和职代会联席会,审议通过了《关于加强安全生产的决定》和《提高住房公积金方案》,与公司法人代表签订新一轮集体劳动合同。继续推进公司司务、站务、段务公开工作,广泛开展《我为安全献一计》金点子活动和《安全法》、《工会法》学习宣传活动。防洪暑运和元旦春节期间开展防暑降温及送温暖活动。围绕安全运输开展了形式多样的劳动竞赛、技术比武和岗位练兵活动。认真做好员工维权及劳动争议调解工作,切实维护职工利益。

【共青团工作】 公司团委针对青年特点,结合公司实际,积极开展“党在我心中、岗位建新功”、“青年安全生产示范岗”、“新世纪读书计划”、“五小科技攻关”等活动。围绕公司经营管理目标,分别组织南充客运公司、南充东站、营山站的200余名团员青年,开展了规模较大的“新世纪达成新形象”、“我为车站添光彩”等营销宣传活动。张贴安全知识挂图80余套,散发传单1万余份,答疑解难1 000余人次,有效地拓展了团组织工作领域,发挥了青年生力军作用。李明被部团委评为“优秀团干部”,并被授予“新长征突击手”称号。

(孔令敏)

铁路建设

责任编辑　张晓颖

建设管理

【综　述】　为改革建设管理体制，创新运行机制，理顺建设管理关系，路局出台《铁路局、局党委关于改革我局建设管理体制的决定》（成铁办[2002]251号）。实行建设行业管理和项目管理分开，加强建设项目的统筹规划和过程控制，实行系统负责、专业负责、业主负责，建设、运输一盘棋，力争两兼顾双丰收，发挥路局整体投入产出能力和投资效益，10月15日组建局建设管理处和工程管理中心。

建设管理处对全局建设项目实施中的建设行为、政策、标准、法规执行情况进行管理和监督，并代局对铁道部工程质量监督总站成都监督站、铁道工程成都交易中心进行管理。建设管理处是路局的职能部门，列局机关编制，下设建设管理科、综合科和局招投标办公室，定员编制14人；另质监站定员7人，工程交易中心4人。

工程管理中心受路局委派，承担建设工程项目的建设单位职责，对全局建设工程项目实行统一管理、分级负责；工管中心列限额外机关编制，下设办公室、计财处、技术处和项目管理处。对大修工程项目管理引入基建管理程序和竞争机制，实行专业负责制、合同管理制、项目负责制、工程监理制、工程竣工验收制、项目审计制，确保投资、质量、工期和安全。

【年度建设工作方针目标】 2002年度建设工作方针：继续贯彻部党组“决战西南”的战略部署，围绕路局实施新一轮资产经营责任制的总体要求，深化建设体制改革，完善适合路局特点的建设管理体制和运行机制，加快铁路建设进度，保持会战态势，突出重点，强攻难点，加快在建工程，抓好新开工程，抓临管运营收尾配套，保完工销号，加大力度，打好“决战西南”铁路建设攻坚战，完成全年建设任务，确保路局2002年经营目标的实现。工作目标：完成全局大中型建设项目初始投资计划28.12亿元，其中部计划投资25.2亿元，地方计划筹资2.92亿元。杜绝因施工造成的行车重大、大事故，客车险性事故，实现安全年。

【三级工法评选】　2002年12月9日，路局“三级工法”评审委员会召开会议，对上报参评2002年度局“三级工法”的各项工法进行评审，在有关专家审查意见的基础上，评选出2002年度局“三级工法”4项（见表5-1），由局颁发证书和奖金，并推荐《科赖姆管棚钻机在隧道洞门施工中的应用工法》申报铁道部“二级工法”。

表5-1　局“三级工法”评选结果　（2002年）

序　号	局“三级工法”名称	编　写　单　位	编写人员
1	科赖姆管棚钻机在隧道洞门施工中的应用工法	成铁工程（集团）第二分公司	蒋德海 杨青斌
2	连拱挡墙支墩工法	成铁工程（集团）第一公司	郑　策
3	倒置穿心千斤顶提升水箱施工工法	成铁工程（集团）建筑分公司	何国辉
4	拼装钢拱架快速加固既有隧道衬砌施工工法	贵阳分局工务大修段	王　凯 秦小春 杨文俊

（王　其）

【成都枢纽西环线建成开通】 成都枢纽西环线连接宝成、成昆两大干线，自成都南站经红牌楼、成都西、郫县站进入成都客站，全长33.3公里，其中利用既有132厂专用线改造13.9公里，新建19.4公里，于1994年5月开工，1997年底停工，2002年5月全面复工。在部、省、市有关部门的大力支持下，参建单位密切配合、共同努力，克服了时间紧、任务重、资金缺口及外部因素的干扰，于2002年12月25日经局初验委员会验收通过，12月28日18时全线开通，增强了西南地区铁路路网配套以及成都枢纽的疏解能力。

（王　其）

【达万铁路建成开通】 达万铁路是国家"九五"重点建设工程项目，工程由铁道部、四川省、重庆市合资修建，正线全长157.077公里，共设18个车站，近期开站8个，技术设计批复总概算为27.281亿元，工程于1997年10月开工，2002年6月竣工，2002年10月23日通过初验委员会初验并投入临管运营。该线路由达万公司全委托重庆分局运营管理，其中通信工程由达万公司委托铁通重庆分公司管理维护。

（林　可）

【水柏铁路建成开通】 水柏铁路是贵州省和铁道部合资建设的一条电气化铁路。北起贵州省的六盘水市，南至云南省的柏果站，正线建筑长度118.351公里。全线规划分布11个站，其中近期开通6个站。该线于1997年12月开工，2002年9月26日建成开通。该铁路的建成，为促进贵州省的经济发展和完善西南路网结构具有十分重要的意义。

水柏铁路在运营管理方式上参照"上下分离、委托运输管理"的模式进行了有益的创新。即与运输密切相关的客货运输、机务、车务、车辆（含红外线轴温探测系统）、公安等相关专业委托成都铁路局承担；通信专业委托铁通贵州分公司维护；线路下部的桥梁、隧道、路基、线路、信号、电力及牵引供电等基础设施的养护维修由水柏公司采取招标委托方式，货场、专用线的装卸作业由水柏公司采取自营自管的方式。

（帅鹏章）

【内昆铁路建成开通】 新建内昆铁路宜宾至梅花山段工程，全长385.5公里，全线共设34个车站，经过宜宾、盐津、大关、彝良、昭通、威宁、六盘水等主要经济据点，工程总概算116.6亿元。工程由铁道部内昆指挥部作建设单位，铁道第二勘测设计院设计，共9个施工单位和4个监理单位参加建设，工程1998年6月全线开工建设，2002年5月11日全线竣工后通过铁道部组织的初验，并投入临管运营。工程建成后成都铁路局运营管理，其中昭通（含昭通）以北属重庆分局管辖，昭通以南属贵阳分局管辖。

（林　可）

【达成铁路通过国家环保总局验收】 2002年3月28日至29日，国家环保总局监督司组织铁道部计划司，四川省、成都市、遂宁市、南充市和达州市环保局，成都铁路局等单位对新建铁路达县至成都线工程环境保护现场检查验收，认为该工程基本符合环保验收条件，通过环保竣工验收。

（帅鹏章）

【安全征文】 为总结营业线施工安全工作经验，做好铁路建设和安全管理工作，2002年3月~11月，四川铁道学会与成都铁路局建管中心联合举办营业线施工安全生产征文活动，参加西南铁路建设的各有关单位积极投稿，组织有关专家评出优秀论文一等奖2篇、二等奖3篇、三等奖5篇，并出版论文专刊1期，颁发证书和奖金。

（王　其）

【勘测设计和建筑业施工等级资质证书】 为加强对建筑活动的监督管理，维护建筑市场的秩序，保证建设工程质量，按照建设部《关于工程勘测、工程设计单位资质换证工作有关问题的通知》和《建筑企业资质管理规定》的文件要求，经部、局审核，建设部审批，局勘测设计院取得建设部颁发的"铁道行业铁路综合甲（Ⅱ）级"设计资质证书和"工程勘测专业类岩土工程甲级、劳务类"的勘测资质证书；成都铁路工程集团公司取得建设部颁发的11项施工企业资质："铁路工程施工总承包"等6个壹级、"公路工程施工总承包"等4个贰级和"通信工程施工总承包"1个叁级建筑业施工资质证书。

（帅鹏章）

【铁路工程造价管理】 一、公布《铁路通信工程预算定额》，从2002年5月1日起实行，原《铁路通信工程预算定额》同时废止。二、为加强铁路工程定额动态管理，促进铁路工程管理水平的提高，铁道部建设管理司发布《铁路工程补充预算定额(试行)》第二册，从2002年5月1日起实行。本册定额包括路基、电力、电力牵引供电、房屋建筑工程等内容。三、公布《地方铁路基本建设工程设计概算编制办法》，该办法从2002年12月1日起实行，原铁道部公布的《地方铁路基本建设工程设计概算编制办法》同时废止。

（周志明）

【工程招投标】 根据路局安排，局建设处、工管中心组织新建铁路遂宁至重庆线站前工程和改建铁路成都枢纽青白江至成都段增建二线工程的施工和监理预招标工作，2002年11月至12月底在北京铁道部工程交易中心公开进行，两项工程的招标金额共计约27亿元。整个招标工作接受铁道部建设工程招投标管理办公室和监察局的监督和指导，程序严密合法，招标结果科学、公正。

2002年进入铁道工程成都交易中心进行承发包交易活动的共有19个项目，累计交易额约5亿元。这些项目在局工程招投标管理办公室和监察处的监督指导下，整个程序严格按照国家和部、局有关招标投标的规定，公开、公平、公正地进行。

（章 燕）

【实施工程质量监督报告】 新的监督规范要求“竣工工程质量等级核验”程序，由“为建设单位核验工程质量等级”转变成“为建设行政主管部门出具工程质量监督报告”。针对这一要求，部将组织修订《铁路工程质量监督管理办法》和《实施细则》。为配合修订工作，成都监督站在遵循总站的原则要求下，制定铁路工程质量监督规程(上、下册)，对第一份工程质量监督报告的形式进行探索性的研究，先后出具《宝成复线广元至成都段工程质量监督报告(草案)》、《宝成复线工程质量监督报告征求意见稿》，并对征求意见稿认真评审，最后作为范本，为其他大中型项目的工程质量监督报告的完善打下基础。

【质量监督专家评估制度】 因1999年部颁《铁路工程质量监督管理办法》及《实施细则》与国务院《建设工程质量管理条例》要求不完全适应，部分内容与铁路建设发展形势、铁路建设管理体制改革不相匹配，亟待完善和健全。针对目前面临的法规相对滞后的客观存在和铁路工程质量监督本身项目、专业广泛的特点，为使监督报告能够尽可能客观、公正、科学地评价建设项目是否真正具备竣工备案条件，成都监督站在加大对质量行为和工程实体抽查力度以及适当增加监督检测数量的同时，率先在水柏铁路实施《质量监督专家评估制度》。监督评估目的是运用专家的智慧及科学的数据，彻底消除质量疑点对重点工程带来的负面影响，确保整体工程质量的可靠性。接受评估的工程项目有：水柏铁路银山隧道、大营头大桥。

【质量监督检查手段改进】 2002年在加大对参建各方质量行为监督检查的同时，进一步运用科学有效的检测手段加大对工程实体质量的检查，提高工程质量检查的科学性和准确性。根据质监站《关于对达万铁路已完隧道工程进行抽样检测的通知》要求，成都铁路工程质量监督检测中心于2002年5月12日～13日对达万线中铁五局一处施工的钟家湾隧道出口端边墙和中铁十三局二处施工的庙湾中桥2号墩进行钻芯取样，并于5月15日～16日完成检测工作，结果是：芯样加工满足规范要求，抗压强度符合设计标准。利用地质雷达抽样检测达万铁路56座隧道中的凤凰山和毛狗洞两座隧道，检测累计正线长度1 570米，5个剖面累计检测4 710米，检测结果表明：一、边墙和拱腰部位的衬砌厚度部分小于设计厚度，回填层总体比较密实，个别地段的不密实主要是超挖回填的干砌片石。二、顶部的衬砌厚度部分小于设计厚度、局部地段混凝土不密实。监督站责成建设单位在初验前认真整改处理完毕。

【优质工程评选】 根据《成都铁路局优质工程评选办法》，2002年11月29日经局优质工程评审委员会审定，评选出2002年度成都铁路局优质工程7项，其中获甲级奖5项：成都市火车南站立交桥与南引桥工程，内昆铁路内江至王场段电气化工程，内昆铁路宜宾南区段站综合工程，内昆铁路宜宾站旅客站房工程，水柏铁路六丘田大桥工程。乙级奖2项：成都枢纽北环线龙潭寺大桥工程，凯里电厂铁路专用线加筋挡土墙工程。

（周贤良）

表5-2 监督工程项目一览表 (2002年)

序号	建设工程名称	所在地区	建设单位
1	株洲至六盘水铁路大龙至六盘水段增建第二线及电气化工程	贵州省	成都铁路局株六复线建设指挥部
2	六盘水南站(不含)至柏果站(含)及枢纽的水柏联络线、客车联络线铁路工程项目	贵州省	水柏铁路有限责任公司
3	达县至万县铁路建设工程	重庆市 四川省	达万铁路有限责任公司
4	内宜铁路电气化改造建设工程	四川省	成都铁路局内宜电气化指挥部
5	宝成铁路增建第二线(上西坝至青白江段)工程	四川省	成都铁路局宝成复线建设指挥部
6	成昆电气化成都至攀枝花段改造工程	四川省	成都铁路局成昆电气化建设西昌指挥部
7	成都枢纽成昆电化引入工程	四川省	局建设管理中心
8	成都枢纽北环线建设工程	四川省	成都铁路局宝成复线建设指挥部
9	成都枢纽西环线建设工程	四川省	成都铁路局宝成复线建设指挥部
10	青城磁浮列车示范线	四川省	大城公司
11	成铁体育中心	四川省	成都铁路局
12	贵阳铁路分局管内工程	贵州省	分局有关单位
13	重庆铁路分局管内工程	重庆市	分局有关单位
14	成都铁路分局管内工程	四川省	分局有关单位

(周贤良)

工程项目管理

【综　述】 2002年,路局大中型建设项目管理特点是收尾销号项目多、新开工项目前期准备工作量大。全局自1992年以来陆续开工的8个大中型建设项目除株六复线贵阳枢纽部分工程外,其余项目全部完工销号。同时新建遂渝铁路,宝成线青白江至成都段增建Ⅱ线、成都北编组站等新上项目的前期准备工作量大、困难较多。工管中心组建后,立即与各有关部门协调配合,对所管项目进行工作交接,抓收尾配套、现场初验、质量回访、投资清理和完工销号工作,抓紧作好新开工项目预招标及征地拆迁等前期工作,为早日开工创造条件。全局大中型建设项目年投资计划34.36亿元(其中部投资计划29.98亿元,要求地方筹资4.38亿元),全年完成投资30.64亿元,完成率为89.2%,其中完成部投资28.08亿元,完成率为93.7%;完成地方投资2.56亿元,完成率为58.4%(地方已到位资金全部完成)。内宜电化、株六复线贵阳枢纽川黔货车外绕线、成昆电化引入成都枢纽西环线等先后开通投运,水柏、达万、内昆铁路初验后交付临管运营,共开通投产453.61公里。各项目完成情况见表5-3。

根据路局、局党委《关于改革我局建设管理体制的决定》,10月15日组建局工程管理中心。中心受路局委派承担全局建设项目的建设单位职责,对全局工程建设项目实行统一管理、分级负责。中心设办公室、计财处、技术处、项目管理处,所属各处(室)处长(主任)配副处级,副处长(副主任)配正科级。总定员编制为60人。

【在建项目完工销号】 路局从1992年6月开始先后开工建设的达成铁路、宝成复线、成昆电化、渝达电化、达万铁路、水柏铁路、株六复线、内宜电化等8个大中型建设项目(含成都、重庆、贵阳三大枢纽改扩建)至2002年底除株六复线贵阳枢纽部分工程外均已实现完工销号。

表 5-3　全局大中型基建项目完成情况　（2002 年）

序号	项目	完成投资				主要工程形象进度
		部投资（万元）	%	地方投资（万元）	%	
1	株六复线	144005	100			六盘水枢纽、贵阳枢纽川黔货车外绕线开通
2	成昆电化	73477	79.5	1000	35.8	收尾配套工程基本完成，引入成都枢纽西环线开通，项目销号
其中	① 双攀段	31516	63.3			收尾配套工程基本完成
	② 成都枢纽相关工程	19025	96.5			收尾配套工程基本完成
	③ 西环线	22936	100	1000	35.8	12 月 28 日全线开通
3	内宜电化	18205	100			4 月 18 日全线开通
4	达万铁路	30650	100	14000	66.7	10 月 23 日全线开通
5	水柏铁路	12500	100	10572	52.9	9 月 26 日全线开通
6	遂渝铁路	2000	100			完成站前工程招标，开展征地拆迁工作，进行开工准备
合计		280837	93.7	25572	58.4	实现全年建设工作方针目标

【铁路建设十年会战成果】　西南铁路建设会战历时十年（1992～2002），全局大中型建设项目总投资规模为 358.89 亿元，共完成投资 336.06 亿元，完成率为 93.37%。1998 年铁道部作出“决战西南”战略部署后，在跨世纪的五年铁路建设会战中，全局完成投资 307.8 亿元，是前五年的 8.1 倍，新建铁路 1 017.5公里（含交付临管运营内昆线 386 公里），新增复线 842.5 公里，电气化改造1 288公里，实现铁路建设跨越式发展。

【内宜电化开通】　内昆铁路内江至宜宾段电气化工程，北起成渝铁路的内江车站，南至宜宾站，全线长 116 公里，建设总投资 6.32 亿元。该工程 1999 年 11 月 23 日开工，2002 年 4 月 18 日提前开通。内宜电化开通后，由内燃机车牵引改为电力机车牵引，实现路局牵引动力全面更新换代。

【水柏铁路开通】　水柏铁路北起贵昆线六盘水南站，南接盘西线柏果站，为单线Ⅰ级电气化铁路，全线长 118.583 公里，年设计输送能力近期1 000万吨，远期1 800万吨，由贵州省、铁道部合资修建，建设总投资 32.47 亿元。该工程于 1993 年正式立项，1997 年 12 月 1 日部分重点工程开工，1998 年完成全线国际国内招标工作，1999 年 4 月全线开工建设，2002 年 9 月全部建成并通过初验委员会的验收，达到临运开通条件，9 月 26 日通车典礼在六盘水车站举行。水柏铁路开通后，将贵昆、内昆、南昆铁路连为一体，成为西南路网中的重要组成部分，形成西南、西北出海的便捷通道，改善了西南路网布局，对开发贵州西部地区煤炭资源，促进沿线人民群众脱贫致富将发挥重要作用。

【达万铁路开通】　达万铁路西起襄渝铁路达州市站襄樊端，经四川省达州市、开江县及重庆市梁平县、万州区（原万县）的分水、三正，终止于万州站，正线全长 157.077 公里，为单线Ⅰ级铁路。达万铁路是支援三峡库区开发的重要基础设施，被列为国家“九五”重点工程，建设总投资 28.7581 亿元，由铁道部、重庆市、四川省合资修建。该工程 1997 年 10 月 31 日正式开工，2002 年 10 月 23 日经铁道部、重庆市、四川省等多方组成的初验委员会验收合格后，全权委托重庆分局临管运营。达万铁路年设计输送能力近期 472 万吨，远期 661 万吨，是“十五”规划沪渝沿（长）江铁路通道的重要组成部分，它与达成铁路、襄渝铁路及即将修建的万宜铁路相连，形成水铁联运通江入海格局，构筑西南铁路新的东通道。

【川黔货车外绕线开通】　12 月

22日13时，贵阳枢纽贵阳北站至贵阳南站川黔货车外绕线15.3公里(其中新建11.6公里)开通投运。该工程位于贵阳枢纽的运输紧张区段，开通后减轻贵阳客站的压力，为贵阳站站改和株六复线大能力运输通道的形成奠定了基础。

【成都枢纽西环线开通】 成昆电化引入成都枢纽西环线工程南起成都南站，经红牌楼站、成都西站、郫县站至成都站，全长33.3公里。该工程2002年4月30日全面复工建设，12月25日经路局初验委员会验收通过，28日全线开通投运。西环线的建成开通对衔接成昆和宝成铁路两大干线、减轻成都站和成都东站的运输负荷、增强成都枢纽的疏解能力将发挥重要作用。

【既有线重点病害整治】 株六、成昆线既有线重点病害整治工程项目和内宜电化提高轨道技术标准纳入大中型建设项目得到铁道部批复，总投资2.81亿元。内宜电化提高轨道技术标准已在实施，株六、成昆线既有线重点病害整治工程正抓紧按基建程序做好招标和开工准备工作。

【成昆电化引入成都枢纽相关工程】 成昆电化引入成都枢纽相关工程年投资计划1.97亿元，全年完成投资1.90亿元，占年计划的96.5%。开工累计完成投资8.40亿元，占总投资8.47亿元的99.2%。完成成都客车车辆段、客技站扩建工程、成都东车辆段、成都站公安综合楼、发送行包房、成昆线数调、成都南站生活房屋、红花堰生活房屋等工程，工程完工销号。

【青成复线开工】 2002年12月30日，成都枢纽宝成线青成段复线开工建设。青成复线全长24.48公里，设计工期1年，总投资3.5亿元，技术标准为国家Ⅰ级电气化铁路，实行全立交、全封闭。经工程招标，线下工程由成铁工程集团承担施工，电气化工程由中铁电化局承担施工。

【局工程管理中心成立】 2002年10月15日路局、局党委发布《关于改革我局建设管理体制的决定》，组建局工程管理中心。其主要职责是受路局委派，承担建设工程项目的建设单位职责，对全局建设工程项目实行统一管理、分级负责，对所管建设项目的工期、质量、安全、投资控制全面负责。其经费由建管费列支。

【遂渝铁路、青成复线预招标】 新建遂渝铁路站前工程、成都枢纽宝成线青成段复线工程施工、监理预招标自2002年10月21日开始，12月底结束，报请铁道部核批。

表5-4 新建铁路遂宁至重庆线站前工程施工和监理招标中标单位 (2002年)

施工标段	中标施工单位	监理标段	中标监理单位
1	郑州铁路建设集团有限公司	1	北京铁成建设监理有限责任公司
2	中铁一局集团有限公司		
3	中铁三局集团有限公司		
4	中铁五局集团有限公司		
5	中铁二十局集团有限公司	2	成都大西南铁路监理有限公司
6	中铁十七局集团有限公司		
7	中铁十三局集团有限公司		
8	中铁二局集团有限公司	3	西南交通大学工程建设监理公司
9	中铁十二局集团有限公司		
10	中铁十九局集团有限公司		
11	成都铁路工程(集团)有限责任公司	4	铁四院工程监理咨询公司
12	中铁四局集团有限公司		

表 5-5　宝成线青白江至成都段增建第二线工程施工和监理招标中标单位　(2002 年)

施工标段	中标施工单位	监理标段	中标监理单位
站前标段	成都铁路工程(集团)有限责任公司	1	铁一院工程建设监理公司
站后标段	中铁电化局集团第二工程公司		

【遂渝铁路建设指挥部组建】 2002 年 11 月 25 日,路局、局党委《关于成立成都铁路局遂渝铁路建设指挥部的通知》决定,2002 年 12 月 1 日成立遂渝铁路建设指挥部,负责遂渝铁路建设管理。指挥部为局工程管理中心派出履行遂渝铁路建设项目委托法人管理机构(处级),职能是负责按项目经理的基本要求管理遂渝铁路建设,由局工程管理中心负责组建和业务领导,列工程管理费开支。遂渝铁路建设指挥部定员总编制 54 人(含党组),下设办公室、技术部、工程部、计财部、物资设备管理部。指挥部设在遂宁市,在重庆市设立办事处。

【基建例会】 2 月 25 日和 7 月 23 日召开两次基建例会,总结前期建设工作,安排部署全年建设任务,研究解决影响铁路建设的主要问题,与各项目建设单位及所在分局领导分别签订建设目标风险承包责任书,表彰建设目标考核优胜单位。曾家良副局长主持会议,路局各建设、设计、施工、监理、监督单位和局机关相关处室负责人参加。

【审计整改】 2001 年,国家审计署指派 4 个特派办对路局所管建设项目的审计均下达正式审计报告。2002 年上半年,各建设项目针对审计报告指出的资金运用(含外资)、工程招投标、合同管理、工程质量、项目管理等方面的问题高度重视,逐项整改,并作整改回复。2002 年接受国家财政部门对宝成、株六、达万等项目使用管理国债资金情况检查,获得较好评价。

【工程质量回访】 2002 年上半年,各建设单位根据路局统一部署,对已交付运营和即将临管运营的工程分专业、区段质量回访,重点检查隐蔽工程、基础工程和主体结构。株六指挥部对全线隧道工程进行无损雷达检测,总体质量良好。对发现的问题落实整改,限期解决。下半年,根据部建设司的要求组织开展工程质量自查工作,重点检查工程发包、工程分包和工程质量等问题。

【贵阳工程质量现场会】 为贯彻铁道部兰烟复线质量现场会精神,8 月 14 日至 15 日路局在贵阳召开全局工程质量现场会。会议回顾总结路局近年来工程质量管理工作情况,从建设管理、施工组织、勘察设计、社会监理、政府监督等方面对全局工程质量现状认真分析,查找存在的主要问题,提出改进质量管理工作的措施,促使全局建设工程质量上新台阶。株六复线建设指挥部及中铁四局株六复线贵州铁路工程指挥部、北京铁城建设监理公司分别代表建设、施工、监理单位介绍抓好工程质量管理的经验,与会人员参观贵阳枢纽施工现场。路局曾家良副局长对提高全局铁路建设工程质量管理工作提出具体要求。路局、各分局有关业务处室和全局各建设、设计、施工、监理、监督等单位主要负责人及质管人员 80 余人参加会议。

【建设管理体制改革】 为进一步理顺建设管理关系,规范管理,规范运作,促进建设资源的整合和优化配置,10 月中旬,路局、局党委公布《关于我局建设管理体制改革的决定》,主要内容为新组建路局建设管理处和工程管理中心,分别承担行业管理和项目管理的职责;1 000 万元及以上的大中型、小型基建、自筹、更改项目由工管中心统一管理,分级负责;明确建设工作前后期职责;将基建管理模式引入大修工程管理。其核心是建管分开,明确责权,规范管理。

【株六管理模式获奖】 11 月 27 日,四川省企业联合会、四川省企业家协会在成都举行 2002 年度企业管理创新成果和优秀论(著)文发布表彰会。经四川省企业管理创新成果审定委员会审定，全省共有15项成果被评为2002年度四川省企业管理现代化创新成果，其中一等奖3项、二等奖6项、三等奖6项。成都铁路局株六复线建设指挥部《铁路运输企业建设项目"双赢、四优"战略目标管理》荣获一等奖，指挥部成为本年度惟一获奖的在川铁路单位。

在株六复线建设过程中，成都铁路局株六复线建设指挥部科学运用系统工程、控制理论、信息理论、目标管理和战略管理等现代管理理论，总结经验，探索实施"双赢、四优"战略目标管理模式，工程比设计工期提前一年零五十天建成投产，指挥部先后荣获贵州省"五一"劳动奖状和铁道部火车头奖杯。

【建设目标责任制】 2002年，局建设系统继续推行建设目标责任制，组织各项目建设单位及所在分局分别与路局签订风险承包责任书，责任书对各建设项目的投资完成、工期控制和质量、安全管理四大指标及运营与施工的协调配合工作作出定量与定性相结合的规定，并严格考核，年底奖罚兑现。此举对完成全年建设任务起到极大的推动作用。

（成中华）

达成铁路建设

【概　况】 达成铁路是经国务院批准修建的国家"八五"期间重点建设项目，由铁道部、四川省合资修建。2000年达成铁路通过国家验收，正式交付达成公司和重庆分局运营及管理。2002年达成铁路（东段）建设项目通过国家审计署审计。

指挥部现设监理处、计财处和办公室，现员15人。

【达成铁路（东段）工程环保通过验收】 3月28日至29日，国家环境保护总局监督管理司主持，铁道部计划司、四川省环保局、成都市环保局、南充市环保局、达州市环保局、成都铁路局、铁道第二勘测设计院、成都市环境监测站、成都铁路局达成铁路建设指挥部、铁道第二勘测设计院达成铁路建设指挥部和达成铁路有限责任公司等单位参加的新建铁路达县至成都线工程环境保护设施现场检查验收。验收组和与会代表现场检查该工程环保设施的建设和运行情况，审阅建设单位提供的有关资料，听取建设单位环保执行情况报告和铁道第二勘测设计院环境影响调查报告的汇报。验收组认为工程基本符合环保验收条件，同意通过竣工验收。

【达成铁路（东段）征用土地通过验收】 2002年7月9日至10日，《新建铁路达县—成都（东段）征用土地验收会议》在成都召开。会议由四川省国土资源厅主持。验收组由四川省国土资源厅、渠县国土资源局、营山县国土资源局、蓬安县国土资源局、高坪区国土资源局、嘉陵区国土资源局、南充市国土资源局和成都铁路局土地管理办公室等组成。参加会议的单位还有成都铁路局达成铁路建设指挥部、达成铁路有限责任公司、重庆铁路分局及渠县、营山县、蓬安县、高坪区、嘉陵区、南充市等铁建办。验收组和与会代表审阅建设单位提供的有关资料，听取建设单位执行征用土地情况报告。验收组认为新建达成铁路（东段）征用土地符合国土验收条件，同意通过竣工验收。

【指挥部撤销】 12月26日，下发《铁路局、局党委关于撤销达成铁路建设指挥部的通知》。达成铁路建设指挥部对达成铁路建设运营做出显著成绩，工程建设已经全部结束，自2003年1月1日起，撤销达成铁路建设指挥部和中共达成铁路建设指挥部党组。

（乐重荣）

宝成复线建设

【概　况】 2002年，宝成指挥部贯彻全路建设工作会议精神，全面落实年初路局工作会安排的工作任务，把成都枢纽西环线复工作为重点，同时抓好宝成复线销号后的台账管理项目，完善配套工程，认真处理清算和工程遗留问题。西环线建设克服工期紧、任务重、困难多、外部干扰大等困难，于年底开通。西环线全年完成投资12 346万元。主要工程形象进度完成，西环线按要求实现销号，宝成复线配套工程和重点病害整治工作取得明显进展。

宝成指挥部设办公室、技术处、监理处、计财处，现员30人。

【西环线两座公铁立交桥开建】 西环线停工4年，主要原因是投资不够，新成温、新成彭两座公铁立交桥投资分摊问题久拖不决。经部、省多次协商后，铁路与地方政府达成协议，铁路投资65%，成都市投资35%。4月中旬完成两桥招标工作，4月30日举行新成彭立交桥开工典礼。新成彭立交桥的开工标志着西环线的全面复工。经参建各方共同努力，克服工期紧、干扰大、技术要求高等困难，提前一个月开通公路上跨西环线主车道，为西环线铺架工程创造了条件。

【西环线建成投产】 建成并开通西环线是部、局下达必须完成的工作目标。西环线停工期间沿线管网增加、"三电"改移工程和平交道口剧增，新征工程用地难度大，村民多次阻工，加上资金短缺，给工期和投资管理带来极大困难。为确保目标实现，指挥部加强施工协调，加大施工指挥力度，制定《确保西环线年底开通的施工组织计划》，狠抓站前，紧跟站后，积极合理地进行交叉作业，全面推进各专业施工进度。新成温、新成彭两座立交桥提前一个月实现公路上跨主车道开通后，西金厂特大桥、沙河大桥于11月18日和25日完成架梁，西环线站前、站后房建工程按计划于12月中旬完成开通前交验工作，确保了12月28日西环线开通成功。完成实物工作量：正线铺轨8.8公里，架梁45孔，桥面修复5 300延米，涵洞82横延米，以及新增洞两路、踏金路平交道工程，新成温、新成彭两桥完成主要框架及上跨开通，成昆联络线基本完成。站后工程房建完成任务1.2万平方米，电气集中联锁道岔40组，敷设综合光缆34公里，完成接触网立杆735根（含钢支柱），架网90.32条公里（含承力索），完成继点器室7个。

【宝成复线台账管理】 指挥部本着统筹安排，落实责任的原则，主动作好与运输和施工的衔接与协调，最大限度地完成台账管理项目：一、完善配套工程，先后竣工交验11 848平方米的江油客站站房、人行天桥、风雨棚、站台面，广元车辆段污水处理场等配套工程，完成并交验了北环线成都北给水所、水塔、管井及环境附属工程。本着方便运输、保证安全的原则，处理解决了因设计缺陷等原因导致的遗留问题。二、抓紧18信息移频自动闭塞工程施工。截至年底18信息已开通13个区间。三、抓紧水害复旧和重点病害整治工作。为了确保行车安全，指挥部积极联系设计，在整治方案、整治款源以及具备"天窗"施工条件的情况下，尽快组织施工队伍进场施工，先后对翻浆冒泥地段以及渗水情况突出的猫儿坝隧道、魏黄隧道以及新会龙场隧道、YK384滑坡病害实施整治，维护了汛期行车安全。

【工程质量回访】 宝成复线的特点是建成一段，开通一段，交付运营一段。自1999年底全线开通以来，交付运营时间最短的已达两年多。为处理好工程缺陷，指挥部重视质量回访工作，年初发现清江1号大桥桥墩有露筋等质量问题，立即向承担此工程的中铁五局(集团)公司发去紧急电报，组织施工、设计、监理和运营部门的主管人员去现场勘察，研究制定整治方案，并迅速安排力量投入整治施工。同时，要求中铁五局，对其施工的二、七、八标段的桥、隧和挡墙工程进行全面自查，指挥部严格复查。按照局基建例会关于搞好质量回访的要求，落实部门责任，处理交验遗留问题。会同分局领导，先后与绵阳供电段、工务段，广元工务段，江油车务段等单位，对宝成复线已交验工程质量回访。按照设计规范和交验标准交换意见，在不突破概算的原则下，协调处理好交验中提出的工程质量问题。

【包价清理完成】 宝成复线工期长，其间数次调概，加上前期工作薄弱，施工中变更设计多，因此清理概算和包价的任务繁杂。年初，指挥部成立包价清理清算工作小组，从清理工程数量着手，按标段对总包单位清理核对，对已经完成施工任务的单位签订补充协议，进行末次验工清算。指挥部按照局领导批示，不突破总包价，不超概算，标段投资不超造价控制额度，不违规违纪，既要满足调整降造费的要求，又要兼顾承包方的利益，经反复协商，绝大多数承包单位与指挥部补签了协议，完成末次验工清算。

（张德谦）

成昆电气化改造

【概　况】 按照铁道部、铁路局"成昆电化工程必须在2002年实现完工销号"的要求，成昆电气化建设西昌指挥部组织各参建施工单位，配合铁道部、铁路局对双流至攀枝花段电气化改造工程的概算投资总额全面清理，对自开工建设以来的历年验工计价全面复核，加快收尾配套项目的实施进度，开展工程质量评比和“工程质量回头看”等活动,抓紧开展重点病害整治工程的前期准备工作,与各参建施工单位完成双流至攀枝花段电气化改造工程《工程包价补充合同》的签订。全年完成建设投资31 515.6万元,占年度计划投资额的63.3%。自1993年开工建设以来的累计完成投资额已达333 788.7万元,占铁道部[2002]341号文件对成昆线(双流至攀枝花段)电气化改建工程批复投资总额352 050.3万元(含建设贷款利息)的94.8%。

成昆电气化建设西昌指挥部设:生产技术部、综合部、办公室、监理站,现员52人。原由“大西南监理公司”负责管理的监理站,自2002年12月31日起由成昆电气化建设西昌指挥部负责管理。

【总概算清理】 成昆电化工程属国家重点建设项目,建设资金的构成及来源渠道多,因建设工期长、建设环境及技术政策、标准、要求等均发生较大变化,为摸清工程总造价,按照铁道部计划司、鉴定中心的要求,成昆指挥部联系局基建处、外资办、铁二院,认真做好双流至攀枝花段电气化改建工程外资概算的清理工作。3月7日至9日,铁道部鉴定中心、计划司在成都主持“成昆电化外资概算清理”结果的审核,铁二院、路局外资办将清理资料上报铁道部审批。

3月中旬,指挥部与铁二院对双流至攀枝花段电气化改建工程总概算的初步清理全面对接,并且依据铁道部《关于成昆线电气化工程(成都铁路局管段)调整总概算的批复》核对工程总概算的各项基础资料。

3月19日至27日,成昆指挥部在彭山召开成昆线(北段)电气化工程2002年度计划财务工作会议,组织各参建施工单位、成都分局(成昆沿线)各独立承包单位,对历年验工计价、与指挥部的往来账目、建设资金拨付情况全面核对。会议邀请路局基建、计划、财务等业务主管部门人员到会,成都分局党委书记、成昆电气化建设副指挥长贾定成到会讲话。成昆指挥部组织各参会单位对2001年度的验工计价,由各专业按照基建管理程序的要求,重新复核清理,并完成2002年一季度的验工计价工作。

按照铁道部、铁路局对成昆线双流至攀枝花段电气化建设工程“必须在2002年实现完工销号”的部署,成昆指挥部自6月份开始组织各专业对应铁二院、路局设计院提供的工程概算基础资料,开展“对自开工建设以来的历年验工计价清理复核”工作,为计划在四季度开展的《工程包价补充合同》签订、工程末次验工计价、工程竣工清算作好技术、基础工作准备。各专业配合路局成都设计院进行的工程概算清理、分劈前的资料复核工作在9月26日全部完成,全面转入复核检算阶段。

11月13日,成昆指挥部在彭山召开有各主要参建施工单位负责人及验工计价人员参加的“成昆(北段)电气化工程清理总验工作会议”。铁路局主管副局长兼成昆电气化建设指挥长曾家良、成都分局党委书记兼成昆电气化建设副指挥长贾定成和铁路局工程管理中心、建设管理处等负责人到会。经过指挥部各专业工程技术人员一个半月的工作,在各主要参建施工单位验工计价人员的配合下,12月23日至29日,完成与各主要参建施工单位对《工程包价补充合同》的谈判工作,并与承包双流至攀枝花段电气化工程的各主要施工单位分别签订《工程包价补充合同》。

【工程收尾配套工作】 成昆指挥部根据路局基建例会的部署,在抓好双流至攀枝花段电气化工程完工销号前各项准备工作的同时,采取措施组织各参建施工单位加快工程收尾配套各项工作的进度。

峨眉新站房(3 000平方米)继2001年9月底完工,在2001年10月1月启用后,2002年3月14日成昆指挥部组织成都分局、成铁工程集团公司、大西南监理公司到现场进行了正式竣工交验。质量总评:优良。

路地合资改建的眉山新站房(2 950平方米)继2001年年底完工,2002年春运投入试运行后,3月14日路地双方组织竣工交验,成昆指挥部、成都分局、成铁工程集团公司、眉山市建委、计经委、财政局、工程监理现场验收,质量总评为优良。

燕岗货场改扩建工程3月初复工,场坪、给排水、消防、电力、通信、龙门吊安装等工程在8月底相继完工,9月18日成昆指挥部组织设计、施工、建设、运营四方,对燕岗货场改扩建工程初验,对初验中所发现的施工缺陷,责成施工单位限期整改,9月25日正式竣工交验,10月15日投产使用。

燕岗水源工程遗留问题,经夹江县政府、四川九一五公司的出面协调，村民所反映的地下水水位下降的问题得到协调处理。燕岗地区日供水10 000立方米的需求得到解决。

5月13日至14日，成昆指挥部按照成都分局领导的要求，对燕岗水源工程组织设计、施工、监理等单位进行正式交验前的工程质量和送水试运行情况复查，先后检查取水站、输水管道、加压站、集水池、水塔，从5月15日开始再进行为期数日出水情况调研。6月中旬，成昆指挥部组织设计、施工、监理等单位对燕岗水源工程正式交验。

牵引供电远动调度装置系统、第二代红外线监测系统与成都分局新建成的调度大楼行车调度设备、通信设备同步安装实施，由成都分局负责工程的施工总协调。牵引供电远动调度装置系统、第二代红外线监测系统在3月中旬开工，经过铁道部电化局一处近半年的施工，牵引供电远动调度系统装置8月全部"单调测试"完毕，已基本具备投产运营的条件，9月报告路局和成都分局要求"联调"。9月17日路局、成都分局、路局基建处领导到现场检查设备安装、调试情况，但由于成都枢纽通信通道的问题尚未落实等因素，"联调"工作无法展开，路局在第二次基建例会所确定的"双流至攀枝花段牵引供电远动调度装置系统、第二代红外线监测系统，在9月底投产使用"的计划未能完成。

【安全管理和工程质量回访】 成昆指挥部按照路局《安全决定》的要求，在春运前夕组织安全、专业工程技术人员，对沿线施工工地进行安全检查，以确保春运安全，杜绝一切因施工而引起的责任事故。

按照路局2002年第一次基建例会的部署，成昆指挥部在4月初分别按电力、牵引供电、通信、信号、房建、机辆、给排水、线路、桥隧等专业组织开展以"工程建设质量回头看"为主题的质量回访活动，4月底活动结束。对质量回访中所查出的10个方面46个存在的工程质量缺陷问题，制定明确的整改措施和整改单位、完成进度、质量标准及复查验收要求。成昆指挥部还按照路局第一次基建例会《会议纪要》精神，与成都分局所签订的协议，在5月底前逐一完成电化开通后部分遗留问题的处理。

按照铁路局9月初在贵阳召开的"工程质量现场会"的部署及要求，结合兰烟线工程质量事故的教训，成昆指挥部9月下旬再次组织各参建施工单位和工程技术人员、监理人员百余人开展"工程施工质量回访"活动，并结合工程施工质量在各专业进行评比，10月底结束。

【工程质量创佳绩】 继2001年双流至眉山电气化改造工程荣获"四川省工程质量天府杯金奖"后，2002年4月根据铁道部建设管理司《关于公布2001年度铁道部优质工程奖的通知》，双流至攀枝花段电气化工程中的眉山至杨漩、乌斯河至普雄、青杠至攀枝花的电气化改造工程，普雄至西昌的通信、电力、电气化改造工程获"铁道部优质工程奖"的殊荣。

【重点病害整治工程前期工作】 1999年底成昆线双流至攀枝花段电气化投产营运时，路局明确提出要有效控制成昆沿线病害的恶性发育，确保电气化铁路的安全、正常运行，巩固电气化改建工程的建设成果，最大限度地发挥建设投资效益。在路局财力有限的情况下，尽最大努力争取国家投资对成昆病害进行重点整治。铁道部在"铁鉴函[2001]016号《关于成昆线电气化工程(成都铁路局管段)调整总概算的批复》"中对成昆线重点病害进行整治的问题，提出指导性的安排意向。

2001年路局对管内成昆、宝成、湘黔等线需要进行重点病害整治的桥梁、隧道、路基等进行拉网式排查，确定分类实施方案报送铁道部核定。

2002年3月5日，成昆指挥部根据路局第一次基建例会的部署，与成都分局协商确定重点病害整治工程以防洪为主的A、B类应急实施计划，报送路局主管部门审定，待铁道部对重点病害整治工程正式批复下达后，立即组织实施。

按照路局的统一部署，并结合重点病害整治工程的前期准备工作，4月8日至16日成昆指挥部配合路局、分局对管段内的各重要防洪点进行汛前检查调研，明确重点病害整治工程各件名的整治范围和主要实物工程量。

按照路局领导的布置，对计划列入重点病害整治工程首批开工的14个件名，委托铁二院开展施工图设计，并明确交图时间表。铁道部2002年9月12日以《关于成昆线电气化工程销号前清理总概算的批复》正式批准下达成昆线重点病害整治工程建设投资17 000万元，并同文下达《关于成昆线双流至攀枝花段病害整治的意见》。

10月30日,路局组织有关业务处(室)、鉴定中心、铁二院及成昆指挥部对成昆线重点病害整治工程的具体实施步骤、交图时间进度安排、工期控制等问题进行综合研究。会后,成昆指挥部又与二院洽商首批14个件名的设计图交图时间进度,12月中旬14个件名的设计图报送路局鉴定中心核定。

【接受国家审计】 国家有关部门从1994年开始连续9年的连年审计,使整个工程始终处于国家监控之下。2002年3月28日起"国家审计署驻成都特派员办事处"受国家审计署的委派,开始对成昆线双流至攀枝花段电气化建设工程进行"绩效审计"。审计重点为电气化工程前、后的运输效益指数情况对比(侧重点是运能、运量、安全三大指数),2001年成昆指挥部财务收支状况,2001年成昆电气化工程验工计价情况。

6月25日,国家审计署驻成都特派员办事处对成昆线双流至攀枝花段电气化建设工程进行的"绩效审计"工作,在双方交换意见后结束。

【工程建设记录】 成昆线双流至攀枝花段电气化建设工程情况的纪实性电视片、画册《奇迹》,及与之配套作为工程完工销号纪念的挂历、台历,11月底同时制作完成。作品真实反映工程建设的全过程,总结工程经验,宣传建设成果。

(杨清忠)

达万铁路建设

【概　况】 2002年,达万公司按照"坚持质量第一,争创优良工程;抓紧建设收尾,确保开通销号;加强组织协调,搞好运输临管;狠抓减员增效,深化内部管理"的指导方针,以实现达万铁路建成销号为重点,抓紧剩余工程施工和工程收尾配套,切实做好全线竣工初验及开通临运准备等各项工作。

2002年,达万铁路全线共完成投资48 500万元,完成年度计划51 594万元的94%,全年完成主要工程数量为:桥梁278延米,涵洞68横延米,铺轨3.9公里,完成房屋面积10 622平方米。全线开工累计完成投资84 487万元,占总投资的98.9%。达万铁路全线路基、桥梁、隧道、铺轨及站后房建、给排水、电力、通信、信号等工程已按设计要求全部建成。6月29日至7月6日,在成都铁路局的指导下,完成全线的现场初验,并经整改符合批准的设计文件和竣工验收标准。10月21日至23日通过工程初验;12月10日达万线第一列货物列车正式开始运营。

达万铁路有限责任公司现设施工技术部、计划财务部、物资部、监理部、办公室、亚行项目办公室、质量检查办公室,现员35人。

【全线竣工初验准备工作】 年初,达万公司牵头,组织设计、监理、施工等单位按部颁工程质量检验评定标准,对全线工程质量分专业现场自检自验,自验工程合格率达到100%,优良率达45.6%。公司针对自验中发现的各种质量问题,与有关方面共同制定整改措施,分别向施工、监理单位发出整改通知,督促各单位及时进行工程质量缺陷的修复和整改。5月公司上报初验申请,并结合路局对达万铁路现场初验的工作安排,6月份召开现场初验工作预备会议。6月初成立现场初验领导小组及工务、机务、通号、运输、房建、档案等专业验收组,于6月29日至7月26日分专业完成全线站前线路轨道、桥梁、隧道、路基、涵洞及站后房建、通信、信号、给排水、电力、牵引供电、机务、公安、消防、客货运、档案等各项工程的现场初验。10月21日至23日,达县至万县新建铁路工程经铁道部、重庆市、四川省等多方面组成的验收组初验合格。

【解决调概资金来源和外资缺口问题】 3月,铁道部工程设计鉴定中心受出资方委托下达《新建铁路达万线清理概算评审意见》,同意达万线清理概算后工程总概算调整为28.7581亿元,其中内资增加的3.2581亿元以及亚行贷款转内资支付1.1205亿元合计需增加4.3786亿元投资。公司主动联系,及时向投资各方汇报资金紧张情况。4月中旬,路局齐文超局长主持召开由达万铁路出资三方参加的达万公司股东会。会议做出增加达万铁路建设项目资本金4.3786亿元,由铁道部、重庆市、四川省出资三方按原比例分摊的决定。调整后达万线资金来源构成为铁道部资本金12.697亿元,重庆市资本金3.02亿元,四川省资本金2.4216亿元,开发银行贷款3.44亿元,亚行贷款0.865亿美元折合人民币7.1795亿元。

【达万公司召开股东会】 受铁道部委托,为尽快解决达万铁路建设及运营临管有关问题，4月12日，局长齐文超主持召开由达万铁路出资三方铁道部、重庆市、四川省参加的达万公司股东会。会议听取与会各方意见，做出增加达万铁路建设项目资本金4.3786亿元，铁道部、重庆市、四川省三方按比例分摊的决定。并对达万线运营临管模式、达万铁路有关部门优惠政策、延长公司董事会任期及公司注册地和人员调整等问题作出决议。

【资金情况】 2002年底，达万铁路累计到位资金28.4958亿元，其中铁道部资本金12.697亿元，重庆市资本金3.02亿元，四川省资本金2.237亿元，开行贷款3.44亿元，亚行贷款7.1018亿元。

【工程质量监督和管理】 强化内部质量保证体系，加强现场质量监控和检查，严格执行部、局关于工程质量事故报告和处理的暂行规定，从规范制度、落实措施入手，抓好工程质量管理。对通过日常检查、工程临运、全线圬工雷达检测及现场初验中发现的各类工程质量问题，尤其是可能危及行车安全的问题，制定具体整改措施，督促施工单位整改。贯彻路局开展"安全生产月"活动精神，7月份对全线开展安全质量大检查，对站前工程自验的质量问题整改情况及施工作业安全、行车安全和道口安全重点检查。

【工程初验准备】 6月12日至13日，成都铁路局副局长施成效、曾家良等局领导检查达万铁路万县车站站后配套工程、P标段路基和太阳山隧道明洞整治情况，并乘轨道车察看沿线路基、桥隧、车站等重点工程，认为达万铁路具备初验条件。

【概算清理】 达万公司严格按照铁道部鉴定中心批复的关于达万线清理概算审查意见，以及董事会确定的概算处理原则，全面清理工程承包和材料、设备采购合同，进行Ⅱ、Ⅲ类工程变更和索赔的复核审查，及时解决清概中的遗留问题。在对各施工单位末次验工计价中，公司严格按照董事会制定的原则，详细安排时间和工作程序，此项工作年底前完成。

【三正至万县西段危岩落石整治工程招投标】 根据国家、铁道部建设项目招投标有关规定和路局文件精神，2002年上半年，公司按要求将三正至万县西段危岩落石整治工程纳入局工程交易中心公开招标。整个招投标过程在局纪委和局招标办监督下，体现了公正、公开、诚实、信用的原则。经过评标委员会认真评审和达万公司评标领导小组同意，最终分别推荐成铁工程(集团)有限责任公司、重庆铁路工程开发总公司为该项工程中标单位。

【计算机化建设咨询服务】 达万铁路计算机化建设咨询服务第一阶段工作完成，咨询专家已向亚行送交《最终报告》。8月亚行代表团对项目进行检查，咨询专家组向亚行代表团汇报工作情况，亚行代表团对达万铁路计算机化咨询服务工作进行检查，并列入亚行检查团备忘录。咨询专家组协助达万公司完成计算机信息系统上程的实施工作和计算机信息系统设备招标采购合同正在实施中。

【建设收尾和全线开通临运准备】 根据达万铁路2002年开通销号的总体要求，公司加强工程建设收尾的主要环节工作，认真进行工程承发包合同及各类变更设计的清理、财务清算、材料物资盘点和验工计价，注意掌握控制投资的主动权，做到投资使用与工程实际进度相匹配，确保工程造价不超概算。组织开展委托经营的前期工作，完成达万线客、货运价的综合测算并按程序提报运价申请报告。

【达万公司第十二次董事会】 8月8日，公司在成都召开第十二次董事会。全体董事、监事及四川省地方铁路局、重庆市开发投资公司、路局基建处等有关领导参加会议。会议通报达万铁路现场初验情况，研究提请地方政府协调解决影响全线开通及安全的有关问题。会议要求对达万铁路太阳山隧道进口段衬砌和该隧道接长明洞的开裂、万县机务段油库消防通道施工等问题限期整改，从而保证全线顺利开通及临运安全。

【达万公司第十三次董事会】 11月22日公司在成都召开第十三次董事会。全体董事、监事参加会议。会议通报公司干部调整及决定任免事项，决定聘任万立强担任达万公司总经理。研究建议调增股本金，减轻债务有关事宜。听取关于达万线末次验工的简要汇报，研究公司迁址有关事宜。

（王　伟）

株六复线建设

【概　况】　2002年,株六复线建设的主要工作任务是正线收尾配套和贵阳枢纽建设,部下达投资计划为14.4亿元。虽然工程量和投资量较上年减少,但项目及工作内容繁多,且与运营线路关系紧密。尤其贵阳枢纽工程,征地拆迁异常艰难,涉及面广,协调难度大。为确保年度建设方针目标的实现,1月25日召开2002年度建设工作会,对全年工作具体安排和部署,提出"继续强化组织指挥、保证施工技术力量,始终坚持质量创优、确保安全万无一失,各方配合密切,实现年度建设目标"的方针,并明确"完成部投资计划任务;力争大龙至贵定、马场至滥坝(增建二线)完成清算工作;确保贵阳枢纽、六盘水引入枢纽年底开通投产"目标。各参建单位加强各方的配合协调。指挥部根据正线收尾配套和贵阳枢纽工程的特点,在领导分工上适时调整。在贵阳枢纽工程建设过程中,针对征地拆迁实际困难,指挥部领导主动向省市领导汇报,争取各方的支持,分管领导带领专业工程技术人员深入现场做思想工作,尽快解决枢纽征地拆迁难问题。通过各方的努力,实现全年建设目标,完成部下达的年度投资计划。截至2002年底,累计完成投资116.5亿元。在路局组织开展的各指挥部间季度劳动竞赛评比中均名列前茅。

株六指挥部设办公室、技术处、计财处、物资采购处、工程监理处、驻成都办事处,现员53人。

【工程进度】　2002年复线通信系统工程全部开通并投入运营,开通牵引供电326公里,18信息202公里,10kV自闭线387千米,全线18个牵引变电所、12个分区亭、5个负荷开关站已完成,全线11个配电所已完成9个,房建工程完成5.5万平方米;贵阳枢纽线下工程除G标段后巢客车整备所因征地拆迁受阻尚未动工外,其余标段已完工,完成桥梁10座、隧道7座、铺轨32公里,其中开通25公里,川黔货车外绕线12月22日开通,贵阳客站站场改造施工已于12月26日开始;完成全线178座隧道雷达检测,既有线病害整治工程陆续开工;全线固资移交累计84.7亿元。

【工程质量】　贯彻"全线创部优、重点工程出精品"质量总目标要求,正线开通的全线通信系统质量标准高、性能可靠,得到用户一致好评,牵引供变电工程开通一次达到100%的优良率,18信息、10kV自闭线开通一次达优,房建、给排水交验一次合格率达100%、优良率达80%,贵阳枢纽所有工程质量在正线工程质量水平上又有提高。贵阳火车站站房工程被评为"鲁班奖"。

【建设管理加强】　2月28日株六指挥部召开全体职工大会传达全路建设工作会议和路局基建工作会议精神,结合株六复线工作任务实际,强调复线正线虽已全线开通,但建设管理工作不能放松,完成建设任务要再动员,保证措施再细化,施工方案再优化,切实抓好正线收尾配套和贵阳枢纽工程建设以及指挥部党风廉政建设等各项工作。

【工程质量回访】　3月18日,株六指挥部以株六指[2002]45号文件通知,对全线工程质量回访作详尽的安排部署。自3月25日至4月10日对株六复线(贵州段)建设工程质量进行一次全面回访。由指挥部领导

株六指挥部年度建设工作会上表彰优质样板工程。

株六指挥部　供稿

带队，成立6个专业小组，铁二院、16个局级施工单位、4个监理单位的指挥长、总工、总监，成都质量监督站株六组负责人、贵阳分局相关部门及22个站段的站段长及工程技术人员共计400多人次参加回访活动。达到预期目的和效果。

【获贵州省“五一”劳动奖状】 株六复线(贵州段)正线于2001年11月11日提前1年零50天开通投入使用，业绩突出，为此在4月29日召开的贵州省“五一”表彰大会上，株六复线有4个项目班组和2人被贵州省总工会分别授予贵州省“五一”劳动奖状和“五一”劳动奖章。指挥部总工程师赖有培荣获“五一”劳动奖章。

【贵阳枢纽石板哨车站站改开通】 4月26日，由中铁十七局承担施工的贵阳枢纽C标段石板哨车站站改工程，指挥部和运营单位的精心组织协调，安全正点开通。

【财务工作】 5月20日至21日，路局基建系统财务检查组对株六复线建设指挥部财务管理工作全面检查，检查组认为株六复线建设指挥部财务管理工作规范，严格执行了财务管理工作的条规，自始至终坚持一支笔，使重点工程项目的资金使用和财务工作始终处于有效管理之中，为促进株六复线建设提供了财力保障。

【安全工作】 5月21日至23日，路局基建系统安全检查组检查株六复线安全工作，检查组总体评价株六指挥部对安全工作重视到位，安全工作投入到位，抓安全力度大，复线施工安全工作始终处于可控之中。

【株六国债资金使用】 6月19日至21日，铁道部纪委执法室主任鲁巍率部建设司、财务司有关人员检查株六复线(贵州段)国债资金使用情况，沿线实地察看工程质量、台账资料并听取建设和施工单位的汇报，检查组对株六国债资金使用、工程质量及建设管理工作给予肯定。

【贵阳枢纽工程水土保持工作】 6月27日，贵阳市人民政府召开全市开发建设和生产建设水土保持工作先进单位表彰大会。局株六指挥部被授予“开发建设和生产建设项目水土保持工作先进组织单位”，承担贵阳枢纽A标段、C标段和F标段施工的中铁十二局、十七局、十九局株六工程指挥部被授予“水土保持工作先进单位”，分别颁发奖牌和证书。

【“部优工程”检查组检查新花苗隧道】 7月4日，中国铁道工程建设协会黄杰甲副秘书长率“部优工程”检查组，对株六复线中铁十九局施工的第十标段隧道群进行检查，检查组对新花苗隧道工程质量给予肯定。

【安顺公跨铁立交大桥架设完工】 株六复线建设中规模较大、施工难度较高的安顺公跨铁立交大桥架设于7月13日提前完工。

【株六复线全线通信系统开通投运】 8月8日，株六复线通信系统开通和验交工作会在贵阳召开。标志着株六复线(贵州段)通信系统工程全面开通并投入运营，从而使复线形成新的能力。

【工程质量现场会】 8月14日至15日，成都铁路局近10年来基建系统首次工程质量现场会在贵阳召开。路局领导曾家良以及有关业务处室，成都、重庆、贵阳分局，达万、水柏公司，株六、宝成、成昆、内宜指挥部以及各监理单位，施工单位负责人共计80人参加会议。株六复线建设指挥部作经验介绍，并参观贵阳枢纽工程实况，收看株六复线《跨世纪决战》专题片，曾家良副局长作重要讲话。

【18信息开通】 8月17日，株六复线半边街至大土段63公里18信息移频自动闭塞开通投入运营，提高了株六复线的运输通过能力，缓解了该段运输能力的紧张局面。同时拆除韦家庄、富洪村、老罗堡三个线路所，减少运输管理人员。

12月14日，株六复线贵昆段首段平坝—么铺53.8公里18信息移频自动闭塞开通。

【枢纽建设协调会再次召开】 8月27日，贵州省铁路建设领导小组副组长、省人大副主任杨谨华、省政府副省长刘长贵，再次召开省、市有关部门，建设、设计、施工等单位负责人参加的贵阳枢纽建设协调会。会议重点解决枢纽建设急需解决的征地拆迁问题，对有关问题提出解决方案和具体要求，会议由杨谨华主持。

【南明河特大桥铺架完工】 8月28日，株六复线贵阳枢纽最长的南明河特大桥铺架完工，大桥全长687.73米,架设桥梁23孔46片,铺架钢筋砼枕1 840根。

【贵阳枢纽C标段顺利开通】 9月21日至24日,由成铁工程(集团)公司承担的贵阳枢纽花坡线路所和贵阳西石板哨区间株六复线换边拨接降道施工,按时完成任务,并顺利开通C标段,为贵阳站站场改造施工创造了条件。

【黄桶牵引变电所顺利开通】 9月25日15时,株六复线贵昆段黄桶牵引变电所大用上下行、么铺上下行馈线接触网一次送电成功。16时10分第一列货物列车顺利通过黄桶站,黄桶牵引变电所电器设备安装工程开通运行。

【既有线病害整治】 10月10日,株六复线建设指挥部就部批准的局管内湘黔和贵昆既有线1.13亿元病害整治工程具体实施工作进行部署。建设、监理、施工和运营单位领导以及有关部门负责人参加会议。会议要求保质保量地完成既有线病害整治工程任务,保证专款专用。

【株六全线隧道通过雷达检测】 自8月16日至10月30日,历经75天,采取专家把脉,用科学数据说话,对株六复线(贵州段)除大竹林等已检测隧道外的178座隧道全部进行雷达无损检测,经检测无大的质量问题。

【枢纽A标段交验】 11月26日,由中铁十二局集团三公司承担施工的株六复线贵阳枢纽A标段贵阳南站客车行包线站前工程验交,通过建设、设计、监理、运营和施工单位组成验收小组认真、严格的检查评定,一次交验并获全优工程。

【正线站前工程竣工文件交付】 11月底,株六复线大龙至六盘水段(除贵阳枢纽外),路基(含附属)、桥梁、隧道、涵洞、站场等专业工程竣工文件已全部交付运营使用单位。

【贵阳枢纽川黔货车外绕线开通】 12月22日13点,株六复线贵阳枢纽川黔货车外绕线顺利开通投入运营,标志着西南重要枢纽贵阳客站结束接发货物列车的历史,为减轻贵阳客站的压力,保证客车正点率创造了条件,也为贵阳站站场改造和株六复线整体大运输能力的形成奠定了坚实基础。铁路局、局党委电贺指挥部。

【株六管理模式获奖】 在11月27日,四川省企业联合会、四川省企业家协会在成都举行2002年度企业管理创新成果和优秀论(著)文发布表彰会上,株六复线建设指挥部创造的《铁路运输企业建设项目"双赢、四优"战略目标管理》新成果,经四川省企业管理创新成果审定委员会审定荣获一等奖,成为本年度唯一获奖的在川铁路单位。

【贵阳枢纽后巢双线隧道贯通】 12月20日18点,由成铁工程集团二分公司承担施工的长148米,宽13米,山体最大埋深仅20米,地质结构极为复杂的贵阳枢纽后巢双线隧道工程顺利提前贯通。

【贵阳客站站改进入第一阶段施工】 12月26日,贵阳枢纽难度最大的贵阳客站站场改造工程,通过多方的共同努力,经路局批准开始实施第一阶段的施工计划,标志着贵阳火车站站场改造工程拉开帷幕。

(梁明书)

内宜电化建设

【概 况】 历经2年零5个月的建设,内宜电化全段于2002年4月18日如期开通并投入使用。内宜电化的提前开通,为随后内昆铁路的按时开通铺平了道路。全段电化开通后,指挥部又抓紧组织进行内江站的岔改,在各施工单位和有关部门的努力和密切配合下,岔改对内江站运输的干扰减小到最小,6月4日岔改全部完工。按照铁道部要求,内宜电化在2002年底完工销号。

【开通前的各项工作】 为抢在内昆新线开通前开通内宜电化,指挥部在一季度进行开通前的各项工作,在11个站的站改已完工的情况下,重点抓牵引变电所建设、外电供应及供电有关协议的草签,并按工作计划安排,顺利进行内江—宜宾接触网的初验及冷、热滑,确保4月18日全段电化如期开通。

【建设经验总结】 内宜电化在2001年的会战中,全面实现年度建设目标,为全段电化的如期开通打下良好的基础。为总结经验,2002年元月25日,指挥部在内江召开"2001年安全、质量、施工、配合经验交流总结会",对2001年的各项工作全面交流总结。参与内宜电化建设的23个单位的领导和项目负责人参加会议，每个单位准备书面的交流材料，9个单位在大会上发言，指挥部将各单位的书面材料编辑成书，发放各有关单位和部门。

【概算清理】 根据铁道部的统一安排，2002年开始对内宜电化进行概算清理。2002年8月22日，铁道部下达铁建函[2002]315号文批复内宜电化的概算清理。指挥部召开建设、施工、监理、设计四方会议，认真贯彻执行，随后实施性综合平衡分劈，较好地完成了任务。

【收尾销号工作】 按照铁道部和铁路局的要求，内宜电化在2002年底完工销号。为切实搞好销号工作，指挥部从年初作出相关的部署，要求各施工单位保证工期、清理概算、善始善终，对收尾工程要控制投资、严格质量、工完料尽。10月11日，指挥部在渝召开"内宜电化收尾销号工作会"，对年底销号相关事宜作出安排，确保建设目标的实现。

（翁晓明）

遂渝铁路建设

【概　况】 遂渝铁路西起既有达成铁路遂宁站接轨，东至既有襄渝铁路北碚站引入重庆枢纽。途经四川省遂宁市，重庆市潼南县、合川市、北碚区。新建地段线路长127.793公里，其中四川省境内长31.227公里，重庆市境内长96.566公里。

该项目由铁道第二勘察设计院勘察设计，设计标准为国家Ⅰ级电气化铁路，最小曲线半径1 600米，单线设车站12个，输送能力：客车20对/日、货运650万吨/年，投资44亿元，设计工期为3年，2005年建成。

全线主要工程数量：路基土石方1 206.17万立方米，圬工88.71万立方米，桥梁76座24 068.74延长米，涵洞357座11 388.37横延米，隧道42座24 843米。全线桥隧总长度48.952公里，占线路总长的38.31%。其中重点工程为五桥两隧，五桥即两跨涪江特大桥、两跨嘉陵江大桥、明月路大桥，两隧为4 228米的荆竹岭隧道和2 930米的西山坪隧道。

2002年12月1日，路局正式成立遂渝铁路建设指挥部，负责遂渝铁路建设管理。随后开展整章建制、拟定全线指导性施工组织设计、落实设计资料、协调征地拆迁等各项前期准备工作，为全线开工创造条件。

【遂渝铁路建设指挥部成立】 经路局、局党委研究决定，自2002年12月1日起成立遂渝铁路建设指挥部，负责遂渝铁路建设管理。指挥部下设四部一室，即工程管理部、技术部、计财部、物资设备管理部、办公室，定员总编制为54人，现员21人。

【站前工程施工和监理招标】 11月23日，遂渝铁路站前工程施工和监理预招标在北京铁道部工程交易中心发售标书，并召开标前会。12月13日，遂渝铁路站前工程施工和监理招标在北京铁道部工程交易中心开标。此次招标本着公开、公平、公正的原则，经过评标委员会认真评审，最终确定郑州铁路建设集团、中铁一局、中铁三局、中铁五局、中铁二十局、中铁十七局、中铁十三局、中铁二局、中铁十二局、中铁十九局集团（股份）公司、成铁工程（集团）公司和中铁四局集团公司分别为站前工程1至12标段中标施工单位，北京铁城建设监理有限公司、成都大西南监理公司、西南交大工程监理公司和铁四院工程监理公司为站前工程中标监理单位。

【遂渝铁路站前工程（中标）施工准备会】 12月26日，成都铁路局遂渝铁路站前工程（中标）施工准备会议在成都召开。会上，路局要求各施工单位以狠抓源头、落实创优、奉献精品、确保部优、争创国优为目标，齐心协力，调集精兵强将，抓紧工期，保证工程质量，圆满完成遂渝铁路建设任务。

【征地拆迁工作会】 12月29日至30日，遂渝铁路征地拆迁工作会分别在遂宁、合川举行。遂渝铁路建设指挥部、各中标施工单位和沿线地方政府有关部门共同围绕规范操作、依法用地、加强配合、确保工期等进行了协商，并达成共识。

（朱剑维）

水柏铁路建设

【概　况】 水柏铁路1993年正式立项，经过四年多的前期工作，1997年12月1日部分重点工程开工，1999年3月全线全面开工。2002年8月建成，9月26日举行开通庆典，11月20日正式投入临管运营。

建设期共完成投资32.47亿元，占总投资32.47亿元的100%。完成主要工程量为：路基土石方837.5万立方米，路基圬工49.92万立方米，大中桥17 141.94延长米/102座，隧道57 294成洞米/50座，涵洞5 925.75横延米/185座，正站线铺轨142.291公里，生产、生活房屋26 665平方米，通信铺设干线光电缆、低频和市话电缆172.73公里，信号铺设各种电缆50.1公里、7个站设电气集中，电力10千伏架空线路及高压电缆146.95公里、配电所2座，电气化架设牵引供电线路139.61条公里、建牵引变电所3座，征租地5 966亩，拆迁房屋133 744.50平方米。

【促进沿线经济发展】 水柏铁路建设中，安排使用当地富余劳动力57 620人次，为农民增加收入7 000余万元，及时拨付征地拆迁费6 065.4万元，改善了沿线人民拆迁后的住房条件。营盘、柏果、松河、发耳等小城镇建设焕然一新。修建便道230公里，修建电力线200余公里，沿线各村镇铺通公路，使用电力。仅营盘乡就投资600余万元兴建输水管道，在解决施工用水的同时帮助当地村民解决了生活用水困难。帮助松河乡修建希望小学和敬老院各一所。水柏铁路建设期间的临时便道、索桥、临时房屋无偿移交地方使用。

【收尾配套工作】 加强协调配合工作，确定设计配合和地方关系协调等原则，使“四电”、站后工程和部分线下工程存在的设计不足、拆迁不到位等问题得到解决。严格控制收尾配套工程、病害整治工程的质量，组织了对隧道Ⅱ、Ⅲ类围岩的检测和整治；按标准统一轨道(线路)标高和路基标高，进行全线大机捣固，保证线路的质量。全线收尾配套和病害整治工程，基本按照公司确定的工期要求完成。

【组织初验】 2002年6月20日至9月10日，公司根据部颁《铁路建设项目竣工验收交接办法》规定，成立初验委员会，在铁道部、贵州省的领导和成都铁路局的指导下，对水柏铁路进行初验，并形成《水柏铁路工程初验报告》。

初验结果为：全线工程合格率100%，路基工程优良率98%，桥梁工程优良率90%，隧道工程优良率91%，“四电”工程优良率100%。初验委员会认为：建设水柏铁路决策正确，主要技术标准及设计原则符合有关规程、规范，线路走向选择合理，生产、生活设施配套，建设标准和规模符合省、部批复鉴定意见，投资控制卓有成效。验收范围内各项工程符合《验标》标准，线路平顺，开通速度可达到60公里/小时；水土保持与环保工程分别符合水土保持方案报告书和环评报告书要求；卫生设施符合有关要求。

【水柏铁路开通庆典】 庆典活动以开行庆典专列、在六盘水站设庆典会场、并与沿线群众举行联欢的形式进行。为做好庆典准备工作，公司组织对全线进行治安、线路、行车设施等综合检查。与贵阳分局协商，保证开通庆典专列的落实和铁路管内安全保卫。9月26日，贵州省委书记钱运录、常务副省长王正福、省人大副主任(公司董事长)杨谨华、副省长陈大卫，铁道部副部长蔡庆华等领导参加水柏铁路开通庆典，并随开通专列视察沿线。

【运营准备】 2002年6月，公司第六次董事会确定“上下分离，委托运输”的水柏铁路运营管理模式，即将全线运输组织、机务、车务(除货运、装卸外)、车辆、公安等相关业务委托给成都铁路局承担，工务、“四电”等基础设施由公司自营自管。公司围绕运营工作重心，认真进行运营前的准备工作。组建适应水柏铁路运营管理的组织机构，共设立运营管理部、营销部、安全监察室、维修管理部、计划财务部、收入清算部、劳人部、多经公司、办公室等机构。按照公开招聘、择优录用、竞争上岗的原则，组建新的员工队伍。现公司员工总人数41人，按照董事会确定的定员编制60人，精简将近三分之一。公开招标，选择维修单位，工务、“三电”维修分别由中铁五局六公司、电化局二处承担，通信维修由贵州铁通分公司承担。积极协调路局关系，进行市场调查，补充、完善各项设施，做好开通前沿线的治安综合治理、宣传教育等基础工作。

【管理机制建立】 落实逐级管理负责制、岗位负责制，按照“上下分离，委托运输”的运营模式，建立适应运营管理需要的各种规章制度。运营以来，从安全质量、技术管理、人事工资、财务管理等方面制定一系列管理办法、措施，公司办事效率提高。

(水柏公司)

渝怀铁路建设

【概　况】 重庆—怀化铁路全长624.5公里，2000年12月开工，计划工期5.5年。

2002年度计划要求线下工程完成60%以上，正线铺轨31公里。年内完成投资60亿元，为年计划的100%。

2002年9月29日，怀化铺轨基地开始铺轨，西段铺轨基地基本建成并将开始铺轨。

11个控制工程进展：歌乐山隧道完成3 803成洞米，为设计的93%；人和场隧道完成4 733成洞米，为设计的100%；板桃隧道完成4 793成洞米，为设计的55%；彭水隧道完成7 245成洞米，为设计的80%；沙坝隧道完成6 029成洞米，为设计的75%；金洞隧道完成6 216成洞米，为设计的68%；圆梁山隧道完成6 920成洞米，为设计的62%；武隆隧道完成5 610成洞米，为设计的59%。井口嘉陵江特大桥完成913延米，为设计的89%；长寿长江特大桥完成693延米，为设计的77%。江北客站站场土石方完成760万立方米，为设计的100%。

开累完成：投资103亿元，为总投资的52%；路基土石方5 770万立方米，为设计的87.3%；特大桥10 302延米，为设计的80.1%；大桥43 552延米，为设计的79.6%；中桥9 367延米，为设计的88%；小桥83延米，为设计的100%；涵洞37 350横延米，为设计的85.7%；隧道191 208成洞米，为设计的77.8%；正线铺轨32.3公里，为设计的5.2%；站线铺轨7公里，为设计的4%。

（部档史中心）

内昆铁路建设

【概　况】 内昆铁路北起四川省内江市，南至云南省昆明市，全长872公里，为国家“九五”重点建设项目。新建铁路水富至梅花山段，经水富站向南延伸，溯横江而上，经盐津、大关（天星场）后越岭至昭通，经仙水、威宁至贵昆线梅花山站，全长约357.6公里，总投资123.7253亿元。相关工程还有宜宾—水富站电化改造27.8公里，新建六盘水枢纽内昆引入及六盘水南编组站工程等。

该项目桥隧总长占线路总长53.1%，有特大桥9座、双线至多线桥30座、复杂大桥26座、墩高50米（最高桥墩110米）以上桥梁13座，限制坡度23.5‰。

全线重点控制工程和技术工程主要有大关至曾家坪岩堆、老锅厂至李子沟软土路基，青龙背、黄莲坡、曾家坪1号、青山、新寨、朱嘎等隧道，黄土坡、李子沟特大桥以及宜宾南区段站、六盘水南编组站。地质复杂的难点工程有DK205危岩落石、DK264喇叭溪危岩落石，大关站岩堆，老锅厂至李子沟段及威宁站软土处理等。

内昆线北段内江至安边140公里于1960年通车，安边至水富4公里1996年建成；南段梅花山至昆明370公里于1965年建成。该次新建工程于1998年6月开工，1999年内昆铁路全面攻坚。2000年工程建设中，线下工程基本完成，绝大部分重点、难点工程取得突破；6月1日和8月1日，分别由水富和梅花山两端向昭通方向铺轨。2001年9月18日，全线铺通。2002年5月7日～10日通过初验，5月12日全线开通交付临管运营。2002年底工程销号。

全线开累完成路基土石方3 307.7万立方米，特大桥10座7 257延米、大桥153座36 013延米、中桥91座7 400延米、小桥5座116延米，涵洞755座19 311横延米，隧道及明洞143座149 291成洞米，正线铺轨401.4公里、站线铺轨174.92公里、铺道岔550组，通信干缆光缆448.83公里，电力线445.7公里，接触网624.69条公里，房屋275 376平方米。

（部档史中心）

工程施工

【综　述】 成都铁路工程（集团）（以下简称集团）有成员企业12个，其中：母公司成都铁路工程（集团）有限责任公司（以下简称集团公司）系国家施工总承包一级资质企业，下辖2个分公司。2002年末集团职工总数5 703人，其中具有专业技术职称的人员1 755名，一级资质项目经理64名，二级140名；企业总资产15.5亿元，流动资产10.99亿元，流动负债12.47亿元，所有者权益2.997亿元。

2002年，集团公司及各成员企业按照建立现代企业制度的要求，进一步规范法人治理结构，针对在市场竞争中遇到的新情况、新问题，采取新措施，在体制创新、管理创新、制度创新和科技创新上整体规划，逐步推进，各项改革深化，措施配套完善。相继制定和完善《集团公司审计促效益考核办法》、《2002 年集团公司员工队伍素质建设考核奖励办法》、《集团公司项目岗位绩效工资制度暂行规定》、《集团公司项目成本全额承包暂行规定》，修订完善《两级董事会、监事会成员经营风险考核办法》、《集团公司多元经营责任目标考核办法》、《多元投资项目目标责任书》、《经济合同管理办法》等制度、方案和措施。根据发展需要，组建路桥公司，完成对多集经企业的改造，推动集团向"公司化动作、市场化经营、科学化管理"方向发展。全年完成企业总产值 21.18 亿元，实现利润总额12 872万元。集团完成实物工作量：土石方 788.2 万立方米，正线、站线铺轨 74.7 公里，铺运岔 122 组，接触网折合正线 86.5 公里，通信线路 303.4 条公里。

2002 年，集团公司第二次获得"全国优秀施工企业"、第二次获国家"企业现代化管理创新成果奖"，获"四川省 2002 年质量管理先进单位"称号。

（熊　索）

【经营管理再创佳绩】 2002 年，围绕发展和增效两大目标，强化成本管理、施工现场管理和员工的工期、质量、成本和安全意识。精心组织施工，狠抓基础管理，开展安全标准工地建设和制度建设，完善和制定各类安全考核、作风建设、施工评估等措施，路内外工程的工期、质量、成本和安全得到有效控制。截至年底，集团连续实现无行车重大、大事故7 557天，实现第二十个"行车安全年"；年内未发生职工责任因工死亡事故，连续实现劳动安全3 289天。在防火、防爆和锅炉压力容器安全方面杜绝了事故的发生。强化员工的工期和质量意识，狠抓质量体系认证，实行目标管理，重视工序和工期控制，青藏、贵阳、株六、宝成、成昆、达万、内昆、渝怀、宝天、胶新、粤海等路内外各项工程工期、质量达到建设单位要求。贵阳金阳新区项目、京秦项目、青藏项目、宝天项目等多项工程受到建设单位的表彰和奖励。杜绝工程质量重大、大事故。集团全年共交验工程 396 件，一次交验合格率 100%；其中优良 355 件，优良率 89.6%（土建 97.8%、房建 79.6%、两电 100%）；广元新客站综合工程评为"全国用户满意工程"，株六复线新东山隧道获重庆市"巴渝杯"质量奖，水柏铁路六丘山大桥获贵州省优秀工程奖，成昆线西昌南至青杠段电气化工程获铁道部优秀工程奖。

2002年，集团抓成本控制，取得产值、效益同步增长的佳绩。集团全年完成总产值 21.18亿元，为下达计划力争目标的 131%，比上年同期多完成 5.38 亿元，同比增长 34.05%；其中：施工产值 18.79 亿元，较计划力争目标增加 3.8 亿元，比上年同期增加 4 亿元，增长 27%；其他产值 2.39 亿元，比上年增加 1.39 亿元，增长 139%；多元完成总产值17 351万元，比上年增加10 476万元（按同口径，实业公司上年数扣除机关及施工项目部收入），增长 152.4%，较年初计划力争目标增长 71.79%。集团汇总实现利润总额12 872万元，比计划增加7 300万元，增长 76%，比上年增长 170%。集团全年上缴国家税金9 882万元，比上年增加2 117万元，增长 27%；集团实现利税总额 2.68 亿元，比上年同期增加 1.05 亿元，增长 64%。其中：主业利润实现11 529万元，比上年增加3 938万元，增长 189.46%；多经实现利润1 343万元，比上年增加 550 万元（按同口径，实业公司上年数扣除机关及施工项目部利润），增长 69%；提取百含工资节余4 000万元。

【工程任务开发】 把任务开发作为企业生存发展的基础，按照"立足西南，走出局内，面向社会"的思路，在抓好在建工程的同时，加大任务开发力度，健全和完善经营开发网络，职责和分工明确，市场开发职能部门的作用得到强化。2002 年先后中标青藏铁路 30 标段、达万线、襄渝线扩能、株六复线病害整治、青白江—成都复线、胶济电化、遂渝铁路第 11 标段等路内工程和成都、重庆、贵阳、广元等地的房建、市政、水利水电、高速公路等路外工程。集团全年共签订合同 107 件，合同总价款 21.02 亿元（母公司 16.47 亿元，子公司 4.55 亿元），其中局内 54 件 12.17 亿元，局外 53 件 8.85 亿元。特别是贵阳金阳新区的开发成功，探索了投资与任务开发相结合的新思路，标志着任务开发提高到一个新的水平。

【多元经营快速发展】 2002 年，全面完成多元经营目标，新多元项目成为经营新的经济增长点，顺利实现多元经营从依赖工程施工主业向其他产业的平衡过渡，实现集团公司提出的 2002 年多元经营全部退出工程施工的目标。完成新多元项目开发25个,更新改造老多元企业7个,完成投资12 493.1万元。租赁商业房开发取得好成绩,目前集团拥有租赁房面积共计70 423.75平方米,人均拥有面积12.3平方米,其中水泥公司8 268平方米,人均拥有租赁面积近200平方米。商业房租赁已成为多元经营新的稳定的经济增长点。多元经营管理加强,重点加强对多元实体的经营责任目标考核和成本控制,对不同的实体实行不同的经营模式和激励政策,把企业、员工的利益捆绑起来,经营效益提高。多元企业已全部改制为公司制企业,初步建立以资产为纽带的多元企业,体制上取得突破。集体经济中,除大通印刷厂暂保留外,其余集体个体全部清理注销,集体职工全部纳入主业一体化管理,历史遗留问题彻底解决。经营班子实行内险抵押和小项目承包经营,在工资分配上岗位工资、计件工资、绩效挂钩成为多元的主要分配方式。多元职工641人,全年实现营业收入1.735亿元,实现利润1 343万元,人均利润达2.1万元。

（陈 哲）

【荣获全国企业管理创新成果奖】 由集团公司自行研制开发的“施工企业工程定型图互联网化管理”系统,2001年经四川省企业管理现代化创新成果鉴定委员会审核、鉴定为省一等奖,并由省鉴定委员会作为省创新优秀成果推荐给全国企业管理现代化创新成果审定委员会。荣获国家第九届“企业管理现代化创新成果”二等奖。

（一 兵）

【广元客站综合工程获誉】 由集团公司承建的广元客站综合工程,经过三年来的运用,深得各方用户的赞扬,经全国质量协会审核,荣获“全国用户满意建筑工程”称号。

（陈 哲）

【五丁苑商住楼】 五丁苑商住楼是集团公司投资开发的重点多元项目,该工程总用地面积9 956平方米,总建筑面积63 578平方米,总高89.5米,其中地下室建筑面积12 252平方米,地下室停车场可容纳汽车340辆,自行车1 410辆,办公休闲面积8 488平方米,住宅建筑面积41 732平方米,住宅总户数236户。该工程采用现浇钢筋混凝土底层大空间剪力结构,由地下室2层、地上24层各自独立的两栋主楼所构成,是一座集商业与住宅为一体的综合性高层建筑。在造型上采用独特的中式双塔风格与现代建筑处理手法相结合,和谐而富有空间情趣,外形别致新颖。

承建该工程的建筑分公司首次承建近90米的高层建筑,面对集“高、难、新”于一体的新技术应用工程,从强化施工项目的深层管理着手,制定“严字当头,求真务实,拼搏创新,管理一流”的五丁苑项目管理网络,以新的管理理念制定以工期为主线,成本为核心,安全、质量为重点的全面创优目标管理体系,建立管理创新、技术创新的激励竞争机制。从开工到竣工仅用一年半的时间,于2002年6月全面竣工,工程质量全优,并被四川省列为建筑业新技术应用示范工程。

【经营模式创新】 2002年,集团公司选择贵阳新区建设工程为试点,在经营模式上作了一次重大创新,改传统单一的建筑承包商为投资商、经营商,与地方政府、银行共同参与金阳的市场开发与经营,进行多元、持续化的发展。

金阳新区建设工程是贵阳市级机构外迁的重大工程。新区离贵阳市10多公里,是贵阳市新的政治中心和高新技术开发区。金阳新区建设工程量大、工期紧,贵阳市政府采用引资开发的策略,建筑承包商也是投资商、经营商,集团公司经过严格论证,与贵阳市金阳新区建设指挥部签订合同,和中铁二局集团、水电九局等施工单位承担金阳新区的开发任务。2002年已完成60米宽的市政大道19公里,市府办公大楼已完成全部工程量,进入装修阶段。

（陈 吉）

【绵广高速公路】 由路桥公司承建的绵广高速公路2F标段工程,全长4.5公里,有5桥6涵,土石方131万立方米,是集团公司首次进入地方高速公路建设的项目。

该标段工程位于川北江油市与青川县的交界处,地质复杂,属于滑坡、崩塌不良地质带,多是高墙深挖工程,最大挖方边坡高达80米,大于30米的深挖路堑多达20余处。按照绵广高速公路指挥部的要求,全部工程严格按照菲狄克条款进行管理施工。1999年10月路桥公司组建项目部进场施工,由于对公路施工的菲狄克管理不熟悉,施工人员就边学习边施工,做到“快上场,快准备,快开工”的原则,强化技术管理,开展技术攻关，严把质量关，高效、优质、按期完成业主对工程的要求，在指挥部的综合评比中名列前茅。在20多个标段评出的五个样板工程中，获得“三个样板工程”。

（韩白莹）

【西环线通信信号正式投用】 2002年12月24日，由通号分公司承建的西环线通信信号工程全线开通，正式投入运营。成都枢纽西环线通信信号工程主要有成都西、红牌楼站微机联锁信号，郫县站、石羊场线路所6502电气集中，以及配套通信光缆34公里、车站行车设备、无线列调、成都西通信站500门程控交换机设备安装等。为保证西环线铁路建设在元旦、春节期间开通投入运营，通号公司在工程繁忙、施工线长、人员分散的情况下，抽调精兵强将进场施工，购买上万元的钻孔机等先进设备，克服跨越成温等重要交通要道以及土建、房建、电气化同时施工等困难，于12月初竣工，12月20日至24日，成都西环线四站信号工程和整个通信工程全部交验开通，正式投入运营。

成都枢纽西环线电气化铁路全线开通运营，使宝成铁路、成昆铁路实现环接贯通，形成继成都枢纽北环线开通后又一条货物列车通道，彻底缓解了成都客站运输能力紧张局面，实现客货分流的构想，为加快成都乃至四川的经济发展起到推动作用。

（陈　吉）

【六丘田大桥】 六丘田大桥位于水柏铁路D标段，全长429.14米。全桥两台13墩，其中1～3、11～13号墩为砼矩形实体墩，墩高11.5～27.5米，4～10号为圆形薄壁空心砼桥墩，最高墩身达71.9米，为六盘水枢纽第一高桥。

该工程位于贵州省水城县勺米乡境内，生活条件极为艰苦，施工进场道路条件极差。该桥横跨沟壑，地面纵坡大，施工场地狭窄，施工机械设备进场及操作困难。由于桥墩高，如采用普通的钢管脚手架，其承载力还不能承受自重。施工中，采用带电子配料系统的砼搅拌站集中拌合砼并泵送砼施工、利用万能脚手架对称悬挂工作平台的内井塔架，特制薄壁空心墩定型钢模及利用大块组合钢模板拼装实体墩模型，并在工作面上喷涂聚胺脂等先进的施工工艺，保证工程质量。该工程完工后，先后被评为水柏铁路“样板工程”、成都铁路局优质工程、贵州省优质工程。

（三公司工程部）

【京秦客运通道改造工程】 京秦客运通道是首都北京通往北戴河和华北重要出海口秦皇岛的铁路大动脉，也是出入东北的咽喉要道。该线路平均每8分钟通过1趟列车，时速高达160公里。工程集团路桥有限公司担负京秦线A6合同段提速改造任务，该工程于2001年8月25日正式动工。

该工程具有新工艺新技术多、劳动生产难度大两大特点。在A6合同段上，水泥土挤密桩、抽换Ⅲ型混凝土枕、可移动道心插入等都是新工艺、新技术，行驶的列车与最小线间距仅4米，数百名施工人员的安全成为施工中最难控制的因素。路桥公司把既有线施工“一保安全，二保正点，万无一失，绝对安全”定为施工第一目标。在挤密桩、换枕施工和站改中，完善规章制度，严格管理，克服立体交叉施工干扰，确保工程建设按期保质完成。

2002年10月23日，以K265次列车安全通过丰润车站为标志，路桥公司首次参加快速铁路建设取得成功。北京铁路局贺电将路桥公司誉为京秦全线施工中“最具战斗力的队伍”。

（宋顺军）

【京秦线信号工程】 通号分公司施工的京秦线丰润、银城铺站是该线上重要的区段站，该站具有车速快，车流、客流量大，施工难度大，提速道岔多等特点。

本工程采用6502电气集中，联锁道岔118组，主要工程量：敷设电缆15.5公里，安装箱盒323个、信号机166架，室内电气设备2套等。银城铺站于2001年11月10日开工，2002年7月22日竣工，10月17日交验开通；丰润站于2002年3月20日开工，9月6日竣工，10月24日交验开通。

公司按照《施规》、《验标》和建设单位的工期要求，加强组织领导，强化施工管理，狠抓施工进度和工程质量，圆满完成施工任务。

在前期准备中做好设计文件的催取、审核，编制施工组织设计及材料计划，及时采购工程物资，组织人员进场施工。安全管理上建立健全保证体系，抓好施工过程中安全规章制度和安全措施的检查落实。工程质量管理上实行项目总工程师技术负责制和质量监察人员派遣制，推行三级技术网络进行质量管理，确保工程的安全、质量、工期，受到建设指挥部、北京铁路局的高度评价。

（施工部）

设计鉴定

【综　述】2002年设计鉴定中心围绕局方针目标，发扬“严谨认真、勤奋工作、讲求效率、服务基层”的精神，强化安全责任意识，加强协调规范管理，在全局基建、大修、改造项目中，认真把好前期工作关，提高审查质量，圆满完成全年各项工作。2002年共组织完成设计文件审查鉴定504项，报送概算总价179 364万元，核定投资总额153 718万元，核减投资25 645万元。

设计鉴定中心为局总工室直属机构，现员11人。

【审查质量提高】2002年设计鉴定中心围绕“严格标准、坚持制度、积极协调、确保质量”的工作方针，加强管理职责和安全意识，严格执行技术标准，重新修订设计鉴定中心的工作制度、项目管理制度、文件会审制度和安全生产负责制等有关制度。为统一标准规范管理，会同有关业务部门制定《成都铁路局牵引供电设备大修设计文件编制办法（试行）》、《成都铁路局水电设备大修管理办法》等文件下发执行，规范了水电设备的大修工作。

【设计文件审查鉴定】2002年设计鉴定中心组织完成设计文件审查鉴定504项，较上年度增加199项。报送概算总价179 364万元，较上年度增加31.4%。核定投资总额153 718万元，核减投资25 645万元。

表5－6　设计文件审查鉴定项目　（2002年）

价值 分类	数量 件	报送价值 万元	审定价值 万元	投资增减 万元
大修	243	89198.5792	77852.3376	－11346.2416
更改	260	90145.475	75851.0291	－14294.4459
自筹	1	20.2944	15.6133	－4.6811
总计	504	179364.3486	153718.980	－25645.3686

（徐中建）

【大中型基建项目前期工作】2002年完成大中型基建项目前期工作有：一、参与铁道部组织的新建项目遂渝铁路、成都北编组站、成都至青白江复线的（预）可研及初步设计审查，以及黔桂线、贵阳南站扩能、襄渝线达渝段复线项目的前期立项工作；参加铁道部组织的成昆外资、内宜线电气化工程概算清理工作；牵头完成内昆铁路的初验工作，参与完成水柏、达万铁路的初验工作。二、牵头组织完成铁道部委托的株六复线既有线病害整治工程以及襄渝线达渝段提速改造工程的设计文件审查；完成重庆车辆段（一期）、成都东车辆段综合技术改造等局重点更新改造工程的设计审查工作；完成桐子林、白胶、野马寨新建采石场工程概算清理工作以及西昌、燕岗、重庆南水源设计审查和概算清理工作；完成局调度管理信息系统的初步设计审查。三、组织完成贵阳、重庆西、峨眉、成都机务段以及贵阳、重庆车辆段（二期）达标创优基地建设规划方案审查。

（徐中建）

勘测设计

【综　述】设计院完成设计资产重组工作后，经过一年多的调整，围绕经营管理方针目标和劳动安全生产目标，抓住国家加大西南铁路建设和路局对基础设施实施强基达标的机遇，积极参与设计市场竞争，全年各项工作取得较好成绩。

2002年全院共完成产值117 980万元,完成勘测设计项目448项,重庆分院、贵阳设计所共完成概算产值35 826万元,项目158项。完成局内产值60 893万元,完成局内勘测设计项目229项,其中施工设计205项、初设8项、方案16项,与上年同期相比,产值增加34.02%,完成勘测设计项目增长51.04%。

【机构设置】 设计院负责全局勘测设计工作,由路局直接领导和宏观管理,服务内部、面向社会、自主经营、自主管理、自负盈亏、自我发展,逐步按市场经济的要求,建立健全经济关系。设计院设置为二级建制,院一级设6个管理部门:总工程师室、行政管理部、人事劳资部、计划经营部、财务部、党群工作部。专业科室:站线科、房水电科、桥隧科、设备大修科、通信信息科、信号科、电气化科、工程造价科、电算文整科、勘测队。下辖重庆分院、贵阳设计所。院人、劳、计、财实行一级核算。成都共有职工209人,高级职务33人,中级职务78人,监理工程师8人,国家注册建筑师1人、注册结构师6人、注册工程造价师6人、注册会计师1人。

【重庆分院】 前身为重庆铁路分局勘测设计院,2001年6月重组为成都铁路局勘测设计院重庆分院,职工46人,其中高级职务3人、中级职务19人,注册建筑师1人。专业科室有:站线科、桥路科、房水电科、地勘科、办公室、财务室。主要承担线路、桥隧大修、更新,地质病害整治、房屋基建等项目设计。

【贵阳设计所】 前身为贵阳铁路分局勘测设计所,重组为成都铁路局勘测设计院贵阳设计所,职工18人,其中中级职务7人、国家一级注册结构师1人,主要承担线路、更新改造、大修工程防洪件名的设计工作。2002年贵阳所实行科室承包的经济核算制。

【全局信号大修改造工程】 继2001年开展成渝线信号大修工程以来,2002年共完成成渝陶家沟、峰高铺、永川、大足、柏林、朱杨溪、登瀛岩、归德乡、长河碥、平等、白沙、茨坝、资中等13站信号大修。另外完成贵阳南站南驼峰减速器大修、贵阳南站南调车场尾部信号大修、成昆线巴关河车站信号大修、重庆枢纽跳蹬车站信号大修、贵阳枢纽花溪车站大修全部共计17个车站。大修站范围包括联锁类型改变,如朱杨溪、资中由原6502型改为计算机联锁类型。轨道电路改型,如原花溪车站改为97型新型25周轨道电路。成渝线微机监测设备更新为98型。成渝线原有区间计轴设备移设恢复,并保持64D型继电半自动闭塞。采用新型配线柜。新型信号点灯单元,新型铝合金机构,新型可调式尖端连接杆,采用智能型电源屏,正线道岔采用电液转辙机,侧线道岔采用ZD6—D型转辙机。

【路局TMIS车站综合管理信息系统】 本设计范围为成都铁路局115个车站(分为编组站、大、中、小型车站)的计算机建设。涵盖各车站铁路运输管理信息系统的现车管理、车号自动识别、货运管理、集装箱管理、大节点追踪等子系统的所有工作点,并为办公自动化等系统预留接口。各车站建筑物间局域网通道采用全光缆化,建筑物内则采用结构化布线,传输速率可达100M,安全可靠性提高。网络统一硬件平台,统一通信出口,达到资源共享,节省投资,便于维护管理,满足铁路运输管理现代化、信息化发展的要求。各联网车站至分局的广域网通道采用铁通公司的2M环形链接网,每个车站有2个以上的动态路由方向,提高系统性能。又在115个TMIS联网车站的基础上,将另外156个车站的货票传输纳入TMIS系统。较之专线方式,少占用长途通道,节约网络运行成本。

【重庆统景海螺宾馆】 重庆统景海螺宾馆(成都铁路局水电培训基地)位于重庆渝北区统景镇温泉风景区内。基地环境舒适幽静、景色优美,占地14亩,总建筑面积4 906.51平方米。在建筑设计中采用依山就势,顺其自然,尽量不破坏原有植被,注重生态策略的手法,所有建筑依据山势地形分散布置,在不同标高的台地上,山体开挖顺着岩山节理进行,高度控制在建筑高度以内,减少对自然地形的扰动,避免破坏原始植被,节约投资。多数建筑均控制在二层以内,依山傍水,掩映在绿树、翠竹之中,建筑与生态有机结合。结构、电气、给排水等专业也作精心设计,完善各项使用功能。基地建成使用后,反映良好。该设计获2002年局优秀设计一等奖。

【成龙路跨成昆铁路立交桥】 成龙路跨成昆铁路立交桥位于

成都市东南方向狮子山大观村。该桥具备坡、斜桥的一切特点,桥全长106.30米,桥面全宽40.6米,分左右两幅设置。由于桥址区特殊的地质情况,在设计时将桥梁上部设计为简支结构、桥面连续,全桥由4×25米预应力混凝土空心板组成。为尽量减少对原有边坡的扰动,桥台设计为挖孔桩基础耳墙式轻型桥台。单幅桥台横向由3根桩构成。桥墩为挖孔桩柱式桥墩,柱径1.5米,桩径1.8米,单幅桥墩横向由3根桩柱构成。桥梁结构安全可靠,没有发现任何不良现象。汽车快速通过该桥时舒适、平稳,桥面和路面过渡自然,无跳车现象;设计时考虑桥面雨水的合理排放,桥下铁路边坡稳定,无新的病害发生。由于设计尽量减少对边坡的破坏,边坡原有的植被保持良好桥梁栏杆古朴、雕刻典雅,与四川师范大学文化气息融为一体,为城东增添一道亮丽风景。该设计获2002年局优秀设计二等奖。

【勘察设计资质新项目】 2002年设计院现已持有国家建设部颁发的铁道综合甲Ⅱ级,公路工程乙级,工程勘察专业类、岩土工程甲级(含劳务),市政合用行业,桥隧乙级,工程造价咨询甲级等资质。设计院向国土资源部申报,地质灾害防治工程资质证书已取得地质灾害防治设计甲级,地质灾害防治监理甲级,地质灾害防治勘察甲级,重庆分院、贵阳所已按设计院新资质向地方建设管理部门注册。以上资质的审批,扩大了设计院走向市场的资格。

【设计获奖】 重庆统景海螺宾馆设计获局优秀设计一等奖,广旺支线通信工程施设、成龙路跨成昆铁路立交桥工程获局优秀设计二等奖,凯里电厂铁路专用线加筋挡土墙、达成线K35公里滑坡整治获局优秀设计三等奖;宝成线数字调度通信改造工程设计获铁道部优秀QC成果二等奖,降低音频实回线的传输衰耗获四川省QC成果三等奖。

【职工教育培训】 2002年院共投入教育经费3.9万元,开展职工学历教育、职工岗位培训教育、以及各类注册工程师、专业情报网的学术交流、ISO9000系列质量体系学习,共培训各类人员近200人次,其中有2人取得国家质量工程师技术职称,1人取得国家一级注册结构师职称、4人取得国家二级注册建筑师职称。

(郭文蓉)

表5-7 完成大中型重点勘测设计项目 (2002年)

序号	项目名称	完成时间
01	局红花堰、成都南站生活小区住宅工程;	2002.1~9
02	内昆线及六盘水生活小区住宅工程	2002.2~8
03	襄渝线达渝段一期提速工程施工设计	2002.7
04	成昆电化站后工程概算分劈	2002.3~12
05	成昆线燕岗货场配套工程	2002.3
06	成都至内江段扩能可行性研究	2002.8
07	平交改立交工程47座	2002.4~11
08	线路病害整治工程共92项	2002.4~8
09	成都东车辆段综合技术改造工程	2002.5
10	牵引供电接触网大修工程620公里	2002.6
11	岳村大桥桥基病害二期工程	2002.7
12	全局信号大修及微机监测联网工程	2002.2~12
13	局车站综合管理信息系统工程、货车技术管理信息系统工程	2002.8~12

(郭文蓉)

经营管理

责任编辑　张晓颖

计划统计

【综　述】　全局计划统计工作围绕经营管理方针目标，加快铁路建设，以全面实现新一轮资产经营为重点，开展计统工作；以质量效益为中心，强化客货营销，建立适应市场经济的计划统计管理体制。积极推动计统改革，为保证全局运输、建设任务完成，全局经营管理方针目标的实现做出贡献。

计划统计处定员31人，设有6个科室。修建计划科负责全局基本建设和更新改造投资计划；综合计划科负责工附业生产计划、设备管理、多余闲置资产调剂管理及处内行政事务工作；长远计划科负责全局长远规划牵头及计划项目前期管理工作；营销策划科负责全局运输营销预算计划编制并监督计划的完成兑现情况，客、货运市场调查，机、货车运用效率考核；综合统计科负责全局基本建设、更新改造、工业生产、主要运输设备、机车车辆购置、运输综合统计和大型专项调查任务；合资铁路办公室为附属机构，暂挂长远计划科，负责合资铁路管理。

【铁路建设投资】　2002年是路局建设史上投产销号最多、投产里程最长的一年。全局完成基本建设投资29.06亿元，为部计划的93.7%，其中：大中型项目完成28.08亿元，小型项目完成0.97亿元。内宜线单线电气化铁路116公里建成投产；达万铁路新线157.1公里进入临管运营；水柏铁路新线电气化118.5公里建成通车。基本实现年初制定的奋斗目标。

【运输主要计划指标】　运输收入完成96.07亿元，为年计划95.0亿元的101.1%，比上年同期增加5.7亿元，增长6.3%；换算周转量完成1 185.2亿吨公里，为年计划1 145亿吨公里的103.5%，比上年同期增加73亿吨公里，增长6.6%；旅客发送量完成6 821万人，为预算计划6 900万人的98.9%，比上年同期减少54万人，下降0.8%；货物发送量完成11 213万吨，为预算计划10 850万吨的103.3%，比上年同期增加856万吨，增长8.3%。

【修建投资计划】　以安全、扩能、提效为中心，贯彻保投产、保完成、保重点的原则，确保重点工程投资。重点安排主要干线运输能力，加快生产力布局调整；加强既有线提速改造，提高列车运行速度；加快科技进步，强化信息化建设；提高环境保护水平，节约能源、降低能耗等重点项目的投入。解决了车辆轴承探测设施；防止车辆断轴事故；基本建成全局八大干线10KV电力贯通线，保证信号设备及沿线生产、生活用电供应需要；加大平改立交的投资力度，保证列车运行安全，提高运行效率。更新改造完成119 100.1万元，为年计划119 268万元的99.9%。达到铁道部提出的均衡完成投资要求。

【工业计划】　工业生产围绕运输和建设的需要，以产品结构调整为重点，促进技术创新和科技进步，确立自己的营销战略，走“小而专、小而精、小而新”适合本单位发展的道路，狠抓新产品项目研制开发和产品质量控制，加大资金投入，取得明显成效。全局工业总产值完成17 754.8万元，工业利润达945万元，圆满完成全年各项计划任务。

【客货营销市场预测】　营销策划狠抓直通周转量、运输收入、清算收入，进一步加强运输营销预算计划的考核力度，为路局决策提供科学依据。

一、针对路局的实际需求，测算并下达2002年运输营销预算计划，并配套测算与95亿元~98亿元运输进款收入相对应的营业收入及工作量指标。

二、针对内昆线初期开通和车流径路初步方案，以及后来根据运行图、车流变动的具体情况，分别按不同方式进行详细测算和预测。

三、按季度对机车、车辆的运用效率进行分析、监控。根据相关办法进行考核。

【客运市场调查】　2002年继续进行客运市场调查评比，贵阳分局获第一名，成都、重庆分局并列荣获第二名。完成全局年度客运市场调查报告，为暑运的客车开行提供对策措施和建议。

【“十五”计划完善】　根据铁路改革的需要和现行文件精神，进一步修改完善“十五”计划，加大提速、行车安全和科技投入力度，各专项规划陆续成稿。

【预可行性与可行性研究】　在“十五”提速规划指导下，结合内昆铁路、内宜电化和水柏铁路的开通,预先下达襄渝线达渝段提速前期工作任务,先后下达预可行性研究、可行性研究任务,协助局设计院完成经济形势分析、运量预测、行车组织、提速实施效果分析与经济评价篇章,已向铁道部计划司报送项目建议书,初步得到铁道部认可。

【枢纽建设】 随着宝成复线,成昆电化,株六复线,水柏、内昆铁路的建成通车,路局对外运输口子逐步打开,线上能力有了较大的提高,但是枢纽建设相对滞后,造成点线能力不相匹配,影响线路能力的充分发挥。向部计划司报告成都和贵阳枢纽编组能力不足的问题,请求尽快开工建设成都至青白江复线、成都北编组站、开放成都南站为枢纽第二客站等事宜。其中成都至青白江复线、成都北编组站两个项目初步设计已通过铁道部审查,为路局争取投资近25亿元。

【成都、重庆枢纽集装箱结点站】“十五”期间,铁道部将投资50亿元建设枢纽集装箱结点站,规划在全路建设成都、重庆等15个结点站,并首批建设成都、昆明等5个站。计统处牵头局各有关单位积极配合部计划司、中集中心进行多次方案论证和现场调查,并提供相关资料。

【绵阳货场规划】 四川省政府对绵阳市经济的发展非常重视,先后多次组织研究扩建绵阳货场及解决长虹厂近期运输等有关问题,并率队赴北京向铁道部领导和有关司局汇报。路局积极配合,承诺尽可能保证长虹厂近期运输问题,并协助绵阳市和局设计院作好货场建设规划。

【项目库建设】“十五”更新改造基建小型项目库以安全生产为中心,以提高路局经济效益为目标,重点安排扩能、提速、行安、信息等项目,陆续开展前期工作。其中部分项目得到铁道部的认可和支持,部分项目纳入路局年度更新改造计划中实施,其余需进一步论证。路局更新改造项目库中已有项目186项,其中部管项目30项,投资估算为532 009万元;局管项目156项,初步投资估算为487 834万元。

【合资铁路管理】 一、按照铁道部计划司电报要求,组织并参加达成铁路安全检查。二、汇总并提出关于达成公司提交的有关股东会议资料的建议意见。三、向铁道部报送《关于达万铁路急需建设资金的报告》,向铁道部积极申请资金。四、参加达万线红溪沟码头专用线审查会。五、收集整理合资铁路与支线改革有关资料。

【计划管理基础工作】 一、为推进新一轮资产经营责任制的实施,加强固定资产投资管理,保证建设工程质量,重新编制下发《成都铁路局计划管理文件汇编》、《铁路建筑工程估算指标》,为提高经济效益,节约工程投资,提供决策依据,起到积极的作用。二、为把好前期工作关键,建立修建计划项目库,完成“十五”计划更新改造部分的修改工作。修改完善《前期工作管理办法》,加强计划项目管理水平。

【小汽车控购和规范管理】 为加强小汽车更新购置工作的规范化、制度化,根据《局党委、铁路局2002年局机关党风廉政建设和反腐败工作的意见》要求,配合监察处、局办开展小汽车调研工作。根据小汽车清理整顿领导小组的安排,7月至8月,对局属各单位小汽车管理进行调查。根据路局的有关政策规定,各单位都建立较为规范的管理制度和明晰的台账,制定并实行奖罚办法。禁止公车私开,特别是对领导干部公车私开严格规定,促进廉政建设,提高小汽车的使用效率,节约大量成本支出及车辆购置资金。

【设备安全大检查】 根据铁道部运输安全生产紧急电视电话会议精神,按照部设备办要求,下发《关于开展全局设备大检查的通知》,部署全局设备大检查工作。8月,部设备办组成检查组对路局部分单位设备安全工作进行抽查,未发现任何危及安全的隐患,得到部检查组的好评。

【微机管理】 为加强微机管理,由局计统处主持,抽调电算中心、科研所、党办、局办等有关人员,成立“多余闲置及报废微机设备”鉴定小组,对路局机关直属35单位上报的多余闲置及报废微机设备集中进行鉴定、清查。根据检查中存在的问题,向局领导上报《多余闲置及报废微机设备鉴定报告暨鉴定工作会议纪要》。印发《关于加强微机管理的通知》,对加强微机管理提出具体的要求。

【各项统计报表任务完成】 及

时下发文件提出年报要求，各系统各专业按照路局统一要求，及时、准确、全面、优质地完成各项统计报表任务。在12个专业统计中，有9项进入全路前三名，统计工作在全路名列第一，受到铁道部的通报表彰。综合统计科分管的5个专业统计全部进入前三名，基本建设、设备统计名列第一，更改、工业、运输效果统计名列第二。固定资产投资、交通统计再次荣获四川省年度统计工作质量考核评比一等奖。

【统计咨询服务】 及时编写印发《2001年铁路运输、基建、更改、工业等各类计划执行情况分析和运输设备状况的分析》，全面分析路局各方面工作取得的成果、存在问题，提出工作重点。完成《工业成为我局新的经济增长点》、《扩大铁路市场占有份额的思考》、《成都铁路局"九五"以来更新改造投资形成固资及能力》等专题分析报告。

【统计手段现代化】 2001年的《统计资料汇编》，执行新的机车、货车统计规则，在汇编格式变化较大的情况下，统筹安排，多次组织协调运输、统计、电算等有关部门做好统计资料汇编工作。完成时间和篇幅继续名列全路第一，受到各部门好评。积极开展固定资产投资统计系统的推广应用。8月完成重庆分局30个站段的推广应用，10月完成成都分局22个站段的推广应用，11月组织完成贵阳分局30个站段和成都分局部分站段的推广应用。至年底，全局主要站段固定资产投资统计将全面应用新系统，并实现站段、分局、路局、铁道部4级网络传输。

【国债项目调查与清理】 根据铁道部的部署和局长批示，组织专业统计人员对全局"九五"以来更新改造投资情况全面清理，摸清完成固资及能力情况，完成《成都铁路局"九五"以来更新改造投资形成固资及能力总结》，及时上报铁道部，满足各级领导和部门需要。根据国家、铁道部的部署，组织协调局机关和有关单位完成国债项目株六复线、达万铁路、水柏铁路的清理，提出3个项目的系统资料，及时上报铁道部，为国家了解国债项目的建设情况提供及时准确的信息资料。

【《统计证》年检工作】 至8月底，局《统计证》年检工作全部结束。2000年以前发证的1 175名统计人员，经审查，650人通过年检，取得年检合格证，占总数的55.2%。其中机车统计专业82人，货车统计专业81人，客货运统计专业52人，劳资统计专业247人，固定资产投资统计专业61人，设备统计专业13人，工业统计专业9人，建筑施工统计专业8人，物资统计70人，其他统计专业27人。

【运输策划调研】 针对运输预算计划执行过程中存在的问题开展专题调查和分析工作。对天回镇、伏牛溪、史家乡输油管道的装车条件及能力情况进行专题调研。为领导提供兰、成、渝输油管道现状简介，测算开通后对路局运量、运输进款、清算收入等效益指标的预计影响情况，提出建议、对策和措施。组织并参加各分局开展的全面市场调查工作，提出专题分析报告，为2002年的营销目标提出了理论依据。圆满完成经济调查和客流调查，为路局营销工作提供了翔实的依据。

【修建计划调研】 开展重点工程专题调查。重点抓川黔线"短、平、快"、扩能措施、平交道口改立交、贯通线开通等重点工程项目，进行现场调研，召开专题会，提出具体意见和措施，为安排好投资做出充分准备。对行安措施、住宅、通信、吃水、用电、科教重点项目调查，本着实事求是，既解决问题，又节约资金的原则，先后对三个分局的重点项目现场调查，召开设计、施工相关单位的专题会议，现场审定。对减员增效、节约成本、节约能源项目现场调查，重点解决急需的工程项目。

【长远规划调研】 面对综合运输体系中各种运输方式的激烈竞争，转变传统的规划运量预测方法，组织对四川、重庆、贵州二省一市经济运量调查，为进一步研究市场经济条件下客货运输需求预测方法奠定基础。加强前期工作，牵头参加中咨公司关于遂渝线、黔桂线现场调查。协助局设计院开展宝成铁路广元至成都段提速预可行性研究现场调查和资料搜集工作。对贵阳客站广场排水等问题现场调查，提出处理意见建议供领导参考。

【业务培训】 先后举办"营销计划计算机运用提高班"、"营销策划业务培训提高班"和"设备管理学习班"，对分局、站段的有关营销策划人员、设备管理人员进行培训，提高计算机知识和业务水平，为进一步搞好营销策划、设备管理工作奠定了基础。

（张亚莎　马兆麟）

营销策划

【综　述】 2002年是铁路运输企业继续深化客运体制改革和结构调整关键的一年，各级营销策划工作人员克服重重困难，把“转变作风、强化基础、提高素质、谋求发展”作为全年工作的主线，围绕全局经营管理方针目标，以资产经营为主线，以强化营销为龙头，以经济效益为中心，以当好领导参谋为前提，深入市场调查研究，加强营销预算计划与操作兑现的考核力度，圆满完成各项营销策划工作任务，确保全局年度运输利润目标16 290万元的实现和营销任务的全面完成。

2002年全局的营销预算计划主要指标为：运输收入95.0亿元，换算周转量1 145.0亿吨公里，旅客发送量6 900万人，货物发送量10 850万吨。全年实际运输收入完成96.07亿元，比上年增长6.4%。其中，客运收入完成45.44亿元，增长4.5%；货运收入完成50.63亿元，增长8.1%。旅客发送量完成6 821万人，下降0.8%；货物发送量完成11 213万吨，增长8.3%。换算周转量完成1185.2亿吨公里，增长6.6%。运输营销主要指标均创历史最高水平。

【营销规章完善】 新增和完善部分管理办法，为路局不断提高经营管理水平和实现2002年资产经营目标打下坚实的基础。

一、参与起草和编制《成都铁路局全面预算管理实施办法（暂行）》的相关工作。

二、为客运公司的成立制定《客运运输营销预算计划管理办法》。

【春运、暑运营销策划分析】 对春运、暑运四十天的客流情况跟踪分析，提出专题分析报告，为春运、暑运列车的科学开行提供依据。随时为局领导决策客车的开行提供第一手资料。

【营销目标跟踪预测】 为路局营销目标的顺利完成，对运输收入、直通周转量等营销主要指标和全局的运输效益跟踪预测，随时给局领导提供决策依据。

【部分营销措施建议】 一、针对2002年路局的实际需求，测算并下达当年运输营销预算计划，并配套测算与95亿元～98亿元运输进款收入相对应的营业收入及工作量指标，为领导确定路局的运输利润目标和科学决策提供可靠依据。

二、按季度对运输营销预算计划执行情况分析、监控，针对存在的问题提出相关对策、措施和建议。

三、按季度为路局的经济活动分析会议提供专题分析报告。

四、为局领导提供暑运能力和“五一”、“十一”黄金周期间的旅游专列开行情况及运输营销主要指标完成情况对比分析资料。

五、为局领导提供路局1－5月运输进款收入完成情况专题分析资料，为参加铁道部增运增收会议提供可靠依据。

六、参加全局的“全面预算工作推进会议”，并在会上对路局的运输营销预算工作进行专题宣传讲座。

七、针对内昆线初期开通和车流径路初步方案，及运行图、车流变动的具体情况，按不同方式进行详细测算和预测。

八、按季度对机车、车辆的运用效率分析、监控，根据相关办法进行考核。

九、为局领导和党政联席会议提供2003年运输营销预算计划方案和经营管理方针目标指标数据及其依据。

【营销策划工作综合评比】 参加全局的计划统计工作会议，并对2001年度的营销策划工作总结评比：重庆分局第一名，成都、贵阳分局并列第二名。

【营销市场调查评比】 组织参加全局2002年营销市场调查，并进行总结评比：“重庆分局荣获第一名，贵阳、成都分局荣获第二名。提出专题报告，为制定路局2003年运输营销预算计划奠定了基础。

【客运市场调查评比】 组织并参加2002年度全局的客运市场调查和总结交流评比会议。客运市场调查的评比结果为：贵阳分局荣获第一名、成都和重庆分局并列荣获第二名。完成全局2002年度的客运市场调查报告，为暑运的客车开行提供对策措施和建议。

【旅客定期抽样调查】 5月10日在全局范围内33个车站、57趟旅客列车上，对旅客成分和旅行目的进行定点定线抽样调查，共计调查旅客36 097人，占当日旅客发送人数的22.9%。

一、旅客成分抽样调查排序。本次调查汇总农民客流占32.6%，同比下降5%，占第一位；工人客流占21.0%，同比增加1.7%，占第二位；个体商人客流占12.8%，同比下降0.4%，退居第四位；干部客流占13.0%，同比下降1.9%，上升到第三位；离退休客流占6.7%，同比下降0.2%，占第五位。

二、旅行目的抽样调查排序。做工客流比重由上年的28%下降到25%，下降3%，占第一位；探亲客流比重为22.3%，同比增加5.4%，排序第二位；旅游客流占14%，同比增加3.1%，排序居第三位；经商客流比重11.6%，同比下降0.4%，排序第四位。其他客流占9.6%，同比下降5.2%，退居第五位；出差客流比重占9.3%，同比增加0.7%，居第六位。探亲、旅游客流增长较大。

三、旅行费用支出方式调查。自费旅行占80.2%，同比增加1.5%，自费旅客旅行比重上升，主要是旅游和探亲客流比重增加的结果。

定期客流抽样调查表明，铁路旅行消费的主要对象仍然是探亲客流、做工客流、旅游客流，自费旅行占绝大多数。

【非铁路公共场所客流问卷调查】 调查主要反映旅客对各种交通工具的选择及原因。调查有效人数10 602人，调查显示，选择铁路旅行有6 411人，占60.5%；公路旅行2 197人，20.7%，航空旅行1 920人，18.1%；水运旅行74人，0.7%。

旅客选择交通工具的主要原因分析：在四种交通运输工具中，铁路安全性占94.5%，票价适中72.6%，均占旅客选择的第一位；航空的快捷占99.1%、服务态度好98.5%、舒适86.7%、准时68.8%，在选择中均居第一位；公路在方便上占93.6%，居第一位。

列车等级选择：空调列车38.8%，优质优价列车36.1%，普通列车25.1%；乘坐席别：硬卧35.4%，硬座37.2%，软座15.8%，软卧11.6%。

通过非铁路公共场所客流问卷调查，显示出铁路运输的竞争优势在于安全和票价适中，航空运输的竞争优势在于舒适、快捷、服务态度好和准时，公路运输竞争的优势在于方便。铁路在服务态度、快捷、准时和舒适方面需要改进。

【铁路车站旅客抽样问卷调查】 抽样问卷调查8 874人。选择火车旅行原因：安全性5 806人，占65.4%，居选择的第一位；票价适中3 910人，占44.1%，居选择的第二位；舒适2 502人，占28.2%；方便2 236人，占25.2%；服务好1 845人，占20.8%；准时1 795人，占20.2%；快捷1 502人，占16.9%。铁路的安全和票价适中是旅客选择铁路的主要原因。

车站服务：对售票人员的服务态度满意的39.5%，比较满意的22.7%，态度一般的28.7%，不满意的9.1%；对车站卫生满意的和比较满意的占70.5%，一般的22.4%，不满意的7%；对候车室服务人员的态度满意和比较满意的占69.4%，一般和不满意的30.6%；对车站的引导标志和广播满意和比较满意的占77.5%。

【旅客列车抽样问卷调查】 在列车上有效调查人数11 083人，认为硬座票价适中的占68.5%，偏高的占24.8%；硬卧票价适中的占61.4%，偏高的占29.4%；列车上服务态度很好的占47.1%，好的36.8%，一般的14.5%，差的1.6%；乘车舒适的占58.9%，一般的31.2%；车厢和洗卫间的卫生状况干净的占67%以上，一般的21%以上，较脏的有2.2%至5.3%；列车上开水供应好的占70.4%，一般的27.5%，差的2.1%。

【专题调查研究】 为搞好动态管理，当好领导参谋，营销策划人员在完成定期客、货流调查的同时，多次深入基层，开展大量的专题调查研究工作，为营销策划的科学决策提供保证。针对实际工作中存在的问题，提出相应的改进意见和建议。

一、按日历进度向局领导提报路局春运客货运输完成情况及分析；对成都站、重庆站、内江站、达县站和重庆客运段的春运情况专题调研，提出分析报告和相关措施。

二、针对重庆分局一季度货物周转量，特别是直通周转量完成不好的情况专题调研，并书面分析上报局领导。

三、对天回镇、伏牛溪、史家乡输油管道的装车条件及能力情况专题调研。为领导提供了兰、成、渝输油管道现状简介，测算开通后对路局运量、运输进款、清算收入等效益指标的预计影响情况。

四、对内昆线的点线能力情况及现状专题调研。

五、对三个分局的机车运用情况专题调研、分析，提出相关的措施。

六、对贵阳分局的货车运用情况和贵阳南站能力情况专题调研，根据存在问题，提出措施、建议。

七、针对成都分局一季度客运进款收入完成不理想的情况，进行详细专题分析，并上报局领导。

八、对2002年度的客运市场调查专题分析，提出暑运、国庆黄金周及周末旅客列车开行方案建议。

九、对水柏铁路专题调研，并预测其分流后可能给路局带来的经济效益影响。

十、专题分析美国西海岸港口工人罢工情况对长虹产品出口的影响。

【营销基础工作】 重点开发完成“成都铁路局重点厂矿企业运输信息管理系统”课题的研发、编制。对营销市场调查汇总程序，营销策划管理系统，运营进款管理系统，货车、机车考核程序，重点厂矿台账程序进行修改完善。

（余粤东）

财务管理

【综 述】 2002年路局财务工作在不断完善财务管理体制，宣传并贯彻落实客货网分账核算下的运输清算及营销策略的同时，不断加大安全投入，夯实安全基础，为运输生产的持续发展创造条件。局财务工作遵循全局经营管理方针目标，围绕提高经济效益中心任务，抓住实施资产经营责任制主线，适应运输财务体制改革的新形势，走向市场，开辟财源，狠抓管理，求真务实，开拓创新，圆满完成路局2002年各项经营目标。

财务处现设财务计划科、会计科、收入稽查科、综合财务科、基建科、监察科、处长室及国有资产办公室、资金调度结算中心、会计服务中心。现员44人，其中：高级会计师6人，会计师14人。

【财务体制改革】 按照铁道部关于运输财务体制改革的总体要求和推进计划，完善已出台的有关办法，认真研究部关于货运收入直接从市场取得客、货网分账核算的模拟运作办法，提出意见和建议；及时准确地完成部三次模拟运作有关资料的搜集上报和“承运模式”、“分收入模式”的各项统计工作；加强货票原始信息传输工作，为货网财务体制改革的推进打下基础。

各级财务部门以保持和巩固路局改革、发展、稳定大局为重，参与和推进企业各项改革。在客运公司组建及多元经营新格局的建立中，财务部门以顾全大局、实事求是的态度积极研究改革中涉及的财务清算、会计核算、进款管理、资产划转和涉税事务等问题，主动帮助新组建单位平稳过渡和加强管理，促进各项改革的顺利进行。

【全局财务工作会】 3月21日～22日在青城山培训中心召开。路局有关业务处室领导、各大口总经济师、财务分处（部、科）长参加会议。齐文超局长、王守增总经济师到会并讲话。会议传达贯彻全路财务工作会议精神，学习全路财务工作会经验交流材料，回顾总结2001年全局财务工作，部署2002财务重点工作。动员全局广大财务工作者认清形势，明确任务，抓住机遇，迎接挑战，实现全局财务工作再上新台阶。

【运输进款】 完成960 740万元，比年初确保目标950 000万元增收10 740万元，增长1.13%，较上年增收57 697万元，增长6.39%。其中：客运完成447 498万元，较上年增加19 701万元，增长4.61%；货运完成492 536万元，较上年增加29 168万元，增长6.29%；路网完成17 340万元，较上年增加8 796万元，增长102.95%。车站候车室空调费完成3 366万元，较上年增加32万元，增长0.96%。

【运输营业收入】 完成1 298 588万元，较年度计划1 197 190万元增加101 398万元，增长8.47%。其中：客运营业收入完成458 290万元，比年度计划减少2 277万元，降低0.5%；货网营业收入完成787 569万元，比年度计划698 097万元增加89 472万元，增长12.82%；专项收入完成38 526万元。

【运输总支出】 完成1 235 117万元，较年度计划1 138 889万元增加96 228万元，增长8.45%，其中：费用支出467 139万元，较年度计划417 859万元增加49 280万元，增长11.79%；大修支出97 377万元，加上按铁道部《关于调整2002年大修和更改支出项目的通知》精神已调整到更改支出项下的32 790万元后，实际大修完成130 167万元，较年初计划127 786万元增加2 381万元，增长1.86%，较年末计划126 220万元增加3 947万元，增长3.13%。

【运输盈亏目标完成情况】 铁道部下达路局2002年盈亏目标为16 290万元，2002年实际完成运输利润(考核口径)17 679万元，比铁道部下达运输盈亏目标增加1 389万元，增长8.53%。

【工附业利润完成情况】 工附业亏损6 812万元，其中：内昆线豆梅段临管运营亏损3 284万元。

【“三率”指标完成情况】 国有资产保值增值率考核值100.41%，完成100.62%；净资产收益率考核值0.62%，完成0.62%；运输营业收入利润率考核值1.36%，完成值1.37%。

【固定资产】 2002年末，全局运输、工附业固定资产原值(不含多经)为560.38亿元。其中：运营单位549.16亿元、工附业单位11.22亿元。

【运输收入管理】 围绕路局经营目标和运输收入目标，积极开展增运增收和挖潜提效活动，努力提高运输质量，树立新的营销观念，超前制定营销对策，不断拓展营销渠道，挖掘铁路运输新的收入增长点。重点抓好春运、暑运和“五一”、“十一”黄金周旅客运输。坚持运输收入定期分析和报告制度，及时反馈信息；加强市场调查研究，以及时准确的财务分析引导客货营销和运输生产。

【收入专项检查】 经过统筹安排，运输站段自查面达到100%，共查出漏少收及部分违纪金额695万元，顺利通过部检查组对路局的重点检查。

【堵漏保收】 为确保全局盈亏目标的实现，路局加大堵漏保收工作力度。2002年全局堵漏保收完成45 401万元，较上年43 707万元增加1 694万元，增长3.88%。

【资金管理】 继续执行“划分权责、缺口自筹、有偿占用”的方法，对资金往来继续实行有偿占用，占用费在财务费用中列支。2002年共收取下属单位资金占用费1 164万元；路局支付铁道部资金占用费303万元。

【资金中心资金运作】 加强资金调剂，搞好资金运作，密切关注资金变化情况，运用调剂杠杆，在国家金融、证券法律法规和铁道部政策允许的前提下，资金中心对有关全国性综合类证券公司、非银行金融机构深入调查，经路局研究决定续办和新办了委托国债投资和购买记账式国债的业务。通过强化集中统一管理、加强联网结算、规范资金运作等工作，充分挖掘资金潜力，2002年全局实现资金效益10 145万元，超额完成路局下达的资金效益目标。

【运输成本计划管理】 继续贯彻“以收定支、总量控制、收支弹挂、有增有减”的工作思路，只对分局下达盈亏目标和折旧、大修计划，不对各分局下达运输总支出计划，各分局在保证完成盈亏目标和资产经营责任制有关指标的前提下，自主安排成本费用计划。

【成本控制】 狠抓成本管理，努力节支降耗，采取多方位、有成效的节支措施，挖掘节支潜力。加大对运输成本，尤其是间管费的控制力度。抓住成本控制的关键，针对机车牵引用油、电在成本中占较大比重的情况，与机务处联合下发《关于对机车能耗“查对标”工作的安排》，对机车能耗的“查对标”工作进行具体安排、布置。

【大修计划管理】 针对设备安全大检查中发现的问题，及时调整下达工务、机务、电务、房建设备及水害复旧等大修计划，为全局运输生产的安全提供保障。

【全面预算管理】 围绕实施新一轮资产经营责任制的要求，2002年，全局运输企业实行全面预算管理。下发《成都铁路局全面预算管理实施办法》(暂行)，要求各分局建立起全面预算管理体系，制定本分局实施全面预算管理的细则和具体办法。召开全面预算管理推进会，讲解并学习全面预算管理实施办法，对推进全面预算管理提出具体要求，开展专题调研。此项工作受到铁道部和财务司的肯定，在全路财务工作会议介绍经验。

【国有资本金效绩评价】 开展国有资本金效绩评价工作，测算上报路局运输企业效绩评价的基本指标数据，并与铁道部对接。参加部效绩评价实施小组工作，审核2001年各局数据指标，研究2002年效绩评价指标体系，测算标准值等，并模拟测算路局2002年效绩评价指标值。

【国有资本监管】 积极参与客运改革工作,把国有资本监管工作落实到改革过程中。局客运公司成立后,加强对客运资产的清查、划转的指导,保证国有资产不流失。完成全局国有资本产权登记工作,324户企业年检,119户企业产权变动登记。

【财务监察】 先后接受铁道部审计中心、国家审计署成都特派办对路局2001年资产经营责任制和滕玉和局长的离任审计,以及成昆线电气化改造项目(世界银行贷款项目)和路局2001年财务收支的审计。财务处统筹安排,专人负责联络,协调各审计组的工作,并对审计结论和交换意见提出的问题进行整改和说明。

【会计基础工作】 按照财政部要求和铁道部部署,完成全局财务人员会计从业资格证书的换证和建档工作。在会计基础工作规范年活动中,全局各级财务部门共检查258家决算单位,各单位会计核算水平及会计信息真实性、可靠性得到提高。截至2002年底,全局729个决算单位中已达到规范化要求的547个,规范化率75%,达到部要求70%的规范化目标。

【债权债务清理】 针对全局应收款,特别是三年以上应收款额度居高不下,有可能造成资产损失的情况,在全局范围内认真清理各种应收款项,落实催收措施和方案,督促一些单位处理长期挂账的款项。

【基本建设投资情况】 2002年路局管内铁路建设投资总规模为35.1亿元,除去地方政府投资4.1亿元后,铁道部下达的投资计划为31亿元。其中:株六复线14.4亿元,成昆电化9.24亿元,内宜电化1.82亿元,达万铁路3.06亿元(另地方投资2.1亿元),水柏铁路1.25亿元(另地方投资2亿元),遂渝铁路0.2亿元,部投资小型项目0.92亿元,局自筹小型项目0.1亿元。截至年底,各项目均全面完成铁道部下达的投资计划,投资完成额为27.22亿元。宝成复线台账管理工作进展顺利,株六复线全线开通投产后,贵阳枢纽及沿线收尾配套工程基本完工,内宜电化、达万、水柏铁路均顺利开通,配套工程基本完工并实现销号目标。

【通用会计核算软件使用】 全年举办5期《通用会计核算软件》升级培训班,培训人员100人次,使路局的会计核算现代化进入新阶段。

【财会学会】 举办各种类型培训班32期,培训财会人员3 805人次,其中:继续教育培训班22期,培训2 726人次;会计基础工作规范培训班7班909人,初级电算培训754人,会计从业资格考前培训237人,《会计法》培训2班356人。

(傅 妍)

表6-1 运输业务财务结果 (2002年)

项目 \ 单位		成都铁路局	成都分局	重庆分局	贵阳分局
运输进款收入(万元)	计划	950000	451500	274800	223700
	实际	960740	448295	271068	238550
运输营业收入(万元)	实际	1298588	548226	301121	394488
运输总支出(万元)	实际	1235117	522336	285395	376799
大修支出(万元)	实际	97377	28338	21372	46678
利润总额(万元)	实际	14908	8172	6500	4986
固定资产原值(万元)	实际	5603787	2363690	1069135	2072523

(傅 妍)

国有资产管理

【综　述】 成都铁路局国有资产管理办公室于2000年1月1日成立,负责全局国有资产归口管理,贯彻执行国家、铁道部国有资产管理的政策、法规、制度,制定相应的管理办法并监督实施;负责全局(含运输、施工、多元、工附业、基建等)国有资本监管、产权管理、对外投资及收益管理等。国有资本监管工作既是企业财务管理的重要组成部分,与财务管理密不可分;是国家职能的延伸,工作具有一定的独立性。局国资办由财务处主管,同时对路局负责。三个分局先后成立国资办,其他局属单位指定专人负责国资工作,同时强化基层站段国有资产管理的责任,做到"机构落实、人员到位、职责明确、监管得力",初步建立从路局到站段的"分级管理、分工监督"的国有资本监管新体制。

【国有资产管理重点工作】 2002年国有资产管理工作以企业经营目标为中心,以实现国有资产保值增值为目的,围绕铁路运输企业财务体制改革的内容,结合收入、成本规程、进款清算、营业收入清算、固定资产折旧计提办法等制度、办法的修订,研究国有资产工作与运输盈亏目标相结合的切入点,使国有资产管理工作富有成效。根据财政部《企业国有资本与财务管理暂行办法》和铁道部的补充规定,研究路局内部管理办法,使全局的国有资产管理工作逐步规范化、制度化。加强国有资本监管工作,加大监管力度。各级国有资产管理部门对所属单位违反国有资本监管办法的行为和造成国有资产损失的事件按照管理权限提出处理意见。

【国有资产产权登记】 企业国有资产产权登记是按照国务院颁发的《企业国有资产产权登记管理办法》和财政部下发的《企业国有资产产权登记管理办法实施细则》,依法对占有国有资产的企业进行产权登记。《中华人民共和国企业国有资产产权登记证》是依法确认企业产权归属关系的法律凭证。根据铁道部统一部署,组织全局所属企业开展产权登记工作,按时完成基础数据的搜集,并对各类产权登记表及所属附件资料的真实性、完整性认真审核,对符合要求的企业进行登记表的填报和计算机录入,完成申报及初审工作,并集中到财政部统一办理登记。全局共有324户企业持有《中华人民共和国企业国有资产产权登记证》,其中:补办占有登记17户,办理国有产权变动登记200户,办理年度检查登记324户。

【国有资本金效绩评价】 为适应社会主义市场经济体制下国有企业监督管理的需要,1999年6月财政部、国家经贸委、人事部、国家计委联合颁布《国有资本金效绩评价规则》和《国有资本金效绩评价操作细则》,企业效绩评价制度在中国初步建立,并在国有企业改革和有关监管领域得到逐步应用。铁道部2001年1月8日印发《2001年铁路局国有资本金效绩评价实施办法》,决定在2001年继续实行资产经营责任制的同时,试行国有资本金效绩评价。部随后组建评价实施小组,通过制定实施方案、制定评价指标体系、确定计分办法、收集基础数据和确定标准值、评价计分、形成评价结果等环节,完成2001年对各铁路局的效绩评价工作。铁道部《关于印发〈2001年铁路局国有资本金效绩评价结果〉的通知》,公布对路局的评价结果,效绩评价79.75分,评价结果为良好(B)。2002年铁道部继续对铁路局试行国有资本金效绩评价,评价指标由上年的13项增加为21项,评议指标权重由10%增加为20%,新设行车和劳动安全扣减分指标,使评价指标更趋完善。

【国有资本监管】 围绕路局经营目标开展工作。国有资本监管要以经济效益为中心,以完成经营目标为契合点,使国有资本在良好的营运状态中实现价值最大化。起草《成都铁路局全面预算管理实施办法(暂行)》,并参与全面预算管理工作的推广、落实;参与客运改革工作,把国有资本监管工作落实到改革过程中,局客运公司成立后,加强对客运资产的清查、划转的指导,保证国有资产不流失;参加局多元新格局的调研及相关工作,促进多元经济发展。

【运营固定资产清查与折旧匡算】 8月,为确保2002年路局资产经营责任制目标的实现,摸清全局运营单位固定资产存量、类别及使用状况,预测全局运营固定资产增减变动和2002年下半年运输总支出中折旧费列支情况,以2002年6月30日为清查时点、2002年7月至12月为预测统计时段对全局运营单位的固定资产清查和预测统计,在此基础上对2002年下半年运营固定资产折旧费进行匡算,为领导经营决策提供依据。

【合资铁路国有资产清查】 为摸清路局合资铁路资产、负债和所有者权益,为2003年合资铁路纳入路局资产经营责任制总体考核做好准备,以2002年9月30日为清查时点,组织开展合资铁路公司的全面资产清查。基本摸清路局控股的合资铁路公司资产存量、类别、使用状况,为合资铁路纳入路局资产经营责任制考核和加强国有资本监管准备了基础性资料。

【对外投资管理信息系统】 针对对外投资的风险和不定性程度高、职责不明确、管理较薄弱等现状,2002年加强对外投资管理,制定下发《成都铁路局对外投资管理办法》,开始建立全局对外投资信息管理系统,对全局的对外投资实现项目化、动态化、网络化管理。组成由王守增总经济师为组长的系统建设领导小组,组织有关部门和人员研究开发《对外投资信息管理系统》软件,通过路局科技成果评定,并进行培训和推广应用。召开全局对外投资管理信息系统工作会,组织有关人员深入基层,检查督促和指导各级建立对外投资信息系统。至年底,初步建立起全局对外投资管理信息系统,对外投资管理项目化、动态化。

【国有资本监管预警通报】 铁道部国有资本监管部门在2002年共发4个《国有资本监管情况的预警通报》,通报各铁路局2001年和2002年前三季度国有资本监管情况,对路局国有资本监管工作,尤其是加强对外投资管理、合资铁路国有资本监管和国有资本监管报告、报表质量、时效性等方面进行了表彰,局国有资本监管工作得到铁道部国有资本监管部门的好评。对《国有资本监管情况的预警通报》中提出的问题,分析原因,制定改进措施。

(冯高歌)

劳动工资

【综　述】 2002年,各级劳资部门在路局、局党委的领导下,按照路局提出的三大任务和"转变作风,强化基础,提高素质,谋求发展"的要求,围绕打好安全翻身仗和实现资产经营目标,以"调控两个总量,深化两项改革,落实两项标准,优化两个结构,提高两个素质,抓好两个保障"为重点,建立并强力实施保安全、增效益、控总量、提素质的系列新机制,进一步调动干部职工的积极性,全年较好地实现劳动工资各项目标。截至年末,全局职工149 329人,比上年末增加741人,较部下达人数少106人。全局工资总额24.47亿元,较上年增长11.79%;全局职工平均工资16 487元,增长11.97%。全局运输业从业人员年末人数为97 252人,控制在部、局下达的控制人数以内。全年按周转量计算的运输业从业人员劳动生产率为125.4万换算吨公里/人,较上年增长4.41%;按照运输收入计算的运输业从业人员劳动生产率为99 987元/人,增长4.87%。2002年底,局属单位共实现劳动安全"百安"15个;全局发生职工责任因工伤亡事故61件62人,死亡率和重伤率分别为0.019‰和0.078‰,低于部控指标。锅炉压力容器实现连续无责任爆炸事故7 678天。

劳资处现设综合科、工人科、工资科、劳资计划统计科、劳动定额科、组织定员科、劳动安全和锅炉监察科、社会保险管理中心、劳动安全教育中心、特种设备检测检验站。现员49人。

(李艳丽)

【用工制度改革】 下发《成都铁路局关于深化劳动用工制度改革、促进安全生产的决定》,规定职工下岗条款(8条),依法解除劳动合同的条款(14条)。

为进一步加强劳动用工管理,强化依法用工,树立节约用人意识,减少劳动争议和劳动纠纷,制定《进一步规范成都地区各单位临时用工管理的规定》,对成都市境内的成都分局、成都工程(集团)公司所属各单位,局多元中心所属各公司,局直属机关各单位使用临时工的申报审批、聘用程序、报表制度、监督检查等进行规范。

【工人动态】 2002年末,全局工人总数115 347人,较上年增长2 601人。其中:全员劳动合同制工人115 294人,全年新进工人1 919人(见表6-2)。

【部、省劳动用工检查达标】 转发铁道部《关于开展全路劳动用工检查的通知》,做好路局劳动用工的政策制定、劳动法

表6-2 全年新进工人情况 (2002年)

项目 单位	补充自然减员指标招收	接收安置复员退伍军人	分配技校成人中专毕业生	合计
成都分局	5	340	337	682
重庆分局	1	242	176	419
贵阳分局		369	268	637
工程(集团)公司		10		10
客运公司	4	55	83	142
多元(集团)公司		16		16
局直属单位		8	5	13
合计		1040	869	1919

(张华)

律法规执行等方面的自检自查工作。10月15日～17日，铁道部劳动用工检查组来路局检查指导劳动用工和劳动合同管理工作，肯定了路局工作成绩，要求进一步完善、规范劳动合同管理，与国家、地方政府的法律、法规衔接。

按照四川省劳动和社会保障厅《关于开展2001年度劳动保障年检的通知》规定和要求，9月5日，完成2001年度劳动用工年检工作，取得省厅颁发的《劳动用工年检合格证》。并根据在川单位劳动用工情况，向省厅申报两个"劳动用工信得过单位"。12月6日，省劳动和社会保障厅劳动用工监察处对工程总公司劳动用工进行检查，授予工程总公司"劳动用工信得过单位"。

【内昆新线开通营运的劳动力配备】 为确保内昆线按期开通、安全营运，路局相继下发《关于进一步落实内昆新线人员储备工作的通知》和《关于切实做好内昆线开通营运所需生产人员配备工作的通知》，要求重庆、贵阳两分局做好内昆新线开通所需人员的储备工作。下发《关于贵阳分局内昆线人员配备情况的批复》，为做好内昆新线开通营运的劳动力配备，对贵阳分局新线开通必备人员配备提出三条原则。

7月1日～9日，检查内昆和株六新线人员配备情况，8月5日～12日赴贵阳分局及麻尾机务段对机车乘务员定员、现员配备情况调研，形成调研报告，局领导批转局属各单位。

【技校、成人中专毕业生分配】 根据路局运输生产的需要，2002年的技工学校482名毕业生直接分配。其中通信专业39人，信号工专业40人，运输作业专业79人，线路工专业79人，车辆专业39人，空调与制冷专业40人，电力机车乘务员专业126人，接触网工专业40人。分配去向为成都分局194人，重庆分局100人，贵阳分局149人，铁通公司39人。

下发《关于2001年转成人中专学业培训毕业分配的通知》，对2001年路局技校毕业生转成人中专学业培训的342名毕业生进行分配。其中：铁道运输专业79人，铁道车辆专业78人，铁道信号专业78人，电力机车专业107人。分配去向为成都分局145人，重庆分局76人，贵阳分局121人。

【成人中等公安学校招生】 下发《关于局成人中等公安学校招生的通知》，公布招生名额(成都分局40名，重庆分局30名，贵阳分局30名)、招生对象、报考条件，职责分工，报名、招生、录取程序，学员管理及违纪处理。按照公平竞争、择优录取的原则，经铁道部公安局、铁道部招办审查批准，在路局在职职工中招收100名学员，毕业后补充路局公安队伍。

【劳动合同制管理动态】 2002年全局终止劳动合同1 316人，其中：退休965人，在职死亡227人；解除劳动合同232人，其中：开除、除名29人，劳教、判刑33人，辞职85人，其他原因85人。

【奖励与处分】 为进一步规范全局奖金的分配与管理，加大奖金分配调控力度，制定《成都铁路局关于进一步规范奖金分配与管理的通知》，要求局属、局直属各单位严格清理各种奖金，归口管理。严格实行局长一支笔审批，劳资一个口管理，财务一本账支出的奖金归口管理制度。

2001年全局获省、部级劳动模范12人，获部级“火车头”奖章12人。

全局处分工人134人，其中：记大过56人、撤职8人、留用察看8人、开除13人、除名16人、劳动教养8人、刑事处分25人。

【技师评聘】 下发《关于2002年开展技师评聘工作的通知》，部署路局2002年度技师评聘工作。技师评聘的理论和实作考评基本结束。

【职工岗位达标培训】 按照路局“转变作风、强化基础、提高素质、谋求发展”总体思路，从“规范管理、强基达标”入手，狠抓职工队伍素质提高，开展职工岗位达标培训工作，公布《成都铁路局运输岗位职工岗位达标规划》，对运输岗位职工岗位达标标准、工作目标、工作任务、工作要求等做具体规定。

下发《关于对职工岗位达标培训工作实行考核的通知》，规定考核对象、考核内容、奖罚标准、考核办理程序及考核表。

12月10日～13日，调研重庆分局提速区段岗位达标情况，对下一步在全局继续推进、完善竞争上岗动态考核办法提供决策依据。

【职工安全档案建立】 下发《关于建立职工个人安全档案的通知》，要求运、机、工、电、辆、货、工程、工业等运输生产一线的工人(含汽车司机)建立安全档案。《职工个人安全档案》主要记录职工个人的培训、安全、奖惩情况，作为对其使用、提级、择优上岗、评先、奖励等考核的重要依据。

(张　华)

【职工工资调整】 局研究决定，自7月1日起，全面调整提高职工工资收入。增资的主要内容有：调整提高局安全效益工资标准，月人均增资80元；调整各类新进人员初期工资待遇，技校、中专、大专、本科、双学士、硕士、博士生见习期临时工资(3区月标准)分别由300元、350元、420元、500元、580元、620元、730元提高到360元、430元、520元、700元、720元、750元、900元；增加内部退养职工的补贴，人月均增加50元。

【工资分配制度改革】 一、为加大安全效益考核力度，健全完善工资分配激励约束机制，制定《成都铁路局安全效益工资考核管理办法》，加大职工收入与安全业绩和经济效益的挂钩力度。二、为规范和搞活企业内部工资分配，公布《成都铁路局关于进一步搞活企业内部工资分配的指导性意见》，要求各单位要建立保安全、促效益的多样化分配激励约束机制，并积极稳妥地开展按生产要素分配的试点工作。

【津、补贴及待遇规定】 一、公布《关于实行技能津贴的通知》，分别给予中级工、高级工每人每月20元、30元的技能津贴。二、公布《关于调整提高监察、纪检部门专职人员办案补贴标准的通知》、《关于调整提高专职信访人员岗位津贴标准的通知》、《关于调整提高我局检察院、法院办案人员岗位津贴标准的通知》、《关于调整警衔津贴标准的通知》。三、公布《关于内昆线职工工资待遇问题的通知》，对内昆线水富站至凉水井站之间工作的在岗正式职工发放每人每月40元的生活补贴。四、转发铁道部《关于2002年军队转业干部有关工资待遇问题的通知》。

【单项奖励办法完善】 一、为充分发挥路局专业技术部门在提高运输效率效益、促进安全生产和强化科学管理的职能作用，公布《成都铁路局机关专业技术部门负责人安全效益责任风险抵押考核办法》。二、为强化路局直达运输工作，公布《直达列车考核奖罚办法》，加大直达列车考核奖罚力度。三、为发挥资金中心作用，规范资金管理，提高企业整体效益，重新公布《局资金调度中心存款奖励办法》。四、公布《成都铁路局直属单位安全生产考核办法》。

【乘车证管理】 一、转发铁道部劳动和卫生司《关于同意中渤铁路轮渡有限责任公司使用铁路乘车证的批复》和《关于武夷山铁路有限责任公司丢失空白乘车证的通报》。二、为强化和规范路局乘车证管理工作，路局于4月2日至5月25日，对管内各单位乘车证管理和使用情况进行抽查。

（谢 伟）

【劳动安全】 消灭职工责任因工重大死亡事故和中毒事故，劳动安全实现两个“百日无职工因工死亡事故”。全局共发生职工责任因工伤亡事故61件63人，比上年增加1件，伤亡人数持平，其中：死亡事故3件3人，与上年持平；重伤事故11件11人，比上年减少1件2人；轻伤事故47件49人，比上年增加2件2人。职工责任因工死亡率和重伤率分别为0.019‰和0.069‰，低于铁道部、四川省和路局的控制目标。

实现锅炉压力容器无爆炸事故7 678天。全面完成锅炉压力容器普查登记、办理使用证工作；加强锅炉压力容器检测检验，以检促管，提高安全质量。全局共检验锅炉压力容器1 311台；提高锅炉压力容器操作人员业务素质，举办各类操作人员培训班16个，参加培训1 345人，培训合格率100%；严把液化石油气铁路罐车运输审查关，审查罐车213辆，办理许可证191辆，审查合格率89.7%。

【尘毒治理】 严格执行尘毒治理“三同时”制度，依靠科技进步，加大有毒有害作业点治理力度，提高治理质量。全局共投入治理经费459.1万元，治理项目30个，比上年增加投入211.1万元，治理重庆西机务段充电房等30个尘毒作业点，改善职工劳动条件。

【劳动安全考核】 根据路局《成都铁路局加强安全生产的决定》，健全劳动安全和锅炉压力容器安全工作的激励约束机制，加大考核力度，对《成都铁路局劳动安全考核办法》和《成都铁路局锅炉压力容器安全考核办法》修订完善。

局属、局直属各单位实现劳动安全“百安”16个，路局发放奖金180万元。对职工因工死亡、重伤事故责任单位经济处罚53.60万元。

【劳动保护】 下发《关于加强职工劳动防护用品管理的通知》，对局属各单位护品的采购、保管、使用等各个环节，特别是护品的质量全面检查。召开全局职工护品发放标准修订工作会，对原有局管护品发放标准进行修订。为保护内昆新线高寒地区职工的安全和健康，下发《内昆新线高寒地区职工冬季防护用品暂行发放标准》。

针对入夏以来天气异常炎热、持续高温的情况，下发《关于认真做好今年防暑降温工作的通知》，对全局防暑降温工作提出要求，并按甲类人员70元、乙类60元、丙类50元标准一次性增发防暑降温费共计864万元。

【工伤保险】 按照《铁路企业职工工伤保险试行办法》规定，局职工工伤认定委员会先后于5月、12月组织召开二次职工工伤认定会，认定工伤职工102名，并按规定支付工伤保险待遇961万元。

【安全生产月】 开展以“安全责任重于泰山”为主题的“安全生产月”活动，下发《关于开展“安全生产月”活动的通知》，组织干部职工进行安全生产法律法规学习、培训和知识竞赛，编印《打好安全翻身仗系列宣传资料》9 000余册，参加四川省“百万职工安全生产法规知识竞赛”答题11.61万人，悬挂安全标语7 210条，展出安全图片653场次，举办安全板报1 059期，播放安全专题节目254场次。

【劳动安全考评达标】 开展劳动安全可靠性考评、安全标准工地、劳动安全协作区建设，提高劳动安全管理水平。全局共有47个生产站段劳动安全可靠性考评复查合格。成铁工程（集团）公司创建局级安标工地3个、集团公司级安标工地4个。局属单位充分发挥15个劳动安全协作区作用，定期召开协作区工作例会，互查互纠，自控互控。

【劳动安全监察队伍建设】 加强劳动安全监察队伍建设，规范全局安全监察证发放、使用和管理，下发《关于换发成都铁路局安全监察证的通知》，对全局185名劳动安全监察人员的任职资格进行审查、换证，实行安全监察证年检制度。开展监察人员业务培训，组织局、局属单位的劳动安全监察人员，参加铁道部《铁路企业伤亡事故处理规则》和《职业安全健康体系》学习。举办站段劳动安全监察培训班7期，培训站段监察人员454名，提高劳动安全法制意识和业务水平。

【《安全生产法》宣传学习】 按照路局的统一部署和要求，成立《安全生产法》学习宣传贯彻领导小组，采取张贴标语口号、知识竞赛等各种形式，大张旗鼓地宣传《安全宣传法》。同时，把《安全生产法》纳入各单位"四五"普法教育。全局共下发《学习〈安全生产法〉手册》、《〈安全生产法〉辅导讲座》、《安全生产站车广播专题节目》等学习资料50 400余套。组织各级主管领导、业务部门负责人《安全生产法》培训班7期，450余人参加。

【两个总量宏观调控】 根据铁道部、路局减员增效和节约用人的要求，按照减员目标，采取切实可行的措施，保证了全局2002年运输业净减员2 600人目标的实现。

加强工资总额的宏观调控，按照铁道部对企业工资总额实行发放紧贴经济效益和动态管理的原则，根据路局运输和多元经营任务的完成情况，先后下发《关于下达成都铁路局2002年劳动工资计划的通知》和《关于下达成都铁路局2002年工资总额调整计划的通知》，下达和调整局属、局直属各单位工资总额，做到以收定支，留有余地。

【劳动工资管理】 根据铁道部统计执法大检查的要求和路局统一部署，组织人员对各运输分局所属单位及局直属单位劳动用工及工资支付情况全面检查，本着"认真执法、重在落实、保证质量"的原则，以统计法令法规为依据，对检查中发现错统、漏统、瞒报不统等问题及时纠正，对部分违反规定的单位依法处罚，并将检查情况及结果通报全局。

【劳动统计】 加强统计基础和统计分析工作，发挥统计信息、监督、咨询和参与决策的职能。报表数据准确、分析全面，分别获得铁道部统计中心全路统计评比第二名，成都市劳动局、成都市金牛区"劳动统计先进集体"等荣誉称号。

【全局劳动生产率完成情况】 2002年在运输市场竞争日益激烈的情况下，全局职工积极落实路局营销策略，克服不利因素影响，保证客源货流持续上升，运输业按运输收入计算的从业人员劳动生产率为99 987元/人年；施工、工附业、多经企业通过积极参与市场竞争，实现产值、利润和劳动生产率大幅度提高。全局各行业从业人员劳动生产率完成情况见表6－3。

表6－3 全局各行业从业人员劳动生产率完成情况 （2002年）

	计量单位	实际完成	比上年（±%）
一、运输业	万换算吨公里/人年	125.6	4.6
其中：成都分局	万换算吨公里/人年	124.8	11.9
重庆分局	万换算吨公里/人年	90.2	－5.7
贵阳分局	万换算吨公里/人年	159.0	2.2
二、多经企业	元/人年	184825	10.3

（黄少波）

表6-4 职工责任因工伤亡情况统计 (2002年)

单位	项目 数据	死亡人数(人)	千人死亡率(‰)	重伤人数(人)	千人重伤率(‰)	轻伤人数(人)	千人轻伤率(‰)
全局	实际	3	0.0188	11	0.0689	49	0.3068
	与上年比较	持平	-0.0028	-2	-0.0246	+2	-0.0311
成都分局	实际	0	0	3	0.056	13	0.2425
	与上年比较	-2	-0.0388	+1	+0.0172	+5	+0.0871
重庆分局	实际	2	0.0561	2	0.0561	16	0.4494
	与上年比较	+1	+0.0278	+1	+0.02783	+5	+0.1376
贵阳分局	实际	1	0.0242	3	0.0727	13	0.3152
	与上年比较	+1	+0.0242	-2	-0.0606	-4	-0.138
成都工程(集团)公司	实际	0	0	2	0.1032	6	0.3096
	与上年比较	持平	持平	-2	-0.5472	+2	-0.3408
多元经营集团公司	实际	0	0	1	0.2106	1	0.2106
	与上年比较	持平	持平	持平	-0.1917	-6	-2.6052
局直属	实际	0	0	0	0	0	0
	与上年比较	持平	持平	持平	持平	持平	持平

表6-5 人身安全考核情况统计 (2002年)

项目 单位	合计	成都分局	重庆分局	贵阳分局	成都工程(集团)公司	多元经营集团公司	局直属
年内实现"人身百安"(个数)	16	3	4	3	3	3	
奖励金额(万元)	180.002	60	46.602	58	13	2.4	
罚款金额(万元)	53.6	6.2	25.4	16.4	4.4	1.2	

(汪　涛)

表6-6 职工责任因工伤亡事故分类统计 （2002年）

项目＼单位	全局	成都分局	重庆分局	贵阳分局	成都工程(集团)公司	多元经营集团公司	局直属
死亡人数	3		2	1			
其中 车辆伤害	2		1	1			
其中 触电	1		1				
重伤人数	11	3	2	3	2	1	
其中 车辆伤害	7	2	2	3			
其中 起重伤害	1					1	
其中 触电	1	1					
其中 高处坠落	2				2		
轻伤人数	49	13	16	13	6	1	
其中 物体打击	11		1	4	5	1	
其中 车辆伤害	6	2	3	1			
其中 机械伤害	5	2	3				
其中 起重伤害	1	1					
其中 触电	4	2	2				
其中 灼烫	3		1	2			
其中 高处坠落	7	2	2	3			
其中 其他	12	4	4	3	1		

（汪涛）

表6-7 尘毒治理情况统计 （2002年）

内容＼单位	全局	成都分局	重庆分局	贵阳分局	成都工程(集团)公司	多元经营集团公司	局直属
尘毒固定点个数	801	349	171	138	16	65	62
达标率(%)	85	74	93.5	84	81.3	83	79
接触人数	10459	4747	3383	1522	233	274	300

（张继超）

【职业技能鉴定】 2002年路局职业技能鉴定人数为29 113人，其中：特有工种23 384人，通用工种5 729人。鉴定合格并取得国家资格证书人数为24 748人，其中：特有工种19 761人，通用工种4 987人。

【技师鉴定】 全局首次技师鉴定理论考试于10月20日在成都、重庆、贵阳分局及工程总公司共设4个点进行，报名人数为1 068人，实际参加考试人员为820人。理论合格人数为633人，合格率为77%。实作考试及答辩正在分期分批实施。

【全路工务部门劳动定员标准修订】 路局承担全路工务劳动定员标准的修订，按部要求，修改标准调节系数较部110号文件更趋科学合理，在重庆审定会上得到部认定。

（杨怀炳）

【多元经营新格局建立】 根据铁道部铁路改革的总体思路，铁道部、铁道部政治部《印发关于推进铁路运输企业多元经营改革和发展若干意见的通知》，铁道部《关于建立多元经营新格局若干问题的意见》，结合路局实际，拟订多元经营改革方案，铁路局、局党委2002年4月30日公布《关于建立多元经营新格局的决定》。要求将全局非运输企业的工附业、建筑施工业、房建系统、生活系统以及多种经营系统的企业纳入多元体系，对企业按适应市场和专业化分工、规模化经营的要求，逐步进行重组和优化整合；重新调整并界定路局多元经营管理委员会及主要职责；重构局多元经营管理中心，将物资工业总公司和局多元经营管理中心合并，组建新的局多元经营管理中心，为多元经营管理委员会的办事机构，对全局多元经营进行行业管理；建立路局多元经营资产营运机构，路局多元经营资产营运机构作为运输企业对多元经营企业的出资人，对出资范围内的多元经营企业资产，进行统一管理并监督运行。

将物资工业总公司所属工厂（公司）、局印刷厂纳入多元体系。各分局参照路局模式，成立多元经营管委会、多元经营管理中心、多元经营资产营运机构。

【电务生产布局调整】 按照铁道部的统一部署，路局的通信资产和人员于上年进行了分离，结合通信分离后的实际情况，为优化运输生产组织，做好电务生产布局调整，拟定电务生产布局调整方案。铁路局、局党委2002年4月30日公布《关于调整电务生产布局的通知》，对全局电务生产布局进行调整。撤销江油、峨眉、北碚、都匀4个电务段，分别并入成都、西昌、重庆、凯里电务段，其资产、人员等全部划交并入单位，对各段的管界进行调整。为加强领工区生产、技术、安全、劳动管理的职能，发挥组织、指导、监督作用，提高电务管理能力和维修质量，各段电务领工区可增配工程技术人员1人。各电务段按照生产布局调整后的实际情况，加强检修基地建设。

路局对电务生产布局调整的实施提出四点要求。各分局及时贯彻路局的决定，分别发文对电务段进行撤并。经过调整，全局电务段管理人员定员从330人精简为311人，现员从339人减为282人，分别减少19人和57人，精简5.8%和16.8%；领导职数定员从48人精简为35人，现员从50人减为36人，分别减少13人和14人，精简27.1%和28%。内设机构从54个精简为41个，减少13个，精简24.1%。电务生产布局调整后，有利于推进电务系统体制改革和提高运输整体经济效益。

【建设管理体制改革】 铁路局、局党委研究决定，对路局建设管理体制进行改革，实行建设行业管理和项目管理分开的原则，加强统筹规划，强化过程控制，推行系统负责、专业负责、业主负责机制。

组建局建设管理处，负责全局建设项目实施的建设行为、政策、标准、法规执行情况进行管理和监督。

组建局工程管理中心，受路局委派，承担建设工程项目的建设单位职责，对全局建设工程项目实行统一管理、分级负责。

【运输站段管服人员达标】 为贯彻落实劳动定员标准，推进人力资源的结构调整，精干二、三线人员，配足配强运输生产一线人员，印发《关于加快推进运输站段管服人员达标的通知》，要求各分局确保2002年运输站段管理人员达到定员示范标准和服务人员达到定员标准。

8月～9月，检查成都、重庆、贵阳分局的11个运输站段单位的管理、服务人员的贯标达标情况，对站段的一、二、三线职工队伍结构分布认真调研。部、局示范标准执行情况较好。

【专业技术职务定员编制】 根据铁道部《关于"十五"期间加强铁路专业队伍建设的意见》,对局属、局直属各单位,局机关各部门的专业技术人员状况进行调研,与局干部处共同研讨,制定局属、局直属各单位,局机关各部门的专业技术职务定员编制比例和定员,于2002年7月17日以成铁劳函[2002]194号和劳函[2002]87号文公布。

本次公布的专业技术职务定员编制是专业技术职务定编定员编制的依据,根据各部门、各系统、各单位科技含量高低,技术密集程度,生产经营实际,适当考虑发展,合理分配高、中、初级专业技术职务定员编制。

（马德浩）

【劳资干部培训】 2002年组织劳资干部参加部、局各类培训班6期171人次。举办特种作业人员安全技术培训班19期,培训特种作业人员1 260人次,举办特种作业人员复审培训班17期,复审特种作业人员1 226人次。通过培训教育,52名劳资干部获路局《干部岗位任职资格证书》,1 258人获《中华人民共和国特种作业操作证》。路局特种作业人员培训考核中心被四川省安全生产监督管理局授予"特种作业人员培训考核资格单位"。另有85人参加特种设备检测检验人员培训班,全部取得换证、颁证资格。

（王彦平）

【特种设备安全技术监督监察】

根据《关于在全局开展锅炉压力容器压力管道特种设备普查登记工作的通知》,国家对开展特种设备普查工作的要求,安排、督促全局特种设备普查登记工作。

加强与地方政府有关部门的联系,争取国家安全监管部门对路局特种设备检测检验工作条件的审查。2002年1月25日,四川省安全监督管理局审查认证,成都铁路局特种设备检测检验站取得国家专门机构认可的特种设备检测检验资质。省质监局的资质认定正在进行。

加强局、分局相关部门的联系,参与设备的购置、安装评标评审工作,依靠安全监察部门和设备部门,严格审核和审批特种设备的购置、安装,把好特种设备安全技术质量关。截至年底,局检验站审批购置特种设备11台,审批安装、大修改造特种设备15台。

【特种设备安全技术检测检验】

2002年,检测检验特种设备240台,其中特检45台,定检195台;按特种设备的类型,受检桥门式起重机183台,汽车吊10台,卷扬机5台,电梯36台,塔机6台。全局检测检验工作开展情况:特检站组织检验72台,成都分局组织检验102台,重庆分局组织检验31台,贵阳分局组织检验23台,工程集团公司组织检验12台。特种设备检验合格率96%。

（吴　毅）

干部管理

【综　述】 2002年,全局干部工作围绕路局改革发展和稳定大局,继续深化"双好"活动,调整充实"双好"活动内容;加强各级领导班子建设,注重培养,扩大交流,领导班子组织建设取得明显成效,优秀年轻干部培养使用取得新的进展,领导干部交流实现新的突破;加强分析预测,主动适应市场,加快人才工程的实施步伐;干部培训激励约束机制基本形成,培训质量保证体系逐步建立,全面完成干部培训任务;认真学习贯彻中央颁布的《党政领导干部选拔任用工作条例》,稳步推进干部人事制度改革,推动了领导干部选拔任用工作的民主化进程;按照"转变作风年","调查研究年"的基本要求,加强干部人事工作者队伍作风建设,强化监督检查,深入开展调研活动,干部管理基础工作取得明显成效,为全局实现安全年和经营管理目标提供了组织和人才保证。

局干部处设党群干部科、行政干部科、技术干部科、干部培训科、直属干部科、综合干部科,定员29人。人才开发交流培训中心定员3人,为附属机构。局、分局、站段三级干部部门共有专兼职干部工作者218人。

【干部队伍总数】 2002年末,全局干部总数32 468人,其中行政干部29 474人,政工干部2 994人,妇女干部10 312人,少数民族干部1 010人。干部总数同上年相比减少124人。

【"双好"活动】 把加强和改进领导班子和领导干部的作风建设摆在更加突出的位置，调整充实"双好"活动内容。按照"两个纳入"的要求，调整政治工作在"双好"活动检查考核和好班子、好干部评选中的比重；突出对领导班子和领导干部作风的考核监督，把作风优良、实绩突出和群众公认作为好班子、好干部评选的基本标准和领导干部选拔使用的重要依据。落实了政治工作的"两个纳入"，增强"双好"活动的实效性。集中精力抓两个主要环节，注重民主生活会、"三讲"回头看，以及党性党风党纪教育活动等方面搜集的意见，针对领导班子和领导干部队伍建设存在的主要问题，特别是作风方面的突出问题，重新修订《创建规划》和《个人保证措施》，增强"双好"活动的针对性；制定详细的工作方案，组成考核小组，对各单位的"双好"活动进行认真的检查考核，总结"双好"典型经验，提出路局表彰的好班子和好干部建议名单。

【后备干部队伍建设】 以改善年龄、专业结构和提高"82本"比例为重点，通过民主推荐，选拔一批综合素质好，具有发展潜力的优秀年轻干部充实到三级班子后备干部队伍。路局提出局级后备干部建议名单并报部，确定处职后备干部114名。39名局级后备干部中，具有大学本科及以上学历的33人，45岁以下的23人，1982年以来大学毕业生22人，分别达到后备干部人数的84.6%、59.1%和56.4%；处职后备干部中具有大学本科和以上学历的95人，35岁以下13人，1982年以来大学毕业生68人，分别占后备总人数83.3%、11.4%和59.6%。局属各单位确定147个站段领导班子后备干部1 120名，其中具有大专以上学历的1 035人，30岁以下的176人，1982年以来毕业大学生403人，分别是后备总人数的 92.4%、15.5% 和35.9%，在局属各单位提拔的105名副科职以上干部中，后备干部79名，占提拔总数的75.23%。为适应加强局机关领导干部队伍建设的需要，采取民主推荐和日常考核相结合的办法，首次建立主要业务部门负责人后备人才库。

【领导班子建设】 全局共提拔副处以上领导干部37名，最低年龄32岁。在处级单位班子调整，局多元中心机构重组、客运公司组建工作中，注重班子年龄梯次结构，尽可能选拔使用优秀年轻干部。新组建的客运公司实现班子年龄结构"双达标"，成为近5年来首个实现"双达标"的局属单位班子。1982年以来大学毕业生选拔使用人数稳步增加，目前进入全局三级班子的达到191人（党政正职40人），其中：进入分局（处）及以上班子23人（6个局属单位班子配备2人以上的4个，配备1人的2个）；进入主要运输生产站段（含工程施工和工业生产站段级单位）112人，其中党政正职26人，进入其他站段（含多元经营企业）72人。选拔到两级机关担任部门负责人（含公检法系统科、庭室负责人）的166人，其中处职24人，正副科职142人。全局处以上领导干部共交流47人，其中单位（部门）间平级交流30人，局机关与局属单位双向交流10人，班子内部党政轮岗交流7人。全局科职干部交流132人，其中单位（部门）间平级交流83人，机关与基层单位双向交流25人。

【领导干部选拔任用】 推进民主化进程，路局全年提拔37名处职干部，其中，公开招聘局教育管理中心副主任、路风办副主任等4名副处职干部，有23名干部经过会议投票推荐，其余干部均进行谈话推荐，民主推荐率达到100%，对15名干部任前公示。局属、局直属各单位全年提拔167名科职干部，任前公示的163名，占应公示人数的97.6%，对公示期间群众有反映的3名干部采取暂缓任职或取消任职的措施，成都、重庆、贵阳三个分局对提拔干部任前公示率100%。局属、局直属各单位全年提拔调整250名科职干部，民主推荐的216名，占提拔调整数的86.4%。

【干部队伍作风建设】 结合全路和全局开展的安全"四查"整顿活动，5月，对成都、重庆分局5个站段领导班子干部作风建设情况检查调研，通过召开座谈会，查阅资料台账，现场检查和夜间抽查等形式，进一步掌握干部队伍作风建设现状和存在的问题，为领导决策提供第一手资料。7月和12月，对三个分局、工程集团公司、达成公司的安全生产情况考核评估，重点剖析各级领导干部逐级负责制的落实情况。

【人才引进】 通过对全局专业人才队伍的调查摸底和统计分

析,全面掌握全局现有专业人才的分布结构、专业结构和层次结构,找出存在的主要问题,了解人才缺口和中长期需求计划,为加强专业技术队伍建设提供依据。

一、坚持把接收高质量高校毕业生作为引进人才的主渠道,主动适应"双向选择、自主择业"的毕业生就业制度,用市场观念和市场手段参与人才市场的竞争,组织精干团组直接到高校和人才市场开展宣传咨询和招聘工作,取得明显成效。全局共接收640名普通高校毕业生就业,其中土木工程等急需短缺专业毕业生、到沿线基层单位和边远艰苦地区就业毕业生,以及高层次学历毕业生所占比重增加,建局以来首次接收2名博士生就业。针对定向中专生就业工作出现的新情况,提出中专生就业改革的建议,经有关部门采纳从招生源头上改变定向中专生"铁饭碗"的做法,2002年共分配定向中专生415名。

二、不断完善引进人才的配套措施,向到边远艰苦地区就业大学毕业生提供就业资助形成制度,为在校就读"高职"的贫困生发放无息助学贷款;调整分配政策,再次大幅度提高见习生收入,与1996年相比,大学本科生的见习期月固定收入增加2.89倍,超过成都市2001年职工人均收入水平;增强毕业生接收就业工作的法律意识,规范《就业协议》和《劳动合同》的相关条款,为保障双方权益,促进人才合理有序流动提供了条件。推进局内施工、工业及医疗卫生单位接收大专及以下层次毕业生就业的用工制度改革,打破过去接收毕业生就业后均为固定工或长期合同制职工的模式,用人单位根据工作周期和规模,自主决定与毕业生签订临时或固定期限的用工协议,在毕业生接收就业方面打开用工制度改革的突破口。

【职称评聘】 一、全面推行专业职务的评聘分开。在试点的基础上,充分引入竞争机制,在全局范围内实现专业职务资格评审和专业职务聘任的分离,调动专业技术人员的积极性。路局组织完成川、渝、黔铁路单位职改外语统考的考务工作,组织开展局内工程、卫生、教育系列和政工专业高级资格评审前考核。路局牵头组织召开20次专业职务任职资格评审(推荐)会,申报中、高级专业技术职务资格的343人,评审通过率分别为91.1%和84.9%,申报中、高级政工专业职务资格的196人,评审通过率分别为82.6%和86.7%。二、推进专家队伍建设。组织开展路局第二批学科(技术)带头人的评选工作,按照部人事司统一部署,组织完成部级铁路专业技术(学科)带头人和铁路青年科技拔尖人才的评选推荐工作,先后推荐三批专业技术人员参加中德铁路合作培训项目。经逐级推荐、报批,路局又有2名高级专业技术人员成为享受政府特殊津贴专家。结合人才资源调查工作,按照省、市的标准和要求,组建有600余名专业职务人员的高层次人才库,分别向四川省和成都市推荐评标专家组人员和成都市轨道交通招投标专家人选,初步实现路地之间高层次人才资源信息的交流和共享。

【干部培训】 一、完善继续教育制度,根据企业实际,把政工专业人员纳入继续教育范围,形成完整的继续教育体系。二、严格执行继续教育证书登记制度,把住验证和登记关,实现继续教育与任职资格评审和专业职务聘任、续聘挂钩。三、鼓励各单位在干部培训管理上的制度创新。贵阳分局实行培训考试结业成绩与培训费用(含差旅费)和继续教育学时挂钩的办法。四、建立包括31个专业高、中、初三个档次的专业职务人员继续教育自学考试题库,为鼓励干部通过自学实现知识更新创造必要条件。五、组织研制开发的《铁路继续教育考试管理系统》软件通过调试投入运行,部人才交流中心在全路征订、推广。六、对路局举办重点培训班进行制度化、规范化管理,学员考勤、"培考分离"等基本管理制度得到认真执行。按照全局干部培训年度计划,在生产任务重、安全生产压力大、工学矛盾突出的情况下,完成送部培训任务。路局组织培训各级各类干部9 262人次,为年计划102.7%,其中:政治理论培训293人,为年计划108.5%;岗位任职资格培训311人,为年计划106.7%;继续教育8 562人次,为年计划102.5%。成人学历教育送培函授本科395人、大专396人。选送符合条件的76名干部参加大专《专业证书班》学习。

【人才交流培训中心工作】 完成人才中心日常管理,人事代理,有关个人和单位的人事档案托管,因私查档和因私出国审查代理工作。配合有关科室对就读西南交大高职的58名生活困难的原定向中专生提供助学无息贷款13万元。

【学习《条例》】 中央颁发的《党政领导干部选拔任用工作条例》发布后，全局干部人事部门按照部党组、局党委的统一部署和要求，认真开展学习。对照检查领导干部选拔任用工作和干部人事制度改革中存在的问题。组织编印学习资料，在各类干部培训班中增加学习贯彻《条例》的内容，并派员讲授相关课程。为检验前期学习效果，推动学习贯彻活动深入开展，在全局各级班子和干部人事部门开展学习《条例》的自查测试活动。

【公开招聘干部】 根据局机关有关部门缺员情况，在全局组织机关5个处职岗位和10个一般干部岗位补员的公开招聘工作，其中4名处职干部和5名一般干部已上岗试用。在机关补员的公招工作中，采取两条新措施，一是处职干部上岗试用期间，暂不明确级别；二是公招结束后，有关部门补员时从参加公招笔试、面试，进入人才库的人员中择优选用，局机关采取这种方式聘任4名干部。为加强局机关和直属单位干部的宏观管理，严格控制从局外调入干部和严格按定编配备干部，局机关干部配备率始终控制在90%以下。

【择优聘用干部】 根据局从工人中招聘干部全部实行考聘的规定，年初在部分局直属单位的工人中通过笔试和组织考核，按照聘干指标，在104名参考工人中择优聘用干部45人。

【人事执法检查和干部学历清理】 根据部人事司的统一布置，各单位干部人事部门认真开展了人事执法和干部学历、学位清理工作，对领导干部选拔任用、干部学历学位管理、干部档案管理、干部参加工作时间更改，以及干部录用方式等干部人事管理主要情况全面自查。结合干部学历、学位检查清理工作，对1999年填写的《干部履历表》主要内容进行核实，建立干部学历学位变更的个人申请、职工教育管理部门认定的管理办法，对检查清理发现的虚假学历、学历学位填写不规范，以及学籍材料短缺等问题按规定进行处理。

【机车、车辆验收人员管理】 会同局车辆处召开全局车辆验收工作座谈会，以会代培，对全局各车辆段干部室主任、车辆验收室主任进行有关干部业务知识培训。加强机车、车辆验收人员的日常管理，配强配齐路局驻机务、车辆段（厂）验收人员，落实《成都铁路局驻段、厂机车、车辆验收人员管理办法》中关于“局驻段、厂验收室主任的岗位工资排序比照驻在单位的副段（厂）职执行”的规定。

【干部审查】 因调整离退休干部养老保险待遇、机关干部按一定年龄实行离岗休息等因素影响，离退休干部要求更改建国前参加革命工作时间，在职干部要求更改出生日期，以及“文革”期间受处分要求落实待遇等方面的上访申诉或重复申述较多，通过各级干部部门及其他相关部门的努力，各类申诉案件按政策规定妥善处理。

【军队转业干部接收安置】 完成四川省委、省政府对路局下达的考核目标，全局共接收安置军队转业干部7人，安置随调家属1人，路局干部处连续5年被四川省军队转业干部安置工作小组评为完成军队转业干部接收安置目标任务先进单位。建军节期间，全局各级干部人事部门开展走访慰问军队转业干部活动。7月29日，四川省委书记周永康率省、市领导慰问全国模范军队转业干部苏玉银，充分肯定路局全面落实军转安置政策的成绩。

【干部管理基础工作】 干部管理信息系统建设加强。在2001年专项调研基础上，针对存在的主要问题，下发《关于加强干部管理信息系统建设工作的通知》，明确各级干部人事部门相应职责，制定提高干部管理信息系统数据库质量的措施。下发《关于对干部管理信息系统工作进行检查考核的通知》，制定单位自检自查与上级重点抽查相结合、定期检查与日常考核相结合的考核办法和评分标准。

干部信息与调研工作。全局选送10篇论文和调研文章参加部人事管理委员会组织的论文评选，有7篇获奖，其中一等奖1篇，二、三等奖各3篇。在全路干部（人事）处长座谈会上，路局选送两篇关于干部人事制度改革的经验材料，在会议发言交流1篇，书面材料交流1篇。牵头组织召开四川省铁道学会人才研究委员会学术年会，收集来自各会员单位的人才学术论文36篇，其中2篇获一等奖，4篇获二等奖。编辑出版《四川省铁道学会人才研究委员会论文专集》。路局干部处处长、人才研究委员会主任委员王志奋被中国铁道学会评为先进个人。编发《干部工作信息》11期。

具体指导部分局属、局直属单位干部档案达标上等级申报验收工作，安排局属、局直属有关单位干部人事工作者参加干部档案培训。

干部人事部门自身建设加强，在基层评议机关活动中，局干部处评议得分继续名列前茅。

（何建春）

物资管理

【综　述】 2002年全局物资管理工作以“安全第一”为主线，以“规范管理，强基达标”为手段，以“转变作风，勤政廉洁，提高素质，开拓创新”为重点，推动全局物资工作的新发展。2002年全局完成物资供应总额17.73亿元，修旧利废4 680.1万元，集采节支4 238.2万元，为路局经营目标的实现和运输、生产、施工任务的完成作出了贡献。

物资管理处下设监察管理科和综合计划科，定员12人。

【物资消耗】 2002年全局共消耗各类主要物资：钢材47 502吨，其中重轨40 808吨，一般钢材4 460吨；道岔147组；水泥19 518吨；一般锯材4 184立方米；木枕10 384立方米；钢筋混凝土轨枕952 631根；润滑油脂2 747吨；柴油168 946吨；轴承18 796套。

【物资供应】 2002年全局物资部门按照分级分权、归口管理的原则，供应各类主要物资：钢材49 642吨，其中重轨42 776吨，一般钢材4 707吨；道岔119组；水泥22 091吨；一般锯材4 086立方米；木枕8 285立方米；钢筋混凝土轨枕952 153根；润滑油脂2 455吨；柴油179 311吨；轴承19 068套；重庆、贵阳、西昌材料供应段组织供应4.05亿元，局物资采购供应中心组织供应7.09亿元；部直供料6.59亿元。

【物资信息网应用】 路局开发的物资信息系统，覆盖计划、采购、仓储、定额等物资管理的全过程，是全局物资管理的一次跨跃式发展。各单位领导高度重视网络系统的建设和应用，设置专人管理，严格上机程序和操作标准。为配合网络运用，编印下发信息系统《使用手则》，确保网络正常运转使用。5月中旬，局总工室组织局内、外专家对应用软件进行科技成果鉴定，认为“系统的建设和投入运行，是铁路局运输企业管理的重要组成部分，达到路内物资管理信息系统的先进水平，”通过技术鉴定。

6月上旬，组织召开全局物资管理信息工作会，局、分局有关业务处室负责人和72个网点站段的材料室主任参加。会议认真总结路局物资管理信息系统建设的经验，各分局交流工作推进计划，表彰10个优秀单位，部署下一阶段的重点工作。

【集中招标采购成效显著】 为使全局物资管理采购工作规范有序，降低采购成本，规范采购行为，在“公开、公正、公平”的原则指导下，2002年在局组织的招标采购过程中，实行“专家库”人员专业评标，切实发挥“专家库”在技术评标中的重要作用。采供工作公开，初步形成分工明确，相互制约的采购供应体制，净化了采购渠道，节支降耗，廉政建设加强。2002年全局各项材料设备采购节约和招投标节约金额为4 238.2万元，其中：局物资采购中心完成2 185万元，成都分局完成510.2万元，重庆分局633.8万元，贵阳分局909.2万元

【机辆配件代理制】 2002年开始推行机辆配件代理制供应。随着铁路运输设备的技术进步和更新，近年来路局购置和新增了许多新型机车和车辆，对机车、车辆的修程修制进行改革，原有的配件供应模式已不能满足修车的需要。为此，各段增大配件的库存量，全局仅一项配件的库存量高达2 700余万元，储备风险增大。为强化物资管理的方法和途径，拟定《关于机车车辆配件推行代理制供应的意见》，并召开各分局物资分处长，材料供应段主管段长，机务、车辆段材料室主任参加的“全局机车车辆配件代理制供应工作会议”。要求各分局以改革为动力，以机车车辆为突破口，认真试行物资代理制供应工作，并制定库存降低目标。

【防洪抢险物资检查】 为落实局防洪电话会议精神，确保运输安全畅通，组织专业小组从6月下旬到7月上旬，对成都分局物资分处、彭山工务段、重庆工务段、重庆材料供应段、贵阳物

资分处、贵阳材料供应段、贵阳工务段等3个分局的7个单位料库、沿线工地,进行现场检查了解防洪物资储备现状,并与分局主管领导和有关业务分处交换意见。各分局及基层单位责任明确、物资到位。全局防洪物资储备金额为650余万元,保证抢险的需要。

【修旧利废工作】 2002年,各分局以求真务实的精神,发动广大职工,特别是材料、配件消耗大的站段,开展修旧利废活动,取得可观的经济效益,根据分局财务部门核算统计,全年共完成修旧利废总值4 680.1万元。其中成都分局完成2 050.3万元,贵阳分局1 662.3万元,重庆分局967.5万元。

2002年11月底,贵阳分局确定9个入围厂商,核定平均采购价格较原来下降约6%,节支8.75万元。运杂费节约3.6万元。重庆分局确定43个入围厂商,核定平均采购价格较原来下降约10.3%,节支10.75万元。运杂费节约7万元。成都分局与20家厂商签订配件代理协议,按市场价下浮3%,并节约所有包装和运杂费用。

【机辆配件目录修订】 为保证局物资管理信息网的应用,在2001年已完成8个大类物资目录重新修订的基础上,2002年又组织人员对机车、车辆配件目录进行修订。这次配件目录基本按照铁道部制定的目录编号,结合路局现有的机车、车辆重新修订。共编印6本29 275条。其中客车配件2本,货车配件1本,电力机车1本,内燃机车1本,橡胶及小配件1本,同时将编印出的目录全部输入物资管理信息网。

【物资人员培训】 为使物资信息网的功能得到及时的应用,推进物资管理信息网的应用培训工作,举办两期以物资统计、物资消耗定额为主要内容的物资网络培训班,各分局、站段网点单位的120人参加学习培训。参培人员通过理论和实作考试全部合格,取得路局颁发的岗位培训合格证书。

(孙　兵)

审　计

【综　述】 2002年全局审计工作在部、局的领导下,围绕路局总体工作,强化审计监督。全局完成审计项目131个,为年度计划的168%,其中:财务收支审计52个,任期经济责任审计32个,基建项目审计1个,经济效益审计19个,专项资金审计7项,审计调查16项,其他审计4个。通过审计发现有问题资金39 397.8万元,其中:违纪违规金额33 764.3万元;损失浪费5 633.5万元;提出工作建议234条,均采纳。审计纠正违纪违规金额21 130.9万元,其中收缴违纪款1 945.5万元、审计罚款209.2万元。通过审计向纪检部门移交涉嫌违纪违法问题线索2条,移交司法部门追究法律责任1人。审计促进企业增加效益7 734.7万元,其中:补收和收回资金186.1万元,核减投资及节约支出171万元,纠正违纪调整账项等增加效益7 088.1万元,审计人均促效184.2万元。

全局设有7个专职审计部门,专职审计人员41个(定员41个),兼职审计人员18个。2002年路局重组多元经营管理集团公司,审计职能部门减少1个;新设客运公司,增加审计职能部门1个。路局审计处设运输收入审计科、基建大修审计科、综合审计科、处长室,定员14人,现员13人。

【审计工作会召开】 4月9日至10日在成都召开全局审计工作会议,局王守增总经济师作重要讲话。会议传达贯彻落实全路审计工作会议精神,部署2002年审计工作任务。会议统一思想、明确目标、制定措施,为完成2002年任务奠定了坚实的基础。

【保安全资金专项审计调查】 2002年1月至6月集中路局、分局两级审计力量,对2001年全局投入安全设备整治资金6.6亿元的使用情况跟踪审计调查。通过对22个站段155项安全设备整治资金的重点审计调查,发现各类问题金额8 899.4万元,其中:未严格按批复设计文件组织施工273.3万元,虚报大修更改工程完工7 551.3万元,虚列、挤列安全设备整治专项资金181.3万元,工程结余款未按规定上缴8.8万元,计划投资不到位774.4万元,其他问题110.3万元。审计对查出的问题进行处理,其中:收缴453.1万元、调账1 222.6万元、罚款0.28万元。针对问题提出审计意见书5份、审计建议12条。

开展全局性专项生产资金审计调查在路局是首次,年初局审计处下发《对2001年全局安全设备整治资金使用情况进行专项审计调查的通知》,成立“安全设备整治资金专项审计调查办公室”,负责组织、协调、指导和督促两级审计部门开展工作。在实施审计调查中,把真实客观反映资金使用状况摆在突出位置,对带普遍性、典型性问题产生的原因进行分析,提出切实可行的审计建议,对查出的有关问题提出审计处理意见,着力强调各安全资金运用单位要进一步管好用好安全资金,严格按批复设计组织施工,安全优质完成各项整治项目,特别是当年未完报完的项目要尽快组织施工,并将实施进度报审计处,以便进行工程后续审计监督。齐文超局长批示审计专题报告,要求各单位认真整改。

【车务系统审计】 全局组织车务系统审计。3月1日至8月31日路局两级审计部门派出30个审计组,抽调129人次,投入1 348个工天,对全局车务系统30个站段全面审计。

2002年元月路局审计处下发《关于开展全局车务系统审计的通知》,明确系统审计的目的、范围、内容、方法、推进计划等。审计处成立“车务系统审计办公室”,具体负责审计的组织、协调、指导、督促工作。各分局相继转发路局审计处文件,并制定细化措施和推进计划。车务系统各站段迅速成立以段长为组长,各有关部门、车间负责人参加的自查领导小组,开展自查自纠工作。

路局两级审计部门对全局车务系统审计共查处违纪违规金额11 375万元,其中:虚列、挤列成本845.8万元,截留转移各种收入895.16万元,资产管理、工资管理中存在的问题金额6 270.8万元,其他3 363.2万元。审计处理处罚金额3 218.2万元,其中:收缴1 119.2万元、罚款101.51万元,调账1 466万元,其他531.47万元。审计还揭示全局车务系统三年以上呆账、坏账、无收益投资等潜亏挂账达5 016万元。通过审计促进被审计单位增收节支2 415.29万元。审计针对一些分局保价运输核算体系不合规,一些单位“三分”后对多经代办工作收入直接冲减运输成本过大、影响成本失真,站段多经企业管理核算较为薄弱等情况提出审计建议85条,均被采纳。

【“内宜电化概算执行情况”建设项目审计】 2002年部审计中心授权局审计处对“内宜电化概算执行情况”建设项目进行审计。通过审计发现“内宜电化概算”在执行中存在以下五个方面的问题:一、招投标存在标段划分不规范、参与投标的施工单位数量不符合要求;二、管理费、征地拆迁费、配合费、监理费、设计费等超概算共计2 502万元;三、多验工计价65.5万元;四、建管费及资金拨付方面存在支付摊派费、未按规定交纳印花税、超付验工计价款等问题涉及金额713万元;五、建设成本中存在少上石碴、挤列成本、工程层层转包以及施工配合费账外保管等问题涉及金额580万元。审计人员编写审计记录76份,形成审计工作底稿38份,提出关于加强对分包工程的管理、建立资金追踪制度等审计建议。

【运输收入审计】 运输收入是铁路运输企业效益的基本来源,审计部门始终把加强运输收入审计作为监督促效益的重要内容。2002年对4个运输收入站段进行审计,查堵漏少收228.3万元,补收各项收入116.3万元。在审计中发现较多的是货主长期拖欠运费、货车使用费以及企业自备车货车空车挂运运费漏收等问题。

【任期经济责任审计】 路局加强对经济责任审计工作的组织实施,铁道部《关于印发〈国有铁路企业及国有铁路控股企业领导人员任期经济责任审计暂行规定〉的通知》下达后,路局立即贯彻执行。工作中将任期经济责任审计与经常化的财务收支审计相结合,客观公正、实事求是地评价经营者的业绩和存在的问题以及应负的主管责任和直接责任,提出有说服力的、高质量的经济责任审计报告,为干部部门对领导干部的管理使用提供依据。2002年两级审计部门完成经济责任审计项目23个。通过经济责任审计查出离任者所在单位违规违纪金额9 878.7万元,其中:直接责任106.8万元,主管责任9 771.9万元。

【多元企业审计】 路局两级审计部门继续坚持审主业必审多元的原则,加强对多元企业的审计监督。工作中采取审计与调研相结合的方式,帮助多元企业健全内控制度,完善经营决策机制,促进多元企业发展。

局多元经营集团公司审计部围绕巩固“三分开”成果、构建多元新格局、建立现代企业制度、加强财经纪律等项重点工作,发挥审计监督的职能作用。在对某公司审计时,从一张银行转账支票存根疑点开始，花费近三周时间，翻阅审核五年多的有关账册，查处账外资产67万元。

【跟踪审计】 为保证审计决定和审计意见的落实，加强跟踪审计。在每次审计中，首先检查被审计单位执行和落实上一次《审计决定》的情况。对拒不执行《审计决定》的单位，按照铁道部审计中心《关于严肃财经纪律严格执行审计决定的通知》规定进行处理。两级审计部门对保安全专项审计调查中，发现虚报完工大修更改38个工程，项目金额达7 551万元，通过对未完工程跟踪检查，确保了安全设备整治资金足额到位，真正用在安全设备整治上。

【其他审计】 根据中央综治委铁路护路联防工作办公室和铁道部审计中心定期对铁路护路经费进行审计的要求。全局及时组织审计组开展审计工作，审计人员深入到车站和州县护路办，监督货安费的收取和护路经费使用，为管好、用好护路经费，提出建设性意见，确保护路工作经费真正用在保证铁路安全畅通上。

两级审计部门严格按照铁道部权限规定，对自筹资金购建固定资产等项目进行事前审计，对无款源保障和不合规资金来源的购建项目，一律出具否定性意见，避免造成新的投资失误。

2002年派员参加铁道部审计中心对兰州、呼和局的资产经营和任期经济责任审计工作，参加人员较好地完成任务。10月，多元审计部配合国家审计署成都特派办，对成都东车辆段所属一家公司有关情况进行调查，维护了铁路利益。

两级审计部门在完成好全年审计任务的同时，注意加强与纪检、监察、财务部门的密切联系和配合。对审计中发现的涉嫌违反党纪政纪的事项，按规定向有关部门移交违纪线索。工程集团审计部在对建筑分公司某项目部完工审计过程中，发现该项目部财务主管涉嫌挪用公款19.85万元的线索，及时移交检察机关依法处理。重庆分局审计分处配合分局纪委、检察院等部门参与对原重铁技工校校办企业主任、厂长私设"小金库"贪污挪用国家资金的立案查账工作；对广安工务段综合领工区设置账外账的专项审计查证，发挥了监督部门整体功能。

完成领导交办的专项检查任务。两级审计部门配合路局、分局有关部门牵头开展的运输收入、医疗器械药品采购、物资管理等专项检查工作。

【审计工作制度】 路局加强对下一级审计部门的"指导、监督、检查"职能，通过对各大口上报的审计报告、审计决定等进行检查，指导审计工作向更加规范化发展。

建立审计项目工作总结分析制度，审计处项目审计工作完成后，审计小组召开专题会认真研究总结，发现新经验、新做法，找差距，不断完善提高。对内宜电化概算执行情况审计结束后，审计处召开项目总结会，总结出作好审前准备、制定严谨科学的审计方案，是搞好项目审计的关键；在审计实施中，密切配合团结协作是搞好项目审计的重要保证；审计人员廉洁公正，是搞好项目审计的前提。审计项目工作总结分析制度拟在全局审计部门推广。

10月，审计处举办49人参加的全局专、兼职审计干部培训班；12月，派出20人次参加铁道部、济南局举办的审计软件学习培训班。

建立和完善审计逐级负责制，实行责任追究制度，确保审计执法落实到位。局审计处印发《关于成都铁路局审计部门委托社会审计组织办理审计查证业务的暂行办法的通知》，规范路局两级审计部门的委托审计工作。以局文下发《关于加强局属单位审计监督的通知》，确保审计工作健康发展。工程集团公司审计部结合本单位实际情况，制定《成铁工程集团公司内部审计基础工作规范》。

【审计信息工作】 2002年审计处编撰《审计简报》8期，报送局领导、部审计中心、发送各大口单位。通过《审计简报》及时传达部、局领导对审计工作的指示精神，反馈审计工作成果，交流审计经验，传递审计信息。重庆分局、工程集团公司报送审计信息6期。贵阳分局审计分处利用网络数据处理，进行审计数据资料、文本资料传递，初步实现异地审计，提高了审计工作效率。

（潘志强）

综合管理

责任编辑　纪观群

行政管理

【综　述】 2002年，局办公室紧密围绕路局工作总体思路，抓住重点和难点，在工作方法和管理体制上不断探索创新，努力提高服务、协调和管理水平，各项工作取得新进展。局办公室在直属机关党委组织的"基层评议机关、职工评议干部"活动中获得好评。

根据劳资处《关于局办公室设立综合科的通知》(劳函[2002]141号)，局办公室于2002年12月增设综合科。现有局长办公室、督办调研科、文书科、外事办、信访办、财务科、行管科、小车队、综合科9个科室，定员87人。

【文秘工作】 全年起草讲话及会议材料220余篇，其中一篇被四川省《政府工作情况通报》采用，编发《值班速报》231期、《每日局情》300余期、《信息专报》15期，部办公厅采用信息67条，居全路前列，四川省府办公厅采用信息20条，提前并超额完成下达的指标。全年打印及装订封发文件4.6万件，打字274万字，一体化速印和复印81万张。收文传办领导机关及各单位文件、电报4 800件，收发公文信函17万件，均实现准确、及时、无差错。同时加强文件传阅的督办，采取先传主办单位，再传阅知单位，严格控制返还时间，有效保证文件传阅的正常流转。按照新制定的《成都铁路局公文实施细则》，严把公文质量关，坚持公文送签及二审二校制度，同时每季度编发《公文质量分析通报》，及时纠正公文办理中出现的各类典型问题，为提高公文质量起到了良好促进作用。

【督办调研】 全年函复四川省九届人大和政协提案9件，编发《督办通报》4期，汇编督办情况4期。每季度对路局全年重点工作的落实情况进行一次催查、督办，每月对局领导在每周大交班会上要求的事项进行督办、追踪，对领导批示事项的督办落实做到了及时、准确、不遗漏。编发《对试行薪点乘务小时工资制的调查思考》被部《铁路调研》第24期刊用。

【外事工作】 因公出国(境)审核报批工作。统一领导、归口管理、分级负责、协调配合，严格审批程序，规范申报材料，坚持做到不符合中央及部、省规定的不办，申报材料和申报程序不规范的不办，全年共办理因公出国(境)人员30批53人次(副局级干部6人)、经审核取消、压缩因公出国(境)团组4批6人，节约资金约17万元。

外事接待工作。全年共计接待境外团组13批38人，其中访问交流团组4批7人，商务考察团组4批21人，技术服务5批10人。

促进外经外贸业务往来。为方便局多元集团下属公司与越南进行铁路器材、配件贸易，局外事办为4名业务人员申办一年内多次往返越南的出国手续，并向越方有关企业寄发来路局考察的邀请函，先后接待两批考察与洽谈团组。路局2003年向越方出口捣固机及铁路器材50余万美元，代理出口钢轨1 600余吨。路局制造的红外线轴温探测仪、工务轨道车等的出口业务正在洽谈。

【档案管理】 全年接收达成、宝成、成昆、内昆、株六线等铁路建设档案3 400卷、图纸2万张，文书档案388卷，资料67卷，电子档案3盘，照片档案600余张；死亡干部档案70卷；会计档案167卷。整理科技档案1 549卷，图纸11 272张，文书档案装盒1 053卷。加大硬件投入，新增2间库房，投资58万元改造3间库房，添置档案密集架、防磁柜、目录柜、去湿机及2台微机，大大缓解了近年来因大规模接收铁路工程竣工档案造成的胀库现象。加大档案工作目标管理力度，全局4个站段档案工作通过"国家二级"目标认定，28家通过省、部级认定。加强对重点工程竣工文件的业务指导，做到工程交接与竣工文件交接同步进行，举办《竣工文件编制办法》培训班3期；《铁路企业ISO9000贯标档案管理》等3篇论文在档案专业核心期刊上发表。

【信访工作】 全局信访部门共处理来信来访2 041件，同比上升19.85%，其中来信700件(次)，来访1 341人(次)，来访量同比上升78.32%。局信访办处理来信210件(次)、来访522人(次)，全局发生集体上访33批计617人，到路局集体上访11批计237人。针对近年信访工作特点，起草《铁路局、局党委关于进一步做好新形势下信访工作的通知》，编写了《我局不稳定因素处置措施》。按照部要求重点预防、控制集体访、越级进京访问题，在全局范围内彻底清理、罗列信访重点问题，对上访老户及重点上访户实行领导挂牌包保责任制。局信访办公室安装了与直属公安段相通的警铃，强化安全预警措施。全局平息多起集体上访事件，为路内外群众解决许多实际困难，协调有关部门处理客货服务及治安有关问题，及时化解矛盾，全年未发生一起集体进京上访事件。

【机关财务管理】 加强运输成本管理，对会议、汽车、办公用品费用及有关生产单位的生产费用下达支出计划，使用情况逐笔登记，超支不予报销。全面清查2002年6月30日前的固定资产，及时处理逾龄、待报废的固资，匡算2002年7月~12月固定资产折旧情况。2002年先后接受铁道部中路华会计师事务所的会计报表年度审计、国家审计署特派办更改投资专项审计及对前任局长的离任审计。根据部及财务处关于财务会计信息化建设的有关要求，财务科建设小型局域网，实现人手一台微机。同时参加财务处举办的“通用会计核算”4.01版软件测试工作，并于12月参加正式培训，为2003年软件的正式推行奠定基础。

【后勤管理】 请领分发2002年新版乘车证514 510张，填发各种乘车证5 400余张，与劳资处联合检查分局、站段及局直属64个单位的乘车证使用管理情况。9月举办“铁路乘车证管理系统”软件培训班，为2003年7月实现乘车证微机化管理奠定了基础。办理机关出差及小型会议用票20 036张，防洪票862张；核对验收新购置的147批价值527万元的固资设备并建立台账。办理报废固资113批。全年发放办公用品及劳保防护用品31万元，收发报刊、杂志、信函140万份，栽培花卉2 000余盆，为会议摆设鲜花1 500余盆，清运垃圾1 485车。同时配合有关部门为维护机关秩序、防火防盗做了大量工作。路局机关继续保持成都市“绿化园林式单位”和“卫生红旗单位”称号。

【行车公寓管理】 全年完成公寓基建投资1 800余万元。新建贵阳、内江宾馆式公寓，为6个公寓更换空调。按国家环境要求，将15个公寓的燃煤锅炉改为燃气锅炉，攀枝花公寓增加太阳能热水器，新建蓄水池5个计300余吨，另选水源3个，有效解决部分公寓因地质变化水源困难的问题。80%厨师参加轮训，公寓实行营养配餐，下发《行车公寓严防食物中毒的有关通知》。

【车队管理】 坚持安全第一，强化服务意识，提高管理水平。继续执行《成都铁路局办公室车队工效考核办法》，按安全、服务、工效进行考核计奖，开展文明规范用语活动。制定外修车辆追踪分析办法，实行车辆报修审核制度，确保修理经费的合理使用。在车队驾驶员中公开竞聘2名兼职工班长，轮流值周调度车辆。2002年全队累计出车13 355车次，运行691 605公里。接待各类会议121个，外事接待5次，重点接待15次，事故抢险3次。10月24日车队实现安全生产1 000天。2002年下达35个单位汽车使用经费105万元，实际使用74.5万元，结余30.48万元，计划外使用经费15.35万元，占总使用经费的67.3%。

（孙宇红）

路风监察

【综　述】 2002年，经过全局共同努力，路风工作呈现出令人可喜的局面。各级领导干部的路风意识明显增强；路风工作实现了由被动应付到主动纠建的转变；整顿规范的力度明显加大，摘掉了乱收费“重灾户”的帽子；路风批评投诉呈下降趋势、投诉热点不断降温；客货服务质量明显提高，企业形象进一步改善。全年杜绝发生严重及以上路风事件，路风工作在2001年取得成绩的基础上，2002年又取得了新的明显进步。

【路风工作会】 2001年12月26至28日，2002年全局春运路风工作会在成都汉都宾馆召开。各分局和达成公司主管领导，客货运、多集经、公安处、路风办、各运输窗口单位、局机关有关部、处室领导120余人参加会议。局纪委书记吉史里土主持会议，杨大松副局长对2002年春运工作进行安排。吉史里土总结2001年全局路风工作，安排部署2002年的路风工作任务和春运路风工作。

【客运站车路风专项检查】 为配合客运体制改革，确保客运体制转换期间路风平稳，切实加强暑运和黄金周的路风监控，从6月中旬至10月底在全局范围内开展客运站车路风专项检查。全局共组织检查组148个，采取明查与暗访，管内检查与交叉检查相结合的方式，检查列车1 322趟次，车站137个，售票点122个，查处路风问题535个，路风不良反映3起，切实抓好站车路风监控，使全局客运系统保持路风平稳。在全路一些路局客运路风事件大幅上升的情况下，路局成为5个未发生严重及以上路风事件的路局之一，受到部路风办表扬。

【清理整顿乱收费工作】 2002年8月，路局按照国务院领导的批示精神和铁道部的统一部署，确立以贵阳分局和成昆线为清理整顿重点，精心组织，狠抓落实，在全局范围内深入扎实地开展为期两个月的清理整顿乱收费工作。全局各单位领导高度重视，党政齐抓共管，采取以自查为主，自查与检查相结合，路局、分局上下结合的方式，分专业类和综合类组成85个检查组，共检查47个窗口站段、251个车站和经营网点，走访物资单位和货主304家，中央、省市级新闻媒体73家。共清理出专用线仓储费、货物“看守费”、企业“治安费”、汽车清扫费、行包二次作业费等14项乱收费，以及重复收费，与地方政府联手收费等6个方面不合理收费，比较彻底地掌握全局的收费情况。为确保清理整顿不走过场，各单位坚持边查边改，切实加强对收费行为的规范和管理。贵阳分局决定对货调、计划等重点岗位实行定期轮岗，及时对3名调度员进行轮岗，清理整顿后公开招聘21名调度员。同时，将贵州省物价局批准的运输代理收费标准下浮20%～50%。路局在肯定贵阳分局工作的基础上，决定将发送代理收费标准再下浮10%，并要求贵阳分局向贵州省物价局汇报，做好工作，修改有关文件。

【加强春运期间路风监控】 2002年春运期间，全局共组织检查组27个，先后检查列车231趟次、车站42个，切实加大对乱收费、乱加价行为的查处和票贩子的打击力度。共查处违规代售点49个，其中关闭5个，暂停售票44个。公安系统共挡获票贩子2 234人，依法刑事拘留44人，治安拘留375人，其他治安处罚1 815人，缴获车票票面价值41万元，有效地遏制了非法倒票活动，维护了站车治安秩序。刘志军副部长2月17日在检查路局春运时，正式宣布摘去成都局票外加价“重灾户”的帽子。

【路风信访及路风事件】 2002年局路风监察室共受理来信来访146件，其中：部转批评投诉44件，与上年持平。路局收到投诉102件，比上年同期110件下降7.3%。

批评投诉涉及部门：列车56件、车站48件、货运36件、公安6件。批评投诉按性质分：收费问题25件，服务质量及管理问题40件，以车以票谋私28件，野蛮待客19件，敲诈勒索7件，治安秩序8件，其他19件。

路风来信来访的主要特点及问题：一是反映服务质量的问题呈上升趋势，约占投诉的30%；二是反映野蛮待客、野蛮装卸、勒卡索要等问题久刹不绝；三是路风投诉由客运逐渐向货运转移，以车谋私投诉成为上级路风监察部门关注的重点问题；四是廉洁方面的问题与路风问题投诉交叉反映。

全年部局要求反馈查处结果的56件，已全部按期反馈。各分局反馈率达98.2%。处理情况：认定一般路风事件4件，路风不良反映51件，有122人因路风问题受到行政和经济处罚。

（沈跃新）

综合研究

【综　述】 2002年，综合研究工作坚持以党的十六大精神为指导，以落实资产经营责任制为主线，深化改革，力求创新，大力推动运输体制改革、完善铁路支线改革、促进非运输企业建立现代企业制度、加大法律顾问工作力度，为路局改革向纵深发展以及经营管理目标的实现，做出了积极的贡献。

综合研究处编制定员13人，现员11人。

【运输体制改革】 2002年按照全国铁路工作会议精神和全路政策法规工作会议要求，加快局内部客运公司的组建工作，实现铁路运输体制改革的切入点和突破口。在局领导的组织下，与有关部门密切配合，在2001年筹备工作的基础上，继续开展拟制方案及13个配套办法的修订工作。5月31日，路局、局党委联合行文，正式向铁道部呈送《关于成都铁路局内部客运公司组建方案的请示》

(成铁办[2002]147号)。6月24日,铁道部以铁政法函[2002]211号《关于成都铁路局内部客运公司组建方案的批复》,同意路局内部客运公司组建方案。2002年8月28日,成都铁路局客运公司正式挂牌成立,铁道部王兆成副部长、部政策法规司陈洪年副司长、局党政领导及局机关有关部门负责人参加成立大会。成都、重庆、贵阳客运分公司相继挂牌成立。

客运公司的成立,确立了客运经营管理责任主体,初步形成适应市场的内部组织机构,健全客运管理机制,增强参与市场竞争的意识,实现"三项制度"改革的新突破,标志着路局运输体制改革取得阶段性新成果。

【资产经营责任制】 2002年,按照铁道部"大框不动,局部调整"的原则,制定《成都铁路局2002年资产经营责任制实施办法》。其主要特点是:促进权责落实、突出安全考核、加大奖惩力度。

为确保2002年铁道部下达路局资产经营考核指标的实现,1月18日,局属成都、重庆、贵阳分局分局长、党委书记与路局局长、党委书记签订了《资产经营责任书》,对局、分局双方应履行的权责、考核指标、评定办法、风险抵押等做出明确规定。

按照铁道部有关规定,2002年3月,对路局2001年度资产经营责任制完成情况进行自检考核,向铁道部呈报了《2001年铁路局资产经营责任制考核表》。同时,按照《资产经营责任书》规定的评定办法,开展对铁路分局的考核,经局党政联席会议研究决定,6月14日下发《关于公布2001年度资产经营责任制考核结果的通知》,对局属3个分局实施资产经营责任制考核结果予以公布。成都分局综合考核得分55分,因发生"2·8"责任火灾事故,一票否决,评定等级为不合格。重庆分局综合考核得分98分,评定等级为优秀。贵阳分局综合考核得分62分,评定等级为合格。

【支线改革】 认真贯彻全路政策法规工作会议精神,突出抓支线改革的"巩固、规范、创新"工作。一是狠抓巩固,即巩固减员减亏,并条组块,统一管理,"两个单独"的成果;二是狠抓规范,即规范单独核算、单独考核,严格要求分局全面贯彻铁道部《关于深化铁路支线改革的若干意见》;三是狠抓创新,即创新支线产权制度,连续3次与四川省地方铁路局研究组建广普支线有限责任公司的可行性,促进支线改革。

为进一步掌握和了解支线改革情况,6月组织人员到广普(广元南—普济)、德天(德阳—汉旺)、广岳(广汉—岳家山)、三万(三江—万盛)和贵阳分局管内的支线进行调研。8月再次牵头组织由劳资、计统、财务和综研处组成的路局支线改革联合调研组,对各分局支线改革进行全面调研,并完成支线改革调研报告。同时,根据各条支线的实际情况,对下一步支线改革的形式、组织机构、财务管理等方面提出《关于深化支线改革的建议》,呈报局领导决策参考。

【建立现代企业制度】 认真贯彻执行路局关于非运输企业建立现代企业制度要"区别情况,分类指导,突出重点,分步推进"的原则,加快建立现代企业制度的步伐。以局、分局、直属多元、集经企业为重点,坚持注重实效、规范改制,防止"翻牌公司"。一、确定局、局属各单位多元、集经、工附业直属企业2002年改革计划目标数。二、深入实际,对全局非运输企业改革工作进行调研,针对非运输企业改革中存在的问题,制定下发《成都铁路局关于规范企业改制的指导意见》,为规范改制奠定政策基础。三、及时总结改革经验,反馈改革信息,以点带面,全面推进。2002年年初制定的21个改革计划目标基本完成。

【方针目标管理】 按照全路工作会议精神,及时制定《成都铁路局2002年经营管理方针目标》,经局八届二次职代会审议通过,2002年元月22日下发全局。路局2002年的经营管理方针目标明确提出:"坚持以'三个代表'重要思想为指导,突出安全生产,强化管理、深化改革,向管理要安全,向管理要效益,完善资产经营责任制,搞好客、货网分账核算,初步建立多元经营新格局"等全局工作的基本思路,确定路局2002年的工作目标和任务。

在方针目标管理实施过程中,狠抓指标分解、督促检查、关系协调、信息反馈等工作,促进了目标管理上下畅通,纵横联锁,有序闭环。

为扭转路局运输安全不稳的被动局面,全局上下掀起打好运输安全翻身仗的高潮,各级领导亲自挂帅,狠抓安全责任制的落实,强化安全专项整治工作,保证路局于2002年7月16日实现安全生产300天,10月24日又实现安全生产400天的目标,这是全局自1997年以来安全生产取得的最好成绩。

【法律顾问工作】 为进一步推动和加强全局法律顾问工作,根据国家经贸委、司法部、人事部《企业法律顾问执业资格制度暂行办法》和国家经贸委《企业法律顾问管理办法》等文件要求,以及铁道部政策法规工作会议的精神,下发《关于加强全局法律顾问工作的通知》。对全面建立、落实企业法律顾问工作制度,规范合同管理进行安排部署,提出具体的工作要求。

为强化合同管理,2002年8月组成检查组,对局属各单位、多元集团公司、达成公司以及部分下属单位的合同管理工作进行全面的检查和总结。目前,全局各级单位均成立合同管理领导小组,制订相应的合同管理制度,配备专(兼)职法律顾问和合同管理员,形成管理网络。在各级领导的重视下,各单位能认真贯彻落实"预防为主、诉讼为辅"的指导方针,严把合同论证审查关,使合同管理工作层层有人抓,制度落实到位,为铁路企业依法经营,依法管理做出应有的贡献。

2002年,全处共论证审查重大、复杂合同180件,标的9.2亿元;处理经济诉讼案3件,标的50余万元,避免和挽回经济损失50余万元;进行法律咨询420人次;使用法人授权书31份。

【软课题研究】 2002年为进一步深化铁路支线改革和规范物资招标采购工作,经局科委审批,全处完成局软科学课题2个:《组建铁路合资支线有限责任公司操作方案研究》、《铁路物资招标采购中决策机制的研究》。2002年12月结题,并报局科委。经局科委组织评审组评审,上述两个课题均通过技术评定。

【职工培训】 按照年度培训计划,2002年8月5日至18日,在贵阳举办了一期"改革管理和法律法规培训班",全局70名专兼职法律顾问和从事经营管理工作人员参加培训。重点学习《合同法》、《民法通则》、《常用法律文书写作》以及典型案例分析,讲授铁路改革发展及强化经营管理等知识。

(徐福芝)

企业管理协会

【综　述】 2002年局企业(质量)管理协会坚持服务宗旨,紧紧围绕路局改革发展、企业管理、资产经营、安全生产等重点工作和全年经营目标,结合企协特点和路局实际,较好地完成协会工作,取得一定成绩。

根据路局机关机构定员规定,局企协与铁道学会合署办公,合计定员6人,其中正、副秘书长各1人,专业技术人员4人。

局企协现有会员单位8个(3个分局、工程集团公司、多元集团公司、客运公司、达成公司、集经中心),其中3个分局为独立机构,配有专职工作人员;工程(集团)公司、多元集团公司、达成公司等挂靠行政办公室,其余单位企协工作由相关部门分管。

2002年,全局企协组织联系本单位经营管理实际,做了大量工作。成都分局企协积极做好"双优"推荐工作,规范工作程序,在广泛征求各部门意见并经分局行政、党委联席会议审定通过后向局企协及时推荐。重庆分局企协在办好《现代管理通讯》的同时,积极向路局企协推荐优秀稿件。贵阳分局企协继续做好《贵铁企业管理》出版和企协人员培训工作。工程(集团)公司企协积极组织管理创新成果推荐,并荣获国家级二等奖。多元集团公司企协积极参与构建多元经营新格局和公司管理重组等工作。

【荣获国家和部、省级奖项】 2002年,局企协在认真总结推荐企业管理现代化创新成果经验的基础上,进一步提高服务的主动性,大力宣传开展管理创新工作的重要性,成果推荐工作取得新成绩。其中工程(集团)公司《铁路施工企业信息化管理》被评为国家级管理创新成果二等奖,株六复线指挥部《铁路企业建设项目"双赢、四优"战略目标管理》相继获部、省级管理创新一等奖。特别是路局近年来,已先后有三项成果荣获国家级管理创新成果奖,其中工程(集团)公司已两次获得国家级创新成果奖,标志着局企业管理工作达到一个新水平。

根据路局经营管理实际,局企协对有管理创新意识,符合管理创新成果条件的企业和部门,具体帮助总结和反复修改完善申报材料,有的还数易其稿。工程(集团)公司《铁路施工企业信息化管理》成果上一年申报未果,2002年局企协主动联系协调,做好各项服务工作,再次申报,终于荣获国家级管理创新成果。

【第七届局"双优"评选】 开展"优秀企业、优秀企业家"的"双优"评选,是提高企业管理水平、建设企业家队伍的一项重要活动。本届评选,自始至终受到了各级领导和单位的重视和支持。各会员单位对推荐的候选单位和个人进行反复筛选和评议,路局领导和路局有关部门对局企协的两次书面征求意见非常重视,认真签署意见并中肯地提出具体建议。经局企协三届五次常务理事会审定通过,予以公布表彰。

第七届"双优"评选工作,最突出的一个特点是"抓得紧,动作快",从发文到推荐申报,从两次征求意见到召开常务理事会审议,从出版专刊宣传表彰到深入基层上门授牌,均比往届提前。2003年1月10日已全部完成上门授牌工作,是送牌活动完成得最早的一届。

第七届"双优"评选共评出"优秀企业(站段)"12个、"优秀企业家(站段长)"14名。

优秀企业(站段)12个

成都车务段
德阳车务段
重庆西车辆段
重庆客运段
遵义机务段
贵阳房地产开发建筑工程总公司
工程(集团)公司第二工程公司
局计量所
成都材料总厂
华铁自备车有限公司
成都材料总厂附属配件机械厂
贵阳分局遵义永兴福利公司

优秀企业家(站段长)14名

胡孝宣	成都工务大修段段长
邓传吉	成都电务段段长
黄国忠	绵阳工务段段长
牟乃礼	西昌车辆段段长
吴宗德	内江供电段段长
杨宗清	重庆电务段段长
李庆平	贵铁旅游车队队长
赵玉本	贵阳车辆段段长
马维光	凯里车务段段长
荣廷华	遂宁运营管理站站长
喻修正	工程(集团)公司第一工程公司经理
龙文强	什邡瑞邦机械有限责任公司总经理
赵建国	局实业开发总公司总经理
梁宗泽	贵阳工务大修段劳动服务公司经理

【优秀论文获奖】 2002年,局企协积极选送好文章,分别报送论文参加铁道部和四川省年度评比活动,获部"优秀论文"3篇(二等奖1篇、三等奖2篇),获省"优秀论文"11篇(一等奖3篇、二等奖3篇、三等奖5篇),获奖论文数创历史新纪录。

王守增的《寻找激发职工内动力的支点》荣获全路企业改革与管理优秀论文和调研报告二等奖;曾佑恒的《运输站段如何应对铁路改革发展的思考》、呙启宇的《关于创建自控型班组的思考》获部三等奖。获省企联奖励的11篇文章分别是:王明慧的《优化运输组织的探索与实践》、夏平的《客运营销的新突破》、李开洪和王小琦的《运用新科技突破旧模式,建立机务运用管理局域网》等3篇获一等奖;廖华政的《株六复线强化安全管理的做法与启示》、吴海波的《融情于理,人本取胜》、李仲平的《关于提升政务信息价值的思考》等3篇获二等奖;杨书良的《对加强劳动安全管理的几点认识》、李光明的《铁路中小企业的经营决策》、薛民的《深化客车运用管理机制之我见》、张迁和陈达刚的《保持安全生产稳定必须把好"四道关"、实现"三到位"》、徐定坤的《实施末位淘汰制度的尝试和启示》等5篇获三等奖。

【《成铁企业管理》出版】 2002年局企协坚持办刊方针,继续加强组稿、编辑、出版、发行工作,并坚持不懈地把提高质量作为会刊出版工作的重中之重。重点采取了以下措施:一是努力扩大用稿涵盖面,根据全局重点工作,做好约稿、组稿工作;二是选稿用稿唯质是用,突出特色,努力做到采用稿件理论新颖,文风多样;三是加强排版工作,增设"讽刺与幽默"栏目,版面活泼,富有生气;四是增强主动性,强化压力感,提高时效性,较好地完成编辑、出版、发行工作;五是围绕路局中心工作,紧贴企业改革、经营管理和运输生产重点选用稿件,使每期重点突出,时效性强,与全局重点工作同步。

根据路局机构改革实际和站段的需要,适当调整、增加刊物发送数量,平均每站段增加2份,提高会刊为运输一线服务的覆盖面。

结合近年来会刊编辑出版工作的实践,制订《〈成铁企业管理〉编辑出版工作办法》(讨论稿),使编辑出版工作进一步规范化、标准化。

2002年共收到各类来稿250余篇，比上年增加15%；用稿110余篇，比上年增加10%；搜集照片260余幅，比上年增加45%；总编发照片170幅，比上年增加40%；共编辑出版发行会刊6期（包括1期“双优”专刊）。

为稳定提高稿件质量，局企协坚持开展“优秀撰稿人、优秀稿件”的评选工作，共评出2002年度优秀撰稿人13人，评出优秀稿件18篇。

【企业管理培训】 12月3日在成都分局警官培训中心举办全局企业管理干部培训班，共有48个单位50余名管理干部参加培训学习。培训班安排“关于国企改革和建立现代企业制度”等主题讲座，播放海尔集团现代管理创新成果的专题录像，收到较好的效果。

局企协人员先后参加中企联、铁道企协、四川省企联等举办的企业管理培训。

【全局企协秘书长工作会】 2002年度局企协秘书长工作会议3月2日在贵阳召开，各大口单位企协秘书长及局企协工作人员参加会议，潘居正副会长及贵阳分局兰开锋分局长出席会议。会议总结2001年工作，交流经验，研讨改革发展的有关问题及相关工作，部署2002年的工作。

【优秀企协工作者评选】 局企协坚持开展“优秀企协工作者”的评选表彰活动，2002年全局优秀企协工作者16名：樊克敬、覃长炳、俞平、李世民、马庆家、吴文洪、彭家齐、吴引详、刘光前、徐静、王远信、张雄、熊索、赵代惠、周玉萍、吴英波。

（吴英波）

卫生管理

【综　述】 2002年，以“服务主业、保障运输”为主线，医疗、防疫、环保、计生工作围绕三项制度改革和强化管理、提高服务质量，圆满完成各项医疗卫生保障任务。

医疗保险制度改革准备工作进一步深入。积极与地方协调，局在川单位拟参加四川省本级医疗保险，各项准备工作已基本完成，准备适时启动医改。各医疗机构在强化管理、完成各项医疗卫生保障任务的基础上，积极开展药品和医疗器械采购执法监察“回头看”活动、卫生服务质量年活动和医疗安全大检查，并以重点专科建设为龙头，努力提高服务质量和医疗技术水平。各防疫站按“一套班子两个机构”和“人员分开、财务分账、职责分离”的要求，积极稳妥地推进卫生防疫监督体制改革。环保工作狠抓基础管理、建设项目环境管理和污染治理项目管理。计划生育以落实计生“责任制”为主线，加强计生宣传教育和日常管理与服务工作。至11月底，全局医疗机构232个，医院16家，独立门诊部2个，卫生所44个，保健站164个，防疫站4个，疗养院2个。卫生系统总人数5 912人，床位3 199张。

卫生管理中心定员编制15人，现员14人。

【卫生服务】 服务职工及家属305 999人；服务人群（含路外）：门诊人数5 093 576人（急诊234 444人占4.6%，沿线巡回医疗312 244人占6.1%）；住院人数50 354人；治愈34 815人，治愈率69.41%，好转率26.52%，病死率1.99%；手术9 187例次；实际开放床日数1 023 468日；春运抽调191名医务人员担当23对重点旅客列车的随车医疗，出乘576趟，诊治旅客32 115人次及乘务人员7 050人次。

【增收、节支与“双十”目标】 “双十”目标是路局对卫生系统提出的对外收入增加10%，间管费降低10%的增收、节支目标。经一年的努力，所有医院收入与上年相比均增加10%，其中遵义、内江、六盘水医院增幅超过30%。间管费开支降低近10%。

【医疗保险制度改革进展】 多次与地方政府协调，并向四川省劳动厅递交《成都铁路局关于再次申请参加省本级统筹的意见》。完成各种相关数据的测算、医保机构人员设置方案、医改软件的调研工作。组织中心医院、成都、贵阳、内江等4家医院实施模拟医改。召开各种层次的调研会，修订和完善《基本医疗保险实施办法》及其配套文件。完成机关直属20 000张医疗保险卡初始化加密，完成《医疗保险指南》修订工作。

【科技及重点专科成果展示】 10月，为展示全局卫生系统科技与重点专科建设的成绩，中心将1997年以来科技成果和18个部级、局级重点专科的成绩制作成8块展板，分别在局机关和中心医院展示。随后召开经验交流会,王守增总经济师作重要指示,各学科带头人介绍经验。18个重点专科涉及16个专业,中心医院骨科在路内已处于领先水平,在四川省内属前列;成都分局医院血液净化科具有一定的专业深度;贵阳分局医院中医科体现了中医药特色;内江医院泌尿外科专科梯队建设、中心防疫站职业病防治科和贵阳防疫站站车卫生科紧密结合运输生产开展专题科研;六盘水医院引进人员、技术和设备开展腹腔镜手术等,都代表了全局重点专科的发展特色,为企业医院走向市场、增强竞争能力提供新的思路。

2002年,卫生系统发布、评审QC成果26项,其中评为局级17项,推荐报部成果1项(贵阳防疫站"保质高效地做好计量认证工作",该成果在9月全路评审会上获第一名)。下达科研项目30项,下达科技推广项目1项:"HSM—3型脉冲激光治疗机"的临床应用,由内江、凯里两家医院实施。

【药械采购执法监察"回头看"活动】 为进一步规范药械采购管理,确保广大患者用药安全、有效,把不合理的医药负担减下来,在全局医疗卫生系统开展药品和医疗器械采购执法监察"回头看"活动,并分为学习、自查、检查三个阶段。通过落实责任、发动群众,促使各单位认真自查,边查边改,达到预期目的,基本杜绝药品销售和科室、个人利益挂钩,杜绝医药代表。药事和器械委员会的管理、监督职能得到充分发挥,采购、用药管理走向规范,规章制度进一步健全落实。

【卫生服务质量年活动】 结合全局卫生工作重点,组织开展卫生服务质量年活动,重点在改进服务态度、规范服务方式、提高服务水平、完善服务设施、强化医疗安全。对14家综合医院的检查表明,各医疗机构通过这次活动增强了安全意识,提高文明服务、廉洁行医水准。中心医院全年征求病员意见6 785人次,综合满意度达到98.2%;成都医院收到表扬信18件,锦旗12面,拒收"红包"18次金额5 000余元;广元医院免费接送城区产妇、给病人送鲜花,两次问卷调查满意率达97%以上。经过这次活动,各医疗单位在基础管理、服务态度、服务方式、医疗质量等方面都取得较好成绩。

【教育培训及学术活动】 全年组织举办医疗专业技术培训及学术活动4次:四川省铁道学会医学委员会影像专业学术交流及技术培训、全局ICU技术培训、全局工伤伤残鉴定培训、全局医疗卫生统计培训。成立四川省铁道学会医委会影像专业学组。7月,对医院院长、财务人员进行《新医院财务制度》、医院全成本核算方面的培训。9月,举办"卫生防疫专业技术人员继续教育培训班",120余名专业人员接受《卫生监督工作规范》、《疾病预防控制机构工作规范》及"心理卫生知识"、"生物恐怖袭击与应对"等专题学习与培训。

全年卫生系统发表论文277篇,其中国家级43篇、省部级202篇。

【传染病疫情】 2002年路局传染病疫情较为严峻,重庆、贵阳分局管内先后发生霍乱疫情。特别是贵阳二戈寨地区,8月27日至9月12日,累计报告13例病原学确诊病例,其中分局职工5例、退休职工1例、家属1例。这是全局历史上最为严重的一次甲类传染病疫情,部、局领导高度重视,委派卫生管理中心人员赴贵阳督促、指导扑疫工作。铁道部劳卫司赵继修副司长、防疫处韩树荣处长专程赴该地区了解疫情动态、督促、检查各项控制措施的落实情况。经过努力,疫情得到有效控制,无一例病人死亡,受到地方政府的赞扬。

【《职业病防治法》的宣传贯彻】 《职业病防治法》自5月1日起正式施行。7月,组织召开全局《职业病防治法》学习宣贯会,局属、局直属各单位卫生、劳安和工会等部门人员及各防疫站专业人员参加培训。重庆、贵阳分局等单位也组织培训基层单位有关人员。8月,由卫生管理中心、劳资处、工会生产宣教部及中心防疫站有关人员组成联合检查组,在各单位自查基础上,对局属各单位的职业病防治工作进行专项检查,重点抽查凯里铁路锌厂、成都机务段、重庆南站等13个存在职业病危害隐患的基层单位,并将检查结果通报全局。10月,铁道部职业病危害专项检查组先后抽查西昌车辆段、西昌机务段、成都中心防疫站、德阳轨枕厂等12个单位,充分肯定路局该项工作所取得的成绩,并要求路局尽快将多经、集经系统职业病防治工作纳入主渠道管理。

【卫生防疫监督体制改革】 为

贯彻落实部《铁路卫生防疫监督体制改革实施意见》,实现卫生监督与卫生防疫技术服务合理分离,在路局出台卫生监督体制改革方案的基础上,完成了局卫生监督(监察)员的考核推荐工作,批准任命各类卫生监督员117人。通过召开"卫生防疫监督体制改革座谈会",提出了《卫生防疫监督体制几个具体问题的指导意见》,明确改革的总体方案、改革后的机构名称、卫生监督所和疾病预防控制中心基本业务科室设置,以及"内部三分"的指导意见。各防疫站按"一套班子两个机构"的思路和"人员分开、财务分账和职责分离"的要求,在2002年11月底,全面完成卫生监督所和疾病预防控制中心的组建工作。

【环保考核指标完成情况】 根据68个报表单位统计,2002年全局工业废水排放总量为365万吨,经过废水处理设施的处理量为312万吨,完成工业废水处理率为94.43%(计划为88%),工业废水达标排放量为347万吨,完成工业废水排放达标率为94.37%(部计划为88%);工业废气排放量为36593万标立方米,经过净化处理量为36593万标立方米,完成工业废气处理率为100%(计划为96%);工业固体废物综合利用量为1.48万吨,完成工业固体废物综合治理率为100%(部计划为100%);102台1蒸吨以上工业锅炉达标排放,完成固定锅炉排放废气达标率为100%(计划为97%)。排污单位达标率93.55%(部计划为92%);铁路沿线绿化率60%(部计划60%)。

【清洁生产试点工作】 局属各单位在2001年推行清洁生产试点的基础上,进一步扩大清洁生产试点工作,取得了一定的成效。重庆分局在重庆南机务段、重庆西车辆段建立持续清洁生产机制,完成试点单位清洁生产审计报告。重庆西车辆段率先将质量管理体系与环境管理体系整合,并纳入车间优质优价工作的效益考核,规范环保管理。

【污染源治理及中水回用】 2001年投资建设的峨眉机务段、贵阳南站货车洗刷所和西昌车辆段污水处理工程分别于2002年3月19日、8月12日和10月24日通过路局组织的竣工验收,三项工程总投资为508.7万元,新增污水处理能力达到120立方米/小时。峨眉机务段的污水经过处理后部分得到循环使用,贵阳南站货车洗刷所和西昌车辆段污水经过污水处理设施处理后全部得到循环使用。

2002年路局投资599.4万元更新改造成都东车辆段,六盘水、西昌机务段等单位的污水处理设施,并考虑废水循环使用。其中六盘水机务段污水处理工程已竣工。西昌机务段、成都东车辆段的污水处理工程正在施工,2003年投入使用。

重庆分局投资60余万元新建广安医院北碚分院污水处理工程和重庆电务段北碚碱废水处理工程。贵阳分局投资67.2万元完成2台燃煤锅炉和1台锻造炉的除尘脱硫治理工程、更新凯里医院废水处理二氧化氯发生器以及贵阳机务段喷漆库漆雾治理设备大修等项目。

此外,德阳轨枕厂自筹投资23.3万元治理油枕车间污水。成都中心医院自筹46万元用于医院污水处理设施更新改造。

【环境监测】 局内各环境监测站全面完成路局下达的2002年度环保考核指标监测任务和其他各项监测工作。全局完成169个污染源监测,监测数据总数为10032个。成都分局环境监测站10月取得《四川省环境监测资质审查合格证》,9名监测人员取得《实验员合格证》。

2002年9月,受铁二院委托,组织局环境监测站完成成都北编组站环境影响评价水平、噪声现状调查及监测工作。

【ISO14000环境管理体系认证试点】 1月25日由王守增总经济师主持召开局环境保护委员会决定,ISO14000环境管理体系认证试点工作于2002年10月在重庆西车辆段启动,预计2003年10月完成试点。

【建设项目环境管理】 分别于2002年4月1日至8日、7月8日至10日现场踏勘内昆线、达万线环境保护设施的实施情况,完成初验工作。达成线环保工程3月28日~29日通过国家环保总局和铁道部的验收。

【计划生育工作】 局属各单位签订2002年计划生育目标管理责任书,并兑现2001年计划生育责任奖励。2002年管理的重点仍放在离婚、再婚和外出劳务、提前退休等可能出现问题的人员上。为贯彻国家《人口与计划生育法》及两省一市计划生育条例,按属地管理的原则下发《关于加强成都铁路局人口与计划生育管理工作的通知》。年底,对机务、车务、供电、工程公司、工厂、学校等9个站段级单位进行计划生育责任制实施情况检查。全局计划生育率、节育率、晚育率、独生子女办证率均达100%,晚婚率98.7%。

"计划生育管理系统"程序由路局和重庆分局共同完成,于8月在全局推广应用。该系统的应用,促进计生管理的科学化、规范化,提高计划生育基础管理的水平。

【成都中心医院】 2002年,以邓小平理论和江泽民"三个代表"重要思想为指导,进一步深化医院人事用工制度、分配制度改革,推行病人选择医生,并规范药品集中招标采购。开展成本核算,加强成本管理和财务监督。为创建"三甲",继续加强医院硬件建设,局投资购置高档次的多排CT,投资并启动住院大楼卫生间改造和电照系统改造。自筹资金337万元,完成10余项装修工程;自筹资金89万元更新100余台固资设备。建立质控体系,严格质量考核。以科主任为核心,抓全程质量管理;提高病历质量,以病历质量促进医疗质量;提高护理质量,促进护士综合素质的提高;转变医疗作风,"从病人满意的地方做起,从病人不满意的地方改进"。2002年全院50名学科带头人入选各级医疗学术团体专委会,引进博士生2人、硕士生1人,在读研究生9人,在岗研究生10人,并承担遵义医学院硕士研究生的临床带教工作。完成科研课题2项,开展17项新技术,召开了全院第九届学术年会。发表论文中华级3篇、国家级21篇、省部级94篇。2002年主业收入较上年增长17.76%,对外门诊收入增长38.5%,职工收入较上年增长12.11%。全年门诊总诊次57.1万人次(路外病人占22.94万人次),住院病人12 996人次(路外病人占45.53%),病床周转25.17人次,病床使用率77.2%,平均住院日12.23天,住院手术3 356台次。

【成都中心卫生防疫站】 2002年是深化和完善卫生防疫体制改革的一年。按照两个机构的思路,结合三个《工作规范》和部局的有关规定,抓紧清理、修订和完善卫生监督与疾病控制工作的规章制度,积极筹划两个机构工作的经费来源和研究补偿办法,提出三套"分立改革方案"提交职代会讨论。年内按"小三分"模式全面完成卫生监督与疾病预防控制中心的内部分离。2002年,始终坚持"科技兴站"的方针,开展省、部级科研项目3项,发表国家级论文3篇,省部级6篇,组织举办全站专业技术人员培训班3期,完成《职业病防治法》宣传培训。全面完成各项卫生工作任务,法定传染病报告发病率低于上年,杜绝"02"病(霍乱)在管内流行和借铁路传播;管内未发生旅客列车食物中毒事故,食品运输污染事故处理率100%,污染事故原因查明率100%。全年共收治乙类传染病人7种314例,无死亡,发病率较上年下降26.98%。全年共注射疫苗2 000人份,发放生物制品21 540人份,组织实施绵阳铁路地区血吸虫普查2 000人次。完成站车、食品、公卫、饮水、劳卫、学校、放射防护、消毒监督共计5 905个次,监测4 879件次;服务行业从业人员体检9 684人次;完成辖区内45个排污单位监督管理工作。圆满完成春运、暑运、节假日旅游周的卫生监督工作,铁道部站车专项检查,绵阳创建卫生城市,中小餐饮店综合治理等指令性工作。

【成都职工疗养院】 2002年,以拓宽医疗服务渠道和创收渠道为主,继续加大内部硬件投入,改善内部基础建设落后的状况,努力提高整体服务质量和服务水平。年内投资123万元完成营养食堂改造工程,自筹资金30万元对原有气功疗区进行大修改造,开办具有20张床位的托老公寓,完成上级下达医疗设备更新、服务设施改造共计42.9万元。全年收治各类疗养803人次(较上年增长1%),接待会议、办班、培训468人次(较上年增长9%),完成门诊诊次1 885人次(较上年增长23%),各类健康体检848人次(较上年增长60.4%),完成各类理疗4 592人次。全年无医疗差错事故,创收24.8万元,较上年增长22.5%。

【成都结核病防治院】 2002年,围绕"卫生服务质量年",继续坚持以病人为中心,树立新理念、提供新服务、塑造新形象,发挥专科特色,强化营销,增强医院的综合竞争能力。如期完成局下达的医疗器械和设备购置任务、清产核资工作,完成大型医疗设备的安装调试并正常使用,完成办公楼、药房大修及院内道路改造等工程。选派技术骨干外出进修学习,组织院内学术活动9次。发表国家级、省部级论文8篇。全年收治病人316人次，病床使用率84.78%，门诊诊次4 351人次，防痨门诊706人次。全院创收75.8万元。

（杨　泽）

土地管理

【综　述】 2002年全局土地管理人员克服人员少、任务多、管线长的困难，继续加强和保证全局各项土地管理工作的开展，保护铁路土地，使国有资产保值增值。2002年路局土地管理机构设置为：路局设土地管理办公室，成都、重庆、贵阳分局设铁路土地管理分局，局房地产管理中心、成铁工程（集团）公司、局多元经营集团公司（原物资工业总公司）设有土地管理机构。

【局直属机关土地管理工作移交】 根据部、局有关文件精神，路局房屋建筑物账务资产已移交使用单位，由局房地产管理中心负责行使房地产产权、产籍管理职能，原局直属房建段负责的局直属机关土地管理工作，全面移交局房地产管理中心负责。在路局土地办的组织协调下，移交和接收单位互相配合协作，2002年4月已顺利实现局直属机关土地管理工作的平稳交接。局房地产管理中心专门成立局直属机关土地管理办公室，全面负责行使局机关直属土地管理的各项工作，在管理业务上接受局土地办指导。

【新线建设用地验交工作】 2002年路局新线建设用地交验工作特别繁重，通过全局土地管理人员努力，已顺利完成内昆线、新建达成铁路（东段）建设用地交验任务。同时做好株六复线交验的各项准备工作。

2002年2月至6月，由部内昆指协调处牵头，路局与贵阳国土分局、重庆国土分局分别对内昆线建筑总公司施工段（六盘水—威宁）、局工程总公司施工段（水富—昭通）进行建设用地竣工资料的验交工作，圆满完成任务。

7月10日由四川省国土资源厅组织路局及地方各相关单位对新建达成铁路（东段）建设土地进行验收。验收组一致认为该工程符合验收条件，通过竣工验收。

株六复线从1998年6月开工建设以来，路局、贵阳国土分局加强与各指挥部的联系。2002年4月，贵阳国土分局参加株六复线地亩竣工文件编制工作会，指导资料的收集、整理及编制工作，对存在的问题提出意见和整改措施，为2003年正式验交作好充分的准备。

【部召开铁路用地管理工作座谈会】 8月20日至22日，部土地办组织召开全路铁路用地管理工作座谈会，会上下发铁运[2002]55号文件《关于铁通公司利用铁路用地敷设通信管线有关问题的通知》，并结合实际情况研究落实文件要求，对各局今后解决处理类似问题提供极大支持。同时会议还拟订新的《铁路建设项目竣工建设用地验收交接实施办法》，该办法已于年内行文下发，对做好建设用地验收工作，保证建设项目用地交接完整、准确、规范提供了依据。

表7－1　全局土地确权领证统计　（2002年）

单　位	累计完成	
	面　积（万平方米）	领　证　率%
成都分局	8832.85	93.5
重庆分局	6656.51	97.5
贵阳分局	9332.43	95.7
全　局	24821.79	95.38

备注：工程总公司、局房地产管理中心及局多元集团公司未做完全统计。

（王　昕）

表 7－2　全局铁路用地年报　　（2002 年）

地　类	总面积（万平方米）	变化数（万平方米）	路外占地面积（万平方米）	农民耕种		路外借用面积（万平方米）
				面　积（万平方米）	签协议面积（万平方米）	
运输生产用地	24496.96	1427.19	71.47	1920.59	865.03	37.75
辅助生产用地	41.61	0.58				
生活用地	829.99	19.47				
其他用地	655.54	12.5				
合　计	26024.1	1459.74	71.47	1920.59	865.03	37.75

备注："变化数"为本年比上年增加或减少的面积数。

（王　昕）

【加快局铁路用地 GIS 系统建设】　为适应现代化管理要求，提高铁路用地管理水平，路局从 2000 年起开始大力推进铁路用地 GIS 系统建设工作。2002 年 4 月，部专门组织召开铁路土地管理系统方案研讨修订会，布置各局土地 GIS 系统的开发工作。根据部局推进信息化建设要求，路局加快系统建设进度，与局铁路运输学校进行技术合作，共同进行 GIS 系统建设。2002 年底，已累计完成11 798 942平方米铁路用地数据处理和建立属性数据库工作，为 2003 年系统开发工作打下良好基础。

（王　昕）

房地产管理

【综　述】　2002 年，全局房建系统以"三个代表"重要思想为指导，以深化改革为动力，以确保房建设备安全为重点，继续深化和完善房建设备资产管理体制改革，积极稳妥地进行房建单位分离改革及经营机制的转换，有序推进住房制度改革，加快经济适用住房建设，强基达标，整治设备病害，全面完成大维修和抗震加固工作，为铁路运输和职工生活提供了安全可靠的基础设施和优质服务，实现资产保值，设备保级。

局房地产管理中心编制定员 20 人，现员 18 人。设技术部、房地产管理部（兼局直属机关土地办）、房改办公室、住房调剂置换中心。

2002 年末，房建设备总量为45 501栋件，1 886.40万换算平方米。其中评级设备1 431.93万换算平方米，房屋、建筑物一级率分别为 42.61％和 63.34％；二级率分别为 54.97％和 34.59％；三级率分别为 2.42％和 2.07％。

【建立资产管理新体制】　继续贯彻铁道部和路局、局党委关于深化房建系统改革、推进房建单位分离、实现管理与维修分开的决定和要求，落实《成都铁路局房地产产权产籍管理暂行办法》和《成都铁路局房建设备管理办法》。根据房建设备账务资产已移交使用单位的现实情况，局、分局两级房地产管理中心加强对管内房建设备实物资产的产权产籍管理和专业化归口管理，按经营性房屋、非经营性房屋、住宅房屋、多元企业占用房屋四种类型，采取四种模式进行大维修管理。建立大维修和费用清算制度，基本理顺房管中心与房建单位的关系、房建设备维修单位与使用单位的关系，明确房建设备管理部门、维修单位、使用单位的职责。

根据铁道部财务司《转发财政部关于企业住房制度改革中有关财务处理问题的通知》（财监管[2000]65 号文件），对局内住房资产进行清查后，将住房资产从建筑段和自管单位移交局、分局两级房改办，由两级房改办对未售住房资产共50 505万元进行账务管理，并按规定对已售住房建立维修基金。将收取的未售住房租金和已售住房维修基金用于住宅房屋的修缮养护，确保住房的正常使用。

【局直属机关土地管理办公室成立】 根据局领导要求和局土地管理办公室通知，局直属机关铁路用地管理已回归路局房管中心，设立局直属机关土地管理办公室。从局直属房建段接管局直属机关铁路用地管理工作后，发出《局直属机关土地管理有关事项的通知》，并拟定《局直属机关铁路用地管理办法》，由局办公室发文公布实施，为规范局直属机关铁路用地管理奠定了基础。按照管理办法，与临时使用铁路土地的单位和个人签订《临时使用铁路用地协议书》，加强土地使用的管理工作。

【房建单位转换经营机制】 各建筑（房建）段分离后，坚持“服务内部、面向市场”的原则，转换经营机制、模拟内部市场运作，并着手进行适应全面进入市场的结构调整与重组。深化“人事、用工、分配”制度改革，通过民主测评、考核及考试、实作等方式，实行干部、工人竞争上岗，实现了人员的有效结合。对没有岗位的人员进行待岗、轮岗培训，增强职工的竞争意识。分配上按贡献大小拉开差距，体现鼓励先进、奖勤罚懒的原则，调动职工的积极性。成都建筑段组建的“四川兴铁建筑工程有限公司”，继续苦练内功，经过一年的运行，显示出生机和活力，先后被评为“全国质量稳定合格企业”、“全国质量、服务诚信示范企业”、“四川省建筑业先进企业”。该公司坚持路内外两个市场并举，进入路外市场取得明显成效，外揽工程产值12 500万元。其他房建单位外揽工程任务也有较大幅度上升，全局各房建单位共外揽工程21 837万元，为上年的311%，其中路外工程1 400万元。贵阳房建段以“加强管理，争创一流”，为全年工作的主旋律，经过顽强拼搏，其创新成果荣获贵州省企业管理现代创新成果二等奖，并被路局评为第七届优秀企业，2002年度最佳文明单位。

【房建安全工作】 落实路局安全工作会议精神，制定房建系统安全工作“规范管理、强基达标”三年规划和配套措施，明确房建设备管理部门、维修单位、使用单位的安全职责，按照安全生产逐级负责制、专业负责制和岗位负责制，进一步强化基础工作。抓住安全薄弱环节，集中精力和资金重点整治主要病害。在召开病害分析会的基础上，针对病害情况确定整治重点，提出整治要求，明确完成时间，全年整治有倒塌危险房屋7栋，1245平方米；安排整治电照破损房屋137栋，83 846平方米。全年未发生房屋和广告牌、建筑物倒塌伤人责任事故，电照老化破损引发的火灾事故，站台及建筑物侵限造成的行车事故。各房建单位没有职工因工死亡和重伤事故，整个房建系统安全生产有序可控。

【大修维修任务全面完成】 全年大修投入2 911.36万元，大修房屋建筑物31.67万换算平方米；维修完成185.33万换算平方米。施工质量和工程质量良好，大修工程一次验收合格率达到100%，优良率63.75%；维修一次验收合格率达到100%，优良率59.72%。

【抗震减灾工作】 完成抗震加固工程投资229万元，对2.02万换算平方米房屋按抗震要求进行加固。根据2001年中国地震峰值加速度区划图，印发《成都铁路局抗震设防烈度区划表》。对原《成都铁路局地震应急预案》进行修改完善，并发文公布。向四川省地震局上报《四川省地震应急资料系统》中全局线路、桥梁、隧道等相关数据。对普雄至攀枝花区段应加固房屋进行清核、鉴定，并按三年加固规划提报年度加固计划。局《运输抗震减灾计算机应急指挥系统》基本建成，即将进入调试阶段，待调试完成后，即可投入使用。

【经济适用住房建设】 经过广泛调研，积极与地方房改部门协调，争取最大优惠政策，制定并实施全局加快经济适用住房建设的规定和补充办法。根据局属各单位制定的经济适用住房建设三年规划，制定了全局经济适用住房建设三年规划。年末，全局已计划安排建设经济适用住房3 549户、建筑面积323 599平方米，其中，已开工2 866户、建筑面积264 705平方米，已竣工998户、建筑面积83 233平方米。仅贵阳分局就已建成经济适用住房866户，71 000平方米，受到部、局领导的表扬。

【住房公积金贷款】 为配合经济适用住房的出售,满足职工的贷款购房需要,对有关单位经办人员进行贷款业务系统培训,全面开展购买经济适用住房贷款业务。截至年底,重庆分局、贵阳分局、工程集团公司对符合购买经济适用住房条件的职工954人,支取公积金567万元,向367户职工发放贷款1 736万元,对改善职工的居住条件提供有力支持。

【住房公积金管理】 全局住房公积金管理机构于2002年1月1日开始执行财政部的《住房公积金会计核算办法》,住房公积金机构的自身业务和住房公积金业务实行分账核算。局住房公积金管理中心委托路局财会学会对局属各单位住房公积金管理机构的财会人员进行全面培训,还委托中路华会计师事务所有限公司成都分公司对中心和分中心2001年1月至2002年6月的财务收支和报表进行审计。接受成都市审计局对路局住房公积金管理中心及在蓉分中心的资产、负债及损益情况进行就地审计。审议认为,路局住房公积金管理机构的会计核算、账务处理已基本符合财政部的有关规定和要求;局住房公积金管理中心和分中心在住房公积金的归集、管理、使用方面基本符合有关规定,财务管理较健全,建立了较为规范的财务管理制度和内控制度。

局住房公积金中心对原《住房公积金信息管理系统》DOS版软件进行升级,新增了贷款管理、语音查询等功能。成都地区的公积金管理中心已全部更换了新的《管理系统》软件,机关直属的电话查询系统已开始试运行,职工通过电话即可查询公积金汇缴情况。

【公积金管理机构调整】 根据《国务院关于进一步加强住房公积金管理的通知》(国发[2002]12号)和建设部《关于住房公积金管理机构调整工作的实施意见》,按照全国铁路住房公积金工作电视电话会议和川、黔、渝两省一市的要求,全局住房公积金管理机构的调整,经过与当地政府协商、沟通,在接受政府审计后,提出机构调整的具体方案,调整工作正在有组织有步骤地平稳进行。

【住房产权证的办理发放】 局、分局两级房管中心将已售住房产权证办理作为一项重点工作,组织专门力量,努力克服报建手续及竣工资料不全等困难,加快办证步伐。年底,全局已累计办理分户产权证67 902户,占已售住房的87.3%,位居全路各铁路局前列。2002年局房管中心对局直属机关站东小区住房全力以赴,抓紧办证工作,至10月底,全部办妥并向购房职工发放。

【住房制度改革】 为推进住房制度改革,实现职工住房由实物分配到货币化分配的转变,多次召开全局住房分配货币化方案研讨会,拟制《成都铁路局住房分配货币化补贴实施办法》、《成都铁路局机关直属住房分配货币化补贴实施细则》,抽样测算机关直属实施货币化补贴有关数据。

【公有住房租赁管理】 局住房调剂置换中心为租赁户及时办理《租赁合同》和《租赁证》,做好房租和租赁保证金的收缴工作,做到账目清楚。耐心解答职工咨询的有关住房政策问题及其他与住房相关的问题,为职工释疑解惑,受到好评。

【住房档案管理】 在完成住房档案资料按户、按人、按栋分别装盒后,下发《成都铁路局售后住房档案管理办法》、《成都铁路局住房贷款档案管理办法》和《成都铁路局职工住房档案管理办法》。根据《管理办法》,将新办理的产权证复印存入《售后住房档案》,并将部分产权和全产权售房档案合并,形成完整的售后住房档案;各分中心在办理贷款的同时建立贷款档案并纳入住房公积金的日常工作考核;职工住房档案按人建档,归集《职工居住状况调查表》等普查资料。

(王嘉华)

离退休职工管理

【综　述】 2002年末,全局共有退休职工66 143人,离休干部1 497人。2002年全局新增退休职工1 601人,先后去世74名离休干部、1 384名退休职工。

离退休管理处2002年定员39人,现员33人。

【铁道部表彰离退休先进集体和个人】 4月,铁道部召开全路老干部工作暨先进表彰会,成都局离退休职工管理中心、工程集团公司离退休中心被评为全路先进集体，离休休干部周彦焜、重庆分局离退分处处长杜光才被评为全路先进个人。

【四川省委老干部局领导检查路局老干部活动阵地】 5月14日，四川省老干部局李德明副局长等一行4人，到局活动中心检查路局老干部活动阵地建设情况，对路局老干部活动阵地建设给予充分肯定并提出建议。

【路局老领导视察什邡养路机械厂】 5月17日，在路局张德明副局长、局多元集团公司李自均总经理的陪同下，局老领导一行17人视察局什邡养路机械厂(瑞邦责任有限公司)。老领导们视察车间、观看养路机械的产品展示，听取了该厂总经理的汇报，充分肯定该厂工作，对存在的一些问题及今后发展战略提出了建议。

【铁道部离退休干部局领导到路局调研】 8月1日，铁道部离退休干部局领导来路局调研医疗制度改革情况，局离退中心、卫环处、铁路中心医院及成都各大口有关人员汇报了局医疗制度改革方案及进展情况，分别在成都、贵阳和六盘水地区召开离退休职工座谈会，听取他们对医疗制度改革的意见和要求。

【局离退休职工管理中心第一次党代会】 6月6日，在银河园召开局离退休职工管理中心第一次党代会，67名代表出席会议。离退休职工管理中心党委书记刘金乐作党委工作报告，党委委员雷亚君作党费收缴和活动费的使用情况报告，并选举出刘金乐、吴晓封、叶懿、胡纯贤、周彦焜、雷亚君、宋治安、牛巧英等八人为党委第一届委员会委员。

【局老战士协会召开五届四次理事会】 6月17日，局老战士协会在彭山兴铁宾馆召开五届四次理事会，全局32名理事参加会议。理事长黄书存总结两年来的工作，对下一步工作提出设想和建议。

路局局长齐文超、局党委副书记吴家梁、副局长张德明到会表示祝贺。齐文超局长就路局当前面临的形势、改革及运输生产状况向理事们作了通报，对两年来各级老协的工作给予充分肯定。

全议期间，理事们还听取了四川省总工会干校袁丁教授关于WTO知识的辅导报告。

【为老红军祝寿】 6月26日，是路局老红军谭凯99岁寿辰，局离退休职工管理中心、医疗卫生管理中心的领导到家祝寿。

【看望百岁退休职工】 2月25日，局离退休中心、成都分局、成都分局离退休分处、教育中心等领导专程去绵阳看望绵阳铁中的退休职工张德光，祝贺百岁寿辰，送去生日蛋糕、花篮及全自动洗衣机。4月14日，局离退休职工管理中心、重庆分局离退休分处、重庆车务段和綦江县民政局领导专程到綦江看望年满百岁的重庆车务段退休职工邬阿宽，并向邬老赠送了生日礼物和慰问金。

【四川省境内离休干部提高待遇】 根据四川省委组织部有关文件精神，路局四川省境内共239名离休干部分别提高享受正、副局级生活待遇；副处级政治待遇和工资、医疗待遇。

【慰问离退休党员】 “七一”前夕，离退休中心党委按照上级党组织的通知，对局机关28名老党员、22名困难党员进行慰问。直属机关党委、离退休中心党委领导把慰问金送到老党员、困难党员手中，感谢他们为党、为铁路事业作出的贡献，表达党组织的关怀。老党员、困难党员纷纷表示感谢党组织的关怀和照顾，在有生之年保持晚节，为党增光添彩。

【《成铁金秋》新闻图片发行】 为反映全局离退休工作、离退休职工的精神风貌、生活情趣、为铁路建设奉献余热的高尚情操，离退休中心从8月开始在全局制作、分发《成铁金秋》新闻图片。

【业务培训】 8月，全局96名离退休管理工作人员参加离退休工作业务培训班，学习离退休工作现行政策、江泽民总书记“五·三一”讲话、通讯报道及摄影知识、老年心理学、离退休经费管理、离退休工作业务知识、离退休党支部建设等。

【老战士喜庆党的十六大】 党的十六大召开期间，局老战士协会常务理事在青城山召开庆祝十六大座谈会，局老战士协会理事长黄书存等13名老同志参加座谈。这些曾为新中国的建立和建设流血流汗的老党员，对党和国家的深情厚谊溢于言表。他们表示，衷心拥护党的十六大所通过的各项决议，衷心拥护新的一届中央委员会。

党的十六大胜利闭幕后，局党委、路局在铁旅大厦举办《党的十六大精神传达报告会》，局机关近200名离退休干部（局职、享局、处职）参加。十六大代表局党委书记王宝顺传达十六大精神和会议概况，并对路局学习贯彻十六大精神作部署安排。局长齐文超对路局2002年运输生产、安全等情况作了通报。

【全局离退休工作会议】 11月26日～28日，路局、局党委在青城山庄召开全局离退休工作会议，局党委副书记吴家粱、副局长张德明、工会主席王瑞江、局离退休工作领导小组成员、局属各单位分管离退休工作的领导、离退休部门负责人及先进代表共50人参加会议，邀请局老战士协会理事长黄书存、常务秘书长周彦焜参加会议。

会议以党的十六大精神为指导，认真贯彻“三个代表”重要思想，回顾总结近年来全局离退休工作的基本经验，部署今后的工作，交流离退休管理工作经验，表彰先进集体和先进个人。

会议中，张德明副局长作题为“加强领导，与时俱进，努力做好新形势下的离退休工作”报告，对路局三年来离退休工作情况作简要回顾和总结。

局党委副书记吴家粱在会上作了重要讲话，对今后离退休工作提出要求。

局工会主席王瑞江主持会议并宣读路局、局党委关于表彰全局离退休工作及离退休职工先进集体和先进个人的决定，并向他们颁发奖牌、奖状。

【离退休工作调查研究暨成果发表会】 12月中旬，在重庆召开全局离退休工作调查研究暨成果发表会。各单位针对工作中的热点和难点开展调研，写出了一批针对性较强、结合实际并有一定深度调研文章和论文。经认真评选，11篇调研文章和论文获得优秀奖。

表7-3 离休干部基本情况 (2002年)

顺号	项目 / 单位	总数				享受级别待遇									参加革命时间			
		年底人数	69岁以下	70至79岁	80岁以上	副部单项	正副局级	正局生待	享受局级	副局生待	正副处级	享受处级	副处三项	一般待遇	红军时期	抗日时期 前期	抗日时期 后期	解放时期
1	路局机关	163	4	123	36	3	10	5	57	6	9	65	8		6	25	11	121
2	直属单位	127	13	98	16		2	1	20	12	5	70	16	1	3	10	20	94
3	成都分局	460	14	343	103				35	23		284	117	1		27	42	391
4	重庆分局	221	13	163	45		2		22		3	139	4	51	2	13	24	182
5	贵阳分局	345	18	272	55				26			239		80	1	18	37	289
6	工程(集团)公司	85	2	73	10				9	6	4	50	15	1	1	3	12	69
7	多元(集团)公司	69	4	51	14				7	5	1	42	14			7	7	55
8	内江机械学校	3		3								3						3
9	成都运输学校	24		17	7				9	1		13	1			1	2	21
	合计	1497	68	1143	286	3	14	6	185	53	22	905	175	134	13	104	155	1225

表7-4 退休职工基本情况 (2002年)

顺号	单位	本年度退休数	年底人数	其中 干部	其中 工人	退休干部级别分类 正局	副局	正处	副处	其他	含技术职称人员 高级	中级	初级
1	路局机关	40	842	777	65	1	10	57	109	600	205	301	97
2	直属单位	74	1546	1114	432		5	16	57	1036	162	472	183
3	成都分局	667	22264	4062	18202		3	22	124	3913	133	628	882
4	重庆分局	353	13446	2588	10858		1	12	72	2503	125	488	785
5	贵阳分局	386	15275	2852	12423		2	10	72	2768	111	592	870
6	工程(集团)公司	31	9903	1039	8864			1	16	1022	22	252	274
7	多元(集团)公司	36	2439	624	1815			1	3	620	27	145	192
8	内江机械学校	1	147	85	62			1	4	80	18	35	6
9	成都运输学校	13	281	193	88			5	69	119	74	88	31
合计		1601	66143	13334	52809	1	21	125	526	12661	877	3001	3320

(张铁石)

社会保险管理

【综 述】 2002年,全局的社会保险工作以离退休人员的稳定为重点,认真贯彻落实基本养老保险的各项政策。年内圆满完成离退休人员基本养老金的调整工作,基本养老保险基金收缴及时,协助地方社保部门做好离退休人员基本养老金按时足额社会化发放。积极研究职工关心的有关保险待遇问题,根据基本养老保险的属地原则,结合路局实际,适时出台全局工伤部分保险待遇、职工因病或非因工死亡待遇执行地方规定的平稳过渡政策。全局基本养老保险、补充养老保险个人账户管理,以及工伤保险管理、业务经办和社保基金管理进一步规范。路局基本养老保险年内获四川省社保局通报表彰。

截至2002年末,全局离退休人数为67 743人(含铁通四川、重庆、贵州分公司和达成公司,下同),其中离休1 496人,退休66 247人,当年新增退休1 665人。建立基本养老保险个人账户的人数为152 602人;参加企业补充养老保险的人数为146 800人;当年享受企业补充养老保险待遇2 203人;当年享受企业工伤保险待遇的职工(含供养直系亲属)1 768人。

【基本养老金调整】 年内,根据川社险行[2002]2号、川社险[2002]52号通知要求,两次调整离退休人员基本养老金。2002年1月,在川单位离休人员从2001年10月1日起,按参加革命工作时间和职级增加养老金,标准为110元~280元;退休(职)人员按照《关于四川省2001年调整企业退休人员基本养老金的通知》的政策规定、对2000年12月31日前已办理退休(职)手续的退休(职)人员,从2001年7月1日起,按参加工作时间和退休时间调整增加基本养老金,退休人员标准为30元~55元,退职人员标准为

20元~40元；建国前老工人从2001年10月1日起增加生活费100元。2002年10月，按照四川省《关于2002年调整企业退休人员基本养老金水平的通知》的政策规定，对局在川单位2001年12月31日前已办理退休(职)手续的退休(职)人员，从2002年7月1日起调整增加基本养老金，按其退休时间，同时对建国前、1953年底以前参加革命工作和军队转业干部、有高级专业技术职务、原工商业者退休人员体现倾斜，调整增加的标准为退休20元~80元，退职为退休各档次标准低10元。按照四川省社保局的统一部署，各级社保机构人员集中力量、精心组织、加班加点工作，分别于春节前、十六大召开前，将两次调整补发的养老金发到离退休人员手中，确保养老金调整这一政治任务的完成。重庆、贵阳分局也按当地政府的政策规定对离退休人员的养老金进行调整。

【提高级别离休人员待遇调整】 根据四川省委组织部川组老[2001]44号、四川省社保局川社险行[2002]8号文规定，对新审批为享受副县处级政治待遇和工资、医疗待遇的178名离休干部提高离休金；对四川省委新审批路局的61名享受正、副地厅级生活待遇的离休干部(川组任181、182、183号)，调整提高交通费、护理费。

【做好离退休人员稳定工作】 年内，为全局稳定，做了大量工作。多次深入基层，到重庆地区、米易地区、成都地区部分单位与退休人员、退管工作人员进行面对面座谈，分别召开9次座谈会，就退休职工提出的问题，按国家、地方政府、铁道部对养老保险的有关政策进行详细讲解，使因不清楚政策而产生的矛盾得到化解；同时起草《关于退休职工稳定的有关政策说明》，以局办、局党办联合发文印发局属各单位。认真接待和处理离退休人员的来信来访，做深入细致的政策解释。

【部分工伤保险待遇执行属地标准】 为有利于与国家和地方政策的衔接，路局下发成铁劳[2002]196号文，规定计算工伤保险待遇使用的“上年度全路企业平均工资”不再公布新的标准，保留使用现行月平均标准1 026元，凡以此为基数计算的工伤保险待遇，低于所在地(省、直辖市)规定标准的，可以补足。从2002年起，工伤保险待遇“供养直系亲属抚恤金”的调整，按局属单位所在地政策执行，全局不再统一。据此，局在川单位享受属于部分护理的“工伤护理费”和非配偶的“供养直系亲属抚恤金”的人员，其待遇从2002年8月1日起已补足，按地方标准执行。

【工伤伤残抚恤金调整执行属地政策】 根据国家对社会保险实行属地化管理的趋势要求，年内，下发成铁劳函[2002]84号文，规定从2002年起，路局工伤伤残抚恤金的调整，按照基本养老保险属地化管理的划分范围，执行当地省(市)规定。局在川单位按照四川省川劳社医[2002]2号、川劳社办[2002]99号规定，分别从2001年7月1日、2002年7月1日起，对工伤1~4级伤残并按月领取工伤伤残抚恤金的人员，参照退休人员2001年和2002年的养老金的调整标准调整伤残抚恤金。重庆、贵阳分局亦按当地政策对工伤伤残抚恤金予以调整。

【职工因病或非因工死亡待遇执行属地政策】 为适应保险属地化管理趋势要求，经与有关部门研究、路局领导同意，以成铁劳[2002]114号文下发《铁路局局工会关于职工因病或非因工死亡待遇规定的通知》，路局职工因病或非因工死亡待遇从2002年5月1日起，执行局属单位所在省(市)政府政策规定。据此，又以办劳[2002]26号、劳函[2002]64号下发《关于在川单位职工因病或非因工死亡保险待遇的通知》，印发四川省、成都市相关文件和制定《在川单位职工因病或非因工死亡待遇简表》，在川单位统一贯彻实施。这一政策规定的出台，消除了与地方政策差别造成的不稳定因素。

【规范工伤保险管理】 年内，分别以成铁劳函[2002]36号、劳险[2002]3号对工伤保险工作中的劳动鉴定、待遇审批制度等予以进一步规范。从2002年1月1日起，职工4级以上的因工伤残等级和护理依赖程度的鉴定，在川单位统一由路局劳动鉴定委员会负责；重庆、贵阳分局仍由分局劳动鉴定委员会负责。同时进一步规范完善工伤保险待遇审批制度及办理程序。

【机构改革中职工养老保险关系的接续工作】 年内局成立客运公司、构建多元新格局以及焊轨段(原焊轨厂)改变隶属关系等单位人员大量变动，中心积极协调养老保险关系交接工作，及时调整基本养老保险、补充养老保险个人账户数据库，保证离退休人员养老金的正常发放和养老保险缴费申报、账户管理工作的正常运作；积极与四川省社保局协调，办理达万公司26名职工的基本养老保险关系接续工作；以办劳[2002]28号文下发《关于临时工参加基本养老保险问题的通知》，各单位招聘的各种临时工按有关规定到地方社保机构办理参保手续。

【离退休人员死亡丧葬费纳入统筹支付】 根据四川省社保局川社险[2002]34号文规定，从2002年1月1日起，路局在川单位离退休(职)人员死亡丧葬费按上年四川省职工平均工资的三个月纳入省级统筹，按规定程序报批清算。各单位对离退休人员死亡丧葬费的支付标准仍按现行有关规定执行，从四川省社保局清算的丧葬费用于冲抵单位该项目支出。

【补充养老保险新程序的开发与应用】 协助配合软件公司开发由局投资的全局补充养老保险个人账户管理新程序，从2002年9月1日起正式投入使用。新程序的开发与应用使路局补充养老保险管理更加高效、规范，管理工作迈上新台阶。

【两省一市2001年职工平均工资】 根据地方政府公布的数据，对2002年职工退休计算养老金使用的2001年两省一市职工年平均工资予以转发公布。四川省8 968元、重庆市8 340元、贵州省8 314元。

【计算保险待遇的局企业平均工资】 从2002年7月1日起，计算职工因病或非因工死亡保险待遇的局企业月平均工资按1 227元执行。以局办公室办劳[2002]31号公布。

【计算保险待遇使用的成都市最低工资标准】 根据成府发[2002]58号调整成都市最低工资标准规定，路局在川单位从2002年7月1日起，用于计算因病或非因工死亡职工的供养直系亲属生活困难补助、死者配偶本人必须的生活费数额，所使用的成都市最低工资标准最高一档为340元。以劳资处劳函[2002]129号转发公布。

【社保基金运作管理规范】 基本养老保险、企业补充养老保险、工伤保险基金和再就业基金实行专户储存，专款专用，运作管理规范。年内，接受铁道部审计中心对路局社保基金的审计，接受四川省社保局审计处对路局2002年度基本养老保险缴费征缴基数的稽核，均获好评。下发《关于加强社保财务工作规范管理的通知》，并召开全局社保负责人和财务专业人员会议，规范和完善社保财务内部控制制度，社保各项基金坚持决算制度，收缴拨付运作良好。

（葛 薇）

关心下一代工作

【综 述】 局关心下一代工作委员会成立于1991年5月，是以离退休老同志为主体的工作组织。多年来，在路局党政领导下，以理想信念、“三观三德”教育为主线，围绕路局中心工作，开展适合青少年特点、丰富多彩的活动，为青少年的健康成长做出了一些贡献，先后有87个集体、115名个人受到中国关工委，四川、贵州、重庆市关工委及全国铁路关工委的表彰。

【关工委成立十周年表彰会】 2001年12月在成都召开成立局关工委十周年表彰会。局党委书记王宝顺、局长齐文超、局党委副书记吴家梁，全路关工委副主任高宝安、四川省关工委副主任龚读纶到会作了重要讲话。局工会、团委和有关部门领导，局属各单位关工委常务副主任、秘书长以及部分先进集体、先进个人代表计80人参加会议。会议回顾总结局关工委十年来的工作，交流经验，表彰先进，部署任务。会议期间同时还举办了《愿做春泥更护花》大型图片展览。

成都、贵阳、重庆分局，工程(集团)总公司，直属机关关工委也相继召开了十周年表彰会。

【十周年纪念画册】 为纪念局关工委成立十周年，在局党委领导关心支持下，编印反映全局离退休老同志关心下一代的《愿做春泥更护花》大型纪念画册。画册由局党委副书记吴家梁担任编委会主任。画册用形象生动的艺术语言和图片，再现了十年来老同志活跃在车间、班组、学校、家庭的部分工作情况。画册分为领导重视、工作成果、读书活动、重大节庆、德育教育、夏令营活动、以老带新、老有所为等34个部分。

【举办《公民道德建设实施纲要》骨干培训班】 为切实抓好青少年的思想道德教育。局关工委于6月份在局党校举办《纲要》骨干培训班,组织收看中央党校有关学习辅导报告,邀请局党校教授作了学习"三个代表"专题辅导。局属各单位副主任、专兼职干部以及部分站段常务副主任近40人参加培训。培训期间,局党委副书记吴家梁到党校看望老同志并作重要讲话。培训班上,老同志结合学习内容,撰写了大量学习心得。

【"中华美德"全国青少年读书教育活动获奖】 为充分利用读书这个载体,局关工委曾多次组织青少年参加全国性主题读书教育活动。2002年,在组织青少年参加"中华美德"读书教育活动中,成都分局教育管理中心荣获特别组织奖,工程(集团)总公司、直属机关荣获优秀组织奖,许瑜荣获特别指导奖,陈文质、严莉、雷蕾荣获优秀指导奖,吕言言荣获二等奖,李梦妮、杨桃荣获三等奖,杨宇辰荣获歌咏比赛奖,廖坚荣获摄影奖,杨再军荣获青工作品奖,陈丹等120人荣获纪念奖。

【全路青少年"关心热爱青藏铁路"书画活动获奖】 2002年暑期,局关工委组织青少年参加全路"关心热爱青藏铁路书画"活动,创作一些讴歌青藏铁路建设者抗严寒、斗酷暑的优秀书画作品,受到组委会好评。在选送的80幅书画作品中,有37幅获奖,位居全路第二。其中,一等奖1个、二等奖8个、三等奖16个、优秀奖12个。局关工委获得了优秀组织奖。所有获奖者都获得由组委会颁发的证书、奖金,以及《我爱青藏铁路》大型书画集一册。

【纪念成渝铁路通车五十周年】

局关工委、重庆分局、工程(集团)总公司分别组织召开了参加成渝铁路建设的工程技术人员,第一代建设、管理成渝铁路的老领导,首发成渝铁路的火车司机以及部分团干部、青年工程技术人员参加的座谈会。座谈会上不少老同志回忆了解放前后修建成渝铁路的历史,并利用收集的大量历史资料,撰写纪念文章。为此,《西南铁道报》专版登载了部分老同志的纪念文章。

成都工务段等基层单位也都相继开展了纪念成渝铁路通车五十周年活动。

【喜迎十六大】 为庆祝党的十六大胜利召开、局关工委于11月8日组织收看党的十六大召开盛况,组织学习十六大报告,与离退休管理中心联合举办《党的历程》老同志书画作品展览,组织近1 500名学生参观。11月28日和29日,局关工委又组织成都地区副主任以上及直属机关各单位常务副主任和专职干部学习铁道部政治部录制的有关学习十六大的辅导报告。

【边远沿线小学优秀教师获奖】

2002年教师节前,全国铁路关工委表彰了一批边远沿线和山区小学优秀教师,路局的覃宁、胡义南、孙慧琛、周涛、牟凤杰、胡晓琳、陈贵良、喻劲波、林泽舜、杨成蓉、补中等11名教师受到表彰。

【荣誉称号】 局关工委分别于1998年和2001年被评为全路"关心下一代工作"先进集体;2001年同时还评为四川省"关心下一代工作"先进集体;2002年荣获全路《关心热爱青藏铁路书画》活动优秀组织奖。

(许 瑜)

路局老领导学习十六大精神座谈会。

关工委供稿

多元经济

责任编辑 纪观群

多元经营

【综　述】 2002年全局多元经营系统按照铁道部、路局的总体部署，认真贯彻落实铁道部、铁道部政治部《关于印发推进铁路运输企业多元经营改革和发展若干意见的通知》、《关于建立多元经营新格局若干问题的意见》和全路多元经营工作会议精神，统一思想，加强领导，围绕构建多元经营新格局的目标，转变作风，强化基础，提高素质，抓住改革、管理、发展的重点，把多元经营大发展放在改革的高度强力推进，形成运输业与多元经营资产关系明晰、经营管理规范、经济效益持续增长、良性互动、协同发展、全面提高的新格局。

2002年全局多元经营发展实现历史性的突破，达到有较大幅度增长的预期目标。全局多元经营系统完成经营收入62.64亿元，较上年同期净增收入16.35亿元，增长35.32%；完成年度收入确保计划的129.1%，实现利润2.98亿元，同比增长51.27%；完成年度利润确保计划的139.3%。共有法人企业457个，经营网点1 460个，从业人员52 183人（其中全民职工20 565人），人均创收12万元，人均创利5 710元。

【多元经营集团公司】 2002年4月，原局物资工业总公司和多元中心重组为新的多元经营集团公司。新的多元经营集团公司按照路局、局党委关于建立多元新格局、实现多元大发展的要求，认真贯彻落实全路工作会议和宜昌多元经营工作会议精神，重新定位集团公司工作，确定集团公司的发展目标和思路，"外树形象、内聚人心"，围绕巩固"三分开"成果、构建多元经营新格局、建立现代企业制度三项重点工作，不断克服困难、与时俱进、开拓创新。集团公司在重点加强资产管理和资本运作，规范行业管理与经营行为，改善经营环境，推动企业发展，培育支柱型企业，稳步建立多元经营新格局等方面，实现历史性突破，超额完成全年计划目标。

2002年多元集团公司完成经营收入14.6504亿元，为部下达考核指标的105.6 %；完成利润5 317万元，为部下达考核指标的126.3%（以上均不含工程集团公司）。

【全局多元经营工作会议】 6月27日至28日，全局多元经营工作会议在成都召开。齐文超局长、王宝顺书记及张德明副局长作重要讲话，全面总结2001年全局多元经营工作及"三分开"工作，就建立多元经营新格局进行全面部署和总体动员，提出具体要求。

齐文超局长要求：一要统一思想，提高认识，明确构建多元经营新格局的重要意义；二要统筹规划，分步实施，为建立现代企业制度打下良好基础，实行"三分开"，建立规范的投资与被投资关系；三要完善管理，规范运作，建立科学完善的监督管理体制和运行机制；四要调整结构，资产重组，把多经企业做大做强；五要用改革的思路贯彻好路局112号文件，加大改革力度，构建多元经营新格局。同时要做到解放思想，转变观念，强化管理，提高效益，坚决完成2002年的经营目标。

王宝顺书记要求各级党组织坚决按照江泽民总书记"三个代表"的要求，认真贯彻铁道部党组的部署，加速推进建立铁路多元经营新格局，大力加强领导班子建设，努力提高经营管理者队伍素质，全面保证和推进多元经营事业健康发展。

【建立多元经营新格局】 2002年3月局多元经营管理中心牵头，会同局综合研究处根据铁道部关于铁路改革的总体思路，铁道部、铁道部政治部《关于印发推进铁路运输企业多元经营改革和发展若干意见的通知》和《关于建立铁路多元经营新格局若干问题的指导意见》精神，路局、局党委关于在全局建立多元经营新格局工作的前期部署，对全局多元经营企业的分布及经营状况、隶属关系等进行深入调研，在摸清情况的基础上，提出全局建立多元经营新格局的初始方案。

4月30日，铁路局、局党委颁布《关于建立多元经营新格局的决定》，明确全局多元经营新格局的基本构架：一、将全局非运输业的工附业（含装卸、工业、物资单位）、建筑施工业、房建系统、生活系统以及多种经营系统的企业纳入多元体系；并对企业按适应市场和专业化分工、规模化经营的要求，逐步进行重组和优化整合。二、重新调整并界定路局多元经营管理委员会职责。三、重构局多元经营管理中心。将物资工业总公司和局多元经营管理中心合并，重新组建局多元经营管理中心，为管委会的办事机构，对全局多元经营进行行业管理。四、建立路局多元经营资产营运机构——成都铁路局多元经营集团公司(简称多元集团公司)，与局多元经营管理中心合署办公。多元集团公司作为路局运输企业对多元经营企业的出资人，对出资范围内多元经营企业的资产进行统一管理并监督运行。

5月8日，路局召开局多元经营管理中心(多元集团公司)重组成立大会，全局建立多元经营新格局正式启动。按照路局要求，局直属多元经营企业纳入新格局的单位和企业的合并、移交时间从5月1日起实施，6月1日起按新体系运作；人员、资产以4月30日实际数为准；财务隶属关系变更从2002年1月1日起。

重组后的局多元经营管理中心(多元集团公司)通过深入细致的思想政治工作和组织发动，顺利完成机关部门设置及人员竞争上岗，实现了新老机构的平稳过渡，于5月底正式投入运行。

6月，召开全局多元经营工作会议。会后，局多元经营管理中心主任陪同路局主管领导到各分局及有关站段了解情况，指导工作。

7月路局多元经营管理中心与综合研究处、劳资处、财务处、房建管理中心等处室负责人组成调研组，对构建全局多元经营新格局有关情况再次进行深入调研。

8月成都、重庆、贵阳分局《关于建立多元经营新格局实施方案的请示报告》相继报送路局，路局、局党委于9月上旬分别批复各分局实施。

10月成都、重庆、贵阳分局制定了多元经营新格局的推进计划及相关文件，并进入实施阶段。年底各大口建立多元经营新格局工作基本完成，全面完成预定目标。

【巩固三分开成果】 多元中心根据铁道部关于运输企业与多元经营企业明晰产权、规范核算工作会议精神，针对"三分开"后还存在的定员与现员的矛盾、三分开企业中部分不良资产处理及站段多元经营企业管理还不够规范等问题，多次与局财务、劳资及分局相关部门参加的联合调研检查组深入站段调研，重点帮助解决实际问题。一是对不良资产进行界定和清理，采取股权置换，增加投入等方式进行逐步解决；二是规范劳动关系和经济利益，站段与多元经营企业进行完整的、百分之百的签订资产占用合同、劳务合同及劳动合同，消灭管理死角；三是加强站段多元企业的资产管理和经营管理，确保职工队伍的稳定和企业的可持续发展。通过路局和分局的共同努力，全局"三分开"工作成果得以巩固，为建立多元经营新格局创造了良好条件。

【经济效益快速增长】 2002年全局多元经营抓住发展主题，面向市场，参与竞争，积极寻求新的经济增长点，取得了新的进展。全局多元系统完成经营收入62.64亿元，较上年同期净增收入16.35亿元，增长35.32%；完成年度收入确保计划的129.1%，实现利润2.98亿元，同比增长51.27%；完成年度利润确保计划的139.3%。截至年末，全局多元系统共有法人企业457个，经营网点1 460个，从业人员52 183人(其中全民职工20 565人)，人均创收12万元，人均创利5 710元。

2002年多元集团公司贯彻路局、局党委112号文件，按照建立多元新格局、实现多经大发展的要求来定位集团公司的工作，确定集团公司的发展目标和思路，加大改革的力度。8月，根据路局的统筹安排，全局多元经营收入的目标由确保实现32亿元调整到确保40亿元。面对集团公司重组不久，各方面工作正处于磨合之中和经营指标大幅度增长的压力，多元系统的全体员工按照"心齐、气顺、风正、劲足"的工作要求，振奋精神、艰苦奋斗、群策群力、千方百计完成任务。全年完成收入突破40亿元大关，达到41.24亿元，为局下达年度确保目标的124.67%，同口径增加收入8.16亿元；完成利润1.66亿元，为局下达确保目标的122.96%。其中，多元集团公司完成收入14.46亿元，为局下达确保目标的139.2%；实现利润4 635万元，同比增长14.8%，为局下达目标的122.66%。到年末，集团公司累计实现安全生产5 394天。2002年，职工人均收入达到18 382元，同比增长17.3%，超过全局职工年平均收入水平。

【寻求新的经济增长点的主要做法】 一是将运输资源与物流经营相结合，追求经济效益最大化。局多元集团公司对兰成渝输油管线的建设进行了长时期的跟踪接触。8月兰成渝输油管线建成之时，抓住机遇，主动与中油集团西北公司接触。经过艰苦的谈判，中油集团与局多元集团公司企业联合成立成都西南油品运输配送有限公司，以物流方式展开油品配送经营。同年11月开始运作，当年创收3 000万元，预计2003年将新增收入1亿元。重庆铁路货运输代理理公司开展的"五十铃"汽车代理运输模式及在此基础上发展的"雕牌"洗衣粉、"娃哈哈"饮用水，贵州中铁运输代理开展的"老干妈"系列产品、茅台啤酒代理等，已摆脱了单纯代理，进入物流运作。

二是将资本优势与项目发展相结合，大力拓展新的经营领域。实业开发总公司在开拓渣油经营方面，敢与国内大型石化企业竞争，当年开展经营，即创收8 000万元。

三是围绕运输安全生产调整工业产品质量结构，促进技术创新和科技进步，取得明显成效。完成新产品开发24项，其中18项通过路局组织的安全技术审查，正在实施的跨年度项目6项。目前，双流起重运输机械厂的"4.76米铁路路基梁"、德阳轨枕厂开发的三型轨枕、材料厂研制的道岔等新产品已经陆续进入市场，销售收入超亿元。

【资本运作与改制重组】为改变多元经营企业小、散、弱的现状，充分发挥自身资源优势，提高企业竞争力，多元集团公司通过资源整合、资产重组等有效形式，在组建跨行业、跨地区、投资主体多元化的企业方面迈出了坚实的一步。同时坚持在资产重组的过程中，积极推进现代企业制度的建立，取得初步成效。

9月，按照企业向专业化、规模化、集约化方向发展的要求，集团公司对所属的4个三级资质的建筑施工企业，按二级总承包建筑施工企业的要求进行重组。华太土木建筑工程总承包公司12月成立后，在1个多月的时间内，中标和开工的项目金额接近2 000万元。为发挥什邡瑞邦机械有限公司的品牌和销售渠道优势，做大做强工务产品市场，由什邡瑞邦机械公司和广汉机械厂出资组建成都瑞邦机械销售公司。2002年瑞邦销售公司实现销售收入6 380万元，代理6个工厂12种产品销售710万元。成都材料总厂由国有法人出资51%，职工自然人出资49%组建先行物流公司，为材料总厂转换经营机制，建立现代物流企业进行了有益的探索。

【重点营销市场拓展】2002年多元集团公司始终坚持发展为第一要务的原则，各企业抓住重点市场的营销与开发，拓展市场。集团公司与北京局太原电务器材厂达成ZYJ－7电液转辙机技术转让协议，双方共同出资组建成都信安机电有限公司。多次召开专题会议，研究盘活海口金世纪商厦存量资产的问题，经过多方筹措资金和积极努力，形成了3.8万平方米的营业场地，成功开展招商招租，商厦于6月29日开业运营。

四川华铁和有关单位经过多年的市场跟踪，抓住兰—成—渝输油管线开通的机会，组建成品油配送公司。年底，装车总数3 080辆，完成运输收入1 300万元，实现利润69万元。多年徘徊的双流起重运输机械厂生产、销售齐头并进，销售收入实现强劲增长。成铁实业开展渣油代理业务，提高了经营收入水平。材料总厂面向市场开展钢材代理，年销售收入达2.3亿元。德阳轨枕厂产销两旺，产值突破2亿元大关，位于全路同行前列。西南运代公司采取"一次下单、一次报价、一次办理承装手续、一次结算"的个性化服务，取得广东新中源陶瓷的全程运输代理权，实现了单一的铁路运输代理向公路、水路、集装箱综合代理的转变。大西南监理公司主动出击，积极参加路内外市场竞标，参与投标40项，中标8项，增加监理收入735万元。西南铁旅狠抓旅游"黄金周"服务营销和暑期"旅游专列"营销取得良好收益，"黄金周"期间共接待2 517人次，比上年同期增长40%。成铁房产开发的"铁路新园"竣工，120套住房销售一空，取得良好的经济效益。

国际市场营销方面，集团公司组团参加第92届广交会和成都国际地铁轻轨暨铁路装备展览会，收效良好。华恒物资抓住机遇，扩大出口，代理攀钢向越南出口钢轨1 600吨，直接向越南出口铁路专用机械设备、配件423万元，代理德阳电缆股份公司参与国际投标，中标2项。西南运代公司以取得国际货物运输代理权为契机，及时获取四川省政府在越南举办"四川商品博览会"的信息，争取到独家运输代理权，圆满完成展品的往返运输，得到主办方和参展商的好评，从而实现由国内货运代理向国际业务代理的转变。成达国贸发挥传统优势，全年累计出口磷矿7 000余吨，价值298万元。

【调整工业产品结构】 2002年多元集团公司工业生产企业以产品结构调整为重点，促进技术创新和科技进步，取得明显成效。

全年完成新产品开发18项，正在实施的跨年度项目6项。其中，双流起重运输机械厂的“36吨变频式门吊”、成都材料总厂的“50－60、43－50异型联接钢轨”、德阳轨枕厂的“92改造型岔枕”和“新Ⅱ型轨枕”、重庆配件厂开发的“60千克/米钢轨用新型接头夹板”、资阳配件厂的“刚性可调式腕臂及附件”和“BY变牙型防松螺母”通过路局组织的安全技术审查。双流起重运输机械厂的“4.76米铁路路基梁”通过路局组织的科技成果鉴定。这些产品已经陆续进入市场，销售收入超亿元。

【审计工作】 2002年为加强审计监督工作，成立独立的审计部，配齐审计人员，为顺利开展工作提供了组织保证。

多元中心审计部坚持“全面审计，突出重点”的工作方针，牢固树立“监督促管理，监督促效益”的观念，按照“一审二帮三促进”的内审工作原则，围绕巩固“三分开”成果、构建多元经营新格局、建立现代企业制度、加强国有资产监管等项重点工作，充分发挥审计监督作用。全年共完成审计项目7个，为年度计划的100%，其中财务收支审计项目6个，经济责任项目1个，另外审计调查项目1个。提出审计建议11条，查出违纪违规金额311万元，损失浪费2 285万元。审计处理处罚290万元，其中单位罚款11.9万元，个人罚款2 000元，冲转有关账项257万元，增加企业效益218万元。转发路局《转发铁道部关于〈国有铁路企业及国有铁路控股企业领导人员任期经济责任审计暂行规定〉的通知》，明确各企业所办国有或国有控股企业领导人员任期届满，或者任期内办理调任、免职、辞职、退休等事项前，以及在企业进行改制、改组、兼并、出售、拍卖、破产等国有资产重组的过程中，必须按规定进行任期经济责任审计。

【资产管理】 为建立和完善行之有效的资产管理制度，多元中心修订《成都铁路局多元经营考核办法》，转发财政部《企业公司制改建有关国有资本管理与财务处理的暂行规定的通知》等文件，促使多元经营资本运营机构由行政管理向资本化管理转变，规范和明确运输业与多元资本运营机构的经济关系，依法确立多元资本运营机构与所属企业的投资关系，逐步推进资产管理方面的改革。各多元经营资本运营机构从成本管理，资金管理、投资管理方面整章建制，制定和完善企业资本金注入制度、财务成本管理制度、资金管理等制度，实行全面财务预算管理。局、分局均成立由各级主要领导亲自挂帅的清欠追款领导小组，加强三清执法监察。针对过去在对外投资、借款、担保中存在的问题，展开了对三年以上应收账款的清欠追款工作。按照逐级负责和新官要理旧账的工作要求，确定现任行政主要领导为此项工作的第一责任人。

【规范企业经营行为】 6月10日多元中心下发《关于加强全局法律顾问工作的通知》，要求局、分局多元经营资本运营机构必须设立法律顾问室，二级法人企业要有专（兼）职法律顾问，法律顾问要直接参与重大投资、重大合同、重大经济纠纷、重要规章制度建设等工作，为班子决策提供法律保障。2002年多元经营由法律顾问或聘用律师参与签订的各项经济合同7 942份，标的金额21.54亿元，履约率达99.99%。加强合同管理，有5个企业设立法律顾问室，配备专（兼）职法律顾问22人。运用法律武器加强了清欠力度，共收回账龄较长的欠款1 680万元，有效地维护了企业的合法权益。

加强对运输代理企业的规范和管理。2002年先后7次与局路风办、运输处、货运处进行联合调研检查，以理顺管理体制，使全局运输代理业进入稳定和快速发展的新阶段。11月9日至14日，经铁道部联合检查组的抽查，贵阳、重庆分局整顿运输代理，规范经营行为所取得的成效和成都及各公司整改的具体做法、各项措施及落实效果得到部联合检查组的充分肯定。12月18日至19日，路局在重庆组织召开全局规范运输代理工作会议。

2002年末，运输代理完成经营收入2.7亿元，比上年同期增加1.9亿元，增幅达265.8%，实现利润2 925万元，比上年同期增加1 309万元，增幅达81%。

【劳动安全】 集团公司重组后，成立安全生产领导机构：安全生产委员会，下设办公室。

按照路局的统一部署，围绕安全生产开展了“安全生产月”、“五月、十月安全检查”和学习、宣传、贯彻“职业病防治法”和“安全生产法”等一系列活动。通过安全检查,各单位共查出和整改各种安全隐患400余项。

加大对职业病防治工作的力度,各单位对本单位的职业病防治情况进行自查,成都材料总厂、广汉机械厂、广汉科峰公司请局中心防疫站对该厂的尘毒作业点进行监测。德阳轨枕厂除组织对从事职业病危害工作的正式职工进行体检外,还专门请局中心防疫站对350余名协议工进行体检,并建立健康监护档案。8月和11月,在路局和铁道部分别对集团公司贯彻《职业病防治法》情况和职业病防治工作给以充分肯定,对德阳轨枕厂在贯彻《职业病防治法》工作中所取得的成绩进行通报表杨。

尘毒治理方面,对德阳轨枕厂的生产废水处理工程、成都木材厂密封件分厂的有毒气体、广汉科峰公司的电焊烟尘和电镀车间酸雾处理装置4个项目进行治理和修复。对87名特种作业人员进行安全培训。对所属各单位的锅炉压力容器进行年检。对铁旅大厦电梯存在的牵引钢丝绳磨耗超限等一系列严重安全隐患,进行彻底整治。全年实现无火灾、无锅炉压力容器、压力管道爆炸事故和设备重大事故,年底实现连续无职工因工死亡事故5 394天。

【质量管理】 2002年多元集团公司通过ISO9000质量体系认证的企业达13家,其中西南运代公司成为四川省第一家获得认证的运输代理企业。集团公司有关部门制订《工业产品质量监督检查管理办法》,形成产品质量由生产企业自控、集团公司监控、政府监督、用户评价的质量管理机制。

【劳动工资管理】 多元集团公司重组后,及时起草《关于成都铁路局多元经营管理中心(成都铁路局多元经营集团有限公司)机关机构编制的请示》,上报局、局党委,同时提出人员配置方案,拟订《成都铁路局多元经营管理中心机关员工竞争择优上岗实施办法》。制订《多元集团公司机关资产经营责任制考核办法》,完善内部分配制度。对多元集团公司及所属企业人员工资、保险管理体系进行调整,理顺了多元集团公司社会保险管理体系,解决了基本养老保险金欠费问题。制订《成都铁路局多元经营集团公司工资总额同经济效益挂钩实施办法》,核定各单位工效挂钩指标基数,加强劳资计划、统计工作,发挥了工资管理宏观调控作用,实现全公司人均收入增幅17.3%。

加强职工培训。集团公司继续以中专学校为培训基地,对主要技术工种骨干进行规范化岗位培训,抽调36名生产骨干在成铁运校进行为期15天的机械制图专项培训。从生产一线和近三年安置的退伍军人中抽调了34名文化基础、思想素质较好的青年技术骨干,送内江铁路机械学校进行全脱产两年学历教育。

【信息化建设】 加强办公信息管理和基础建设工作。在铁路网上建立自己的主页,公司机关网上办公平台试运行取得成功。创办《成铁多元》信息刊物,交流工作信息,指导生产经营,促进上下沟通、信息资源共享。

各公司和工厂信息化建设也取得长足发展,建立了自己的电子邮箱。瑞邦机械创建具有网上产品信息查询和在线订购功能的商务网站,开始接受网上订单。瑞邦机械、科峰电子、资阳配件厂、轨枕厂等单位正在努力以信息化带动管理的现代化,积极实施ERP系统。材料总厂也积极地增加投入,推进部分业务的信息化。

【集体经济】 2002年多元集团公司集体经济企业适时做好产品结构的调整和强化内部管理等工作,保证了经济效益的持续增长和职工队伍的稳定。全年完成销售收入4 851万元,为局年计划的134.78%,较上年同期增长31.54%;实现利润206万元,为局年计划的171.34%,较上年同期增长43.31%。

【党委工作】 2002年,多元集团公司党委以“三个代表”重要思想为指导,以学习贯彻党的十六大精神为契机,全面落实局党委、路局一系列改革发展部署,团结带领全公司职工奋力拼搏、开拓创新,改革成效显著。集团公司各级党组织围绕多元经营中心开展政治工作,在推动改革、促进发展、维护稳定,确保多元经营改革发展各项任务的完成发挥了重要作用。

第一、突出“三个代表”重要思想这个指针,狠抓十六大精神的学习宣传,多元经营改革发展取得新成绩。集团公司两级党委坚持以学习实践“三个代表”重要思想为主线,以抓中心组学习为重点，在领导干部和党员职工中深入开展“三个代表”重要思想、“五·三一”重要讲话的学习。党的十六大召开前后，两级党委把学习十六大精神作为首要的政治任务，围绕主题，把握灵魂，深入学习理解精神实质，召开学习宣传会，使“三个代表”重要思想和十六大精神深入人心，进一步加深了领导班子及干部职工对“三个代表”重要思想、十六大精神深刻内涵的认识和理解，促进了思想观念的进一步转变，增强了指导工作和改革实践的能力。

第二、学教活动成效显著，基层组织活力增强，党组织政治核心作用有效发挥。集团公司党委、集团公司制订了“三重一大”问题集体决策的规定，集体研究改革和发展中的重大问题，确保党组织政治核心作用的发挥。在“三个代表”学教活动中，两级党委高度重视，严把质量关，坚持两手抓，突出双结合，实现“两促进，双丰收”。制订下发了加强和改进基层党支部建设的四个办法和《党员发展工作的意见》，加强党支部书记的选拔和培养，举办基层党支部书记研讨班，两期建党积极分子培训班，对46名建党积极分子进行了培训。全年发展新党员41名。

第三、落实六中全会精神，领导班子求真务实，思想和工作作风进一步转变。领导班子成员经常深入基层，调查研究，全面熟悉、掌握建立多元新格局的新情况，制订多元经营改革发展的新思路，带头转变作风，实践“三个代表”重要思想。机关员工“心齐、气顺、风正、劲足”，转变作风，服务基层。干部队伍建设进一步加强。认真贯彻中央颁布的党政领导干部选拔任用工作条例，年内对6个所属单位领导班子、11名领导干部进行调整。继续深化领导班子“双好”活动，推荐局表彰好班子2个，好干部5名。

第四、坚持“从严治党”方针，狠抓源头治理，党风廉政建设成效显著。两级党委、纪委认真落实党风廉政建设责任制，坚持不懈地抓好领导干部廉洁自律，在两级领导干部中开展廉洁自律“回头看”活动和“廉政公仆”推荐活动。深入开展“党风双月谈”等多种形式的反腐倡廉宣传教育。坚持标本兼治，着力源头治理，围绕运输代理、自备车运营、物资采购等重点开展执法监察和效能监察。规范发展运输代理，巩固清理整顿乱收费成果，针对群众反映强烈的问题抓好专项治理，加大了从源头上铲除不正之风土壤的力度。进一步健全重大决策失误追究、财务审批、物资公开竞价采购和项目招投标制度。加强信访举报工作。

第五、紧贴多元经营中心，服务改革发展大局，思想政治工作在保持企业政治安定、队伍稳定中发挥了重要作用。党政工团各级组织，针对多元集团公司重组后改革力度进一步加大、干部职工思想活跃、不稳定因素增多的情况，超前做好宣传和思想教育工作，及时化解各种矛盾。在集团公司机构重组、企业改制、“三项制度”改革以及全员竞争上岗等各项改革中，始终保持了队伍的稳定，确保了各项改革的顺利实施。扎扎实实地抓好维护稳定的工作。两级组织认真贯彻局党委、路局维护稳定的部署和要求，加强领导，落实责任，完善领导体制。特别是十六大召开前夕及期间，把稳定工作作为突出任务，摆在重要日程，重心下移，加强一线，落实责任，深入调查，盯住关键，包保到位，宣讲政策，疏通思想，及时有效地把一些不稳定因素和苗头化解在萌芽状态，收到显著成效，确保了企业政治安定，队伍稳定。坚持思想教育和解决实际问题相结合，关心特困职工、待岗离岗职工和离退休人员的思想和生活，坚持送温暖活动，走访职工663户，发放慰问金40.7万元。

第六、注重思想文化，强化人本管理，精神文明建设取得新成绩。精神文明建设以创建四川省文明单位为龙头，在干部职工中进行了公民道德、“四五”普法和《安全生产法》等教育，加强职工队伍技术业务培训，提高了职工队伍的整体素质。深化文明车间、文明股室、文明班组、文明职工创建活动，加强管理，注重动态建设，把着力点放在提高服务质量、树立良好形象、增强市场竞争能力上，激发了职工群众在多元经营和改革发展中的积极性、主动性和创造性。全公司精神文明创建活动实现了历史性的新突破，形成了物质文明建设和精神文明建设协调发展的良好局面。德阳轨枕厂成为四川省文明单位。2002年，有10个单位继续保持了局文明单位，创局最佳文明单位1个。

表8-1 多元经营集团公司干部情况 (2002年)

项目 单位：人	职工总数	在职干部 合计	在职干部 党群	在职干部 行政	干部级别 处级	干部级别 科级	干部级别 股级	干部级别 干事级	专业技术干部 合计	专业技术干部 高级	专业技术干部 中级	专业技术干部 初级	学历分类 研究生	学历分类 大学	学历分类 大专	学历分类 中专	学历分类 高中	学历分类 初中及以下	女干部总数	少数民族数	聘用干部数	解聘当工人
总计	3755	1113	102	1011	38	232	304	357	921	32	337	552	13	274	443	215	112	56	361	15	130	20

（黄先铭）

表8-2 多元集团公司工人综合情况 (2002年)

项目 人员	人数	综合情况 女工	综合情况 共产党员	综合情况 共青团员	综合情况 少数民族	文化程度 初中以下	文化程度 高中	文化程度 技校	文化程度 中专	文化程度 大专以上	取得职业资格证书 计	取得职业资格证书 初级	取得职业资格证书 中级	取得职业资格证书 高级	取得职业资格证书 技师	技术等级证书 计	技术等级证书 初级	技术等级证书 中级	技术等级证书 高级
铁路工人	2678	873	454	413	13	1446	689	46	304	193	833	73	368	383	9	851	172	507	172
技术工人	1752	476	304	120	8	975	459	31	205	82	694	33	294	359	8	645	116	378	151
25岁及以下	63	12	8	46	1	12	21	2	22	6	10	2	8			16	13	3	
26岁至30岁	253	68	41	73	1	134	43	9	45	22	110	1	75	34		59	46	12	1
31岁至35岁	350	98	52	1	1	157	106	6	52	29	172	14	65	92	1	97	48	44	5
36岁至40岁	421	140	60		2	216	142	9	39	15	186	6	67	113		147	5	122	20
41岁至45岁	246	81	59		2	138	95	3	9	1	87	3	31	53		114	3	80	31
46岁至50岁	273	77	42		1	191	45	2	28	7	79	6	31	40	2	131	1	85	45
51岁至55岁	133		38			116	6		9	2	42	1	17	19	5	79		31	48
56岁至60岁	13		4			11	1		1		8			8		2		1	1

（张素芳）

表8-3 多元集团公司各企业主要经营指标完成情况

单位:万元　　　　(2002年)

单　　位	收入调整计划	实际	上年同期	±%	完成确保目标(%)	完成年度调整计划(%)	利润调整计划	实际	上年同期	±%	完成年度调整计划(%)
装卸服务总公司	35620	36887	33374	10.5	137.0	103.5	2000	2830	2337	+21.1	141.5
集装箱运输中心	2000	2213	1954	13.2	131.7	110.6	300	403	326	+23.6	134.3
实业开发总公司	13520	13578	4546	198.6	342.8	100.4	150	153	-307	+149.8	102
四川华铁经济发展有限公司	3400	3497	3364	3.9	112.8	102.8	180	183	212	-13.7	101.7
成都中铁西南国际运代公司	2500	3028	1607	88.4	16.8	121.1	120	120	81	+48.1	100
西铁国际旅行社	8900	9521	9543	-0.2	106.3	106.9	0	-100	-184	+45.6	
房地产公司	3300	2814	2079	35.3	121.2	85.3	50	38	47	-19.1	76
四川成达国贸公司	6860	5900	6736	-12.4	86.5	86.0	160	-117	221	-152.9	-73.1
监理公司	1450	1497	1025	46.0	160.9	103.2	50	35	40	-12.5	70
华太公司	750	813	452	79.9	180.7	108.4	20	5	5	—	25
博立公司	800	805	413	94.9	118.4	100.6	6	10	-55	+118	166.7
华恒物资供应公司	5200	5265	4661	12.9	111.3	101.2	160	140	153	-8	87.5
土木工程有限责任公司	360	459	125	267.2	183.6	127.5	0	13	-13	+200	
成都材料总厂	20870	25004	10546	137.1	277.8	119.8	40	72	17	+323	180
成都木材厂	280	289	274	5.4	37	103.2	5	5	-7	+171.4	100
双流起重机运输机械厂	800	826	231	257.5	118.5	103.2	2	-12	-26	+53.8	-600
印刷厂	1260	1341	1534	-12.6	115.4	106.4	107	110	239	-53.9	102.8
广汉科峰电子有限公司责任公司	1600	2094	1783	+17.4	116.3	130.9	100	219	222	-1.3	219
广汉机械厂	1060	1310	1579	-17.8	128.0	123.6	27	30	92	-67.4	111.1
什邡瑞邦机械有限责任公司	5200	5291	5436	-2.7	109.1	101.7	355	371	316	+17.4	104.5
德阳轨枕厂	10220	10945	8237	32.9	116.7	107.1	260	376	323	+16.4	144.6
资阳配件厂	1930	2052	2845	-27.8	80.9	106.3	-70	-18	16	-212.5	
重庆配件厂	2000	2186	1812	20.6	104.6	109.3	-27	-22	-69	+68.1	
总　　计	129880	137615	104256	32.1	157.9	105.9	3995	4844	3986	21.5	121.2

(王　聪)

表8-4 局属各单位多元经营主要指标完成情况

单位:万元 (2002年)

单位	收入调整计划	实际完成	上年同期	±%	完成年度确保目标(%)	完成年度调整计划(%)	利润调整计划	实际完成	上年同期	±%	完成年度确保目标(%)	完成年度调整计划(%)
成都分局	119880	120493	103872	+16.0	111.0	100.5	4620	4301	3812	+12.8	116.9	93.1
重庆分局	74860	75338	61607	+22.3	124.9	100.6	3240	3130	3273	-4.4	116.8	96.6
贵阳分局	69160	72616	63043	+15.2	112.5	104.9	4260	4495	3845	+16.9	135.4	105.5
局多元集团公司	138730	146504	113925	+28.6	142.2	105.6	3860	5317	4257	+24.9	140.7	137.7
合计	402630	414951	342447	+21.2	123.6	103.1	15980	17243	15187	+13.5	128.1	107.9
工程集团公司	161260	211798	147878	+43.2	141.9	131.3	11200	12872	4776	+169.5	162.3	114.9
总计	563890	626749	490325	+27.8	129.2	111.1	27180	30115	19963	+50.9	140.8	110.8

(王 聪)

【工会工作】 集团公司工会坚持以邓小平理论和“三个代表”重要思想为指导,以贯彻新《工会法》为契机,服务生产经营,落实“依靠方针”,开展“送温暖”活动,组织动员全公司职工为建立多元经营新格局,促进多元经济大发展等方面做出了积极贡献。

两节期间两级工会组织大力开展火车头“送温暖”活动,各单位共筹措资金43万元;72名领导干部共走访困难职工、离退休职工、病伤职工共660户,发放慰问金40.7万元。集团公司重组后,公司工会又对各单位特困、重困职工进行了摸底统计,健全了203名困难职工档案,并实行动态管理,使困难职工得到及时的关心和帮助。

8月30日在铁旅大厦召开多元集团公司首届工会会员代表大会。局工会主席王瑞江和集团公司领导以及85名代表参加了会议。出席大会的正式代表选举产生了由19人组成的公司第一届工会委员会和由3人组成的第一届经费审查委员会。同时召开工会一届一次全委会、经审会。选举夏松柏、宋晋光、蒋大友、刘家绪为多元集团公司第一届工会委员会常务委员;选举夏松柏为工会主席、李晓以为副主席。选举李晓以为集团公司工会经审委主任。

10月20日至22日集团公司工会制作的反映公司职工技术成果的9块展板和组织部分适用地方客户的橡胶产品参加了四川省职工技术创新成果展,受到观展的省委副书记刘鹏、省总工会主席黄彦蓉和路局工会主席王瑞江等领导的好评。

6月10日是纪念毛泽东“发展体育运动、增强人民体质”题词50周年,在“双庆”健身周期间各单位组织了丰富多彩的群体活动,参加人数达2 960人,占全公司员工的70%。结合路局第八届职工运动会的召开,集团公司体协组织开展飞镖、游泳、钓鱼比赛和软式排球培训等群体活动。集团公司共有18个单位分别派出46支队伍,225人次参加了局“八运会”,10个项目的角逐,共荣获4枚银牌、4枚铜牌、奖牌总数23枚,团体总分在全局各大口中列第三名。

【共青团工作】 2002年集团公司团委学习宣传贯彻十六精神和“三个代表”重要思想,结合多元经营工作特点,围绕集团公司党委全年的工作目标,夯实基础,突出重点,在广大青年团员中广泛开展“创新创效”和各种生产实践活动,切实加强团的组织建设和团员青年的思想政治工作。为贯彻落实部、局党建带团建工作会议精神,年初公司在德阳召开了由公司党委书记、团委书记等参加的“党建带团建”工作会,要求公司党团组织立足根本抓关键,从突出理想教育、建设青年职工队伍、发挥团组织突击队作用、加强青年干部培养、加强团干部队伍建设五个方面全面推进公司“党建带团建”工作。2月6日团委制订《关于加强公司“党建带团建”工作的实施意见》。

针对集团公司青年团员队伍不断萎缩的状况,3月11日集团公司成立青年工作委员会。按照分步实施的办法,先后有4个厂成立了青年工作委员会,进一步加强对青年工作的领导。为贯彻局团委青年素质建设三年规划的要求,结合公司实际情况,草拟了集团公司青年建设三年规划。

【问题与困难】 一、集团公司企业规模总体上已达到一定水平,但收入上亿元、利润500万元以上的优势企业不多。二、企业之间发展还很不平衡,有个别企业仍在盈亏点上徘徊。三、许多企业的发展仍然存在无战略的危机,缺乏长远发展规划。四、企业小、散、弱的现状没有得到根本的改变,在同类市场的重复投入和无序竞争没有完全杜绝。五、由于体制和历史的原因,相当数量的企业管理基础比较薄弱,部分管理人员还缺乏驾驭规模企业的专业管理知识,在管理上局限于直觉和经验。六、企业自主创新能力不足,高素质的管理人才和技术人才缺乏,高级技术工人短缺。七、企业普遍没有形成成熟的企业文化,管理人员的思维模式离经济全球化的发展要求还有很大差距。这些因素都制约着集团公司规模和效益的进一步发展。

(王　聪)

工业生产

【综　述】 2002年全局现有独立核算工业企业14个,除成都焊轨段为局直属单位外,其余均由各局属单位管理。主要担负全局机车车辆、工务、电务配件和部分整机制造;钢筋混凝土轨枕、水泥、石碴生产;部分机械设备修理和印刷任务。2002年末拥有固定资产20 871.9万元,工业职工2 528人,完成工业总产值17 754.8万元,产品销售收入50 730万元,实现利润945万元。全局工业生产随着运输、建设任务的不断发展,广拓市场,在竞争中求发展,产品质量稳步提高。2002年底电液转辙机完成374台,红外线轴测仪完成125套,液压捣固机完成1 856台,钢筋混凝土轨枕完成50万根,客票印刷完成6 300万张,道碴完成47.3万立方米,水泥完成17.2万吨,焊接长钢轨229.2公里。全局工业系统干部职工牢固树立为运输生产建设服务的思想,积极做好后勤保障,确保运输安全。

(张亚莎)

集体经济

【综　述】 2002年,全局集体经济围绕“改革、发展、稳定”主题,实施“三抓两保”的经营战略,努力开辟新的经济增长点,取得较好的经济和社会效益。全年完成经营收入92 831.48万元,完成年度计划的128.90%,与上年同期相比增长16.43%;实现利润总额3 695.75万元,完成年计划的167.98%,与上年同期相比增长12.66%。

局集经管理中心定编机构有:办公室、综合业务部、养老保险部、计划财务部。定员15人,现员15人。

中心主要职责:直接负责局机关集体企业的经营开发;贯彻党和国家关于集体经济工作的方针、政策和法规,指导全局的集体经济工作,负责机关直属集体企业和失业青年的管理工作;帮助、协调路局集体企业与地方、局内外单位之间的关系,帮助解决存在问题,维护集体企业权益;参与制定有关行业管理技术标准,协助企业新产品开发、鉴定，办理生产许可证、特许证；掌握全局集体经济工作状况，指导集体企业深化改革，加强经营管理，开拓市场，提高经济效益；统筹负责集体企业社会保险的全面管理。

【集体企业劳动用工管理暂行办法】 1月29日，路局发布《成都铁路局集体企业劳动用工管理暂行办法》。该办法对企业用工形式、劳动合同的签订和劳动合同的期限、企业新录用人员、劳动合同的管理与监督等方面作出了明确的规定。

【集体企业职工基本养老保险暂行管理办法】 1月8日，局集经管理中心公布《成都铁路局集体企业职工基本养老保险暂行管理办法》。该办法实现了与省级统筹在制度、规定、办法等方面的全面接轨，集体职工基本养老保险日常管理工作进一步规范化、程序化，更具可操作性。

【集经工作会】 4月2日～3日，全局集经工作会议在彭山召开。路局张德明副局长到会。会议全面总结2001年全局集经各项工作的完成情况，安排部署2002年的重点工作。

【工作交接】 6月10日～15日，根据路局撤销物资工业总公司，并入局多元经营集团公司的决定，局集经管理中心组织人员，积极做好成都铁路局直属焊轨段劳动服务公司有关工作的交接。

12月13日，局集经中心在彭山召开工作协调会，研究和协调解决客运公司系统集体企业的交接和管理工作，局客运公司，3个分局和3个分公司集经管理部门的负责人参加会议。本着互相支持和友好协商的态度，对集体企业的交接和集体职工养老保险等管理问题取得共识，达成协议。路局张德明副局长出席会议，并对交接工作提出要求。

【02制服生产】 1月4日～3月31日，局集经中心抽调专人，积极协调解决集体服装企业在02制服的生产、工艺、任务量、面料选购等方面遇到的实际困难，传递有关信息，并要求相关企业和各级集经管理部门认真做好应对工作，严把关口。

【集体企业工务配件生产】 3月8日，路局张德明副局长召集局机关有关业务处室会议，专题研究路局工务基础设施三年专项整治配件涉及集体企业的生产定单问题，并形成会议纪要。

【工商年检】 4月8日～9日，局集经管理中心组织路局机关所属集体企业，认真核备各种资料，接受成都市工商行政管理局对2001年度法人营业执照的工商年检工作。年检组一次性通过对21个企业的年检认证工作。

【资质审查复查】 8月15日，局集经管理中心组织完成在川集体施工企业2001年项目经理资质审查和资质就位工作。完成1999年～2000年度在川24个参检集体施工企业880名管理人员上岗证的复查工作(换证622人，新办证7人)。

【新产品开发】 2002年，局多元经营集团公司所属的集体企业，全年共开发路内工务小型机具配件、路内外机车车辆、工务线路配件、市场短线紧缺的各种非标产品七项：重庆铁路配件综合工厂开发的汽车轴承盖、转K2车辆磨耗板；德阳轨枕厂预制分厂开发的混凝土提速岔枕60—12、60—18；广汉通信信号厂分厂开发的JW—1高智能测速仪；广汉成都铁路设备机械厂开发的注油螺栓扳手；资阳金属综合工厂开发的客车金属橡胶刹车软管。在已开发的产品中，有三项已投放市场，做到了当年开发，当年受益。其中一项产品已试生产。目前，小型养路机具件在武汉、郑州、北京等铁路局的销售量稳步上升，工务线路配件也打入了地方铁路市场。

【产品技术改造】 局多元经营集团公司所属的集体企业什邡养路机械设备厂，对工厂生产并已走出国门的BSZ型自动边坡收碴整形机进行产品跟踪，结合用户要求和市场需要，及时加以改造，使该机的收碴能力得到进一步提高，不仅为企业赢得了效益，也扩大了产品的市场份额，提高了产品的知名度。

【退休待遇计算和审核审批】 9月19日，局集经管理中心会同四川省劳动和社会保障厅，对2002年省内3个大口退休集体职工的档案材料进行审核，确认220人符合退休条件。

【基本养老保险日常管理】 7月1日，局集经中心规范养老保险日常管理工作取得重要进展,基本养老保险金按月申报、个人账户管理、基础数据库维护、人员关系转移、退休人员待遇计算审批等基本走上正轨。

【养老保险管理软件开发】 局集经中心与有关技术人员编制开发了基本养老保险退休待遇计算、个人账户记账和个人账户对账单应用软件。开发工作历时4个月,经过反复修改调试,各项功能达到要求,在部分单位试点的基础上,2002年11月,在全局集体企业中全面推广使用。这一程序的编制完成,使养老保险管理人员的工作告别了原始手工计算的历史。

【养老保险费缴纳】 四川省内3个大口参加省级统筹集体职工2002年度养老保险费的缴纳工作全部完成。全年共向四川省社保局缴纳1 824万元。其中成都分局1 578.5万元,局多元经营集团公司123万元,成都工程集团公司116.29万元,成都铁路局直属焊轨段6.17万元。

【企业改制】 截至2002年末,全局集经系统完成改制的企业113个,占全局集体企业总数的50.2%(其中成都分局29个,重庆分局68个,贵阳分局11个,局多元经营集团3个,局机关所属企业2个)。在已改制的企业中,实行有限责任公司的50个,股份合作制的12个,联合兼并的18个,合资合作的1个,委托经营的1个,承包租赁的12个,注销1个,破产1个,其他14个(主要是指企业、公司清算解体数)。

2002年,全局集经系统完成改制的企业17个(成都分局13个,重庆分局4个)。在17个改制的企业中,改造为有限责任公司的5个,股份合作制的1个,联合兼并1个,委托经营1个,承包租赁4个,注销4个,其他1个(主要是指企业、公司注销和清算解体企业)。

【岗位培训】 3月11日~21日,局集经中心在成都举办1期全局集经系统财会人员《企业会计制度》继续教育培训班,参培人员165人。

9月15日~30日,局集经管理中心组织在川的集体建筑施工企业44名项目经理参加了四川省建委举办的培训班。同时,组织15名新申办项目经理人员参加了四川省建委举办的资质培训班学习。

11月11日~15日,局集经管理中心在彭山举办1期养老保险培训班,参培人员92名。培训针对日常管理工作中存在的薄弱环节和突出问题,重点讲解数据库维护、个人账户管理、退休待遇计算等方面的知识,推广使用管理工作应用软件。

【集体职工子女考入清华】 成都分局西昌喜恭达工程实业公司职工张鹏惠之子徐海宇,在2002年全国普通高等学校招生考试中,以高考总分663分的好成绩获得凉山州理科第二名,被清华大学录取。

【"送温暖"活动】 2002年末,局集经管理中心发出通知,要求全局各级集经管理部门和企业,在"两节"期间,按照部、局的有关要求,认真开展节日"送温暖"活动。同时,以局集经中心的名义,下拨2万元慰问金,慰问特困企业和职工。

【查获剧毒危险品受表彰】 11月29日18点,重庆分局内江车务段宜江公司自贡装卸队四班装卸二组和装车货运员周春,在站内10道对装到西安三桥站的一车氯化钙(普通货物,编织袋包装。车号为P3425345,托运人自贡市大安雁鸣化工厂,收货人西安三桥化工厂)进行检查,发现最后一辆汽车的货物与前面装的货物包装虽相同,但货物形态不同(氯化钙为块状晶体,氯化钡为粉状),当即报告货运主任,并通知货主开包检查。检查发现100件(5吨)氯化钙包装的货物全部为剧毒品氯化钡。托运人立即拿出300元钱,遭到周春拒绝,车站派出所接到通知后,扣押了该车货物。周春和装卸四班二组查堵剧毒品,受到各方赞扬,重庆分局货运分处为此特发出电报予以通报表扬。

【先进表彰】 3月14日,路局表彰2001年度设备管理优秀单位和先进个人。局集经系统的重庆吉兴铁路车辆修理有限公司、内江铁路永安建筑有限公司,重庆吉兴铁路车辆修理有限公司陈良友、内江铁路永安建筑有限公司曹元、达州车站丰源实业有限公司熊正富获表彰。

4月17日,四川省省级机关就业服务管理办公室,在眉山宾馆召开省级机关就业服务系统年度工作会,会上表彰了2001年度省级机关的先进集体、先进企业和先进个人。局集经管理中心被评为先进集体,成都铁路局印刷厂附属厂、成都铁路欣兴塑料厂被评为先进企业;许洪英等6人被评为先进个人。

12月18日,成都铁路局集体经济管理中心2002年度基本养老保险费征缴、退休人员养老金调整、管理软件开发、信息系统建设、基础数据库清理认定维护、退休待遇计算和审核办理等各项工作通过四川省社保局考核、达标,受到表彰。

【路局第七届“双优”评选】 9月17日,路局企业管理协会公布了路局第七届优秀企业(站)段、优秀企业家(站段长)评选结果。局集经管理中心推荐的成都材料总厂附属配件机械厂、贵阳分局遵义永兴福利公司被评为优秀企业,贵阳工务大修段劳动服务公司经理梁宗泽被评为优秀企业家。

【集经成果展示】 党的“十五大”召开以来的五年(1998～2002年),全局集体经济得到长足发展。至2002年12月31日,全局集体经济共有决算单位225个,从业人员22 762人,(其中全民职工2 555人),各类专业技术人员870人,所有者权益60 215.38万元。企业分布在川、黔、渝两省一市铁路沿线,覆盖二、三产业,工程、建安、机械、铸造、服装、装卸、旅馆等形成一定的整体规模。

五年来,全局集体经济累计完成经营收入40亿元,实现利润总额累计2.18亿元,2002年,职工年平均工资为7 896元,累计上缴国家各项税收1.6亿元。全局集体经济产值、利润、人均利润、收入利润率等主要综合指标,连续三年名列全路集经前茅。企业改制工作稳步推进,全局有113个集体企业完成改制,占企业总数的50.2%;涌现出以成都兴达建筑公司为代表的一批产值超千万,利润过50万的龙头骨干企业,使集体经济的整体规模和实力得到全面提升。

五年中,全局集体企业承担了铁路机车车辆配件和工业产品、劳动保护服装的加工制造。获得特许证和许可证的企业有13家,产值累计达1.68亿元;铁路货物装卸作业量累计7 949.3万吨;服装加工企业有7家获甲级服装厂证书,累计加工路服、劳动防护服50万件套;集体施工企业有33个获得资质等级证书(其中二级6个,三级27个),工程总产值为12.2亿元。商饮服务业密布管内主要车站,站台食品和快餐盒饭供应网点发展迅速,重点分布在宝成、成渝、渝达、川黔、成昆、湘黔的各个主要车站。

2000年1月,全局集体职工基本养老保险社会统筹工作,在全路率先实现整体移交,移交总人数18 631人,移交总金额达1.26亿元。2001年7月,集体退休职工的养老金实现社会化发放。

全局各级集经管理部门和知名企业曾先后多次受到有关部、省、市的表彰奖励,并涌出以张英选、黄汝涛等集体职工为代表的一批先进模范人物。路局党政工团联合表彰1998～2000年度先进生产(工作)者和先进集体中,路局集经系统的4个先进车间、9个先进班组、30名先进个人榜上有名。局集体经济管理中心,连续四年被四川省就业服务管理局评为就业服务管理先进单位。

【宜江综合贸易有限公司】 内江车务段宜江综合贸易有限公司成立于1979年,现有职工502人,固定资产2 500万元,是重庆分局内江车务段所属的集体所有制企业。公司主要经营项目:货物装卸、提供劳务、煤炭经营。近年来,公司根据“围绕市场需求,寻求生存之路”的发展战略,坚持以煤炭经营为主,抓好支柱产业,根据市场需求,制定营销策略,“上成都,下电厂,访铁路,走地方”,变坐商为行商,采取普遍撒网与重点攻关相结合的营销手段,形成了“宜江”品牌。经过几年的努力,公司的煤炭发运量由最初的年发运8 000吨,提高到1.5万吨,仅煤炭经营年创利达150万元。为扩大经营规模,公司集中资金,在主要站段修建货场2万平方米。为抢占市场份额,公司采取多种方式,筹集800万元资金,购自备车70辆,保证民煤和电煤的发运,同时带动公司相关业务的发展,职工收入不断增长。

2002年“两节”期间,由于西电东送,四川省电力供应紧张,省政府要求加大火力发电,确保节日期间的居民用电。为保证白马电厂的发电需求,公司抽调人员和资金,一季度向白马电厂发运煤炭5万吨,保证了供电用煤。虽然与发运民用煤相比,公司少收益50万元,但建立了良好的企业信誉。

2002年,公司经营总收入4 199.94万元,实现利润281.7万元,成为重庆分局集体经济的“龙头”骨干企业。

(高殿胜)

表 8－5 集体经济主要指标完成情况 （2002 年）

顺号	项 目	计量单位	2002 年	2001 年	增长(%)
1	企业数	个	225	218	3.212
2	职工人数	人	22762	23134	－1.61
3	经营总收入	万元	92831.48	79733.89	16.43
4	人平经营收入	元	43400	37200	16.67
5	实现利润	万元	3695.75	3280.56	12.66
6	利润率	%	3.98	4.11	
7	人均创利	元	1700	1500	13.33
8	上交税金	万元	3719.28	3195.13	16.40
9	工资总额	万元	16878.37	14363.74	17.51
10	人平年工资	元	7896	6700	17.85
11	固资原值	万元	53508.02	49929.68	7.17
12	固资净值	万元	35067.51	33936.24	3.33
13	所有者权益	万元	60215.38	56220.50	7.11
14	流动资产	万元	79616.51	70111.19	13.54

（高殿胜）

教育 科技 文化

责任编辑　张晓颖

教　育

【综　述】 2002年底,全局教育系统共有各级各类校、园69所,基层站段独立建制教育室22个。全局教职工共计5 390人,其中:站段教育室346人(其中专职教师151人),专业学校1 310人(其中专职教师490人),中小学2 742人(其中教师2 048人),幼儿园992人(其中教师423人)。分局培训中心4所,中专学校2所,中小学39所,幼儿园24所。

局职工教育以开展“职工岗位达标培训”为重点,进一步建立路局职工培训制度和激励约束机制,狠抓落实,提高了培训质量和效益。全年各项培训指标完成情况:运输岗位职工参加“每人每两年不少于10个工作日脱产培训”43 329人,完成年计划109%;客运服务人员“每人每年40学时培训”12 068人,完成年计划100%;职工成人中专学历达标招生4 603人,完成年计划175%;工班长培训6 942人,完成年计划174%;新进复转军人978人,全部按岗位标准进行中等职业教育,或一年专业系统培训;部定三个岗位(即特快旅客列车司机、车辆乘务员、提速区段车站值班员)培训达标420人,完成年计划100%;防火、防爆、防洪等安全专项培训、演练39 600人。

专业学校工作重心逐步转向职工教育,全年培训职工7 823人次,完成技能鉴定2 415人;全年高等职业教育招生370人,普通中专招生1 723人,成人中专招生5 506人,成人大专招生708人。

基础教育围绕“育名师、创特色、办精品”中心开展工作,全面实施素质教育,取得显著成绩。全局小学升学率仍保持100%,初中升学率达到97.1%,高考升学率达到91%,升入大学共1 348人,其中升入重点大学有291人,重点率为21.6%。

局教育管理中心机构设置:中心主任1人,副主任1人,秘书1人;职工教育部5人,专业教育部2人,基础教育部3人;定员13人,现员13人。

【全局岗位达标培训工作会】 为贯彻落实铁道部《关于进一步加强铁路运输企业职工岗位达标培训工作的意见》,路局于2002年2月1日~2日在彭山召开“全局职工岗位达标培训工作会”。局党委副书记吴家梁、工会主席王瑞江、总经济师王守增、团委书记刘存明出席会议并讲话。局干部、劳资、计划、财务、教育和各业务处室领导;局属单位主管教育的领导,局属单位劳资、教育和职业学校领导共计56人参加会议。这次会议是路局职工教育史上规格最高、规模最大、出台政策措施较多的一次会议。

【局职工岗位达标培训领导小组】 为切实加强对职工岗位达标培训工作的领导,路局成立成都铁路局职工岗位达标培训领导小组。组长:齐文超、王宝顺;副组长:吴家梁、王瑞江、王守增;成员:干部、劳资、计划统计、财务、运输调度、机务、工务、电务、车辆处,客运、货运事业部,教育管理中心、安监室、建设管理中心、党委宣传部、工会生产宣传部、局团委等部门负责人。局职工岗位达标培训领导小组办公室设在教育管理中心。

【全局岗位达标培训文件】 为规范管理,确保职工岗位达标培训任务完成,路局出台9个配套文件:《运输岗位职工素质达标规划》、《职工岗位达标培训管理办法》、《关于对职工岗位培训工作实行考核的通知》、《关于明确职工培训期间待遇的通知》、《关于实行技能津贴的通知》、《关于职工培训基地建设的决定》、《复退军人岗前培训暂行管理办法》、《关于强化职工岗位达标培训经费管理的办法》、《职工学历教育学费支付办法》。

【局办职工培训班】 局教育管理中心根据路局运输、机务、电务、车辆、工务、客运、货运等业务处室的培训需要,2002年共举行局办职工培训班129期,培训职工6 311人。

【春运培训】 按照路局“关于春运临客人员培训工作指导意见”的电报要求,在2002年春运开始前,全局共培训春运人员11 620人,其中:客运人员9 520人、车辆人员484人、机务人员948人、公安人员668人。

【招生任务完成】 2002年,全局组织成人大专报名、考试录取共708人,成人中专6 111人,其中局成人中等公安学校录取100人。

【达标培训调研】 针对全局达标培训任务重、工学矛盾突出等问题,局教育管理中心先后4

次到基层运输站段专题调研，并形成调研报告，供路局领导决策参考。针对调研中发现的问题，及时提出相应整顿措施。针对部分单位新职、晋升、转岗培训考试管理不符合部、局要求的情况，制定《关于进一步加强工人定职、转岗、晋升工作管理的通知》。

【达标培训考核】 12月，根据路局安全考核评估总体要求，局教育管理中心和劳资处组成人员素质岗位达标考核小组，分别对成都、重庆、贵阳三个分局进行考核，抽查17个基层单位，抽考225名一线职工。考核结果：成都分局9.2分；重庆分局9.15分；贵阳分局9.05分。

【职工培训教材】 3月，局教育管理中心组织人员编写10个典型岗位人员岗位达标培训教材，并完成铁道部下达路局《电力机车司机》、《电力机车副司机》、《电力机车钳工》等三本铁路职工技能培训教材的编写任务。

【职工培训基地建设】 年初，以局文下发《成都铁路局关于职工培训基地建设的决定》，明确基地建设原则和布局，保证路局职工岗位达标任务的顺利完成。并与计统处协商为基地建设单独设立计划栏目，主要对内江机械学校、贵阳司机学校、成都运校等局级基地重点改造，2002年列更改计划725.9万元。

【职工学历教育学费支付办法】 年初，以局文下发《关于下发〈职工学历教育学费支付办法〉的通知》，明确付费原则、范围和办法，并明确规定联合办学学费的使用，以保证职工岗位学历达标任务的完成。

【复退军人岗前培训】 年初，以局文下发《关于印发〈成都铁路局复退军人岗前培训暂行管理办法〉的通知》，明确规定路局新接收复退军人必须按照拟任岗位标准，进行一年及以上的达标培训，必须取得相应毕(结)业证书和职业技能鉴定合格证书上岗。2002年路局接收的1 027名复退军人全部按照局文要求，进入职业学校分层次进行专业系统培训。

【教育宣传】 为及时准确传达上级指示和要求，交流全局职工培训、职业学校、中小学、幼儿园教育教学经验，局教育管理中心2002年编印《成铁教育信息》24期；局教育管理中心、干部处、劳资处共同编印《职工岗位达标培训简报》16期。

【“科学教育实验基地”挂牌】 成铁机关一幼被国家教育部授予“科学教育实验基地”，3月28日举行挂牌仪式。在7、8月，成铁机关二幼、西昌幼儿园先后被国家教育部命名为“重点科研课题实验基地”。

【小学优秀青年教师巡回讲课】 2002年6月6日～13日，教育管理中心组织小学语文、数学、英语、美术、自然科学5科优秀青年教师分别到贵阳、重庆、成都等地上巡回研究课，全局400多名小学教师听课，效果良好。

【教师队伍建设】 6月，路局下达《关于加强教师队伍建设的意见》、《教育名师评选办法》、《骨干教师评选办法》三个配套文件，并在教师节表彰西昌铁中戴大禧、内江铁中黄兴力、贵阳铁二中夏清辉、成都铁中吴童胜等4位“名师”和40名骨干教师。

【全国红旗大队】 6月，贵阳铁二小少先队大队被中华全国少工委授予“全国红旗大队”称号。

【优秀班主任夏令营】 7月29日～8月2日，局教育管理中心在大邑县西岭雪山举办首届优秀班主任夏令营。荣获各级各类优秀班主任荣誉称号的中专、技校、中小学44名班主任参加夏令营活动。

【省示范性普通高中】 8月，经四川省教育厅组织的专家组评估检查，西昌铁中以480.5分的优异成绩评为四川省示范性普通高中。

【铁道部表彰优秀教师】 教师节期间，铁道部表彰一批边远沿线地区铁路小学优秀教师，达县铁小陈贵良等11位小学教师受到表彰。

【西昌幼儿园获省示范园称号】 西昌幼儿园争创省示范幼儿园取得成功，9月10日举行挂牌仪式。

【高考成绩再上新台阶】 2002年全局高考升学率达到91%，升入大学1 348人，比上年增加154人，升入重点大学291人，重点率为21.6%。成都铁中高考升学率100%，连续8年居金牛区第一名；重庆铁中首次突破500人大关；西昌铁中连续8年获西昌市政府颁发的高考特等奖，毕业生黄帅以670分获凉山州高考状元,被北京大学临床医学8年制博士生班录取。

【学科竞赛成绩显著】 在学科竞赛中,路局中小学生获国家级奖365人、获省、市级奖1 831人。成都铁中陈丽媛、张燕秋在第二届"语通杯"全国中小学语文创新学习大赛中获高中组特等奖;重庆铁中学生在全国中学生英语能力竞赛中获一、二、三等奖20人;在中央电视台组织的中学生科技创新活动中荷花池铁中获"自来水发电"项目一等奖,成都铁中获"水剥鸡蛋"等3个项目一等奖、1个项目二等奖,均在中央电视台10频道播出。

【艺体教育】 在艺术类比赛中,全局中小学生、幼儿园幼儿获书法、绘画国家级奖1 833人次,获国际级奖407人次。广元子弟校6名学生在加拿大"枫叶杯"国际儿童特邀赛获金奖,1人获特等奖;内江铁小严妍乔获全国"美的空调杯"第九届推新人大赛四川赛区器乐十佳奖。在体育竞赛中,密地铁小获攀枝花市青少年第十二届车辆模型赛团体冠军,航海模型赛团体亚军;攀枝花子弟校在四川省航空模型锦标赛上获小学组团体冠军;九龙坡铁小乒乓球队参加火车头体协在郑州举办的全国铁路第十六届"红领巾杯"乒乓球公开赛中分获女团冠军、男团亚军和两个单打冠军;重庆铁中学生唐樊在获得全国乒乓球锦标赛女子单打少年组第五名后,又在此次公开赛中获得女单冠军。

【教育科研】 全局中小学、幼儿园承担国家级科研课题59个,省级72个,市级93个。贵阳铁一中《创新作文教学与实践》实施方案获全国中学语文教育学会教育科研一等奖;贵阳铁二中张忠义被中央教科所德育研究中心授予"全国教育科学'九五'规划国家重点课题研究与实验先进工作者"称号;凯里幼儿园"会发出声音的扣子"活动方案获全国科技活动方案设计二等奖;重庆铁中承担的国家教育科研课题《优秀电影全面提高学生素质实证研究》通过结题,被中央教育馆和中国青少年发展基金会授予全国电影实验学校。

【全路重点中学校长研讨会】 10月22日,全路重点中学校长研讨会在重庆铁中召开。来自全路70多所重点中学校长,分别对新形势下铁路中学教育的发展、教育教学改革、政企分开后学校的前景,以及如何进一步全面实施素质教育等问题,进行研讨和交流总结。

【王德权老师获金牌】 荷花池铁中肾脏移植受者王德权老师于11月2日~10日在泰国清迈举行的"亚洲首届器官移植受者运动会"上,获跳远、铅球、乒乓球双打3块金牌,同时夺得男子200米、4×100米接力2个银牌及羽毛球双打铜牌。

【基础教育工作会暨总结表彰会】 11月21日~22日,全局基础教育工作会暨总结表彰会在贵阳召开。路局王守增总经济师、各分局主管教育的副分局长、路局和分局教育管理中心主任和副主任、各中小学校长和部分幼儿园园长共计60多人参加会议。贵阳分局兰开峰局长到会祝贺。王守增作《与时俱进开拓创新,办出特色再铸辉煌》的工作报告。会议总结了2001~2002学年度基础教育工作,部署下学年度工作,并表彰18所全面提高教育质量的先进学校和11所全面提高保教质量的先进幼儿园。

【幼教青年教师培训班】 12月10日~19日,局教育管理中心在成都举办全局幼儿园青年教师学习贯彻新《纲要》培训班。各幼儿园主管业务的副园长、部分保教主任和幼儿园骨干教师共计50多人参加培训。

【市示范性普通高中】 12月26日~27日,内江铁中通过内江市示范性普通高中检查,被内江市教育局命名为内江市示范性普通高中。

【教育学会】 2002年,教育学会围绕教育行政部门中心工作,配合局教育管理中心各部开展教育教学研究活动。推荐职工岗位达标培训新书目和教材,翻印《第一批异形词整理表》发送局机关和教育系统。参与评选局第三届幼教优秀论文,举办1期职教师资培训班。学习贯彻《基础教育课程改革纲要》、《幼儿园教育指导纲要》和中小学新课程标准。中教研究会举办多媒体课件展示和青年教师优质课比赛;小教研究会向各分局提供示范课,送教到基层;幼教研究会举办园长和幼教骨干培训班各1期,提供幼儿园开展一日活动的研究个案。《成铁教育》出正刊6期、普教专集1期,发表论文200余篇。

(刘继敏)

专业学校

【内江铁路机械学校】 现有教职工267人，其中专任教师96人（高级讲师28人、讲师41人、助理讲师22人、见习教师5人）。普通中专（含高职）在校生2 388人。办学经费716万元。

学校按照路局岗位达标培训的总体部署，加大职工培训力度，职工学历教育招生达2 014人；完成岗位达标培训1 611人次，共21 003人天；完成技能鉴定812人。职工岗位培训基建工程于12月18日开工。

学校以教学质量为主线，努力提高学生综合素质。试行分层次教学和学分制，对26门课程47个班级考教分离，多媒体课件开发取得较大进展，积极组织在校学生参加四川省计算机等级考试和英语等级考试。以学生为主体，认真实践“三个一切”思想。组织编写《学生学习生活指南》，完善《班主任管理条例》，调整奖学金的标准和发放形式，加强对班主任和宿舍管理员的管理，长期开展各类健康有益的文体和学生社团活动。

学校以国家实施西部大开发为契机，加大对学校的宣传力度，努力开辟招生和就业市场，新增路局和社会急需的供用电技术专业（高职），招生和就业情况良好，推荐就业率继续保持在95%以上。

强化内部管理，彻底清理各类收费项目和学校资产，全面推行校务公开制；制定《财务内部控制制度》、《关于加强校园治安管理的通知》、《关于科（部）室负责人双休日值班的通知》。学校通过铁道部财务大检查，并作为先进单位代表在全路会计规范工作推进会上发言。

学校继续保持四川省文明单位，2002年再次被授予全国职业教育先进单位称号。

【成都铁路运输学校】 现有教职工（在册）417人，其中专任教师144人（高级讲师37人、讲师65人、助讲39人、教员3人）。在校生2 400人。办学经费1 031万元。

学校2002年重点完成“三项制度”改革，将原23个行政科室精简至17个；中层干部和部门负责人由42人精简至36人；全员竞争上岗参竞率达95%，中层干部参竞率达137%。

学校积极开展素质教育，发挥德育的育人作用，注重师资队伍建设、校园文化建设和精神文明建设。教学中采用计算机教学、网络教学、多媒体教学和电化教学等现代化教育技术手段，把“学生主体、教师主导”、“能力本位”和“让学生学会做人、学会做事、学会合作、学会学习”等原则贯穿到教学的全过程，全面提高学生的能力和素质。

学校坚持“主动适应、主动服务”的办学宗旨，服务于铁路运输安全和生产。除继续办好既有的岗位培训班外，根据路局实施职工岗位达标培训的要求，围绕铁路实行资产经营责任制，充分利用两个校区的办学资源，多功能、多形式开办职工培训，相继与局管内分局、站段联合办学，把班办到基层站段。2002年联合办学招生3 653人，岗位培训97期，计5 812人次。

目前，学校已形成集大学本科、网络教育本科、大学专科、普通中专、成人中专、全路运输系统站段长培训、继续教育、干部职工培训等多层次、多功能、多形式、多规格的办学格局。

（刘继敏）

技工学校

【贵阳铁路高级技工学校】 现有教职工157人，其中专任教师48人（讲师22人、助理讲师14人、二级指导5人、三级指导1人、教员1人、技师1人、其他4人）。在校生2 150人。办学经费338万元。

学校贯彻路局教育工作会议精神和岗位达标有关要求，学校教育培训目标从单一的技工教育调整为以职工教育培训为主，技工教育为辅，面向地方、服务社会为补充。学校坚持“双主动”方针，围绕“强基达标、规范管理”，开展职工培训和干部培训。开办计算机、工务、电务、机车、车辆、运输、职教专业干部业务等各种层次培训，总计4 259人。针对现场需要，开办计算机开放式大专班，接收学员177人，各种学历培训班2 150人，完成技能鉴定6 331人。学校投入1 166名师生参加历时61天的分局春运工作，出色地完成任务。

学校顺利完成专职教师第二轮竞争上岗，校务公开进一步规范。

为紧贴铁路运输生产，及时反映现场运用的新技术、新材料、新工艺，组织教师开发和制作多媒体课件，用于课堂教学和职工培训。针对“非脱产”性质的职工学习，学校采取送教上门、打破学期界限、课程滚动递进、适应职工倒班的多次授课、加强辅导等措施，确保教学质量。

学校是局中级和高级技工的培训基地。路局投资300万元，兴建职工培训住宿楼。学校是贵阳分局“铁道行业特有工种职业技能鉴定站”和贵州省“第66国家职业技能鉴定所”，是贵州省计算机信息高新技术考试站、贵州省再就业培训基地和贵阳铁路分局再就业培训基地。

学校校长原理荣获全国职业教育先进个人。

【重庆铁路分局职工教育培训中心】 现有教职工188人，分为沙坪坝、上桥两个校区，其中专任教师59人(高讲4人、讲师20人、助讲24人、教员7人、其他4人)。年办学经费411万元。

2002年，职培中心坚持以职工培训为重点，充分利用”四校合一”的办学优势，努力促使党校、技校、职校、电大协调发展。全年共完成26个大中专学历班、8个技校班1 656人的教学计划；各类干部培训和继续教育14期1 105人；各类职工培训25期1 104人；职业技能鉴定初、中、高级57个工种8 000余人次，鉴定19个工种技师148人。创新办学模式，送教下站段深受欢迎，先后与成铁运校、内江铁路机械学校和分局管内8个站段开展联合办学，把教学点设在沿线生产站段，开办13个组合式中专班，共招收学员788人。盘活资源，积极参与教育市场竞争，面向社会自主招收259名新生。

【西昌铁路党技职校】 现有教职工153名，其中专任教师90人(高讲6人、讲师34人、助讲34人、教员9人、其他7人)。在校生4 880人(其中技校1 250人，职校3 053人，党校577人)。办学经费304万元。

技工教育坚持“教书育人，强化素质，精心施教，确保质量”的方针，着重提高学生的综合素质和职业能力的培养。完成190名在职职工中专函授，2个乘务职工中专班60人的教学任务。党校学历教育及干部培训，在册学员577人，完成3 462人次的面授和考试任务。完成职工3 053人的短期培训任务，完成115人的复员退伍军人文化学习，3个班141人复员退伍的中专学历教学任务。完成5 080人次的技能鉴定任务。

全面推广多媒体教学。组织教师到现场学习新知识、新设备、新技艺，制作多媒体和电子教案30余件，并运用到教学中。切实抓好思想政治工作，全校教职工中树立“大教育、大人才、大学校、大效益、大氛围”观念。全年开展教研活动36次，征集论文50余篇。

学校继续保持西昌市文明单位、文明行业模范窗口和凉山州级文明单位、综治模范单位、路局文明单位、德育先进单位、国家级重点技校等称号。8月经劳动部批准，晋升为高级技工学校。

【成都铁路运输技工学校】 现有教职工128人，其中专任教师53人(高讲8人、讲师32人、助理讲师11人、教员1人、其他1人)。办学经费230万元。

学校是四川省重点技工学校，主要承担以铁路中级技术培训为主的各种技术培训及成人大中专学历教育，是兼有职工培训和干部培训的综合性的铁路专业化培训中心。学校分设在新都县宝光寺北、成都市青龙场方家桥。

2002年，成都铁路运输技工学校固定资产1 250万元，占地3.06万平方米，建筑面积3.01万平方米。设置办公室、教务科、总务科、财务室、保卫股、技能鉴定办、招生办等7个职能部门和省电大成都铁路局分校成都分局辅导站。

2002年，成都铁路运输技工学校围绕“宣传推广三新教育，切实转变工作作风，落实三项制度改革，完善教学评估体系，全面提高教学质量，树立学校崭新形象”的工作方针，坚持以教学为中心，不断深化改革，推行素质教育，强化管理，加强教育教学基础设施、设备建设。

学校扩大办学规模，创新办学形式，开展送教上门，解决工学矛盾，完成由技工教育向职工教育的转型。主动服务于企业、站段，2002年在校脱产学历生900余人，短训2 580人次，技能鉴定3 600人次。开设的专业包括铁道运输、铁道工程、烹饪、餐旅服务及管理、酒店服务及管理、市场营销、计算机与财会等。

(刘继敏)

科技管理

【综　述】 2002年全局科技工作按照铁道部科技发展规划和铁路局科技长期规划纲要的要求，结合运输生产实际，以安全、信息、新技术应用为科研开发的主要内容展开科技活动，全年安排科技经费1 593.2万元，比上年略有提高。完成科技成果鉴定21项、科技成果评定23项。强化企业技术基础工作，落实技术负责制、加强协调组织和质量、计量和标准规章建设，取得了成效。2002年获得国家、部、省表彰45项。

总工程师室现有定员27人，局副总工程师兼主任1人，局副总工程师1人。下设两室一中心，科委办公室3人；综合技术室4人；设计鉴定中心12人。附属单位科技馆，定员6人。

【编制运行图】 2002年为保证路局客运任务计划的完成和满足市场需求，总工程师室牵头组织列车运行图编制、调图工作。经过调研准备、标准核定、列车线铺画等阶段，圆满的完成春运图、暑运图的编制工作。通过几次编(调)图，路局客货列车运输能力都有所提高。特别是春运图的实施，取得了良好的经济和社会效益。

【调度信息管理系统】 2002年由总工程师室牵头组织全局调度信息管理系统建设工作。组织有关部门组成调研组，到北京、上海、广州局对调度信息管理系统运行模式进行调研，提出路局实施的建议意见，经路局领导研究后，确定路局调度信息管理系统的模式和建设计划。2002年8月召开全局调度信息管理系统建设会议，对调度信息管理系统的建设工作全面布置和安排。

【车号自动识别系统管理工作】 2002年总工室会同局运输处、车辆处、劳资处、电算中心等部门共同研究制定《车号自动识别系统信息用于路局货车使用费的管理办法》，7月1日发布执行。主要内容是规定分局、机关有关部门的职责和任务，并确定由总工室牵头每季度对各个分局车号自动识别系统信息管理工作考核并进行奖惩。

【科研开发】 2002年加强科研开发重点项目的管理，在项目实施前组织有关专家进行项目方案审查，以保证项目研究的先进性和方案实施的可行性。路局全年下达计划项目90项，安排经费593.2万元。

【铁道部科研开发项目】 2002年铁道部下达路局科研开发计划项目2项。

【科技推广】 全年科技推广新立项目37项，安排经费1 000万元。2002年科技推广项目的质量有较大提高，且数量也有增加，重点仍然是围绕运输生产安全方面。在科技推广项目中，与运输安全有关的项目有25项，占项目总数的96%，占经费总数的93%。其中重大项目有“电力机车入库受电弓状态自动检测装置”、“轨道状态动态检测装置”、“SYC－1型远程视频准动态传输系统”、“WJ－D型驼峰无线机车信号系统”等。

【科技成果鉴定、评定】 2002年完成科技项目鉴定21项，评定23项，共计44项，见表9－3。

表9－1　局科研开发重点项目　(2002年)

序号	项目名称	主持单位	课题负责人
1	夜间施工及运输组织研究	局运输处	张伟民
2	分界口车号自动识别系统日常运行监控信息系统	局运输处	魏　平
3	列车编组计划车流分析系统	局运输处	张伟民
4	铁路站车客票信息智能交换系统开发	局客运事业部	杜笑非
5	电力机车分布式逻辑控制与检测单元的开发和应用	局机务处	任朝阳
6	铁路干线灾害性气象预报警报及安全对策研究	局工务处	伍衡昭
7	小半径曲线铺设“冻结”准无缝线路技术研究	局工务处	黄　为
8	既有线路软弱土基床病害整治与施工工艺研究	局工务处	伍衡昭
9	面向TYJL系列计算机联锁控制系统的维修测试系统研究	局电务处	赵　阳
10	非正常接发列车监督系统	局科研所	郭爱波

表 9-2 部下达开发计划项目 (2002 年)

序号	项目编号	项目名称	课题负责人	起止时间
1	2002X006	山区铁路行车安全保障体系的研究	符兹和	2002-2004
2	2002G038	山区铁路小半径曲线轨道强化技术的试验研究	王　斌	2002-2003

表 9-3 科技成果鉴定、评定项目 (2002 年)

序号	成果名称	主要完成单位	主要研制	证书编号
1	线路及站场实景微机信息系统	局科研所	郭忠义等	成铁技鉴字[2002]01 号
2	GYBJ-1 型电力机车车顶高压报警器	株洲时代集团江油开发有限公司	张光国等	成铁技鉴字[2002]02 号
3	广元南站站改方案研究与优化	成铁工程集团有限责任公司	杨永乐等	成铁技鉴字[2002]03 号
4	铁路运输企业物资管理信息系统应用软件	局物资管理处	潘博璇等	成铁技鉴字[2002]04 号
5	TDL 型有人道口自动(手动)栏木设备	局工务处	陈阿能等	成铁技鉴字[2002]05 号
6	成都南站单塔双索面斜拉桥施工工艺研究	成铁工程集团有限责任公司	冀嵩山等	成铁技鉴字[2002]06 号
7	TW-1 型受电弓自动快速脱网装置及充气三角支撑	成都畅通机车车辆技术开发有限公司	雷有富等	成铁技鉴字[2002]07 号
8	钢管桁架式铁路站场照明灯桥	成都机械厂	陈红兵等	成铁技鉴字[2002]08 号
9	CT266 型轨道电路故障诊断仪	成都铁路通信仪器仪表厂	罗　薇等	成铁技鉴字[2002]09 号
10	CT-01 型光电缆路径探测仪	成都铁路通信仪器仪表厂	罗　薇等	成铁技鉴字[2002]10 号
11	车辆轮对轮位差、盘位差测量尺	局计量所	李世松等	成铁技鉴字[2002]11 号
12	WXDK-1 无线道口预警设备	达成铁路有限责任公司	于　良等	成铁技鉴字[2002]12 号
13	复杂岩溶地区铁路营运桥梁地基加固技术	局工务处	伍衡昭等	成铁技鉴字[2002]13 号
14	路基施工梁	局工务处	陈阿能等	成铁技鉴字[2002]14 号
15	电气化铁路交直交站用电源装置	局机务处	朱祥武等	成铁技鉴字[2002]15 号
16	负荷测试与典型负荷曲线研究	局机务处	钟为成等	成铁技鉴字[2002]16 号
17	牵引变电所故障录波分析系统研究	局总工程师室	阎法舜等	成铁技鉴字[2002]17 号
18	恶性肿瘤外周血 P-糖蛋白表达与化疗关系的研究	成都铁路中心医院	王凤景等	成铁技鉴字[2002]18 号
19	YB-150 型液压拨道机	什邡瑞邦机械有限公司	黎英豪等	成铁技鉴字[2002]19 号
20	成都铁路局工务防洪地理信息系统	局工务处	杨　军等	成铁技鉴字[2002]20 号

续表 9－3

序号	成果名称	主要完成单位	主要研制	证书编号
21	铁路在线钢轨电弧堆焊修复及探伤研究	成都分局工务分处	蒋世辉等	成铁技鉴字[2002]21号
22	ZTDD调车作业单传递系统	成都中铁自动化系统研究所	陈劲松等	成铁评定技字[2002]01号
23	西南铁路客运市场份额研究	局计划统计处	汪哲君等	成铁评定技字[2002]02号
24	计量微机管理系统	成都分局总工程师室	刘海静等	成铁评定技字[2002]03号
25	对外投资管理信息系统	局财务处	谭之彬等	成铁评定技字[2002]04号
26	GAK轨道车行车安全监控器	成都机务段	孙　蓉等	成铁评定技字[2002]05号
27	西康线开通后成都局运输组织研究与实施	局运输调度处	张伟民等	成铁评定技字[2002]06号
28	成都铁路集装箱网络结点站物流化作业研究与规化	局计划统计处	汪哲君等	成铁评定技字[2002]07号
29	DKXH－1型无人道口自动预警系统	局工务处	伍衡昭等	成铁评定技字[2002]08号
30	车辆用车轴全长测量尺	局计量所	李世松等	成铁评定技字[2002]09号
31	弹性限位定位器	成都机械厂	王安科等	成铁评定技字[2002]10号
32	车辆段站修车间信息管理系统	成都东车辆段	何　明等	成铁评定技字[2002]11号
33	机务运用安全信息管理系统	局机务处	张国力等	成铁评定技字[2002]12号
34	NZG－32型钢轨钻孔机	重庆工务段	姚　勇等	成铁评定技字[2002]13号
35	XG－1型携轨机	重庆工务段	姚　勇等	成铁评定技字[2002]14号
36	YYMJ－Q－BZD型上心盘液压铆钉机	重庆铁路丰达车辆工程有限公司	倪建平等	成铁评定技字[2002]15号
37	TIMS货票信息共享及综合利用	成都科研所	孙　朴等	成铁评定技字[2002]16号
38	CD－Ⅱ型滑动式车档	成都机械厂	胡运鹏等	成铁评定技字[2002]18号
39	DZK－1型调车控制系统	遵义机务段	毛　寅	成铁评定技字[2002]19号
40	医院病案计算机信息管理系统	成都铁路中心医院	杨建南等	成铁评定技字[2002]20号
41	DP－1型电子点牌器	局机务处	张国力等	成铁评定技字[2002]21号
42	组建铁路合资支线有限责任公司操作方案研究	局综合研究处	李锦先等	成铁评定技字[2002]22号
43	铁路物资招标采购中决策机制的研究	局综合研究处	金幼源等	成铁评定技定[2002]23号
44	无线场强测试计算机处理系统	成铁工程集团有限责任公司	陈名超等	成铁评定技定[2002]24号

（徐中建）

【科技进步奖申报】 2002年全局申报局科技进步奖共计23项,评出一等奖4项;二等奖9项;三等奖9项;四等奖3项(待局科委最后审定批准)。

【四川省科技进步奖】 广汉科峰公司的“HZT-2000型红外线轴温探测系统”和内江铁路医院的“火车创伤研究—‘火车创伤’对铁路运输生产的危害及其对策研究”获得2001年度四川省科技进步三等奖。

【安全技术审查】 为加强涉及运输安全的科技项目的管理,使新技术、新产品更好地为运输生产服务。2002年对涉及行车安全的项目实行上道前的安全技术审查。一、局立项的科研项目,运用考核(上道前)前由总工室或业务主管部门组织试验前的安全审查。二、首次局内推广应用涉及行车安全的项目,上道前必须进行安全审查,合格后方可现场应用。2002年共审查7个项目。

【电力机车入库受电弓状态自动检测装置】 该项目2001年1月通过铁道部的技术评审,路局于2001年至2002年列入科研推广计划。该设备是机车受电弓在线自动化检测装置,在机车入库升弓的情况下,装置自动检测受电弓状态,打印受电弓检测数据及检测曲线,确定急需维修的项目和所需配件名称。该装置代替了原有人工检查受电弓状态的落后、笨拙的检修方式,为科学、准确地掌握受电弓状态提供高效的检测方法和监控手段。现场运用反映良好,减轻了工人劳动强度,提高工作效率,设备状态受控。

【机务段股道管理自动化系统】 该项目是铁道部科研计划项目,由成都局、西南交大、成都运达创新科技有限公司联合研制开发,2001年9月通过铁道部技术鉴定(证书号:铁道部技鉴字[2001]第033号)。该系统主要包括段内道岔集中控制系统、机车整备作业图像监视系统、电力机车整备场隔离开关微机控制系统。主要是针对原机务段机车进出库均由传统手工方式,造成作业效率低、安全可靠性差的问题。推广应用该系统后,机务段的机车进出库实现自动化,作业效率和安全性提高,取消全部扳道房和扳道工,节约大量人力物力,现场运用效果良好。该系统的科技含量高,系统可靠性强,符合铁路现代化发展的方向,填补了国内空白,技术上达到国内领先水平。全路现有机务段近200个,大都需要安装该系统设备,因此该系统的推广应用前景广阔。

【电气化铁路交直交站用电源装置】 由成都铁路局机务处和成都铁成铁道电气设备制造有限公司研制的“电气化铁路交直交站用电源装置”科研成果,主要是针对目前信号、通信等负荷供电要求高,一般车站没有可靠备用电源,利用电气化铁路接触网牵引电源,通过交—直—交变换生成稳定可靠的220V或380V交流电源,为信号、通信等负荷提供可靠的备用电源。该项目的技术关键是采用IGBT模块和PWM直流斩波器,克服电气化铁道接触网电压波动所造成的电压不稳,得到高品质的直流电压,再经逆变器输出交流电压。经专家鉴定组鉴定,该设备稳定可靠,功能达到设计要求,其总体技术性能达到国内领先水平。

【牵引变电所故障录波分析系统研究】 该项目由成铁局总工程师室、局机务处、西南交大电气工程学院和铁道第二勘察设计院联合研制。该装置采用现代计算机技术实时监视牵引变电所运行状况,当牵引供电设备发生故障,能及时记录所内各级电流、电压波型以及继电保护、断路器的动作时序和工作状态,为故障分析提供可靠的依据。该装置采用便携式结构,便于移动使用。经鉴定组鉴定,该装置运行可靠,性能指标达到设计要求,具有很强的实用性,该装置在国内处于领先水平。

【复杂岩溶地区铁路营运桥梁地基加固技术】 由局工务处、局勘测设计院、中铁集团西北研究院、成都分局工务分处等单位联合研究。基于宝成线岳村复杂岩溶地区特殊条件下的岳村大桥桥梁地基研究的加固技术,有较强的针对性和特殊性。此项研究的特点:一、在不中断行车的条件下,采用“探—注结合,监测跟踪,动态设计,控制注浆”的加固方案。二、由钻孔、注浆、行安监测等系统措施所组成的控制施工附加沉降的配套技术。三、由跨孔高电阻率CT、桥梁列车荷载振动测试等四种方法组成的加固效果检验、综合评估技术。鉴定委员会认为,该技术在不中断行车的条件上对岳村大桥地基加固成功,有显著的经济效益和社会效益,且具有示范意义和推广价值。此项技术总体上达到国内先进水平，其中在运营条件下控制施工附加沉降的配套加固技术在国内领先。

【YB－150型液压拔道机】“YB－150型液压拨道机”是在实用新型专利“液压拨道机”的基础上经二次开发研制的铁道线路作业专用机械。由什邡瑞邦机械有限公司和北京铁道工程机电研究所联合研制，通过成都铁路局科技成果鉴定。该产品采用龙门框架结构，动力装置是日本本田汽油机，采用双向比拨道机构，用收放油缸控制拨道缸的角度，附有轻便上下道架，上下道快捷。该机质量轻、结构紧凑、操作灵活、拨道力大、故障少、适合于各种线路。经专家鉴定，该产品设计结构合理、技术性能先进，具有独创性，在全路处于领先水平。

【铁路运输企业物资管理信息系统应用软件】该项目由成都铁路局物资管理处、财务处共同研制。主要解决物资管理工作从计划经济进入市场经济体制下所面对的问题。该系统的应用主要体现在为物资管理规范化、程序化提供手段，控制、降低物资消耗成本，体现路局作为经营管理主体的意志。以限价管理、“双控”发料为关键点，体现路局、分局、站段三级控制物资消耗成本的地位、作用和责任。该系统是在广域网条件下，具有物资计划、采购、仓储、发送、定额、核算、统计等全过程的业务功能，并实现局、分局、站段三级物资部门的联网，为加强物资管理提供条件。经鉴定组审定，该系统功能较齐全、操作方便快捷准确，达到路内物资管理信息系统的先进水平。

【ISO9000标准宣传贯彻】为推动ISO9000族质量管理标准在路局的实施，总工室举办一期局机关领导干部ISO9000标准知识讲座。邀请省内高级专家讲解ISO9000标准的基本概念、原理和实施过程及方法。为配合宣贯标准，总工室购置《2000版ISO9000族质量管理体系标准应用指南》，同时编印ISO9000标准知识宣传手册，分发局机关各部门。

【ISO9000标准内审员培训】为培养宣贯标准骨干队伍，2002年总工室举办一期“内审员培训班”，为期四天，共有70余人参加学习，其中68人通过考试取得内审员资格证书。

【群众性质量管理活动】2002年全局质量管理小组活动围绕路局“规范管理、强基达标”的方针，紧扣安全、效益两个主题开展活动。2002年全局注册QC小组1 565个；参加活动人数15 600人；成果总数1 394个；成果率为87.9%。

2002年全局质量管理小组成绩达历史最好水平。全局获得国家优秀QC小组5个；铁道部优秀QC小组21个；四川省、贵州省、重庆市优秀QC小组18个。经评审，2002年评出局优秀QC小组154个。成铁工程集团公司广元新客站综合工程被中国质协用户委员会授予“全国用户满意建筑工程”。

国家优秀质量管理小组

1. 局电务处维修中心QC小组
2. 贵阳工务段修配所焊工车间QC小组
3. 重庆西车辆段设备车间QC小组
4. 成都客运段安全服务QC小组
5. 成铁通信信号工程公司四项目部QC小组

铁道部优秀质量管理小组

1. 局电务处维修中心QC小组
2. 成都站售票车间QC小组
3. 成都客运段安全服务QC小组
4. 达县站货运安全QC小组
5. 成都东站装卸QC小组
6. 成都车站售票车间QC小组
7. 成都东站调度车间QC小组
8. 北碚车务段技术室QC小组
9. 北碚供电段牵引变电所技革QC小组
10. 贵阳车辆段设备车间QC小组
11. 贵阳工务段焊轨班QC小组
12. 成都焊轨段PD3钢轨焊接攻关QC小组
13. 重庆工务大修段一队一班QC小组
14. 峨眉建筑段西昌南建筑工区QC小组
15. 重庆电务段北碚信号检修所QC小组
16. 贵阳分局防疫站QC小组
17. 重庆铁路医院QC小组
18. 资阳配件厂维修中心QC小组
19. 成都设计院通信QC小组
20. 成铁通号公司四项目部QC小组
21. 局物资处监察管理科QC小组

四川省优秀质量管理小组

1. 成都车站售票车间QC小组
2. 成都客运段安全服务QC小组
3. 成铁工程集团公司绵广高速

公路11F合同段路基填筑QC小组
4. 广元车辆段站修内制动QC小组
5. 江油机务段联合QC小组
6. 成铁三公司物资设备租赁站桥涵顶进QC小组
7. 成铁电化公司接触网一项目部QC小组
8. 成铁工程集团公司成都南站斜拉桥QC小组
9. 成铁通号公司四项目部一工班QC小组

贵州省优秀质量管理小组

1. 凯里工务段技术室QC小组
2. 贵阳车辆段玉屏列检所QC小组
3. 贵阳生活服务总公司都匀行车公寓QC小组
4. 凯里电务段凯里信号工区QC小组
5. 遵义供电段息烽变电所QC小组
6. 贵阳电务段贵南机车信号检修所QC小组

重庆市优秀质量管理小组

1. 重庆工务段綦江修配所QC小组
2. 重庆铁路医院QC小组
3. 永川工务段QC小组

【铁路工业产品质量监督】 2002年总工室组织对全局工务配件产品专项检查。共检查5项产品13个生产企业。对部分产品质量不合格或质量管理体系不健全的企业提出限期整改的要求,并组织复查审定,有效地促进了全局工务配件产品质量的提高。

【铁专标准装置复查考核】 为实现"规范管理、强基达标"的要求,2002年总工室组织考核组对全局18个工务段、大修段的40个轨距尺、支距尺检定装置进行复查考核。对考核不合格单位限期整改。

【计量检定人员取证、换证培训】 2002年继续开展计量检定人员的取证、换证工作。共有30余名从事计量工作的人员培训考核合格后取得检定资格。

【计量标准建标、复查考核】 轨温计、扭矩扳手两项新建计量标准于2002年8月通过铁道部考核,7项局级计量标准、8项强检授权项目标准通过四川省质量技术监督局考核。

【计量微机管理系统】 为统一全局的计量管理模式,实现管理科学化,2002年总工室在局属单位和部分站段推广"计量微机管理系统"应用项目。

【标准规章管理】 根据局《关于迅速深入开展安全专项检查的通知》的要求,总工室和局主要业务部门抽出人员成立规章专题检查组。对3个分局的9个站段检查调研,提出专题报告,为全局安全生产管理提供第一手资料。为加强标准规章管理,总工室起草《成都铁路局规章管理办法》初稿,送有关单位和部门征求意见。同时对局标准《标准化管理实施办法》修订,待审批后发布。

【成都铁路局计量所】 局计量所坚持为"运输生产安全提供保障"的宗旨,开展铁专和通用计量器具的检定工作,拓展计量检测、检定的业务范围。2002年与达成公司签订计量器具检定合同,扩大检定范围,为运输生产提供有力的保障。计量所在坚持"优质服务、精心检测"的前提下,开展为现场服务活动。2002年对新建计量标准红外测温仪项目开展到现场检定工作。计量所全年完成计量器具检测台件数1 540件,超额计划的40%。完成衡器检测1 881台件,超额计划的10%。计量所承担全局计量标准的建标、复查考核的具体工作,全年完成计量标准考核50项。为提高检定人员的业务技术水平,全年送外培训20人,组织培训基层站段计量检定人员32人。

【科技情报】 2002年成立局总工程师为主任的新一届《成铁科技》编委会,加强对科技情报的管理。为提高杂志的科学性和指导性,对《成铁科技》和《科技信息》改版,提高杂志水平。改版后的《成铁科技》被国家科技部西南信息中心《中文期刊数据库(全文版)》收录。2002年组织局内有关单位参加"第五届中国国际现代化铁路装备展览会",共2个展位13块展板参展。全年共发行《成铁科技》5 700册,《科技信息》9 600册,《2001年科技成果汇编》700册,《全局工务系统首届论文发布会论文专辑》600册。

(徐中建)

科　研

【综　述】 全年共承担铁道部、铁路局科研和推广项目16

项，获国家发明专利1项，科技成果“线路及站场实景微机信息系统”通过局技术鉴定，并在局内和局外推广，在防洪、事故救援抢险、运输生产和公安保卫工作中得到广泛应用；科技成果“TMIS货票信息共享及综合利用”、“医院病案计算机信息管理系统”通过局技术评定，受到使用单位的好评；各课题组基本按科技合同规定的进度计划完成任务。

科研所2002年被评为局直属机关综合治理优秀单位，继续保持路局“最佳文明单位”的称号。开展安全教育，确保生产安全和劳动人身安全，全年没有发生任何安全事故。加强所领导班子和干部队伍的教育管理，所领导班子被评为局直属机关2001~2002年度“好班子”。重视青年科技人员培养，先后选派20余人次参加部、局培训，提高科研、业务能力。

局科研所设3个研究室、5个科技开发中心、科管室、办公室。现员44人，其中高级工程师17名，中级技术职称18名，获国务院颁发的政府特殊津贴证书、全路优秀科技工作者、四川省有突出贡献的优秀专家、铁道部“火车头”奖章获得者1名，享受政府津贴的铁道部青年科技拔尖人才2名。

【科研、推广课题】 承担铁道部科研项目1项：铁路地理信息系统总体设计与开发（该项目由铁道科学研究院主持，成都铁路局科研所是承担单位之一）。承担路局下达的指令性科研、推广项目15项。其中，科研项目13项（全部由局科研所主持）：变电所电气试验车（局重点科技项目），非正常接发列车监督系统（局重点科技项目），医院管理统计分析通用系统，道口故障报警装置，局科技馆图书管理及铁道部内部网在线查询系统，铁路客车广播系统检测设备，客车电控气动塞拉门实时状态监测、故障分析、记录系统，电测技术在隧道检测中的应用，进口大模数齿轮磨床计算机控制系统研制，CP-3B型列尾装置与列车运行安全辅助检测装置的配套研究，铁路职教远程培训及网络考试系统，便携式轨道参数检测仪的研究，成都局道口及路外伤亡事故管理；推广项目2项：线路及站场实景微机信息系统（在成都铁路局机务处、工务处、公安局推广），CTK-2型空调客车应急电源装置检修试验台（在成都车辆段推广）。

【科技成果转化】 局科研所重视把科技成果转化成科技产品，2002年多经收入首次突破千万元。主要科技产品“列车尾部安全防护装置”在内昆、株六复线推广使用，中标郑州局。列尾开发中心进行技术升级，陆续开发B型机（列车前后增加黑匣子功能）、C型机（司机室增加显示功能）、D型机（用于通讯不良的山区铁路）、E型机（用于复线繁忙干线）、F型机（用于旅客列车）等系列产品，做好技术储备，继续保持在全路的领先地位。其他科技产品和技术服务项目如机车模拟驾驶装置、特种防锈油漆、计算机管理系统、机车车辆及供电检修设备等方面的科技成果的推广和服务，都有较大增加，计算机行包管理系统在全局各主要客运站推广应用。

【线路及站场实景微机信息系统】 局科研所研制的“线路及站场实景微机信息系统”，1月27日通过成都铁路局组织的技术鉴定。鉴定意见认为：该系统为满足铁路运输安全生产的需要而研究，选题正确，实用性强；提供的鉴定文件和资料齐全、可靠，符合科技成果鉴定要求；研制开发的图像压缩软件与普通压缩软件相比，增加每帧寻址功能，便于对图像进行精确定位，有利于数据安全和

线路及站场实景微机信息系统科技成果鉴定会

科研所供稿

功能升级，较好地解决了图像重现质量和海量数据存储的矛盾；该系统实现数据集成管理，具有较好的线路定位查询手段，直接采用公里标进行寻址定位，改变传统的图像数据存储及查询方式，能用于铁路事故抢险救援，缩短救援时间，减少经济损失，对于领导辅助决策、防洪、公安、工程建设管理等方面有较大帮助，使用方便、快捷、准确；该系统通过测试和现场应用，达到设计要求，能满足用户的实际需要，可成为铁路地理信息系统的重要组成部分，属路内首创，达到国内先进水平；建议在本系统基础上进一步丰富内容，增加平交道口、桥隧涵等数据并采用可视化空间数据库技术，拓宽应用领域。鉴定委员会一致同意通过技术鉴定，建议推广应用。科学技术成果鉴定证书编号：成铁技鉴字[2002]第01号。

该成果鉴定后，2002年完成在成都铁路局机务处、工务处、公安局和北京铁路局的全部推广工作及柳州铁路局、上海铁路局蚌埠分局部分干线的推广工作。

【TMIS货票信息共享及综合利用】 该成果由局科研所主持，与局货运处共同完成，11月6日通过成都铁路局科委组织的技术评定。评定意见认为：该成果是为充分利用现有的货票信息，掌握全局的货物运输生产情况，为货物运输生产组织提供依据，立题正确；所提供科技评定资料基本齐全，符合评定要求；软件采用Visual Foxpro语言编程，设计合理，技术先进，能针对路局、分局和车站的货物到发信息形成相应的统计报表，操作简便，用户界面友好，通过局办公网络接收货票信息，查询方式灵活，参数维护简便，主要功能和技术指标达到科技开发合同要求，经现场试用证明，功能较强，运行稳定可靠，具有先进性、实用性。建议完善货票信息分类查询，增加智能统计分析及图形显示；随着TMIS信息系统的完善，应进一步扩展延伸开发，体现综合利用。评定组一致同意通过技术评定并推广应用。科学技术成果评定证书编号：成铁评定技字[2002]第16号。

【医院病案计算机信息管理系统】 该成果由局中心医院与局科研所共同完成，12月12日通过成都铁路局科委组织的技术评定。评定意见认为：该成果是为适应卫生部要求于2002年使用的国际疾病分类（第10版）和新的病案首页及标准而研制的，立项正确，课题组提供的文件、资料齐全，完成了科技开发合同所规定的研制目标；系统在Windows98平台上，采用VFP6.0开发，由初始化模块、数据输入模块、查询数据模块、借阅/归还病案模块、打印报表模块、随访管理模块等组成，界面友好，操作简便，能完成病案、人事档案等数据录入、修改、检索、打印等，只需输入必要数据，即可自动生成大量数据和报表，并设有针对性打印字段的内容，除姓名和工作单位须一次输入外，其他地方依据ICD－10国际疾病编码和手术编码方式录入；具有一定的自动检测及纠错功能，在有逻辑关系的数据输入不平衡或输入不正确时，能自动提示错误，以便操纵者检查后重新输入；输入数据和生成报表的格式达到卫生部、铁道部最新标准；设计思想具有一定的前瞻性，随访功能可自动提示病案管理人员定期适时地对临床科研病例进行随访管理，为病案管理的发展和专业功能的完善提供了软件支持；系统引入条码技术，确保输入病案信息的唯一性；系统使用了扫描仪和光盘刻录机，能将重要数据长久地存储在光盘上备用；系统通用性好、实用性强，能满足各级铁路医院病案管理和人事档案管理工作的需要，提高病案管理人员的工作效率和统计工作的准确性，优化和规范病案管理工作流程；经成都铁路局中心医院一年的试运行，系统稳定、安全、可靠，各项指标达到卫生部、铁道部最新标准；经测试组测试，主要技术指标基本达到科技开发合同所规定的研制任务。建议进一步提高系统运行速度。评定组一致同意通过技术评定，在铁路卫生系统推广使用。科技成果评定证书编号：成铁评定技字[2002]第20号。

【工程质量检测】 是科研所技术服务的重要领域，2002年局投资136万元为桩基检测中心购置进口地质雷达等检测设备和交通工具，并以“成铁总工函[2002]186号‘关于加强工程建设中隐蔽工程检测工作的通知’”强调局桩基检测中心的职能和责任。该中心加强基础工作，编写和制定《质量管理手册》、《程序文件》、《检测人员实施细则》等各项检测制度，初步建立检测中心质量保证体系，在日常工作中严格执行，在抓紧购置设备和培训人员的同时，圆满完成了桩基、地基承载力的检测任务，参加了株六复线新建隧道衬砌质量无损检测的竞标。

【科技论文】 发表论文3篇：

一、《CP－3型系列列尾装置的结构特点》发表在《铁道运输与经济》2002年第24卷第13期，作者：颜愚、李用。

二、《提高空调客车应急电源装置检修质量的研究》发表在《铁道技术监督》2002年第9期，作者：贺敏、王赓、雷亚东。

三、《基于JSP的图书档案管理和检索系统的设计与实现》发表在《成铁科技》2002年第4期，作者：赵革。

（曾 智）

电子计算技术

【综 述】 2002年是TMIS工程建设攻坚收尾年，全年共通过6项TMIS工程项目的财务审计和铁道部的工程竣工验收。1月通过TMIS货票制票工程、确报信息工程的专项审计，18日通过铁道部竣工验收；7月通过TMIS路/分局信息处理中心工程、机关计算机网络工程专项审计，9月通过铁道部竣工验收；11月通过TMIS大型车站管理信息系统工程、全路维修站工程专项审计，12月通过铁道部竣工验收。全年TMIS 115个车站综合管理信息系统实施工程全部完成；ATIS系统27个车站已投入生产；三级建库及综合应用货票入库率达到95%以上；WinHP工程已上275个车站、309个制票点。

全年提供有效机时：小型机113 000台时；网络设备153 000台时；中端24 300台时；PC机718 000台时。维护维修计算机设备：显示器471台次，保外维修73台次；微机210台次；打印机45台次；UPS电源31台次；便携机17台次；小型机7台次；国光终端2台次。蓝色快车成都一站维修总量4 300台次。其中：笔记本电脑1 610台次；服务器697台次；PC机1 781台次；其它设备212台次；本市上门服务830次；远程上门服务443次。

电算中心设办公室、维修站、技术设备科、软件科、运行科。现员56人（其中离岗休息3名），高级工程师19名，工程师13名，初级技术职称11名。

【车站综合管理信息系统工程】 全局TMIS 115个车站（包括编组站、大型站、中型站、小型站等不同规模）综合管理信息系统的实施工作年末已全部完成，并完成内昆线（六盘水南、宜宾南、盐津、大关、彝良、昭通、老锅厂、威宁）车站的系统建设任务。

【确报系统】 路局、分局的确报全部使用部统一软件，按照统一要求，将局原来的点到点传输方式过渡到分局到路局转发，路局所有确报已向铁道部传送。各分局的VAX机和路局的OS2机已经停机，数据库的升级工作顺利完成，整个系统运行稳定、可靠。

【办公自动化系统】 在完成局和分局机关局域网工程的基础上，办公自动化系统已投入运行；开发18点统计，旬、月报、调度台账、确报分界口车流统计及编组站到发列车查询、车号识别联网查询；11月底完成路局、分局邮件系统升级联网工作。

新开通办公自动化局域网联网点67个。

【车号自动识别系统】 局ATIS系统共33个车站，12月底完成32个车站的开通并投入生产（局口5个、分局口4个、车站23个）。金沙湾车站完成CPS安装，并能接收AEI数据，待通道开通，即可上传数据。3个分局电算处理中心、车辆AEI监控中心、机务监测中心建设已完成。局和3个分局运输18点统计室4个点统计复示设备安装到位，并通过局域网访问车号识别查询系统。5个局分界口统计复示设备安装到位。以上9个统计复示系统实施点的软件尚未下发，具体实施进度由部统一安排。

【车号自动识别系统工程实施】 3月7日，召开成都铁路局车号自动识别系统建设工作会议，总结前期建设情况及实施、验收中所存在的问题，对下一步工作进行分工。符兹和总工程师要求提高认识、理顺关系、落实责任、加强反馈。认真贯彻《车号识别系统运行维护管理办法（暂行）》，建立各级监管、运行台账、故障记录。

已分级建立路局、分局车号库，并将路局到铁道部的数据传输方式由FTP改为MQ传输，将车站到分局、分局到路局的数据传输方式切换成MQ方式。

【分局调度系统】 确定宝成、川黔（重庆分局、贵阳分局）线作为分局调度信息系统实施对象。相继完成该项工程的初步设计评审、施工设计评审、下达设计批复、设计技术评审。

【部统一制票软件应用】 按铁道部的统一规定，完成部统一制票软件的推广应用工作。11月底完成统一制票软件的全面升级更新，为货运清算作好了前期准备工作。年底全局已有275个车站、309个制票点使用新软件，情况良好。货票入库率保持在98%以上。

【剧毒品货物运输跟踪管理系统】 指导分局电算部门完成铁路剧毒品货物运输跟踪采集软件安装、调试，全局9个剧毒品办理站和运输特调投入运行。铁路剧毒品货物运输跟踪管理系统的升级工作正在进行。

【集装箱追踪】 集装箱信息追踪系统一、二、三期工程共计41个站的3.0版软件升级工作于6月30日全部完成。7月1日起，正式使用3.0版软件上报数据。由于3.0版软件对机器性能要求较高，而一、二期车站的设备不能满足要求，在新设备到位前，各站根据自身条件统筹安排，目前，一、二期车站设备更新工作完成。

一期工程3个站：成都东、重庆东、贵阳东

二期工程13个站：绵阳、江油、西昌南、双流、自贡、隆昌、内江东、宜宾北、重庆南、达州、安顺、遵义南、六盘水。

三期工程25个站：成都南、德阳、都江堰、渡口、广汉、广元南、简阳、乐山、龙潭寺、眉山、米易、青白江、汉源、贵阳、贵中、燕岗、广安、北碚、永川、綦江、遵义北、都匀、凯里、南充东、遂宁。其中燕岗、南充东、遂宁为此次软件升级中追加，设备由车站自筹。北碚替换渠县，宜宾取消。

除完成铁道部要求考核的41个站外，14个非办理站实施。中央数据库可随时查询以上各站的数据传输情况。

7月25日到8月4日，对所属成都东、重庆东、贵阳东等41个集装箱追踪站的3.0版车站报告系统检查验收。

【三级建库及综合应用】 确报库、车号识别车辆库、货票库已在分局和局建立，铁道部货票统一软件在分局和路局安装、使用。近半年，货票入库率在96%以上，为达到入库率100%的要求，加强网络建设及组织管理，以保证目标实现。目前，办公系统已使用确报库、车辆库的有关信息，三级建库后的综合应用，已在货运及财务收入部门安装使用。

【技术计划】 4月分别安装完成分局、局两级技术计划系统软件，培训电算、运输人员，为使用新程序做准备。9月技术计划新、旧系统并行，用新系统上报部分运输数据。10月份正式停用老系统，全面启用新系统程序，在货运营销系统采用与技术计划统一的径路程序后，新技术计划车流数据正确，各类报表满足生产要求。

【货运营销系统】 完成主机系统由微机服务器向小型机的移植工作。完成132个站段、局、分局字典更新、系统升级工作。完成人员主系统的安装、调试并正式投产使用。

【局、分局货票库系统】 4月先后在局及成都、重庆、贵阳分局安装完成新货票库应用系统，系统运行稳定。由于铁道部制票和入库程序多次更新，货票的传输及入库受到影响，货票的传输率连续保持95%以上。收入检查和精密统计货票共享调试完毕，满足局上报铁道部的分品名收入统计调查需要，实现到达货票的生成和传输。

【客票系统】 完成14个站的软件4.0版本的升级工作，5月下旬完成西昌南、乐山、彭山、漫水湾、冕宁、德昌站；6月下旬完成米易、青白江、永郎、乌斯河、杨坪、施秉站；并直接完成自贡南、孔滩车站客票系统的建设、升级和开通工作。

【通信网络工程】 完成局、分局和部分车站的IP地址整合和MQ平台建设任务；并全面完成统一IP地址整合和MQ平台建设任务与部、局之间的2M迂回通信通道建设。

【内江站车站系统故障】 4月28日11:00内江车站系统发生故障，接到报告后，立即赶往内江车站进行故障分析，查明原因，14:00系统恢复。故障原因为应用程序经过两次升级后，硬件设备没有作相应升级，CPU速度慢，系统主机硬盘空间过小，文件系统使用率达97%。建议扩充主机硬盘、CPU，完善应用程序，设置专用故障处理电话。

【获奖情况】 2002年度TMIS工程建设获铁道部信息技术中

心二等奖；蓝色快车成都第一服务站获蓝色快车计算机工程技术有限公司优秀服务站奖。

【会 议】 1月31日局电算系统2002年第一次工作会议在成都召开，会上电算中心领导总结、分析2001年电算工作取得的成绩和存在的问题，部署2002年的工作。

4月23日局电算系统信息建设工作会议在铁旅大厦召开，传达铁道部刘志军副部长在全路信息工作会议上的讲话和铁道部电算中心李中浩主任在全路信息工作会议上的讲话。

5月20日召开全局车号自动识别系统实施会议，检查局4月15日实施会议的完成情况和安排后期车站验收工作。

12月11日召开局TMIS货票工程联网工作会议。会议的主要任务是贯彻落实铁道部党组对铁路信息建设的要求，加深对铁路信息化工作的理解和认识，部署TMIS工程车站系统和货票信息系统联网建设工作，确保全局货票信息系统、115个车站综合管理信息系统的建成和运行。

（马 俐）

四川省铁道学会

【综 述】 2002年，认真执行中央关于社团工作的指示，贯彻"科教兴国"的方针，围绕铁路的改革与发展，突出重点，热情服务，积极开展学术交流活动，推广科普知识，努力办好《四川铁道》期刊及《川铁信息》，加强组织建设。

四川省铁道学会现有成员单位16个，设有学术、科普、编辑、咨询4个工作委员会及工程、车辆、牵引动力、运输与经济、医学、人才、工务、劳动、自动化、房建、电气化、计算机应用、材料工艺13个专业委员会。

【中国铁道学会换届及表彰】 2002年9月28日至29日，中国铁道学会在北京召开第五次会员代表大会，规划"科技兴路"、实施"十五"计划的宏伟蓝图，共商铁道学会改革与发展的大计。成铁局总工程师符兹和、西南交大钱清泉、经福谦院士、周本宽校长、中铁西南科研院副院长严金秀等代表参加会议。大会选举产生新一届理事会及领导机构。四川省铁道学会沈大元、胡正民、滕玉和为第五届理事会名誉理事；沈志云、钱清泉、齐文超、周本宽当选为第五届理事会常务理事；刘宝君、经福谦、符兹和、梅志荣、漆宝瑞、翁景庆、郭炳强当选为第五届理事会理事。会议表彰近年来在学会工作中成绩突出的先进单位、先进集体和先进个人。四川省铁道学会获先进单位称号，四川省铁道学会医学委员会被评为先进集体，齐文超、符兹和、雷瑞之等20人被评为先进个人，受到表彰。

【四川省科协换届及表彰】 2002年5月29日至31日，四川省科协第六次代表大会在成都召开。铁道学会常务副理事长、成铁局总工程师符兹和，副理事长、西南交大副校长黄庆，副理事长兼秘书长雷瑞之参加会议。黄庆当选为四川省科协第六届委员会常务委员，符兹和同志当选为委员。四川省铁道学会被评为2000～2001年度四川省科协系统学会先进集体，雷瑞之被评为2000～2001年度先进学会工作者；西南交大张卫华、孙林夫获第六届四川省青年科技奖。

【学术交流活动】 一、2002年9月7日至8日，中国科协2002学术年会第八主题分会场"加入WTO后中国铁路的改革、发展与科技创新"学术交流会在西南交大网络学院学术厅举行。中国科学院和中国工程院院士沈志云、中国工程院院士冯叔瑜、中国铁道学会理事长国林、秘书长宋凤书、副秘书长孙利民、江峰及有关专家、学者和西南交大部分师生约150人参加会议。成都铁路局局长齐文超出席会议并讲话。铁道主题分会场是中国科协本次学术年会的重要组成部分，同时也是中国铁道学会的学术年会。

二、10月11日至14日，学会派员参加在大连铁路分局召开的"十四省区安全基础建设研讨会"，由四川省铁道学会推荐德阳车务段孙策撰写的《从实践中探讨安全管理，主客体之间的良性互动》一文被评为三等奖；绵阳供电段王建民撰写的《理顺五种关系强化安全管理》一文被评为优秀论文奖。

三、2002年12月23日学术工作委员会在成都召开2002年度优秀学术论文评审会。与会的专家学者对各专业委员会推荐的41篇优秀学术论文进行认真评审，共评出优秀论文一等奖7篇，二等奖17篇，三等奖11篇，四等奖6篇。

四、与成铁局建设管理中心共同征稿，进行营业线施工安全生产学术论文评奖活动，并编印《营业线施工安全生产学术论文专集》。

五、为四川科协铁路代表团赴台进行学术交流进行前期的准备及申报工作，经铁道部及中央台办批准，决定2003年2月赴台。

【医学委员会】 举办医学影像专业学术交流会暨新技术培训班，专门组织有关人员，就各单位医学影像专业的状况进行调研，共收到学术论文50余篇。新技术培训有的放矢，精心准备，运用多媒体，图文并茂，充分体现“高质量、新知识、新进展”，对进一步推动铁路卫生系统医学影像技术向高层次、高领域发展起到良好的作用。医委会还举办公共卫生及环境保护学术经验交流会，编辑《公共卫生环保卫生论文集》。

【人才研究委员会】 召开第十一次学术年会，就新形势下如何进一步加强干部管理，搞好人才开发等课题进行研讨，编发1期《四川省铁道学会人才研究委员会论文专集》，该专集内容丰富，题材广泛，具有较高的使用价值和指导意义。

【牵引动力委员会】 主办牵引动力学术研讨会，就提速机车车辆在运用中出现的有关动力学及强度方面的问题及对策，提速和高速机车车辆的设计经验和核心技术进行了研究及探讨。

【工务委员会】 举办工务系统论文发表会，共收到各类论文98篇，这批论文是广大工程技术人员在生产一线工作实践经验的总结，对实际工作有一定的指导意义。

【西南交通大学学会活动】 围绕学校中心工作，积极开展丰富多彩的学术活动，创造宽松、开放的学术环境，调动广大科技工作者的积极性，推动学校科技工作的开展。主办、协办、或承办大型学术会议6次，举办学术报告会、技术讲座30余次。5月，在四川省、成都市第二届科技活动周“三新展示”活动中，组织“磁悬浮列车”等20余项成果参加展览。

【中铁二局集团有限公司学会活动】 围绕技术创新及集团公司施工生产需要，普及铁道科学技术知识，传播先进科学技术经验和信息，促进会员知识更新。1月19日至21日，在渝怀线召开隧道施工检测技术报告会。与会人员结合实际，对先进的隧道施工检测技术的应用与推广进行研讨和交流。

【科普活动】 一、5月18日至25日是全国“科技活动周”，学会与成都铁路局党委宣传部、局电视台、成都车站、重庆车站等单位参与并组织“科技活动周”活动。发挥铁路站车社会“窗口”的优势，在成都车站、重庆车站旅客较集中的地方，面向社会公众开展科普宣传活动，发放科普宣传资料、悬挂《科技创新中国铁路》挂图，展示中国铁路近年来通过科技创新活动取得的成就。购买30余盘科普影视光碟，利用成铁局电视台等媒体，定期向观众播放科普影视，收到较好的效果。

二、订阅《铁道知识》杂志1 400册，免费发放至各成员单位。

三、为了使广大职工群众自觉遵守铁路规章制度，更好地保证铁路安全生产，与宝成复线指挥部合编《铁路路外安全漫画》发至各基层单位及沿线群众。

【期刊编辑】 《四川铁道》由学会和编委会共同努力，不断摸索、总结、提高，已逐步完善成为一份独具西部山区铁路特色的科技刊物。2002年，会刊继续保持特色和风格，内容不断丰富。为配合西部大开发的伟大战略部署，围绕西南铁路建设组织文章，开展学术交流，刊载《渝怀铁路涪陵乌江大桥施工设计》和《达万线凤凰山隧道施工技术》等文章。为配合铁路客货运输工作，开展运营营销探讨，刊登《成都分局2002年春运工作探索》及《开行铁路行包快运专列的经验及体会》等文章。结合服务质量年，为提高铁路服务质量水平，特别刊登《旅客心态思索》等文章。坚持“青年科技论坛”，为培养青年科技人才开辟阵地。《四川铁道》会刊全年出版正刊4期，刊登专业论文和科技文章68篇，约30万字。全年共发行《四川铁道》1.6万册。

《川铁信息》继续保持信息广泛、新颖、内容丰富适用的特点，对各成员单位的运输生产、设计科研等与学会相关的重要活动，都及时、准确报道，全年共发行4期1.2万册。

【咨询服务】 2002年度扩大技术咨询和技术服务的力度，与有关成员单位合作，发挥学会中介职能的优势，为学会和成员单位服务，争创经济效益和社会效益,本年度咨询收入弥补学会经费6万元。

【组织工作】 一、2002年11月30日至12月1日,四川省铁道学会六届三次理事扩大会议在都江堰市翠月湖宾馆召开。来自学会各成员单位的50余名理事及专委会主任参加会议。

会议由四川省铁道学会常务副理事长、成都铁路局总工程师符兹和主持。会议传达中国铁道学会第五次会员代表大会精神,汇报并审议2002年工作总结及2003年工作设想,讨论通过理事、常务理事、副理事长、理事长及专业委员会主任委员变动替补方案,公布学会2001~2002年度财务收支情况,讨论并研究决定学会有关事宜。

会议审议并通过了调整四川省铁道学会理事、常务理事、副理事长、理事长及专业委员会主任委员的建议名单。

二、2002年发展新会员25人,现学会实有会员5 537人。

三、学会评选医学和人才专委会为先进集体,评选先进工作者20名,给予表彰奖励。

（任智力）

西南铁道报社

【综　述】 2002年西南铁道报社在局党委的直接领导下,全面贯彻“三个代表”重要思想,围绕路局中心工作,进一步唱响主旋律、打好主动仗,充分发挥舆论宣传的正确导向作用,坚持新闻宣传工作的党性原则,为完成路局2002年经营目标及安全生产等各项任务,为迎接、宣传、贯彻党的十六大提供了强有力的思想和舆论保证。

全年《西南铁道报》出版132期,《旅友》出版24期,《西部铁路》出版12期。

报社现设新闻部、副刊部、采通部、广告部、网络部、办公室,现员35人。

【党的十六大宣传】 迎接十六大、宣传十六大、贯彻十六大是贯穿全年新闻宣传工作的主线。在报社总编室的策划下,年初开始制定全年宣传十六大的总体计划,在会前、会中、会后,掀起学习、宣传、贯彻十六大宣传的三个高潮。6月份研究确定“喜迎十六大”主题宣传报道计划,定下栏目名称,具体落实编采部门工作任务。新闻部向局机关直属有关部门发出20余封约稿信,在三季度精心编发“赞颂新业绩、喜迎十六大”专题系列报道,连续24期在头版显要位置以“点面结合,图文并茂”的方式报道五年来全局各行各业取得的突出成绩。9月至11月,开辟专栏“保安全、保稳定、创佳绩、迎盛会”,连续刊发26期。

十六大召开后,立即开辟“认真学习深刻领会十六大精神”、“学习十六大报告,贯彻十六大精神”、“学习贯彻十六大精神,全面推进各项工作”和“学习十六大精神辅导讲座”4个专栏,至12月9日已发稿60篇、图片17幅,十六大宣传报道策划工作效果明显。

【安全宣传】 报社把安全作为全年运输生产宣传的主题,开辟栏目形式多样、内容连贯,指导性、权威性增强。全年共开辟“安全风采录”、“全力以赴保安全”等安全专栏,用稿600余篇。特别是“八大处室领导工作写实”、“半年安全评估结果公布”,在全局产生强烈反响。“安全聚焦”栏目,曝光一系列不安全隐患,开展舆论监督,促进了安全生产工作。

【党建政工宣传】 为配合基层党组织开展“三个代表”学教活动,开辟“学习宣传三个代表,身体力行三个代表”、“实践三个代表,开拓奋进创新”、“反腐倡廉结硕果,与时俱进谱新篇”等专栏,共刊登188篇稿件、88幅图片,从不同侧面报道全局基层站段开展“三个代表”学教活动的经验和事迹。同时在一季度局机关开展作风教育整顿活动后期,用整版加编者按刊发局纪委、局干部处等部门学习六中全会精神、转变机关作风的经验介绍。

【报纸编校质量提高】 报社在开展质量年活动的基础上,继续加强编校质量考核,2002年本报印后审读编校差错率降到万分之一以内,取得历年最好成绩。报纸印刷质量明显提高,在省报协两月一次的质量综合考核中,报社最好成绩在参评的省内60余家报纸中列第五名。

【全局十大新闻】 由本报组织、西昌工务大修段协办,经评审委员会审评出2002年路局十大新闻:

一、喜迎十六大召开,掀起学习贯彻十六大精神高潮。

二、全局实现安全年。

三、圆满实现资产经营目标。

四、铁路建设取得决定性胜利。

五、"三个代表"学习教育活动深入人心。

六、机关干部转变作风成效明显。

七、路局受四川省政府通报表彰。

八、路局构建多元经营新格局。

九、"两个纳入"有序推进取得成效。

十、"三新"教育活动全面提升客运服务质量。

【创优工作】 9月下旬，四川省、铁道部、全国企业报协会2001年度好新闻评选分别揭晓，其中由本报推荐的作品获一等奖4篇、二等奖6篇、三等奖16篇。在本报好新闻评选中，获一等奖11篇、二等奖18篇、三等奖38篇。获奖作品的件数明显增加，获奖作品的等级均创新高。

另外，本报开辟的专栏"赞颂新业绩，喜迎十六大"还被推荐参加四川省委宣传部组织的评选活动，受到好评。

在2001年度路局年鉴撰稿评选中，本报荣获《成都铁路局年鉴》优秀稿件单位。

2002年，本报总编辑于振国获省记协"慧眼奖"；陈大奎、刘忠新入选第三届全路百优新闻工作者。

（王 瑛）

有线电视

【综 述】 局电视中心按照局党委、路局的工作部署和要求，为促进企业两个文明建设营造了电视宣传舆论氛围。全局全年共编播电视新闻5 593条；专题及各种资料片149部(集)；完成对外电视新闻报道295条，其中中央台44条。年内评出全局"好新闻"14条，"好专题片"8部。

局电视中心下设办公室、新闻部、编辑部和网络部，现员26人。

【宣传十六大报道】 分阶段及时加强全局上下迎接十六大、学习十六大和贯彻十六大精神的电视宣传报道，共开辟电视专栏46期。

【安全生产报道】 根据路局安全运输规律和生产经营特点，结合全局安全形势严峻、紧迫的实际，开辟《一线职工谈安全》、《安全风采录》、《安全焦点访谈》等栏目，共播出35期。

【春运、暑运、节日营销报道】 邀请中央、省、市电视台记者对路局春运、暑运、"五一"、国庆黄金周的营运安排及运输情况集中采访宣传，向社会全面展示和宣传路局及干部职工的新形象。

【"管理·质量年"活动】 全面启动和实施第一轮"管理·质量年"活动。年初对中心的25项管理制度全面梳理，汇编成册，建立逐级电视质量把关制度，制定和实施加强管理、提高质量的十条措施。对台标、主要栏目片头、题花、背景板、灯光、字幕及播音员形象等重新策划、设计，增强自办节目的艺术性、可视性和宣传性。5月，组织成都、重庆、贵阳分局电视台长调研组，对济南、兰州铁路局和5个分局的电视工作调研考察。

【网络建设】 制定并实施路局下达的80余万元的网络大修工程，对3 000户电视用户进行网络750兆的扩容改造。

【通联工作】 5月份开设为期一周的全局电视通讯员培训班，聘请省市电视新闻专家授课，来自全局基层通讯员66人参加培训。表彰12名优秀通讯员。

【获奖作品】 局电视中心在参加铁道部政治部宣传部和铁路记协好新闻评选中共有5部(条)电视作品获奖。局电视中心报送的《成都支边青年乘专列重返第二故乡》获全国铁路新闻奖三等奖，《"1·8"剧毒品被盗案》获全国铁路新闻奖二等奖，《当代鲁班的杰作——北盘江大桥》获省广播电视政府二等奖，《零的突破——重庆分局承运五十铃汽车的启示》获省广播电视政府三等奖。王方年、肖晨光被授予全路"百优"新闻工作者称号。

（杨 隽）

文学艺术

【综 述】 局文联认真贯彻党的"三个代表"特别是"代表先进文化的前进方向"的重要思想，以"服务企业，服务职工，繁荣文化，培养新人"为宗旨，2002

年开展了一系列面向基层的群众性文艺活动，繁荣了创作，并在激励职工和宣传企业形象等方面取得了突出成绩。

【作品创作】 2002年适逢“新中国第一路”——成渝铁路通车暨成都铁路局建局50周年，局文联于年初向全局职工发出征文通知，并在《通途》杂志上开辟专栏刊登应征优秀作品。应征作者们以诗歌、散文、回忆录等体裁，回眸历史，展望未来。曾亲历过当年成渝铁路筑路的贵阳分局老作家吴纯俭，在年迈多病，双目几近失明的情况下，以自己口授，老伴执笔记录的方式，整理出《成渝铁路通车采访日记》。同样亲历过当年筑路战斗的重庆分局老作家孙贻荪写出纪事散文《为了邓政委的嘱咐》，上述作品于《通途》发表。

为宣传企业形象和企业精神，文联先后组织作者对绵阳工务段、重庆南车站、重庆南山铁路疗养院等先进单位进行重点采访，并在《通途》上以专栏和彩版的形式发稿，其中《暴雨洪魔大决战——绵阳工务段“9·19”、“9·20”抗洪救灾纪实》、《卧薪尝胆再创辉煌——重庆南货场重创部“三星级”优质货场纪实》和《万绿丛中岚苑美》等报告文学作品发表后产生良好影响。

《通途》杂志还组织发表王成奎的《夜泊白帝城随笔》、周敏的《泸沽湖畔摩梭人》、曾从技的《九寨读水》、秦学建的《西岭雪山游记》等一系列介绍西部风情的作品，配合了西南铁路旅游的营销宣传。

【骨干培训】 全局各级文联全年共举办文学、书法、美术、舞蹈等各类文艺培训班、笔会、研讨会12期(次)，共培训各类文艺骨干200余人次。局文联举办的大型综合培训班，邀请省市著名书画家讲课并作现场创作示范。贵阳分局文联组织分局的美术、摄影作者举办“千里铁道采风活动”，并邀请省市著名作家赴铁路采访采风，通过这些作家的作品，向社会宣传了铁路。成都分局文联邀请四川省作协和《四川文学》、《星星》诗刊的编辑、作家、诗人到分局文学创作培训班授课。学员的创作思想和创作技巧均有提高。

【书刊出版】 2002年路局各级文联共出书刊14期(种)，发表各种文学作品180万字之多，投稿者达2 000多人次。文联会员出书8部。其中成都分局周世通等主编的《蜀道英模风采》以及曾从技的散文集《享受平凡》、杨蜀连的散文集《守护平凡》、秦风的诗集《刀锋上的月亮》、孟树堂的小说集《所罗门的瓶子》等作品，展示了西南铁路改革发展的辉煌历程和铁路职工的崭新精神风貌，较深刻地揭示了当代人复杂而丰富的精神世界，引人注目。局文联的《通途》、成都分局文联的《蜀道风》、重庆分局文联的《巴山笛》以及广元地区文联分会的《剑门文艺》、都匀工务段文协的《工友》等刊物发表大量作品，受到职工好评。

【队伍建设】 为进一步繁荣我局职工摄影创作，2002年8月局文联会同有关方面，在广泛征求意见的基础上，对局摄影协会常务理事成员进行调整。

在四川省作协第六次会员代表大会上，陈泽旗、周世通分别被推选为省作协全委委员和团体委员。

由于创作成绩突出，经各级文联推荐刘建镍等5人先后被吸收为省、市级文艺协会会员。

【作品交流展览】 路局和分局文联单独或协同相关部门，全年举办美术、书法、摄影等展览11次，其中路局5次，在路内外宣传企业形象，取得较好效果。在2002年9月的四川省诗书画院秦天柱工作室九人画展上，吴克勤的画作引人注目，获得好评。

(陈泽旗)

史志工作

【综　述】 2002年全局史志工作在局办公室的领导下，稳步发展。《成都铁路局年鉴》已连续13年出版发行，整体质量不断提高，2000年和2002年连续荣获四川省地方志第九次、第十次优秀成果(年鉴类)一等奖。《西昌铁路分局志》、《成都铁路公安处志》、《重庆南机务段志》于2002年出版发行。路局史志办荣获2002年四川省地方志工作先进集体。

【《成都铁路局年鉴》2002年卷出版发行】 2002年卷主要记述2001年成都铁路局在深化改革，完善资产经营，强化客货营销，大打安全翻身仗，加快铁路建设等方面取得的显著成绩及重大活动和主要工作。全书共设17个栏目、102个分目、1 654个条目、85万字，于2002年10月由西南交通大学出版社出版发行。2002年卷的栏目设置略有调整，为突出铁路通信信息产业的改革与发展，新设立“铁道通信信息”栏目和四川、重庆、贵州铁通分公司分目。在“人物”栏目的“新闻人物”中，增设“新任局职干部简介”内容。2002年卷以资料详实、设计合理、文字简洁、装帧精美获得局内外好评。

【优秀稿件、条目评选】 2002年坚持开展优秀稿件评选表彰活动。根据稿件质量、报送时间、执行审稿制度等情况，评出2002年优秀稿件单位48个，给予通报表彰。同时，从2002年开始设置优秀条目奖，评选出在栏目中有示范作用的12个优秀条目进行讲评，对撰稿人表彰和奖励。

【业务培训和学术研究】 坚持每年定期召开局直属机关年鉴编撰工作会，总结部署年鉴编撰工作，表彰先进，讲评优秀条目，对年鉴撰稿人以会代训。

2002年组织编撰人员参加铁道部及全国出版协会主办的年鉴及出版知识培训班。

积极组织参加全路学术论文评选活动。2002年两篇论文获奖。局史志办副编审张晓颖撰写的《年鉴在铁路科技工作中的作用》获二等奖；成都铁路分局西昌公安处周正敏撰写的《浅议编辑公安年鉴的重要性》获三等奖。

【史志工作在全路测评中获好评】 11月下旬，全路史志调研测评小组到路局和成都分局检查近三年来的史志工作。路局史志办三年来加强方针目标管理，建立健全工作制度，在志书和年鉴编撰工作中取得的突出成绩以及成都分局在全路率先利用局域网编发年鉴的经验获得测评组的一致好评。

【年鉴获奖】 不断加强年鉴编撰工作的方针目标管理，狠抓质量，争创“精品”，使《成都铁路局年鉴》1999年卷和2001年卷连续荣获四川省第九次、第十次地方志优秀成果（年鉴类）一等奖。

【完成其他史志编撰任务】 2002年较好地完成《中国铁道年鉴》、《四川年鉴》、《中国铁道百科全书》、《巴蜀儿女在他乡》、《西部开发信息百科（四川卷）》、《四川交通年鉴》等撰稿任务，共计15万字。局史志办参与编撰的《四川省情》（1995～2000年）于2002年出版发行。

（纪观群）

体　育

【综　述】 2002年全局体育工作坚持“面向生产、面向职工、面向市场”，全力配合施工部门修建局体育中心，局行政、工会在人力、物力及资金上给予大力支持；组织人员参加全国第二届体育大会开幕式、台球及保龄球比赛；组团参加省第九届运动会；成功举办局第八届运动会，在部“双庆”及迎“十六大召开”活动中大力开展群众性体育活动，贯彻中共中央、国务院8号文件，体育工作取得新突破。

【体育先进称号】 成都分局获国家体育总局授予的2002年全民健身周活动先进单位；局直属机关获四川省2002年全民健身周活动优秀组织奖，成都分局、局轨枕厂获先进单位；成都分局、局直属机关获1997～2001年先进单位，8月4日在省九运会期间受到表彰；全局各层次“双庆”活动编辑成的录像带获铁道部“优秀组织奖”，并于6月26日在北京“双庆”大会上受到表彰。路局表彰2000、2001年度体育工作先进单位30个、先进个人150名。

【群众体育活动】 为纪念毛泽东“发展体育运动，增强人民体质”题词五十周年暨庆祝中国火车头体协成立五十周年，局体协和局直属机关体协于6月7日在局灯光球场以全民健身展示会形式拉开路局“双庆”活动的序幕。各单位结合自己的实际，开展“双庆”系列活动，活动人员占职工总数30%以上。全局举办健身秧歌、软式排球、大众健身操培训班，共200余人参加培训。共建健身辅导站22个，培养健身辅导员243人；局骑游协会成都地区已发展会员近600人，每周组织骑游活动2～3次。局信鸽协会加强各级鸽协组织建设，培训司放、裁判员36人，参加四川省信鸽竞赛获团体第一名，全国信鸽品评通讯赛，获团体第五名。局网球协会在重大节日前组织成都地区网球赛，组队参加省、市网球赛11次，130多人次参赛。成都地区冬泳协会开展分散游泳，冬季“数九”期间进行冬泳天数考核。2002年12月22日（冬至），在铁二局沙湾游泳池举行成都地区冬泳协会成立五周年暨成都分局冬泳队成立庆典大会。组队参加成都市第十八届冬泳赛，获团体总分第二名。局桥牌协会积极开展桥牌活动，组队参加省桥协各种比赛36次，均获前八名好成绩，参加部桥牌甲级赛，获男子冠军、女子亚军。局台球、棋类、篮球、羽毛球、钓鱼协会加强组织建设，不断壮大骨干，坚持开展活动，组织比赛。

【局第八届运动会】 局第八届运动会于4月20日至10月26日在成都、重庆、贵阳等地举行。运动会共设乒乓球、桥牌、大众健美操、健身秧歌、飞镖、中国象棋、围棋、老年门球、软式排球、三人篮球、钓鱼等11个项目，参赛面是历届运动会最多的一次，除8个大口单独各项目组队外，共有104个基层站段组队参赛，共有1 678人参加比赛。

局第八届运动会飞镖比赛。

体协供稿

【参加四川省九运会】 省九运会台球比赛于6月19日至28日在成都晨明台球俱乐部举行，路局组队参加比赛。获女子美式九球冠军、亚军、第五名；男子青年组司诺克和美式九球双获团体季军、司诺克个人获第五名、第七名，美式九球个人获第五名、第八名；男子老年组司诺克获团体第八名。

四川省第九届运动会保龄球比赛于6月19日至23日在成都城北保龄球馆举行，全省共36支队伍近200名运动员参加比赛。路局运动员获五人团体第七名；三人团体第八名；男子常青组个人第五名。

四川省第九届运动会桥牌比赛于2002年7月1日至7日在成都白芙蓉宾馆举行，来自全省地市、州、区、县及行业单位45个代表队参加比赛。局桥牌队获混合双人赛银牌和一个第八名、团体第九名，并被大会评为“体育道德风尚奖”运动队。

四川省第九届运动会象、围棋比赛分别于7月2日至6日和7月8日至12日在成都举行，全省共有30支队伍150多

表9－4 局第八届运动会比赛成绩 （2002年）

项目 单位	团体总分	奖牌数			体育道德风尚奖
		金牌	银牌	铜牌	
重庆分局	714分	10	7	5	8个
贵阳分局	624分	4	5	6	9个
局多元集团公司	598分		4	4	10个
成都分局	562分	10	5	7	4个
局直属机关	453分	1	4	2	4个
工程集团公司	151分				
公安局	50分				
达成铁路公司	30分				1个

优秀组织奖	组织奖	最佳赛区奖
成都分局体协 重庆分局体协 贵阳分局体协 局多元集团公司体协 局直属机关体协	工程集团公司体协 达成铁路公司体协 公安局体协	重庆九龙坡赛区 德阳轨枕厂赛区 凯里医院赛区 老年体协赛区 成都分局体育馆赛区 工程集团公司赛区

（罗雪兰）

名运动员参赛。成都分局组队代表路局参赛，运动员获象棋比赛团体第八名；围棋比赛团体第六名、陈良获围棋个人第四名。

【组队参加省、市比赛】 1月18日至19日参加四川省“川投杯”保龄球比赛，路局运动员钟玉华获女子第一名、男子彭开忠获第四名，团体预赛获第三名、决赛获团体第二名。

由江苏省社体中心、苏州市体育局承办的全国“玉屏矿泉”杯全国健身秧歌比赛于1月19日至21日在江苏省苏州市体育馆举行，共30个代表队计480名运动员参加比赛。路局代表中国火车头体协参赛，获A组三等奖。

铁道部第九届“二七”台球赛于2月2日至6日在北京铁二中训练基地举行，共有青年队22个、老年队12个计100多人参赛。局青年队获司诺克团体第一名；成都工务段邱翼获司诺克个人第二名、重庆车站林航获第七名；成都车辆段宋欣获美式九球第六名；老年台球队获团体第七名。

全国体育大会台球比赛预赛（成都赛区）于3月10日至13日在成都举行。共有河南、云南、新疆、甘肃、四川、火车头、重庆7个代表队参赛。路局代表火车头体协参赛，获小组第一名。

全国铁路“汉都杯”保龄球赛于3月12日至16日在成都举行，全路共13支代表队参赛。成都分局获团体第一名、局直属机关获团体第五名；成都分局何林、李蓉生分获男子个人第一、第三名；成都分局张玲娥获女子个人第三名。

四川省地掷球比赛于7月17日至21日在成都举行，全省共有16支男、女队伍120多人参加了比赛。局组队参赛，获男子成年组团体第三名；高峰、沈金森分获男子成年组个人第五名、第六名；并获“体育道德风尚奖运动队”。

全国铁路第十六届“红领巾”杯小学生乒乓球公开赛于8月22日至28日在郑州举行，重庆铁路分局九龙坡铁小组队代表局参赛。获女子丙组团体冠军；女子甲组团体第二名；女子乙组团体第四名；男子乙组团体第五名；男子甲组团体第六名；张夏露、王凝获女子单打冠军；龚雨岑获女子单打乙组第八名；男子单打获五、六名。

“川渝杯”篮球赛于9月10日～16日在重庆石柱举行，局组队参赛，获女子冠军、男子第五名。

全国行业系统职工保龄球比赛暨全国行业体协秘书长会议于10月19日至24日在成都汉都大酒店举行。路局代表部火车头体协参赛获男子单人赛第六名；男子双人赛第四名；男子三人赛第五名；女子双人赛第七名；女子三人赛第八名；男女混合双人赛第七名；团体赛第六名。

“庐山杯”全国万人大众健美操总决赛于10月24日至27日在江西省庐山举行。共128个队800多人参加比赛。路局和贵阳分局代表部体协组队参赛，路局获中老年组二级一等奖、贵阳分局获中老年组四级一等奖。路局还被大会授予“大众健身锻炼标准”推广奖，火车头体协被授予优秀组织奖。

10月26日至11月1日麻加涛代表成都市参加第五届省残疾人运动会。获一金二银。

四川省“企业杯”羽毛球比赛于2002年10月28日至31日在重庆九龙坡举行。成都铁路局获团体第一名、重庆铁路分局获团体第四名；个人赛获4个第二名、4个第三名、1个第六名。

11月2日荷花池铁中体育老师王德权（换肾）在泰国参加亚洲器官移植者运动会，在400多人参加的特殊运动会上获男子跳远、铅球、乒乓球三项冠军；200米和4×100米接力亚军。

四川省首届职工台球赛于11月11日至18日在成都举行，局获男子司诺克团体第一名；个人第二、第五、第六名。

11月20日至12月10日全路公安系统男、女篮球赛，分别在怀化分局和福州分局举行，获女子篮球第六名。

【老年体育活动】 2002年底，路局有局级老年体协1个、分局级6个、地区19个、基层108个，健全老年体协四级组织活动管理网络；成立局老年门球、网球、钓鱼、骑游、桥牌等单项协会。经常参加体育锻炼的老同志4万多人，约占离退休职工人数的60%以上。

局老年体协7次组织10支队伍参加全路及四川省比赛，获全路老年女子气排球第一名；全路首届运营系统老年乒乓球赛方红红获男子单打第二名；参加四川省老年网球赛获团体总分第八名，史则素、王锡铭获男子A组双人赛第二名，范传学、陈扆柏获元老组双人赛第二名。

举办全局第十七届“健康杯”老年门球赛，共7支代表队近80名运动员参加比赛,成都分局、贵阳分局、多元集团公司荣获前三名;局第八届老年桥牌赛在贵阳举行,7支代表队和局体协理事队参赛;局第五届老年钓鱼比赛在内江举行,全局28名垂钓高手和局钓协理事参赛,多元集团公司、重庆分局、工程集团公司荣获前三名。

局健身秧歌教练员培训。

体协供稿

【承办比赛】 承办全国行业系统保龄球比赛和全国行业系统秘书长会议、全国铁路首届保龄球比赛、四川省"企业杯"羽毛球比赛、全路气排球协会换届会议和全路老年人男子气排球赛、全国铁路场馆管理办法研讨会;承办中国火车头体育代表团参加全国第二届体育大会开、闭幕式队伍出场式的组织,代表团接、送和代表团团部后勤工作;承办组织西南、西北路内外体育舞蹈邀请赛。

【体育场馆】 全局各级体协的场馆设施都全年面向职工、面向社会开放,尽量满足开展各种体育活动和职工健身需求。

局灯光篮球场全年早晚开放,给健身辅导站辅导职工健身提供免费服务,为局直属机关组织大型联谊活动和比赛创造条件。

局两块沙地网球场全年全天开放,聘用专人管理、服务。基本满足成都地区网球爱好者和老同志的健身需求,2002年承接各种网球比赛12次。

局体育场全年全天开放,2002年接待健身的职工、家属8万多人次,承接局、分局、省、市的田径、足球赛及训练赛120多场。

局体协参与配合局体育中心的施工建设;局体育场投资50多万元购建全民健身路径22条,为职工家属健身创造条件。

(罗雪兰)

政治工作

责任编辑 张晓颖

局党委工作

【综　述】 2002年，全局各级党组织围绕以优异成绩迎接党的十六大召开，努力实践“三个代表”重要思想，认真贯彻落实部党组的工作部署，按照“转变作风、强化基础、提高素质、谋求发展”的工作思路，以安全生产为重点，以转变干部作风为突破口，以提高职工队伍素质为着力点，切实增强基层党组织的凝聚力和战斗力，充分发挥思想政治工作的服务保证作用，全力以赴保安全、保稳定，圆满完成各项任务。

一、学习宣传党的十六大精神。坚持以学习实践“三个代表”重要思想为主线，认真组织学习江泽民“五·三一”重要讲话，加强干部理论学习，增强指导工作和改革实践的能力。党的十六大召开后，各级党组织把学习宣传和贯彻十六大精神，作为首要的政治任务，及时组织传达学习。重点抓各级领导班子和处以上党员干部的学习，举办培训班，组织十六大精神宣讲团，深入局属各单位巡回宣讲20多场，充分发挥各级宣传阵地的作用。

二、围绕安全生产，开展思想政治工作。把确保安全稳定作为全局最大的政治，带领干部职工大打安全生产翻身仗。在首战春运中，加强临客的安全管理，组建临客党支部154个，合理调整党员的分布，充分发挥党支部和党员在春运安全中的作用。组织全局职工学习《安全生产法》，开展安全生产如何“严得起来、落得下去”的大讨论，开展形式多样的宣传教育活动，制定实施《党支部安全生产责任制》，组织党员开展“两保两促”活动。工会、共青团组织，紧贴安全稳定工作，开展一系列活动，形成党政工齐抓共干，全力以赴抓安全的良好态势。

三、狠抓干部作风转变。各级党组织注重干部作风建设，以扎实的干部作风保安全、保稳定、促改革、促发展。路局机关在狠刹“五风”的基础上，开展“回头看”；在分局机关和站段开展作风教育集中整顿，使各级干部作风有新的变化。坚持用制度来规范各级领导班子和干部的行为，扎实深化“双好”创建活动，认真贯彻干部选拔任用《条例》。各级干部的思想作风和工作作风，在春运、暑运、防洪等关键时期的安全生产中经受了考验。继续深入开展基层评议机关、职工评议干部活动，局机关取得五年来的最好成绩。

四、深化学教活动。建立党委常委联系点，进行具体指导帮助；严把四个步骤，抓住主要矛盾，解决突出问题；开展“回访复查”，注重整改落实，高质量、高标准地完成了第二、三批基层党组织“三个代表”学习教育活动。同时，把学教活动与安全大检查、干部作风整顿、运输生产经营相结合，做到两促进、两不误。各级党组织在认真总结学教活动经验的基础上，积极探索长效机制，着力提高领导班子民主生活会质量，不断增强基层党组织解决自身问题的能力。

五、深化“三新”教育。坚持把“三新”教育与客运服务质量年活动相结合，抓全面延伸，抓分类指导，抓系统培训，抓典型示范。开展“以新理念提供新服务，以新服务塑造新形象，以新形象开拓新市场”的主题宣传，促使干部职工的服务理念发生变化，提高服务质量。坚持把“三新”教育与《公民道德建设实施纲要》相结合，抓职业道德教育和服务技能培训。全局形成一批“三新”示范群体，起到很好的示范作用。坚持抓好正面舆论引导，为运输生产经营创造良好的外部环境。

六、加强和改进思想政治工作。坚持把实施“两个纳入”作为加强和改进思想政治工作的一项重要措施，出台《推进“两个纳入”的实施方案》，把政治工作纳入企业目标管理、经营管理、安全管理、干部管理和信息管理，较好解决规范运作的问题。全局各级党组织围绕中心，服务大局，紧密结合运输生产等重点工作，广泛开展形势任务教育，统一干部职工的思想，调动各方面的积极性，促进经营目标的实现。

七、加强党风廉政建设。坚持以落实党风廉政责任制为主线，一手抓宣传教育，一手抓反腐败三项重点工作。通过制定实施《领导干部廉洁谈话制度》，举行案例分析报告会，开展领导干部廉洁自律各项规定执行情况“回头看”、“党风双月谈”、“廉政公仆”、“述廉评廉考廉”等活动，切实抓好廉洁自律和党风廉政责任制的落实，选树了一批廉政典型。推进源头治理，继续开展重点执法监察和专项检查，集中力量查处了一批违纪违法案件。采取有力措施，治理整顿乱加价、乱收费,使全局路风工作处于一个相对平稳的时期。全面推行厂务公开,扩大监督面,增强透明度,促进全局的党风廉政建设。

八、维护企业稳定。完善抓稳定的领导体制和工作机制。合力抓重点,在迎国庆、确保十六大胜利召开的时期,各级党组织把保安全、保稳定作为全局最大的政治,落实责任,加强一线,盯住关键,形成强大声势。层层抓排查,多次对全局不稳定因素进行分析梳理,对影响稳定的重点问题专题研究,及时化解不稳定因素。积极抓引导,针对影响稳定的热点问题,进行政策宣传和耐心细致的解释工作,保持全局稳定的局面。大力抓整治,重点加强对成昆线部分区段的治安整顿,同时加强对"法轮功"人员的查堵和监控,妥善处置地方冲击铁路的群体性事件,为全局改革发展创造良好环境。

【局党委九届四次全委(扩大)会议】 1月15日在成都召开。会议听取并审议王宝顺代表局党委常委会所作题为《发挥政治优势,开拓奋进创新,为完成全年任务提供坚实的思想和组织保证》的工作报告,听取齐文超以《转变作风,强化基础,提高素质,谋求发展,努力开创全局改革与发展新局面》为题的行政工作报告。会议认真贯彻落实全路工作会议精神,总结2001年工作,部署2002年任务,动员全局各级组织、广大党员和干部职工,进一步解放思想,认清形势,以高度的责任感和使命感,团结奋斗,扎实工作,夺取全局改革发展的新胜利,以优异成绩迎接党的十六大召开。

【全局党委书记工作会议】 7月25日~26日召开。会议总结上半年党建和思想工作,部署下半年任务,进一步统一思想,强调切实围绕安全、稳定和改革,抓好思想政治工作,统一行动,为完成全年各项任务,实现经营目标提供有力保证。

(龙建华)

局党委于2002年8月2日召开全局基层党组织"三个代表"重要思想学习教育工作总结会议。

曾 宁 摄

党务综合管理

【综　述】 2002年,局党委办公室在局党委直接领导和机关各部门的支持下,强化职能作用,积极参与政务、搞好服务、做好事务,受到各级领导的肯定和好评。坚持以办文、办会、办事为载体,圆满完成各类大型会议的文字材料和会务工作。配合领导开展调研活动,探索新形势下加强和改进思想政治工作的措施。局党办在局直属机关党委组织的"基层评议机关"活动中取得好名次。

局党办设秘书科、调研科、综合科、机要保密办、附属机要通信室。

【文秘工作】 按照局党委的工作部署和领导要求,以搞好服务为宗旨,以适应变化为目标,努力提高工作的计划性、预见性、超前性,做好服务工作。内强管理,外树形象,强化智能服务。加强基础管理,公文规范无纸化办公工作进一步加强。全年共办理局党委文电90份,局党办文电24份,《党办通报》18期,大事记4期,会议纪要10期,起草、修改、整理各类会议讲话、情况汇报、经验总结、署名文章、工作部署等文稿100余篇。

【督办工作】 坚持中心工作跟踪督办、领导关注事项专人督办,建立健全督办工作制度,坚持每季通报一次督办工作进度和落实情况,做到督办有力、效果明确,把局党委和局领导的要求落到实处。全年共编发《督办通报》4期。

【信息工作】 围绕全年重点工作,以领导需求和关注的重大问题为重点,开展系统的、全面的信息搜集、整理、报送和反馈工作,迅速、准确地反映各单位情况,做到信息工作及时畅通。严把质量关,坚持重大信息不漏报、重要信息跟踪报、重点信息全面报,为领导、机关、基层服务。全年共编发《信息快报》、《信息参阅》计236期。报部信息采用率达近年来最高水平,被评为全路信息报送先进单位。

【调研工作】 围绕局党委和路局中心任务和重点工作,及时制定计划,调整调研课题,开展重点调研、专题调研、联合调研,采取一项一调研、一事一反映、一件一报告的形式,积极转化运用调研成果,充分发挥政工调研的参政服务和决策辅助作用。全年共参与领导和上级调研活动5次,完成部定调研文章6篇。被部政治部《铁路政工》采用刊出各类调研文章、经验材料22篇。

【刊物工作】 《成铁政工》坚持服务局党委中心工作的办刊宗旨,充分发挥局党委政工刊物指导工作、传递信息、交流经验、服务决策的作用。围绕学习贯彻十六大精神和"三个代表"重要思想,围绕企业改革、安全生产、铁路建设以及党的建设、思想政治工作等重点工作,刊登大量的学习思考、领导讲话、调研报告、经验材料、基层动态等文章。全年共编发《成铁政工》12期。

【机要保密】 健全保密工作领导责任制,开展"保密宣传周"活动,并进行全局计算机信息网络安全保密大检查,做好重新确定涉密要害部门、部位的准备工作。加强机要通信工作,加强业务培训。及时传输机要电报,保证机要通信的畅通。

【综合行管】 加强管理,提高综合服务能力,搞好各种大型会务和接待,做好备品管理工作。健全财务制度,合理计划、使用经费。严把住报销关,堵住漏洞,搞好预决算工作,认真管理和维护办公用品和设备。

(龙建华)

组　织

【综　述】 2002年,全局组织工作以"三个代表"重要思想为指导,按照部党组和局党委工作部署,围绕安全运输生产中心,以基层党组织"三个代表"重要思想学习教育活动为主线,以转变干部作风为突破口,精心组织,狠抓落实,全局参学的三批学教单位实现部党组提出的"一批比一批搞得更好"的工作目标;以民主集中制建设为重点,坚持"三重一大"集体讨论制度和党代会、民主生活会等工作制度,促进各级领导班子思想政治建设;以巩固"三个代表"学教活动成果为目标,充分运用学教活动成功经验,完善加强基层党支部建设的工作制度,建立起加强党支部建设长效机制;以迎接党的十六大召开为主题,围绕安全运输生产中心,开展一系列党内活动并取得实效,在保安全、保稳定和春运、暑运、防洪抢险等关键时期,党支部和党员的作用得到较好的体现,全局实现党内安全生产1158天,在加强基层党组织建设和发挥作用上取得明显成效。

组织部现设组织科、党员

局领导与受表彰的优秀党务工作者、基层干部先进个人合影。

曹宁 摄

管理科、综合科，定员12人；另辖党员电教中心2人，组织部定员共14人。

【基层党组织“三个代表”学习教育】 按照部党组的统一部署，全局基层党组织“三个代表”学习教育活动从2001年10月开始，到2002年6月底基本结束，全局共有217个站段党委、3 075个党支部和8 669名支部委员分三批参加学习教育活动。局组织部按照局党委的安排，以“一批比一批搞得更好”为目标，牢牢把握“三个代表”这一主题，着力解决突出问题，加大检查指导力度，坚持高标准严要求，并以“双促进”检验活动成效。通过学教活动，干部受到深刻教育，增强了实践“三个代表”的自觉性；干部作风发生较大变化，进一步密切党群、干群关系；党建基础工作得到加强，增添了基层党组织活力；党组织围绕中心抓党建意识明显增强，有力地促进了企业生产经营。对需整改的29 354条意见，基本整改完毕。经年底开展学教活动“回访复查”工作，整改后的问题未发生反弹，党员、职工群众的满意率达85%以上。重庆分局党委在学教活动中总结提炼的“抓住三个关键性少数”等一批典型经验受到铁道部政治部主要领导的高度评价并在全路电视电话会议上作交流发言。局组织部在全面总结学教活动工作的基础上，组织力量编印下发《全局基层党组织“三个代表”重要思想学习教育活动经验汇编》和《文件汇编》。7月中旬至8月上旬部、局先后召开总结表彰电话会议进行全面总结，对活动中成绩显著的人员予以表彰奖励，路局2人被部政治部授予“优秀党务工作者”称号、4人被铁总授予“火车头奖章”、5人被部政治部授予“全路学习实践‘三个代表’重要思想基层干部先进个人”称号；被局党委授予“优秀党务工作者”60人，“基层干部先进个人”称号40人。

【党支部建设长效机制】 为进一步巩固“三个代表”学习教育活动成果，建立健全加强党支部建设的长效机制，局组织部运用学教活动的经验成果，制定下发《关于在全局党支部中开展创建“五好”党支部活动的通知》、《关于加强党支部委员会理论学习的指导意见》、《关于加强党支部委员会民主生活会的指导意见》和《党支部书记达标考核办法》等四个文件，局属各单位按照要求，结合实际建立健全加强党支部建设的各项工作制度，以制度建设巩固学教活动成果。

【领导班子专题民主生活会】 按照部政治部的要求，2002年度局和局属单位领导班子民主生活会围绕作风建设和安全生产稳定，认真检查领导班子和领导干部在作风建设方面存在的问题和不足，回顾和检查“三讲”教育和“三个代表”学教活动制定的整改措施落实情况，针对问题完善和改进党的作风建设的措施。铁道部副部长蔡庆华参加路局领导班子民主生活会并给予好评。局党委常委王宝顺、齐文超、吴家梁、严中地、王瑞江、张超群及副局长张德明分别参加指导各分局、工程集团、多元集团、达成公司、直属机关党委及铁通四川分公司等单位的领导班子民主生活会，局属21个单位和代管单位党委（党组）民主生活会质量普遍较高。

【党代表大会制度】 2002年3个分局、7个局属单位党委任期届满，局组织部按照党章和《基层党组织选举工作条例》的规定，提前安排，规范操作，指导成都、重庆、贵阳分局，局直属机关党委，成都木材防腐厂，中铁物资总公司成都公司，隆昌工务器材厂7个局属单位按期召开党员代表大会，选举产生新一届党委会和纪委会，明确党委今后四年的工作目标和任务，顺利完成换届工作。2002年局属和站段单位党委按期换届率分别达到100%、97.3%。

【局党员代表会议】 1月25日，中共成都铁路局党员代表会议在成都召开，来自四川省境内的局属单位共60人出席会议，经过直接差额选举，产生王荣华等7人出席中共四川省企业系统党员代表会议。在中共四川省企业系统党员代表会议上，路局王宝顺、阿米子黑（彝）、周兵（女）、周家鸣4人当选为出席中共四川省第八次党代会代表。局组织部圆满完成出席党的十六大代表、四川省第八次党代会代表和省企业系统党员代表会议代表民主推荐、公示、考察、选举工作。在中共四川省第八次代表大会上，局党委书记王宝顺当选为四川省出席中国共产党第十六次全国代表大会代表、中共四川省委候补委员。

【党群机构定员编制工作】 一、配合改制重组和机构精简，完成组建局客运公司、局多元经营集团公司、局党校(局干培中心)、直属大机段和达成铁路公安分处的党群机构定员编制工作。完成局两级检察院和法院机构人员精简定编工作。二、完成全局政工专业职务定编工作，编制颁发全局政工专业职务岗位定编的具体意见。三、指导客运公司等新建单位同步设置党组织，建立健全党建工作的各项制度，对客运公司党组织机构定员情况专题调研。

【党支部建设】 一、认真贯彻落实部、局安全工作会议精神，结合路局打好安全翻身仗的实际，制定下发《党支部安全生产责任制》(试行)，明确党支部抓安全生产的工作目标、责任内容、考核办法，推动党支部在安全生产中更好地发挥作用。二、针对春运任务重、安全压力大的实际，局组织部对加强春运临时旅客列车“三乘一体”党支部工作安排部署，明确临客党支部的组成、主要任务、工作制度，加强调研指导，总结经验，督促落实，较好地发挥154个临客党支部的作用，保证春运工作平稳有序。三、按照部政治部要求，在全局开展以“支部班子好、党员队伍好、基础建设好、思想工作好、发挥作用好”为主要内容的创建“五好”党支部活动，并纳入创岗建区、党支部安全生产责任制、一练三过硬、两保两促等活动，运用“动态管理考核”，组织日常管理和考评。局组织部制定到“十五”末期使全局多数党支部达到“五好”党支部标准的工作目标和配套实施办法。四、按照部组织部的要求，局和各分局建立生产一线党支部建设专项经费，主要用途是切实保证生产一线党支部抓安全、抓基础建设。

【春运临客党支部建设】 为确保春运任务的完成，着力加强春运临客党支部工作。下发《关于加强春运临时旅客列车“三乘一体”党支部工作的通知》，对春运临客党支部的建设提出规范要求，明确五项具体任务。各分局按照路局的统一部署，在全局开行的42.5对临客上建立临时党支部154个。抽调图定客车上作风硬、素质高的党员列车长担任临客党支部书记，全局共抽调1 800余名党员到客运一线班组，保证每个车班有3名以上党员。制定《临客党支部工作职责》和《临客党支部值乘情况报告表》，客运段等单位制作《临客党支部工作手册》、《党员值乘表现考察登记表》，从制度上保证临客党支部作用的发挥。局、分局、站段三级党委组织力量对临客党支部的工作情况定期抽查，包保领导采取分线包保、添乘检查的形式帮助指导和督促落实。全局共抽调1万余名职工担当临客乘务工作，安全开行临客1 300余列，春运工作平稳有序，经济效益和社会效益双丰收。四川省企业工委在企业系统推广路局临客党支部作用的经验。

【迎接十六大召开系列活动】 以迎接十六大召开为主线，围绕安全运输生产，组织党员开展“实践‘三个代表’，促改革发展当先锋，以优异成绩迎接十六大召开”以及“创岗建区”、“一练三过硬”等一系列党内活动，发动党员立足岗位，以身作则保安全、保稳定。至年底，全局党内实现安全生产1 158天，共评出年度党员先锋岗20 855个，占总数51.5%；红旗责任区8 311个，占总数48.3%。“七一”前，局党委对在“创岗建区”活动中做出显著成绩的10名“创岗建区”先锋、100名党员和“一练三过硬”活动中工作突出

局党委于2002年6月24日召开全局纪念建党81周年暨“创岗建区”、“一练三过硬”活动表彰电话会议。

韩方元 摄

的10个站段党委、15个党支部、60名党员进行表彰。

【慰问困难党员和老党员】 根据部政治部通知精神，为体现党对困难党员和老党员的关怀，“七一”前，路局党委从管理的党费中拨出专款，开展对困难党员和老党员的慰问活动，成都、重庆、贵阳分局等单位成立慰问活动领导小组，由党委主要领导带队慰问困难党员和老党员，听取他们的意见和建议，产生很好的社会反响。全局共慰问生活困难党员390名，1945年9月2日以前入党的老党员119名。

【党员电化教育】 党员电教工作坚持为提高党员素质和加强基层党组织建设服务，在春运期间与局电视中心联合摄制专题新闻片《临客党支部》。为纪念建党81周年，总结、宣传全局基层党组织“三个代表”学习教育成果和经验，与局电视中心联合开辟“庆‘七一’、歌颂党”电视专题栏目。年内复制下发《在新的历史条件下保持党员的先进性》等一批专题电教片，保证基层党员每季度能收视一次党员电教片。

【党员发展】 继续把生产、工作一线和青年职工中特别是直接关系运输安全的主要工种和窗口单位的优秀分子入党作为发展工作重点，确保党员质量。全局年内共发展新党员1 440名，其中，生产、工作一线占64.3%，大专以上文化占37.6%，35岁以下青年占70%。运输生产一线职工中党员的比例达到22.4%，正班组长中的党员达到78%。

【党内统计和党费管理】 按照铁道部的要求，从抓基础工作入手，加大对党内统计人员和党费管理人员的培训力度，使年内统计汇总和党费决算工作进展顺利。抓基础数据库的建立，站段级党委应用《中国共产党基本信息管理系统》，建立和完善党组织、党员、入党积极分子基础数据库，为党内统计年报表汇总提供准确的基础数据。开展“全优报表”的评选，2002年底，局组织部被中共四川省委企业工作委员会评为“2001年度党内统计工作先进单位”；有14个局属单位的2001年党内统计年报表被局组织部评为“全优报表”。加强党费收缴、管理和使用工作，按照铁道部的要求，局和局属单位运用《党费账务信息管理系统》做好党费的日常管理，严格使用范围和审批手续，特别是党费定期公布和检查制度，规范了党费的收缴、管理和使用。

(张克坚)

宣　传

【综　述】 2002年，全局宣传思想工作以迎接、宣传、贯彻十六大，学习、宣传、实践“三个代表”为主线，坚持团结、鼓劲和正面宣传为主的方针，在安全生产、运输经营、深化改革、凝聚队伍、确保稳定等各项工作中，发挥了积极作用。“三个代表”和十六大精神的学习宣传深入人心；围绕打好安全翻身仗，实现资产经营目标，宣传思想工作发挥了重要作用；“三新”教育不断深化，覆盖全员，促进了职业道德建设和服务质量的提高；积极推进“两个纳入”的实施，思想政治工作的改进和创新有了新进展；坚持内增动力，外树形象，新闻舆论宣传迈上新台阶。

宣传部设有理论科、宣传科、新闻文教科、精神文明建设办公室，并负责政研会的日常管理。现员14人。

【十六大精神的学习和宣传】 全局宣传思想工作把学习宣传贯彻十六精神作为重要政治任务。按照中央和部党组要求，局党委对全局学习宣传贯彻十六大精神全面安排和部署，发出《关于认真学习宣传贯彻十六大精神的通知》。全局宣传舆论部门及时对十六大精神的学习宣传作出安排。首先，以各级领导干部和处以上干部为重点，加强理论培训。局党委宣传部下发党委中心组专题学习安排，确定学习的重点和要求。11月25日至28日，在党校举办十六大精神培训班，局属各单位党委副书记、宣传部(党委工作部、政工部)负责人、党委中心组学习秘书和分局党校负责人，以及局工会、局团委和局党委机关各部门负责人参加培训。十六大代表、局党委书记王宝顺和局长齐文超先后在培训班作学习专题辅导报告。全局各单位也举办学习十六大精神培训班。局党委宣传部和局党校共同组织十六大精神宣讲团。12月9日至20日，分两组深入基层各单位，宣讲20场，近6 000名干部、职工听取宣讲。广泛开展学习十六大精神竞赛活动。12月，局党委宣传部、局货运事业部联合在全局干部职工中举行“学习十六大报告百题知识竞赛”活动，共印发答卷2万份，回收4万多份(职工复印)，收到很好的效果。编印学习十六大宣传辅导材料。局党委宣传部编印下发学习十六大精神宣传辅导资料2 000册，全局各单位编印和征订有关学习十六大精神辅导资料，满足干部职工学习需要。

【干部理论学习】 全年以“三个代表”重要思想为主线，以学习十六大精神、江泽民“五·三一”讲话、《江泽民论有中国特色社会主义》为重点，抓好干部的理论学习。一是专题学习专题研讨。在各级党委中心组和干部、党员的理论学习中，制定学习专题，把握学习重点，解决学习问题，收到了有的放矢的学习效果。二是总结推广经验。局党委宣传部在全局开展“三个着眼、三个注重”基层党委中心组理论学习活动，总结推广了一些先进单位在加强干部理论学习方面的做法和经验，为全局理论学习起到示范和带动作用。三是开展学习征文活动。局党委宣传部开展WTO征文活动，收到征文50余篇，为深化改革，加快发展，树立与世贸规则要求相适应的战略思维，夯实市场经济理论基础发挥了作用。四是加大学习检查督促考核力度。通过述学、评学和考学，对两级党委中心组和机关处级干部理论学习进行半年抽查、年终考核。共计检查基层党委中心组30余个，处级干部120名。同时，开展评选优秀党委中心组活动，评出优秀党委中心组4个。

【“三新”教育】 年初，按照局党委关于“三新”(树立新观念，提供新服务，塑造新形象)教育“四个三”的总体思路，局党委宣传部发出通知，提出了全局“三新”教育活动的目标任务为“一争创二确保三提高”：即争创全路站车文明服务标杆；确保完成全员系统培训，确保培训质量效果；提高职工职业道德素质，提高客货运输市场竞争力。各单位把深化“三新”教育，作为推进文明行业创建活动，提高客货服务质量，树立铁路企业良好形象的重要载体。主要抓了四个方面的工作：

一、全员培训。从重点抓好客货窗口单位职工的培训，延伸到运输系统全体职工的培训。以江泽民对铁路工作的重要指示和《公民道德建设实施纲要》作为重要培训内容，加强对职工进行职业道德、社会公德教育，进一步增强干部职工敬业爱岗、服务人民、奉献社会的意识。通过系统培训，引导职工树立新理念，变“管理旅客货主”为“服务旅客货主”，变“让检查组满意”为“让旅客货主满意”，变“被动适应消费需求”为“主动引导消费需求”。全年“三新”教育培训3万余人，窗口单位培训率100%。

二、岗位实践。各单位把教育活动与客运服务质量年活动紧密结合起来，以树立新理念为先导，以提供新服务为手段，以塑造新形象为目标，注重岗位实践，坚持在具体的客货服务中实践“三新”教育要求。全局主要站车窗口单位推行了引导服务、列车超市服务、健身服务、双语服务、哑语服务、文娱服务、“送温暖”服务、列车文化服务、特色餐饮服务等。非窗口单位结合各系统、各工种的特点，广泛开展职业道德实践活动，从整体上促进路局客货运输产品质量的提高。

三、工作结合。坚持以市场为导向，以满足旅客货主日益增长的运输消费需求为目的，狠抓客货服务手段和服务方式的改进和创新，促进服务质量的稳步提高。一是与安全生产宣传教育结合，教育和引导干部职工牢固树立“安全第

局党委举办十六大精神培训班。

曹宁 摄

一”、“安全工作无小事”和“安全责任重于泰山”的观念；二是与客货营销结合，在“三新”教育活动中强化全局客货营销；三是与“四五”普法工作紧密结合，把普法教育纳入“三新”教育培训计划，同部署、同推进。

四、推广经验。10月中旬，局党委、路局召开全局“三新”教育经验交流会。在全路宣传思想工作会议上，路局介绍了“三新”教育工作经验。在四川省国有骨干企业思想政治工作经验交流暨宣传部长会议上，路局“三新”教育经验被确定为全省贯彻《公民道德建设实施纲要》典型，作交流发言。

【新闻宣传】　各级宣传舆论部门围绕贯彻落实十六大精神和反映改革发展这条主线，以安全运输生产为中心，坚持正面宣传，把握舆论正确导向，切实控制负面报道。各单位围绕春运工作、安全生产、铁路建设、客货营销、服务质量、文明创建等，精心组织新闻宣传报道，为路局两个文明建设营造良好的舆论环境。2002年在中央级新闻单位用稿848篇，其中《人民日报》、《新华每日电讯》、《经济日报》、中央电视台等主要报台用稿240篇。《人民铁道》用稿722篇，地、市、州报台用稿3 390篇(条)，创历史新高。

一、结合客运服务质量年活动，扩大宣传声势。抓住“三新”教育和客运服务质量年活动中的先进典型和事例，在《人民日报》发表通讯《春风又绿巴蜀道》，在《人民日报》海外版刊登《铁路春风扑面来》等反映路局新理念、新服务、新形象的新闻稿件，同时在铁路沿线省市地方报台形成宣传铁路的强劲势头。

二、结合“三个代表”学习教育活动，全面反映成果。在新闻宣传中，着重反映“三个代表”学习教育活动在路局取得的新成果，反映干部作风转变、党风廉政建设中的新变化、新气象，形成路局加强廉政建设、机关转变干部作风、基层领导干部加强自我约束等狠抓廉政建设、转变作风的系列通讯。其中《江油车务段转变作风实打实》等稿件刊登于《人民铁道》，在全路产生积极影响。

三、结合打好安全生产翻身仗，加大报道力度。抓住安全生产的重大题材，相继在《科技日报》、《工人日报》、《人民铁道》等全国性大报发表《成都铁路局巨资构筑线路安全》、《夜查裂纹》等稿件。

四、结合国家改革政策要求，着力社会性的报道。及时报道路局改革成果，先后在中央电视台、《经济日报》、《四川日报》、四川电视台等新闻单位，报道了路局“先挖渠，后放水”，多渠道解决就业问题取得的经验和成绩，引起社会广泛关注和好评。

五、做好春运、暑运、“五一”和“十一”黄金周的宣传报道。2002年春运、暑运、“五一”和“十一”期间，形成一批分量重、影响大的稿件。如反映路局春运工作的《安全乃春运之本——从成都铁路局看春运组织》、《民工潮涌向大西南》、《“铁鹰”翅展护春运》等稿件，在《经济日报》、《光明日报》等报刊发表。在黄金运输时期，通过召开新闻发布会、通报会、座谈会，主动与新闻单位沟通，及时向各级新闻单位宣传路局加强运输组织，提高服务质量，维护站车秩序确保春运安全的新措施、新变化。通报全局旅客运输的特点和准备工作，重点介绍旅游列车、临时客车开行方向和时刻、运力配置、售票网点的分布、服务新举措、运输新方式，扩大了社会影响面，整个春运无负面报道。

【安全生产宣传】　全局宣传舆论部门围绕路局打好安全翻身仗的目标，把加强安全宣传和做好安全生产中的思想政治工作作为全年宣传思想工作的重中之重。

一、安排部署。4月，召开局党委宣传部、报社、电视中心、安监室、各分局宣传部负责人及有关人员参加的宣传协调会，确定安全生产宣传的内容、进度和相关责任。局党委宣传部下发有关通知，提出全局安全生产宣传的“一二三四”基本思路：突出一个主题：深化认识，确保安全，为实现全局安全生产300天和安全年而努力奋斗。发挥两个作用：发挥安全宣传的舆论引导作用；发挥安全思想政治工作的思想疏导作用。深化三个重点：深化安全主题宣传教育，深化安全生产典型宣传，深化安全生产系列宣传。抓好四项任务：一是深入开展安全调研，二是编印系列宣传学习资料，三是推广各级各类先进典型，四是强化局内外舆论引导。

二、深入调研。4月中旬，局党委宣传部组织力量，对全局安全生产先进单位安顺工务段进行重访调研，形成调查报告和4篇评论员文章，在局报连续刊发。4月下旬，局党委宣传部再次组织力量深入基层，通过座谈、问卷等，调查全局30个站段、100个班组、1 000名职工，形成《对我局安全工作的调查报告》，为领导决策提供参考。

三、开展教育。从年初开始，局党委宣传部先后编印“打好安全翻身仗系列宣传资料”《安全责任重于泰山》、《安全警示录》、《心到安全到》、《严管实干出安全》、《心系安全保畅通》共5 000册下发全局并组织宣传和学习。7月中旬，组织“安全宣传图片巡回展”，深入到3个分局的60余个运输生产站段巡回展出。10月，在路局取得安全生产无责任行车重大事故400天的好成绩时，路局、局党委在全局开展“不忘教训，再创佳绩”安全反思活动，鼓励干部职工再接再厉，确保安全，以优异成绩迎接十六大。

四、抓好典型。局党委宣传部组织各分局宣传部，针对安全生产中正反两方面的典型进行调研，重点总结各单位在安全生产中的好作法、好经验，分析现场作业中的惯性问题，对安全不稳定的单位(集体)进行剖析，并在《西南铁道报》刊发，发挥宣传和警示作用。

五、组织讨论。5月至7月中旬，全局开展“严得起来，落得下去”大讨论活动，局党委宣传部组织大讨论征文活动。围绕安全生产的重要性、紧迫性和增强责任意识主题，收到征文100余篇，有30余篇在局报、刊发表。

六、舆论引导。《西南铁道报》、局电视中心分别开辟“严得起来，落得下去”专版、“安全生产大家谈”访谈栏目等。局党委宣传部拟定安全生产标语口号，在全局广泛宣传；编发《打好安全翻身仗系列简报》80期，在《西南铁道报》发表安全生产系列宣传提纲和大量有关安全工作的通讯报道。

【思想政治工作“两个纳入”贯彻落实】 按照“围绕中心，融为一体，共同负责，各有侧重，双向考核，重在结果”的工作思路，全局建立党委统一领导、党政共同负责、党政工团齐抓共管的思想政治工作领导机制和责任机制，制定全局“两个纳入”实施办法和相关制度。8月，局党委提出路局“两个纳入”“一二三四五六”工作构架。一是形成一个思路，即以“三个代表”重要思想为指针，围绕中心，融为一体，共同负责，各有侧重，双向考核，重在结果，深入推进全局“两个纳入”工作。二是坚持“两个双向”。即党政双向负责，双向考核。三是实现“三个转变”，使思想政治工作由软变硬，由虚变实，由粗变细。四是健全“四个机制”。即领导机制、责任机制、工作机制、考核机制。五是做到“五个纳入”。即纳入目标管理，纳入经营管理，纳入安全管理，纳入干部考核。六是完善六项制度。即完善思想政治工作重大问题集体决策制度，完善“两个纳入”联席会议制度，完善思想政治工作的日常参与制度，完善职工思想动态分析制度，完善“一体化”考核制度，完善政工经费保障制度。6月，局党委宣传部组织到峨眉机务段等基层单位调研，形成材料，广泛宣传“两个纳入”的作法及经验。10月，局党委在成都召开全局“两个纳入”工作座谈会，介绍和总结经验，对下一步工作提出具体要求。11月，铁道部政治部在重庆分局召开“两个纳入”工作座谈会，全面介绍和推广路局的先进经验。

【“四五”普法】 2002年，是铁路“四五”普法教育正式实施的第一年，按照局党委、路局《法制宣传教育第四个五年规划实施意见》，主要抓了四个方面的工作：

一、宣传发动，营造普法的环境氛围。局党委宣传部按照局党委、路局的要求，组织全局

全局“安全宣传图片巡回展”。

王济民　摄

宣传舆论部门大张旗鼓开展普法宣传，充分运用报刊、板报、标语、有线电视、广播、计算机网络等多种宣传手段和媒介，大讲“四五”普法的重要意义和法律内容。同时，还通过开展专访、征文、知识竞赛、演讲比赛，组织文艺宣传队、宣讲组等活动形式，营造了浓厚的宣传氛围。10月26日至31日，在《安全生产法》正式施行的前一周，各级宣传部门组织开展宣传周活动。

二、编发资料，提供丰富的普法教材。局党委宣传部于年初组织力量编辑《铁路职工“四五”普法读本》，局党委书记王宝顺撰写序言，印制3万册下发基层，该读本为局普法教育的基本教材，在实际教学中受到广大干部职工好评。11月，局党委宣传部征订下发部编《学习〈安全生产法〉手册》5万册，《〈安全生产法〉辅导讲座》200套，《〈安全生产法〉站车广播专题节目》170套，作为普法教育的补充教材。

三、组织培训，提高职工法律意识。在普法中，宣传部门作为教育的责任部门，坚持从理论高度入手，着力提高干部职工对普法的认识。通过组织干部职工认真学习法律基础知识，学习邓小平民主法制建设理论，学习宪法及铁路法律规范、民事和商事法律、刑事类法律、经济类法律、行政类法律、社会类法律基本知识，以及WTO基本知识和有关法规，普遍提高了干部职工的法律意识和依法行政、依法管理，依法从事各项工作的能力。2002年6月29日，全国九届人大常委会二十八次会议通过了《中华人民共和国安全生产法》，11月1日起实行。按照部、局的要求，把学习宣传《安全生产法》纳入全局普法的重要内容。10月21日至23日，路局、局党委举办、局党委宣传部和局安监室承办学习《安全生产法》培训班，局机关各部门负责人、局属各单位分管安全工作的领导和有关部门负责人共90人参加了培训。各单位也先后举办培训班，组织广大干部职工认真学习《安全生产法》。

四、检查指导，确保普法顺利进行。在普法教育期间，局普法领导小组办公室认真作好对全局“四五”普法工作的指导，开展对普法教育的检查、督促和调研，强化了“普法”工作效果。

【营销宣传】 按照“围绕一个主题、着力两个宣传，提升三个形象”的总体思路开展营销宣传。即以“新理念开拓新市场，新服务提升新形象”为主题，大力宣传路局运输经营、安全生产、客货服务的新成绩，宣传铁路规模经营优势，不断提升路局的品牌形象、经营形象。以聚焦社会各方面的视点，形成阶段性主题宣传。特别是针对学生流、民工流、旅游热等客流高峰期间，及时开展主题营销宣传活动，宣传路局迎战客流高峰的各项措施。坚持把营销宣传与树立路局品牌形象、服务形象、经营形象有机结合，创建企业良好的社会和市场形象。提出的“临时列车服务质量不临时”的口号受到社会好评。6月10日至16日，各分局在管内铁路沿线的城镇，开展大规模的营销宣传活动。其中成都分局“邮政订票业务”、“家庭营销热线”，重庆分局“八项承诺”、“售票促销咨询活动”，贵阳分局“铁路运输咨询服务”和文艺演出等，引起社会对铁路的广泛关注。

【“扫黄打非”、站车文化市场建设】 坚持“全面清理，专项整治，规范秩序，重在繁荣”的指导思想，加强对“扫黄打非”和站车文化市场的管理工作。根据铁道部政治部的要求，局党委的部署，由局党委宣传部组织实施，对全局站车文化市场进行清理整顿。年初下发了《2002年全局“扫黄打非行动方案》。于2、4、7月集中力量，开展站车文化市场大检查。全局共有1 650人参加大检查，检查52次，对管内16个俱乐部、4个文化宫、170个录像放映点、400多个站区活动室、208个图书馆(阅读点)等铁路文化娱乐场所重点清理。对38万册图书、550盒录像带做了审查。各分局对管内主要车站行包托运的出版物和音像制品实行小包开包，大包抽查。全局共查获、收缴盗版、淫秽光盘近10万张，非法、盗版、淫秽书刊1 500多册；取缔无证经营书刊点1个；收缴“法轮功”录音、录像带5盒。通过清理、整顿和加强管理，路局扫除黄色书刊和音像制品，打击非法出版物成果明显，全局站车文化市场在制度、组织、管理、队伍、发行等方面都取得显著成效。

【公民道德建设】 征订下发中共四川省委宣传部、四川省精神文明建设办公室、四川省社会科学院编发的《怎样做个好公民(四川省公民道德建设公民读本)》10 810册。下发《关于车站悬挂公民基本道德规范标语(牌)的电报通知》,对全局车站宣传二十字公民基本道德规范提出具体要求。组织参加全国公民道德建设知识竞赛活动,并获"组织奖";组织参加四川省"热爱四川、建设四川"的知识竞赛活动。

【文明单位创建活动】 年初,局党委宣传部发出对全局开展文明单位创建活动进行了全面部署。本年度获国家级文明单位称号2个,省级文明单位称号11个,局命名"最佳文明单位"6个、"文明单位(集体)"8个,因机构改革自然消失的"文明单位"7个。

【侨务统战工作】 一、以学习宣传十六大精神和"三个代表"重要思想为重要内容,召开全局统战系统学习座谈会,努力提高统战系统人员的理论素质和思想认识水平;通过组织春节联欢会、中秋茶话会,加强对统战人士的联系。二、贯彻落实中国侨联《关于开展"维护侨益年"活动的决定》,认真做好"维侨"工作。转发四川省侨联《关于开展维护侨益情况调研工作的通知》;在全局积极开展"为侨服务,为经济建设服务,为铁路运输生产做贡献"的"两服务一贡献"活动;组织部分侨联委员参加四川海峡两岸同胞清明祭祖大典活动;春节慰问走访侨联会员;召开局侨联四届三次全委会。三、做好四川省人大(政协)推荐人选工作。经过培养考察,征求基层党组织的意见,呈报路局党委批准,向四川省人大和政协推荐了3人。现1人为四川省人大代表,1人为四川省政协委员。四、协助民主党派做好换届工作。选送8名民主党派人士参加省(市)统战部举办的民主党派中青年骨干培训班。向省委统战部推荐2人为民主党派后备干部人选。五、认真处理来信来访。收到来信20多封,接待来访80余人次。路局被四川省委统战部评为2001~2002年度统战工作先进单位。

【政研会(企业文化协会)工作】 一、对全局实施"两个纳入"情况进行专题调研并形成调研报告,整理汇总全局"两个纳入"的有关制度办法等,为全局"两个纳入"工作座谈会做好准备。二、对安全生产先进单位安顺工务段进行重访。就"全局学安工"活动开展以来,对安顺工务段的新情况和新变化专题调研,撰写专题调研报告。在《西南铁道报》发表。三、做好"两会一刊"日常工作。按照局党委对思想政治工作研究会、企业文化协会的工作要求,确定工作内容,起草工作要点,拟发政研工作调研专题。参加部政研会和四川省企业文化协会组织的企业文化建设研讨会。政研会会刊《研究与思考》进行改版,美化版式和装帧,增强可读性和指导性。

(熊先重)

纪检·监察

【综　述】 2002年全局纪检监察机关以邓小平理论和"三个代表"重要思想为指导,围绕路局"转变作风、强化基础、提高素质、谋求发展"的工作主线,着力"两个转向",突出工作重点,推进全局党风廉政建设和反腐败工作。开展领导干部廉洁自律"回头看"活动,对2000年以来办案质量、2001年纪律处分执行情况全面检查,执法监察得到加强,源头治理腐败工作又有新进展。

局纪委现设办公室、纪检监察室、案件审理室、执法监察室、路风监察室,现员19人。

【领导干部廉洁自律】 建立领导干部廉洁谈话制度。对廉洁谈话的对象、内容、方式及组织实施作明确具体的规定,并印制廉洁谈话文件4 000册,发至全局副科职以上领导干部人手一册,全局375名干部实施廉洁谈话,其中局纪委书记亲自谈话14人。在全局站段以上领导干部中开展争当"廉政公仆"活动。每两年评选表彰一次,各单位认真评选推荐,向局推荐"廉政公仆"候选人29名。根据铁道部纪委的统一部署,开展廉洁自律"回头看"活动。将十五大以来有关领导干部廉洁自律的34个规定汇编成册,印制3 100册下发全局各级领导干部系统学习,并广泛征求群众意见,写出自我总结,认真开展对照检查。深入开展"述廉评廉考廉"活动,纳入职代会民主评议的必经程序,各级班子成员自觉接受职工代表的监督。在局、分局两级机关深入开展干部作风集中教育整顿活动和基层评议机关、职工评议干部的"双评议"活动,基层对局机关各处室的民主测评平均分达92.15分,是连续五年开展"双评议"测评得分最高的一次。贯彻中央关于制止奢侈浪费八条规定,全局精简压缩会议43

个,取消庆典活动3个,节约经费160多万元;节约招待费290多万元;控制出国出境4批6人次,节约经费16万元;对全局小汽车配置和管理情况专项检查,全局现有小汽车960辆,比定编减少50辆,小汽车的控制和管理得到加强。

【案件查处】 2002年,全局纪检监察机关受理信访举报1 210件,初核违纪线索191件,了结189件,了结率99%。立案130件,其中大案25件,要案4件;查结125件,查结率96.2%;结案121件,结案率为96.8%。局和局属单位自办案件29件。共处分违纪党员、干部139人,其中党纪处分83人,政纪处分75人,有19人受到党纪政纪双重处分。受党纪处分的83人中,开除党籍30人,留党察看13人,严重警告16人,警告24人。受政纪处分的75人中,开除路籍4人,留路察看2人,撤销行政职务20人,降级1人,记大过7人,记过23人,警告18人。移交司法机关追究刑事责任16人。通过办案,挽回经济损失184.29万元。为确保案件质量和纪律处分执行到位,局纪委、监察处对局属单位2000年以来办理的197件案件质量和2001年153名违纪党员、干部纪律处分的执行情况全面检查,案件合格率为100%,其中优质案件177件,优质率89.8%;纪律处分全部执行到位。全局纪检监察机关认真履行保护职能,经过调查核实,对受到错告、误告的185名党员、干部,澄清问题,消除影响。

【违纪案件特点】 一、受贿案减少,共立8件,同比减少16件,下降66.7%。二、挪用公款案增加,立案10件,同比增加6件,上升150%。三、工务系统违纪减少,立案10件,同比减少8件,下降44.4%。四、一般干部违纪增加,查办一般干部违纪案件72件,同比增加14件,上升24.1%。五、办案中发现的案件增加,在办案中发现案件9件,同比增加4件,上升80%。

【路风工作】 狠抓春运期间的路风控制。路局改革售票方式,取消地方就业局、疏导办购票的中间环节,改为直接向民工发售车票。组织33个检查组,检查177趟列车,96个车站,107个车票代售点,局纪委主要领导亲自到市区和专县暗访售票网点,全局共查处违规代售点49个,其中关闭5个,停业整顿44个。全局公安机关加大对票贩子的打击力度,共抓获票贩子2 234人,缴获车票2 837张,票面价值41万元,遏制了票外加价和非法倒票问题的发生。部党组书记刘志军2月17日检查路局春运工作时,宣布摘掉成都局价外收费"重灾户"的帽子。根据铁道部的统一部署,开展为期两个月的清理整顿乱收费工作。全局组织85个检查组,重点检查47个运输窗口单位,251个车站和经营网点,走访304家货主、物资单位和73家中央、省市级新闻媒体,对清理出的乱收费、重复收费、与地方联手收费等6个方面的问题,督促有关单位及时整改。为防止客运公司组建过程中路风问题的反弹,在全局范围内开展客运站车路风专项检查,共组织检查组148个,检查列车1 322趟次,车站137个,车票代售点122个,查纠问题535个,处理路风不良反映3起,33人因路风问题受到处罚,确保客运体制改革期间全局路风的基本平稳。深入开展路风"四无"活动,协助抓好客货服务质量年活动,收到明显效果。全局杜绝严重及以上路风事件的发生,并成为全路未发生突出路风问题的5个路局之一。铁道部路风办对路局113/114次列车的服务质量专题调研,部纪委书记安立敏对调查报告作了批示,《人民铁道》报专题报道。全局评选出路风建设先进单位8个,先进集体10个,先进个人103名。

【执法监察】 全局共立执法监察项目11项,挽回经济损失7 328.9万元,避免经济损失1 241.78万元,发现案件线索7件,立案查处4件,提出监察建议64件,被采纳61件,协助有关部门整章建制46项。一、深入开展药品和医疗器械采购执法监察"回头看"活动。对2001年以来这项工作的开展情况再次全面检查,发现问题82个,提出整改要求76项,整章建制208项,清理违规资金6.2万元。并对2001年至2002年5月期间的药品和医疗器械采购情况逐项清理造册,据统计全局医疗系统共采购药品9 251万元,其中招投标采购1 204万元;采购医疗器械4 223万元,其中招投标采购2 911万元,共获得让利折扣1 530万元,全部用于医疗经费。二、继续开展铁路建设工程项目执法监察。对2000年以来全局200万元以上的工程项目逐一清理和统计分析,局内200万元以上工程项目共计107项,总投资8.93亿元,实行招标

98项,金额6.84亿元;200万元以下项目239项,总投资2.21亿元,实行招标99项,金额1.02亿元。三、继续加大“三清”执法监察清欠追款力度。全年共收回无效投资、借款和工程欠款4 146.9万元,解除担保605万元。

【专项检查】 局纪委、监察处对1999年~2001年全局行政主要领导干部任期经济责任审计制度执行情况专项检查。1999年以来,全局应审计132人,实际审计86人,未审计46人,审计率65%。针对存在的问题,向有关部门提出整改建议25条,并将专项检查情况向全局通报,促进审计制度的落实。

【源头治理腐败工作】 各级纪检监察机关推进从源头上预防和治理腐败的工作,配合干部部门,抓好《党政领导干部选拔任用工作条例》的贯彻,参与领导干部任前公示、公开招聘处职领导干部、机关干部等有关工作。全局对101名科职以上领导干部的选拔任用实行任前公示,其中处职干部14名;对局机关6名处职领导干部和14名机关干部公开招聘。配合建设、物资等部门,规范铁路建筑市场和物资采购招投标工作。局内19个项目投资总额为5.2亿元的工程建设项目均在二级市场公开招投标。全局集采专供物资设备2.65亿元,实现综合效益876万元;招标采购2.62亿元,招标节约407万元;医疗设备招标采购1 903万元,节约369万元。加强对厂务公开工作的监督检查,局纪委与局工会联合转发中办、国办《关于在国有企业、集体企业及其控股企业深入实行厂务公开的通知》。局厂务公开领导小组召开全局卫生、学校、后勤单位现场经验交流会议。局纪委牵头组织检查组,对全局厂务公开的落实情况全面检查考核。路局厂务公开推行面达100%,群众满意率和基本满意率达95%。

【落实党风廉政建设责任制】 局纪委、监察处协助党政制定《关于2002年全局党风廉政建设和反腐败工作的意见》,把8个方面的主要工作任务分解细化为21项,分别落实到11名局职领导和具体负责的16个牵头部门、23个协办部门,并坚持半年召开一次局机关反腐败牵头部门负责人会议,检查工作进度,督促任务落实。严格实施责任追究,全局有41名副科职以上领导干部受到责任追究,其中处级干部14人;39人受到党纪政纪处分,2人被免职。11月,路局组织由4名局领导和局纪委副书记带队的5个检查组,采用“听、看、谈、测”的方法,对局属单位2001年~2002年度落实党风廉政建设责任制的情况全面检查。检查考核结果表明:局属单位领导班子及其成员,特别是党政一把手抓党风廉政建设的责任意识普遍增强,党政齐抓共管的局面基本形成,各部门的职能作用进一步发挥,党风廉政建设的责任体系逐步健全和完善,检查考核和责任追究更加严格。12月中旬,由铁道部纪委书记安立敏带队的检查考核组,对全局2001年~2002年落实党风廉政建设责任制的工作全面检查,认为路局领导重视,思路清晰,重点突出,措施有力,成效比较明显,有效地推动了全局反腐倡廉工作的开展,促进各项工作的全面上升。

【党风廉政建设成果宣传】 为迎接十六大的胜利召开,在全局范围内开展十五大以来党风廉政建设成果的宣传教育活动。局纪委、监察处分别在《西南铁道报》、成铁电视台开辟“展示新成效、迎接十六大”宣传专栏,组织15篇稿件在报纸连续刊登,在成铁电视台连续播放7部由路局和局属单位纪委摄制的电视专题片,全面系统地宣传全局党风廉政建设的丰硕成果、工作经验和先进典型。

【警示教育】 局纪委、监察处于11月28日举行第十二次案例分析报告会,局党委副书记兼纪委书记严中地向成都地区近800名党员干部作《铺垫后路,晚节不保;追求潇洒,青年折腰》的案例分析报告,剖析成都分局电务分处原分处长安崇伦、成都电务段原副段长赵天顺这“一老一少”领导干部走上犯罪道路的典型案例,使与会者受到深刻教育。局纪委将案例报告印制500份,制作光盘300盒下发全局各站段和两级机关各部门,广泛开展警示教育。全局举行案例分析报告会63场次,9 400余人接受教育。

【自身建设】 加强思想建设。组织纪检监察干部认真学习中央纪委七次全会和江泽民同志在中央纪委七次全会上的重要讲话。党的十六大召开后,局纪委发出《关于认真学习贯彻党的十六大精神的通知》,并组织全体纪检监察干部认真学习江泽民的报告和中纪委的工作报告。加强干部培训。配合局党校举办为期一个月的站段纪委书记理论培训班,37名站段纪委书记系统学习了马克思主义基础理论、领导科学与企业管理、WTO规则系列专题三个方面的内容,并到上海宝钢、通用汽车公司进行实地考察。局属单位对184名纪检监察干部进行相关知识的培训。加强调研信息工作。局纪委、监察处收到调研文章83篇,其中2篇在部、省纪委有关会议上交流,8篇在全局纪委书记研讨会上交流。局纪委收到信息783条,采用98条,部纪委采用17条,编发工作简报、信息简报21期,信息专报26期。加强网络建设工作,制订网页管理办法,与部纪委、各分局纪委实现微机联网。

根据铁道部领导关于解决纪检监察干部有关待遇问题的指示要求,局党委、路局高度重视,并给予及时解决。从4月1日起,纪检监察干部的办案补贴由过去每人每月13.2元提高到80元,分局纪委各室主任、副主任的工资档序与党委行政部门同职级干部相同。

【评先表彰】 重庆铁路分局纪委、监察分处,贵阳铁路分局纪委、监察分处被评为全路纪检监察系统办案先进集体,黄费双、张绍兴、张嘉泰、孙乾胜、王唯平被评为全路纪检监察系统办案先进个人,受到铁道部纪委、监察局表彰。

成都铁路分局纪委、监察分处,重庆分局路风办等26个集体被评为全局监督系统先进集体,成都分局纪委副书记、监察分处长何恩贵等58名纪检监察干部被评为全局监督系统先进个人,受到局党委、铁路局表彰。

(吴 艳)

党员干部理论教育

【综 述】 2002年,局党校全体教职工以邓小平理论和江泽民"三个代表"重要思想为指导,深入贯彻中央[(2000)10号]文件精神,认真落实局党委《关于贯彻落实〈中共中央关于面向21世纪加强和改进党校工作的决定〉的实施意见》,按照校委年初确定的"32216"工程总体思路,狠抓"改进教学,加强科研,拓宽学路,推进改革,硬化管理"等方面的重点工作,全年举办各类培训班28个,培训学员2 135人。其中,完成8个"主体班"教学任务,举办站段领导干部岗位任职资格培训班、"十五"第三期、第四期中青年干部培训班、站段正职处级干部理论进修班、站段工会主席理论进修班、纪委书记理论进修班、全局党校师资培训班、党的十六大精神培训班,培训学员587名。协助和配合局机关各部门及站段举办的各类继续教育培训班19个,培训学员1 513名,函授教育直属班完成27个班次81门课程的教学任务。

局党校(干培中心)设机关党委、培训部、教学部、函授部、科研部、电教网络部、后勤部、财务部、办公室、图书馆,现员70人。

【十六大学习培训】 把认真学习贯彻党的十六大精神作为首要政治任务。一、认真组织全校教职工和在校学员收听、收看十六大会议盛况,座谈体会,校中心学习组集体专题学习讨论十六大《报告》。校机关党委按照上级党委要求对学习十六大精神进行安排。全校学习十六大精神情况在《西南铁道报》和局直属机关党委的信息简报及时反映和宣传。二、组织骨干教师参加培训。选派3名副教授参加部党校培训,组织局党校所有专职教师和各分局党校骨干教师参加局党委举办的十六大精神培训班。三、参加十六大精神宣讲报告团。局党校副校长赵宏章带队,从12月9日至月底结束,宣讲报告团深入局属各单位沿线向广大干部职工宣讲十六大精神,共组织20余场。四、为局党委十六大精神培训班提供服务。11月25日~28日,局党委在局党校举办十六大精神培训班。局属各单位副书记、宣传部长、党校校长和在党校学习的处级干部理论进修班、中青班、工会班,以及局机关各部门的负责人等254人参加培训。

【主体班开展专题教学】 按照局党委对2002年干部培训要"更新知识,增强能力,提高素质"的要求,坚持理论联系实际和学理论要"精"要"管用"的原则,根据形势任务的需要,主体班着重进行"四突出"的专题教学内容。一、突出江泽民"七一"讲话的新思想、新观点、新论断和"三个代表"重要思想,以及"五·三一"重要讲话,为迎接十六大的召开,奠定思想基础。二、突出WTO知识和基本原则的学习,讲授6个专题,使学员系统了解WTO的组织机构、地位和作用,懂得WTO的基本原则,认识加入WTO给铁路带来的影响和机遇。三、突出十六大精神的学习贯彻。帮助和引导学员围绕主题、联系实际,把思想统一到十六大精神上来,全面推进各项工作。四、结合路局实际,突出加强安全管理的研讨和开展"我为安全献策"的活动,强化学员"安全是第一位"的意识。

在教学方法、教学手段方面进行改进,坚持教学计划集体审定和新课试讲制度,运用案例教学、课堂讨论、学员论坛等启发式教学方法,加强教师与学员的双向交流,增强教学的互动性。把课堂教学、专题研讨与外出考察调研结合起来,组织学员到青岛海尔集团、上海造船厂等优秀企业实地考察。鼓励教师利用现代化传媒工具,制作和运用电子课件进行课堂教学,提高教学效果。

【函授教育】 按照中央及上级党校有关加强函授教育管理工作的要求,在函授招生、教学、论文答辩、考试等方面坚持标准,推动函授教育的规范性、稳定性和制度性建设。加大招生宣传力度,完成招生任务,全年分院招生录取总人数为708人。加强函授教学组织,完成15个直属班的报到、注册、收费和教材发放。通过加强班主任工作考核,组织省函、中函的专、本科27个教学班次81门课程的教学。

强化考务工作,根据省委党校函授分院关于加强考务工作的要求,成立考试领导小组,签订"考务工作责任书"。局党校内部以科室为承包小组,认真实施监考。函授分院派出巡考人员分别到各分局党校进行交叉巡考,监考后对监考工作进行通报。全年共组织各类考试107场,考风考纪反映较好。完成对中函2000级大专经济管理专业直属班、省函2000级本科经管专业和法律专业两个直属班122人的毕业论文答辩工作。全分院949人毕业。

走出校门,利用双休日到沿线办班。9月在广汉机械厂开办一个经管专业大专班。

7月四川省委党校函授学院下达经过修改的《党校函授教育管理制度汇编》。10月28日~30日在本校举办为期三天的《函授教育管理制度汇编》培训班,参加培训的有分院函授办公室和直属站班及贵阳、重庆、成都、西昌4个分局党校函授站的函授专职管理人员。

【局干部培训中心领导成员】 根据成铁委[2001]23号文件精神,局党校(局干部培训中心)实行一个机构,两块牌子,成为全局综合性干部培训基地。为加强党委对党校和干部培训工作的领导,经局党委常委会研究决定:由局党委副书记吴家梁兼任局干部培训中心主任,局党校常务副校长曾践兼任局干部培训中心常务副主任。局党委干部部部长王志奋、局党校副校长赵宏章、孙桂春兼任局干部培训中心副主任。

【机构调整】 2002年7月4日,中共成都铁路局委员会组织部、成都铁路局劳资处联合发文,对中共成都铁路局党校《关于调整局党校(局干培中心)机构定编的请示》做出批复,同意局党校(局干培中心)总定员为80人,机构为7部1室1馆。即培训部、教学部、函授部、电教网络部、科研部、后勤部、财务部、办公室、图书馆。

原核定在局党校的局党员电教中心,列为局党委附属机构。

【校址搬迁】 11月18日开始,局党校由成都市人民北路西一路20号迁往郫县犀安路银河园。按照"全盘考虑、统一行动,精心组织、分批实施、加强协调、服从安排"的要求,动员全校教职工进行搬迁工作。12月底,顺利完成搬迁,确保国有资产的安全。

【全局基层党员先进性现状调研】 根据铁道部工作会议关于"要认真搞好党员状况的调查"精神和局党委领导的要求,从2002年4月开始,与局党委组织部紧密配合,在全局党校系统开展基层党员先进性调查研究工作。调研的目的是通过开展全局性的调研工作,基本摸清全局基层党员先进性现状的真实情况,为局党委进一步加强企业党建工作和党员队伍的教育管理工作,提供情况和决策依据,为加强党员教育管理做好理论和舆论上的准备。调研要求深入全局主要基层站段党委、党支部和党小组,与基层党员直接见面。通过组建课题组、设计调查问卷,拟定提纲等准备阶段,召开座谈会,个别访谈和问卷调查,取得第一手资料,经分析研究形成调研报告,各课题组调研报告报送各分局党委和局党校,局党校关于全局党员先进性调研报告上报局党委。12月底,全局党员先进性调研工作结束。

【全局党校科研工作会】 2002年1月20日至21日在西昌召开全局党校科研工作会。参加会议的有铁道部党校、局综合研究处、局党校、各分局党校有关领导和部分教师共计45人。

这次科研工作会议的主要任务是总结近几年全局党校科研工作,研究和讨论《关于加强和改进全局党校科研工作的意见》和《成都铁路局党校系统关于社会科学科研工作规划和管理的规定》等相关办法,部署党校科研工作的主要任务。

会议着重研讨如何提高对加强和改进党校科研工作的认识,认识全局党校科研工作的宗旨和原则,认识全局党校今后五年面临的新形势和科研工作的主要任务,加强全局党校科研工作的组织领导,确定全局党校科研课题的实施主体,建立健全全局党校科研工作的管理制度。成立全局党校科研工作委员会,建立全局党校科研基金,确定"全局基层党员先进性调研"重点课题。

【新教学楼修建竣工】 党校新教学楼于2002年2月21日在郫县犀浦镇银河园局党校(干培中心)新征土地上,开工修建。新教学楼建筑面积4 282平方米,为三层半框架式结构,高20.7米,加上辅助工程,总投资665万元,中标的建设单位为四川兴铁建筑工程有限公司。10月31日正式交付使用。

【局党校机关党委换届改选】 6月19日,局党校召开全体党员大会,对到期的校机关党委进行换届选举。

蔡文代表上届校机关党委作《加强党校机关党的建设,开拓进取,迎接党的十六大胜利召开》工作报告,林明桥代表上届校机关党委作收缴党费情况的报告。大会通过了关于上届校机关委员会工作报告的决议,并以无记名差额投票选举方式选出新一届校机关党委。由蔡文、南川生、刘保东、夏松青、费丛饶五人组成新一届校机关党委委员会。

(刘保东)

直属机关党委工作

【综　述】 2002年,局直属机关各级党组织坚持以"三个代表"重要思想为指导,贯彻十六大精神,全面落实局党委一系列工作部署,以安全生产、经营管理为中心,加强党的建设和思想政治工作,为直属机关的改革、发展和稳定提供思想和组织保证。

直属机关党委(含纪委、工会、团委)定员18名,现员16名。组织部、宣传部、办公室(团委、综治办)10人;直属机关纪委1人;直属机关工会、体协5人。

【理论学习】 认真组织党员干部和职工学习十六大精神、"三个代表"重要思想、"五·三一"讲话。一、抓学习重点。加强领导班子和领导干部的学习。坚持两级中心组学习制度,坚持一年一度局机关处级干部学习、检查、通报制度。与干部处、宣传部、《西南铁道报》联合召开局机关处级干部学习十六大精神座谈会,畅谈2003年改革发展的新思路和工作新举措。局机关处级干部和直属单位领导班子成员理论联系实际,写出一批指导实践的论文和心得体会。二、抓学习规范。党委及时制订学习安排及推进计划,列出学习重点、思考题和调研课题。对直属单位中心学习组和机关政治学习进行全面检查和指导,促进理论学习制度化、规范化。三、抓学习服务。结合学习重点、难点,每季度编发《领导干部理论学习文摘》、不定期编发《理论学习参考资料》,采取大会学习辅导,深入支部上党课、组织参加学习党的十六大报告百题竞赛等多种措施,加强理论学习。

【领导班子建设】 继续开展"双好"活动。党委按照"三个代表"和新形势的要求,认真分析直属单位班子建设的现状和存在的主要问题,有针对性地对创建工作进行指导。各单位把创建活动与安全生产、经营管理、强化营销、深化改革等各项工作有机结合起来,创建活动取得明显成效。加强民主集中制建设。党委坚持参加各直属单位领导班子民主生活会,切实掌握班子情况,对调整较大和存在问题的班子,进行重点指导和帮促,确保领导班子始终保持凝聚力、战斗力。开展作风教育整顿活动。在直属单位领导班子、领导干部中,进行作风教育整顿。抓学习动员、问题查找、整改落实,促进领导班子、领导干部作风的转变。经考核,6个单位的领导班子被评为好班子,6名领导干部被评为好干部。

【组织建设】 继续抓"三个代

表”思想学习教育活动。根据局机关和直属单位不同情况，提出相应要求，以正面教育和自我教育为主，进行学习、评议、整改，提高基层党组织成员素质。机关党委在全局“三个代表”学教活动电视电话会上作经验介绍。坚持进行党支部建设检查考核。组成4个检查组通过听、看、查等形式，对局机关42个党支部“三会一课”、政治学习和作风教育整顿落实情况进行检查。认真开展“创先争优”、“创岗建区”、“保安全、保稳定”、“以优异成绩迎接党的十六大”等活动，充分发挥共产党员在安全生产、经营管理、深化改革、维护稳定等工作中的先锋模范作用。做好入党积极分子的培养和考察工作，将优秀工人、知识分子作为发展重点，发展党员67名。

【作风建设】 认真贯彻落实十五届六中全会精神，把作风建设作为党的建设的重要工作，着重抓局机关的作风建设，坚持严格教育，严格管理，并逐步形成长效机制。坚持思想政治教育，深入开展“三个代表”重要思想的学习活动，解决党性党风方面存在的问题，贯彻《公民道德建设实施纲要》，解决职业意识和思想道德方面存在的问题。坚持职工政治学习、支部“三会一课”都安排作风教育内容，促使干部树立公仆意识、宗旨意识和服务意识。接受基层干部职工的监督。继续开展“基层评议机关，职工评议干部”活动，在全局范围内下发近1 000份测评意见表，处理10余万数据，进行定性定量分析，最后形成书面材料，向局领导报告，召开支部书记会公开通报。局机关各部门反响强烈，促进了局机关作风转变。通过公开举报电话、认真处理来信来访、深入基层听取意见，使作风建设得到广大干部群众的监督与参与。健全、完善制度，重新修订《机关干部行为规范三十条》、实行局机关干部《首问负责制》、《出差报告制度》，对局机关主要业务处室的负责人进行工作写实，并撰写分析、评论文章，使局领导和干部职工了解他们的工作业绩。狠抓制度和整改措施的落实，汇编各部门在作风教育整顿活动中制订的整改措施，作为检查监督机关作风、考核评比支部工作的依据。2002年4月结合机关党支部检查，对各部门执行制度和整改措施落实情况严格检查。用严格执行制度和措施来保证作风建设的不断深化和规范化。

【思想政治工作】 一、加强安全生产中的思想政治工作。结合全局安全生产形势，用各种宣传教育阵地和手段宣传《安全生产法》，强化安全生产的法制意识。开展“严得起来，落得下去”大讨论，着重组织局机关主要运输部门负责人座谈，结合本系统工作进行探讨，起到示范作用。党委领导对直属单位的安全工作分工包保，多次到生产车间和施工现场宣传、检查安全生产，强化干部职工的安全意识和责任意识。二、加强改革、发展、稳定中的思想政治工作。结合铁路改革发展形势和直属机关具体情况，开展形势任务教育，编印《形势任务问答》。党委加强领导、统筹协调，推行“厂(局)务公开”，采取不同形式将涉及职工切身利益的奖金分配、竞争上岗、职称评定、工人招干等工作公开，增强职工参与民主管理的透明度。党委多次对维护稳定工作进行专题研究，分析梳理不稳定因素，及时化解不稳定因素。三、实施思想政治工作“两个纳入”。从实施、建立机制着手，围绕安全生产、改革发展等中心任务，将思想政治工作的要求、目标、措施等与业务工作紧密结合，实行政治工作与经营管理、干部政绩一体化考核，使“两个纳入”机制基本建立。

【局直属机关第九次党代会】 2002年12月召开中共成都铁路局直属机关第九次党员代表大会，回顾总结前四年工作，以“三个代表”重要思想和十六大精神为指导，提出后四年的奋斗目标和工作任务。按组织程序、经过充分酝酿，选举产生了新一届党的委员会和纪律检查委员会。

【党风廉政建设】 将领导干部作为党风廉政建设的重点，利用中心组学习、民主生活会、党风双月谈和开展“廉洁自律作表率，勤政为民当公仆”活动等形式，不断提高领导干部廉洁自律的自觉性。开展党风党纪教育月活动，组织参加局纪委案例分析报告会，增强广大干部遵纪守法意识。加强党风廉政检查监督，对重点部门和单位“两节”期间廉洁工作进行检查，对新提拔和调整的15名领导干部进行廉洁谈话，对有群众反映的3名党员干部进行诫勉谈话。开展对十五大以来领导干部廉洁自律执行情况“回头看”活动，坚持对厂务(局务)公开工作进行监督。开展执法监察和专项检查工作。加大从源头预防、治理消极腐败现象的力度，开展行政领导离任审计制度执行情况和对建设工程项目的执法监察，促进领导干部和有关部门严格执行规章制度规范行为的自觉性。认真查处违纪违法案件。及时办理群众来信来访和举报12件，对局机关2名涉及经济犯罪的党员实行“双规”，并移交检察机关处理。开除1名受贿党员党籍。

【精神文明建设】 以国庆五十三周年、建党八十一周年、迎接十六大为契机，举办歌咏比赛、演讲比赛、书画摄影展览等丰富多彩的活动。学习贯彻《公民道德建设实施纲要》，开展职业道德教育，培养职工诚实守信、奉献社会的行为习惯和敬业爱岗、优质服务的职业操守。组织干部职工，热心参与社会各项公益活动，展示铁路企业的良好形象和铁路职工的精神风貌。持续开展文明单位创建活动，局机关和14个直属单位获局级文明单位称号。2个直属单位保持局最佳文明单位称号。

【治安综合治理】 坚持开展形势任务宣传教育，认真做好敏感时期稳定工作，强化对“法轮功”痴迷者的教育转化和监控，保证改革和各项工作的发展；坚持开展治安整治，不断加强防范和管理，确保治安秩序的持续稳定；狠抓宣传教育，举办专兼职综治干部培训班1期，提高干部职工的法制意识；坚持总结表彰、检查考核，全面落实综治工作各项措施，使综治工作制度化、规范化，创造一个良好的治安环境，促进精神文明建设。连续第5次被局评为综治工作先进单位。

【工会工作】 实施“火车头经济技术创新工程”，确保安全生产。组织干部职工开展“争先进、创一流、当主人、做贡献”、“练、保、创”等群众性岗位练兵和技术比武活动。组织职工参加《安全生产法》知识竞赛，强化安全生产的法制意识；贯彻“依靠方针”，厂务（局务）公开工作有新的进展。召开直属单位“厂务公开”经验交流会，使“厂务公开”逐步规范化，年终进行检查、考核，表彰3个先进单位。建立局机关局务公开联络员会议制度，局务公开栏出刊14期；突出维护职能，职工保障体系不断完善。“两节”期间，开展“送温暖”活动，看望慰问困难、特困职工243户，发放慰问金3.07万元。开展“夏季送清凉”活动，购买2万余元的清凉饮品和防暑降温药物，发放给生产一线干部职工。办理“职工互助合作保险金”赔付12人，发放保险金2.35万元；开展丰富多彩的文体活动，陶冶职工群众情操。与党委联合举办迎春联谊活动。为庆祝建党八十一周年，与党委共同举办卡拉OK比赛和演讲赛，组队参加地方文艺演出。开展经常性全民健身和竞技体育活动，做到“旬旬有比赛，月月有活动”。

【共青团工作】 广泛开展“争当青年岗位能手”的学技练功、技术比武活动，充分发挥青年职工尤其是青年知识分子、青年技术骨干在生产、管理和科研中的作用。以青年职工“创新创效”活动为主线，从营销、技术、服务、管理四个方面，组织青年技术骨干进行课题攻关和“五小”攻关，扎实推进青年职工创新创效活动。通过组织青年管理者围绕安全、质量、成本等方面的薄弱环节和突出问题开展管理创新活动，促进管理水平的提高；开展创建“五四红旗团委”和“团建创新”活动，加强自身建设。落实党建带团建精神，把团的工作纳入党建基础工作的达标内容；开展青年志愿者活动。在3月5日学雷锋纪念日，组织所属11个团组织近40名团员青年开展查血型、量血压、卫生咨询、心理健康咨询、网络知识宣传等便民服务活动；团队组织配合学校推进素质教育，开展“新世纪我能行”体验教育活动、新世纪雏鹰行动、手拉手活动和成人宣誓仪式。

（万良成）

工　会

【综　述】 全局各级工会组织，按照九届一次全委会提出的目标要求，以贯彻《工会法》为契机，认真落实局工会提出的“抓学习、抓维护、抓中心、抓建设”和深入开展“学理论、提素质、做主人、创新业”为主题，“人人争当火车头，为‘十五’建功立业劳动竞赛”、“女职工巾帼明星·素质·创新工程”和“我为安全献计策金点子征集”等系列教育活动。全局近11万人次参与了各层次的知识竞赛活动，促进了职工技术业务素质的提高。全局的厂务公开工作在后勤单位已全面推开。职工互助合作保障体系不断完善。4月11日《成都铁路局职工互助合作保险会章程》正式实施，10月1日，职工互助合作保险会正式启动，提高了职工生活的保障水平和抵御风险的能力。火车头送温暖工程不断深化，职工生活得到更多关爱。“元旦”、“春节”和“暑运”、“防洪”期间，慰问走访困难职工、离退休职工4 301户计67 000人次，发放慰问金946万元，比上年同期增长10%。

为提高全局工会专兼职干部的整体素质，局工会全年办班7期，共培训工会干部381人，完成调训102人，评选10位先进个人、4个先进集体。

依法维护和依法治会不断深化。局工会特聘3名律师担任常年法律顾问，为工会干部普及法律知识，为职工劳动争议调解提供法律援助。

局工会现设办公室、组织民管部、生产宣教部、保障工作部、财务工作部，现员33人。代管单位：局体协、局文联。

【工会工作获奖】 8月，四川省总工会发文表彰2002年度全省工会工作竞赛优胜单位，局工会获得优胜单位一等奖。10月工会信息工作被评为2002年度全省工会信息工作（产业组）竞赛特等奖。8月在全路工会电子会务研讨暨2002年铁路职工队伍状况调查动员会议上，局工会信息工作、铁路职工队伍状况统计工作被评为先进单位。

（陈战平）

【局八届二次职工代表大会】 1月15日～17日，局八届二次职工代表大会在成都召开。大会应到代表252人，实到248人，特邀老红军、老领导代表5人。

会议听取并审议通过齐文超局长《转变作风，强化基础，提高素质，谋求发展，努力开创全局改革发展的新局面》的工作报告、局工会主席王瑞江《实践“三个代表”，坚持“依靠方针”努力实现职工民主管理工作的新发展》的职代会工作报告和财务处处长谭之彬《关于2001年财务计划执行及福利费、业务招待费使用情况和2002年财务计划及福利费安排的报告》；听取并审查通过劳资处处长邓绍奎《关于2001年全局劳动安全工作情况暨2002年劳动安全工作重点的报告》；听取副局长杨大松《提案办理情况的报告》；讨论并审议通过《成都铁路局2002年经营管理方针目标》、《成都铁路局2002年资产经营责任制实施办法》。局党委书记王宝顺作了题为《认清形势，真抓实干，为实现全局资产经营目标而奋斗》的重要讲话。职代会代表对路局领导进行了认真的评议。

【局工会系统建家工作研讨会】 8月21日～22日，局工会组织民管部召开全局工会系统建家工作研讨会，会议认真总结“九五”全局工会建家工作的特点、经验和做法，分析存在的问题，提出“十五”建家工作目标。修改《成都铁路局建设模范之家管理办法》。

【局模范之家、优秀工会工作者】 3月29日，局工会发文表彰1999～2001年度局模范职工之家和优秀工会工作者。命名局模范职工之家23个；经复查确认保持荣誉的局模范职工之家87个；表彰全局优秀工会工作者130名。

【全局工会干部培训班】 5月，举办全局工会干部岗位培训班。全局各单位的新任工会主席和工会干部53人参加培训。9月，举办全局“十五”期间第一期工会主席适应性培训班。来自全局基层单位的工会主席和工会干部60余人参加学习。

全年陆续举办女工干部培训、财务培训、互助保险工作培训。

【局八届职代会第三次联席会】 6月18日，局八届职代会第三次联席会暨局管委会会议在成都召开。会议审查通过了局2002年调资办法，自2002年7月1日起执行。

【局厂务公开工作】 5月，局工会下发《成都铁路局关于实行会（政）务公开的实施意见》和《成都铁路局工会机关会（政）务公开实施办法》标志着全局工会组织的会（政）务公开工作全面展开。6月，全局后勤单位厂务公开现场经验交流会在内江铁路机械学校召开。有12个后勤单位在会上交流了经验。9月，四川省厂务公开检查组组长、省总工会副主席张仕福一行3人到路局检查厂务公开工作，并在成都分局进行实地检查。10月，会同局纪委对2001年至2002年全局实行厂务公开的落实情况，进行了全面的检查考核和通报。11月，召开局厂务公开工作研讨会。

【集体合同履行情况检查】 11月，路局、局工会联合下发《关于开展集体合同履行情况检查的通知》。路局组成由局工会主席王瑞江、局总经济师王守增为组长，局劳资处、局工会组织民管部参加的2002年路局集体合同履行情况监督检查组，在各单位全面自查的基础上，重点对贵阳分局、达成公司履行集体合同情况进行了检查。

【局工会九届二次全委会议】 12月12日～13日，局工会九届二次全委（扩大）会在成都召开。十六大代表、局党委书记王宝顺到会作了学习贯彻十六大精神辅导报告；局工会主席王瑞江代表局工会第九届委员会作了题为《认真贯彻十六大精神，努力创新工会工作，团结动员广大职工为促进全局改革发展稳定建功立业》的工作报告，局女委会主任周思贵代表女职工委员会向全委（扩大）会议报告了题为《以十六大精神为指导，团结带领广大女职工在路局改革发展事业中再展新作为》的工作报告。此次会议到会委员77人，认真听取并审议了全委会工作报告，替补、增补了第九届工会委员会委员、常委和经审委员会委员。

【平等协商会】 12月20日，路局平等协商会在成都召开。平等协商会分别由行政方8人、工会方8人组成。双方协商2003年～2005年路局集体合同文本的条款，并通报路局2002年集体合同检查情况。

（李晓蕾）

【群众安全监督检查】 6月，局工会组织局职代会安全巡视检查，查出问题351条，提交14项需路局解决的问题，并在路局安委会上通报。8月上旬，在“岗位人身安全检查表”定标暨创新成果展示会上，着重修改全局车、机、工、电、辆、客、货7个运营系统的55个岗位的人身安全检查表涉及的500余条条款，形成44个岗位的作业标准。下发《全局主要运输工种“岗位人身安全检查表”的通知》、《实施群众安全监督检查“红、黄通知书”考核办法》，并在全局范围内实施。

【火车头“十五”立功竞赛】 推荐评选高建国等24个全路“火车头奖章”获得者、北碚供电段等6个“火车头奖杯”获得单位。张宪广获全国“五一”劳动奖章，自贡车站获得全国“五一”劳动奖状。

【各类竞赛】 组织全局职工参加中共中央宣传部等单位共同在《人民日报》举办的《纲要》答题竞赛活动，荣获全国公民道德知识竞赛优秀组织奖。在参加四川省的《安全连着你我他》百万职工安全知识大赛中，组织11万职工参加知识大赛，被省总评为优秀组织奖。参加四川省《工会法》知识竞赛获优秀组织奖。组织车务、机务等技术表演赛7场。

【劳模档案建立】 1月，下发《关于认真开展劳动模范基本情况调查的实施意见》文件，对全局范围内的困难劳模进行调查，在路局党政的大力支持下，筹措近10万元专款，对85名建国以来荣获省、部级以上的困难劳模进行挨家挨户的走访慰问。整理路局建国以来425名省、部级劳模，361名火车头奖章获得者的资料，建立并完善劳模管理档案。五月下旬至六月上旬，局工会分两批组织63名省、部级以上劳模短期休养。

【技协工作】 10月，局工会组织成都分局、多元集团中心、工程集团公司参加四川省总工会举办的“四川省科技创新成果展”，并取得一致好评，局工会生产宣教部荣获优秀组织奖。荣获2002年度四川省职工技协工作竞赛一等奖。

【歌曲《路》获奖】 7月，路局在参加全路第二届火车头群星声乐新人新作大赛决赛，获得好成绩。其中，获美声组三等奖，严鹏和作词作曲的歌曲《路》获创作二等奖。

（王尔秀）

【火车头送温暖活动】 元旦、春节期间全局各级党政工团领导慰问走访特困、重困职工1 556户、困难职工4 363户、停工、待工职工632户、离退休职工67 000人，送温暖资金800余万元。

【局职工互助合作保障体系】 局各级工会组织，做好帮困解困工作，结合铁路实际，建立职工福利基金会、职工互助合作保险会、“火车头送温暖”基金、帮困基金、生活线建设和管理、特困优秀学生助学基金，建立路局的职工互助合作保障体系，拓展各项帮困活动。

【建立职工福利基金会】 截至2002年12月底，全局建立职工福利基金会148个，基金总额2 100余万元，入会职工12万余人。职工办福利年平均支付达200余万元，职工生活困难借、贷年周转金达500余万元，借贷人次1.5万人,职工福利基金会在职工贷款建房、集资建房、购房、扶贫解困中发挥作用。

【职工互助合作保险会】 全局现有基金8 959.89万元,参加互助补充保险的职工人数超过15万人(含部分集体企业、离退休职工),入会率达89%。累计14 773人享受保险,支付保险金984.25万元,年平均支付达140.6万元。4月11日,局八届职代会第一次联席会议,审议通过《成都铁路局职工互助合作保险会章程》。6月8日,局党委办公会批复同意局工会成立互助合作保险办公室,会计1名,工作人员兼出纳1名,主任由保障部长兼任。

【建立"火车头送温暖"基金】 全局现有基金1 110万元,基金源于行政、工会的投入和职工捐款,主要用于"两节"送温暖活动、走访慰问特困职工。对低于当地最低生活保障线的特困职工,根据其家庭困难情况分别按60、90、120、150元的标准进行定期补助。全局1 116名领导干部与困难职工建立解困联系,加大"火车头送温暖"工作的力度和主导作用。

【建立帮困基金】 截至年底,全局已为1 556名特困、重困职工建立了档案,仅2002年全局对特困、重困、一般困难职工有计划的定期补助,补助困难职工8 600人次,支付困难补助金340万元。

【生活线建设和管理】 按照铁路资产经营责任制管理办法,全局引入生活线建设资金达1 200余万元,使生活线建设和管理工作迈上一个新的台阶。

【"爱心献劳模"活动】 6月,根据省总工会《关于四川省福利彩票'爱心献劳模'活动资助500名省(部)级以下生活特困的劳动模范的决定》的文件精神,局工会代表四川省总工会、省民政厅向罗远金、陈春玉、阿米子黑3位特困劳模发放资助金各2 000元。

【表彰互助合作保障集体和个人】 12月,路局工会、重庆分局工会、贵阳分局工会、成都工程集团第三公司工会等11个集体荣获全国铁路总工会职工互助合作保障体系先进单位;兰开锋、忻贤达、钟天文、黄洪碧、刘家绪等16人被全国铁路总工会授予先进工作者称号。

【表彰全局生活线建设】 12月,局工会对江油车务段等14个全局生活线建设暨管理工作先进单位;自贡工务段王场养路工区等32个模范生活点;工程集团总公司黄先君等42名优秀组织者予以通报表彰奖励。

【特困优秀助学基金】 8月底,由局工会拨款及女职工委员会募集资金组成的"局工会特困优秀学生助学基金"已按期救助了第三批困难职工子女共计20名,资助21 200元。

(孙舒江)

【女职工先进集体和个人】 3月8日,全总授予局工会陈战平、贵阳分局麻尾机务段王萍全国先进女职工称号;四川省总工会授予成都分局工会女职工委员会为先进女职工集体、局劳资处李明永为先进女职工之友、局工会章圆圆为先进女职工工作者、工程集团公司彭仕银为省文明家庭称号。12月,局工会女职工委员会连续10年荣获四川省工会女职工工作竞赛综合优胜奖称号。

【"三八"表彰】 3月8日,路局、局工会联合表彰一批在"巾帼明星、素质、创新工程"和"家庭保安全"活动中涌现出的先进。分别是成都车站工会委员会等20个"三八"红旗集体、重庆分局张牡丹等150名"三八"红旗手、贵阳分局钟林昭、张明芝等100个"家保"先进户。

【局工会第三届女职工委员会成立】 3月19日,局工会第三届女职工委员会在蓉成立,由23位委员组成,女委会主任由局中心医院党委书记周思贵担任。

【参加四川省"救助困难职工子女"活动】 截至4月底,在川职工10 600人踊跃响应省总的"伸出一双手、捐资五元钱、救助困难职工子女"号召,捐助5.5万元为帮助困难职工子女渡过难关、完成学业奉献爱心活动。

(章圆圆)

【财务工作】 2002年度全局工会经费收缴率和资金兑现率均达100%,已连续5年实现双百。全年用于基层的经费占行政拨交经费的80%。

11月,局工会财务部检查成都、重庆分局、多元集团公司工会及其所属的34个基层工会的财务工作。对基层单位的工会经费、福利费使用情况和一线职工关心的问题进行调研。

5月,荣获2001年度全路工会财务工作竞赛一等奖。12

月，路局工会荣获四川省总工会财务工作竞赛一等奖，列产业工会第一名。

（何　畏）

团　委

【综　述】 2002年，全局各级团组织紧扣路局中心任务，以纪念建团八十周年暨"五四"运动八十三周年、"创造新业绩，迎接十六大"教育活动为主题，努力提高团员青年的思想政治素质，以青年职工创新创效活动为主线，充分发挥生力军和突击队作用，以深化"争创青年文明号、争当青年岗位能手"活动为载体，引导团员青年勇挑急难险重任务，以党建带团建为重点，全面加强共青团组织建设。全局性的青年职工创新创效、新世纪青少年读书计划、创建"五四"红旗团委、春运青年志愿者大突击、暑运防洪攻坚等特色活动，推进了路局的改革发展建设和经营管理目标的实现。

局团委设办公室、组织学校部、宣传生产部和青少年活动中心，现员11人。

【青年思想教育】 广泛开展纪念建团八十周年暨"五四"运动八十三周年、"创造新业绩，迎接十六大"以及学习宣传贯彻十六大精神系列活动。组织团员青年深入学习邓小平理论，"三个代表"重要思想和党的十五届六中全会、十六大精神，并对团员青年进行改革形势任务教育，开展青工思想状况调查，有针对性地开展思想政治工作，促进青工队伍的稳定。

【庆祝活动】"五四"前夕，为庆祝建团八十周年和纪念"五四"运动八十三周年，局团委在全局团组织和广大团员青年中广泛开展以"永远跟党走"为主题的系列庆祝、纪念活动。召开表彰会，组织"永远跟党走"主题团课，举办"三个代表"、党史、团史知识竞赛，开展团员义务奉献日等活动。

【新世纪青少年读书计划】 把读书学习活动与开展主题教育活动相结合，送书下工区（小站），召开座谈会、电话会及成人宣誓仪式，激发青少年的爱国主义热情。把读书活动与创新创效相结合，引导青年学习新知识，掌握新技能，拓展工作新领域，取得工作新成效。全局已构建完整的青少年读书活动网络体系，建成局级书屋12个，分局级30个，站段级124个，藏书量达6万余册，光盘1万余盘。内江车务段团委被全国铁道团委命名为"铁路青少年新世纪读书计划示范单位"，贵阳车辆段电力室书屋、内江车务段青年新世纪书屋和江油车务段青年"旭日"书亭被命名为"铁路青少年新世纪读书计划示范书屋"。

【春运青年志愿者活动】 围绕路局春运工作部署，全局团员青年开展以值乘临客、堵漏保收，维护站车秩序、文明优质服务、市场营销为主要内容的春运大突击活动。全局有2 850名青年志愿者直接参加值乘临客和堵漏保收任务，5 200余名团员青年参加维护站车秩序、查堵"三品"、市场营销、便民服务、送温暖等活动。安全运送旅客42万余人，堵漏保收48万余元，查堵"三品"600余件，开展大型营销宣传活动6次，散发宣传资料5万份，走访慰问困难职工、鳏寡老人和一线职工630余人次。各级团组织共收到表扬信400余封。活动中涌现出5个局级先进集体和18名优秀个人。贵阳分局团委被团中央授

青年志愿者整装待发。

团委供稿

予“中国百个优秀青年志愿者服务集体”称号。

【青工安全生产】 围绕提高安全意识、增强业务技能、查找安全隐患、落实安全机制，开展多种形式的青工保安全活动。通过安全宣传，强化青工安全意识。实行青工安全风险抵押包保制度，层层落实责任，完善青工安全管理机制。开展学技练功活动，提高青工技术业务水平。针对防洪暑运攻坚任务，局团委联合有关业务处室及时启动防洪暑运期间的“青工百日安全生产竞赛”活动，组建防洪抢险青年突击队，开展防洪预抢演练，慰问防洪看守青年班组等，取得较好的效果。成都机务段 $DF_7$5168 机车组被命名为四川省首批“青年安全生产示范岗”。截至 12 月 31 日，全局实现青工安全生产 2 106 天。

【青工百日安全生产竞赛】 6 月 20 日至 9 月 28 日，局团委与机务处、工务处、运输调度中心联合在全局各机务段、工务段、工务大修段及二等以上车站开展“青工百日安全生产竞赛”活动。局属各参赛单位团组织在有关业务部门的密切配合下，结合自身工作实际，带领广大团员青年以安全、质量、效率、效益为中心，开展生产突击、抗洪抢险、技术练兵等活动，为确保全局暑期运输的安全作出贡献。20 个单位团委被授予“红旗单位”荣誉称号，38 名团员青年被授予“先进个人”称号。

【青年职工创新创效活动】 开展导乘导运、营销宣传、铁路青年与您同行、“五小”攻关等活动，强化营销意识、创新营销手段，提高青工的营销能力。组织青年技术骨干进行选题攻关和“五小”攻关，发挥团组织优势。发挥青年先进集体尤其是青年文明号的带头示范作用，提高铁路的整体服务水平。组织青年管理者围绕安全、质量、成本等方面的薄弱环节和突出问题开展管理创新活动，促进青年班组管理水平的提高。全年 18 个优秀创新创效项目受到局级表彰，1 人获四川省“优秀青年技术创新带头人”称号，1 人获四川省“优秀青年企业家”称号。

【青年文明号、青年岗位能手】 加大青年文明号的创建力度，全年共命名 15 个局级青年文明号，贵阳机务段 $SS_3$4260 青年机车包乘组被命名为“全国青年文明号”。开展学技练功、导师带徒活动，在工程系统、车务系统举办全局性的青工技能大赛，9 名成绩优异者被局团委命名为“新长征突击手”。全年命名 32 名青年岗位能手，评选第三届“十佳青年岗位能手”，3 人被评为四川省“青年岗位能手”，2 个集体被命名为四川省“青年文明号”。

【团组织建设】 采取座谈、查资料等形式，对全局团的思想建设、队伍建设、作风建设、组织建设等情况广泛调研，制定《关于加强和改进团的作风建设的意见》、《关于开展“达标创优”活动的通知》、《关于进一步加强团费收缴工作的通知》，完善与新形势相适应的团的机制。加大对团干部的教育、培养力度，举办第 25 期团干部培训班，50 余名专兼职团干部参加培训。完善推优工作目标责任制，严格推优程序，确保推优质量，提高一线青年入党积极分子的比重。全年共发展新团员 2 203 名，推荐优秀团员作为党员发展对象 1 482 人，被吸收入党 650 名。成都机务段总工程师江海涛荣获铁路青年“五四”奖章，5 个团委被命名为全路“五四红旗团委”，6 个团支部被命名为全路“五四红旗团支

“重走长征路”夏令营活动。

周 挺 摄

部”，11名团干部被命名为全路“优秀团干部”，16名共青团员被命名为全路“优秀共青团员”，重庆客运段京渝四组团支部被命名为全路“五四红旗团支部标杆”，贵阳分局团委书记陆勇被命名为“全路优秀团干部标兵”，成都工程集团三公司项目部技术主管李钢被命名为全路“优秀共青团员标兵”。局团委书记刘存明被共青团中央命名为“全国优秀共青团团干部”。

【党建带团建工作】 认真贯彻成铁委《关于加强党建带团建工作的实施意见》精神，抓好各项工作的落实，实现党团建设同发展、同考核、同落实。在全局团组织中启动“达标创优”竞赛活动，采取深入基层走访、调研、座谈、现场工作会等形式，切实加强团的基层组织建设，开展“五四”红旗团委（支部）创建活动，努力加强团委班子、团支部和团的阵地建设。加强机构改革、布局调整过程中的团建工作，完善组织设置。参与局客运公司、铁通公司等单位团委的组建、编制的确定及人员的配备等工作。

【双庆电话会】 4月28日，全局庆祝建团八十周年暨纪念“五四”运动八十三周年电话会议在成都召开。局党委书记王宝顺，局党委副书记、局长齐文超等出席会议。会上表彰了攀枝花车务段桐子林车站值班员黄新等10名十佳青年岗位能手、绵阳工务段等10个“五四”红旗团委和重庆客运段京渝四组等10个十佳团支部。

【局团委第十二届二次全委（扩大）会】 4月18日，局团委十二届二次全委（扩大）会议在成都召开。局团委委员、局属各单位团委负责人共40人参加会议。局党委副书记吴家梁到会讲话。会议听取局团委副书记蒋征的工作报告，部署安排2002年重点工作和建团八十周年暨“五四”运动83周年的纪念活动，表彰一批先进集体和个人，公布2001年全局共青团系统优秀调研论文，兑现和签订青工安全风险包保合同。

【学校团队活动】 实施“雏鹰行动”，深化“新世纪我能行”体验教育，开展社会实践、十八岁成人宣誓仪式等，帮助青少年树立远大理想、培养优良品德、提高自身素质。举办少儿书画比赛、少儿文艺汇演、“第二课堂”、组建学生社团等活动，丰富青少年学生校园文化生活。开展“维护青少年合法权益，预防青少年犯罪”、创建优秀青少年维权岗活动，为青少年健康成长提供保障。学校团队组织积极开办中学生团校，加强推荐优秀少先队员入团工作。“六一”期间，表彰全局优秀少先队员25名，全局优秀少先队辅导员、团队干部20名，先进少先队大队5个、中队10个。

【获荣誉称号】 3月1日，贵阳分局团委被团中央授予“中国百个优秀青年志愿者服务集体”称号。8月15日，贵阳分局通达饭店餐饮部服务班荣获国家旅游局和共青团中央联合授予的“全国青年文明号”称号。9月10日，成都铁路公安处江油车站派出所一警组荣获公安部、团中央联合命名的2001年度全国公安系统“青年文明号”荣誉称号。10月1日，贵阳机务段$SS_3$4260青年机车组被铁道部和共青团中央联合命名为“全国青年文明号”。11月1日，内江机务段团委被命名为“全国五四红旗团委创建单位”。

（高　雁）

政法人武

责任编辑　张晓颖

政　法

【综　述】　全局政法工作在各级党政组织和上级政法机关的领导下，贯彻落实中央、铁道部、路局党委关于加强政法工作的一系列指示精神，围绕全局的稳定、发展、运输安全这个中心，深入开展严打整治斗争，严厉打击危害铁路运输安全的各种犯罪活动，继续加强对治安复杂的站、车、线治安整治工作，使一些严重危害铁路运输生产秩序的犯罪活动得到有效遏制，治安突出的问题得到了有效治理，压货赔的目标基本实现。加强政法队伍建设，探索政法工作改革，提高政法机关的执法水平和全体干警的业务水平，实现全年政法工作目标，确保了全局的政治稳定、治安平稳。

2002年政法办定员3人，现员3人。

【全局政法、综治工作会议】　1月22日至23日，路局在彭山召开全局政法、综治工作会议。路局党政领导、政法委委员、局属各单位主管政法、综治工作的领导等74人参加会议。会议总结2001年全局政法、综治工作经验，部署2002年全局政法、综治工作任务。局党委副书记、政法委书记严中地作了题为《加大工作力度，促进安全稳定，为全面完成全局资产经营责任目标而奋斗》的政法工作报告；副局长杨大松作了《以"三个代表"重要思想为指导，加强治安综合治理，为全局改革发展创造良好的治安环境》的综治工作报告；局长齐文超、局党委书记王宝顺到会讲话。

【成昆铁路凉山境内治安整治工作暨表彰会议】　3月12日至14日，在成都分局宝瓶山庄召开成昆铁路凉山境内治安整治工作暨表彰会议。路局、分局党政领导，局公检法领导，局、分局货运部门负责人及成昆线凉山境内市、县及铁路沿线有关站段领导，凉山州委、州政府领导共计96人参加会议。会议总结交流治安整治工作经验，表彰奖励先进单位、先进集体36个、先进个人120名，签订《2002年度凉山州铁路护路联防工作目标责任书》。局、州治安整治工作领导小组副组长吉史里土作《确保实现成昆铁路凉山境内治安整治工作今年升位的目标》的工作报告。凉山州委副书记陈其中作了题为《加强领导，落实责任，强化措施，努力把凉山州铁路护路工作推上新台阶》的讲话。省护路办主任王萍到会并讲话。局长齐文超、副局长杨大松、党委副书记严中地、成都分局分局长陈启华到会作重要讲话。

【全局严打工作电话会议】　4月25日，局党委、铁路局召开全局严打整治斗争电视电话会议。会上，局政法委书记严中地传达中央政法委和铁道部关于深入开展严打整治斗争电视电话会议精神，部署全局严打整治工作。局党委副书记吴家梁在会上结合路局的安全、治安情况，对深入开展严打整治工作提出具体要求。

【维护稳定工作】　全局各级党政组织根据中央、省委和铁道部党组的要求，采取有效措施，加大维护稳定工作的力度，狠抓了维护稳定工作领导责任制的落实。局党委、铁路局以成铁委〔2002〕13号文件下发《关于进一步做好维护稳定工作的通知》，完善路局维护稳定工作机制。局属各单位分别成立领导机构和办事机构，完善工作制度。全局形成一级抓一级、层层抓落实的维护稳定工作责任体系。路局维护稳定领导小组结合路局实际，针对离退休职工和下岗职工中存在的不稳定因素认真分析，落实相关部门和领导的责任，路局范围内能解决的立即解决，其他由责任部门逐级向上级归口部门反映。局属各单位根据本单位的具体情况，对各种影响稳定的因素和内部矛盾分析排查，采取紧急措施，及时地消除和化解。在做好企业内部的维护稳定工作同时，配合地方政府做好各方面的工作。在处理"省房集资案"时，按照省委、省企业工委的统一要求，对路局35户集资户，逐一宣传法律法规和政策。对路局军转干部、抗美援朝老战士和1949年以前参加工作按退休处理人员的情况认真分析，制定工作措施，把工作重点放在进京列车上，层层落实责任，确保这三部分人的稳定。公安机关采取路地配合、公密结合的方式，加强铁路周边社情民意的了解，调研铁路沿线的大中型企业情况，对特困企业职工中的各种矛盾认真分析排查，对可能冲击铁路、拦截列车的动向有效监控，并及时配合地方政府做好工作、化解矛盾，做到防处结合，果断处置突发事件。全年公安机关共搜集掌握各类情报信息989起，其中甲级情报7起，乙级情报140起，掌握影响铁路安全的不稳定因素和闹事苗头164起，处置影响铁路安全的群体事件9起，把负面影响和损失降到了最低限度。

【严打斗争】 全局政法机关协同作战，形成对各类犯罪活动的打击合力，发挥整体优势。公安机关在严打整治斗争中，在全局范围内开展“铁拳三号”，“狂飙—F”，“狂飙—G”，“治爆辑枪”，“禁毒严打”，“抓偷打抢”，“铁路安全、铁路治安专项整治”等集中打击行动。成都公安处针对管内成都东站、成都北环线等地区货盗猖獗的状况，有针对性地组织多次“反货盗”专项打防行动，成功地破获“11·2”龙潭寺仓库聚乙烯被盗和“11·10”龙潭寺掀盗棉花包两起特大盗窃案，破获邪教组织重大案件2起。贵阳公安处开展“禁毒百日大会战”、“春夏扫毒风暴”、“贩卖女婴”等专项整治斗争，成功地破获“10·6”贵阳南50公斤TNT炸药被盗案，受到贵州省公安厅的表扬。贵阳车辆段在禁毒斗争中，被评为贵州省和全国“企业创建无毒社区示范单位”，得到联合国禁毒署的高度评价。重庆公安处针对管内治安状况，明确以“十站五车三区段二地区”为整治重点，成功地破获在路内外具有重大影响的江津“3·11”爆炸装置案、广安红卫大桥“8·14”爆炸案等重大案件，受到了铁道部、公安部的表彰。西昌公安处把打击货盗、拆盗铁路器材、砍盗集装箱等犯罪活动作为严打斗争的重点，开展多种形式的严打整治，共破获货盗案件492起，抓获货盗犯罪嫌疑人377人，捣毁货盗犯罪团伙57个214人，成功地破获了“2·17”“4·26”抢劫强奸当班女职工案。通过严打专项整治斗争，共破获各类刑事案件5 672起，抓获犯罪嫌疑人5 093名，捣毁各种犯罪团伙317个成员1 093名；查处治安案件30 157起，其中危及行车安全的治安案件405起，处罚各类违法人员31 189名，收缴枪支20支，子弹40发，炸药104公斤，各类管制刀具17 798把，易燃危险化工物品2 203公斤；破获毒品案件738起，抓获毒品犯罪嫌疑人678名，收缴海洛因12 034.31克。为配合“6·26”国际禁毒宣传日，全局开展多种形式的禁毒宣传活动，在西昌公开焚烧近10公斤毒品。

两级检察机关共受理提请批捕的刑事案件625件1 014人，依法提起公诉580件971人。两级法院共受理刑事一审案件638件，审结608件，审结率95%，受理刑事二审案件41件，审结33件，依法判处人犯872名。通过对各类犯罪活动的严厉打击，维护了铁路正常的工作秩序和经济秩序。

【治安整治】 全局政法机关围绕保安全、保稳定，开展形式多样的专项整治活动。公安机关发挥安全监督职能，开展了以危险品、消防安全管理、线路安全防范为重点的安全生产专项整治。在整治工作中，抓住影响铁路治安稳定和运输安全生产的热点、难点，将严打整治斗争同专项整治工作结合起来，通过“四查”（查干部安全意识、查安全管理、查设备质量、查职工两纪）和重点整治，重点加强对危爆物品安全、消防安全、道口安全、危及行车的治安等方面问题的检查和查处。共查出各种安全隐患1 541处，下达整改通知书786份，提出整改意见755条，当场整改532条。贵阳分局党委政法委牵头同护路办、工务分处实施铁路道口整治工作，成立铁路道口平改立管理办公室。目前，管内135个道口，其中61个无人看守道口全部实行24小时监护，扭转道口路外伤亡事故不断上升的被动局面，减少路外伤亡事故。铁路检、法机关对危害铁路安全的刑事案件，加大打击力度，实行快诉、快判，发挥政法机关打击犯罪的职能作用。为巩固成昆铁路凉山段的整治成果，2002年，路地双方把严厉打击拆盗铁路器材、砍盗集装箱、抢夺旅客财物的犯罪作为整治工作的重点。凉山州铁路沿线各地全面推行“护路十户联包责任制”。西昌公安处在专项整治工作中，把反货盗、压货赔、保安全、保稳定作为全年的工作重点，坚持以“破大案、端窝案、追逃犯、挖积案”为主攻方向，成功破获“5·19”割盗通信电缆和广电光纤案、“8·13”掀盗运输蔗渣板等重大案件。通过路地联合整治，有效地维护了运输秩序，实现2002年“压货赔、保货安”的工作目标。重庆、贵阳分局分别开展“文明站区”的创建活动，突出治安综合治理，得到中央综治委铁路重点区段检查组的高度评价。

为确保党的十六大召开期间铁路稳定和乘车代表的绝对安全，抽调机关工作人员，组织56个工作组，分别进驻沿线一些重点车站并添乘各次进京列车。期间，全局公安机关共挡获进京上访人员33名,破获刑事案件218起,抓获各类犯罪嫌疑人236名,打掉犯罪团伙11个成员47名,协助有关部门处理群体性事件和闹事苗头4起。

为解决藏民无票乘车、超区段乘车、无票冲站上车的治安难点,路局政法委牵头对此问题调研,及时上报专题材料,并得到省委常委、政法委重视。按照上级和路局的要求,成都公安处依法加大治理力度,藏民无票乘车、超区段乘车、无票冲站问题的治理初见成效。

【处置"法轮功"工作】 各单位加强对"法轮功"邪教组织危害性和"崇尚科学,反对邪教"的宣传,开展多种形式的揭批"法轮功"邪教组织反动本质,对"法轮功"习练人员仔细排查,耐心细致教育转化,使全局"法轮功"习练人员绝大多数都有不同程度的转化。加强对"法轮功"重点顽固人员的监控。重庆分局为了找回失踪的2名"法轮功"人员,分局党委多次召集有关会议研究,抽出公安干警和站段干部20余人分赴重庆、四川、云南等地查找。重庆分局多次受到重庆市"610"办公室的通报表彰。一年来,全局公安机关共开展3次打击"法轮功"违法犯罪活动集中统一行动,破获4起运输、携带"法轮功"宣传品和煽动破坏案件,分别对18名"法轮功"顽固分子依法实施刑事、治安和劳动教养的处罚。配合有关部门挡获"法轮功"、"中功"人员企图进京聚集滋事38人,收缴"法轮功"、"中功"印刷宣传品3 251份,光盘254张,录音、录像带12盘。

【经济犯罪案件查处】 两级政法机关始终把查办职务犯罪、经济诈骗、侵吞国有资产等经济领域里的犯罪活动放在突出位置,围绕铁路经济建设中心,查处一批利用职务之便进行违法犯罪的贪污腐败分子。2002年,两级铁路检察机关共受理各类职务犯罪案件88件,立案侦查31件33人,现已侦查终结29件31人,已移送起诉22件24人,其中查办副处级以上领导干部涉嫌经济犯罪案件2件2人,大案16件16人,通过办案追回赃款、挽回经济损失900万元。两级公安机关经济侦查部门,成功破获"1·18"张长久特大合同诈骗案、"11·6"特大商业受贿案、西昌特大骗逃铁路运费案、贵阳假币案等一系列重特大经济犯罪案件。全年,两级公安经侦部门共立案119起,破获93起,挽回经济损失452.13万元。两级法院共受理民事一审案件342件,审结303件,审结率为88.6%,结案标的8 999万元。

【政法队伍建设】 两级政法机关开展"争创人民满意的政法机关"和"争当人民满意的政法干警"活动。公安机关在干警中开展全心全意为人民服务的宗旨教育、实事求是的思想路线教育、严格公正文明执法的法制教育为主要内容的活动。在开展公安队伍"专项整治活动"中,对21个重点所队进行整治;并在各乘警支队和成都、重庆、贵阳、攀枝花客站所开展以查思想、查管理、查队伍为主要内容的"三查"活动。两级检察院开展"办案专项整顿、纪律作风整顿、机关作风整顿"活动。两级法院开展"法官职业道德教育,整顿领导班子、整顿审判纪律、整顿工作作风"活动。为进一步加强政法干部队伍建设,公检法机关探索和实施干部人事制度的改革,在用人制度上基本建立竞争机制,完成两级检、法机关的机构改革,实现减员10%的目标。

(李永秀)

综合治理

【综　述】 2002年,全局认真贯彻全国全省综合治理工作会议和治安工作会议精神,在维护铁路政治稳定,落实综合治理领导责任制,开展"严打"整治斗争和专项治理,加强综合治理宣传教育,深化基层基础建设等方面作大量工作,取得了显著成绩,保障了路局运输生产的畅通安全和改革、建设、发展的顺利进行,维护了路局政治局面和治安秩序的基本稳定。

2002年综治办定员3人,现员2人。

【全局政法、综治工作会议】 2003年1月15日至17日,全局政法、综治工作会议在成都召开。路局党政主要领导,局属各单位分管政法综治工作的领导、政法综治办主任,两级公检法机关领导,路局综治委成员单位负责人等74人参加会议。会议的主要任务是以党的十六大精神为指导,认真贯彻落实全国、全省政法工作会议精神,总结2002年全局政法、综合治理工作,部署2003年的政法综治工作任务。会上,局党委书记王宝顺作重要讲话,副局长杨大松作了《加强治安综合治理,确保铁路安全稳定,为实现全局经营管理方针目标而不懈努力》的综治工作报告,局党委副书记、政法委书记严中地作《以"三个代表"为指导,为改革发展稳定创造良好的法制环境》的政法工作报告和会议总结。会议对重庆分局等6个综合治理先进单位、成都分局等7个综合治理达标单位、成都车站等26个综合治理模范基层单位进行了通报表彰。

【全局综治办主任会议】 11月18日至20日,全局综治办主任会议在成都召开。成都、重庆、贵阳分局政法委副书记、综治办主任,大口单位综治办主任等参加会议。会议的主要任务是,传达学习四川省社会治安综合治理工作会议和省综治委委员会议精神,总结回顾2002年前10个月全局治安综合治理工作,安排部署后两个月综合治理工作任务。会上,路局综治办主任智敏总结和部署全局综合治理工作,局属各单位交流经验。

【维护铁路政治稳定】 全局各级党政组织高度重视,全力做好维护政治稳定工作。健全和完善维护稳定领导机构。4月,中央、铁道部和四川省委相继发出进一步做好维护稳定工作的通知。路局制定下发《关于进一步做好维护稳定工作的通知》,成立维护稳定工作领导小组,局党委书记王宝顺、局长齐文超任组长,局党委副书记严中地、副局长杨大松等局领导任副组长。妥善处理各类矛盾和问题。针对企业重组、竞争上岗、养老保险等改革问题,认真做好部分企业军转干部、抗美援朝老战士及1998年前退休职工等人员思想教育工作,及时妥善消除不稳定因素。及时处理"法轮功"问题。加强对"法轮功"人员的教育转化和劝导查堵工作。妥善处置突发事件。全局各级公安机关切实加强隐蔽战线斗争和情报信息工作,及时有效地处置各种突发事件。全年,两级公安机关共搜集各类情报信息989件,掌握各种不安定因素及闹事苗头164起,挡获"法轮功"、"中功"人员38名,破获"法轮功"等邪教组织犯罪案件4起,参与处置规模较大的影响铁路安全畅通的群体性事件9起,维护了全局的政治稳定。

【综合治理领导责任制】 贯彻执行中央五部委《关于实行社会治安综合治理领导责任制的若干规定》的指示精神,深化和完善综合治理领导责任制。各单位把综合治理列入重要议事日程,纳入方针目标管理。各单位领导正确处理抓好工作生产与做好综合治理工作的关系,综合治理责任网络形成。各单位层层签订综合治理责任书,把综合治理责任目标落实到站段、车站、班组、个人。年初局属各单位与所属站、段、厂、公司、院、校签订综合治理责任书556份。

【"严打"整治斗争】 6月,中央政法委、铁道部和路局相继召开"严打"斗争电话会议,局属各单位研究部署"严打"整治工作任务。全局两级公安组织开展"狂飙—F"、"铁拳三号"、治安综合专项整治等一系列专项打击和整治行动。2月,成铁公安局和成都公安处在成都地区组织开展规模较大的"2·19"打击票贩子专项行动,局处两级机关共抽调警力158名,共抓获票贩子261名及违法人员100名。贵阳公安处对部局挂牌督办的镇远车站"98·11·15"重大抢劫杀人案开展全力攻坚,于4月成功破获此案。全局重点区段的治安整治取得明显成效,成昆线经中央护路办10月考核验收,已摘掉治安重点区段的帽子。全年,两级公安机关共破获各类刑事案件5 672起,抓获犯罪嫌疑人5 093名,查处治安案件30 157起,处罚各类违法人员31 189名,摧毁犯罪团伙317个成员1 093名,缴获赃款及赃物折款474万元。两级检察机关共受理提请批捕案件669起,提起公诉659起1 023名,立案侦查贪污受贿等经济犯罪案件31起33名。两级法院共受理一审刑事案件638起1 079名,审结608起,受理民事一审案件325起,审结286起,一审结案标的8 999万元,为铁路挽回经济损失7 264万元。

【综合治理宣传教育】 全局把开展治安综合治理宣传教育作为预防和减少违法犯罪工作的根本措施,开展综合治理宣传教育。局属各单位充分运用广播、电视、印发宣传资料等宣传形式,大力宣传中央和部省局关于加强治安综合治理的指示,受教育的路内外干部职工群众达15万人次。各单位按照中央和部局"四五"普法规划和工作要点的要求,健全普法领导机构,完善普法规划,全局共编印和购买普法教材17万份,举办培训班269期，参加普法学习培训干部职工达13万人次。各单位在全局开展禁毒“严打”专项整治。两级公检法机关统一行动，分别在贵阳、重庆、西昌南召开禁毒“严打”公捕公判大会，对21名涉毒犯罪嫌疑人依法逮捕，对17名毒品犯罪分子进行一审、终审宣判，对13名毒品犯罪分子执行死刑。在“6·26”国际禁毒日期间，全局出动警力400人次，设立宣传站28个，张贴宣传画1万张，发放各类禁毒资料4.5万册(份)，受教育职工群众达10万人次。全年共破获毒品案件738起，抓获涉毒犯罪分子678名，缴获海洛因等各类毒品12千克。

【综合治理创模创安活动】 全局以创建治安综合治理模范基层单位活动为载体，促进综合治理基层基础建设。路局对创模活动十分重视，表彰树立一批先进典型。各单位与地方政府协调配合，不断健全完善创建安全文明小区的办法措施，大力整治住宅小区治安秩序。路局公安局为贯彻铁道部南京会议精神，制定下发《关于开展创建铁路内部安全小区试点工作的通知》，使创建工作有章可循。各单位进一步加强了基层治保组织、护厂护段队、义务消防队等群防群治组织的管理和培训，不断加大对重点要害部位和防范设施的资金投人，充分发挥了人防、物防、技防的作用。

【综合治理检查考核】 年底，局综治检查组检查考核14个局属单位贯彻执行局党委、铁路局《2002年度铁路治安综合治理工作目标》的情况，并考核各大口单位报局的综合治理模范基层单位。检查组采取听取汇报、走访有关部门、巡视重点要害部位、查看资料台账等方式，掌握各单位的综治工作情况。经检查考核认为：局属各单位党委、行政认真按照路局《铁路治安综合治理工作目标》要求，齐抓共管，在打击、防范、教育、管理、建设、改造等方面做了大量工作，取得显著成绩，基本实现路局下达的治安综合治理工作目标的要求，全面完成综合治理各项工作任务。

（孙　凯）

公　安

【综　述】 2002年，成都铁路公安局以“三个代表”重要思想为指导，坚持“一条主线，两个重点”的总体工作思路，全力维护铁路稳定，严厉打击刑事犯罪。全局共立刑事案件8229起，破获5672起，抓获犯罪嫌疑人5093名，破案数和抓获人犯数均创历史最高水平，摧毁犯罪团伙317个成员1093名，缴获赃款及赃物折款474万元。严格治安管理，深入开展安全专项整治，加强基层基础建设，推进公安科技强警，严密组织专项安全保卫，加强公安法制工作和队伍建设，圆满完成各项公安保卫任务。

【机构设置】 3月1日，根据成铁劳[2002]52号文件，成立达成铁路公安分处，为成都铁路公安处派出机构，受达成铁路有限责任公司、成都铁路公安处双重领导，公安业务工作以成都铁路公安处领导为主。

3月12日，根据公安部[2001]87号文件，公安局成立基层基础办公室，具体负责公安派出所等级评定和基层基础建设工作。

4月28日，根据成铁劳[2001]333号文件，公安局成立消防处。

成都铁路公安局下辖成都(下辖达成铁路公安分处)、重庆、贵阳、西昌铁路公安处，成都工程公安科、成都铁路公安警察培训中心。截至2002年底，全局在册民警5123人，其中公安局机关在册民警247人。

公安局机关党群机构：党委，纪委，政治部(下设办公室、组织干部处、宣传教育处)，团工委，机关党委，机关工会，“火车头”“前卫”体育协会。

行政机构：调度指挥中心，办公室，监察处，警务督察室(下设警务督察队)，第一处(国内安全保卫、内部保卫，下设外线队)，第二处(法制、监所管理)，第三处(治安管理)，第四处(警卫)，第五处(刑事侦察、刑事技术，内设刑事犯罪情报资料室、缉毒缉私队)，第六处(计算机通信安全监察)，消防处，直属公安段(内设刑事侦察大队、下设治安派出所)，行政管理处，成都铁路保安服务有限责任公司，史志办公室，基层基础办公室。

【国内安全保卫】 各级国家安全保卫部门始终将情报信息放在工作首位，围绕稳定这个中心，强化情报意识，拓宽信息渠道，确保“两会”、“十六大”及重大节日和“敏感”期的安全保卫工作。对危及铁路运输生产安全和社会安定的苗头，做到及时发现，迅速出动，妥善处置，努力化解在萌芽状态。年内，掌握由各种原因引起的危及铁路运输生产安全的不安定因素和闹事苗头164起，其中涉及路内10起，上道拦截列车4起。根据对敌斗争新形势的需要，举办首期国保民警培训班，进一步掌握国内安全保卫工作的理论、方针和政策。6月在重庆召开全局国内安全保卫工作会议。

【打击“法轮功”邪教组织专项斗争】 按照上级公安机关的要求，把同“法轮功”邪教组织的斗争作为重点，做好防范控制工作，对管内“法轮功”人员重新建立档卡，加强对重点人员的监控和帮教，防止串联和破坏活动。年内，开展3次打击“法轮功”违法犯罪活动的集中统一行动，查堵“法轮功”人员30名，收缴“法轮功”宣传品3 120份，破获“法轮功”等邪教组织案件4起。9月25日重庆公安处破获重庆西机务段“法轮功”顽固分子吴荣跃邮寄“法轮功”宣传品案件。

【“严打”斗争】 各级刑侦部门针对管内刑事犯罪活动规律特点，以“铁拳三号”集中行动为主线，结合“禁毒严打”、“狂飙－F”、“狂飙－G”等专项斗争和集中打击行动，对刑事犯罪始终保持严打态势。全局共破获刑事案件5 672起，两年的严打整治斗争结束。

“反盗打抢”专项斗争。4月至11月，以打击盗、抢犯罪为主攻方向，连续开展专项整治，局、处抽调1 033名警力组成260个小分队深入13个区段、38个车站和22对重点旅客列车，灵活出击开展防范打现，破获刑事案件4 268起。

打击货盗犯罪。各公安处落实货运安全承包责任制，推进综合治理，运用多种手段加强防范工作，强化案件侦破，全年共破获货盗案件1 700起，抓获犯罪嫌疑人1 137名。

强化“追逃”工作新机制。各公安处把“追逃”工作与其他公安业务工作紧密结合，明确责任，兑现奖惩，加强日常查缉，强化光盘比对，初步形成“追逃”工作制度化，全年共捕获逃犯261名，其中抓获网上逃犯258名，非网上逃犯3名。

【侦破大要、疑难案件】 公安局始终把侦破大要案件作为打击犯罪的重点，确定局级挂牌案件39起，处级挂牌案件200余起，要求领导亲自上案，落实奖惩措施，全力攻坚。各级刑侦部门，共破获各类重特大案件1 280起，其中局挂牌督办案件18起。重庆公安处破获“8·14”红卫桥爆炸案，贵阳公安处破获“10·6”TNT炸药被盗案，西昌公安处破获“8·13”、“11·7”掀盗运输物资中断行车案，成都公安处破获“4·25”掀盗废铁中断行车案等案。加大团伙犯罪和积案、隐案侦破工作，打掉犯罪团伙317个1 093人。

【铁拳3号行动】 根据铁道部公安局部署，于4月20日至11月30日，开展“铁拳3号”严打整治专项行动，各级公安机关，以重点站、车、线为主战场，确定17个区段、41个车站、26对客车和141起大案、387名逃犯为工作重点。共破获刑事案件4 283起，其中重特大案件934起，抓获犯罪嫌疑人3 783名。重庆公安处破获“10·26”重庆西杀人碎尸案、“11·18”5614次列车麻醉抢劫案，贵阳公安处破获“11·15”镇远车站抢劫杀人案、“3·24”麻尾车站杀人致死案，西昌公安处破获“2·17”、“4·26”特大抢劫强奸案、“11·8”甘洛车站特大货盗案，成都公安处破获“8·25”江油车站盗窃案、“4·17”成都北站货物被盗案。

【打击经济犯罪】 各级经济侦查部门以打击职业倒票团伙、制贩假币、侵占公私财产以及合同诈骗和匿报运输物资品名骗取铁路运费等违法犯罪为重点，全年破获经济案件93起，挽回经济损失452万元。1月18日成都公安处经侦支队，掌握了绵竹人张长久私刻公章、伪造合同，以发化肥为名发磷矿粉114车，偷逃运费35万元的犯罪事实，1月30日将张抓获。4月20日西昌公安处将采取匿报运输货物品名，骗取铁路二类至六类运输货物差价达50万元的犯罪嫌疑人洪长安抓获。

【“2·17”、“4·26”特大抢劫强奸案破获】 2月17日凌晨1时，普雄工务段铁马大桥看守点一女职工在值班时，被3名蒙面人抢劫，其中2人对其轮奸。西昌公安处立即成立了专案小组，开展侦破工作。4月26日零时，普雄工务段白石岩一号看守点2名女职工，被2名蒙面人持刀抢劫并轮奸。专案组立即在现场开展追捕抓现工作，将犯罪嫌疑人马伍甲(男，彝族)抓获。专案组决定将两案并案侦察，采取突击审讯、技术取证、追捕逃犯的侦察方案。经突审马伍甲交待4月26日伙同阿合阿木健康(男,彝族)抢劫强奸的经过,并交待阿合伙同他人于2月17日抢劫强奸的线索。5月27日专案组将阿合及其他同伙抓获,公安局挂牌案件成功告破。

【禁毒缉毒】 坚持"四禁并举、堵源截流、严格执法、标本兼治"的方针,加大日常站车查缉力度,以进滇、进穗、进沪等列车和攀枝花等10个车站为重点,采取车上查、站内堵、延伸作战等方式,严查毒品犯罪,提高查缉效率。"6·26"期间,全局开展禁毒宣传活动。全年破获毒品案件738起,抓获毒贩678名,缴获毒品12千克,登记吸毒人员536名。

专项整治。根据国家禁毒委统一部署,2月至11月开展为期10个月的禁毒专项整治行动,充分发挥铁路公安机关的优势,使禁毒专项整治与日常打击有机结合,行动期间,破获毒品案件664起,缴获海洛因11.8千克。

【毒品犯罪特点】 一是毒品案件居高不下,贩运毒品大要案件增多。管内成昆线、贵昆线直接通向毒品集散地云南,西昌公安处在成昆线连续破获4起特大毒品犯罪案件。二是利用铁路贩运毒品突出。从全年破获的毒品案件来看,80%是在站、车查获的,重庆公安处在重庆站挡获三名彝族妇女,查获海洛因243克。西昌公安处攀枝花派出所在车站候车室挡获2名可疑人员,查获海洛因1 000余克。

【刑事技术工作】 勘查各类现场2 341起,其中案件现场1 212起,行车、路伤事故现场1 129起,勘查率100%;采痕取证率83.18%,痕迹物证检验率66%,出具鉴定书376份。

【刑事犯罪情报资料工作】 搜集建立违法犯罪嫌疑人资料5 280份,利用情报资料破案972起,占破案总数的17.1%。刑侦秘密力量提供线索1 707条,利用刑侦秘密力量提供线索破案1 434起,占破案总数的30.5%。

【治安管理】 受理治安案件30 628起,查处30 157起,查处率为98%,查处违反治安管理人员31 189名,治安处罚30 752名,其中治安拘留1 987名,调解纠纷596起。

配合铁路有关部门处理路外伤亡事故1 050起,死亡810人,伤327人,其中车辆肇事13起。

查获"三品"进站上车2 984起,缴获民用枪支4支,子弹40发,收缴炸药104千克,雷管234枚,导火索203米,管制刀具17 798件。

组织清站查车力量76万人次,清查客货列车104万列次,挡获各类人员13万名,围跟车叫卖人员9 000名,无票乘车10万名。

预防和查处危及行车安全案件。制定实施《危及行车安全案件管理(暂行)规定》,建立预防和查处此类案件新的工作机制,各级治安部门始终把危害行车安全问题的防范、查处放在突出位置,确保此类案件的下降。年内发生危及行车安全案件547起,较上年下降43%,查处405起。贵阳公安处威宁派出所与当地政府联系,及时拆除非法道口。

站车治安整治。以41个车站、7个区段、8对旅客列车为重点,采取多警种联合作战,一手抓治理整顿,一手抓群防群治。局机关抽调24人与成都乘警队组成8个小分队,以5对旅客列车为重点,开展3个月的防范打现工作,破获刑事案件17起,查处治安案件261起。西昌公安处在甘洛至攀枝花区段先后开展6次集中统一行动,治安秩序明显好转。

推行乘警标准化作业。各级治安部门以规范乘警标准化作业为切入口,狠抓乘警队伍建设,统一工作台账,组成12个工作组,帮助指导标准化作业,使乘警队伍在始发前做到"三乘联检"制度,乘务中落实"五勤"制度,加大巡查密度。

打击利用铁路贩烟专项行动。6月28日至7月17日,按照部公安局统一部署,在管内开展为期二十天的打击利用铁路非法倒卖卷烟违法犯罪行动。贵阳公安处在6131次旅客列车上查获非法贩运的卷烟1 306条,涉及嫌疑人员10余名。成都公安处在成都西站查获利用行包专列违法贩运的卷烟1 350条。重庆公安处在K142次旅客列车上查获非法贩运的卷烟521条。

公务用枪专项整治。5月1日至6月30日,开展两个月的公务用枪管理使用专项整治,共抽调56名民警,组成13个工作组,检查各类枪支3 904支,枪库144个,逐一审核全局民警配枪资格,审查出不符合或暂不配枪人员283名,收回超标准配枪52支。

【打击倒卖客票】 把票贩子违

法犯罪活动作为突出治安问题,采取日常管理和专项治理相结合的方式,以成都、重庆、贵阳站为重点,不间断开展打击票贩专项行动,年内共抓获票贩子2 234名,收缴车票2 837张,面值41万元。2月19日至3月4日针对成都车站票贩活动猖獗的问题,抽调108名民警,在成都车站开展专项行动,抓获票贩261名,取缔非法违规代办售票点59个,收缴车票1 218张,面值16万元。

【安全大检查】 在春运、暑运、"五一"、国庆以及十六大期间,均派出工作组开展专项检查,年内组织安全专业检查组45个,检查小分队173个,检查站段单位329个,客、货车1.5万列(次)40万辆,重点要害部位154处,道口421处,专用线163条,工地工棚285个,发现安全隐患1 589处,下达整改通知书816份,提出整改意见795条,当场整改567条,有效预防重大安全事故的发生。

【派出所基础建设】 根据公安部《派出所等级评定》的要求,局、处均成立领导小组和办公室。在充分调研的基础上,确定"六四四五"工作思路,决定用5年的时间分两步完成,每步分4个阶段开展工作。规范统一派出所业务台账60种、管理制度29种、岗位职责22种、辖区示意图内容21项和所容所貌及"六室四小"标准,研制、配发94套数码成像及远程图文传输系统,配备自行研制的124个新型枪弹柜,陆续为120个所队的留置室、枪弹室安装监控报警设备。5月确定都拉营、资中、米易、赶水4个派出所为全局基础建设达标试点所。12月经验收达标,同时向公安部、铁道部公安局申报一、二级派出所。

【消防监督】 各级消防监督部门深入站车及重点单位(部位)开展消防监督检查,加强消防宣传教育和培训工作,加大执法力度。年内开展消防执法检查2 249次,检查旅客列车1 580列(次)27 518辆、车站1 321个(次)、货场516个(次)、仓库624个(次)、重要部位165个(次),发现并督促整改火灾隐患1 741件,纠正消防违章881件,下达当场改正通知书6份,限期改正通知书35份。全局未发生重大责任火灾,发生一般非责任火灾9起,损失22万余元。

【内部保卫】 内部单位发生刑事案件152起,破获59起,破案率为38.8%,其中内部财物被盗案件发生142起,造成经济损失折款260余万元。内部职工犯罪25人,其中干部11人、工人14人。

发生治安案件27起,职工受治安处罚34人,其中治安拘留7人。

内部单位发生影响稳定的不安定因素情况3件,涉及人员100人,均为集体上访,经工作得到及时化解。

运输生产作业中,发生行车事故117件,其中大事故1件,险性事故6件,一般事故100件。

开展铁路内部安全小区建设。确定7个铁路地区为试点小区,建立6种工作制度,设立小区报警点,初步实现了站段联合防范、检查、巡逻一体化的内部治安管理防控体系。

【警　卫】 完成各项专特运警卫任务364次,其中专运任务158次,特运任务206次,二级11次,保证了741名党和国家领导人及其他重要人士的乘车安全和396辆科学尖端保密产品、重要保密物资的万无一失,完成十六大、春运、"两会"、防洪、新老兵运输、暑运、旅游黄金周、新线通车庆典等专项安全保卫工作。

【计算机安全监察】 各公安处坚持对管内计算机要害部位半年一次的安全检查,加大计算机信息系统安全运行的宣传和运行隐患的处罚。10月17日至11月20日组织警力343人次,对管内铁路6大网络系统安全大检查,发现安全隐患90起,下发整改通知书42份,口头警告74次,通报批评4次,十六大期间对计算机网上有害信息清理整顿。

【公安信息网络建设】 开通4个公安处及成都、重庆、贵阳、和成都东站派出所的2M网络专线,实现远程信息数据的快速传送。完成广汉公安校计算机考场建设及通道建设,并与公安部计算机考场成功联网。规范局、处主页和部门、所队网页的制作以及有关文件、资料的上网发布、浏览软件编制工作。完成《警卫系统计算机绘图软件和图像处理软件》和《立功创模管理系统》。西昌公安处开发研制《服装管理》应用程序;成都公安处设计、开发《公安信息应用程序动态管理》软件,已在指挥中心试用。

【科技强警工程】 重点研制和投资建设基层所队数码成像及

远程图文传输系统、指纹识别系统、留置室枪弹室报警监控系统、监所监控系统,4大系统在公安保卫工作中发挥较大的作用。

【内部执法监督】 4月和10月,先后两次组织开展刑事执法和行政执法考核评议,对全局120个科、所队进行了抽查,抽查报警案件1 275件,执法基础台账1 201本,刑事案卷553件,治安案卷606件,劳动教养案件20件,行政复议案件6件,发现共性问题5个,个性问题12个,有针对性地整改,并下发《进一步明确我局执法工作若干问题的通知》。

【劳动教养案件审批】 为落实公安部劳动教养新规定,成立劳动教养审批委员会,制定《劳动教养案件具体实施办法》,规范劳动教养案件的审核、合议、审批等程序,全年共办理劳动教养223人,基本做到定性准确,量罚得当。

【监所管理】 全年共收押各类犯罪嫌疑人2 959名,其中:刑事拘留1 169名、逮捕856名、劳动教养166名、治安拘留768名。共处理2 409人,其中:有期徒刑856人、无期徒刑19人、死刑10人、缓刑48人、拘役15人、免予刑事处罚281人、取保候审124人、劳教173人、其他处理898人。现在押550人。

充分发挥信息资料库的作用,以政策攻心、加强狱情分析、动员在押人员检举揭发犯罪活动的方式,开展深挖余罪攻势。年内获取犯罪线索123条,破获刑事案件114起,抓获犯罪嫌疑人109名。重庆看守所通过政策攻心,使在押人员主动交代2起杀人案;成都看守所在深挖中破获一起枪支案;贵阳第二看守所通过一条线索破获盗窃案40起。

【直属系统公安保卫】 处置群体性上访事件3次、210人次,开展对“法轮功”清查3次,收缴“法轮功”宣传品31件。共立刑事案件16起,破获11起,破电脑播放淫秽图像案1起,协助地方公安机关破案4起,抓获犯罪嫌疑人17名,追缴赃款物折合人民币2万余元。受理治安案件2起,全部查清。

【纪检、监察】 受理群众来信、来访、电话举报138件,立信访案件77起,查结75起,提供案件线索5件,为42名民警澄清问题。

年内查处民警违法违纪案件10件12人,其中2人受到司法处置,1人受到党纪处分,9人受到行政处分。

警务督察和路风警风建设。警务督察部门开展现场督察,及时发现纠正问题,严肃查处违法违纪人员,提高民警自律意识。层层签订路风警风责任制,开展警务评议活动,狠抓路风警风、执法办案、接警处警、文明执勤、站车交接、警容风纪等方面的督促检查。

“三查”教育活动。为吸取“403”专案民警违法犯罪教训,8月至9月,在乘警支队和成都、重庆、贵阳和攀枝花车站派出所开展1个月的“三查”教育活动,重点查领导班子是否坚强有力、队伍管理制度是否健全落实和不放心人员。

【党组织建设】 2个公安处党委和公安学校党委及部分基层所队党支部按期换届选举。全局评选出红旗党支部2个,先进党支部24个,红旗责任区,优秀党员335名,优秀党务工作者21名。81名预备党员按期转正,95名青年民警被发展为预备党员。

【领导班子建设】 “争创好班子、争当好干部”活动不断深化,全局调整公安处班子成员4名,调整所队领导班子67个,调整干部163名,其中提拔95名,平调47名,免职19名。建立局、处领导班子后备干部45名,其中局领导班子后备干部11名、处领导班子后备干部34名。

【队伍建设】 4至6月,开展队伍突出问题专项整治,确定重点单位13个,制定整改措施304条,整治突出问题29个。同时开展以刑讯逼供、滥用强制措施为主要内容的“三项治理”。年内调离民警19名,辞退民警8名。

推进队伍人事制度改革。各级公安机关推行公开选拔、干部聘任、民警聘用、易岗易地交流制度,试行领导干部竞争上岗、任前公示和任期制。成都公安处试行“双向选择”,在全处公开招聘刑事侦查员;重庆公安处实行民警定期交换制度;贵阳公安处初步形成领导干部年龄制度化;西昌公安处实行将民警交流到艰苦所队锻炼制度。

【争先创优】 全局有7名民警被评为全路优秀人民警察,1名民警被评为全路公安纪检监察系统先进个人,2名民警荣立一等功,2个集体、9名民警荣立二等功,70个集体、310名民警荣立三等功,45个集体、885名民警受到局、处嘉奖,创建和保持全国“青年文明号”3个。

【宣传报道】 在各级新闻媒体上稿4 048篇(条),其中中央级314篇(条)、省部级1 676篇(条),制作电视专题片36部。

【民警培训】 加大对公安学校的投资,全年在设备更新、基建大修上投入200余万元,增添多媒体语音教室、计算机考场等设施。共举办各类培训班47期,培训民警2 863人,247名民警完成大专以上学历教育,1 357名站警和乘警参加任职资格统一考试,合格率99.68%。

(钟传璧)

检 察

【综 述】 四川省人民检察院成都铁路运输分院作为国家设置在成都铁路运输系统的专门检察机关,下辖成都、西昌、重庆和贵阳4个铁路运输检察院。截至2002年底,两级院共有在编干警258人,其中分院机关74人。

2002年,成铁两级检察机关围绕检察工作方针,狠抓基层基础建设,通过纪律作风集中教育整顿活动、机构改革和干部人事制度改革,激发队伍内在活力;突出工作重点,加大对职务犯罪,特别是铁路运输领域中的职务犯罪案件的查办力度;贯彻“严打”整治方针,从重从快惩治严重危及铁路运输生产安全的犯罪,维护西南铁路治安秩序的稳定;以“四个专项行动”为重点,增强监督意识,强化职能作用,切实保障司法公正;深入开展理论调研,提高了干警的综合素质,圆满完成了各项工作任务。全年共受理公安机关和自侦部门提请批准逮捕案件669件1 096人,经审查,作出批准逮捕决定630件1 022人,件数和人数分别较上年下降16.1%和17.4%;作出不批准逮捕决定30件61人,件数和人数分别较上年下降18.9%和22.8%,不捕率为5.57%。共受理公安机关和自侦部门移送审查起诉案件658件1 122人,受理移送审查不起诉案件1件1人,经审查,向法院提起公诉635件1 053人,件数和人数分别较上年下降6.6%和13.9%;依法做出不起诉决定7件16人。分院公诉处办理派员出席二审法庭履行职务案29件。共受理初查贪污贿赂等职务犯罪案件线索58件,立案侦查31件33人。件数和人数分别较上年下降13.9%和13.2%。其中,贪污14件16人,受贿9件9人,行贿2件2人,挪用公款5件5人,私分国有资产1件1人。追逃1人。截至年底,已侦查终结26件28人,其中,移送起诉22件24人、移送不起诉1件1人、撤销案件3件3人。移送其他检察院4件。通过办案,共为国家挽回经济损失900余万元。

【机构改革】 8月26日,根据最高人民检察院、铁道部高检会《关于铁路运输检察机关机构改革中有关问题的意见》规定,成都铁路运输检察分院及各基层运输检察院机构改革方案在报铁道部政治部核对、四川省人民检察院审核后,经局党委常委会议研究,以成铁委[2002]34号文件批复:四川省人民检察院成都铁路运输分院内部机构设置10个,并根据有关规定设纪检组(监察室与纪检组合署办公)。成都、西昌、重庆、贵阳铁路运输检察院内部机构设置8个,纪检组(监察室)与政治处合署办公。

目前,分院机关内设机构有:办公室(法警支队设在办公室内)、政治部、侦查监督处、公诉处、反贪污贿赂局、渎职侵权检察处(职务犯罪预防处)、监所检察处、控告申诉检察处(民事行政检察处)、检察技术处、法律政策研究室、监察处(纪检组)。各基层检察院内设机构有:办公室(法警队设在办公室内)、政治处(纪检组、监察室)、侦查监督科、公诉科、反贪污贿赂局、渎职侵权检察科、监所检察科、控告申诉检察科。

【“严打”整治斗争】 认真贯彻依法从重从快的“严打”工作方针,切实履行检察职能,突出打击各类危及铁路运输生产秩序的刑事犯罪,先后协同配合铁路公安机关和法院开展保“春运”、“狂飙—F”、“狂飙—G”、“打黑除恶”和“整治铁路货运市场秩序”等专项斗争和专项行动。全年共审查批捕各类重、特大案件犯罪嫌疑人279人,占批捕总人数的27.3%;审查起诉各类重、特大案件犯罪嫌疑人263人,占起诉总人数的25%。分院与成铁公安局共同制定下发《关于加强侦捕、侦诉协调配合的意见》,用六项制度来规范引导侦查取证工作,参与对重大复杂疑难案件的讨论。全年,两级院侦查监督部门共介入侦查22件44人。继续坚持执行重特大案件的挂牌督办制度。分院对发生在成昆线的铁路看守女工被轮奸案件实行挂牌督办,安排精干力量,在保证案件质量的前提下限期办结。

【主诉检察官】 分院组织两级院符合条件的11名干警参加省检院"拟任主诉检察官"资格考试。通过省检院笔试,分院面试,参考人员全部合格。11月,分院评选表彰5位"优秀公诉人"。

【公诉改革】 截至2002年9月,成铁检察机关公诉系统已全部实施主诉检察官分段、分片及按犯罪性质分案承办的办案机制,缓解了因铁路点多线长,办案单位分散与检察机关办案力量不足形成的矛盾,较好地解决了侦诉协作,引导侦查的机制问题,提高了办案质量和效率。分院经与成铁运输中级法院协调,选择基层院试点推进"被告人认罪案件"的简化审理,为该项改革的全面推动积累了经验。西昌铁路运输检察院公诉科对书记员实行单独管理,成立书记员组,实行组长负责制,加强书记员与检察官的相互监督,提高书记员的专业技能。

【多媒体示证系统运用】 推广运用多媒体示证系统出庭支持公诉,通过对证人证言、实物照片、书证的多媒体展示,增强庭审公诉效果。目前,分院和成都、重庆、贵阳铁路运输检察院的多媒体示证系统均已投入使用。全年,两级院运用多媒体示证系统出庭举证案件18件。

【青少年维权岗】 两级院与路局、分局团委共同开展创建优秀"青少年维权岗"和"青少年维权岗在行动"活动,采取派员到中、小学调研和组织宣传,担任学校法制辅导员讲授法制课等多种形式,维护青少年的合法权益,预防和减少青少年违法犯罪。公诉部门成立未成年人犯罪办案小组,由主诉检察官担任组长,由熟悉青少年生理、心理特点的女检察官担任成员,专门审查青少年犯罪案件。11月,路局团委和分院联合向6个表现突出的检察业务部门授予全局检察系统优秀"青少年维权岗"称号。

【贪污贿赂大要案查办】 全年,共查办副处级以上领导干部涉嫌贪污贿赂等职务犯罪要案2件2人;大案16件16人。大要案件占立案总数的58.1%。两级院反贪部门以打击骗逃铁路运费犯罪活动中的职务犯罪为工作重点,深入铁路基层单位调研,采取"走出去,请进来"的办法学习铁路运输知识,加强与铁路纪委、监察、收入检查、公安经侦等部门的协调配合,掌握骗逃运费的犯罪手段和发案规律,主动查找案件线索,发挥侦查指挥中心的组织、指挥、协调作用,开展"夏季百日办案活动"。全年所办案件中,发生在运输领域的案件有20件,占立案总数64.5%。其中,骗逃运费中的职务犯罪8件,有效地防止了国有资产流失。分院制定《办案实施细则》、《侦查工作流程》等规章制度,强化办案责任制,确保办案质量,规范办案行为。

【渎职、侵权检察】 重点查办行政执法机关渎职侵权犯罪案件和司法不公案件。针对公安机关近年来个别基层所队在执法过程中出现的违法违纪问题,及时与公安机关、纪检监察等部门达成查处和预防犯罪工作的共识,广泛进行《渎职侵权案件立案标准》、《检务公开》宣传。年内共受理初查侵权、渎职案件线索23件,立案侦查3件3人,均系滥用职权案件。3月,重庆铁路运输检察院根据近年来查办渎职侵权案件总结的经验材料被全国铁路检察机关自侦工作会议采用。

【立案监督】 4月,参加最高人民检察院开展的"打黑除恶"立案监督专项行动。结合铁路实际,对黑恶势力把持铁路货运市场情况调查,开展专项立案监督工作。坚持能捕能判标准,确保监督的质量和效果。全年办理立案监督案件29件。其中,要求公安机关和检察机关自侦部门说明不立案理由29件,公安机关和自侦部门直接立案21件;通知公安机关立案8件10人,公安机关全部予以立案。纠正不应当立案而立案2件。

【侦查监督】 两级院共纠正漏捕2件2人,建议提请单位撤回案件11件20人;对公安机关和自侦部门的违法侦查行为提出书面纠正7件。纠正漏起诉17件22人,将案件退回公安机关和检察院自侦部门补充侦查90件241人,建议移送单位撤回19件49人。对不属于铁路管辖的案件7件11人移送其他检察院审查。

【刑事审判监督】 发现法院判决或裁定确有错误的及时进行集体讨论或提交检委会讨论，对不涉及实体处理的及时向法院提出纠正意见，对涉及定罪量刑等实体案件，履行监督职责，提出抗诉、支持抗诉或提请抗诉。全年，两级院共提出抗诉4件4人，提请上级检察机关按审判监督程序抗诉1件1人。

【监所检察】 参与"严打"整治斗争，及时办理监所管辖案件。一年来，共审查批捕监外执行罪犯又犯罪案件11件21人，不批准逮捕2件2人，审查起诉13件25人。认真办理在押人员控告、申诉案件，切实维护在押人员的合法权益。两级院监所检察部门共立案复查罪犯申诉案件10件10人，经复查，纠正2件2人，驳回申诉8件8人。加大对刑罚执行和看守所日常执法的监督力度，贯彻落实全国集中开展的"清理超期羁押专项行动"，全年，共纠正超期羁押5件5人；配合公安看守所进行安全检查308次，查出不安全因素42件，提出书面检察建议6份，消除事故隐患42件，口头提出纠正违法103件(次)，书面提出纠正违法23件(次)。对缓刑犯执行活动的监督，定期考察，建立完善缓刑罪犯改造档案，维护缓刑犯的合法权益。

【驻所检察室规范化达标】 为促进监所检察规范化建设，各院从抓基础工作入手，开展驻所检察室等级达标活动。10月，贵阳铁路运输检察院驻贵阳铁路公安处第一看守所检察室达到高检院三级标准检察室。成都、贵阳铁路运输检察院先后通过四川省人民检察院三级标准检察室的复查验收。11月，重庆铁路运输检察院驻重庆铁路公安处看守所通过分院三级标准检察室的达标初验。

【罪案举报】 把深入运输领域主战场、"严打"斗争和举报宣传结合起来，利用路局、分局有线电视台开展举报常识宣传。6月24日至27日，两级院出动70余名干警，在各自所在地火车站广场参加全国举报宣传周活动，向路内职工和过往旅客散发各种举报宣传资料近万份，接待群众咨询100余人次。分院举报中心举报自动受理系统投入使用。严格执行举报线索归口管理，专人专管，及时审查分流处理。截至年底，没有积压举报线索，没有发生失泄密情况。全年，共受理举报线索182件次(含重复举报3件)，较上年下降11.2%。其中署名23件，单位举报5件。属于本院管辖的127件次，非本院管辖55件次。举报中心对9件性质不明的举报线索进行初查。

【控告申诉检察】 对近两年的上访老户和举报线索及交办案件问题专项清理。在控申接待中落实首办责任制。一年来，两级院检察长共批阅重要信访127件、接待来访70人次。全年共受理群众来信来访90件次，较上年下降21.1%。其中，属于首次控告类信访71件次，较上年下降16.5%；首次申诉信访18件，较上年下降25%；重复信访1件，较上年下降80%。立案复查申诉案件3件、不立案3件，分送本院其他部门9件，移送其他检察机关8件，转其他机关21件，直接答复44件。两级院对刑事申诉案件，推行公开听证制度，收到较好的法律和社会效果。

【检察技术】 充分发挥检察技术工作的作用，为审查批捕、审查起诉、反贪污贿赂等方面工作提供证据及侦查线索服务。全年，全分院共办理各类案件323件，其中法医检验鉴定18件；文痕检验鉴定4件；司法会计检验鉴定1件；文证审查5件；视听技术案件295件。出具有效的检验报告、鉴定书23份、文证审查意见书5份、提供视听证据与视听资料295份。

【局域网建设】 认真贯彻高检院《2002年检察机关信息化建设与应用实施意见》和《四川省检察综合信息网络建设技术规范》的要求，各院成立网络建设领导小组及信息化领导小组。成都、贵阳铁路运输检察院和分院的局域网已经建成并投入运行。

【检委会工作】 重点加强对骗逃铁路运费犯罪在适用法律方面的研究力度，提高提交议案的准确性和审查质量。全年，两级院检委会共讨论议事议案20次，23个议事议案。拟定法律政策请示意见10件，最高人民检察院和四川省人民检察院各批复1件。

【检察调研】 分院争取到四川省人民检察院确立的2002年全省重点调研课题项目，并专门成立了课题小组，对近五年来铁路运输领域的多发性货物盗窃、破坏性盗窃和偷逃铁路运费犯罪专题调研，论证了当前铁路内部管理存在的漏洞，并就防范对策措施提出具体建议。根据高检院铁检厅关于骗逃铁路运费犯罪进行摸底调研的工作部署，两级院由检察长牵头，组成专题调研小组，分赴铁路沿线各单位和路局、分局相关业务部门调研，了解在政策层面、法律层面和操作层面存在的问题，提出预防运费流失的检察建议。分院撰写的《渝、贵、川铁路运输领域里职务犯罪的情况调查及应对措施》、《试论发生在铁路运输领域内骗逃运费案件涉及的法律难点及相关建议》得到高检院铁检厅好评。重庆、贵阳铁路运输检察院也撰写了关于骗逃铁路运费的专题调查报告。两级院年内召开理论研讨会6次。分院对《铁检调研》改版，成立编审委员会和编辑部，制定奖励办法，提高刊物的质量和水平。全年，全分院共完成专题调研18篇，被省级刊物采用5篇；理论调研79篇，被省级刊物采用20篇、市级刊物采用5篇。

【检察宣传】 加强了对检察工作服务大局、职务犯罪斗争成果、预防职务犯罪工作和检察先进典型的宣传，先后推出了受高检院表彰的一等功臣刘刚、四川省检察系统“十佳检察长”汪世忠等一批先进典型。分院与报社在《西南铁道报》上联合办专栏“案件与警示”，两级院共组稿20余篇，现已刊登9篇。全年，各级报、刊、台共上稿255篇，其中：中央级17篇、省级69篇、电视新闻134件、其他稿件35篇。

【法警支队】 两级院法警全年共履职3 370次，其中执行押解任务1 102次，送达法律文书857次，执行传唤385次，拘传47次，扣押106次，执行强制措施73次，搜查60次，看管人犯328次，执行死刑临场监督15次，其他出警397次。

【法警岗位练兵】 根据最高人民检察院要求和四川省人民检察院年度工作计划，10月，分院抽调两级院十余名法警组队，进行为期20天的集中封闭式强化训练。11月初，分院代表队参加凉山片区的考核，经省检院统一考评，分院代表队获全省司法警察岗位练兵考核二等奖。

【干警培训】 严格执行《检察官法》，对不符合检察官学历条件的采取专升本在职学习、续职资格学习培训。2002年，分院系统共有39人参加续职培训，35人新入学参加专升本学习。选送1人参加四川省检察系统复合型人才培训，8人参加专门型人才培训。年内，分院反贪、公诉部门组织对基层院干警业务考试。按照最高人民检察院的要求，两级院组织干警进行计算机等级考试培训，并参加全国计算机等级考试，有75人通过计算机一级以上考试，占全分院总人数的29.1%。

【基层院建设】 认真贯彻执行高检院《人民检察院基层建设纲要》和省检院的《实施意见》，按照“巩固、创新、发展”的要求全面推进基层检察院建设，努力创建“先进检察院”。各院都制定创建目标和实施措施，从抓班子入手，开展绩效管理，大力推进干部人事制度改革，初步建立一套既符合检察工作管理规律，又符合铁检工作实际，能够较为充分调动干警积极性和创造性的管理机制。分院建立周交班会制度、院务监督制度等一系列具有铁检特点的规章制度。西昌铁路运输检察院被省检院领导确定为创“先进检察院”工作联系点。

【纪律作风教育整顿】 根据四川省委政法委和四川省人民检察院部署，上半年，开展纪律作风教育整顿活动。分院结合两级铁检院在办案工作中出现的问题，集中两个月开展分院系

四川省人民检察院陈文清检察长看望铁检干警。

宋上峰　摄

统专项作风教育整顿，着力解决两级院干警在思想、工作、执法执纪上存在的突出问题。活动以反贪、渎职侵权检察和法警等一线办案部门和管钱、管物、管车的人员为重点，实行领导责任制，集中学习讨论，开展执法大检查。两级院反贪干警和法警进行一周封闭式教育。通过教育整顿，初步解决了两级院干警思想、工作作风等问题，干警业务能力、素质得到提高，执行办案纪律和保障办案安全的意识明显增强。

【纪检监察】 狠抓检察机关作风建设、党风廉政建设和自身反腐败工作，建立中层以上领导干部廉政档案，加大对自侦案件的跟踪监督和回访工作，加强对执行"收支两条线"规定以及大宗物品采购的监督，做好对选拔任用干部的监督工作。全年，分院共收到上级转来的举报信8件（含重复举报3件），接待来访4次（其中重复来访2次），接受电话举报1次，均登记、初核查证、上报。

【陈文清检察长检查铁检工作】 8月7日，四川省人民检察院陈文清检察长、夏黎阳副检察长到分院检查指导工作，并就加强铁检工作，充分发挥专门检察机关的职能作用提出三点要求。对分院党组依靠路局党委、行政大力支持，改善办公环境和条件，提高办公自动化程度和办案效率表示肯定。

【高检院铁检厅成都调研】 12月5日至16日，最高人民检察院铁路运输检察厅陈连福厅长专程到成都参加分院召开的"进入运输领域主战场理论研讨会"，并先后到分院机关和成都、重庆、贵阳铁路运输检察院调研，召开干警座谈会，广泛进行铁检机关深入运输领域主战场的思想动员，要求抓住铁路运输领域工作主线，充分发挥专门检察机关的职能作用。

【分院机关办公楼搬迁】 6月11日，在路局党委和行政的大力支持下，分院机关由铁路局机关大院全部搬迁到一环路北二段32号经过装修的新办公地点办公，办公和技术用房面积由原来的900平方米增加至1 600平方米，办公、办案条件得到改善。

（顾 斌）

分院实行中层干部竞争上岗。

廖 华 摄

法 院

【综 述】 铁路专门法院是国家设置在铁路运输部门的审判机关，依法独立行使审判权。成都铁路局辖区设两级专门法院，成都铁路局机关所在地设成都铁路运输中级法院，成都铁路分局下设成都、西昌铁路运输法院；重庆、贵阳铁路分局分设重庆、贵阳铁路运输法院。中院设办公室、政治部、立案庭、刑事审判庭、民事审判庭、审判监督庭、执行局（庭）、研究室、法警支队、法医技术处、纪检组（监察室）共11个部门。基层院设办公室、研究室、政治处、法警大队、立案庭、刑事审判庭、民事审判庭、审判监督庭、执行局（庭）共9个部门。2002年底，成都铁路运输两级法院有干警254人，中级法院有干警75人。

2002年，成铁两级法院在上级党委和上级法院的领导、监督、指导下，认真贯彻全国全省法院工作会议精神，积极落实《人民法院五年改革纲要》，坚持以审判工作为中心，突出"公正与效率"，积极稳妥地推进三项改革，注重提高法官政治业务素质，加强队伍建设，改进司法行政工作，全面完成各项审判任务。全年，两级法院共受理各类案件2 000件，比上年同期2 324件下降 16.2%；审结970件，执结688件。

【刑事审判】 共受理刑事一审案件638件，审结608件，审结率95%；受理刑事二审案件42件，审结34件，审结率81%；其中改判7件，发回重审4件。当庭宣判率：一审案件为80%，二审案件为85%。

各院继续积极开展“严打”斗争统一行动，结合西南铁路地区治安形势，严厉打击带黑社会性质的团伙犯罪、涉枪犯罪，在站车上抢劫、杀人等暴力犯罪，盗窃铁路运输物资和破坏铁路运输设施的犯罪，贩运毒品的犯罪，贪污、贿赂等经济犯罪。坚持依法从重从快的方针，效率与案件质量并举，注重体现惩办与宽大相结合的政策，分化瓦解犯罪分子。全年，两级法院刑事案件生效判决548份，判处人犯872人，其中判处五年以上有期徒刑、无期徒刑和死刑的189人。通过刑事审判工作为国家集体挽回经济损失81万元。

【民事审判】 受理民事一审案件342件，审结303件，审结率89%，结案标的额8 999万元；受理民事二审案件25件，审结23件，审结率92%，改判8件，发回重审2件。当庭宣判率：一审案件为70%，二审案件为50%。

针对民事审判工作专业性强的特点，加强领导、加强指导，重点审理好涉及铁路国有企业改革、改制中的各类纠纷案件，铁路运输合同纠纷案件，坚持公开、公正、公平地审理好每个案件，严把质量关，注重调解工作，确保案件的快审快结。全年，民事案件没有出现改判和发回重审的案件，调解结案率达53%。

【执行工作】 受理执行案件950件，执结688件，执结率72%，执结标的额为5 821万元。

在执行工作中坚持“积极稳妥”的方针，加大执行力度，强化执行措施，确保案件得到执行，以维护法律尊严。既注重执行效果，又要考虑社会效果，不因执行引发冲突事件，造成社会的不稳定。各院在2001年相继成立执行局后，根据工作实际，制定一系列规章制度，完善内部管理，通过法律赋予的强制手段，采用指令执行、交叉执行、集中执行等，形成执行合力，采取集中执行行动十余次。在执行方法上积极探索，采取“债权转股权、转让无形资产、转让经营权、优先使用权、财产托管、债权凭证”等多种方式执行，使死案变活案，执结率比上年提高12.7%。执行中注重依靠上级法院，依靠各级党委、政府的支持，做耐心细致的法制宣传教育工作，既维护当事人合法权益，又防止矛盾激化。

【纪检监察】 两级法院认真落实党风廉政建设和反腐败工作的各项措施，从规范法院的行为入手，完善《党风廉政责任制》，层层签订责任书。中层干部实行一岗双责，加强管理。各院纪检监察部门组织专人检查各院落实“四项”制度情况。全年共核查举报3件，未发现干警有违法和严重违纪行为。两级法院法官拒吃请261次，拒收礼金4.5万元，收到锦旗21面。

【调研工作】 围绕审判和改革的重点工作开展调研。年初，中院专门部署调研工作重点，确定调研重点课题，明确责任，落实人员。各院加强调研工作，写出了一批质量高的调研文章，院领导撰写的调研文章2篇先后被省级以上刊物采用。中院刑庭完成《关于“国家工作人员”和“以国家工作人员论”在铁路运输企业中的认定》，民庭完成《当前民事审判工作的一些问题的倾向意见》等调研课题，指导审判工作。两级法院举办第三届学术研讨会，表彰13篇优秀调研文章的作者。

两级法院民事审判工作会。

刘焰 摄

两级法院干警共撰写调研文章124篇，被中央级刊物采用1篇，省级刊物采用15篇。

【宣传工作】 2002年是铁路法院建院20周年，两级法院围绕法院的“公正与效率”主题和“审判工作、改革工作、队伍建设”三件大事和20周年来取得的成绩为主线，制作电视专题片，撰写大量稿件，通过电视、广播、报纸宣传，树立铁路法院和法官的良好形象。两级法院以“12·4”全国法制宣传日为契机，大力宣传铁路法院。176篇新闻稿件被各级新闻单位采用。

【法警工作】 两级法院法警支、大队以保障押解、值庭、送达、执行为重点，贯彻执行《人民法院司法警察暂行条例》，围绕审判工作，严格履行职责，充分发挥司法警察的专业职能。全年，为开庭审案值庭1 092次，押解人犯1 185人，执行和参与协助执行625次，送达法律文书3 025件（卷），出动车辆6 937趟，安全行驶47余万公里，无违反枪弹操作、使用规定的情况发生，无人犯脱逃和自杀事件发生。

【办公条件改善】 各院积极争取党委、行政的支持，争取资金，加大投入，解决好经费、办公设施等方面的困难。各院均新增办案车辆，购置一批微机、复印机、速印机等设备。中院2002年争取路局投资94万元，对办公楼重新装修。微机网络扩容投资18万元已完成设备调试。

【教育培训】 截至年底，两级法院干警总数为254人，其中研究生5人，占干警总数1.97%，本科116人，占45.7%，大专114人，占45%，其他学历19人。中院干警75人，本科学历以上50人，占干警总人数67%，所属四个基层法院本科学历66人，占基层院干警总数37%；两级法院正在攻读研究生10人，本科14人。按照最高人民法院“三年内对在职审判人员轮训”规划要求，全年两级法院续职资格培训77人，其他各类短期培训46人。

【机构改革】 按照精简、统一、效能的原则和建立公正、廉洁、高效的审判体制的要求，达到完善职能配置，优化人员结构，提高队伍素质的目的。根据最高人民法院、铁道部《关于铁路运输两级法院机构改革工作的意见》（法发[2002]8号）和四川省高级人民法院《四川省中、基层人民法院内设机构及职能分工的意见》（川高法[2001]228号）的精神，结合铁路运输两级法院的实际，中院党组拟定的《成都铁路运输两级法院机构改革实施方案》，经四川省高级人民法院审核，成都铁路局党委研究，报铁道部政治部审核后，局党委下发成铁委[2002]35号《关于〈铁路运输法院机构改革实施方案报告〉的批复》，两级法院贯彻落实工作相继开展。中院机构改革后内设机构11个：办公室、政治部、立案庭、刑事审判庭、民事审判庭、审判监督庭、执行局（庭）、研究室、法警支队、法医技术处、纪检组（监察室）。政治部主任兼纪检组组长，办公室主任兼宣传中心主任，政治部副主任兼机关政治协理员、党总支副书记、工会主席，立案庭庭长兼信访办主任，审判监督庭庭长兼赔偿委员会办公室主任，研究室主任兼审判委员会办公室主任，副主任兼宣传中心副主任。纪检副组长兼监察室主任。所属基层院内设机构9个：办公室、政治处、立案庭、刑事审判庭、民事审判庭、审判监督庭、执行局（庭）、法警大队、研究室（西昌铁路运输法院未设研究室，其职能由办公室负责）。

【先进表彰】 成都铁路运输法院副庭长陈岩为四川省省委、省政府表彰的全省政法系统先进个人；成铁中院被四川省高级人民法院评为2002年全省法院系统司法统计，《人民法院裁判文书评选》报道，调研工作和《四川审判》通联、宣传工作，廉政建设工作的先进单位。西昌铁路运输法院被评为全省法院系统指导人民调解和宣传工作先进单位。成铁中院政研室、成铁法院立案庭荣立集体三等功。成铁中院立案庭、西昌铁路运输法院民庭被评为“五好审判庭”。成都、西昌铁路运输法院被路局表彰为年度文明单位。成铁中院被路局评为年鉴撰稿先进集体。

【案件受理范围扩大】 为扩大成铁两级法院民商事案件受理范围，11月底，四川省高级人民法院在贵阳市主持召开川、黔、渝两省一市高级人民法院关于成都铁路运输两级法院受理其他民商事纠纷案件范围的协调会。成铁中院院长黄政及立案庭、民事审判庭庭长同川、黔、渝高级人民法院主管民庭工作的院领导参加协调会。两省一市高级人民法院就成铁两级法院受理其他民商事纠纷案件范围达成会议纪要（试行），为成铁两级法院扩大民商事纠纷案件受理提供了法律依据。如离婚案当事人双方均为铁路员工的纷争就由铁路法院受理;若仅为一方当事人是铁路员工的,则按先诉原则办理,即哪个法院先受理就在哪个法院审理。

【赵天顺贪污、受贿案】 赵天顺,男,原铁道通信信息有限责任公司四川公司乐山分公司总经理兼眉山分公司总经理。

1999年,铁二局电务处四队将借用成都电务段的德国GW公司生产光仪表一套丢失。2000年1月赵天顺代表成都电务段与铁二局电务处四队签订《协议书》1份,商定由四队购置同类仪表赔偿。四队根据赵的指定,于当月20日将9万元汇到兴亮基公司的账户,该公司开具9万元的发票交给四队。赵根据约定,将2万元返回四队。2000年4月5日,北京兴亮基公司的潘炜从电务处四队汇款中取出3万元,将其中2万元汇入赵天顺在成都招商银行账户。2002年初,赵又从潘处取得1万元。2002年4月,赵调任铁通四川公司乐山分公司总经理兼眉山分公司总经理,赵未向成都电务段说明铁二局电务处四队赔仪表款去向。

2000年7月,赵天顺任成都铁路分局成都电务段副段长期间,利用主管通信工作的职务之便,在段长办公会议上推荐并参与决定由创联公司加工定作铁路所需的"机车数字通信记录仪"和"车站通信记录仪",使创联公司获益。2001年春节前,该公司送赵现金5万元;2002年3月11日,该公司从杭州电汇6.26万元到赵所持有的工资账户。

2000年期间,赵天顺决定将成都至内江段旧四频组漏泄电缆、杆(塔)、区间中继器拆除工程、成渝无线列调道口电台设备电源改造项目、中间站有线电视系统整治工程发包给兴亮基成都分公司。2001年春节前,该公司给赵1万元。

成都铁路运输法院开庭对此案进行审理,赵不服判决提出上诉;同级检察院提起抗诉。据此,成都铁路运输中级法院对此案进行二审开庭审理,认定赵天顺贪污3万元,受贿12.26万元。并以贪污罪判处有期徒刑3年,以受贿罪判处有期徒刑9年,决定执行有期徒刑10年。赃款14.26万元予以追缴。

【安崇伦贪污、受贿案】 安崇伦,男,原成都铁路分局电务分处分处长。

1997年11月,北京全路通信信号研究设计院与成都铁路分局电务分处就成渝线列调工程设计费事宜达成协议,设计费共计12万元,成都铁路分局电务分处得到5万元,安崇伦将其中的2.1万元据为己有。

1999年安崇伦得知成都中铁寻呼有限公司要增资扩股,即以电务分处名义让职工张国宏到成都电务段提取现金6.3万元,张将此款交给安。后该公司未实施增资扩股,安便将此款交给其妻高智英,高以安崇伦为户名将此款存入银行并多次支存。

2002年初,安崇伦在成都铁路分局实施小站信号防火封堵工程中,为上海信安实业有限公司谋取利益。该公司负责人商德民在成都铁旅大厦所住房间送给安2万元。4月26日,在成都西藏饭店商德民住处,安又收受商所送4万元。

此案经成都铁路运输法院审理和判决,安崇伦提出上诉。成铁中院对此案审理认为:安崇伦利用职务之便,侵吞公款8.4万元,构成贪污罪;为他人谋取利益,并非法收受他人所送现金2万元,构成受贿罪。安于2002年4月26日收受商德民所送4万元,又于5月23日因本案被刑事拘留,在检察院未掌握的情况下主动交代了上述事实。从受贿到主动交代不满一个月,参照有关规定,对此可不以犯罪论,但其非法所得4万元应予追缴。中院二审以贪污罪,判处有期徒刑6年,并处没收个人财产2万元;以受贿罪,判处有期徒刑1年6个月。决定执行有期徒刑7年,并处没收个人财产2万元。赃款和非法所得14.4万元予以追缴。

【承包合同纠纷案】 原告永川市乡镇企业局与被告铁道部第十六工程局直属工程处、第三人四川泸州铁路有限公司建设工程承包合同纠纷一案,经四川省高级人民法院再审裁定指定由成铁中院审理。中院2002年11月审结此案,各方当事人均未上诉。

1995年8月29日,被告铁道部第十六工程局直属工程处与第三人四川省地方铁路局泸州分局(现泸州铁路公司)就承建泸州火车站综合站房事宜签订《建设施工合同条件和协议条款》。同日,十六局直属处将工程转包给原告直属永川市第一建筑工程公司,并签订《建筑工程承包协议书》,十六局直属工程处只提取7%的管理费。工程建至基础部分及地下室时,因第三人无资金而中止施工。后经中院委托司法鉴定确认原告所完工程的总造价为534.6万元。在工程施工过程中,第三人共计给付工程款284.5万元。中院根据相关法律判决由第三人四川泸州铁路有限公司在判决生效后十日内给付原告永川市乡镇企业局工程款214.9万元,并赔偿原告永川市乡镇企业局20万元损失。

(詹安安)

人武·战备

绵阳供电段牵引供电战备专业应急保障分队正在实施接触网抢修作业演练。

人武部供稿

【综　述】 2002年全局武装战备系统以做好新时期军事斗争准备为重点,通过抓训练、整组,促民兵队伍建设;抓工作制度和守护设施建设,促重点桥隧目标的绝对安全;抓战备基础建设,促国防要求落实;抓战备培训演练,促交通保障能力提高,全面实现年度工作目标。全年训练基干民兵682人,专(兼)职武装干部103人;军训新入路大中专毕业生915人,局党校青干班学员88人,中专技校学员2 000人。发送义务兵军属优待金24.5万元,慰问品(金)23.7万元,走访烈军属356户。重要桥隧目标守护安全无事故,民兵武器装备管理实现第13个安全年。战备设施完好率达到80%,"450"物资完好率达到87%;战备指挥车更改40万元;组织战备演(训)练4次,培训专业抢修技术骨干143人次;人防工事整治0.62万元,开发利用创收0.6万元。

局人武部设民兵科、人防战备办公室,现员5人,其中干部4人,工人1人。

【接触网抢修战备演练】 10月16日由路局战备办公室主办、成都分局战备办公室具体筹划实施的"牵引供电专业应急保障分队接触网抢修战备演练"在绵阳供电段举行。演练内容由军事素质汇报和接触网抢修两部分组成。接触网抢修演练以实战为背景,分别进行了紧急集结出动、组织指挥、现场防护、现场抢修和试车检测等项目的演习,40名保障队员仅用29分钟完成全部作业项目,比规定时间提前31分钟,演练取得圆满成功。

【贵阳机务段专业应急保障分队整组】 根据西南战区铁路交通重点保障目标调整方案,为增强对贵阳铁路枢纽和湘黔铁路的保障力度,保障战区南通道的安全畅通,年内按照国家交战办《国防交通专业保障队伍建设标准》,对贵阳机务段机车救援保障队伍实施整组,组建"民兵救援应急保障分队"。9月27日在贵阳机务段举行授旗仪式。至此,路局有桥梁、线路、牵引供电、机车车辆救援和车辆抢修专业的重点专业应急保障队伍11支,共760人。

【战备设施、"450"物资清查】 为加强和完善战备物资和战备设施管理工作,年内组织对局管内既有战备设施设备、"450"物资进行清理核查,完善管理制度、健全管理台账、明确管理责任。全局现有战备设施价值1 200.5万元,良好率80%;"450"物资价值1 065.8万元。

【战备工程建设】 全年共投入190.6万元,分别新建成昆线德昌战备仓库840平方米,投入90万元;成渝线内江东战备仓库760平方米,投入100.6万元。其中铁道部投入173万元,路局投入17.6万元。

(傅　英)

【守护营房整治】 2002年是路局贯彻落实铁道部和武警总部关于《武警铁路桥隧守护部队营

电杆被炸断，保障队员正在搭设临时钢塔架。

人武部供稿

房整治方案》的第二年。在对全局由武警守护的桥隧目标执勤设施状况进行深入调查摸底的基础上，按照"危房拆、旧房修、缺房建"的工作思路，全年共投入整治经费333万元，其中更改资金272.5万元，大修经费60.5万元，为武警部队执勤点新建营房及附属设施2 107平方米、岗楼3个22平方米，平整训练场地1 542平方米，整修道路30米、围墙640米，购置执勤生活保障用车5辆；对成昆线金沙江大桥等7处武警守护营房和执勤设施进行全面整修。整治工作取得显著成效，使成昆、襄渝、川黔、贵昆线上9个武警守护目标的执勤、生活条件得到根本改善。

【内昆线重要桥隧守护】 按照国发[1988]79号文件规定，内昆铁路有符合武警守护标准的重要桥隧目标19座，其中隧道15座、桥梁4座，均属三类目标。

为确保内昆铁路建成通车后的运输安全，路局和重庆、贵阳分局人武部主动协调有关部门做好重要桥隧守护设施建设工程的收尾配套、资产交付以及执勤守护工作的组织和落实。一是在对守护设施进行初验的基础上，按照铁道部关于重要桥隧守护设施建设要求，协商内昆线建设指挥部对配套设施建设进行完善，使29处守护营房面积分别由原59平方米增至80平方米，共增加投入56.16万元；为29处执勤点修建生活用水设施，投资90万元。至9月，内昆线19座重要桥隧目标，37处执勤生活点全部完成铁道部批复的7 000平方米守护营房建设计划，水、电、通信及排污、道路等附属设施建设达到设计要求，基本具备重要桥隧守护执勤条件。二是采取守护开办经费申请和选拔、培训守护人员同时进行的方法，为守护民兵早日上岗争取时间。7月28日，昭通以南至梅花山段由六盘水工务段组织的75名民兵正式上岗执勤；9月12日，昭通以北至水富段由自贡工务段组织的176名民兵正式上岗执勤。至此，内昆线19座重要桥隧目标37处执勤守护点的建设和守护工作得到全面落实。

（雷长明　傅　英）

【民兵武器库整治】 民兵武器装备管理，事关人民群众生命安全和社会稳定，按照解放军四总部和四川省军区有关加强民兵武器装备安全管理的指示精神和要求，2002年先后投入5.4万元对路局民兵武器库进行加固改造，重新安装防盗设施、报警和电视监控装置，提高了武器库的安全保险系数。

（李　金）

人物

责任编辑　张晓颖

模范人物

2002年全国“五一”劳动奖章获得者

张宪广 男，汉族，1952年8月生，高中文化，中共党员，贵阳机务段司机长。截至2002年，从事行车工作22年，连续1 900趟无任何事故，安全行车109万公里。先后获贵阳分局安全司机、路局安全先进司机、贵阳分局立功奖章、贵阳分局先进工作者称号，1999年获贵州省“五一”劳动奖章，2001年荣获全国铁路劳动模范，2002年获全国“五一”劳动奖章。

（局工会）

2002年全国优秀人民警察

因2002年全国优秀人民警察审批时间调整，事迹见2004年《成都铁路局年鉴》人物栏目。

2002年火车头奖章获得者

蔡国华 男，汉族，1962年9月生，初中文化，中共党员，广元车辆段列检三班工长。1997年荣获路局先进生产者称号。刻苦钻研技术，踏实工作，十年如一日，严格按标准化作业。多次发现典型故障，保证行车安全。2002年获“火车头奖章”(下同)。

刘国友 男，汉族，1950年5月生，初中文化，中共党员，西昌工务段米易养路工区工长。1997年、2000年获路局先进生产者称号，在担任工长期间，所管辖的线路、道岔等设备质量合格率达100%，取得安全生产8 000天的好成绩。

刘　皓 男，汉族，1967年6月生，中专文化，中共党员，成都分局调度所调度。1997年至2000年连续获分局机关先进生产者称号。在调度工作中精心组织、精心指挥，提高运输效益，获得调度员技术能手的称号。

汪茂元 男，汉族，1955年2月生，中专文化，中共党员，江油机务段电力指导司机。2000年度路局优秀党员。所指导的机车组连续三年没发生任何事故，共防止各类事故107件，摸索出班组管理和安全管理的宝贵经验。

吴晓艳 女，汉族，1970年11月生，大专文化，中共党员，成都客运段列车长。2000年路局先进个人标兵。坚持以敬业乐业的精神要求自己，恪敬职守，在“三新”教育活动中优质服务，与同志共创“天府之星”品牌。

胡桂芳 女，汉族，1954年3月生，初中文化，中共党员，广元车站货运计划值班员。2000年获路局先进工作者称号。在货运营销中跑遍70多个厂矿单位，为车站创收200余万元，受到广大货主、职工的称赞。

梁友平 男，汉族，1956年9月生，高中文化，西昌电务段西昌南信号工区工长。2000年获局先进生产者称号。在本职岗位上工作23年，不图名利，年年安全生产，被职工视为好榜样。

徐正辉 男，汉族，1962年6月生，中共党员，高中文化，内江机务段指导司机。2000年获局先进生产者称号。在工作中发扬“安全当先锋、严管创一流”的作风。共青团3169包乘组，安全行车170万公里，荣获全国铁路“新长征突击队十面红旗”称号。

刘文刚 男，汉族，1964年7月生，大专文化，中共党员，内江电务段信号工长。2000年获局先进生产者称号。在工作中大胆管理、严肃纪律、精检细修，圆满完成各项生产和施工任务。

刘延年 男，汉族，1958年6月生，高中文化，中共党员，重庆客运段列车员。2000年获局先进标兵、重庆市第二届“职工道德建设十佳标兵”称号。在工作中摸索出“善、敬、勤、帮、谈”的客运服务经验，被旅客称赞为T9/10次列车上的活雷锋。

罗重波 男，汉族，1956年4月生，大专文化，中共党员，重庆车辆段车间主任。2000年获局先进生产者称号。在工作中敢于创新、大胆管理，提高了全车间的工作效率和质量，保证了所修客车车辆的安全。

董朝清　男，汉族，1953年12月生，广安工务段党委书记。2000年获局先进工作者称号。团结带领班子成员，紧密围绕安全、效益，加强党的建设，创造性地开展工作，做出突出成绩。

石修锦　男，侗族，1967年2月生，中专文化，中共党员，凯里供电段调度中心主任。2000年获局先进工作者称号。担任调度中心主任以来，在一线指导工作，解决大量问题，确保设备的安全运行，并降低成本500万元。

黄玉明　男，汉族，1971年4月生，高中文化，中共党员，贵阳车辆段轴温探测班工长。2000年获局先进个人标兵。在工作中精钻技术、勤奋工作，为本段节约材料费20余万元。

宋　平　男，汉族，1966年3月生，职高文化，群众，贵阳南站驼峰调车长。2000年获路局先进个人标兵称号。在工作中坚持标准化作业，防止多次事故的发生，确保安全生产。

庄毅娟　女，汉族，1959年5月生，高中文化，群众，六盘水工务段巡道工。2000年获路局先进生产者称号。工作中认真负责，防止4起可能发生的列车颠覆事故。

胡朝钰　男，汉族，1952年5月生，大专文化，中共党员，贵阳车站站长。2000年获路局先进工作者称号。狠抓安全管理，车站的安全生产始终处于稳定有序的状态，使车站的主要运输指标稳步持续增长。

阎世英　男，汉族，1946年6月生，大专文化，中共党员，六盘水机务段段长。2000年获局先进工作者称号。机务段建立了完备的安全生产管理体系，取得安全生产的优异成绩。全面推行质量管理，荣获全国设备管理先进单位。

陈元水　男，汉族，1963年6月生，高中文化，群众，资阳配件厂钳工班长。2000年物资工业总公司先进生产者。年年超额完成任务，积极开展技术革新和技术攻关活动，保证了工厂供货合同的按期兑现。

龙文强　男，汉族，1955年11月生，中共党员，高中文化，什邡铁路养路机械有限责任公司总经理。2000年获铁道部优秀党务工作者称号。在激烈的市场竞争中，全面强化营销工作，销售收入增长67.8%，利润增长199.8%，全员劳动生产率达20万元/人年。

董兴荣　男，汉族，1967年11月生，高中文化，中共党员，成铁工程集团公司工程二分公司内燃钳工。2000年获局先进生产者称号。工作中勤于钻研，勇于攻坚，荣获集团公司技术大赛第一名。

张德谦　男，汉族，1945年12月生，中共党员，大学文化，宝成指挥部党组书记。2000年局优秀思想政治工作者。在10年铁路重点工程建设中，把党组织的监督保证作用落实在建设管理的各项工作中，充分体现了党组织的作用，圆满完成各项施工任务。

彭乃旻　男，汉族，1945年9月生，大学文化，中共党员，成都铁路局科学技术研究所高级工程师。1995年全国铁路优秀科技工作者，1999年省政府授予"四川省有突出贡献的优秀专家"称号，2000年获国务院颁发的政府特殊津贴。

高建国　男，汉族，1954年2月生，中共党员，中专文化，西昌机务段机车司机。长期坚持安全行车，取得安全生产优异成绩，受到铁道部的嘉奖，被评为全路"十佳"司机。

（局工会）

2002年全路优秀人民警察

因2002年全路优秀人民警察审批时间调整，事迹见2004年《成都铁路局年鉴》人物栏目。

新闻人物

中国共产党第十六次全国代表大会代表

王宝顺　男，汉族，1946年11月生，辽宁大连人，大专文化，高级政工师，中共党员，成都铁路局党委书记。在2002年5月8日至14日召开的中国共产党四川省第八次代表大会上当选为出席中国共产党第十六次全国代表大会代表。

（局组织部）

第十届全国人民代表大会代表

齐文超 男,汉族,1952年7月生,辽宁法库人,大学文化,高级工程师,中共党员,成都铁路局局长。2002年当选为第十届全国人大代表。

(局 办)

中国工会第十三次全国代表大会代表

王瑞江 男,汉族,中共党员,1954年6月生,1972年3月参加工作,河北曲阳人,大学文化,高级政工师,局工会主席。1998年7月17日在北京召开的中国铁路工会全国代表会议上当选为中国工会第十三次全国代表大会代表。

钟 声 男,汉族,中共党员,1960年10月生,1984年11月参加工作,四川中江人,初中文化,重庆客运段列车员。1995年荣获全国劳动模范,1998年当选全国十大杰出工人。1998年7月17日在北京召开的中国铁路工会全国代表会议上当选为中国工会第十三次全国代表大会代表。

(局工会)

中国共产主义青年团第十四次代表大会代表

刘存明 男,1965年2月生,重庆璧山人,汉族,大学文化,中共党员,成都铁路局团委书记。2002年8月调任成都铁路局客运公司工会主席。1998年4月14日在全国铁道团委六届二次全委(扩大)会上当选为出席中国共产主义青年团第十四次全国代表大会代表。

(高 雁)

中国共产党四川省第八次代表大会代表暨中共四川省第八届委员会候补委员

王宝顺 男,汉族,1946年11月生,辽宁大连人,大专文化,高级政工师,中共党员,成都铁路局党委书记。在2002年3月20日召开的中共四川省企业系统党员代表会议上当选为出席中国共产党四川省第八次代表大会代表,在2002年5月8日至14日召开的中国共产党四川省第八次代表大会上当选为中共四川省第八届委员会候补委员。

中国共产党四川省第八次代表大会代表

阿米子黑 男,彝族,1946年12月生,四川布拖人,小学文化,中共党员,西昌铁路公安处普雄派出所正科级侦察员。在2002年3月20日召开的中共四川省企业系统党员代表会议上当选为出席中国共产党四川省第八次代表大会代表(下同)。

周 兵 女,汉族,1960年1月生,四川乐山人,大专文化,中共党员,峨眉车务段峨眉车站副站长。

周家鸣 男,汉族,1958年11月生,重庆市人,大专文化,工程师,中共党员,德阳轨枕厂厂长。

(局组织部)

中国共产党贵州省第九次代表大会代表

兰开锋 男,汉族,1951年11月生,重庆市人,大学文化,中共党员,贵阳铁路分局分局长。2002年当选中共贵州省第九次党代表大会代表(下同)。

胡建湘 男,汉族,1954年10月生,湖南岳阳人,大专文化,中共党员,原贵阳分局运输分处长,现任贵州省水柏铁路有限责任公司总经理。

(何 风)

中国共产党重庆市第二次代表大会代表

李文林 男,汉族,1949年6月生,河北唐山人,1969年1月参加工作,中共党员,大专文化,1984年7月毕业于西南交通大学铁道运输专业,高级政工师,重庆铁路分局党委书记。中共重庆市第二次党代表大会代表。

(李光富)

省、直辖市人民代表大会代表

齐文超 男,汉族,1952年7月生,辽宁法库人,大学文化,高级工程师,中共党员,成都铁路局局长。2003年元月当选四川省第十届人大代表。

熊敬英 女,汉族,1965年11月生,重庆人,硕士研究生,成都铁路局国有资产管理办公室主任。2003年元月当选四川省第十届人大代表。

(王胜利)

兰开锋 男,汉族,1951年11月生,重庆市人,大学文化,中共党员,贵阳铁路分局分局长。2002年当选贵州省第十届人大代表。

(何 凤)

樊克敬 男,汉族,1946年4月生,山西运城人,1970年8月参加工作,中共党员,大学文化,1970年8月毕业于大连铁道学院机械系焊接专业,高级政工师,重庆铁路分局分局长。2003年1月当选重庆市第二届人大代表。

(李光富)

省、直辖市政治协商会议委员

王志敏 男,汉族,1957年12月生,辽宁人,大学文化,高级工程师,成都铁路局工程管理中心技术处副处长。2002年12月当选四川省第九届政协委员。

乐重荣 男,汉族,1953年7月生,台湾人,大学文化,成都铁路局多元经营集团公司经济师。2002年12月当选四川省第九届政协委员。

张金瀛 男,汉族,1941年12月生,天津人,大学文化,成都铁路分局集经管理中心高级工程师。2002年12月当选四川省第九届政协委员。

黄文明 男,汉族,1950年8月生,重庆人,大专文化,中共党员,重庆铁路分局党委副书记。2002年11月当选重庆市第二届政协委员。

胡德银 男,汉族,1947年5月生,四川人,大专文化,贵阳铁路分局海协会秘书长。2003年元月当选贵州省第九届政协委员。

郝龙潭 男,汉族,1949年12月生,江苏人,高中文化,贵阳铁路分局厦门、上海贵铁贸易公司经理。2003年元月当选贵州省第九届政协委员。

(王胜利)

王瑞江 男,汉族,1954年6月生,河北曲阳人,大学文化,中共党员,成都铁路局工会主席。2002年12月当选四川省第九届政协委员。

(局工会)

曹前明 男,汉族,1953年10月生,四川铜梁人,小学文化,中国国民党革命委员会党员,成都分局办公室服务员。2002年12月当选四川省第九届政协委员。

(李玉兰)

张国珍 男,汉族,1946年11月生,甘肃高台人,大学文化,中共党员,贵阳分局党委副书记。2003年元月当选贵州省第九届政协委员。

(何 凤)

新任局职干部简 介

严中地 男,汉族,1949年1月生,四川三台人。1972年3月加入中国共产党。1998年12月毕业于四川省委党校函授学院经济管理专业,大学本科学历。高级政工师。

1965年9月至1968年9月在西南气象学校学习。1968年9月至1969年3月留校待分配。1969年3月至1975年5月在成都铁路分局马角坝采石场当工人、团总支书记。1975年5月至1976年2月任成都铁路分局政治部办公室秘书。1976年2月至1982年8月任成都铁路分局团委书记。1982年8月至1984年9月在西南交通大学运输系学习。1984年9月至1985年11月任成都铁路分局成都车站党委副书记、书记。1985年11月至1987年5月任成都铁路分局工会主席。1987年5月至1996年8月任成都铁路局工会生产部部长、副主席。1996年8月至1997年12月任西昌铁路分局党委副书记(1997年3月至12月主持分局党委工作)。1997年12月至1999年2月任西昌铁路分局党委书记(1998年11月至12月主持分局行政全面工作)。1999年2月至2000年8月任成都铁路局党委副书记。2000年8月至2001年12月任成都铁路分局党委书记。

2001年12月任成都铁路局党委副书记兼纪委书记、政法委书记。

孙青山 男,汉族,1949年10月生,江苏苏州人。1976年12月加入中国共产党。1995年12月毕业于四川省委党校函授学院经济管理专业,大学本科学历。高级政工师。

1969年2月至1971年3月在四川省渡口市金江区新民公社插队。1971年3月至1978年5月在西昌铁路分局峨眉机务段当工人、以工代干。1978年5月至1979年8月在成都铁路局政治部宣传部助勤。1979年8月至1980年7月任成都铁路局政治部宣传部干事。1980年7月至1983年7月在四川省电大机械制造专业学习。1983年7月至1996年7月先后任成都铁路局政治部(党委)宣传部干事、部员、副科长、科长、副部长、部长。1996年7月至2001年3月任成都铁路局党委办公室主任。2001年3月至2002年1月任成都铁路运输检察分院党组副书记(2001年3月至7月在国家检察官学院参加任职资格培训)。

2002年1月任成都铁路运输检察分院检察长。

(杨秦川)

2001年政府特殊津贴享受者

李开南 男,汉族,1961年9月生,大学文化,四川自贡人,中共党员,成都铁路局中心医院外科副主任、骨科主任、副主任医师。

1985年毕业于南京铁道医学院医学系。10多年来,工作中勇于开拓、锐意进取,积极开展影像手术、显微手术和关节镜手术等新技术,并与科研、教学结合,使骨外科的综合实力加强。先后获得铁道部青年科技拔尖人才称号、四川省优秀青年科技创新奖、四川省优秀青年科技学科带头人、铁道部医学重点学科带头人等荣誉。其主研的《注射性臀肌挛缩症的临床研究》和《国产PBLCA可吸收螺钉临床运用研究》两项科研成果均达到国内领先水平,分别获成都铁路局2000年、2001年科技进步一等奖、二等奖。主持开展新技术和新手术40余项,其中获医院新技术一等奖1项,二等奖5项,三等奖3项。在国家级期刊发表论文6篇,其中在《中华医学杂志》发表4篇(论著全文3篇,短篇1篇)。多次参加国际国内学术会议,并进行论文交流。2001年参加美国旧金山举办的第68届全美骨外科的学术会议。分管的科室管理规范化、制度化,连续4年超额完成各项医疗指标,路外收入连续2年突破120万元。骨外科2002年被成都铁路局授予"成都铁路局医学重点学科",在2001年铁道部专家组部重点学科的评审中获得专家好评,顺利通过评审。

胡永明 男,汉族,1949年10月生,大专文化,广西钦州人,中共党员,什邡养路机械有限公司总工程师,高级工程师,养路机械专业学科带头人。

先后多次参加或主持XYD/2型捣固机的试制、改进、生产和开发工作,对其关键零部件升降油缸滚镗刀具,横梁、底架、油箱三大主件镗孔专用设备,高低压双回路液压元件试验台,组合式捣固镐进行改进和设计,在重轨、窄轨、III型捣固机的系列开发中发挥重要作用。先后主持参加过中小型机具液压起道机、液压起拨道器、液压起道器、方枕器、电液转辙机、电动单边清筛机等多种产品的开发研制和改进工作。设计攻克方枕器勾轨装置,在铁道部审查时深受铁科院有关部门专家的好评。独立设计的边坡收碴机填补了国内空白,并创造了较好的经济效益。投入批量生产的CD-Ⅱ小型液压道岔捣固机解决了困扰铁道提速道岔区捣固难的难题,创造了重大科技成果当年立项、当年鉴定、当年生产、当年形成销售的纪录。先后取得7项国家实用型专利,除1项为第三发明人外,均为第一发明人。1994年获铁道部火车头奖章,2001年获全国铁路劳动模范称号。

(吕 阳)

全国优秀共青团团干部

刘存明 男,汉族,1965年生,中共党员,大学文化,成都铁路局团委书记。2002年8月调任局客运公司工会主席。2000年获全路优秀团干部称号,2001年获路局优秀党员、先进工作者称号。2002年5月荣获全国优秀团干部称号。

刘存明自1997年担任局团委书记以来,认真学习,勤奋工作,敬业爱岗,勇于探索,以务实创新精神开拓企业共青团工作新领域,推动了全局团的工作蓬勃发展,局团委多次受到中央、部、省表彰。在全局运输安全生产中,动员和带领8万余名团员青年为路局的两个文明建设做出积极的贡献。

(局团委)

最高人民检察院一等功荣立者

刘 刚 男,汉族,四川成都人,1955年4月生,中共党员,大学文化,成都铁路运输检察院党组书记、检察长。

2002年2月,在全国检察机关第五次"双先"表彰暨基层检察院建设总结表彰大会上,刘刚被最高人民检察院荣记个人一等功。

刘刚自担任检察长以来,

狠抓班子建设，认真贯彻民主集中制原则，发挥党组的集体领导和政治核心作用。他带领干警，认真贯彻高检院提出的检察工作方针，充分发挥检察职能作用，为铁路运输生产和改革发展服务。积极查办贪污贿赂等职务犯罪大要案，深入开展“严打”斗争，强化法律监督职责，搞好检察改革，狠抓基层基础建设。1991年以来，该院党组6次被分局、路局授予“四好班子”称号；1995年、1998年，该院2次被最高人民检察院荣记集体一等功；2000年，被四川省人民检察院评为“五好检察院”和“人民满意检察院”。刘刚本人3次被评为“优秀领导干部”。

（顾　斌）

荣誉记载

全国“五一”劳动奖状获得单位

内江车务段自贡车站

1998年至2000年度局先进集体标兵，1999年四川省职业道德标兵，2000年获四川省文明单位、铁道部火车头奖杯，2001年获铁道部路风先进单位，2001年车站客运室获全国第七届职工职业道德建设“百佳班组”称号。2002年获全国“五一”劳动奖状。

以“树立新理念，提供新服务，塑造新形象”为内容，在车站职工中开展“三新”教育，树立人民铁路为人民的宗旨意识，旅客货主至上的服务意识，立足岗位、从我做起的奉献意识，优质服务促营销的市场意识，文明礼貌、端庄大方的形象意识。坚持严格管理，规范服务标准和形象。优质服务，创一流工作水平。

车站运输收入不断增长，从1995年4 207万元增至2001年8 511万元，平均年递增14.6%。安全生产稳定，截至2001年底，实现3 326天无行车事故，9 272天无旅客伤亡事故；7 269天无货运事故。

火车头奖杯获得单位

成铁工程集团电气化工程有限责任公司

1998年至2000年度局先进单位。全公司职工克服诸多困难，1998年至2001年累计完成总产值4.5亿元，实现利润2 478万元、开发任务1.1亿元，保持了全公司稳步快速的发展。2002年获“火车头”奖杯（下同）。

北碚供电段

1998年至2000年度局先进单位。在班子建设、基础工作、安全生产、技术业务等管理工作中，成绩显著，先后荣获局先进单位、优秀企业、文明单位等称号。

达成公司南充客运公司管内第三乘务组

1998年至2000年度局先进班组。坚持“人民铁路为人民”的宗旨，积极探索优质服务的路子，获得达成公司最佳车班的称号。

凯里供电段龙里接触网工区

1998年至2000年度局先进班组。在完善管理制度、坚持民主管理、加强思想政治工作等方面摸索出一整套经验，工作上取得优异成绩。

成都东车辆段峰前场列检所

1998年至2000年度局先进班组。在车间管理中积极开展列检标准化建设，11年来共检修列车20余万列，计1 200余万辆，未发生任何行车事故和人身事故，创安全天数4 000余天。

（局工会）

2002年全国青年文明号

贵阳机务段$SS_3$4260青年机车包乘组

贵阳机务段$SS_3$4260青年机车组负责担当黔桂线贵阳至贵定、湘黔线贵阳至凯里的客货运输任务。自1998年成立以来，机车组成员始终保持良好的敬业精神，坚持全心全意为安全运输生产服务，1999年至2001年连续3年被段评为先进集体，1999年被路局评为标准示范机车。共完成3 000余趟客货牵引任务，安全行车超过60万公里。2002年10月共青团中央及全国铁道团委联合授予贵阳机务段$SS_3$4260青年机车组“全国青年文明号”称号。

（高　雁）

全路优秀党务工作者

伍伟军　陈炳海

全路学习实践“三个代表”重要思想基层干部先进个人

张同庆　余平元　刘兴才
但远冰　钱立好

局党委“七一”表彰名单

全局“创岗建区”先锋(10名)

刘国友　胡桂芳　周　文
陈忠秀　陈春辉　周正琴
聂国良　胥早霞　彭乃旻
刘秀奎

全局“一练三过硬”组织工作突出的站段党委(10个)

绵阳工务段党委
峨眉机务段党委
德阳车务段党委
重庆客运段党委
自贡工务段党委
贵阳站党委
安顺工务段党委
通信信号工程分公司党委
什邡瑞邦机械有限责任公司党委
南充客运公司党委

全局“一练三过硬”组织工作突出的党支部(15个)

攀枝花车务段巴关河车站党支部
江油机务段检修车间第二党支部
成都电务段广元电务党支部
内江车务段金沙湾站区党支部
重庆西机务段渝达车队党支部
重庆工务段綦江桥隧领工区党支部
贵阳站客运车间党支部
贵阳机务段运转车间党总支
贵阳车辆段六盘水列检所党支部
工程三公司龙里项目党支部
德阳轨枕厂轨枕车间党支部
局中心医院外科党支部
南充客运公司管内车队第六列车党支部
局房地产开发公司建安党支部
铁通四川分公司峨眉通信段燕岗领工区党支部

全局“创岗建区”成绩显著共产党员(100名)

成都分局(36名)

张克兰　蒲烈彬　任志新
柴国昌　李　彬　刘永明
杨　剑　梁成鹰　张春光
程其明　张龙孝　李世林
张玉凤　毛继友　唐文祥
向伯均　龙世万　姜书政
王　静　郑金良　刘　勇
傅静生　宋世久　王国荣
李作发　张邦林　陈　丽
袁宇银　郑付良　陈安贵
郑　杰　冯孝德　陈永红
杨永文　周　鹰　王　忠

重庆分局(24名)

周　明　何为富　李加云
蒋　萍　贺　斌　莫拥吉
易　宏　韩春雨　马德华
周树渝　王川生　曾　宁
刘天其　詹标东　周　四
喻兴智　李云光　陈世贵
杨金树　陈　杰　向绍勇
袁华轩　叶德云　张家奇

贵阳分局(24名)

郑广亮　曹　飞　陈凤友
侯淑菊　石　俊　邓志培
黄忠杰　张克有　李顺忠
申庆益　谢高光　裔　昕
胡绍黔　葛华蓉　张贵明
孙贵川　张润全　刘前进
杨丕杰　余佐成　贾洪星
马家石　陈文富　刘东波

成铁工程(集团)公司(3名)

毛德平　程光蓉　王三勤

局多元经营管理中心(3名)

文庆辉　吴汉渝　张清福

局直属机关党委(2名)

刘尧生　李　萍

达成铁路有限责任公司

刘应发

达万铁路有限责任公司

张　超

成都铁路运输学校

赵玉生

内江铁路机械学校

易　刚

铁通四川分公司

李永贵

中铁物资成都公司

周　伟

铁道部成都木材防腐厂

李荣渝

铁道部隆昌工务器材厂

罗东荣

全局“一练三过硬”成绩显著共产党员(60名)

成都分局(18名)

张　琴　沈培红　彭金良
丁远光　舒治勇　沈仁祥
熊建中　尤　春　曾乐德
陈远国　周南翔　王洪祥
杨　坤　陈　平　相建斌

包流贵　卿厚安　曾俊林

重庆分局(13名)
刘延年　喻智彬　朱太忠
陈世平　陈　雷　刘　敏
胥树轩　曾　锦　梁正华
曹　进　李家睿　严红梅
张　元

贵阳分局(13名)
陈黔明　胡志良　胡克华
张启寿　刘　猛　唐贵萍
阮明星　陶春强　陈　勇
赖明贵　阳新民　曹代荣
赵国安

成铁工程(集团)公司(4名)
雷　东　张孝绪　彭　舸
郑　建

局多元经营管理中心(3名)
胡恩明　郭劲民　王维克

局直属机关党委(4名)
王　勇　韩继国　刘志勤
高香云

达成铁路有限责任公司
戴礼春

铁通四川分公司
周皖川

成铁公安局
康开胜

铁道部成都木材防腐厂
潘　敏

铁道部隆昌工务器材厂
冯帮山

全局在"三讲"教育和"三个代表"重要思想学习教育活动中成绩显著的优秀党务工作者和学习实践"三个代表"重要思想基层干部先进个人

全局优秀党务工作者(60名)

成都分局(16名)
牟文彬　康保安　何恩贵
姚龙喜　陈晓雪　彭　智
张险峰　章宗瑞　张宝印
龚元华　邓　军　何　涛
高泽龙　刘　弘　曾育英
周志良

重庆分局(11名)
黄文明　杜先明　杨家荣
潘晓明　蔡泽琪　王应全
李辉先　徐安文　何应新
李先进　孙念林

贵阳分局(11名)
张国珍　郭龙佑　王朝元
余成新　王林珠　史　忠
宋晓兰　刘国宣　吴胜光
邬厚诚　金世明

工程集团公司(5名)
杨宏钦　蔡方勇　杨文运
孟家云　李昌木

多元经营管理中心(4名)
李伍国　舒元仲　朱常湘
李光明

局直属机关(11名)
唐忠明　李文宝　陆业武
杨福明　吴大全　胡克勤
黄增伟　张克坚　张凌志
樊　渝　朱渝智

达成公司(1名)
杨崇甫

铁通四川分公司(1名)
张辉群

全局基层干部先进个人(40名)

成都分局(12名)
向　阳　郑付良　吕迎新
廖　勇　谢耀邦　李建平
董　良　卿厚安　郭文才
王　飞　刘千里　周国良

重庆分局(9名)
赵　红　黄小冬　冯在奎
许俊安　杨　青　戴子模
王　卓　杨朝福　李　静

贵阳分局(9名)
谢国平　赵景华　王宏宇
王代良　拾方宝　夏　琪
张洪卫　罗开明　程建全

工程集团公司(3名)
张书庭　谭荣昌　杨　辉

多元经营管理中心(3名)
罗鸿峡　吴长林　李小斌

局直属机关(2名)
贺明灿　王方林

达成公司(1名)
荣廷华

铁通四川分公司(1名)
刘顺华

(局组织部)

人物名表

2001年评审通过的高级技术职务人员名单

序号	工作单位	姓名	性别	出生年月	毕业院校	评审职务
1	成都铁路公安学校	王明亮	男	195112	四川教育学院	高级讲师
2	成都铁路运输学校	陈方云	男	196408	四川师范大学	高级讲师
3	成都铁路运输学校	曹晓红	女	196701	西南师范大学	高级讲师
4	成都铁路运输学校	周　梅	女	196503	西南交通大学	高级讲师
5	成都铁路运输学校	叶　淳	男	195501	成都电子科技大学	高级讲师
6	成都铁路运输学校	曹　勇	男	196811	西南交通大学	高级讲师
7	成都铁路运输学校	钟起辉	男	196106	西南交通大学	高级讲师
8	成都铁路运输学校	余　蕾	女	196407	西南师范学院	高级讲师
9	贵阳铁路技校	刁　浩	男	196502	贵州大学	高级讲师
10	内江铁路机械学校	周江涛	男	196805	西南交通大学	高级讲师
11	内江铁路机械学校	徐守菊	女	196604	兰州铁道学院	高级讲师
12	内江铁路机械学校	黄　强	男	196610	西南师范大学	高级讲师
13	内江铁路机械学校	刘　艳	女	196806	苏州铁道师范学院	高级讲师
14	内江铁路机械学校	刘红霞	女	196610	西南交通大学	高级讲师
15	内江铁路机械学校	李　文	女	196811	北方交通大学	高级讲师
16	内江铁路机械学校	钟晓明	男	196504	西南师范大学	高级讲师
17	成都铁路运输学校	马　雄	男	196111	兰州铁道学院	高级讲师
18	成都铁中	黄惠萍	女	196202	四川师范学院	中教高级
19	成都铁中	孙美娟	女	194908	成都教育学院	中教高级
20	成都铁中	曾淑新	女	194808	四川师范学院	中教高级
21	成都铁中	金东清	女	196907	苏州铁道师范学院	中教高级
22	成都铁中	杨志荣	男	196305	四川教育学院	中教高级
23	成都铁中	刘成树	女	194807	成都教育学院	中教高级

序号	工　作　单　位	姓　名	性别	出生年月	毕　业　院　校	评　审　职　务
24	成都铁中	刘祖鑫	男	194606	成都体院	中教高级
25	成都铁中	杨玉珍	女	194905	四川师范大学	中教高级
26	都匀铁中	邹国庆	男	195808	贵州师范学院	中教高级
27	贵阳铁二中	何光琴	女	195308	贵州大学	中教高级
28	贵阳铁二中	陈懋忠	女	195304	贵州教育学院	中教高级
29	贵阳铁二中	张忠义	男	194602	通信指挥学院	中教高级
30	贵阳铁一中	吕崇德	男	196001	贵州教育学院	中教高级
31	贵阳铁一中	柳　俊	女	195602	贵州教育学院	中教高级
32	贵阳铁一中	林　勇	男	196507	贵州师范大学	中教高级
33	贵阳铁一中	周超英	女	195802	贵州师范大学	中教高级
34	西昌铁中	刘志东	男	196802	西昌师专	中教高级
35	西昌铁中	熊　鹰	男	196303	四川师范学院	中教高级
36	荷花池铁中	汪绍丽	女	196301	重庆师范学院	中教高级
37	绵阳铁中	李　蓉	女	196809	重庆师范学院	中教高级
38	荷花池铁中	陈弋的	男	195703	西南师范学院	中教高级
39	绵阳铁中	蔡家棣	男	194810	西昌师专	中教高级
40	西昌铁中	董方琪	男	196203	安庆师范学院	中教高级
41	凯里铁中	曾祥英	女	196509	贵州师范大学	中教高级
42	凯里铁中	陆　燕	女	196502	贵州教育学院	中教高级
43	凯里铁中	符志刚	男	196405	贵州教育学院	中教高级
44	凯里铁中	杨殿碧	男	196308	凯里师专	中教高级
45	六盘水铁中	姚文明	男	196511	贵州大学	中教高级
46	内江铁中	陈华东	男	196411	内江师专	中教高级
47	内江铁中	赖建军	男	196301	四川教育学院	中教高级
48	内江铁中	杜才友	男	196807	苏州铁道师范学院	中教高级
49	重庆铁中	李　健	女	196601	四川师范大学	中教高级
50	重庆铁中	包先岚	女	195708	重庆师范学院	中教高级

序号	工作单位	姓名	性别	出生年月	毕业院校	评审职务
51	重庆铁中	刘松鹤	男	196910	西南师范大学	中教高级
52	重庆铁中	王升吉	男	196201	南充师范学院	中教高级
53	重庆铁路医院	江建华	女	196602	重庆医科大学	副主任医师
54	局中心医院	裘 锦	女	196112	贵阳医学院	副主任医师
55	贵阳铁路医院	杨 萍	女	196406	贵阳医学院	副主任医师
56	广元铁路医院	杨清强	男	196612	泸州医学院	副主任医师
57	局结核院	张 鼎	男	194901	南京铁道医学院	副主任医师
58	局中心医院	邓 云	女	196303	遵义医学院	副主任医师
59	贵阳铁路医院	宋晓莉	女	196012	贵阳医学院	副主任医师
60	都匀铁路医院	但 翼	女	195901	遵义医学院	副主任医师
61	遵义铁路医院	邹 洪	男	196412	遵义医学院	副主任医师
62	局中心医院	李 渝	女	195307	南京铁道医学院	副主任医师
63	局中心医院	陈爱武	女	195411	第三军医大学	副主任医师
64	局中心医院	葛正庆	男	196309	重庆医科大学	副主任医师
65	重庆铁路医院	李 渝	男	194702	华西医科大学	副主任医师
66	局中心医院	罗光平	男	195308	第四军医大学	副主任医师
67	重庆铁路医院	钟 玫	女	196306	重庆医科大学	副主任医师
68	局中心医院	文 燕	女	196308	泸州医学院	副主任医师
69	贵阳铁路医院	邓 琴	女	195609	贵阳医学院	副主任医师
70	广元铁路医院	李小庆	女	196409	南京铁道医学院	副主任医师
71	重庆铁路医院	曾令碧	男	194910	南京铁道医学院	副主任医师
72	局中心医院	徐秀蓉	女	196202	泸州医学院	副主任医师
73	局中心医院	员 晋	男	196507	南京铁道医学院	副主任医师
74	重庆铁路医院	宋志芳	女	195307	泸州医学院	副主任医师
75	西昌铁路医院	杨成敏	男	196709	同济医科大学	副主任医师
76	局中心医院	陈 刚	男	196204	南京铁道医学院	副主任医师
77	内江铁路医院	李 茂	男	196109	泸州医学院	副主任医师

序号	工 作 单 位	姓 名	性别	出生年月	毕 业 院 校	评 审 职 务
78	贵阳铁路医院	董建军	男	195708	遵义医学院	副主任医师
79.	西昌铁路医院	廖 华	男	196503	南京铁道医学院	副主任医师
80	局中心医院	吴忠和	男	195502	湖南中医大学	副主任医师
81	贵阳铁路医院	陈 斌	男	196410	贵阳中医学院	副主任医师
82	局中心医院	罗晓萍	女	196210	成都中医大学	副主任医师
83	内江铁路医院	乐 奇	男	196303	青海医学院	副主任医师
84	局防疫站	王 勇	男	196501	南京铁道医学院	副主任医师
85	局防疫站	鲁晓明	女	195504	.华西医科大学	副主任医师
86	局防疫站	余文杰	男	196505	华西医科大学	副主任医师
87	重庆防疫站	龚 涛	女	196406	南京铁道医学院	副主任技师
88	局防疫站	张丽萍	女	195809	华西医科大学	副主任技师
89	贵阳防疫站	黎 明	男	196110	贵阳医学院	副主任医师
90	局科研所	孔 隽	男	196407	北方交通大学	高级工程师
91	成都客运段	江 波	男	196812	上海铁道学院	高级工程师
92	局客运事业部	杜笑非	男	196605	四川大学	高级工程师
93	重庆分局总工室	陈亚波	男	196309	西南交通大学	高级工程师
94	局运输调度处	刘继勇	男	196104	西南交通大学	高级工程师
95	峨眉车务段	罗加明	男	196309	西南交通大学	高级工程师
96	局货运事业部	余洪斌	男	196708	西南交通大学	高级工程师
97	德阳车务段	秦 云	男	196303	长沙铁道学院	高级工程师
98	成都分局机关	陈 青	女	196702	成都电讯学院	高级工程师
99	贵阳分局机关	袁 强	男	196509	长沙铁道学院	高级工程师
100	峨眉机务段	杜 雄	男	196412	上海铁道学院	高级工程师
101	成都东车辆段	吴光华	男	196704	长沙铁道学院	高级工程师
102	重庆车辆段	罗 李	男	196901	北方交通大学	高级工程师
103	局机务处	吴卓章	男	196705	上海铁道学院	高级工程师
104	北碚供电段	尹小林	男	196312	西南交通大学	高级工程师

序号	工作单位	姓名	性别	出生年月	毕业院校	评审职务
105	局机务处	章启宏	男	195109	浙江大学	高级工程师
106	遵义机务段	毛　寅	男	196209	上海铁道学院	高级工程师
107	工程电化公司	张　健	男	196805	西南交通大学	高级工程师
108	重庆分局机务分处	罗洪流	男	196210	西南交通大学	高级工程师
109	贵阳车辆段	解　武	男	196710	北方交通大学	高级工程师
110	重庆分局机务分处	郑行建	男	196310	西南交通大学	高级工程师
111	西昌机务段	张曙光	男	196904	西南交通大学	高级工程师
112	成都东车辆段	尚　军	男	196504	西南交通大学	高级工程师
113	局株六指挥部	黎　康	男	196610	上海铁道学院	高级工程师
114	西南铁路监理公司	冯天锡	男	194407	西南交通大学	高级工程师
115	局设计院	杨贵勇	男	196912	西南交通大学	高级工程师
116	工程三公司	王银之	男	196802	兰州铁道学院	高级工程师
117	局宝成指挥部	李亚林	男	196311	石家庄铁道学院	高级工程师
118	局科研所	张鸿凯	男	194312	重庆建筑学院	高级工程师
119	局设计院	汪　彬	男	196801	西南交通大学	高级工程师
120	局设计院	周立新	男	196804	西南交通大学	高级工程师
121	工程建筑公司	何国辉	男	196808	兰州铁道学院	高级工程师
122	局设计院	余　芒	男	196809	西南交通大学	高级工程师
123	局株六指挥部	左兴明	男	196301	西南交通大学	高级工程师
124	工程建筑公司	张　峰	男	196902	西南交通大学	高级工程师
125	局设计院	胡剑平	男	196606	兰州铁道学院	高级工程师
126	贵阳工程总公司	袁小树	男	196705	贵州工业大学	高级工程师
127	成都分局机关	李晓军	男	196512	长沙铁道学院	高级工程师
128	局工务处	刘兴奇	男	196611	西南交通大学	高级工程师
129	局工务处	吴　俊	男	196803	西南交通大学	高级工程师
130	重庆分局大机队	唐　琨	男	196112	西南交通大学	高级工程师
131	局安监室	李　浩	男	196602	上海铁道学院	高级工程师

序号	工作单位	姓名	性别	出生年月	毕业院校	评审职务
132	局设计院	赵南英	女	196407	上海铁道学院	高级工程师
133	局科研所	杨定军	男	195010	兰州铁道学院	高级工程师
134	北碚电务段	王　华	男	196310	兰州铁道学院	高级工程师
135	重庆电务段	赫英鞍	男	195711	兰州铁道学院	高级工程师
136	局株六指挥部	龙仕雄	男	196510	兰州铁道学院	高级工程师
137	局基建管理中心	帅鹏章	男	196510	兰州铁道学院	高级工程师
138	局电务处	张登贵	男	194501	北方交通大学	高级工程师
139	广汉机械厂	贺冀川	男	196304	北京航空学院	高级工程师
140	重庆配件厂	艾德智	男	196412	大连铁道学院	高级工程师
141	局卫生管理中心	秦永华	男	196508	兰州铁道学院	高级工程师
142	双流起重机械厂	李文武	女	196608	长沙铁道学院	高级工程师
143	局劳资处	杨书良	男	194411	四川大学	高级工程师
144	资阳配件厂	李文革	男	196806	大连铁道学院	高级工程师
145	物资工业总公司	熊　华	男	196204	西南交通大学	高级工程师
146	局总工室	黄昌棋	男	196410	长沙铁道学院	高级工程师
147	成都分局机关	袁仲权	男	196501	上海铁道学院	高级工程师
148	局株六指挥部	伍程亩	男	194409	兰州铁道学院	高级工程师
149	资阳配件厂	王田平	男	196908	大连铁道学院	高级工程师
150	局教育中心	章曼琳	女	196308	四川师范大学	高级工程师
151	局财务处	鲁　坚	男	196905	北方交通大学	高级会计师
152	局财务处	尹大富	男	196501	四川省委党校函授	高级会计师
153	局财务处	曾孝弟	男	196411	四川省委党校函授	高级会计师
154	成都分局机关	陈海燕	女	196704	北方交通大学	高级会计师
155	局中心医院	张　辉	男	196007	遵义医学院	副主任医师
156	局中心医院	郭肖陵	男	194703	第三军医大学	主任医师
157	局党校	赵宏章	男	196601	贵州师范大学	副教授
158	局计统处	段陆奇	男	195305	四川省委党校函授	高级统计师

（吕　阳）

2001年评审通过的高级政工师名单

序号	工作单位	姓名	性别	出生年月	毕业院校	评审职务
1	贵阳电务段	刘蓉生	男	195612	贵州教育学院	高级政工师
2	贵阳客运段	王志立	男	195312	四川省委党校	高级政工师
3	重庆建筑段	张正聆	男	194712	重庆师范学院	高级政工师
4	贵阳公安处	陈宗福	男	195003	贵州省委党校	高级政工师
5	重庆电务段	刘文修	男	195309	中央党校	高级政工师
6	内江电务段	谷爱民	男	195407	中央党校	高级政工师
7	重庆分局政法办	杨荣旭	男	194802	中央党校	高级政工师
8	铁通重庆分公司	杨光大	男	195412	中央党校	高级政工师
9	铁通北碚通信段	许光	男	195507	四川省委党校	高级政工师
10	贵阳分局干部分处	陈平	男	195501	贵州省教育学院	高级政工师
11	工程建筑公司	左翼	男	196311	中央党校	高级政工师
12	成都分局机关	丁现峰	男	194911	四川师范大学	高级政工师
13	成都客运段	杨松	男	195712	四川省委党校	高级政工师
14	绵阳工务段	骆华荣	男	194902	四川省委党校	高级政工师
15	江油电务段	何发钊	男	194802	四川省委党校	高级政工师
16	局工会	李先勤	男	195509	四川省委党校	高级政工师
17	局房地产公司	万柱强	男	195304	四川省委党校	高级政工师
18	局中心医院	周晓春	女	195202	四川省委党校	高级政工师
19	局防疫站	敬军	男	194706	成都电子科技大学	高级政工师
20	局关工委	许瑜	女	195510	四川省委党校	高级政工师
21	局中心医院	代兵伟	男	194903	四川省委党校	高级政工师
22	局实业公司	陈宪文	男	195401	四川省委党校	高级政工师
23	局多元中心	秦昭文	男	194905	兰州铁道学院	高级政工师
24	局物资工业公司	刘燕	女	195807	四川省委党校	高级政工师

（吕　阳）

铁路分局

责任编辑　许娜

成都分局

【综　述】 2002年末,成都分局职工总数57002人(含非在岗职工、成都客运分公司职工),下设基层单位50个。固定资产原值236.4亿元、净值167.6亿元。成都分局机关设在四川省成都市二环路北三段528号,邮政编码610081,值班电话33550(路电)、83332650(市电),传真32650(路电)、86432650(市电)。

成渝、宝成、成昆、达成铁路在成都交汇,形成分布于成都市区外围呈环形的成都铁路枢纽,是沟通西南边陲和祖国各地的政治、军事、经济的重要通道。枢纽中的成都东站是西南地区最大的编组站,全路16个区域性大型编组站,年集装箱办理量继续位居全路第一;成都站是全路八大客运站之一,也是西南地区最大的客运站和路局惟一的客运特等站,是进出川旅客的主要集散地。

成都分局管辖线路区段地质、地貌复杂,地貌阶梯明显,山区铁路特征突出,气候复杂多变,自然灾害频繁。其中,成昆铁路南段大部分线路处于7至9烈度地震区,新铁村至黄联关近80公里为9烈度区。管辖线路沿线年平均气温在16.1℃至17.7℃之间,绝对最高温度为37.3℃,绝对最低温度为-4.6℃,分属亚热带湿润季风性气候、亚热带季风性气候、温带高山气候。经济吸引区域涵盖川滇两省81个市县和西藏大部、甘肃南部。区域内物产富饶,矿产资源丰富,工、农业发达,水能资源蕴藏量约占全国十分之一;区域内国家、省级、市级人文、自然景观多达80余处。

【管辖范围】 运营线路总里程1978.424公里(其中广旺支线普济站至旺苍站段属临管线,运行里程26.408公里),管辖线路总延长1952.016公里(不含临管线,含开通的复线)。管辖干线:宝成铁路广元站至成都站段615.735公里(含复线段295.481公里);成渝铁路成都站至史家乡站段216.500公里;成昆铁路成都站至攀枝花段751.780公里;达成铁路龙潭寺站至城厢站段27.474公里。支线:广旺支线广元南站至嘉川站段55.670公里,嘉普临管线旺苍至普济站段26.408公里;德天支线德阳站至汉旺站段41.952公里;广岳支线广汉站至岳家山站段64.912公里;成汶支线青白江站至都江堰站段59.513公里;资威支线资中站至坭河段29.293公里;渡口支线三堆子站至格里坪站段36.959公里。渡口联络线3.970公里。枢纽:成渝铁路引入线3.820公里;成昆铁路引入线成都东站至沙河堡站段1.657公里;北环线青白江至龙潭寺站段29.181公里;西环线成都南站至成都西站段13.600公里。

【机构设置】

一、机关行政机构

1. 限额内机构

办公室　总工程师室　安全监察室　运输分处　货运分处　机务分处　工务分处　电务分处　车辆分处　基建分处　干部分处　劳资分处　财务分处　计划统计分处　审计分处　物资设备管理分处　综合研究分处　收入检查室　人民武装部　监察分处(与分局纪委合署办公)　保密办公室(与分局党委办公室合署办公)

2. 管理中心

房地产管理中心　卫生管理中心　教育管理中心

3. 限额外机构

多元经营管理分处　集体经济管理分处　离退休职工服务中心　关心下一代工作委员会办公室　社会保险管理分中心

4. 其他机构

分局调度所

二、党群机构

1. 限额内机构

党　委

办公室　组织部　宣传部　政法委员会办公室(铁路治安综合治理办公室)　分局机关党委

纪　委

办公室　纪检监察室　案件审理室　执法监察室　路风监察室

工　会

办公室　组织民管部　生产宣教部　保障工作部

团　委

2. 附属(学协会)

分局思想政治工作研究会　文学艺术联合会　分局体育协会　分局文化宫　西昌文化宫　分局体育馆　西昌体育馆　分局游泳池　广元俱乐部　绵阳俱乐部　成都东俱乐部　峨眉俱乐部　攀枝花俱乐部

3. 派出机构

西昌地区工委

三、分局附属机构

电务试验室　安全宣传车　分局电视新闻中心　机关小车队　机关保卫科　再就业服务分中心　职业技能鉴定站(所)　人才开发交流培训中心　堵漏保

收队　代收款结算中心　《四川铁道报》编辑部　国有资产管理办公室　成都铁路工程质量监督站成都分站　土地开发管理办公室

四、机关直属机构

装卸服务公司　都江堰职工培训中心　信息技术中心　锅炉压力容器检验所　成都房管所　集装箱运输中心　成都铁道结算中心成都分中心　工程联络组

五、政法系统

成都公安处　西昌公安处　成都铁路运输法院　西昌铁路运输法院　成都铁路运输检察院　西昌铁路运输检察院

六、派驻及学、协会机构

西昌地区办事处　企业管理协会

七、基层单位(见表15-1)

【主要领导干部】

分局长　陈启华

副分局长　朱元生

王明慧

贾铭理（11月免）

孙德忠（10月任）

吴向东（10月任）

俞　平（10月免）

尹积仁（10月调离）

郭洪江（10月免）

总工程师　刘思明（10月免）

俞　平（10月任）

总经济师　王德安（3月调离）

陈祝建（10月任）

调研员　王保禄

刘思明（10月任）

郭洪江（10月任）

党委书记　贾定成

党委副书记　陈启华(兼)

牟文彬（10月免）

朱元生（10月免）

康保安（10月免）

陈德友（10月任）

纪委书记　陈德友（10月免）

康保安（10月任）

工会主席　陈祝建（10月免）

牟文彬（10月任）

【部门主要负责人】

行　政

办公室主任　袁习金（6月免）

江　波（6月任）

西昌地区办事处主任　郭乃寿

副总工程师兼总工程师室主任　陈希平（8月免）

马俊涛（8月任）

安全监察室主任　黄伯洋

综合研究分处分处长　刘云清（8月免）

袁志强（8月任）

运输分处分处长　罗良佑

调度所主任　谢代荣（8月免）

杨金盛（8月任）

货运分处分处长　向劲松

机务分处分处长　宋宗维

工务分处分处长　肖生海（5月免）

黄国忠（6月任）

电务分处分处长　安崇伦（6月免）

副分处长　恽铁英（9月任）

车辆分处分处长　张伯良

物资设备管理分处分处长　刘乐垦

基建分处分处长　赵金星

房地产管理中心主任　李德刚

干部分处分处长　孟瑞林

劳资分处分处长　陈天而

财务分处分处长　程友恒

计划统计分处分处长　鲜镇江

收入检查室主任　石松茂

审计分处分处长　冯丹宁（10月调离）

副分处长　张诗永（9月任）

卫生管理中心主任　王爱华（8月免）

陈俊辉（8月任）

人民武装部部长　韩俊忠

监察分处分处长　何恩贵(兼)

企业管理协会秘书长　彭家齐（8月退休）

吴引祥（8月任）

保密办公室主任　柳树国(兼)（10月调离）

袁仲权(兼)（10月任）

多元经营管理分处分处长　李学斌

集体经济管理分处分处长　陈政刚

离退休职工服务中心

主任　王春立

教育管理中心主任　程克庆

（6月免）

曾怀高

（6月任）

关工委办公室主任　刘远凤

信息技术中心主任　姜照明

电视新闻中心主任　宋　阳

土地开发管理办公室

副主任　王有成

《四川铁道报》编辑部

主任　余　健

综治委办公室主任　龚长荣（兼）

党　委

党委办公室主任　柳树国

（10月调离）

袁仲权

（10月任）

组织部部长　陈晓雪

宣传部部长　夏　平

（6月任）

政法委员会副书记　程仲元

（5月免）

何发钊

（5月任）

政法委员会办公室主任　龚长荣

西昌办事处工委书记　张宝印

工会党组书记　陈祝建

（10月免）

牟文彬

（10月任）

多元经营管理分处党委

书记　王顺祥

集体经济管理分处党组

书记　陈政刚（兼）

教育管理中心党委书记　陈宗荣

机关党委书记　陈向平

分局党校常务副校长　张宏伟

调度所党总支书记　郑永维

（8月免）

马　斌

（8月任）

纪　委

纪委副书记　何恩贵

姚龙喜

（11月免）

车定邦

（6月任）

纪委办公室主任　沈正华

纪检监察室主任　张嘉泰

审理室主任　唐正全

执法监察室主任　王汝群

路风监察室主任　李德勇

工　会

工会副主席　樊明明

杨汝彤

办公室主任　章宗瑞

（10月调离）

组织民管部部长　昌家富

生产宣教部部长　隆泽光

保障工作部部长　徐美娟

团　委

团委书记　黄　洁

（8月调离）

罗冠军

（11月任）

政法系统

成都公安处处长　任承庆

成都公安处党委书记　王家魁

西昌公安处处长　白　旭

西昌公安处党委书记　白旭东

成都铁路运输检察院

检察长兼党组书记　刘　刚

西昌铁路运输检察院

检察长兼党组书记　吕　明

成都铁路运输法院

院长兼党组书记　蔡　瑜

西昌铁路运输法院

院长兼党组书记　纪保东

【职工队伍】　2002年末，职工总数57 002人（含非在岗职工、成都客运分公司职工）。工人总数39 583人（其中技术工人32 528人）。干部总数10 708人（其中，行政干部5 309人，政工干部1 035人，从事专业技术工作的技术干部2 746。

表13－1　成都分局工人情况　（2002年）

工人总数	其中女工	文化程度					技术等级										年龄状况				
		初中以下	高中	技校	中专	大专以上	取得职业资格证书	其中					取得等级证书	其中			25岁以下	26至35岁	36至45岁	46至55岁	56岁以上
								初级技工	中级技工	高级技工	技师	高级技师		初级技工	中级技工	高级技工					
39583	9702	17429	11992	2334	5732	2096	18994	1616	8775	8446	156	1	13534	3138	7831	2565	3497	17599	13018	4984	485

表 13-2 成都分局干部情况 (2002年)

干部总数	其中：女干部	行政干部	政工干部	两经干部	生产干部	级别：副局级	处级	科级	其他	技术职务：高级	中级	初级	文化程度：初中以下	高中	中专	大专	本科以上	年龄状况：25岁以下	26至35岁	36至45岁	46至54岁	55至60岁
10708	3231	5309	1035	1698	2666	2	162	1711	6131	185	2453	4617	918	1622	2963	3705	1600	236	3196	3287	2999	969

【技术设备】 车站数量及等级：管辖车站187个。其中：特等站2个，成都、成都东；一等站2个：宝成铁路的广元（含广元南）、绵阳（含绵阳北）；二等站3个，成昆铁路的燕岗、西昌南、攀枝花；三等站19个：宝成铁路的昭化、马角坝、江油、二郎庙、德阳、广汉、青白江；成渝铁路的简阳、资阳、资中；成昆铁路的成都南、眉山、乐山、峨眉、普雄、西昌、弄弄坪、巴关河、密地；四等站152个；五等站6个；线路所3个（宝成铁路的白田坝、东坝、罗妙真）。

线路设备：管辖线路总延长2 996.501公里（不含临管线，含开通的复线）。道岔3 634组。其中：正线1 952.016公里；临管线26.408公里（广旺支线旺苍站至普济站）；站线930.537公里，其中到发线537.054公里；段管线77.100公里；岔线22.428公里；特别用途线14.360公里。桥梁1 518座，延长106.372公里（含广旺支线嘉普段27座，延长4.133公里）。隧道448座，延长296.815公里（含广旺支线嘉普段17座，延长3.223公里）。涵渠4 705座，延长96.932公里（含广旺支线嘉普段101座，延长2.037公里）。曲线2 164个，延长792.083公里（含广旺支线嘉普段37个，延长12.561公里）；道口（平交）183处，其中有人看守85处（铁路看守46处，地方看守39处）。2002年，正线综合维修1 330.5公里，维修优良率100%。

客货运设备：管内办理客运业务的车站共39个。有旅客站舍39处，站舍总面积101 020平方米；站台雨棚32座，总长度12 800米；地道15座，总长度580米；天桥5座，总长度298米。办理货运业务的车站共131个。货场总面积1 606 033平方米；货物装卸线206条，装卸有效长59 894米，露天站台109座，使用面积119 504平方米；露天货区使用面积212 003平方米；货物仓库175座115 199平方米，货物雨棚18座22 432平方米；装卸机械133台；货场围墙15 997米，硬化地面471 010平方米，年办理量3 558.86万吨。

机车设备：配属机车361台。其中，电力机车282台，内燃机车79台（东风4型19台，东风5型36台，东风7型24台）。电力机车检修台位9个（架修台位2个，定修台位7个），内燃机车检修台位8个（架修台位2个，定修台位6个）。2002年，完成电力机车鉴定223台，优良率95%。

供电设备：接触网线路2 684.199条公里，牵引变电所32座，开闭所3座，主变压器装机容量1 176兆伏安，年供电量896 209万千瓦小时。电力线路2 826.98公里，变、配电设备4 311台（座），供电能力128 016千伏安，年供电量16 114.96万千瓦小时。2002年，牵引供电力率95%；电力供电力率96.82%。

给水设备：给水所35个，给水站31个，给水管线346.26公里，扬水装机容量4 516千瓦，水源设施54处（座），客、货车上水栓1 013个。年供水量2 794.92万立方米。2002年，净水合格率100%，净水消毒合格率100%。

车辆设备：无配属车辆。2002年，货车车辆检修车计划23 988辆，实际检修车完成23 980辆，为计划的99.9%；定检一次合格率：入段厂修97.5%，段修99.1%，辅修99.5%，临修99.8%。

信号设备：信号设备换算道岔19 289.356组。继电集中联锁站146站，计算机联锁站17站，非集中联锁站8站，驼峰场5场。联锁道岔3 189组。其中，电液转辙机2 490台，电动转辙机1 793台，电空转辙机18台，转辙握柄电锁器24台。信号机5 359架。其中，高柱信号机719架，矮柱信号机1 793架，调车信号机2 682架。轨道电路4 356区段；闭塞设备1 533.785公里。其中，自动闭塞180.018公里，半自动闭塞1 324.661公里。机车信号长度1 817.706公里，机车信号设备325套。道口信号设备43处。信号电缆28 469.29公里。电源屏817台。2002年,信号设备状态综合合格率96.14%。

机械动力设备:配属机械动力设备(保有台数)7 669台,主要设备(保有设备)4 831台。原值60 741.96万元。其中,金属切削机床317台,锻压、剪冲设备183台,动力设备608台,电气设备841台,起重、运输设备1 831台,工作炉、金属处理设备137台,木工、铸工设备73台,试验设备679台,工程机械设备2 137台,杂项设备863台。2002年,机械动力设备完好率93%,设备利用率46%。设备大修完成投资548.21万元,为年计划的100%。

电算设备:配属微机1 129台(套),UPS电源346台(不含配套),小型机18套。数传设备411台(不含主机配套),打印机602台。

房建设备:房屋、建筑物设备15 859幢(件),计770.61万换算平方米。其中,生产用房7 845幢(件)367.23万换算平方米,职工住宅1 629幢403.38万平方米,单身宿舍61幢3.7万平方米。天然气用户19 965户。2002年,房屋按维修计划完成15 830幢(件)755.39万换算平方米。其中,整修计划完成2 200幢(件)84.42万换算平方米。房屋整修一次验收合格率100%,优良率61%,房屋请修及时率100%,请修满意率100%。房屋符级率100%。2002年,投入270万元(含自筹),建成职工住宅96户,职工人均居住面积12.3平方米。

表13-3 成都分局主要指标完成情况 (2002年)

指标名称	单位	计划	实际完成	完成计划%
换算周转量	亿换算吨公里	423.5	471.98	111.4
旅客周转量	亿人公里	89.0	88.4	99.3
货物周转量	亿吨公里	334.5	383.58	114.7
旅客发送量	万人	2770	2896.0	104.5
货物发送量	万吨	4565	4728.2	103.6
平均一日装车数	辆	2195	2274	103.6
平均一日卸车数	辆	2801	3036	108.4
货车静载重	吨	57.0	56.8	99.6
货车周转时间	天	2.52	2.36	93.7
货车停时	小时	21.6	19.3	89.4
货车中时	小时	5.5	4.9	89.1
货车旅速	公里/小时	26.1	25.3	96.9
货运机车日产量	万吨公里	78.6	79.6	101.3
货运机车日车公里	公里	404	416	103
货运机车平均牵引总重	吨	2633	2658	100.9
行车重大、大事故	百万机车走行公里事故率/件	0	0	0
运输收入(调整计划)	万元	447000	448295.21	100.3
实现利润	万元	7000	8127	116.1
运输全员劳动生产率	万换算吨公里/人年		124.81	
运输成本(含工资、折旧)	元/万换算吨公里	845.53	820.13	97.2

【运输生产创历史新高】 2002年成都分局面对运输任务起点高,市场竞争激烈,增运增收难度大的困难,以畅通成都东站,敞开广元、攀枝花两口为基点,调整运输组织方式。采用多种运输组织办法,着力解决点线能力不匹配的矛盾;狠抓运输组织协调配合,充分挖掘运输四大能力;着力优化运行图结构,努力提高调度指挥水平。采取多种方式强化客货营销,提高服务质量,巩固扩大铁路运输市场。2002年超额完成各项运输任务,创历史最高水平。旅客发送完成2 896万人,比计划增运126万人,比上年增运273.2万人;货运发送完成4 728.2万吨,比计划增运163.2万吨,比上年增运349.8万吨;换算周转量完成471.98亿吨公里,比计划超额48.5亿吨公里,比上年超额49.12亿吨公里;运输进款收入完成448 295.2万元,比计划增收1 295.2万元,比上年增收16 563.3万元。运输各项技术指标均超额完成计划,特别是机车运用、日产量、千机公里等指标均创历史新水平,名列全局第一。军事运输、重点运输保质保量全面完成任务。

【安全生产开创新局面】 为扭转分局安全不稳定的被动局面,按照"规范管理,强基达标"的总体要求,狠抓以逐级负责制为载体的各种责任制的建立与落实。加大安全投入,强化基础设施、设备,全年大修线路125.8公里,中修线路131公里,更换混凝土轨枕174 330根,安装曲线防脱装置468处,平改立44处,新购重型轨道车23台,架线车2台,防洪项目投入达2 200万元,行安设备的更新、大修、中修投入达7 991万元,安全专项整治投入达820万元,使主要的基础设施、设备得到加强。同时,针对安全生产的薄弱环节开展专项整治,制定卡控措施;开展对各层次的安全评估考核,严格奖惩兑现;结合干部作风整顿,广泛开展对干部职工的安全责任意识教育和职工技术业务培训,全年共培训干部职工46 454人次。全年不仅消灭了行车、货运、客运、道口责任重大、大事故,而且消灭了险性事故。各类事故与上年相比,重大事故减少2件,险性事故减少5件,一般事故减少61件,道口事故减少20件。近10年来第一次全年杜绝列车区间脱线,第一次消灭险性事故,消灭水害行车事故,水害中断行车时间为历年最少,连续取得第18个防洪安全年。劳动安全连续实现了3个"百安",全年发生职工责任因工重伤事故3件4人、轻伤事故12件12人,重伤率和轻伤率分别为0.058‰和0.23‰。10月26日实现安全生产500天,至年底,实现无责任行车重大、大事故536天,实现了生产安全、劳动安全"双安"年,开创了安全生产相对稳定的新局面,为三年打好安全生产翻身仗奠定了基础。

【财务管理】 本着"管生产必须管成本"的原则,推行分局长、副分局长、业务分处长、站段长四级成本管理责任制,制定并推行"预算管理,以收定支,动态平衡,实行双挂,超支自负,盈利自留"的成本管理模式以及相应的管理办法和配套措施。对分局、站段的财务基础管理进行整顿,初步建立健全基本制度,加大财务审计力度,及时处理和纠正财务违规行为。对分局的资金进行全面清理,制定加强资金管理的办法,严格资金借贷纪律,有效地提高资金运用效益。2002年成都分局全年平均贷款资金3.5亿元,比往年平均贷款资金减少4.3亿元,节约直接财务费用达1 200万元。各站段认真落实分局的财务管理办法,财务基础管理相应加强,第一管理者的成本意识、投入产出的观念普遍提高,为提高分局的经济效益发挥了积极作用。全年不仅实现路局下达的法定利润7 000万元的目标,而且站段向分局多清算成本1.5亿元、工资3 800万元,所有站段当年都消灭了成本挂账和实亏的现象,许多站段实现盈利,99%的站段都不同程度地实现工资节余。截至2002年底,全分局的工资在弥补上年赤字5 000万元的基础上,实现5 600万元的节余。福利费实现当年收支平衡,略有节余并减亏750万元。

【基建、更新、大修建设项目完成】 分局全年投资81项12 868.3万元,基建1项90万元,更新47项10 664.4万元,大修3项556万元,其他30项1 567.9万元,均按计划全部完成。一批重点工程项目建成投产:1、攀枝花行车公寓;2、史家乡、银山镇、茅店子三站信号大修;3、眉山货场扩建工程;4、成都车站消防工程;5、宝成线数字调度电话;6、分局调度大楼土建工程;7、西昌铁中足球场工程;8、沿线武警部队营房新建。新开工一批重点工程:1、成都东车辆段改造工程;2、资中车站货场扩建工程;3、归德乡、登瀛岩、资中三站信号大修;4、既有线平交道口改立交道口工程。全年审批工程预概算项目249项4 900万元，施工图纸会审132件，办理工程质量监督162件，组织工程竣工交验111件。加强重点工程招投标管理，成立招投标领导小组，逐步将50万元以上的工程项目全部进行公开、公平、公正的有序招投标，全年有45项4 075万元的工程进行了招投标。

【多经集经工作】 成都分局多元经营和集体经济工作坚持走“强管理、增效益”之路，狠抓内部市场的巩固和开发，两经工作实现新的发展。2002年多经完成产值120 493万元，比计划增加7 378万元，比上年增加16 622万元；实现利润4 301万元，比计划增加321万元，比上年增加284万元；资产回报完成6 800万元，为计划的100%；总体效益达到11 101万元，比上年增加3 284万元。集经完成产值42 156万元，比计划增加7 658万元，比上年增加4 861万元；实现利润1 320万元，比计划增加449.8万元，比上年增加144.7万元；其产值完成量居全路第一位，利润完成量居全路第二位。在岗集体职工的月人均收入达822.7元，居全路第八位，比上年提高16.3%；非在岗集体职工的月人均收入达316.8元，比上年提高7.1%，为分局职工队伍的稳定做出积极贡献。

【工业生产】 2002年，成都车轮厂完成轮对总产量5 538对。其中，客车轮对新组装440对，货车轮对新组装391对；完成客车滚动检修轮对2 970对（其中盘形轮对1 661对），货车滚动检修轮对731对；货车轴承检修13对；闸调器大修完成5 041套；贝氏体球墨铸铁斜楔生产38 809块；4－2W无棉低摩合成闸瓦生产36万块；加工生产车辆配件上、下心盘1 419件；生产大铸钢地砖1 806片、小铸钢地砖6 462片，纸箱37 974个。实现销售收2 135.25万元，上缴税金120万元。轮对一次交验合格率99.7%，一次竣工合格率95.95%，一次配吨合格率87.95%，轴承组装一次合格率99.63%，轴承检修一次合格率99.7%，轮对返厂修率0.13%，设备完好率95.9%，轮对返厂修率为0.04%。

2002年，马角坝采石场生产水泥90 958吨，比上年同期相比增长15.6%，销售水泥89 586吨（其中分局管内13 866吨）。生产石碴71 870吨（综合数），与上年同期相比增长10%，销售石碴71 870吨（综合数），32.5R水泥占总产量的100%，继续保持产品出厂合格率和富裕强度100%。石灰石生产按不同用户要求，及时组织供货。

【土地管理】 2002年，分局荣获路局保护铁路用地优秀成果奖9项，依法收回被路内外单位和个人非法侵占的铁路用地4.90万平方米，其土地资产保护价值达4 258.11万元。在秋季铁路用地检查中，共查出在建工程未办用地手续的14件1.65万平方米，违章建筑110件12.26万平方米，农民耕种209件34.92万平方米，闲置土地3处34.19万平方米（属改线遗留）。在地籍档案管理上，完成历经三年的资料准备、权属调查、工作协调的成昆线20个市、区、县共131宗3 473.53万平方米铁路国有土地使用的变更登记，为分局的改革、发展提供有效的土地资产凭证。全年，共协调土地纠纷59起1.40万平方米，制止各种违法占地48处1.413万平方米，发出停工通知42份，撤除违章建筑12处6 408平方米；审批临时用地1.35万平方米；回收铁路用地9处2.07万平方米，新签承种协议书16份1 580平方米；开发利用暂未利用土地开展养殖业、种植业6处2.46万平方米。

与地方政府协调解决了宝成线德阳站区、成昆线的汉源县境内以及成都地区的部分区段领证长期未果的问题。全年共领取国有土地使用证22宗96.83万平方米，截至12月底分局已累计领证435宗，面积8 784.82万平方米，领证率达93.5%。

分局土地办与四川省国土资源厅在成都市锦城艺术宫联合举办“6·25”土地日现场宣传活动，并为活动制作反映铁路在“九五”期间建设发展和保护铁路用地成果的彩色图板。这是分局土地办成立以来首次走出铁路，与地方政府合办展示铁路用地状况的现场宣传活动。

【教　育】 2002年，分局加大对各生产站段技能培训基地的投入，为基层站段配备计算机42台，传真机15台，多媒体教学设备8套，为机务段购置内燃、电力机车部件模型、教具，对电力机车模拟驾驶室、空压机房进行了整修，添置、完善教室设施设备，更新资料库、书柜、档案柜，为供电段改造模拟变电设备、教室，建立电工技术演练场，为站段教育室投资安装空调。

加大教师和骨干教师的培养力度。年内有83名教师参加计算机合格证培训及考试，19名职工参加特殊工种“持证上岗”培训，95名保育员参加技术等级考试鉴定。5月，西昌铁中通过四川省示范性普通高中的评估验收，7月正式授牌，至此成为分局第一所省示范性普通高中，年内被四川省教育厅授予省示范性普通高中。峨眉铁中8月1日与峨眉山市政府签订联合办学协议，协议规定由分局无偿提供校舍给地方政府办学使用，产权仍属分局，办学方不得改变其用途并负责师资、日常教学经费和日常教学管理。联合办学期间，地方办学部门不得拒受铁路子弟或者额外收取任何费用。

教育教学指标：各中小学的教育教学成绩均完成路局和各地市教委下达的各项指标，荷铁小在金牛区13所学校的抽查中，以平均95.24分名列第三名，子弟校中名列第一名。高考上线率较上年大幅度提高，其中西昌铁中为41%，绵阳铁中为50%，一次性升学率西昌铁中提高3%，绵阳铁中提高7%，被各级各类院校录取113人，升学率为94%。其中西昌铁中的黄帅以670分凉山州理科状元的成绩被北京大学临床医学院博士班录取，至此西昌铁中连续三年摘取凉山州高考状元，连续第八次获西昌市政府颁发的高考特别奖。

职工教育培训：培训职工1 090期40 351人，其中规范化培训49期4 366人（含送外1 229人），岗位适应性培训1 041期35 985人；提、定、改职人员培训1 423人。工班长培训74期3 255人（在职工班长2 387人，预备工班长868人）。其中分局培训8期368人，站段培训66期2 887人；技术表演赛111次2 350人次参加；岗位练兵7 134次95 741人次参加。其中，防火、防爆演练7 870人次；大中专入学2 765人；其中，大专261人，中专2 504人；新分配入路的复退军人340人，经过3个月的文化补习，现有161人进入中专学校进行成人中等专业2年学历教育，其余人员进行1年的岗位专业系统脱产培训。

【生活福利】 2002年，成都分局投入860万元对分局所有车站的运转、信号、待班、间休室以及食堂、澡堂、站容进行全面整治，安排800万元新建工区23个，投入860万元新建公寓式单身宿舍12 000平方米，投入1 200万元对沿线站区的用电、用水进行改造，投入2 000万元新建一批生产用房及食堂、澡堂、乘务员公寓，投资200万元对道路进行整治、新建和对家属区进行绿化、美化，对文教、卫生投入1 800万元新增了设备、设施。职工年人均总收入达16 800元，比上年增长13%，超过全局平均水平。

全年，分局共投入13 119万元用于职工福利费。其中，医药卫生经费5 157万元；职工困难补助费140万元；职工补充养老保险费2 379万元；职工综合物价补贴778万元；职工书报费补贴630万元；离退休人员活动经费、福利基金会及困难补助448万元；离退休人员节日慰问费546万元；职工食堂、沿线食堂补贴537万元；工会活动经费及体协经费230万元；退管费、家委会、幼儿园、计划生育人员生活补助62万元；沿线地区生活福利设施改善、生活文化线建设及其他901万元；按提取应付福利费的一定比例上缴路局1 311万元。

【医疗卫生】 2002年，成都分局医疗卫生系统围绕路局卫生工作总体要求，完成了春运、暑运、防洪、抗震防灾医疗任务。在春运、暑运期间，分局各医院共抽调医务人员63人参与临客列车医疗服务工作，及时治疗突发旅行性精神病247人次，诊治其他疾病3 274人次；组织医务人员对车站、公寓等旅客、乘务员集中地区加强巡诊；并在成都、绵阳、攀枝花等11个较大车站设立临时医疗点，现场服务达17 257人次。在西昌地区抗震期间，西昌铁路医院、西昌铁路卫生防疫站认真执行分局提出的抗震防灾五点要求，密切配合当地政府，做好抗震准备。8月15日，成昆线桐子林站区因暴雨引发泥石流断道，攀枝花铁路医院在15分钟内召集医务人员前往抢险现场，圆满完成抢险医疗急救任务。

全年路局、分局共投入507.5万元对设备进行更新及大修改造，为成都铁路分局医院购置菲利浦600mAXi光机、B超、纤维摄像仪，为广元铁路医院购置岛津500mAX光机，为峨眉铁路医院购置救护车等；新建西昌卫生所，对广汉卫生所的房屋进行加层改造。

深化特色专科建设，走技术创新之路。成都铁路分局医院开展高低钠透析，带涤纶套颈内静脉长期留置导管建立永久性血管通路等血液净化专科的新项目，全年完成血透3 624人，其专科规模仅次于华西医大、省医院之后;还开展腹腔镜子宫鞘膜内切除术及子宫全切术。广元铁路医院眼科进一步开展白内障超声乳化及人工晶体置入手术,由于创伤小、效果好,吸引大量的路外病员,一年手术达60例。西昌铁路医院成立骨创伤专科,全年做各种手术135例。其中难度较大的手术有人工股骨头置换术、股骨上段肿瘤切除术。峨眉铁路医院成功开展断指再植术。攀枝花铁路医院开展横结肠癌、直肠癌根治术。夹江精神病医院成功承办"21世纪全国精神病院发展方向研讨会"。全年,分局卫生系统培训在职职工110人(其中,专科进修31人,正规高等医学学历教育50人),比上年增加33.3%;在各级医疗杂志上发表论文72篇,其中,国家级33篇,省部级39篇);《应用QC方法提高病历质量》等9项QC成果获路局优秀成果。各医院被批准立局级科研项目6项。

继续做好分局医疗改革前期准备工作,完成职工、家属医疗IC卡12.5万张的初始化和加密工作。12月,对所属医院医保微机网络系统管理、微机操作全面检查,进一步做好医改准备工作。

防疫站实现"疾病控制中心"与"卫生监督站"的人员、财务、职责三分离。继续加强对公共卫生、饮水、食品及站车卫生监督、监测,进一步整顿和规范站台食品经营秩序,确保食品、饮水卫生安全。完成管内站车消、杀、灭工作,达到无旅客投诉及传染病流行。在铁道部检查组对分局站车食品卫生、鼠蟑防治和沿线垃圾处理工作进行检查时获得好评。10月14日,西昌铁路卫生防疫站通过省级环境监测资质认证,获得市场准入证,为拓展监测服务市场迈出重要的一步。

路局和分局共投入1 328.4万元加大环保基础建设工作,完成铁道部环保考核指标。投入治理经费426.6万元,治理尘毒点11个。工业固体废物综合治理率、工业废气处理率、环境保护评审率、环境监测完成率、环境保护"三同时"执行率100%;工业废水污染物排放达标率95%,固定锅炉废气排放达标率98%,工业废水处理率96%,无环境保护违法行为和环境污染责任事故。

2002年,完成医疗总诊次1 793 119人次。其中,路外诊次99 027人次,占总诊次5.52%;出院16 324人次。其中,路外出院4 222人次,占出院总人次28.89%;综合医院平均治愈率69.28%;死亡下降率为1.55%;年床位周转17.65次;年病床工作日294.03天;平均住院日13.9天;病床使用率80.51%;出院诊断符合率99.12%;危重病人抢救成功率92.83%;完成住院手术2 310例次。

【党委工作】 2002年,成都分局党委组织干部职工深刻领会"三个代表"重要思想,保安全保稳定迎接十六大召开。十六大召开后,认真组织全体党员和广大干部职工收听、收看大会盛况,两级党委中心组开展专题学习。全分局举办56期骨干培训班,组织宣讲小分队,开设流动课堂,深入基层车间、班组宣讲十六大精神。在《四川铁道报》、分局电视站、《信息快报》、《调研摘报》开辟专栏,报道基层学习贯彻十六大精神的做法和经验,交流学习心得体会,深化学习效果。

一、圆满完成基层党组织"三个代表"重要思想学习教育活动。分两批在40个单位、837个党支部(总支)、2 601名支部委员中开展了"三个代表"重要思想学习教育活动。活动中共制定整改措施6 000多条,达到"干部受教育、组织得加强、企业有发展、职工得实惠"的目的。开展学教活动"回访复查",专题动员部署"五好"支部创建活动,巩固学教活动成果。

二、加强两级班子建设。召开分局第九次党员代表大会,选举产生新一届党委会和纪律检查委员会。完成44个站段单位的换届改选,实现两级党委班子的新老交替。加大青年干部选拔培养和后备干部队伍建设力度。4月至6月底,集中开展为期两月的两级机关作风集中整顿活动。制定下发《分局党委、分局贯彻〈中共中央关于加强和改进党的作风建设的决定〉的实施意见》、《分局党委、分局关于加强机关作风建设的若干规定》。

狠抓干部廉洁自律意识教育。加强重点领域的执法监察和效能检查,加大违法违纪案件查处力度。全年共立案49件,结案49件,挽回经济损失100余万元。继续开展"三清"工作,共收回资金432余万元。

三、保持稳定,圆满完成资产经营任务。2002年,分局完成撤销江油、峨眉电务段,重构电务系统生产布局,组建客运分公司,调整多元企业等改革。加强职工的思想政治工作,积极开展"送温暖"活动,认真对待群众的来信来访,确保职工队伍的稳定。深入开展客运服务质量年和"三新"教育活动,改善企业形象，以“整顿乱收费”、“客运站车路风专项检查”为重点，进一步规范经营管理秩序。同时优化运输组织，挖掘运输潜力，改进企业管理，提高资金运用水平，提高企业经济效益，2002年分局完成了运输生产任务和大量的军运、专运、特运任务，超额完成路局下达的资产经营任务。多经、集经也同步发展，产值和利润较上年均有新的增长。

四、宣传报道工作。强化安全宣传教育，制作“2001年事故周年回放反思”宣传展板《血与火》，编印《川铁宣传》“说理、说事、说安全”专辑。由分局宣传部、工会生产宣教部组成安全宣传组巡回到管内各站段、工区进行宣传。在《四川铁道报》和分局电视台开设“一线职工谈安全”、“安全焦点访谈”等专栏，增强干部职工抓好安全生产的责任感和自觉性。营销宣传工作重点突出春运、暑运，抓住“五一”、“十一”黄金运输时机。对“天府之星”号T 7/8次列车、成都车站“助老工程”、江油车务段“三品”检查保安全活动进行集中宣传，形成路地联手展现铁路亮点、体现服务特色的宣传声势。

全分局创建国家级文明单位3个，部、省级文明单位15个，省最佳文明单位3个，地、市、州级文明单位(集体)89个。路局最佳文明单位(集体)58个。继续保留分局级文明单位43个，文明集体100个，文明铁道运输线2条。

分局荣获2002年局外新闻宣传报道优胜集体第一名，中央级和《人民铁道》报用稿篇数创下历史新高。《四川铁道报》荣获成都市新闻出版局“综合质量考评一等奖”和“优秀一级报”。

【工会工作】 2002年，成都分局工会围绕分局中心工作，不断完善以职代会为基本形式的民主决策、民主管理和民主监督，深入推进厂务公开工作，全面落实“依靠方针”，为确保分局经营管理目标的实现做出积极贡献。

一、围绕中心抓好宣传教育，促进职工观念转变和队伍基本稳定。坚持主题教育活动，开展“转观念、促改革、做主人”系列主题教育、“安全在我心中”大讨论等宣传教育活动。不断深化文化线网建设，年内，分局和分局工会先后投资81余万元，更新和补充沿线站段职工文化活动设施设备。

二、健全制度坚持依法维护，民主管理更加务实有效。积极参与决策过程，切实加强“源头”维护。10月，分局和分局工会组成联合检查组对管内6个地区46个单位集体合同履行情况进行检查，绝大部分条款得到兑现和落实，受到路局的好评。分局所有站段全部建立了段务公开制度，497个车间实行政务公开，2 547个班组实行班务公开。分局和各站段每年都按照期召开职代会和职代会联席会议，先后增设对职工住房公积金收缴管理和分局工程承发包项目情况等的报告内容，坚持民主评议分局领导干部，开展对职工代表的培训。

三、突出重点完善帮困机制，先后建立《职工互助补充保险制度》、《特困职工定期救济办法》、《困难劳模定期救济办法》、《困难工伤职工定期救济办法》等一系列帮困制度。坚持开展“火车头送温暖”活动和分局、站段领导干部联系困难职工制度。部分站段工会建立“大病互助合作基金”。

四、开展“练硬功、保安全、创标准化作业岗”活动、“火车头经济技术创新工程”、“人人争当火车头，为‘十五’建功立业”等主题劳动竞赛。全年组织大型技术表演赛6次300人次参赛。分局女委会组织开展的“家庭保安全”活动“家保合同”兑现率连续5年达100%。评选推荐路局、省、部以上的先进模范个人9名，先进集体20余个。组织先进模范440人短期休养。

【团委工作】 2002年，成都分局各级团组织立足“三个坚持”，开展“爱国、爱路、爱岗”主题教育、“三新”教育、改革形势教育和“三个代表”专题教育等活动。全年，举办团干培训班3期200人次，送外培训16人次。组织开展“纪念中国共青团成立八十周年”知识竞赛和图片展，张贴宣传图片45套。各级团组织以青年读书室(屋、角)为依托，以“青年流动书箱”为载体，购买《邓小平理论》等书籍，有条件的站段建立“流动(影)碟箱”，加强青年活动阵地建设。

继续深化创新创效活动。成都东站国际互联网网站建设等4个项目被路局团委评为全局青年创新创效优秀项目。大力开展春运、暑运、“青百赛”等青年突击活动。春运期间，从站段抽出部分团干部组成了3个春运路风收入监察组，深入管内各站(车)检查；3 000余名团员青年参加春运，共执乘临客32趟，安全运送旅客约3万人,查堵票款10万元。分局团委被路局授予春运先进单位,12人被评为先进个人。年内,重新认定青年文明号集体26个、继续保留8个、撤销16个;在分局机务系统开展的"青年文明号机车"安全生产对抗赛中,成都机务段荣获冠军,成都机务段杨智勇、峨眉机务段陶要东被授予"青年岗位能手"称号;建成局级"青年文明号"4个,8人获路局"青年岗位能手",普雄工务段瓦祖领工区荣获"四川省青年文明号"称号。

从6月到11月,广泛开展青工保安全、保稳定竞赛活动。健全青工安全包保网络、安全监控网络、安全信息网络,完善青工安全定期分析制度、安全工作联系点制度、安全台账管理制度、安全考核奖罚制度。先后有团干部319人次深入一线,作宣讲动员报告22场次,发现问题及设备故障87起,制定整改措施113条,解决问题69件。截至年底,实现青工安全生产6 834天。

有7个站段团委荣获路局"五四红旗团委"、13个团支部被授予"五四红旗团支部"称号,西昌车务段沙坝车站团支部荣获全路"红旗团支部"。全年有7人获省部级表彰、41人被路局团委表彰;有1 500名优秀团员递交了入党申请书,其中有200名被党组织吸收。

(分局办公室)

【重要记载】

1月

△8日　路局党委书记王宝顺、局长齐文超到分局宣布对分局领导班子调整任免的决定:严中地任成都铁路局党委副书记兼纪委书记、党委常委,免去其成都铁路分局党委书记职务;贾定成任成都铁路分局党委书记,免去其成都铁路分局分局长职务;陈启华任成都铁路分局分局长、党委副书记、常委、委员,免去其重庆铁路分局分局长、党委副书记、常委、委员职务。

△16日　路局八届二次职代会表彰了成都车站、攀枝花车务段、峨眉机务段、西昌工务段、江油电务段、成都东车辆段、西昌车辆段等7个局级"厂务公开"先进单位。

△22日　15时40分,广元南至局界自动闭塞开通施工顺利完成,广元至冉家河、广元南至广元区间改为自动闭塞。

△22日～23日　分局领导干部会议在成都召开。会议传达路局党委全委会、工作会、职代会精神。分局长陈启华、党委书记贾定成与47个基层单位签订了2002年路风责任书。

△26日　17时40分,青白江站成都端咽喉改造成功。

△28日　成都市副市长唐川平一行到成都车站检查指导春运工作。

同日　分局在2001年"五一"、国庆节假日旅游工作中,被评为成都市旅游"黄金周"突出贡献单位,并荣获成都市人民政府办公厅授予的荣誉证书。

2月

△4日～5日　铁道部副部长彭开宙率部检查组一行到分局检查指导春运工作,并就进一步抓好春运工作提出要求。

△16日～17日　铁道部副部长刘志军率部运输局、装备部、客管处领导,在路局、分局领导陪同下,深入成都车站等单位检查指导春运工作,并慰问坚守生产一线的干部职工。

△17日～18日　由新华社、中央电视台、中央人民广播电台、经济日报、光明日报和人民铁道报记者组成的铁道部春运新闻采访组在铁道部政治部副主任任喜贵、政治部宣传部副部长李鹏带领下,采访、报道成都车站、成都客运段、绵阳车站以及T 7/8次列车。

△20日～21日　铁道部副部长彭开宙在路局、分局领导及有关部门负责人陪同下,深入绵阳车站等单位检查指导春运工作。

△27日　分局党委就部署"两会"期间的安全、稳定工作召开紧急电话会议,成都公安处等6个单位汇报有关情况,党委书记贾定成、党委副书记牟文彬分别作重要讲话。

△28日～3月8日　历时40天的春运结束。春运期间,分局共发送旅客408.9万人,同比增加42.3万人,增长11.5%。其中,直通旅客发送197.3万人,同比增加21.8万人,增长12.5%;管内旅客发送211.6万人,同比增加20.5万人,增长10.7%。客运收入完成34 286万元,同比增加466万元,增长1.4%。共开行临客586列,较上年春运多开108列,增长22.6%。

3月

△25日～27日　铁道部政治部主任王宪魁在路局、分局领导陪同下,先后到成都客运段、成都车站检查调研分局"三新"教育活动开展情况,对分局开展"三新"教育的做法和成效予以充分肯定。

△20日　分局制定公布

《成都铁路分局职工岗位达标培训管理办法》、《成都铁路分局委派会计人员考核办法》。

△27日　铁道部政治部主任王宪魁率部调研检查组对成都工务段“三个代表”重要思想学习教育活动进行检查调研，并主持召开基层党组织“三个代表”重要思想学习教育活动座谈会。

△30日　分局党委八届五次全委(扩大)会议在成都召开。会议听取并审议通过党委书记贾定成代表分局党委常委会作《加强作风建设，实践三个代表，努力开创分局改革发展新局面》的工作报告，听取并审议通过分局长陈启华代表行政作《转变观念，举全分局之力，把分局改革与发展推向新的阶段》的行政工作报告。全委会确定2002年分局党委工作的指导思想和“四个二”的工作思路。

△31日～4月1日　分局九届二次职工代表大会和分局工作会一并在汉都大酒店召开。

4月

△1日　经铁道部批准，成昆铁路乌斯河车站更名为汉源车站，并从即日起以新站名办理客货运业务。

△5日　分局被成都市国税局重点税源第二管理局评为2001年度纳税工作先进单位。

△11日　江油机务段率先在路局范围内推广试用监控装置平面调车系统。

△22日　分局制定公布《成都铁路分局2002年经营管理目标》，印发《成都铁路分局2002年资产经营责任制实施办法》。

△25日　分局从2001年公开招聘机关干部录取的试用人员中，正式聘任24名机关干部。

△26日　分局召开两级机关作风整顿动员电话会。

△28日　全分局120处无人道口全部实施监护。

5月

△8日　在分局领导碰头会上，决定成立5个整顿小组，由5位分局领导担任组长，分别召开专题会议，研究制定具有针对性、可操作性的措施。分局长陈启华强调，整顿机关作风要力戒形式，力求实效，重点抓好问题的整改。

△14日　铁道部副部长彭开宙暗访检查T 7/8次列车，并强调当前安全生产形势，指出要吸取：“4·15”、“5·7”两起空难事故教训，扎实开展好“安全生产大检查”活动。

同日　分局成立红外线管理中心。

△16日～17日　铁道部副部长彭开宙率部安全检查组，在路局、分局领导陪同下，深入宝成、成渝、成昆和北环线，就道口安全、施工安全、防洪工作、设备质量以及正在开展的安全生产大检查工作进行检查指导。

△20日　分局召开安全紧急电话会议，就认真贯彻落实铁道部副部长彭开宙对安全工作的重要指示精神进行安排部署。

△30日　分局公布调整电务生产布局的决定：江油、峨眉电务段从即日起撤销，新组建的成都、西昌电务段从6月1日起正式开始运作。

6月

△4日　局党委下发《关于转发局党委、局〈关于开展安全生产如何“严得起来，落得下去”大讨论活动的通知〉的通知》，分局全面开展安全生产大讨论活动。

△5日　分局以93分的成绩在路局2002年上半年旅客列车安全考核中名列全局各大口单位之首。

△14日～17日　分局在江油、峨眉两地先后召开宝成、成渝线和成昆线中间站安全管理工作会议。

△21日　绵阳工务段以92分通过由铁道部办公厅档案处和路局档案馆组成的国家二级评审组的评审认定，成为路局第一家档案工作目标管理达到国家二级的站段级单位。

△26日　大弯镇站列检所开通，负责宝成铁路到成渝铁路方向直达列车的技术作业，绕成都东，经龙潭寺站到成渝铁路，以缓解成都东站的解编压力。

△27日　《四川日报》、《华西都市报》、《成都日报》、《成都晚报》、《成都商报》、成都电视台、成都经济电视台等新闻媒体对分局道口安全进行现场采访，并作报道。

△28日　分局从7月1日起，对峨眉机务段机车检修人员实行岗效工资及岗薪工资制试点。

同日　由成都市委副书记黄忠莹率领的成都市“三优一学”检查组在分局领导陪同下，到成都车站检查“三优一学”开展情况。

7月

△13日　分局实现跨年度的行车安全生产目标。

△22日　分局制定《成都

铁路分局“标准中间站”鉴定验收评选办法》，作为中间站日常生产管理的最基本文件，站段、车站直接贯彻执行，不再制定细化措施。

同日　分局制定并执行《无法交付物品管理办法》。

△23日　分局管内成立分局信息技术中心、广元车站等11个全路TMIS计算机维修站，并经路局电算中心检查验收。

△24日～25日　分局长陈启华率分局运输、财务、干部、办公室负责人赴基层单位检查安全、暑运、防洪工作。

△25日　分局成立成都客运分公司筹备领导组。陈启华、贾定成任组长；下设筹备领导组办公室，贾铭理任办公室主任。

△26日　四川省教育厅正式批准西昌铁中为四川省示范性普通高中。

△29日　分局公布《成都分局小站给水管理办法》。同时，撤销成昆沿线小站给水办公室，原分局有关办法同时废止。

△31日　分局在路局上半年度安全评估中获80.40分，居全局各大口单位之首。

8月

△1日　分局冷藏运贸公司成立10周年并成为全局出口创汇第一家。

同日　峨眉铁路职工子弟中学校撤销，原峨眉电大辅导站划归西昌铁路高级技工学校管理。

△7日　成都市市长李春城、市委副书记王体乾、副市长苏培玮一行在路局、分局领导陪同下到北站地区视察。

同日　分局召开路风整顿工作紧急会议，部署路风整顿工作。成立“清理整顿乱收费工作领导小组”。

△8日　西昌南给水工程主供水管道工程完工。

△15日　2时55时，成昆铁路K726+500～700米处山体滑坡，将桐子林站成方咽喉道岔区段及站内正线、采石场专用线、粘土矿专用线覆盖。经抢修，线路于10时05分开通，中断行车7时10分。

△19日　分局、分局工会对马振佳等184名安全行车50万公里及10年以上“安全先进司机”、张建国等463名安全行车25万公里及5年以上“安全司机”进行表彰奖励。

△30日　党委书记贾定成召集有关部门负责人召开紧急会议。会议传达了中央电视台“焦点访谈”栏目关于沈阳局宽甸车站运输代理不规范问题的报道，并对分局有关事项作了专题研究和部署。分局长陈启华签发《关于重申加强对化肥运输计费规定的通知》电报，明确各站在办理化肥运输时，必须严格执行《关于铁路运输货物适用“化肥”运价号计费规定的通知》，范围不得随意扩大，随意比照。

9月

△1日　西昌铁路运输技工学校更名为西昌铁路高级技工学校。

同日　分局卫生管理中心对外名称仍为成都铁道卫生监督分处。自即日起，西昌铁路卫生防疫站组建西昌铁路疾病预防控制中心（简称“疾控中心”）和西昌铁路卫生监督站；卫生监督站隶属“疾控中心”，其机构编制、行政管理、管辖服务范围不变；原西昌铁路环境监测站的名称、性质、地位和任务不变，与“疾控中心”为一个机构、两块牌子。

△5日　路局局长齐文超到成都车辆段召开座谈会，就铁路改革、成立客运公司进行调研。分局党委书记贾定成，副分局长贾铭理参加了座谈会。

△8日　10时，成都铁路局客运公司成都分公司成立庆典大会在汉都大酒店召开。大会由分局党委书记贾定成主持，路局副局长，成铁客运公司党委书记、总经理杨大松宣布成都客运分公司领导班子成员名单及党委组成名单，路局党委书记王宝顺、局长齐文超为成都客运分公司揭牌。

△10日　分局召开安委会和运输安全紧急电话会，传达贯彻铁道部、路局“9·9”安全紧急电话会议精神。分局长陈启华分析了分局当前安全生产面临的形势和存在问题，安排和部署9月10日至11月8日开展为期两个月的“以安全稳定、职工队伍稳定的成绩向党的十六大献礼”活动。9月10日至9月30日，以“防溜逸、防水害、整治安”为重点；10月1日至11月8日，以“抓两纪、抓控制、整设备、强治安”为重点。

△23日　“成都铁路分局经济开发总公司”更名为“成都铁路分局多元经营（集团）公司”。

△24日　分局公布《关于公布成都铁路分局超限货物运输管理办法的通知》，进一步明确超限货物运输相关部门的职责。

△30日　分局从7月起共对4 101人进行职业技能鉴定。

10月

△1日　桐子林采石供应中心按站段级单位运作。

△7日　“十一”黄金周期间,分局完成运输收入7 903.18万元,比上年同期增长965.92万元,增幅14%。发送旅客71.57万人,比上年同期增长4.9万人,增幅7.3%;客运收入3 776.64万元,增幅18.13%。货运装车15 821车,货运收入4 126.54万元,分别比上年同期增长1 742车、391.35万元,增幅分别达到12.4%、10.5%。

△9日　路局局长齐文超、党委书记王宝顺一行到分局宣布分局领导干部调整通知,对分局领导班子建设提出新要求。

△10日　第七次分局长办公会议对分局行政领导重新进行分工。

△15日　分局决定从10月9日至11月中旬,在全分局范围内开展“查安全管理、查设备质量、查职工两纪”的“三查”安全专项检查。

△16日　分局实现无职工责任因工死亡500天。

△18日　分局、分局党委下发《关于调整机关职能和机构编制的通知》。

△23日　分局干部个人安全档案建档工作完成,建档率达到100%。

△29日～12月31日　分局职业技能鉴定站对分局和路局直属单位的37个工种近400名工人进行了首届技师理论职业技能鉴定,对19个工种近200名工人进行了技师实作职业技能鉴定。

11月

△7日　分局召开专题电话会议,具体部署“十六大”期间及全年后两个月的经营管理重点工作。

△18日　分局部署以班子“双好”活动考核为龙头的“两个纳入”一体化考核工作。

△19日　《成都铁路分局安全效益工资考核管理实施办法》经分局党政联席会议研究并经分局九届三次职代会联席会议审议通过,并从即日起颁布实施。

△22日～27日　分局建立全分局会计人员信息档案,换发会计人员新的从业资格证书。

△25日　铁道部组织的部属运输企业史志工作调研测评组一行到分局检查指导分局史志工作,并给予分局“工作一流,人员一流,设备一流,质量一流”的评价。

△26日　分局长陈启华召集军代处、机关有关部门负责人就贯彻落实路局新老兵运输工作电视电话会议精神,切实抓好分局新老兵运输工作进行具体部署。

12月

△9日　分局召开安委会专题会议。分局长陈启华传达傅志寰部长关于五年来全路运输安全工作的经验总结,今后较长时期的安全总体思路,以及部党组书记、副部长刘志军关于2002年全路运输安全工作的总结和2003年安全重点工作的部署。

△10日　分局公布《关于运输生产站段设置安全监察机构的通知》。

△18日　江油新客站建成并投入使用。新站房使用面积10 180平方米,候车区设有候车厅、售票处、贵宾室、软席候车室,能同时容纳2 000人候车。站场为5股道,双站台,设有完善配套的风雨棚、天桥、地道和安全通道等设施。

△22日～24日　分局第九次党员代表大会和2003年工作研讨会相继在成都召开,出席党代会的正式代表215人,列席代表31人,路局党委书记王宝顺、分局领导出席会议。分局党委书记贾定成、分局纪委书记康保安受上届委员会委托,向大会分别作了题为《认真学习十六大精神,全面贯彻“三个代表”重要思想,努力开创分局改革育发展的新局面》、《与时俱进,标本兼治,推动分局党风廉政建设和反腐败工作再上新台阶》的报告。大会经过充分酝酿和民主选举,产生了分局第九届党委会和新一届纪委会。在工作研讨会上,分局长陈启华、分局党委书记贾定成提出分局2003年的初步思路。

△25日　成都枢纽西环线通过路局初验;12月28日18时,交付分局接管运营。

△31日　分局实现无责任行车重大、大事故536天,无责任重大路外伤亡事故536天;无责任职工因工死亡事故376天,无责任职工因工重伤事故68天,实现了安全年。

（分局办公室）

重庆分局

【综　述】2002年末,分局有职工38 022人,直管单位41个,年末固定资产原值106.9135亿元，管辖铁路正线1 407.156公里，所辖线路分布在四川盆地中、东部丘陵地带，云南滇北山区地带和重庆市，其中近740公里位于重庆市辖区内，沿线地域属亚热带季风气候，汛期局地暴雨频繁，易发生水害。经济吸引区覆盖四川盆地东部、南部、北部和滇北山区，并延伸至黔北。重庆分局机关设在重庆市渝中区中山支路16号，邮政编码400014。

分局各级组织以质量、效益为中心，狠抓安全基础，深化各项改革，强化企业管理，努力增运增收，提高职工素质，推动科技进步，更新观念，扎实苦干，促进了分局两个文明建设的协调发展。

2002年，货物发送完成3 191万吨，旅客发送完成2 148.9万人，运输进款收入完成271 068万元，换算周转量完成218.7亿吨公里，货物发送量和运输进款收入再创历史新高。

分局运输安全基本稳定，7月25日实现了安全生产1 000天和第三个安全年。

【管辖线路】 铁路干线：成渝铁路内江至重庆段288.561公里，川黔铁路小南海至石门坎段131.000公里，襄渝铁路达州至重庆西段254.552公里，内昆铁路内江至昭通段365.613公里(其中内昆新线2002年4月30日18时正式开通接管)，达万铁路达州至万州段157.077公里(于2002年10月23日接收，未含疏解线4.673公里)，达成铁路三汇镇站1.348公里。铁路支线：三万支线三江至万盛32.642公里，宜珙支线宜宾至珙县65.840公里。重庆枢纽线路：小梨线小南海至梨树湾23.535公里，铜西线铜罐驿至西永32.579公里，四梨线四线路所至梨树湾4.587公里，梨莱线梨树湾至莱园坝12.761公里，南疏Ⅰ线13.459公里，南疏Ⅱ线13.080公里，梨莱联络线0.573公里，重庆枢纽扩建重庆东至重庆西增设二线6.6公里，襄达联络线0.957公里。

(李光富)

【机构设置】

一、机关行政机构

1. 限额内职能机构

办公室 总工程师室 安全监察室 收入检查分处 运输分处 货运分处 机务分处 车辆分处 工务分处 电务分处 物资设备分处 计划统计分处 财务分处 审计分处 干部分处 劳动工资分处 房地产管理中心 建设管理中心 卫生管理中心 人民武装部

2. 限额外职能机构

多元管理中心 集体经济管理中心 教育管理中心 劳动保险分中心 离退休管理分处 内宜电化指挥部

3. 附属机构

整顿铁路治安秩序办公室 地方铁路管理办公室 装卸总公司 电务试验室 资金管理中心 住房公积金管理中心 代收款中心 机关保卫科 劳动力调剂中心 分局体育协会 关心下一代工作委员会办公室 分局机要通信室 科学技术协会(质量管理协会) 分局大型机械化养路队 人才交流中心 内江地区办事处 分局电算所 国有资产管理办公室 土地管理分局

二、机关党群机构

1. 职能机构

党 委

办公室 组织部 宣传部 干部部(含干部分处)

纪 委

办公室 纪检监察室 执法监察室 案件审理室 路风监察室

政法委

办公室(含综合治理)

机关党委

工 会

办公室 组织民管部 保障工作部 生产宣教部

团 委

办公室

2. 附属机构

政研会 文联 影视中心 文化宫

三、政法系统

重庆铁路公安处 重庆铁路运输检察院 重庆铁路运输法院

四、基层单位(见表15－2)

(王敏 汪毅 王渝)

【机构变化】 1.2002年6月1日撤销北碚电务段，并入重庆电务段，调整了管界范围。2.2002年9月6日，成都铁路局客运公司重庆分公司正式揭牌成立，同时重庆客运段、重铁客运公司、重庆车辆段划归局客运公司重庆分公司，其资产、人员工资于2002年12月31日划交完毕。3.2002年11月20日撤销多元分处，改称分局多元管理中心，将重庆、内江建筑段，重庆材料段以及电通、监理公司纳入多元体系管理，并组建重庆铁路投资有限公司。

(李光富)

【主要领导干部】

分局长 陈启华(1月调离)

樊克敬(1月任)

副分局长　林原渝
刘世平
潘友元
吴向东
（10月离任）
张国平
（10月任）
郑建卫
总工程师　陈积华
（11月病逝）
总经济师　俞　兵
（12月离任）
党委书记　李文林
党委副书记　黄文明
纪委书记　周　勇
工会主席　刘富全

【部门负责人】
办公室主任　杨学涛
总工室副总工程师　陈亚波
余　林
安监室主任　瞿德州
运输分处分处长　吴光荣
货运分处分处长　瞿大明
机务分处分处长　牛治强
电务分处副分处长　邹亚平
车辆分处分处长　蔡存友
工务分处分处长　兰先锋
建设管理中心分处长　刘洪全
房地产管理中心分处长　喻奇彬
物资设备分处长　程文宪
计划统计分处长　林胜前
财务分处分处长　王善华
收入室主任　汪林繁
审计分处分处长　胡再忠
劳资分处分处长　李渝平
干部分处分处长　邓　平
卫生管理中心分处长　王永福
路风办主任　王力生
人武部部长　李可华
监察分处分处长　王洪彬（兼）
多元经营管理分处长　王金全
多元经营管理分处书记　赵明举
集体经济管理中心主任　张　富
集体经济管理中心党组副书记　马长富
教育管理中心分处长　章　力
劳保中心副主任　夏友云（兼）
离退休管理分处长　杜光才
电子计算所所长　邱予晓
党委办公室主任　肖读刚
组织部部长　胥洪孝
宣传部部长　刘学龙
政法委副书记　杨家荣
政法办主任　杨荣旭
纪委副书记　王洪彬
杜先明
（9月离任）
何应新
（9月任）
纪委办主任　周明禄
纪委监察室主任　古巨华
纪委审理室主任　陈永康
纪委执法室主任　黄镇嘉
分局工会副主席　邓邦华
工会办公室主任　陈　雄
组织民管部部长　王永喜
生产宣教部部长　赵树贤
保障工作部部长　黄洪碧
分局团委副书记　许　刚
机关党委书记　侯建军
有线电视台台长　魏渝光
科技协会秘书长　刘前光
（8月解聘）
内江办事处主任　吴孝田
重铁公安处书记　饶　越
重铁公安处处长　蒋小林
重铁检察院检察长　汪世忠
重铁法院院长　杨春胜

【职工队伍】　年末职工总数38 022人，其中工人30 138人，干部7 142人，见习生742人。

表13－4　重庆分局工人情况　（2002年）

工人总数	其中女工	文化程度					技术工人					年龄状况				
		初中及以下	高中	技校	中专	大专及以上	初级技工（含学徒）	中级技工	高级技工	技师	高级技师	25岁以下	26岁至30岁	31岁至35岁	36岁至40岁	41岁以上
30138	7555	14921	10528	996	2707	993	6975	14745	7735	94	6	1888	3757	4124	4432	4970

表13－5　重庆分局干部情况　（2002年）

干部总数	其中			级别				技术职务			文化程度					年龄状况				
	女干部	行政干部	政工干部	副局级	处级	科级	其他	高级	中级	初级	初中及以下	高中	中专	大专	本科及以上	25岁以下	26岁至35岁	36岁至45岁	46岁至55岁	56岁以上
7142	2083	6575	567	2	123	233	6784	148	1413	3043	577	1146	1607	2584	1228	185	2031	2147	2342	437

（王敏　江毅　王渝）

【技术设备】 2002年末固定资产总值106.9135亿元，其中在用106.3710亿元，未使用0.5301亿元，不需用0.0027亿元，封存0.0097亿元。

线路：正线1 407.156公里（其中无缝线路373.666公里，不含疏解线4.673公里），站线762.079公里（其中到发线431.716公里），段管线73.649公里，岔线7.524公里，特别用途线10.064公里。线路总延长2 260.472公里，道岔2 830组。新建内昆铁路安边至昭通段和达万铁路达州至万州段建成开通，正线比上年增加384.236公里，站线比上年增加11.549公里，段管线比上年增加6.334公里，特别用途线比上年增加1.022公里，线路总延长比上年增加487.052公里，道岔比上年增加302组。铁路代维修专用线94条、延长132.695公里。桥梁：769座、延长93.323公里。隧道：280座、延长216.333公里。涵渠：4 180座、延长104.086公里。

车站：共有车站137个，其中货运站89个、客运站59个。技术等级：一等站5个，二等站3个，三等站26个，四等站92个，五等站5个。另有线路所2个。达万铁路达州至万州段的麻柳镇、李河、分水寺、开江、梁平、万州五站仍未查定等级；原北车石板场站已封存，未纳入统计范围。

信号：继电半自动闭塞1 185.16公里，自动闭塞118.398公里；6502电气集中115个站，计算机联锁8个，非集中色灯电锁器12个站；机车信号220台；自动化驼峰4场，非机械化驼峰1场，土驼峰1个；信号设备换算道岔组数15 178.394组；联锁道岔2 516组（其中电气集中道岔2 374组），无联锁道岔179组；色灯信号机4 064架；轨道电路3 500个区段；道口信号10处。

机车：配属机车222台，其中内燃机车61台、电力机车161台。救援吊车3台。蒸汽机车架修台位1个，电力机车检修台位9个，内燃定修台位4个。

车辆：配属客车987辆，其中软卧43辆，硬卧324辆，软座2辆，硬座479辆，行李车50辆，餐车52辆，邮政车11辆（代管），发电车26辆。分局红外线监测中心管辖成渝、渝达、川黔、内昆、达万五条干线上红外线探测站36个，二代机探测站77个探测方向，装轴报器985辆，集中控制26列。

电力设备：发、变、配电所34个，动力、照明架空线1 520.02公里，电缆线路549.632公里；各类电力设备共3 957台座，其中变压器860台座、容量82 744.1千伏安；照明灯塔（桥）397座。全年供电量10 740万千瓦小时，总供电能力103 035千伏安。

机械动力设备：总计4 469台，固定资产原值33 122.73万元。内有：金属切削机床344台，锻压、冲剪设备90台，动力设备447台，电气设备557台，起重运输设备1 328台，工作炉、金属处理设备53台，木工铸工设备71台，试验设备366台，工程机械设备943台，杂项设备270台。

给水设备：给水站26个，给水所35个，给水管路400千米，各种给水设备792台座，年供水量1 302万吨。

牵引供电：接触网总长1 951.703条公里，变电所23个，开闭所3个，年牵引供电量29 612.56万千瓦小时。

计算机设备：小型电子计算机26台，微机1 864台，终端机120台，网络传输设备367台，UPS电源679台，打印机1 108台。

房建：房屋、建筑物设备共计496.0352万换算平方米。其中生产用房147.8486万平方米，家属住宅158.6985万平方米（计27 953套），建筑物75.7554万换算平方米，附属设备113.7327万换算平方米。其中不含按138号文件修建住宅6 586套，住宅总套数34 539套。

【运输生产】 2002年，货物发送完成3 191万吨，旅客发送完成2 148.9万人，运输进款收入完成271 068万元，换算周转量完成218.7亿吨公里，货物发送量和运输进款收入再创历史新高。运输成本（含工资、折旧）1 298.57元/换算吨公里，比计划1 022.46元/换算吨公里增长27.00%。通过大力节支降耗，从严控制成本，加强审计监督，强化经营管理，完成了局定利润目标；全年实现利润（运输业利润和工附业利润、即分局总盈亏）6 500万元，比计划5 100万元增长27.45%。

（李光富）

【货运营销】 2002年，分局抓住长江三峡蓄水，三峡通航启用临时船闸后水运通行不畅的时机，货运营销工作围绕部分货源"水转铁"和坚持实施"稳大、抓小、收散、争流"的战略，分局领导多次主持召开地方经委和大企业参加的铁路货运营销工作会，站段各级营销机构有针对性地争夺水路、公路货源。同时，坚持重点物资（电厂用煤、农用化肥、军用物资、抢险救灾物资)运输,全年货物发送量达3 191万吨,货运收入完成12.44亿元。

为推动营销工作开展,严格执行《货运营销工作考核办法》和《夜间卸车作业比重考核办法》,并按半年、全年考核站段营销任务完成以及站段对车间、班组、个人采用工效挂钩考核等措施,考核工作认真逗硬,奖勤罚懒。分局全面完成夜间卸车作业比重,并对营销中无序竞争进行了处理。

充分运用分局货代公司五十铃汽车运输全代理的品牌和信誉,向路局申请对重庆生产的全部商品汽车、摩托车实行运价下浮,使这一块经过多方面努力培育的运输市场份额在2002年有了很大发展。全年开行集装箱班列153列,其中重庆西至江村集装箱班列96列,开行车数3 745辆,运输进款2 522.89万元;重庆西至南京(南翔)集装箱班列33列,开行车数1 939辆,运输进款1 125.81万元;重庆西至南宁(凭祥)集装箱班列24列,开行车数432辆,运输进款610.1万元。

(冯泽志)

表13-6 重庆分局主要指标完成情况 (2002年)

指标名称	计算单位	计划	实际	完成计划%
换算周转量	百万吨公里	23700	21873.521	92.29
旅客周转量	百万人公里	5550	5244.532	94.5
货物周转量	百万吨公里	18150	16628.989	91.62
旅客发送量	万人	2270	2148.878	94.66
货物发送量	万吨	3120	3191.0261	102.28
平均一日装车数	辆	1510	1516	100.4
平均一日卸车数	辆	1538	1652	107.41
货车静载重	吨	56.6	57.4	101.41
货车周转时间	天	2.08	2.17	超0.05天
一次货物作业时间	小时	18.5	19.45	超0.95小时
货车中转停留时间	小时	5.6	6.21	超0.61小时
货运机车日产量	万吨公里	82.0	77.9	95
货运机车日车公里	公里	368	370	100.54
货运机车平均牵引总重	吨	2435	2338	96.02
行车重大、大事故件数	件	0	0	
运输进款收入	万元	270000	271068.51	100.4
实现利润	万元	5100	6500	127.45
运输全员劳动生产率	万换算吨公里/人年		90.23	
运输成本	元/万换算吨公里	1022.46	1298.57	127.00

(李光富)

【客运营销】 2002年9月6日，成都铁路局客运公司重庆分公司正式揭牌成立。车站客管、行包等职能移交运输分处。为适应职能转换，客运营销工作重点抓好春运、暑运及“五一”、“十一”黄金周扩大营销，搞好服务，严控路风。春运40天，共发送旅客302万人。其中，发送直通旅客132.5万人，同比增长0.4%。“五一”黄金周期间，共加挂扩编客车65辆，7天共安全发送旅客48.96万人，同比增长3.2%，客运收入2 410.6万元，同比增长10.1%。“十一”黄金周期间，共加挂扩编客车119辆，发送旅客62.20万人，同比持平，收入完成2 995.9万元，同比增长17.3%。抓好暑运工作，对能力紧张方向，增开临客，加挂车辆，满口交员，开设学生专售窗口10个，到34所大专院校现场售票，办理行包。暑运62天，共发送旅客389.38万人，同比增长4.7%，收入完成27 005.4万元，同比增加23.9%。2002年，旅客发送量完成2 148.9万人，旅客周转量完成5 244.532百万人公里，为年计划的94.5%。加大客运设备投资，改善客运设施，确保6个大站，6对进京、进沪、进穗直通旅客列车，行包快运和“五定班列”的优质服务，树立铁路客运形象，促进客运营销。

（晏　卫）

【经营管理】 2002年，分局广大干部职工牢固树立“大运输”观念，强化调度集中统一指挥，优化运输环境。在施工任务十分繁重的情况下，做到了运输施工“两不误”；面对重点运输需求急剧上升的困难，圆满完成了电煤、化肥，专、特、军运，三峡移民等重点运输任务，受到重庆市人民政府的嘉奖。

分局各部门及有关单位提前介入，深入调研，积极准备，克服困难，确保新线接管顺利，队伍稳定，运营正常，安全相对可控。一、完成内昆新线接管。内昆新线地形地貌复杂，沿线生活条件艰苦，接管工作难度大，责任重。分局高度重视，多次召开专题会议，研究部署接管工作，作好接管准备。根据内昆新线特点，结合有关规定，各单位和各部门制定了确保新线临管运营安全的措施，保证了新线接管后的正常运营。二、完成达万线委托经营接管。按照“三个基本具备”的要求，分局多次组织人员深入现场调研，积极与达万公司交涉，落实遗留问题的整改。有关部门积极思考，精心组织，创造条件，保证了达万线顺利开通。两条新线的接管，使分局管辖正线里程增加到1 407公里（含达万线157公里），增强了分局的发展后劲。

【安全生产】 2002年，分局大力推进设备质量、安全管理和人员素质达标，全面落实了“安全翻身仗”的各项任务，实现了“安全翻身仗”的阶段目标。一、强化设备整治，分局安排了1 000万元自有资金，在救援、机车监控、列尾、道口等主要行车设备和重要安全装备上加大投入，拆除平交道口9处，新装小半径曲线防脱护轨150处。二、积极争取部、局投入，全年完成更新改造32 900万元，更换木枕14.7万根，大修线路64.5公里。三、2002年，投入1 200万元加大安全考核，推进逐级负责制和各项安全管理制度的落实。加大培训基地等硬件设施的投入，建立并完善“四纳入”的培训保障制度，完成“两年十个工作日”轮训10 917人，为计划的117%；注重培训内容与现场作业、生产关键环节、安全薄弱环节的结合，重点把新技术、新设备、新工艺的应用与维护纳入培训内容，增强培训的实效性，职工素质普遍提高。四、深入开展安全大检查、安全专项整治等活动，对安全工作中暴露出的惯性事故、顽症问题和多发故障进行专题攻关，客车、施工、道口、防洪、治安等安全关键环节和重点部位得到有效控制。2002年分局运输安全基本稳定，7月25日实现了安全生产1 000天和第三个安全年。

（李光富）

【土地管理】 2002年土地管理工作严格按照国土法及地方有关土地管理规定执行，圆满完成年初土地管理目标任务。完成铁路国有土地确权115宗面积7 279.281亩（其中：接收内昆线水昭段新征土地62宗面积6 281.018亩，内宜电气化改造新征土地36宗面积410.307亩）；办理建设用地审批88件面积41 673.5平方米；查处违章搭建房屋事件30起，罚款21 160元；全年共收取土地使用费201.599万元，收回铁路国有土地42亩。由于地方政府不了解铁路用地界限，将铁路土地42亩批给西南铝加工厂征用，发生土地权属争议，经分局土地管理分局工作人员据理力争，多次与地方国土局和西南铝厂协商，收回铁路土地，恢复了铁路的合法权利，维护了铁路利益。

（鲜文扬）

【路风建设】 2002年，分局党政领导高度重视路风工作，广泛深入开展"三新教育"，靠近市场需求，创新服务内容，健全激励机制，提升服务质量；强化春运和暑运站车路风监控，35个单位的54名党政主要领导，分别向分局签订《春运路风军令状》。分局对参乘单位3 075名临客乘务员进行路风教育系统培训。分局和站段抽调精干人员140名，组成路风检查组清理整顿乱收费，切实规范企业行为。重视信访查办处理，全年受理并查办路风信访投诉69件，查结回复率达100%。各单位对发生路风问题并经查实定性的责任人员做出严肃处理，67名路风违纪责任人员受到政纪处理。为进一步畅通路风社会监督渠道，分局新增路风投诉电话，并再次通过新闻媒体向社会公布。通过干部职工的共同努力，全分局杜绝了一般及以上路风事故的发生，实现路风平衡可控，路风监督和客货服务质量获得社会舆论的较好评价。

（薛亚科）

【科技成果】 2002年，分局大力实施"科教兴局"战略，加速科技成果转化和技术创新，全面推进科技进步。分局投资70万元，完成科技计划项目39项，完成局科技推广项目13项，科研项目4项，评出分局科技成果奖40项，其中5项通过路局评定。QC成果获国家级1个、重庆市级4个、路局级38个。积极推进ISO9000质量体系的试点和应用。强力推进办公信息系统的运用，从上年7月1日起，分局正式使用办公自动化信息系统，并在全路率先建立了40个拨号上网专用线路，实现分局所属单位均能通过办公网签收文件、收发电报纪要及获取其他信息。完成重庆东、重庆南、达州、内江等车站系统的整合，完成重庆西、达州、内江等12个站车号自动识别系统的调试开通工作，建成分局物资管理信息系统和伏牛溪等4个站的剧毒品追踪系统。认真开展火车头经济技术创新工程和合理化建议活动。全年，共收到创新成果43项，合理化建议2 924条，创经济价值707万元。

（王德碧）

【多元经营】 2002年，多元经营紧紧围绕铁道部提出的"三大目标"，重点推进建立多元新格局，强力推行资产重组，实现骨干、龙头企业的稳步发展，形成多元经营发展的新态势。一、巩固"三分"成果，进一步规范核算及投资回报制度。确立了运输业、多元经营"两个轮子一起转"的整体观念。二、初步建立现代企业制度，逐步完善了法人治理结构。重铁投资公司按照《公司法》要求，健全董事会、监事会工作制度，明确决策层、经营层的工作权限，形成有效制衡的法人治理结构。投资公司作为独立的法人企业，对多元企业的资产统一配置、运用和处置，并承担资本保值增值责任。完善了分局与投资公司及投资公司与多元企业的投资与被投资关系，将过去的管理主体转变为资产经营主体。将电通公司、监理公司作为多元直属企业，将重庆建筑段、内江建筑段、重庆材料段纳入多元管理体系，实行一套班子两块牌子，分局与多元共同管理的模式。三、强化内部管理，理顺管理机制。在多元企业中全面推行A、B、C、D、E五级绩效考核办法，并建立健全各项管理制度。四、推行机构重组，培育支柱产业。分局货代和工程开发两个支柱产业基本形成。

2002年，分局多元经营收入达7.51亿元，为计划的100.4%，同比增收8 500万元，实现利润3 240万元，为计划的100%。多元企业根据经营规模和盈利状况，与相关站段签订规范的补主合同，项目具体，权、责、利明确，运输业通过财产租赁，提供劳务及管理服务等取得投资回报。2002年，全分局多元企业补主6 103.75万元，形成运输业与多元企业相互促进、良好互动的新格局。

2002年，重铁投资公司投资的涪陵大自然洗衣粉厂一举扭亏走上良性发展道路，当年生产洗衣粉27 830吨，产值7 624万元，实现销售27 091吨，销售收入6 560万元，利润479万元。分局货代公司从原来单一的经营发送业务，发展至联运、仓储、配送等多方位的代理项目，先后与国内外28家货代公司、地方16家运输企业签订了联营协议；8月通过ISO9001:2000质量管理体系认证，增强重铁货代的市场竞争力；截至年底，全分局货代企业完成经营收入13 562万元，实现利润1 324.9万元，分别比年计划增长35.6%和32.4%。分局重组重铁工程开发总公司，并成功取得了建设部颁发的铁路工程总承包企业二级资质。公司通过重点抓好重庆车辆段主辅库改造工程、内昆线K124框架立交桥建设工程、长胜沟渝达提速工程、金筠线A标段新建工程、万州危岩整治工程等五大建设项目,全年完成产值8 024万元,实现利润60万元。岚苑山庄紧紧围绕以副补主,以主业带副业的发展方针,在搞好会议、旅游、休闲、度假、疗养、体检等主业项目的同时,强化营销,不断推出新项目,圆满完成407万元经营任务。客代公司本着立足市场,拓展特色旅游的经营思想,抓住暑期"黄金月",先后举办3期"我到北京上大学"特色夏令营旅游,并利用旅游淡季成功组织了近20次"夕阳红之旅",取得良好的社会效益和经济效益。

(杨　再)

【集体经济】 2002年,分局集体企业努力寻找和本企业与之适应的发展方向,积极探索市场需求,转换经营机制,全面实现经营目标,完成产值2.52亿元,为计划的159.4%,同比增收5 643万元,实现利润961万元,为计划的160.3%。

分局对集经企业进行全面分析,排出特别困难企业8家、比较困难企业9家。认真分析了这17家企业的困难和不稳定因素,特别是对8家特困企业的不稳定原因做到心中有数,采取针对性措施,保持了集经队伍的基本稳定。重庆南机务段的和内江机务段的机修厂,锅炉检修业务枯竭,中心领导多次深入该厂调研,及时与主办单位协调,解决了部分业务。梨园公司通过中心领导协调,在主办单位的大力支持下,经营效果明显提高。2002年参加调资的人数占集体职工数的99%,其中实调的企业24个,空调的企业30个,人均增资42.95元。

重视人员素质的提高,组织了56个企业的59位经理参加集经企业经理培训班;企业财务人员参加会计从业资格培训考试9人次;参加分局初级电算化鉴定人员15人次;参加局继续教育学习40人次;参加分局继续教育学习120人次。集经管理中心对4个企业进行了会计基础工作验收,已全部达标;会计基础工作标准化复检企业6个。2002年各类人员参加培训共计600多人次。中心和企业共举办各级、各类项目经理培训班5期,培训100余人。

认真贯彻中央领导关于加强安全生产的重要指示和"5·9"部、局安全紧急电话会议精神,开展安全专项整治工作。成立安全检查组,对施工作业点、沿线站区装卸、仓库、旅馆和一些问题企业进行认真检查,共检查42家集体企业、分公司和经营网点。通过检查,发现安全隐患、问题28个,对部分单位(网点)的无安全生产责任制、无安全操作规程、消防制度消防机制不健全、管理人员职责不清、职工缺乏安全意识凭经验作业、个别外聘人员没有坚持持证上岗制度等问题进行了纠正并限期整改。如内宜县K124道口管理混乱、金山公司防爆手推车失效等问题,都得到及时解决。

集经管理中心多次与重庆市建委联系、协调,使川、渝9家施工企业通过了建筑安全企业资质审定,为参与市场竞争创造条件。集经企业根据市场发展的需要,积极调整产品结构,使工业产品生产基本稳定,分局列入局采购目录的工业产品有261个。内江车务段宜江公司用诚信赢得市场,煤炭销售大幅提高;铁荫公司建立汽车运输队,为货主送取货物;广安工务段劳动服务司开发的长效防锈油脂被局指定为全局定点使用,还销往昆明局;前锋工程公司走出分局承担工程。

(李　欣)

【职工福利】 2002年,职工生活福利待遇进一步改善,职工队伍保持稳定。增调职工工资,分局职工年平均收入达15 968元,同比增长11.93%;职工补充养老保险有较大幅度的提高,同比增长30%。通过分局努力,退休职工养老金有适当提高,同兄弟分局的差距在逐步缩小。投资205.2万元新建工区11处,建筑面积2 532.6平方米;投资34万元更新生产一线车间、班组空调;投资80万元修建内江站区公路;投资135.2万元修建单身宿舍6处,建筑面积2 127平方米;累计投资3 000多万元修建重庆南渗流井水源工程;投资300万元进行内江地区给水改造;投资477万元解决沿线小站吃水问题;投资200万元为20个站区的1 000户职工安装闭路电视;投资794.4万元完成重庆南地区电力增容;投资50万元立项修建内江医院住院部;投资30万元修建广安医院达县分院住院部;投资近100万元增添医疗设备;投入866万元改善内昆、达万新线职工生产生活条件,切实为职工办好事、实事。

(李光富)

【教　育】 2002年,分局基础教育贯彻党和国家的教育方针,实施素质教育,育名师、创特色、办精品,培养学生的创新能力，提高了教学质量和办学效益。九龙坡幼儿园通过直辖市示范幼儿园的复查验收；九龙坡铁小创市级示范小学；内江铁中通过重点中学的检查验收。3所铁中2002年高考喜获丰收，679名学生参考，一次性上线602名，分局高考上线率为88.66%，上本科线273人，升入重点院校70人。

教师论文获奖，国家级6人，省、市级17人，在国家及省市刊物上发表文章60余篇。

分局职工教育贯彻落实《铁道部关于进一步加强铁路运输企业职工岗位达标培训工作的意见》和《成都铁路局运输岗位职工达标规划》。分局成立了以分局长、党委书记为组长，党政副职为副组长，业务处长为成员的岗位达标培训领导小组，明确职责，制定考核办法，为保证岗位达标培训规划兑现，建立激励约束机制，明确考核奖罚办法（考核达标路局奖15万元，分局奖10万元），指标逐级分解，落实到个人，并与职工竞争上岗挂钩。

2002年，分局职工岗位达标培训任务重、培训量大、脱培时间长是近十多年来前所未有的一年。分局及站段加大岗位技能培训的投入，分局投入200万元，站段自筹资金150万元，筹建重庆车务段等9个单位多媒体电化教学设备各一套。克服了运输岗位职工任务重、抽人培训难、工种多等困难，采取站段自培与分局职工学校培训相结合，职教人员轮流赴新线送教上门，中专学历教育“校、校、段”联办等办法，2002年分局18个单位开办25个班，在学人数1 655人。完成运输岗位职工脱产培训10 917人，工班长轮训1 878人、客运服务人员培训3 731人，新入路复退军人进行1年的岗位专业系统脱产培训40人。年底，经路局考核，分局职工教育，综合得分91.5分，名列第二名。

（丰德智　刘百克）

【医疗卫生】2002年，重庆铁路分局各医院总诊次1 457 148人次，比上年增加48 357人次，其中门诊1 259 287人次，急诊46 774人次，沿线巡回150 902人次；病床763张，其中正规床650张、简易床13张、疗养床100张。收治住院病人13 205人次，比上年多收治483人次；治愈率72.46%，比上年提高0.17%；平均病床周转20.49次，比上年增加1.05次；平均病床工作日294.62日，比上年增加8.95日；平均病床使用率80.72%，比上年提高2.45%；出院者平均住院13.91日，比上年缩短0.02日；抢救危重病人成功率达84.08%，比上年增加1.28%；医疗事故0件。对外医疗收入比上年增加18.45%，间管费同口径同比统计下降14.87%，取得明显的成效。

2002年，传染病、食物中毒、职业中毒、货物运输污染调查处理率100%，环境监测率100%，卫生监督监测率100%。突发疫情，就地迅速扑灭。家住南岸区的一名退休职工发生了02号病，这是分局组建以来的第一例，各级领导高度重视。在分局卫生管理中心的直接指挥下，组织防疫站和重庆医院及时采取果断措施，切断传染源和传播途径，有效控制疫情，无二代病例发生，患者7月18日入院，29日痊愈出院。

计划生育率、独生子女办证率、节育率、晚育率均为100%。由分局卫生管理中心研制的计划生育微机管理系统在全局推广使用，并协助完成全局计划生育微机软件应用学习。加强计生队伍的自身建设，举办计划生育干部培训班，共培训40人。

在全分局卫生系统开展以“树立新理念，提供新服务，塑造新形象”为主要内容的“卫生服务质量年”活动。制定了活动的考核评分标准，把“卫生服务质量年”活动与干部日常积分考核、工人竞争上岗考试考核相结合，与日常定额工资捆浮考核相结合，进一步完善考核制度。

根据铁道部、铁路局对医疗保险制度改革的安排和要求，卫生管理中心积极与重庆市劳动和社会保障局联系，与市医保部门多次反复洽谈，介绍铁路医改情况，说明分局的实际困难，按照“统一领导，统一政策，委托管理，自求平衡”的原则，上报《“重庆铁路分局职工基本医疗保险实行属地管理”的专题请示》，已取得初步进展。加强对分局医保系统计算机设备的使用、保养、管理、故障处理、IC卡使用、数据交换等方面的检查，根据存在问题制定整改措施，为实施医改打下基础。

2002年，组织医务人员完成分局领导干部和高、中级专业技术干部1 237人的体检工作，患病率37.43%。妇女病普查6 662人，患病率32.71%。“三员一长”体检3 351人，患病率37.72%。

全年送外进修、培训、参加各种学术会议171人次；学历培训45人次；举办各种培训班29

个；请专家来院讲课44次；培养了一批专业人才及学科带头人。接收9所医学院校大中专实习生120人。2002年开展新技术应用研究61项，获铁道部科技成果1个，四川省科技进步三等奖1个，分局科技成果四等奖7个。在全国各级各类杂志发表论文51篇，其中国家级22篇，省部级28篇。

2002年，新开设两路口、菜元坝社区医疗点。完成内昆线、达万线新线的卫生机构设置、人员调配并开展工作。宜宾至昭通新设昭通卫生所，大关、盐津、柏树溪保健站。万达线开设万州卫生所，梁平保健站，逐步拓展了医疗市场，为医院分立打下基础。分局加大投入，购置电子宫腔镜等一批先进实用的医疗设备。重庆医院新建646平方米传染科病房竣工投入使用，完成食堂"煤改气"改造安装工程，内江医院住院大楼建设前期工作基本完成，使医院、防疫站硬件建设再上新台阶。

（王铭全）

【政治工作】 2002年，分局各级党组织坚持以邓小平理论和"三个代表"重要思想为指导，以学习贯彻十六大精神为动力，牢牢把握改革发展方向稳定大局，围绕运输生产经营中心，全面加强党的建设和思想政治工作，保证了分局安全经营目标的全面实现。

继续开展"学教"活动。分局党委抓住"三个关键性少数"，分两批在30个基层单位413个党（总）支部中，深入开展"三个代表"重要思想学习教育活动，共整改问题20692项，建立了车间重要事项集体研究决定等5项长效机制，巩固扩大了"学教"活动成果。分局党委抓"三个关键性少数"等作法，在全路"学教"活动电话会议和"学教"活动简报上，多次受到部政治部表扬，并在全路"学教"活动座谈会上交流。

稳步推进干部日常积分考评。分局制定《关于实行干部日常积分考评的指导意见》和《站段党政正职日常积分考评加减分规定》，全面修订干部岗位职责，逐岗制定加减分标准，坚持月写实、季考评，严格兑现奖惩，并将考评结果与干部年终"一体化"考核及干部评先和升降去留有机结合，增强了干部的责任心和紧迫感。下半年全面实行以来，全分局共计扣分2148人，扣款93385元；加分779人，奖励35566元。

全面建立"两个纳入"机制。按照"共同负责，双向互动，科学整合，全面考评"的总体思路，巩固坚持"五个一"制度，整合健全党政齐抓共管的双重责任和基层落实的基础制度，构建完善了成果、制度、过程、经验和状态"五个评估"体系及日常过程与年终结果有机结合的考评机制，推动"两个纳入"工作取得明显成效，分局、站段、车间三级抓"两个纳入"的工作，在全路座谈会上介绍经验。

高度重视稳定工作。分局各级党组织把确保稳定，迎接党的十六大召开作为政治工作的头等大事，分局党委两次召开会议专题部署。各级组织和干部认真落实稳定措施，定期摸排分析，重视来信来访，控制不稳定因素。同时，深入开展"严打"专项斗争，共破获刑事案件1366件，其中重特大案件259件，配合地方妥善处置冲击铁路的突发事件苗头98起，确保内部稳定和运输安全畅通。

继续强化党风廉政建设。严格执行《关于领导干部廉洁自律的补充规定》，深入开展"向李国灿同志学习"和机关干部作风教育整顿活动。高度重视违纪案件查处，全年共查处违纪案件32件，其中大要案9件，挽回经济损失50余万元。严肃处理领导干部违规驾车等违纪问题3件。分局党委加强党风廉政建设工作，在全路党风廉政建设经验交流会上交流。

深入开展"三新"教育活动。坚持把"三新"教育与客运服务质量年活动、货代收费整治和企业文化建设紧密结合，促进客货服务质量的提高。强力整治客票价外收费，严明规定发生路风问题领导摘帽子、干部丢位置、工人砸饭碗、公安脱衣服，使加价问题得到有效控制。分局整治客票价外收费的成效在全路深入开展客运服务质量年活动工作会上作了经验介绍。加强企业营销文化建设，开展营销"宣传周"和"营销金点子"活动，精心打造营销品牌，增强企业的竞争能力。分局营销文化建设经验在全路企业先进文化建设工作会上交流。

各级党组织切实加强自身建设。分局成功召开第九次党代会，6个基层单位党委顺利完成换届。各级工会组织加强民主管理，推进厂务公开，实施送温暖工程，搞好互助合作保险，资助困难职工子女上学39人次，计20800元。各级共青团组织按照党建带团建的要求，大力开展创新创效和新世纪读书活动，发挥了党的助手和后备军作用。分局离退休、统战、侨联、关心下一代、军事运输等工作都取得良好成绩。

（刘 权）

【达万铁路管理】 达万铁路1997年10月31日开工，2002年10月初验合格，12月10日路用列车正式开通运行。

按照部、局对达万铁路管理模式的要求，从2002年10月1日起，成立了重庆铁路分局达万铁路事业部，全委托经营管理合资铁路。达万铁路事业部下设财收室、综合技术室和办公室，作为分局行政职能部门。分局达万铁路事业部的主要职能是：代表分局履行对达万铁路的管理职能；代表分局协调达万铁路相关站段事宜；协调分局机关各部门涉及达万铁路事宜；按双方协议履行应承担的权利和义务。

达万铁路生产组织与人员管理实行干线延伸模式，实施生产组织与人员的延伸管理。

（李辉先）

【内昆铁路新线接管】 内昆铁路全长872公里，其中内江至安边段（北段）、梅花山至昆明段（南段）早于20世纪60年代建成通车。这次新建的水富至梅花山段途经四川、贵州、云南三省，长358公里。其中重庆铁路分局管辖水富至昭通段计227.159公里，占新建内昆铁路的63.35%，这一地段线路山高谷深，地形险峻，地质复杂，气候多变，工程浩大而艰巨；桥隧总长占线路长度的67.34%。该段铁路于1998年6月底开始兴建，2002年5月12日全线开通。4月30日18时，在分局的直接领导下，有关部门和单位克服重重困难，顺利完成内昆铁路重庆分局管内新线的接管工作，保证内昆铁路临管的正常运营。

（李光富）

【重要记载】

1月

△7日 路局齐文超局长、王宝顺书记在分局干部大会上宣布重庆分局领导干部调整通知，原贵阳分局党委书记樊克敬调重庆分局任分局长职务，原重庆分局分局长陈启华调成都分局任分局长职务。

△9日 陈积华总工程师、郑建卫副分局长召集总工室、基建、客运、房建、计划、多元分处、集管中心、土地管理分局、达州车站等单位和部门负责人，与达州市副市长杨帆一行就达州车站广场改扩建有关事宜具体磋商并达成一致意见。

△12日 分局召开2002年第一次局长办公会。会议由樊克敬分局长主持，会议进一步明确分局行政领导分工；听取劳资分处关于内江供电段管界划分的报告，并决定：内江供电段的管界从成渝线李市镇至安富镇间K274+170米划界，以上划归内江供电段，以下划交重庆供电段；听取财务分处2001年财务对接，2002年财务收入、成本预测情况汇报；对分局八届二次职代会《行政工作报告》（初稿）进行了讨论，明确了2002年分局工作的指导思想、奋斗目标和重点工作。

△19日 分局党委书记李文林主持召开重庆分局第37次常委（扩大）会。

△30日～31日 副分局长郑建卫同多元分处负责人与深圳佑华公司总经理，就佑华公司退出君悦酒店经营事宜进行谈判。对佑华公司经营两年来的债权债务进行了清理。

同日 分局长樊克敬、党委书记李文林率运输、工务、两办负责人慰问渝达线干部职工，查看线路、工区状况，检查春运安排情况。

2月

△4日 重庆市副市长黄奇帆、雷尊宇副秘书长率领市春运工作领导小组成员检查重庆火车站，对该站工作给予肯定。

△6日 铁道部副部长彭开宙在成都铁路局局长齐文超陪同下到重庆建筑段、重庆车辆段看望慰问特困职工。

△18日～19日 铁道部政治部副主任任喜贵率7家中央级新闻单位对分局春运工作进行采访报道。

3月

△8日～10日 铁道部劳卫司齐瑞华副司长、在路局劳资处处长邓绍奎、分局总经济师俞兵的陪同下，对内昆新线昭通至宜宾段逐站进行调研。樊克敬分局长汇报分局职工岗位达标培训工作和内昆新线定员、人员培训等有关问题。

△9日～13日 潘友元副局长率客运分处、北碚车务段、渠县车站、渠县派出所负责人到北京处理1646次旅客列车在渠县发生的站车纠纷事件。

△12日～13日 刘世平副分局长两次同重庆市港口局进行接洽，双方就重庆车辆段与港九公司间的土地交换意向、需求等进行交流，达成初步意见。

△13日~15日　路局企协潘居正副会长与俞兵总经济师向荣获路局第六届企协“双优”称号的内江车站等五个先进单位及先进个人授牌。

△14日~16日　樊克敬分局长、党委李文林书记率领内昆新线现场调研组，深入内昆新线宜宾至昭通南各站，就确保按期临管运营问题进行现场调研。

△19日　分局长樊克敬、党委书记李文林主持召开内昆新线接管领导小组第二次会议。会议对3月15日~16日内昆新线现场调研中发现的问题进行讨论，从确保按期临管运营的需要出发，提出具体处理意见，明确了相关单位和部门的职责。

△22日　应内宜指挥部邀请，四川省铁建办在广安主持召开襄渝铁路达渝段提速一期工程征地拆迁工作会。会议协调安排提速工程的征地拆迁工作。

△26日　林原渝副分局长、陈积华总工程师组织电算所等相关部门，就达万线TMIS系统主机设置地点问题进行讨论，决定将主机设在万州区。

△28日　分局召开干部日常积分考评工作会。会后，成都军区驻成都铁路局军代处主任代表成都军区宣读任命樊克敬为重庆铁路分局军代处第一主任的命令。

4月

△2日　铁道部王兆成副部长在重庆分局听取路局关于达万铁路建设、基建前期、外资使用、信息系统、通信通道建设等工作情况汇报，并作重要指示。

△4日　陈积华总工程师、潘友元副局长在内江召开内昆线接管和内宜电化开通工作会。会议部署内宜线接触网冷热滑、内昆线接管进度等工作。

△10日~12日　副分局长吴向东分别前往自贡工务段和内江电务段就内昆新线接管准备工作与单位领导交换意见，并参加自贡工务段进入内昆新线机构人员调整任命大会。

△18日　分局长樊克敬、总工程师陈积华出席内昆铁路内宜段电气化通车庆典。

△22日　总工程师陈积华率内宜指挥部负责人到达州市，与达州市市长谢天刚、副市长杨帆等商议达州火车站广场改扩建事宜。

△24日　副分局长潘友元率计划分处、房管中心、国土分局负责人赴永川市，在市建委的监证下，和重庆港都房地产开发有限公司签订永川火车站铁路片区改建项目土地补偿及房屋拆迁安置合同。

△27日　分局长樊克敬、副分局长刘世平、总经济师俞兵召集机务、车辆、财务分处以及国土分局负责人，研究重庆车辆段段改涉及港口局土地、江北水源建设等事宜，明确方案、规模、资金等问题。

同日　党委书记李文林、分局长樊克敬主持召开内昆新线接管领导小组第三次会议。

△30日　副分局长林原渝主持召开电话会议，研究布置当日下午18时正式接管内昆新线的有关问题。

5月

△8日　分局长樊克敬陪同蔡庆华副部长率领的铁道部初验委员会全体成员，现场查验了内昆线、宜宾站房、盐津北、盐津、大关、彝良、邓家湾、昭通等站区情况，樊局长向部初验委员会和路局主要领导详细汇报内昆线目前存在的诸多问题。

△12日　副分局长刘世平率安监、运输、车辆、工务、电务分处负责人赴赶水处理“5·12”脱线事故。

△17日~19日　彭开宙副部长在分局领导的陪同下到重庆分局指导安全大检查工作，分别检查了隆昌站、重庆西机务段、重庆西车辆段，听取工作汇报并作重要指示。

△20日　局审计处王放明处长带领局审计小组，开始对原任分局长陈启华进行离任审计。

△25日~26日　刘世平副分局长陪同中国地方铁路协会会长华茂昆率领的部国铁与地铁衔接部分安全检查组分别检查隆昌、万盛站与地铁结合部、隔开设备、安全线等情况。

△30日　分局2000年~2001年度先进集体、先进个人表彰大会在文化宫大礼堂召开。

6月

△7日　林原渝副分局长率货运、多元分处有关人员到梨树湾车站现场研究解决待卸车居高不下的问题，并提出具体要求。

△27日　总经济师俞兵率分局总工室有关人员参加达万铁路初验工作预备会。会议听取了达万公司自验情况汇报，对初验工作作出具体安排，明确验收标准及要求。路局符兹和总工程师到会讲话。

7月

△4日　四川省地方铁路局罗兴武局长率有关部门负责人到分局就金筠地铁接轨及站场改造事宜同分局进行接洽，副分局长郑建卫率总工室、国土分局、工程总公司负责人参加见面会，双方对金筠地方铁路占用国铁35.34亩土地达成协议，对站场改造形成临时过渡方案。

△16日~18日　俞兵总经济师率劳资、财务分处负责人到内江车务段、内江机务段、内江供电段、工务大修段、内江铁路医院等单位，就内昆新线开通运营后各单位在劳动定员、工资清算、成本控制、职工生活等方面进行调研，对部分亟待解决的问题明确方案。

△18日　樊克敬分局长以重庆港九股份有限公司董事身份参加第二届董事会第三次会议。

△25日　分局实现安全生产1 000天。

△29日　重庆分局工会主席刘富全代表分局接受重庆市总工会副主席楚正平代表全总和全国安全生产监督管理局颁发的全国优胜企业"安康杯"和重庆市"安全生产先进集体"奖牌。

△31日　重庆分局在南山疗养院召开物资单位座谈会，邀请分局所辖范围内有关政府部门，49家大中型企业，重庆日报等3家新闻单位领导和相关人员共120余人参加会议。

8月

△9日　吴向东副分局长陪同中国工程国际咨询公司及部、局的相关领导对遂渝线进行现场踏勘，对其可行性方案进行评估。

△11日~13日　刘世平副分局长率机务分处、重庆南机务段和重庆车务段负责人到北京就"8·8"旅客列车险性事故的整改措施及相关人员的处理等情况向铁道部汇报。

△13日　路局符兹和总工程师到重庆分局检查指导工作，就万宜铁路、达万管理模式、调度所扩建、创优达标基地建设等有关事宜与分局领导交换意见。

同日　潘友元副分局长召集基建、计划、财务、房建分处，国土分局，工程公司，监理公司，重庆建筑段有关人员专题研究孟园原建筑工区旧址有关问题，明确不再执行孟园房屋合作开发项目，终止孟园房屋合作开发合同等有关事宜。

△16日　郑建卫副分局长率有关部门负责人前往万州，就利用新线开辟新的经济增长点，促进分局多元经营发展同达万铁路有限责任公司初步达成意向协议。

△20日　樊克敬分局长主持召开内昆新线接管领导小组第四次会议。

△23日　樊克敬分局长主持召开客运分公司筹备领导小组第四次(扩大)会议。会上宣布重庆分公司负责人名单。

△29日　副分局长郑建卫主持召开货代公司2002年第二次董事会。会议一致同意成立万州分公司，并确定在万州站利用闲置土地修建物流货场。

△30日　总经济师俞兵组织计划、财务、劳资收入分处，总工室负责人，与达万公司就提报达万铁路全委托运输合同有关事宜进行磋商。

9月

△3日　副分局长郑建卫召集集管中心、重庆车辆段、重庆南机务段主要负责人，专题研究重铁九龙蓄电池厂归属问题，会议确定了分割原则、分割方案和具体实施办法。

△6日　成都铁路局客运公司重庆分公司成立庆典在重庆车站广场隆重举行。路局副局长兼局客运公司总经理杨大松，分局党委书记李文林为客运分公司成立揭牌并讲话。

△18日　分局长樊克敬与有关部门负责人到四川泸州铁路公司就国铁和地铁加强配合，搞好行车安全管理进行商谈，签订运营办法和清算办法。

△19日　重庆九龙坡铁路小学建校五十周年，总经济师俞兵参加纪念活动。

10月

△1日　分局长樊克敬陪同重庆市副市长陈际瓦检查外贸物资运输情况，并慰问节日坚守岗位的干部职工。

△14日~16日　副分局长张国平陪同路局施成效副局长自昭通添乘轨道车对内昆新线全线进行检查。现场查看了在建的内宜线K120立交桥，并对内昆新线重点危岩处理提出具体意见。

△16日　副分局长刘世平召集有关部门及相关单位负责人在重庆南供水所现场办公，研究解决重庆南地区水源二级泵房及水池改造有关问题，初步确定了解决方案。

同日　相关站段首批进入达万线人员按分局统一部署在达州车站集中乘坐路用列车奔赴新线。

△21日~23日　总经济师

俞兵率有关部门及相关站段负责人参加达万铁路工程初验并代表接管方签字。

△22日　副分局长张国平召集有关业务分处负责人就白皎采石供应中心碴槽改造、资金缺口和生产成本等问题进行研究，制定了初步方案。

△23日～25日　分局长樊克敬、党委副书记黄文明、副分局长郑建卫、刘世平、张国平分别前往各基层单位宣布分局关于各单位有关领导干部的任命决定，并结合安全生产对新班子提出希望和要求。

11月

△1日　铁道部审计组对分局进行年度财务专项审计。

△4日　总经济师俞兵主持召开达万事业部全体会议，明确了事业部领导分工、部门职责、工作性质、工作纪律等事宜，并就加强与达万公司、相关站段、分局各职能部门协调配合，发挥效能，落实全委托管理职责提出具体要求。

△5日　副分局长刘世平召集计划分处、总工室、道口办、工程总公司负责人，与自贡市副市长刘海锦就自贡市马吃水立交桥建设事宜交换意见。

△5日～6日　局工务安全优质达标示范线建设现场会在北碚召开。

△8日　副分局长郑建卫率总工、计划部门负责人赴北京就江北新客站有关事宜同铁道部发展计划司进行对接。

△12日～13日　铁道部货运代理检查组在路局有关部门负责人陪同下来渝检查工作。

△14日　重庆市规划设计研究院领导到分局详细介绍了江北新客站片区和渝中区城市规划情况。

△16日　分局长樊克敬与有关处室领导到万盛车站检查工作，并和南川地方铁路协商有关事项。

△19日～21日　潘友元副分局长两次添乘201次/202次列车查看列车设备设施、人员作业、列车管理等情况，并提出具体要求。

△20日　樊克敬分局长和安监室负责人总结2002年安全生产的主要做法，对2003年安全工作提出具体思路。

同日　林原渝副分局长参加重庆市计委应铁路局要求组织召开的遂渝铁路建设工作会。路局曾家良副局长率工管中心、建设处、遂渝指挥部、内宜指挥部等部门参加会议。路地双方就遂渝铁路建设在重庆市境内的征地拆迁、施工配合，以及开工典礼的具体事宜进行协商。

△27日　副分局长郑建卫召集达州站、广安工务段主要领导，基建分处、集管中心、设计院负责人就达州站利通公司和广安工务段前锋工程公司重建营业用房召开协调会，明确设计、建设和施工中的具体问题。

同日　分局“瑞邦杯”养路机械化表演赛在自贡开幕。

同日　副分局长潘友元代表分局与永川市建委和开发商签订《关于永川火车站广场改建工程中铁路职工住宅和铁路公用房的拆迁、补偿、安置协议的补充协议》。

△27日～30日　副分局长刘世平率队深入渝怀线现场踏勘，与渝怀指、铁二院就渝怀线建设的有关事宜交换意见。

12月

△3日　副分局长林原渝主持召开重庆站区环境整治会议。

△4日　副分局长刘世平、郑建卫召集运输等有关业务处室人员和重庆南机务段负责人，就江北客站铁路统筹规划用地及江北机务段布局调整等问题与铁二院进行洽谈，初步明确了方案。

△5日　副分局长刘世平召集机务分处、北碚供电段负责人，就江北客站水源设计合同等有关事宜与铁二院进行商谈。

△6日　总经济师俞兵召集运输有关部门、达万事业部及相关站段负责人会议，传达部运输局《关于达万线开办货物直通运输的通知》和分局《达万铁路运营办法》，对达万线开行路用列车的各项准备工作进行部署。

同日　副分局长郑建卫召集多元分处、集管中心负责人与路局客运公司副总经理杜笑非、总会计师王德安就客运分公司下属采购供应站、铁路万达公司涉及债权债务问题进行磋商，就有关具体问题交换意见。

△8日～10日　分局召开第九次党代会。李文林书记代表分局党委第八届委员会作了题为《与时俱进，求真务实，不断开创分局改革发展的新局面》的工作报告。

△12日　副分局长郑建卫率计划分处、总工室负责人到重庆市规划局就江北客站铁路统筹规划用地事宜向市府及相关部门领导汇报，得到市府有关领导的支持，完成同市规划局的前期对接。

△16日　副分局长林原渝、张国平组织运输、货运、工务分处,总工室、自贡工务段有关人员,与自贡市领导、交委、公路局等部门就自贡市中韩合资SK项目有关铁路专用线建设事宜进行商谈。

△18日　遂渝铁路开工典礼举行。

△19日　副分局长林原渝组织货运、运输、电务分处、电算所、铁通公司有关人员,布置TMIS系统安装调试的有关事宜。

△25日　副分局长郑建卫及财务、多元分处负责人就国家审计署委托重庆市审计局对分局有关项目审计情况与重庆市审计局交换意见。

△26日　副分局长郑建卫主持召开分局与客运分公司资产划拨协调会。劳资、财务、多元分处负责人与客运分公司领导、财务、劳资主管就资产划交、人员工资等工作进行了前期衔接,初步达成一致意见。

△28日~29日　副分局长张国平率工务分处负责人前往内昆线,会同铁二院、内昆指、铁二局及路局有关领导,组织对二道桥桥梁梁体实施移动回位施工,并于29日下午15时26分开通了线路。

(李光富)

贵阳分局

【综　述】 2002年末,贵阳分局职工总数39 948人,下属站段38个。固定资产总值207亿元。分局机关位于贵阳市双峰路16号。邮政编码550003。

贵州省气候温暖湿润,属亚热带湿润季风气候区,年平均气温在15℃左右。阴雨天多,降水量大,常年相对湿度在70%以上。地貌特征一是高原山地,二是岩溶地貌发育非常典型。铁路运输受特定的地理位置和复杂的地形地貌及不稳定的气候等因素影响较大。贵阳分局管辖铁路以贵阳为中心,黔桂、川黔、贵昆、湘黔4大铁路干线以贵阳为交汇点,东出湖南、西入云南、北通川渝、南达广西,形成四通八达的贵州铁路运输网络。管辖线路区段属典型山区铁路,弯道多,曲线半径小,桥梁、隧道多,自然灾害较为严重。

2002年,贵阳分局广大干部职工以“转变作风、强化基础、提高素质、谋求发展”为主线,各项工作呈现出协调发展的良好态势,分局运输生产再创新高,专、特运和军事运输任务圆满完成。全年累计完成货物发送3 293.5655万吨,旅客发送1 776.1681万人,换算周转量完成493.16亿吨公里,货运周转量完成385.394亿吨公里,运输全员劳动生产率129.5万换算吨公里/人年。运输收入238 551万元,利润4 986万元。

【管辖范围】 贵阳分局管辖川黔、贵昆、黔桂、湘黔、内昆(贵州段)5条铁路干线及开阳、水大、湖林3条铁路支线,线路总延展里程2 993.6公里,其中正线延展里程2 119.211公里。营业里程1 552.0公里,其中电气化铁路1 227.8公里。

【机构设置】

一、机关行政机构

1. 限额内机构

办公室　总工程师室　收入检查室　安全监察室　运输分处　货运分处　机务分处　车辆分处　工务分处　电务分处　物资设备分处　计划分处　劳资分处　财务分处　干部分处　审计分处　基建分处(建设管理中心)　卫生管理中心　房地产管理中心　人民武装部　监察分处(与纪委合署办公)

2. 限额外机构

离退休管理分处　教育管理中心　多元经营管理分处　集体经济管理中心　劳动保险分中心　关工委

3. 部控附属机构

电务试验室　机要通信室　安全宣传车

4. 局控附属、临时机构

劳动力调剂中心(再就业中心、职业介绍所)　电算所　资金结算中心　资产管理办公室　国土分局　勘测设计所　护路办公室　堵漏保收队　体育活动中心　列车监控装置维修中心　贵州铁道报社　有线电视中心　机关车队

临时机构:株六复线会战办公室

5. 学协会

企质协会　体协

6. 派出机构

六盘水地区办事处

二、机关党群机构

1. 限额内机构

党　委

党委办公室　组织部　宣传部(干部部和干部分处为一个机构二块牌子列编行政机构)

纪　委

纪委办公室　纪检监察室　案件审理室　执法监察室　路风监察室(党群机构编制、行政定员)

工　会

办公室　组织民管部　生产宣教部　生活保障部

团　委

2. 部控附属机构

政法办　机关党委(机关保卫列行政定员)

3. 局控附属机构

政研会　文联　分局文化宫　地区俱乐部

三、政法系统

贵阳铁路公安处　贵阳铁路运输法院　贵阳铁路运输检察院

四、基层单位(见表15-3)

【主要领导干部】

分局长　兰开锋
副分局长　覃长炳
　金明强
　吕　澍
　张吉庆
总工程师　覃长炳
总经济师　王益鹏
党委书记　满希民
党委副书记　兰开峰
　张国珍
工会主席　魏鼎铭
纪委书记　陈　平

【部门负责人】

分局办公室主任　毛以能
机务分处分处长　杜国勋
车辆分处分处长　李书华
运输分处分处长　郑之江
货运分处分处长　马万虎
工务分处分处长　朱用中
电务分处分处长　鲁宪荣
安全监察室主任　邬力军
干部分处副分处长　余成新
劳资分处分处长　郑　永
计统分处分处长　李　麟
财务分处分处长　罗泽忠
审计分处副分处长　谢声贵
房地产管理中心主任　舒　扬
基建分处分处长　储昌兴
医疗卫生管理中心主任　曹丽敏
教育管理中心主任　陶晓麟
教育管理中心党委书记　孙丹君
总工程师室主任　田正伦
离退休管理分处分处长　姚胜范
物资设备分处分处长　陈建国
收入检查室主任　王继东
人民武装部部长　韦忠群
电子计算机所所长　杨志昆
质量管理协会秘书长　马庆家
有线电视中心主任　顾子建
分局调度所主任　张正平
省护路办主任　邓开齐
党委办公室主任　郭玉平
组织部部长　王朝元
宣传部部长　周明初
侨联秘书长　胡德银
政研会秘书长　胡湘蓉
贵州铁道报社总编　周廷高
分局纪委副书记　郭龙佑
分局纪委副书记兼监察分处长　刘学林
纪委办公室主任　陈祝衡
纪检监察室主任　王成静
执法监察室主任　李治慧
纪委审理室主任　郑玛莉
分局机关党委书记　王林珠
六盘水地区工委主任兼书记　申廷年
分局工会副主席　李胜生
工会办公室副主任　宋　敏
组织民管部部长　杨显文
生产宣教部部长　郭敬赤
保障工作部部长　胡正猛
火车头体协秘书长　段礼正
文学艺术工作者联合会秘书长　罗守中
分局团委书记　陆　勇
政法委副书记　邓开齐
公安处处长　徐朝中
公安处党委书记兼政治处主任　陈宗福
法院院长兼党组书记　张秀杰
检察院检察长兼党组书记　刘振生
多元经营管理分处分处长　鄢豫宁
多元经营管理分处党委书记　刘成豪
集体经济管理中心主任　孙益春
集体经济管理中心党委书记　杨新华

【职工队伍】　2002年末，贵阳分局职工总数39 948人。其中工人30 709人，干部7 846人。人员结构见表(13-7、13-8)。

表13-7　贵阳分局工人情况　(2002年)

工人总数	其中	文化程度					技术等级				年龄状况				
	女工	初中以下	高中	技校	中专	大专以上	初级技工	中级技工	高级技工	技师	25岁以下	26岁至35岁	36岁至45岁	46岁至55岁	56岁以上
30709	6635	15319	7690	2089	4324	1287	2406	9827	6955	189	2141	12206	9199	5938	1225

表 13-8 贵阳分局干部情况 (2002 年)

干部总数	其中				级别				技术职务			文化程度					年龄状况				
	女干部	行政干部	政工干部	专业干部	副局级	处级	科级	其他	高级	中级	初级	初中以下	高中	中专	大专	本科以上	25岁以下	26岁至35岁	36岁至45岁	46岁至55岁	56岁以上
7846	2610	4510	751	2585	2	124	1093	6627	156	1425	3726	836	908	2176	2407	1519	207	2440	2301	2366	532

【技术设备】 一、线路桥隧设备：铁路线路延展里程2 993.687公里，其中正线延展里程2 119.211公里；站段特岔线797.014公里，道岔2 983组；曲线2 389个，899.179公里；桥梁953座，104 359延长米；隧道752座，305 906延长米；涵渠3 645座，95 043横延米；道口123个，其中有人看守道口69个。

二、运输设备：运营车站167个，其中一等站2个，二等站2个，三等站18个，四等站144个，五等站1个。办理客运业务(开通电子售票系统)车站有18个；办理货运业务车站85个，货运室62个，计19 163平方米；货场总面积832 565平方米；货物仓库123座，计72 880平方米；货物雨棚4座，计4 046平方米；货物线119条，装卸有效长度23 074米。

三、机车设备：配属机车总台数476台。有内燃机车137台，其中DF_1型2台、DF_5型18台、DF_{7C}型21台、DF_{7D}型78台，DF_4型16台；配属电力机车341台，其中SS_1型153台、SS_3型74台，SS_{3B}型104台，SS_4改型机车10台；配属内燃轨道救援吊机6台。

四、供电给水设备：牵引供电设备，接触网线路2 839.26条公里，牵引变电所29座，变压器58台(座)，装机容量165.35万千伏安，开闭所3个，年供电量9.547亿千瓦小时，受电量10.245亿千瓦小时，年牵引供电量9.532亿千瓦小时。电力供电设备：电力线路2 807.0公里，变配电设备2 961台面(座)，年供电能力4 8671.6千伏安，供电量8 807万千瓦小时。给水所65个，给水站34个，给水管道320.6公里，年供水量1 988.7万立方米。

五、信号设备：管辖1 448.944设备公里，其中复线区段572.422公里，换算道岔17 195.009组，联锁车站165个，驼峰编组场3场，半自动闭塞1 177.315公里，通用机车信号476台，道口报警自动信号46处。

【铁路支线】 开阳支线：起于川黔线的小寨坝站，止于开阳县的楠木坪站，线路等级为一级专用线，全长32.3公里。主要承担开阳磷矿、西洋肥业有限责任公司、息烽磷矿等企业以及开阳县、息烽县的部分货物运输任务。2002年完成装车50 290辆，发送货物337万吨，运输收入2.45亿元。湖林支线：起于贵昆线的湖潮站，止于林歹站，线路等级为一级专用线，全长36.1公里。与林东煤矿、贵州铝厂、第七砂轮厂，贵州有机化工厂、清镇电厂等企业的专用线相连接。水大支线：起于贵昆线六盘水站，止于大湾站，线路等级为一级专用线，全长40公里，是煤炭外运支线，同时每日开行旅客列车1对。

(分局史志办)

【运输生产】 2002年，贵阳分局面对西部经济快速发展、市场需求旺盛的良好机遇，抢占市场，开拓货源，加强运输组织、狠抓卸车、减少停时，提高货车使用效率，充分用活运输资源，确保国有大中型企业和重点物资运输，全面实现增运增收目标。面对株六复线全面运营和内昆线接收开通的新变化，强化上岗人员素质培训，加强车流的合理组织调整，敞开口子交接，保证分局增运物资装得上交得出，全年各主要卸车站基本未发生重车待卸或积压现象。面对施工与运输的突出矛盾，狠抓运输与施工的协调配合。制定修改“共享天窗”、营业线施工安全管理、货车使用效率考核、机车运用效率考核等一系列办法并自主开发了“天窗共享决策系统”，规范施工方案的审批、执行和施工安全协议签订，提高“天窗”使用效率及施工管理的科学化水平，确保施工安全。面对铁路客货运输服务质量的高要求，加大投入，更新改造货装设备，重点解决2.9万平方米货场硬面排水整治，以及贵阳西站台风雨棚，清镇、中心、福泉站货运营业楼等项目建设。投资1 000余万元对客运设备进行更新改造，在贵阳站开设"林城文化候车厅"，推进客车正点等"八项目标"的落实，开展客运服务质量年活动。清理整顿乱收费专项整治，着力解决旅客货主反映强烈和社会关注的热点问题，实施对路风的资产经营责任管理，把路风事件和服务质量作为考核各窗口单位资产经营责任的重要内容，实现了客货服务质量的又一次飞跃。面对四季度路局调高运营指标以及湘黔线部分区段"自闭"开通后对贵阳南站形成的巨大压力，各个系统通力合作，充分发挥各区段站作用，开行直达列车，及时将老改貌站改为通过场，辅助贵阳南站发挥无调中转场作业，解决点线能力不匹配的矛盾，缓解贵阳南站压力，保证了枢纽及各线的安全畅通。

2002年，贵阳分局全年累计完成货物发送3 293.5655万吨，超计划128.5655万吨，完成计划的104.1%，与2001年同比增运343.0206万吨；旅客发送1 766.46万人；换算周转量完成494.5亿吨公里，超计划8.16亿吨公里，完成计划的102.1%，同比增长31.86亿吨公里；货运周转量完成385.394亿吨公里，超计划16.394亿吨公里，完成计划的104.4%，同比增长37.182亿吨公里；运输收入完成23.8551亿元，超计划249万元，完成计划的106.6%，同比增长2.649亿元。贵州省煤、磷矿外运实现历史性突破，其中煤炭运输同比增运274万吨，增长20.7%，分局主要运输指标及增长幅度均刷新了历史记录。专运、特运和军事运输任务圆满完成。

（丁武政）

表13-9 贵阳分局主要指标完成情况 （2002年）

指标名称	计算单位	计划	完成	完成计划%
换算周转量	亿吨公里	484.5	494.5	102.1
旅客周转量	亿人公里	115.5	109.1	94.5
货物周转量	亿吨公里	369.0	385.4	104.4
旅客发送量	万人	1860	1776.4	95.5
货物发送量	万吨	3165	3293.5	104.1
日均装车	车	1485	1517	102.2
货物接运量	万吨	5090	4893.9	96.1
货车静载重	吨	58.4	59.5	101.9
货车周转时间	天	2.19	2.11	压缩0.08
一次货物作业时间	小时	19.5	20.4	延长0.9小时
货车中转停留时间	小时	4.8	5.0	延长0.2小时
货运机车日产量	万吨公里	63.0	69.8	110.8
货运机车日车公里	公里	395	423	107.1
货运机车平均牵引总重	吨	2885	2924	101.4
运输进款收入	万元	223700	238551	106.6
实现利润	万元	4190	4199	100.2
运输业从业人员劳动生产率	万吨公里/人年		158.95	
运输单位成本	元/万吨公里	338445	376799	111.3

（分局史志办）

【生产布局调整】 2002年，贵阳分局积极稳妥地推进生产布局调整，对平坝采石供应中心和野马寨采石供应中心实行资产重组，组建野马寨采石供应段。撤销都匀电务段，整建制划交凯里电务段管理。中铁快运系统整建制划交。为确保新(复)线顺利接收运营，组建六盘水南站，将六盘水车站划交六盘水南站管理，司机学校复退班249名培训合格人员调整充实六盘水有关单位。按照路局统一部署，组建成立贵阳客运分公司，顺利完成相关人员和资产的移交工作。随之对分局有关职能部门进行调整，撤销客运分处，原有管理职能划交运输分处，车辆分处、堵漏保收队定员随之削减。在一系列生产布局调整工作中，党政各级组织着眼大局，协同工作，思想政治工作和行政措施均落实到位，保证了生产布局、利益格局调整和人员安置过程中的思想稳定、平稳过渡。

【支线改革】 进一步深化支线改革，实事求是调整步伐，保持原有财务核算体系不变，将工务、电务、供电、房建等设备保障系统人员委托原单位管理，强化了支线设备管理和安全基础。

(谢志刚)

【安全工作】 2002年，贵阳分局按照铁道部确立的“规范管理，强基达标”的运输安全工作总体思路，继续推行分局安全管理“三双”模式，推进“三年安全攻坚进度细化目标”的实现，加大安全基础投入，进行线路基础整治。一系列安全基础管理制度、办法的出台，加强了分局安全生产管理，“三双”模式正逐步在全分局推开，全分局干部职工的安全意识得到增强，安全生产向着“三年攻坚”的既定目标稳步前进。安全生产的不断稳定，为圆满完成各项运输生产任务和资产经营责任目标的实现，提供了重要保证。

2002年，分局共发生行车事故46件，其中大事故1件，险性事故5件，一般事故40件，无重大事故。事故中断正线行车31小时22分，直接经济损失117.12万元。2002年4月7日，实现行车百安，“6·16”事故后，9月24日及2003年1月2日，又连续实现行车安全100天、200天，并实现“春运”、“五一”、“暑运”、“十一”和“十六大”期间以及防洪防汛阶段的运输安全稳定。消防安全也实现各阶段安全工作目标。截至2002年12月31日，实现安全生产无重大大事故198天。

(郑红宁)

【人事、分配制度改革】 2002年，贵阳分局继续深化完善竞争上岗，建立能上能下机制。全分局运输生产站段实行竞争上岗面达到100%，参加竞争上岗的人员达到90%以上。规范劳动合同管理，加快建立职工能进能出的用工机制。分局依法对劳动关系规范管理，严格劳动合同的签订、变更、续签和终止，充分履行劳动合同赋予双方的权利和义务。对因违法、违章、违纪达到解除劳动合同条件的职工，按照规定程序，坚决解除劳动合同。规范劳动用工行为。贯彻落实铁道部、铁路局关于开展“全路劳动用工大检查”和“集体合同履行情况检查”的精神，分局组成检查组，对各基层单位的劳动用工情况进行全面的自查，针对自查发现的问题，及时帮助和督促基层单位进行整改，使劳动用工行为得到进一步规范。对“两线一枢纽”开通所需人员的调剂采取优先将新接收、安置的技校毕业生、退伍军人调剂分配到新线各基层单位，对超员单位超员工种的人员进行内部调剂，向“两线一枢纽”倾斜。在班组管理工作方面狠抓制度建设和工班长培训管理。在路局提高工班长津贴的基础上，着重抓好工班长的竞争上岗和培训考核。继续实行内部下岗机制，推进“两个环流”格局。向省劳动厅争取再就业资金，做到再就业资金的管理规范到位，确保分局内部下岗职工按时、足额领取基本生活费以及外出劳务、解除劳动合同补助费用的及时拨付。

分配制度改革，坚持以安全为首位、以业绩为重点，倾斜一线的原则，切实做好搞活内部工资分配工作，逐步建立安全、业绩决定职工工资收入新机制。制订并公布《分局安全效益工资考核管理办法实施细则》，《细则》除执行路局文件规定考核外，增加分局对各单位险性及以下事故的考核力度，将安全效益工资与单位安全、效益紧密挂钩，不断完善工资分配激励约束机制。进一步规范奖金的分配和管理，实行工人技能津贴，突出对安全考核的奖惩力度和作用，加大对奖金分配的调控力度。

(张传新)

【客货营销】 2002年，围绕“客运来自市场，货网模拟清算”的财务清算办法，根据市场需求，灵活多样组织客货运输，在春运、暑运等客运高峰期，采取“停短保长”的措施。货运仍继续实行“分界口大进大出”的行车组织措施。在装车组织上，努力提高直通发送量的比重，优化客货运输结构，提高运输效益。2002年旅客直通发送量占总发送量的比重为29.4%，比上年提高3.2%；货物直通发送量占总发送量的比重为66.9%，比上年提高3.9%。2002年货物发送量管内平均运程为337公里，比上年提高17公里，旅客发送量管内平均运程为227公里，比上年提高10公里。

（胡长虹）

【重点工程】 一、贵阳行车公寓综合大楼工程。占地面积1 550平方米，建筑总面积12 629平方米，全框架结构，建筑高度62.1米，主楼16层，裙楼4层，建设总投资2 674.8万元。其中路局补助458万元，分局自筹2 216.8万元。该工程由贵州铁路工程总公司中标总承包施工，贵州宏建监理公司实施工程监理，贵阳市建设工程质量监督站承担质量监督。工程于1999年7月8日开工，2002年5月22日竣工交付投入使用，工程质量合格。

二、住宅小区“理想家园”工程。“理想家园”是分局兴建的职工经济适用房住宅小区，修建在贵南二戈寨地区活动中心左侧，使用铁路自有土地，由分局房地产开发建筑工程总公司依法办理各项建设相关手续，拆除该地区原有建筑物计2 146平方米。发生拆迁补偿与过渡费用119.9万元。该工程由贵阳分局建筑设计室设计，贵铁分局贵阳房建工程公司中标施工，贵阳市建设工程质量监督站担任质量监督，大西南铁路监理有限责任公司贵阳分公司承担工程监理。建设规模：4幢12单元284套（户），建筑面积28 789平方米，绿化4 476平方米，绿化率36%。工程于2001年9月1日开工，2002年8月28日竣工交付使用，工程质量合格。

（分局史志办）

【路风建设】 2002年，贵阳分局实施对路风工作的资产经营责任制管理，把路风事件和服务质量作为考核各窗口单位落实资产经营责任制的重要内容。在全年整体工作中，做到“四加强两突出”：加强领导、加强教育、加强自查、加强检查，突出对客运站车检查、突出对货运窗口检查。路风监察以专项治理为重点，规范收费行为，严肃查处以车以票谋私问题。对客运站车存在的突出问题开展客运站车专项检查；对社会反映强烈的货运收费热点问题，开展清理乱收费的专项整治；根据春运期间路风问题高发的特点，在旅客列车上开展“春运旅客列车争先创优活动”。在“五一”、“十一”期间，分局、站段组织路风检查组对各次列车进行重点抽查。按照铁道部的要求，对跨局列车进行检查，及时发现和纠正、处理路风问题，保持路风基本稳定。

（汪克家）

【科　技】 2002年，贵阳分局在路局立科研项目8项：铁路曲线正、副矢计算及计算机软件开发、钢筋砼桥梁碳纤维加固技术应用、运营烧伤钢梁的安全研究、贵阳南站运输安全管理系统设计研究、全断面挖碴机、装载机料重显示仪、门式起重机电气故障检测仪、三孔法腹腔镜胆囊切除术，科研经费25万元。科技推广项目17项：WJ—D型驼峰无线机车信号系统、YZG—750A防撞直轨器、ZD96—2型多信息移频专用测试仪、微电脑机车信号发送仪、PW30型三相继电器保护测试仪、给水智能集中监控管理系统、9V8808型便携式波型分析/记录仪、HFP—25C铆钉高频感应加热炉、NMG—4.9内燃轨型磨轨机、LG—900型液压轨道拉伸机、GF30型轨道车复轨器、HSN—3型脉冲YAG激光治疗机、新型变频器、强风灾害自动监测报警装置、TW—1型受电弓自动快速脱网装置、YQB—6型液压起拨道机、BV—2型便携式桥梁振动监测仪，经费277.6万元。分局立科研项目32项，科研经费150.5万元。科技推广项目9项，经费163.8万元。

2002年分局DZK－1型调车控制系统科技项目通过成都铁路局评定，有17项科技项目通过分局评定。11项科技成果获分局科技进步奖，其中一等奖1项，二等奖4项，三等奖6项。

2002年11月8日，分局首届科技论文发表会在贵阳召开。此次发表会共收到论文218篇，经过审评，选出80篇分运输电务、工程建筑、机辆安全、文教卫生4个专业类别进行大会交流发表，另有25篇作文字交流。有5篇论文获一等奖，8篇论文获二等奖，16篇论文获三等奖，79篇论文获优秀奖。

（谢小军）

【教　育】 2002年,贵阳分局普教系统有教职工873人。中小学、子弟校13所,教学班272个,学生总数11 752人,其中住校生1 173人。高中应届毕业生459人,考人本科311人、专科108人,共录取419人,录取率91.28%;初中毕业生917人,毕业率98.8%;考人中专134人、职高51人、普高669人,升学数共计854人,升学率93.12%。有幼儿园7所,幼儿班76个,在园幼儿2 705人,幼教职工254人。

贵阳分局认真贯彻落实铁道部"每人两年10天脱产培训"的要求,全年岗位达标培训12 393人。结合生产实际多渠道开展培训工作,举办适应性培训694期17 846人次,技术等级为主的规范化培训73期4 160人次;司机学校试办非脱产中技校联办班,中专学历教育培训1 430人,中技511人;根据站段需求,举办隔离开关操作、列尾应用技术等培训班63期,培训1 574人;完成"过三关"培训考试,全年分局共有45个行车主要工种18 960人参加考试,18 580人合格,持证上岗率100%。提职、定职、改职人员严格执行"先培训后上岗"的三卡死制度,共完成培训1 562人。为确保内昆线、六盘水枢纽,株六复线、贵阳枢纽顺利通过验收、开通、托管和运营,全年共举办新线人员培训班、新技术、新设备培训班等各类培训班32期1 709人;株六复线、内昆线主要桥隧守护、巡道工培训班11期720人;锅炉压力容器操作人员培训班各1期55人;内昆线、水柏线列尾应用技术培训班2期84人;救援列车人员培训班2期25人;防洪培训班31期1 560人;防火防爆培训班2期60人;冬季人身安全培训班8期1 204人;巡道工、道口工培训班14期650人;春运临客培训班1期600人;技术大比武4期1 450人。同时,加大对职工教育的投人,为基层站段配置电脑、安装多媒体投影仪等教学设备,进一步改善基层站段教学条件。

【多元经营管理】 2002年,围绕全年经营目标,建立多元经营新格局和"三分开"等重点工作,经营管理上实行逐级负责制,同时抓好经营指标和经营责任制的考核,对企业管理失职失察的问题进行处理。资产管理,进一步明确集团公司对多元企业和纳入新格局企业的出资人资本和所有者的权益,划清经营者经营的资产范围及出资者和经营者各自的权责,落实责任主体。财务管理,健全企业内部财务管理制度,加强成本控制,加速资金周转,杜绝账外循环。加强对直属企业、联营企业的资产、资金发生重大变化的掌握,防止对外乱担保、乱投资现象。坚持对投资项目进行调查研究和科学论证,严格按程序上项目。清欠工作,全年完成债权清收660万元,占债权总额的10.2%。在人事、分配上,认真执行《劳动法》,90%以上聘用职工与全民职工同工、同酬、同待遇,分配上坚持工效挂钩及风险抵押办法。

【医疗卫生】 贵阳分局卫生系统设有贵阳、遵义、六盘水、都匀、凯里5个医院和贵阳卫生防疫站。下辖贵阳医院安顺分院和贵定分院、南宫山线路医院遵义分院和桐梓分院、凯里医院玉屏分院。有16个卫生所,43个保健站。卫生系统有职工1 382人,其中技术人员1 048人:高级33人、中级174人、初级841人。开设床位587张。拥有固定资产7 196万元。

2002年医疗指标完成情况:总诊次1 048 229人次,出院人数9 844人次,平均住院日13.13天,危重病人抢救成功率85.56%,病床使用率61.66%,出院、入院诊断符合率97.13%,手术例次1 676次。食品卫生监测合格率93.85%,传染病漏报率0,四苗接种率99.65%,甲类传染病1种(霍乱)5例,发病率5.58/10万;乙类传染病6种383例,发病率427.20/10万。年内计划生育达标率100%,独生子女办证率100%。

2002年,完成工业废气处理率96%,工业废水处理率92%,工业固体废物综合治理率100%,工业废水排放达标率91%,固定锅炉排放废气达标率96%,排污单位达标率96%,铁路沿线绿化率60%。

(分局史志办)

【铁路收费专项清理整顿】 2002年,按照铁道部、路局关于清理整顿乱收费的指示要求,分局制定了《关于清理整顿乱收费工作的12条政策性规定和措施》,从8月份起,对运输分处的货运计划员和调度所货运调度实行轮岗制。货运计划全部放开,彻底改变过去货主审批计划难及向分局多元倾斜的做法,防止计划倒卖,坚决杜绝计划切块和对货主勒、卡、压。分局投入专项资金,研究加紧开发承认车软件信息系统,增强货主请求车、装车兑现的透明度，强化监督。重申“确保重点、兼顾一般”的运输组织原则，坚决杜绝人情车、关系车，对违反规定的，一经查实一律从严从重处理，有个人行为的坚决按照党纪国法立案查处；对明显不符合国务院和铁道部规定的各项收费坚决停下来；停止了“出口煤、专储粮、危险货物、超限货物及军事运输、急难货物”的代理业务。分局成立专项检查组，对22个重点站、3条支线运输窗口、营业点采取明察暗访形式进行检查。重点对收费行为进行逐条梳理，规范各种合同协议；重点查处违法违纪乱收费和以车谋私的企业和个人行为。组织召开全省大中型企业货主座谈会，充分征求广大货主、物资单位及新闻单位对清理整顿工作的意见和建议。先后与新华社等7家中央驻黔新闻单位，6家省、市新闻单位及6家地、州级新闻单位进行座谈。各车务段，一、二等站都召开了货主座谈会，并通过书信联系等形式，征求货主对铁路运输工作的意见和建议。从8月8日开始，分局自上而下对主业和多经各项收费进行逐项登记清理，对照国务院、铁道部标准，检查各项收费是否符合有关规定，是否存在乱收费、超范围、超标准收费，强行收费或只收费不服务，是否巧立名目乱加价和代地方政府不合理收费。在自查清理过程中，本着实事求是，严格把握标准，对明显不符合规定的收费立即停止，对把握不准，界定不清的收费项目暂停，对收费有依据，但在执行过程中不够规范的及时提出整改方案。全分局共清理延伸服务18项，代地方政府收费4项，运输代理收费7项，工会技协收费2项，清理出乱收费8项。各项代理服务收费标准也不同程度地下浮20%～50%，共停止收费42项，规范收费10项，上报路局请示2项，对清理出的8项乱收费，制定专题整改措施。

（汪克家）

【打击票贩】 2002年，贵阳分局对倒卖车票等违法犯罪活动进行定期或不定期的专项整治。全年开展打击倒卖车票专项行动10次，抓获票贩子652人，收缴车票290张，折款36 694元。2次在贵阳站召开公处大会，对75名倒卖车票人员进行公开处理。

【整治铁路治安秩序】 2002年，贵阳铁路分局公安处根据旅客列车各个时期的治安情况，对管内重点区段的治安秩序进行整治。一是抽调民警、组织整治小分队，对贵阳站和开往广州的1515/1516、1687/1688次旅客列车开展“跟车叫卖、霸座卖座”专项整治，抓获跟车叫卖和霸座卖痤的违法人员17人。二是针对贵阳站治安出现反弹的情况，抽调民警在贵阳站开展为期10天的治安专项整治，确保贵阳站的治安稳定。

（杨洪峰）

【打击骗逃铁路运费】 2002年，由于化肥运价的双轨制，给一些货主造成钻运价政策的空子，再加上磷肥与磷矿粉运价的巨大差额，以至捏报品名假冒化肥运输屡禁不止，收入室与有关业务部门密切配合，采取措施加强对化肥运输的检查。一、加强对购销合同、质检证及营业执照的审核；二、坚持现场抽样送省质检部门检验真伪，组织稽查人员驻分界口站对管内装出的化肥取样送检；三、对查出的捏报品名货主暂停享受农用化肥资格，并按章追补相关费用，有效地遏制了捏报品名的不法行为。下半年以来，铁路检察院根据“关于铁检机关进入铁路运输领域主战场”的指示精神，把骗逃运费作为打击重点，根据收入室提供的第一手资料，运用法律手段调查取证，在短短几个月内追回骗逃运费百万余元。运输收入专项检查活动结束后，收入室将工作重点转向查处化肥运输中的违规行为，组织稽查人员赴柳州局及港口站调查化肥流向，在掌握大量涉外化肥证据的基础上，于年末追回涉外化肥运费500万元。

（胡远明）

【党委工作】 2002年，贵阳分局党委以“讲学习、讲政治、讲正气”和“三个代表”学习教育活动为主线，加强各级党组织和广大党员干部的思想建设、组织建设和作风建设，围绕安全运输生产，充分发挥党委政治核心作用、党支部战斗堡垒作用和党员先锋模范作用。分局党委在站段级领导班子和领导干部中开展“三讲”教育和党性党风集中教育，在党支部（总支）、支部委员中开展“三个代表”重要思想学习教育活动，职工群众的发动面达到95%以上，体现了“干部受教育，群众获实惠，企业得发展”。通过“三讲”教育，领导干部自觉学习政治理论的意识得到强化，两级党委中心组坚持和完善学习制度,提高学习效果,为广大干部做出表率。加强党校建设,扩大干部培训基地,为干部的进一步学习深造提供有利条件。“好班子、好干部”创建活动与各单位年度盈亏目标、运输生产主要指标、安全生产等紧密结合,利用领导班子民主生活会、工作定期分析制度及结合“三讲”教育等形式,认真对照创建规划开展自检自查自改,增强了领导班子和领导干部解决自身问题的能力和驾驭全局的能力。分局党委制定《贵阳分局领导干部作风警示制度》、《贵阳分局干部“五定”管理责任制考核办法》、《分局机关干部工作动态考核暂行办法》等一系列操作性强、奖罚逗硬的文件,集中时间狠抓了分局和站段机关的作风整顿。党支部建设,围绕安全、稳定、改革、营销等重点,广泛开展“创岗建区”、“两保两促”、“党内安全竞赛”、“达标升级”和“党员一练三过硬”活动。完善党支部工作动态管理机制,全分局达标党支部稳定在95%以上,复合型党支部书记比例上升到65%。重点在生产一线骨干、先进模范和团员青年中发展新党员,新党员中生产一线、工人党员所占比例均达68%以上。“推优”入党和少数民族党员、女党员比例有不同程度的提高。

【党风廉政建设】 抓好领导干部廉洁自律各项规定落实,职工群众反映强烈的私驾公车、下基层打麻将等热点问题得到有效解决。集中力量查处了一批有影响的大案,2002年共立案查处违纪违法案件32件33人,其中党纪立案23件,政纪立案13件。通过强化教育,加强明察暗访,有效遏制了路风问题的发生,路风工作逐步走上规范化管理的轨道。同时,积极探索“人、财、物”领域源头治理工作,强化监督约束机制。

【宣传思想工作】 做到大事宣传充分、舆论把握准确、重点工作突出、热点引导得当。广泛发动职工开展以安全、营销为主题的各种宣传活动,使“安全第一”的思想渗透到各个层次,营销宣传进入市场,扩展到厂矿企业。抓好深化改革中的舆论导向工作。完成“三五”普法教育。积极探索推进思想政治工作“两个纳入”。开展思想政治工作创新奖活动。选树了“十佳职工”、“十大职业道德标兵”、“十佳服务明星”、“安全之星”,发挥先进典型教育人、引导人的示范作用。在精神文明创建活动中,坚持把着力点放在提高职工职业道德素质和服务意识上。以学习宣传贯彻《公民道德实施纲要》为主线,以星级文明创建活动为载体,以“三新”教育为主要内容,组织开行文化列车,精心打造林城文化候车厅,推出“老干妈”服务品牌。加大主要货运站服务设施的硬件投入,积极推进公民道德建设试点站区工作。净化站车文化环境,规范文化市场。2002年,分局现有国家级文明单位2个,省级文明单位8个,局级文明单位39个,分局星级文明单位20个。

【工会工作】 加强职工民主参与和民主监督,以职代会为主要形式,强化民主监督,评议领导干部,推行厂务公开。以“两节”为重点,进一步加强“凝聚工程”建设,加大为职工办实事办好事的力度,进行“送温暖”慰问活动;围绕安全运输生产,开展“练、保、创”劳动竞赛和“我为安全献一计”等活动。

【团委工作】 分局团委在党委领导下,认真落实党建带团建的各项措施,推进团组织的自身建设。引导广大团员青年在各自的岗位建功立业,团结带领广大团员青年开展岗位练兵、技术比武、贵铁青年春运建功竞赛活动、“青工百日安全生产竞赛”等系列活动,在安全运输生产“急、难、险、重”任务中,发挥生力军和突击队作用。

(分局史志办)

【重要记载】

1月

△7日 分局召开季度工作电话会。张吉庆副分局长总结2001年运输生产情况,吕澍副分局长对2001年分局安全生产情况进行总结分析。兰开锋分局长总结分局2001年工作,传达铁道部傅志寰部长在贵阳检查工作期间的指示精神,部署近期重点工作。

△9日 分局召开2002年第一次分局长办公会议。研究分局安全管理1号文件、经营管理目标、资产经营责任制考核办法等议题。

△10日 分局长兰开锋,分局工会主席魏鼎铭主持召开分局七届二次职代会暨管委会,研究审议了分局安全管理1号文件、经营管理目标、资产经营责任制考核办法和2001年分局“双保”合同兑现报告。

△15日 贵铁医院遵义路社区医疗服务中心举行开业典礼,贵阳市副市长杨哲慧及市

卫生局有关人员到会。

△21日　分局召开七届二次职工代表大会，分局长兰开锋代表行政作题为《深化改革，强化意识，夯实基础，全面开创贵阳分局各项工作新局面》的报告。

△23日　分局党委七届七次全委(扩大)会暨2002年工作会议召开。分局长兼党委书记兰开锋代表党委作题为《实践“三个代表”，切实转变作风，为分局改革开发的新胜利提供坚强保证》的工作报告。

△25日　分局2002年安全工作会议召开。

2月

△4日　分局召开2002年第三次分局长办公会，就2002年财务初始计划的分劈，全路多元经营工作会议和全局职工岗位达标培训工作会议精神进行传达贯彻等问题进行研究。

△8日　张国珍副书记在通达饭店与全国政协委员、副省长马文骏，全国人大代表杨小青、省政协委员胡德银就视察分局春运工作情况交换意见。

△9日　贵阳市委副书记罗大林、副市长陈石代表市委、市政府到分局进行慰问，对铁路运输为地方经济所做的贡献表示感谢。

△22日～23日　铁道部副部长彭开宙在局长齐文超、局工会主席王瑞江和贵阳分局分局长兰开锋的陪同下在贵阳检查春运情况。

△23日～24日　铁道部安监司丁圻堺司长在路局副局长张超群和分局副分局长吕澍的陪同下，检查分局春运情况。

3月

△5日　全路减员工作会议在贵阳召开。铁道部劳卫司副司长齐瑞华及局总经济师王守增和分局长兰开锋到会并讲话。

△9日　吕澍副分局长到六盘水机务段检查内昆线接收准备工作。

△21日　分局召开第一次党政联席会，研究分局工效挂钩考核办法，株六复线及“两线一枢纽”开办费及堵漏保收考核办法等事项。

△22日　分局长兰开锋、分局党委副书记张国珍、副局长兼总工程师覃长炳、副局长张吉庆率分局有关部门和六盘水地区各单位负责人到内昆线各站现场落实新线接收工作有关事宜。

△24日　总经济师龙腾飞与省经贸委行业管理处负责人就分局牵引供电电价问题同省电力公司进行协商。

△28日　分局召开2002年春运总结表彰大会。兰开锋分局长在会上总结2002年春运的特点和主要经验，对下一步工作重点提出要求。

4月

△1日　分局召开机关干部作风集中教育整顿动员大会。分局长兰开锋对机关干部作风整顿提出，要明确工作定位标准和实施动态考核管理的目标。

△4日　分局召开一季度运输电话会议，对一季度运输工作进行总结。分局长兰开锋对二季度重点工作进行部署。

△11日　路局王宝顺书记在贵阳分局调研，就重点抓好基层单位“三个代表”重要思想学习教育活动作了指示。

△15日　分局召开防洪工作电话会议，对防洪工作进行部署。

△29日　分局召开党风廉政建设工作会议。纪委书记满希民总结2001年分局党风廉政建设工作情况，分局长兰开锋对2002年党风廉政建设工作进行部署。

5月

△9日　铁道部召开紧急安全电话会议，传达贯彻国务院领导对安全工作的重要批示和部署安全大检查工作。分局立即研究贯彻措施和部署安全大检查工作。

△12日　铁道部部长傅志寰、副部长蔡庆华、路局局长齐文超、分局长兰开锋及贵州、四川、云南省有关领导参加内昆铁路开通庆典。傅部长在检查站区工作和添乘贵昆线查看线路状况后，对贵阳分局工作作了重要指示。

△13日　湘黔线老王洞至镇远间发现塌方，羊坪至玉屏间发现溶洞，分局长兰开锋到调度所安排紧急抢险工作。

△19日～22日　铁道部彭开宙副部长在分局长兰开锋陪同下添乘轨道车查看川黔线桐梓至遵义区段线路，并徒步检查了李家湾至高炉子间线路状况。

△25日　分局召开第四次分局长办公会议，通报铁道部副部长彭开宙近期在贵阳分局检查工作时的指示要求。对贯彻《铁路局、局党委调整电务生产布局的通知》，撤销都匀电务段并整建制划交凯里电务段有关工作进行研究，要求做好对口交接工作，确保6月1日按新

布局运作。

6月

△3日　分局长兰开锋在大交班会上提出，6月份的工作要以“深入安全大检查，顺利渡过防洪关，时间任务双过半，确保安全300天”为重点的要求。

△6日 局工会主席王瑞江代表路局向分局颁发劳动安全生产1 000天奖杯。

同日 铁道部“三个代表学习教育”活动调研组在分局听取了分局长兰开锋、分局党委副书记张国珍关于分局开展“学教”活动的情况汇报，对分局的“学教”活动给予充分肯定。

△12日　分局长兰开锋列席参加贵州省省长常务会议和办公会议，就近期铁路路外伤亡和道口安全问题进行汇报。会议对此进行了认真研究。

△16日　分局召开第三次党政联席会议，研究黔桂线及贵阳南站改造方案；北京路经济适用房修建方案和支线改革有关问题。

同日　24031次列车在黔桂线墨冲—栋青树间K439＋750米处脱轨，构成行车大事故。

△19日　路局副局长张超群率局事故调查委员会成员，在贵阳召集分局领导班子及有关部门负责人参加“6·16”事故分析会。

△20日　六盘水南站转场运行工作正式开始，副分局长张吉庆率有关部门负责人在六盘水南站指导转场工作。

△21日　铁道部副部长王兆成在贵阳主持召开黔桂线扩能工程预可研审会。部有关司局及铁二院、柳州局、成都局和贵阳分局的主要负责人及技术人员参加会议。王兆成副部长就黔桂线扩能工程作了重要指示。

同日　路局局长齐文超代表路局、路局党委宣布部党组关于满希民任贵阳分局党委书记的通知。

△25日　分局长兰开锋主持召开第五次分局长办公会，研究召开分局安全工作紧急会议、对“6·16”事故处理、以及贯彻路局加大安全效益考核调资等有关事宜。

△29日　分局召开安全工作紧急会议。

7月

△2日　党委书记满希民主持召开党委办公会，对党群系统如何贯彻分局安全工作紧急会议精神，切实负起责任、搞好协调提出要求。

△8日　路局副局长张超群率铁路局安全管理考核评估组对分局2002上半年安全管理工作进行实地考核评估。

△17日　分局副分局长张吉庆陪同路局运输处负责人到贵阳南站就枢纽畅通问题进行调研，从加强联劳协作，提高运输组织水平和站场设备改造等方面提出了初步解决方案。

△18日　分局召开第七次分局长办公会暨上半年经济活动分析会，分局长兰开锋对上半年工作归纳为：一是经营管理效果不错，二是安全生产形势严峻，三是规范管理差距很大。

△21日　分局副分局长覃长炳率工务分处负责人到黔桂线，检查贵阳工务大修段二分队“6·16”事故停工整顿后首日开工情况，在K441＋000至K440＋700段指导清筛作业的安全施工工序。

△23日　分局客运分公司筹备领导小组召开第一次会议，通报筹建贵阳客运分公司有关事宜。分局长兰开锋、分局党委书记满希民及有关分局领导分别对筹建工作提出具体要求。

△26日　总经济师龙腾飞陪同路局房管中心周明盛主任一行到省房改办，研究商讨铁路住房公积金管理体制改革有关问题。

△28日　铁道部运输局副局长卢祖文一行在路局副局长施成效的陪同下到贵阳分局检查工作。

△31日　分局党委召开七届八次全委会，通过了分局长兰开锋《细化管理坚定信心，扎实推动分局各项工作全面进步》的行政工作报告和党委书记满希民《振奋精神坚定信心，为全面完成各项任务提供强有力的思想和组织保证》的党委工作报告。

8月

△2日　分局长兰开锋、党委书记满希民、副分局长金明强召集多元、集经、运输分处和路风办负责人会议，部署在车务和多元、集经系统开展为期一个月的“整顿、规范经营行为”工作。

△8日　分局召开路风工作会议。副分局长金明强传达国务院、国家经贸委和铁道部领导对路风工作重要批示精神，以及铁道部、铁路局路风工作座谈会主要领导讲话精神，对分局开展收费专项整治工作进行初步安排。分局长兰开锋、党委书记满希民对分局运

输收费专项整治工作提出要求。

△9日　分局召开省内大中型企业货主座谈会，副省长刘长贵、省经贸委副主任金隆昆以及六盘水矿务局等11家大中型企业和新华社贵州分社等新闻单位出席座谈会。分局长兰开锋介绍了分局上半年运输工作情况以及确保大中型企业和重点物资运输的基本情况，并恳请各企业对铁路运输工作加强监督力度。刘长贵副省长对加强路矿合作，促进贵州经济发展提出要求。

△20日　分局召开星级文明单位公开评审会，凯里供电段等8个单位被确定为分局星级文明单位。

△26日　分局长兰开锋主持召开第八次分局长办公会议。重点研究客运分公司组建、水柏铁路接收有关事宜，及设立铁路卫生监督所和疾病预防控制中心等事宜。

△27日　贵阳枢纽建设协调会在省计委召开，总工程师覃长炳代表分局参会。副省长刘长贵在会上指出会议的目的就是加速枢纽建设，解决建设过程中存在的问题，并就有关问题提出要求。

9月

△5日　成都铁路局客运公司贵阳客运分公司成立。贵州省副省长刘长贵和路局客运公司总经理杨大松为公司揭牌。

△13日　铁道部安全专项检查组到贵阳分局检查工作，分局长兰开锋代表分局向检查组汇报了分局安全专项检查工作的开展情况。

△20日　分局召开党委办公(扩大)会议，党委书记满希民、副书记张国珍和党群各部门负责人参加会议。会议传达全路政治工作保安全、保稳定电视电话会议精神，满希民就分局围绕十六大前后保安全、保稳定重点任务提出要求。

△24日　分局实现安全生产100天。

△26日　水柏铁路通车庆典在六盘水车站举行。贵州省省委书记钱运录、铁道部副部长蔡庆华在典礼上讲话，贵州省省委常委、常务副省长王正福主持典礼。铁路局局长齐文超和分局长兰开锋参加开通典礼。

△28日　分局党委书副记张国珍主持贵阳站候车室林城文化娱乐厅冠名仪式。省政协副主席杨光林、贵阳市副市长唐光族、副分局长张吉庆参加仪式。

10月

△11日　分局安全管理"三双"工作推进会在凯里工务段举行。凯里工务段等7个单位介绍了实践"三双"安全管理模式中的做法，表彰了"学安工、保安全"先进单位、集体及十大"安全之星"。

△11日～12日　副分局长覃长炳陪同路局副局长施成效率局施工安全及桥路大修检查组，对川黔线和贵昆线的线路病害进行检查。

△14日　分局召开领导班子会议，成都铁路局党委副书记、纪委书记严中地代表局党委和铁路局宣布贵阳分局领导班子增补和部分调整情况。陈平任分局纪委书记、龙腾飞改任分局调研员、王益鹏任贵阳分局总经济师。

△15日　22点42分，70001次列车在怀化分局酒店塘至大龙间列车编组内架桥机发生脱轨颠覆重大事故。分局长兰开锋，副分局长覃长炳、吕澍立即率有关部门负责人赶赴事故现场救援抢险，16日8时30分恢复列车运行。

△23日　分局召开部门负责人会议，路局军代处政委徐代强宣读成都军分区联勤部党委关于满希民兼任贵阳军代处党委第一书记的任命，并对军交工作提出要求。

△25日　分局经营管理工作研讨会召开。分局长兰开锋、党委书记满席民、党委副书记张国珍、副分局长金明强和总经济师王益鹏及有关部门负责人和站段行政正职、多集经直属公司经理参加会议。

△29日　全局调车作业大比武在都拉营铝厂铁路专用线举行。

△31日　分局长兰开锋在朱石寨主持电力大件启运工作，经过各部门精心组织，密切配合，使部、局关注的运输任务得以圆满完成。

同日　铁道部职业病防治工作检查组到达分局，总经济师王益鹏代表分局汇报工作。

11月

△6日　分局长兰开锋主持召开分局第三季度经济活动分析会，对分局前期工作进行总结分析。对后两个月的增运增收工作提出要求。

△7日　局工会主席王瑞江率路局党风廉政暨厂务公开检查组在分局检查工作。

△8日　分局首届科技论文发表会在贵阳召开。

△10日　铁道部多元中心

运代检查组在副分局长金明强陪同下检查指导工作。

△11日　铁道部安监司贵阳特派办特派员朱康宁在路局副局长张超群和副分局长吕澍的汇报并陪同下到六盘水地区检查工作。

△12日　铁道部客运服务质量年活动检查组到分局检查工作，兰开锋分局长汇报并陪同检查组到贵阳站检查工作。

△19日　分局召开第十三次党委常委会。会议进行三项议题：研究分局第八次党代会有关事宜；讨论推荐贵阳分局出席省第十次人代会代表建议名单；讨论《创建“五好”党支部活动实施办法》。

12月

△9日　路局副局长张超群带队对贵阳分局进行2002年下半年安全检查考核。经综合评估，贵阳分局得分83.65，列全局首位。

△12日　路局副局长张德明及路局多元中心主任李自钧到贵阳，就2003年多元发展工作与分局领导进行座谈。

同日　铁路局“十六大精神宣讲团”在分局进行巡回宣讲。宣讲活动由党委书记满希民主持，分局机关和各地区分别组织了宣讲会。

△18日　中共贵阳分局第八次党代会召开。贵州省委副书记兼纪委书记曹洪兴、贵州省政府省长助理张佩良、路局党委副书记吴家梁等领导参加大会并作重要讲话。代表们认真听取了满希民书记代表分局七届党委所作的题为《全面贯彻三个代表重要思想，为实现分局新世纪历史性大发展而奋斗》的工作报告。

△23日　分局长兰开锋主持召开了2003年贵州省铁路运输重点用户座谈会。

△24日　铁路局“双好”(好班子、好干部)工作考核组到贵阳，听取兰开锋局长代表分局、分局党委对“双好”活动开展情况的汇报。张国珍副书记、魏鼎铭主席、覃长炳总工程师、王益鹏总经济师和部门负责人参加了汇报会。

（分局史志办）

铁道通信

责任编辑 纪观群

铁道通信信息有限责任公司四川分公司

【综　述】　2002年，铁通四川分公司，全面贯彻铁通公司“立足铁路，服务运输，面向社会，市场经营”的方针，以“3+1”改革为契机，夯基础、促建设，建机制、拓市场，积极贯彻“大客户经营、合作经营、综合信息服务”三大经营战略，在服务铁路运输、拓展市场经营、推进实业发展、加快工程建设等方面都取得较好成绩，圆满完成了经营目标。

2002年公司总部设置：办公室、人事劳动部、党群部、财务部、市场部、技术与计划部、工程建设部。下设实业公司、工程公司、网运和铁道事业部、10个地市分公司。在册员工1 990人，其中高级职务26人，中级职务123人。

【“3+1”改革】　2002年初，公司按照市场经济和现代企业制度的要求，积极稳妥地推行人事、劳动、分配制度和运维体制改革(简称“3+1”改革)。构建了以通信市场体系为龙头(市场部)，以铁道业务为基础(网运和铁道事业部)，以实业公司和工程公司为两翼，经营方向明确、核心优势明显的四条主线。明确经营与运维的责任主体，确立了以多元经济和工程建设作为公司发展初期的经济支撑地位。建立现代企业制度新型的干部能上能下、员工能进能出的用工机制，收入能增能减的分配激励机制，以及维护布局优化，检修制式合理，运用质量可靠，网络运行安全的适应电信市场竞争需要的运维体制。

【用工制度改革】　“3+1”改革后，公司进一步加强用工制度改革。一、制订《铁通四川分公司员工竞争上岗指导意见》、《关于核定铁路通信专网劳动定员的通知》、《公司招聘录用人员实施办法》、《办理外出劳务的有关规定》等文件，建立科学的用人机制。二、组织进行管内财务人员和工程公司、网运和铁道事业部、西藏分公司管理人员的招聘，从197名应聘人员中，选拔聘用62名，优化了管理人员结构。三、对机关总部职能部门进行调整重组，富余人员实施分流，改变人浮于事的现象。四、清理长病、长旷、外聘、个人外出劳务人员，堵住干与不干一样的不良风气，调动员工的工作积极性。

【运维管理】　遵循铁通公司“新网络、新队伍、新机制”的观念，制定应急通信、通信大通道、铁路通信业务、铁路通信服务、专用通信业务等10个管理办法，强化基础考核管理。同时加大设备投入和设备整治力度，加快设备更改步伐，提高设备运行能力，全力满足铁路运输的通信服务需求。加快铁路信息化建设的进程，完成管内45个站TMIS工程的通信工作，完成管内37处车辆红外轴温系统、36处电力远动控制系统的联网通道开通工作。截至2002年末，实现全年安全生产，大通道故障明显低于往年，网络运行和专网设备安全及运用质量明显提高。

【电信市场】　公司全面加快电信市场的开发步伐，深挖传统电信业务市场潜力，确立了“三定四抓一确保”的经营思路。在电信市场上，开通了10050、95105、17990、17991、96068等新业务，完成了四川省电力、西南交大峨眉分校、德阳东电、眉山车辆厂等一批大客户的接入。全年累计装机61 250部。同时依托电信运营商的接入优势，开展寻呼台的兼并工作，先后整合了长城、国防波导、中北、蜀都等大小寻呼台8个，形成了新的经营收入增长点。

【多元经营】　实业公司按照“巩固既有市场阵地，提高核心竞争力，拓展新的经营领域，寻求新的经济增长点”的思路，取得了较好的经济效益。成铁家电在规模上有所扩大，与青岛海尔、广东美的、LG公司签订了经销协议，并成为三菱重工、广东乐华等厂家在四川地区的代理，与乐山天朗成立了“成铁家电天朗制冷连锁店”。七月份空调销售旺季创下了日销售空调3 147台的历史新纪录。汽车租赁公司先后与10家公司签订了新的长期租赁合同，与4家公司签订继续租车合同，平均租车率为67.8%，车辆接发送637人次，经营安全状况良好。数码通广告公司、新都培训中心经营业绩均好于往年。

【基础建设】　坚持以市场为导向，效益为中心，较好地完成了总部下达的11项工程建设任务。完成了公司投资的绵阳西科大“三网”工程、省智能网工程及近170项城域网工程，提升了网络的服务能力。在投资上，坚持以市场为导向，效益为中心，充分体现“花小钱、办大事，少花钱、多办事”的投资原则。网络建设忌求“大”求“全”，使有限的投入获得较好的市场收益，网元出租、出售，降低了建设成本。对外承接成都至内江光缆工程，成都铁路环线管道工程、成都至广元光缆工程，实现经济创收。

【西藏分公司建设】 受铁通总部委托，公司负责铁通西藏分公司筹建事宜，1月17日完成工商注册。继而完成拉萨关口局的建设，开通拉萨专网1000线、公网2000线交换机以及IP视讯系统，8月15日实现了互联互通。8月29日，与中铁银桥寻呼公司合作，开通至寻呼台2M中继通道，实现了铁通西藏分公司作为公众运营商经营收入零的突破。10月28日，完成与联通西藏分公司的网间直联工作，确立公司在西藏自治区的合法地位，初步具备开展业务的条件，为青藏铁路建设提供通信服务。

【南充分公司组建】 南充是四川省八大发展城市之一，有良好的电信商机，公司组建了川东北分公司。先后完成工商注册、机房装修和部分设备的安装，同时展开互联互通工作和工程建设。

【党委工作】 围绕公司经营改革发展中心，把实现公司效益最大化作为工作的重点，加强领导班子和干部队伍作风建设，加强和改进党的建设和思想政治工作，建立健全公司各级党组织，建立基层党委8个，党总支5个，党支部41个。强化党内各项管理基础工作，积极推进干部制度改革，形成了干部培养、选拔、使用的新机制；组织开展基层党组织“三个代表”学习教育活动。结合公司劳动、用工、人事三项制度及运维体制改革，开展多种形式的改革形势宣传教育，促进干部员工思想的再解放，观念的再更新，针对改革中遇到的问题，加强思想政治工作，及时化解疏导各种不稳定因素，为保证公司深化改革的顺利进行及经营发展发挥了服务保证作用。

【纪委工作】 建立了公司各级纪委工作机构，注重抓源头治理。落实领导干部任前公示制，制定《关于领导干部廉洁自律补充规定》措施，逐步完善并落实了工程发包、物资采购招标等制度，纪委直接参与过程监督，加大监督力度。高度重视信访工作，认真调查处理信访12人/27次，接待办理率达98%，立案2件，结案2件。

【工会工作】 在党委的领导和公司行政支持下，选举产生新一届工会委员会，建立健全8个基层分会。重维护，突出发挥工会组织主要职责，制定了工会组织制度、民主管理、厂务公开制度等，凡重要工作、活动都发动广大员工参与。在“三讲回头看”和基层党组织“三个代表”学习教育活动中，动员90%以上员工行使民主监督权，帮助各级党组织查找问题，督促整改。抓载体，围绕公司中心开展活动，继续开展“学、转、献、创”活动，开展“我为公司创业作奉献”活动，选树“巾帼服务明星集体、个人”活动，激励员工为公司创业做贡献。切实为员工办实事，建立员工互助合作保险会，指导和支持各级工会兴办技协积极创收，不断提高员工福利待遇。建立特困员工档案和领导干部包保特困员工制度，坚持开展“送温暖”活动。暑期，开展“送清凉、保安全、促经营、创效益”活动，送去工会组织关怀。

【团委工作】 完成公司各级团组织的组建工作，建立基层团委6个，团员378人。团委继续组织开展了“青年学习成才、创新创效、文明先锋”活动，在实现公司年度经营目标中发挥了共青团生力军和突击队作用。

【大事记】

△1月7日　受铁通总部委托，四川分公司抽调干部进驻西藏拉萨开展工作。

△1月上旬　完成公安处指纹自动识别系统安装调试。

△2月底　公司3名员工通过EMBA硕士研究生入学考试，被西南交大录取。这是川分公司启动“三、三十、三百”员工素质培养工程后，首批攻读EMBA硕士研究生的员工。

△3月中旬　宝成线光缆工程开始施工，成都环线光缆工程开始进行移动公司管道光缆穿放工作，成都至燕岗段光缆工程开始进行移动光缆接续工作。

△3月16日至22日　在新都召开通信产品供需座谈及选型招标标前会，有180余家省内外厂商参会，90余家厂商入围。这是川分公司首次举行规模较大的产品选型招标会。

△4月　“3+1”改革工作初步完成。在完成资产、人员的划交后，实业公司、工程公

司、网运和铁道事业部相继成立,形成以通信市场体系为龙头、以铁道业务为基础,以实业公司和工程公司为两翼的经营模式。标志着四川分公司向产权清晰、权责明确、政企分开、管理科学的现代企业制度迈进。

△4月15日至16日　公司召开2002年经营工作会,会议总结了去年经营工作的成绩和不足,对本年度经营工作指标进行分劈。

△5月10日至17日　绵阳广电宽带入铁通网,提高铁通网络的覆盖能力。

△5月31日　完成计费系统二期工程,完善了计费系统的功能。

△6月底　配合网索公司进行拉萨IP视讯系统设备安装,为IP视讯系统的开通打下基础。

△7月16日　川分实业成铁家电公司空调销售3 147台,创单日空调销售量历史最高记录,受到川分公司2万元嘉奖。

△7月18日　中铁寻呼成都台与长城寻呼台合并割接成功,3万多名长城台用户陆续改号后进入中铁寻呼网,大大增加了中铁寻呼的用户量,同时也增加了寻呼台的日呼量。

△7月22日　铁通西藏分公司(筹)与电信在拉萨签订网间互联互通协议。

△8月5日　完成铁通拉萨关口局与电信的网间互联互通工作,至此西藏市话拨打铁通电话只需在原号码前加62。

△8月14日　与四川天信实业发展公司合作,四川铁通蜀都通信有限责任公司成立,主营寻呼业务,使川分寻呼用户量大大增加,形成新的经济增长点。

△8月中旬　铁通电话网、有线电视网在绵阳西科大开通,为铁通在西科大开展业务奠定了基础。

△8月25日　铁通西藏分公司(筹)共产党员张广川见义勇为抢救落水藏族儿童,受到社会好评,公司给予表彰奖励,并号召全体党员干部向张广川学习。

△8月29日　铁通西藏分公司(筹)与西藏中铁银桥寻呼发展有限公司之间开通2M通道,实现了中铁寻呼网在全国范围内网络的进一步完善。

△8月31日　四川中北寻呼台正式与中铁寻呼成都台进行平台割接,该台近3万名用户以改号方式并入中铁寻呼网。这是继长城台并入中铁寻呼网后取得的又一成功。

△9月9日　四川分公司第一次工会会员代表大会在新都召开,60余名代表参会。会议听取了张辉群有关工会工作报告,选举通过公司"两委会"成员。会议对来自生产一线的9名营销服务标兵进行表彰奖励。

△9月　铁通南充分公司筹备组成立,以此带动川东北、遂宁、巴中分公司的筹备。

△9月24日　铁通四川分公司领导干部工作会在新都召开。公司党委书记孙正明、总经理王鹏等40余名领导干部到会。会议传达铁通公司领导干部会议精神。

△10月　共青团铁通四川分公司委员会成立。

△10月底　川分公司全面完成成铁局管内45个站的TMIS系统建设工程。

△10月28日　铁通西藏分公司(筹)完成了与联通西藏分公司的网间直联工作,这是继中国电信之后,与铁通在西藏完成直联的第二家电信运营商。

同日　全长820公里、铁通成都至攀枝花光缆线路工程正式开工。

△10月　江油通信段光电维护工区工长杨瑞林被四川省国防动员委员会评为"保护通信线路安全工作先进个人"。峨眉通信段被四川省国防动员委员会授予"保护通信线路安全工作先进集体"称号。

△12月1日　四川分公司完成铁通与建行代收代办系统工程,投入试运行。该系统的开通既方便了铁通用户缴纳话费,又降低了铁通运营成本。

△12月12日至13日　召开川分公司2003年电信经营研讨会。会议对2002年电信经营中存在的问题进行了分析,对2003年电信经营指标预分劈方案及经营方针进行研讨。

△12月31日　铁通西藏分公司(筹)与中国移动西藏分公司签订互联互通协议。这是继中国电信、中国联通之后与铁通在西藏完成互联互通协议的最后一家电信运营商。该协议的签订,为铁通在西藏开展业务以及青藏铁路建设单位提供通信服务奠定了坚实的基础,使铁通网络覆盖面进一步扩大。

(王秋兰)

铁道通信信息有限责任公司重庆分公司

【综　述】 2002年重庆铁通在总部的领导下,以"三个代表"

重要思想为指导,本着“一年开好头,两年打基础,三年走出低谷”的思路,统一认识,解放思想,与时俱进,抓好建设,开拓市场,稳定队伍,卓有成效地开展工作,取得了可喜的成绩。

重庆分公司始终坚持“立足铁路,服务运输”的宗旨,把保证铁路运输安全放在第一位,加大安全管理和设备整治力度,不断提高维护能力,提高管理水平,提高服务质量,同时以市场为导向,脚踏实地搞建设,网络基础设施有新的扩展。分公司本着“面向社会、市场经营”的原则,把握住西部大开发和三峡大移民的历史机遇,在基础条件差、接入能力低的条件下,克服困难,自我加压,在稳定中求发展,集中精力抓市场,不失时机推出各种新业务,公司收入快速提高。坚持贯彻三大经营战略,针对大客户的需求,不断调整经营服务策略,逐步建立完善大客户的服务保障体系,明确目标责任到人,对大客户营销的全过程实施考核、监控,实行分类细化管理。

【铁道业务】 2002年,重庆分公司负责重庆铁路分局管内1 415公里铁路线上140个车站通信设备,4 231公里光、电缆,197台机车电台,143公里无线列调漏缆的养护维修工作。其中,新接内昆线251公里,19个站,达万线156.9公里(代管),7个站。分公司始终坚持“立足铁路,服务运输”的宗旨,把保证铁路运输安全放在第一位,加大安全管理和设备整治力度,实现预期目标。

按照公司《长途通信大通道维护管理办法》,分公司及时与各通信段签订《大通道安全责任书》,加大考核力度,对各段领导、领工区、工区实行逐级负责制,对大通道维护实行“定人员、定区间、定责任”的“三定”经济承包责任制,汛期增加区间巡检次数。重点抓好渝达线提速,工务路基、桥梁改建以及造成的光电缆、漏缆迁改,抓好成渝线工务中修的施工协调、配合,对电缆径路上的外单位施工,坚持签订安全协议,实行互控互防的安全机制,防止了行车事故,实现了全年无大通道中断事故的好成绩。

分公司根据管内山区铁路的特点,向总部请示、立项,在总部的大力支持下,完成了铁路专用通信设备的更新改造:一、投入2 769万元,进行内渝线及重庆枢纽无线设备改造,更换机车电台163台,车站电台54台,增加区间中继器84台,漏缆122公里,将该区段场强覆盖率由原来的50%提高到95%,从根本上改善了设备质量。内渝线及重庆枢纽无线列调设备于8月23日开通投入使用,使车机联控得到可靠保证。在成都铁路局电务处组织的场强验交测试中,一次性达到设计覆盖要求。二、投入309万元改造渝达线模拟调度系统,新上数字调度系统30个站,于8月8日开通投入使用,解决了渝达线长期电气化干扰影响调度通信质量的大问题,受到路局领导的好评。三、投入31万元改造宜珙支线无线列调,实现内宜线机车套跑,克服内渝线双套设备共用,车机联控不能正常应用的问题。四、根据设备维护现状和路局上半年安全评估提出的要求,在有限的资金中,投入35万元对管内台通话柱集中进行改造,解决通话柱被盗严重、运用质量差的难题。

按照铁道部、铁通公司济南工作会议精神,分公司铁道业务部、技术部、网运部,在开展广泛的端口调查基础上,与设计单位、厂家共同商讨建设方案。同时,通过分局电务分处、局、分局电算所,收集意见,掌握路局TMIS、DMIS等信息系统建设计划,主动投资解决了分局急需的3个站列车车次号系统通道。重庆分局75个站TMIS联网和渝黔线DMIS通道建设正在进行。

(余洪光 孙 劲)

【网络基础设施建设】 2002年重庆分公司完成了15项基础建设:1. 骨干智能网建设。目前,骨干智能网一期工程已完成,在重庆新设SSP/IP设备1套,容量为6 600条中继线(其中2M口94个,155Mb/s光口2个),同时新设SMAP设备1台。2. 互联网二期扩容工程。已开通B类节点1个(重庆),C类节点2个(内江、达县)。3. 计费二期工程。新建了内江、自贡、宜宾、达州、广安等5个本地营收及采集中心,接入14个采集点和25个营业厅,完成一期工程中重庆省级计费中心的扩容,在重庆省级中心、内江、自贡、宜宾、达州、广安等地新设068业务服务器。4. 客户服务系统建设。客户服务系统新建规模为接入中继4E1,IVR线数4E1,传真4线的客户服务系统。5. 数据网扩容。铁通宽带多业务数据骨干网一期工程建成核心层节点1个(重庆),区域层节点1个(重庆),接入层节点2个(达州、内江)。6. 第二汇接局建设。江北第二汇接局建设工程目前已接入重庆、渝北两个方向，现有能力达到48条Link，64个2M。7. 省内西环骨干传输网建设。已建成重庆—北碚—合川—铜梁—大足—荣昌—永川—江津—壁山—重庆总长约500公里的SDH 2.5G传送系统，共新设7个2.5G ADM站。8. 内—隆—泸—荣光缆建设。为加强铁路TMIS系统的建设，沿铁路敷设直埋光缆内江—隆昌24芯光缆44.5公里，荣昌—隆昌48芯44.5公里，泸州—隆昌16芯58.4公里，敷设管道光缆安宁车站—泸州48芯9公里，合计147.4公里。9. 为保证全国的互联互通和内昆线建设投产需要，完成了内宜、渝达2、5G骨干传输网建设。在内宜线新设自贡、宜宾两个2.5G ADM站。10. 渝达线光缆建设。为加强铁路TMIS系统建设，沿铁路建设了达州—三汇镇48芯44.04公里、三汇镇—渠县48芯35.53公里、渠县—北碚48芯145.37公里直埋光缆，合计224.94公里。11. 本地程控扩容建设。共新增用户线81 976线，中继端口20 970线。12. 互联网本地认证和计费工程，使整个重庆铁通的宽、窄带用户实现了本地计费、认证，为推出互联网业务提供了支撑。13. 软交换的试验工作，取得了第一手资料。从2001年12月中旬开始，分别与中兴、华为、北电三家电信设备供应商签定"软交换"试验协议，现已完成交换机基本功能、互联互通、无线接入、宽带互联网的新业务等多项测试，已经具备进行较大规模商务试验的能力。14. 管内重庆、内江、广安、达县、自贡、隆昌、永川、重庆南、重庆西、綦江、赶水等通信楼整治和电源系统改造。15. 渝达和成渝、川黔部分通信站的机房电源改造。

（王芷辉）

【市场营销】 2002年重庆分公司市场营销取得了突破性进展。一、打好收复失地攻坚战，使铁通电话在铁路沿线分局职工住宅中的市场占有率有了很大提高，分局各单位原有的电信电话也大部分换为铁通电话。二、在重庆、内江、永川等车站大力推广有人值守公话，目前分公司有人值守公话已接近2 000台，月收入突破20万元。三、做好校园市场，校园电话的发展呈现快速上升趋势，目前共签订校园电话合同39份，签约电话9 355台，实际安装8 959台。四、卡类业务和互联网业务也有新进展，在智能网建成短短的几个月时间里，针对市场需求推出了4种卡类业务，实现卡类销售收入超过500万元。通过一年的努力，分公司共发展集团客户60余个，签订大型小区客户合同200余份，合同用户数超过12万，实际用户数也由去年的1.5万增加到5万余户。公司市场电信收入每月以较大比例递增，全年收入累计达2 655万元，是2001年收入的8倍。制定《铁通重庆分公司大客户管理办法》、《铁通重庆分公司折扣管理办法》等多项办法和措施，做到层层负责，狠抓督促落实。同时，从多角度分析当前市场竞争特点，结合自身优势，制定有针对性的营销服务策略，加强"大客户工作"和"合作经营"工作。目前共发展大客户60余家，发展代理35家，合作经营9家。

（王祖谦）

【员工培训】 2002年铁通重庆分公司围绕生产经营目标，积极开展员工教育和各类培训，全面提高员工文化素质，扩展员工思维，接受新知识，增强实作技能。分公司举办了新技术方面的宽带城域网、视讯系统、ADSL接入安装、S1240型交换机、CC08型交换机、ZXJ10(V10.0)型交换机的维护、软交换技术、光电传输、数字同步技术、无线宽带接入、SDH接入技术、互联网技术等技术类培训班30期，培训员工846人次。举办现代企业管理知识、财务管理、计费管理、网络管理、文档管理、班组管理、报表统计、劳动安全等管理类的培训班8期，培训员工243人次。为提高全分公司市场营销和各营业厅人员的素质，还举办了市场营销、ADSL的安装调试、宽带网的安装与调试、客户服务中心系统的管理、电信市场的分析和营销策划、卡号业务及068业务的推广、计费系统等市场类培训班13期，培训员工201人次。积极开展校企合作，走互利互惠的道路，扩大铁通的服务范围，拓展铁通的业务，发展校园网。分公司以建立校园实训基地为突破口开展校企合作活动，充分利用大专院校和厂家的师资力量举办培训班。如请重庆大学、邮电学院等学校老师来讲课，请北电、中兴、华为的技术专家进行专题技术讲座。重庆分公司与重大应用技术学院、重庆邮电大学、重庆电子学院开展了校企合作活动，与北电、中兴、华为、贝尔等厂家建立培训合作关系，校企活动已收到较好效果。

（林素英）

【党委工作】 2002年铁通重庆分公司党委在公司党委和重庆分局党委的领导下，全面贯彻“三个代表”重要思想，以改革、发展和稳定为中心，全力以赴共同抓市场经营、基础建设和安全生产。

一、加强民主集中制建设，发挥领导班子整体功能。在2001年制定的《重庆分公司领导班子议事规则》基础上，根据《铁通公司关于“三重一大”问题集体决策的暂行规定》有关要求，分公司党委进一步修改完善，重新拟定《重庆分公司关于“三重一大”问题集体决策的规定》，并要求地市分公司制定有关制度。分公司党委按照“集体领导，民主集中，个别酝酿，会议决定”的原则，对重大问题进行集体研究，保证决策的规范化、系统化和科学化。分公司的机构调整、重要人事变动、基建投资、工程物资招标等方面都严格按照《规定》执行。

二、抓好党群组织机构的建立健全。在9个地市分公司中，先后建立了3个党委、3个直属党总支和3个直属党支部。同时，草拟了《重庆分公司党支部工作细则》，对党支部建设提出了系统的、规范的、完整的要求。

三、重视培养、启用年轻干部。坚持“任人唯贤，德才兼备”的方针，坚持“公开、公平、公正”的原则，坚持“看主流、看本质、看发展”的观点。大胆选拔任用年轻干部，即鼓励他们的工作热情，又引导他们的工作方法。使他们尽快成熟起来。

四、加强干部作风建设。2002年10月，分公司党委下发《关于进一步加强机关干部作风建设的通知》，对机关干部提出了必须遵守的八项规定，实行“两个挂钩”，即：实行机关干部作风与机关人员经济效益挂钩，与机关人员的升降去留挂钩。

五、抓队伍稳定，确保安全，为公司的发展营造良好的环境。分公司领导深入现场，特别是深入到条件艰苦的分公司和刚通车运行的内昆（宜宾—昭通）新线看望慰问员工，为他们解决实际问题。一年内，发放慰问费和困难补助3万余元，为现场班组、单身宿舍添置家具、电器设施价值近5万元。党的“十六大”召开后，渝州分公司举办了“贯彻十六大，争当铁通人”为主题的演讲比赛。各级领导在工作、生活和学习等方面都十分关心员工，增强了企业的凝聚力。

（孙　劲）

【工会工作】 坚持贯彻“三个代表”重要思想，围绕分公司的生产和经营目标，落实“依靠”方针，突出维护职能，主要抓了以下几方面工作：一、完善组织机构。召开了省、地市两级分公司工会会员代表大会，选举产生了第一届工会委员会委员及经费审查委员会委员。二、发挥维护职能。在涉及员工工资、奖金、福利、安全生产、劳动保护等切身利益的政策、措施、办法的制定时，注重源头参与，切实反映员工的意见和建议，代表广大员工的根本利益。三、稳定员工队伍。开展“送温暖”活动，春节、元旦期间慰问特困户18户、困难户85户。建立了互助合作保障体系，在员工生病住院、伤残、死亡时，给予补助，缓解了员工的特殊困难。开展生活线、文化线建设，为新成立的万州、涪陵等5个分公司及宜宾至昭通新线，配置了洗衣机、彩电、VCD、音响、热水器，改造了洗澡间，并在昭通成立了“青年之家”。四、开展丰富多彩的活动。举办形式多样的演讲、征文、卡拉OK比赛，开展学技练功活动，提高员工的技术业务素质，调动广大员工的积极性和创造性。

【团委工作】 在上级团委及分公司党委的领导下，组建了省、地市分公司团委（直属团总支部、团委支部），完善了组织机构。坚持“党建带团建”的原则，开展推优入党活动，为党组织输送了新鲜血液。围绕市场营销和安全生产开展了创建“青年文明号”、“创新创效”、青工安全承包风险抵押及营销攻坚战等形式多样的活动。举办“五四”征文及“可敬的铁通人”演讲赛，组织青工参加全国电工创新创效网上模拟大赛，并取得较好成绩，为青年搭建成长舞台，提高团员青年的思想素质和业务素质，发挥团组织在安全生产和市场营销中的生力军和突击队作用。

（岳　静）

【大事记】

△1月10日　铁通重庆分公司与重庆大学应用技术学院合作，共同培养高素质技术应用专门人才，铁通向重庆大学提供优质便利的通信服务，重庆大学积极参与铁通科研、技术改造及新产品开发等。

△2月26日　铁通重庆分公司寻呼部在宜宾及宜宾县开通寻呼业务，实现了与重庆、内江、宜宾三个城市的自动漫游。

△3月6日　铁通重庆分公司与西南政法大学签订本地网接入协议，铁通成为该校独家电信运营商。

△3月21日　铁通万州分公司正式对外放号，铁通从此进入三峡库区。

△4月15日　铁通重庆分公司与永川广电局签订共同经营电信业务的协议。

△5月1日　重庆分公司正式接管内昆线（宜宾—昭通）251公里，19个车站的通信设备。

△5月10日至6月30日　重庆分公司党委在16个党支部，72名各级班子成员、党支部委员中开展"三个代表"重要思想学习教育活动。

△5月30日　由铁通重庆分公司主办的全面宣传铁通重庆分公司企业及企业文化的刊物，《重庆铁通》出版，暂定为季刊。

△6月27日　西南农业大学IP电话厅正式营业。这是重庆铁通第一家投入运营的IP电话厅。

△7月17日　铁通重庆分公司与中华通信签订协议，利用3.5G无线宽带接入网向客户提供数据、语音服务。

△7月28日至7月30日　铁通公司软交换技术现场会在重庆分公司举行。

△8月4日至8月10日　重庆铁通足球队参加重庆市首届IT"铁通杯"足球运动会，并夺得冠军。

△8月21日　铁通重庆分公司与重庆市邮政局签订代理铁通各项业务的协议。

△8月　铁通重庆分公司互联网事业部成立，该部主要工作是协助重庆分公司和各地市级分公司开展各项互联网业务。

△9月18日　铁通重庆分公司在涪陵放号，全面向涪陵、南川、丰都广大市民放号。

△9月20日　铁通纵横卡隆重上市。

△10月23日　重庆分公司召开领导班子民主生活会，铁通公司党委副书记许树森、重铁分局党委书记李文林到会指导。

△11月21日　分公司正式代管达万线7个车站，156.9公里的通信设备。

△12月11日　铁通重庆分公司与力帆集团签约，这是地区首家接入铁通本地网的大客户。

（孙　劲）

铁道通信信息有限责任公司贵州分公司

【综　述】　铁通贵州分公司是铁道部与成都铁路局共同出资组建的国有大中型电信运营企业，2001年3月20日挂牌成立。目前建立了在贵州省内以省分公司管理为主，由贵阳、遵义、六盘水、安顺、黔东南、黔南、铜仁、毕节8个地、市级分公司经营电信业务的管理框架，在授权范围内自主经营、独立发展，电信业务范围已覆盖包括兴义在内的全省9个地、州、市。2002年公司总资产8.58亿元。铁通在贵州电信市场的发展取得了可喜的成就，固定电话装机总量2002年是2001年的3.7倍，经营收入2002年比上年增长150%左右。已建成以DWDM和ATM技术为主干的高速宽带数据通信网，可满足各种信息的传送和组网需求；铁通长途电路已通达全国近200多个城市的本地网；无线寻呼通信覆盖全国1 300多个县级以上城市和乡村。电视电话会议网采用目前最新的视讯技术，可与全国近300个城市联通。

【机构、人员】　2002年，铁通贵州分公司，在原管辖贵阳、六盘水、安顺、遵义、黔东南、黔南6个地市级分公司的基础上，又组建了铜仁、毕节2个地市级分公司。人员分布全省9个地、州（市），年末共有职工1 302人，其中大专以上学历149人，干部267人，专业技术人员287人。

【设　备】　2002年，贵州分公司对既有网络进行了整合、扩容和改造，不断加强基础设施建设。年末省分公司运营的通信线路达3 341皮长公里，其中干线光缆2 147公里，小同轴和对称电缆1 194公里，架空明线将全部拆除，程控交换机总容量达到23.3万线，无线列调1 400余营业公里，无线列尾运用控制盒800余台，使铁路通信网络整体功能得到强化。同时，与广电、电力和城建等部门合作，扩大网络的覆盖范围，电信业务已覆盖全省9个地州市。

【铁道通信】　2002年，贵州分公司先后实施无线列调改造工程，铁路应急通信改造工程，配合铁路DMIS、TMIS、PMIS信息工程建设，黔—桂光缆传输工程和重点设备整治等，改善了为铁路运输服务的基础设施和条件。同时还配合株六复线、内昆线等通信设备的施工，扩大了对铁路运输通信设备运营维护接管范围。

重点加大直接面向铁路运输指挥的区段通信、站场通信、无线列调、应急通信、调度通信等专用通信网络，以及配套的小站电源工程建设和改造，继续扩大服务运输一线的通信能力，提升服务质量。一、加快黔—桂光缆传输工程建设。二、解决无线列调设备质量问题。三、投资50多万元改善应急通信设备。四、配合完成株六复线信号开通工作和铁路专用通信配套建设工作。五、投资20多万元改善电报所设备。

积极为铁路运输及安全生产和事故救援抢险提供通信服务。截至2002年12月31日，重点组织完成了分局管内事故救援7次；出动200余人次，安装各种电话20多台。为铁路分局提供电话会议301次，电话会议用时323小时。为铁路运输提供电报服务总量为62.67万封；人工电话服务话务总工作量为54.76万次。在春运、“五一”、暑运等运输繁忙时期，新增列车广播设备10套，加强设备更新、检修和调试，提高通信质量，为运输指挥提供良好的通信支持。

为满足分局运输信息化的要求，在时间紧、任务重，一无设计，二无设备的情况下，铁道业务部组织各通信段急运输之所急，想运输之所想，在1个月左右的时间里完成了运输联网站2兆端口111个，非联网站2兆端口47个。受到了局、分局领导的表扬。

在专网新增通信维护方面扩大了接管范围。陆续接管了内昆线（昭通—梅花山）、株六复线新建二线（大龙—六盘水）、贵阳枢纽新增车站（关田、长冲、花坡站线路所）、六盘水枢纽新增车站（六盘水南、曹家弯）和合资铁路水柏线（六盘水南—柏果）等新增通信设备的维护工作。初步统计，管内共计维护186个站的通信设备。

【市场营销】 2002年，分公司针对地域分布采取有效措施，积极抢占省会和中小城市的市场，在确保铁路通信畅通外，以宽带智能网业务和互联网业务为重点，集中力量发展城市新区、新商业区、新住宅区，大型工矿企业、大中专院校，大型商业、宾馆、医院，以及社会公众相对集中的场所等用户。2002年发展贵州大学等大专院校及贵航集团等大客户13个，其中集团用户9个，年累计收入210万元，大客户的收入比例占11.6%，并呈逐渐上升趋势。安顺分公司发展安吉厂大客户的经验对全省起到了积极的推动作用。智能公话在下半年呈现迅猛的发展势头，2002年共发展公用电话6 068台，累计收入74.4万元；宽带用户从无到有，下半年有较大的发展，年底宽带用户达913户，拨号用户904户，累计收入50.85万元。贵阳分公司在宽带和智能公话业务上有突出的表现。黔东南分公司加强市场营销管理力度，年装机突破万门（10 247台），并创造了月装机1 842台的新纪录。各地市分公司都重视利用专网优势，发展铁路沿线县镇市场，遵义分公司在桐梓（2 200台），黔南分公司在麻尾（1 224台）、独山（1 356台），六盘水分公司在六枝（1 650台），黔东南分公司在镇远（1 102台）等地都取得了放号1 000门以上的好成绩。

建立和实施“对内搞活，对外开放，发展代理，全面合作”的经营机制，结合电信需求和市场信息，采取多种形式和措施，鼓励合作，发展代理，本着“诚实守信、优势互补、合作经营、共同发展”的原则，积极扩大市场，安顺分公司与平坝正邦网络系统有限公司在平坝等地的合作经营、六盘水分公司与广电的合作经营等都取得了较好的效果。

截至12月31日，省分公司通信业务收入完成较好。其中，路外电信市场收入超过了年度目标。同时，省分公司也超额完成了总部下达的指标。

【党群工作】 2002年铁通贵州分公司党、工、团组织紧紧围绕市场、效益和省分公司的经营目标，结合不同时期的工作重点，认真组织开展江泽民总书记“三个代表”重要思想学习教育和党的十六大精神学习宣传等学习教育活动，加强组织建设，抓好信息工作，不断加强思想政治工作，为分公司的经营和发展提供了有力的思想保证。省分公司还注重加强省、地市两极分公司领导班子建设，认真执行中心组学习制度。认真开好省、地市两级分公司领导班子民主生活会，统一思想，促进工作。2002年，先后下发了《铁通贵州分公司党委关于成立各地、市分公司党组织决定的通知》、《关于成立各地、市分公司工会组织的通知》和《关于成立各地、市分公司共青团组织的通知》。3月中旬，安顺、遵义、六盘水、黔南、黔东南分公司先后召开第一次党员大会，选举产生基层委员会（支部）。8月，各地市分公司先后召开工会会员大会和女工大会，成立基层工会组织和女工组织；9月，省分公司分别召开第一次女工代表大会和工会会员代表大会，选举产生了省分公司女工委员会和工会委员会。7月30日，省分公司团委正式成立。11月，遵义、黔东南、黔南分公司先后召开团员大会，选举产生了第一届共青团委员会。

加强对内对外的宣传力度，努力提高贵州铁通的知名度，树立贵州铁通的良好形象。2002年，对内信息在省级分公司的排名逐季上升，对外宣传全年累计被《人民邮电》、《人民铁道》、《通信世界》、《西南铁道报》、《贵州工人报》等报刊媒体采用稿件80余篇，较好地发挥了信息宣传的作用。

【大事记】

△2月6日　铁通贵州分公司寻呼事业部(简称铁通中铁寻呼贵州分公司)正式成立。

△3月5日　省分公司在全省推出铁通"068300"长途电话新业务。

△3月12日　与贵州航空集团贵州安吉厂签署了撤机并网协议，省分公司总经理助理解兵参加签字仪式。

△3月14日　信息产业部通信管理局阎局巡在贵州省通信管理局领导陪同下到铁通贵州分公司检查工作，听取谢从军总经理对互联互通工作情况的重点汇报。

△3月20日至30日　开展优惠酬宾市场营销一周年纪念活动。

△3月27日　六盘水、黔南、黔东南分公司分别召开了第一次党员大会，选举产生中共铁通六盘水分公司委员会、中共铁通黔南分公司委员会、中共铁通黔东南分公司委员会。

△4月10日　中铁寻呼兼并远达寻呼。远达寻呼近4 000用户将全部改入中铁寻呼网。

△4月19日　贵州铁通省内传输网、智能网和遵义、凯里、都匀、六盘水、安顺五城市城域网的可行性研究报告通过贵州省通信管理局、省电信科学研究设计院等单位电信专家的评审。

△4月23日至26日　召开2002年度经营工作研讨会，谢从军总经理作重要讲话。

△4月24日　贵州铁通仁怀代理商挂牌成立。

△4月28日　省分公司与中国建设银行贵州省分行签署银企合作协议。

△5月13日　与吉通贵州分公司签署开放IP电话业务及结算的协议。

△5月15日　召开贵州分公司紧急安全电话会议，重点部署从5月至6月底，在全分公司范围内开展为期一个月的安全生产大检查的具体工作。

△5月20日　与中国电信集团贵州省电信公司在贵阳签订IP电话网与固定本地电话网互联及结算协议。

△5月22日　与贵州省商业高等专科学校签订电话安装及数据网络接入协议。

△5月23日　在罗庆玲总会计师的带领下，财务部人员分别组成两个小组，深入各地、州、市分公司进行会计基础工作的初验检查及指导，走出了强化银收的第一步。

△5月30日　圆满完成对贵航集团安吉铸造厂拆机并网交换设备的割接。

△6月4日　中铁寻呼贵州台与遵义海华台协商达成协议，遵义海华台将其所有用户无偿转让中铁寻呼贵州台，并由中铁贵州台负责改频入网。

△6月10日　铁通贵州分公司"省内传输网东一环、西一环可行性研究报告"和遵义、凯里、都匀、六盘水、安顺五城市城域网的可行性研究报告通过铁通总部评审。

△6月14日　铁通贵州分公司为期35天的基层党组织"三个代表"重要思想学习教育活动圆满结束。

△6月18日　谢从军总经理在全省二季度经营形势分析电话会议上号召全分公司掀起三大高潮：一是借助省骨干网和城域网的建设，掀起一个建设高潮；二是在智能网开通后，掀起一个大力推出多品种、新业务的高潮；三是掀起一个大力发展代理商的高潮。

△6月25日　铁通贵州分公司完成了黔桂光缆的全线敷设，并开通都匀—贵定—贵阳3个2兆电路，使都匀铁路地区几十年话路不畅的问题得以解决。

△6月29日　铁通公司周孝先副总经理一行到贵州分公司检查安全和防洪工作，听取贵州分公司领导班子有关安全大检查和防洪工作情况的专题汇报，检查贵阳分公司通信楼的安全情况。

△7月6日　铁道贵州分公司参与主办"2002贵州首届国际通信与技术博览会"。贵州省刘长贵副省长等领导在公司陈宗光副总经理的陪同下参观铁通贵州分公司的展厅，展览取得圆满成功。

△7月31日至8月2日　召开半年经营工作会议。谢从军总经理、余海忠副书记就上半年经营工作和政治工作作重要讲话。

△8月22日　铁通遵义分公司召开党员代表大会，选举产生了中共铁通遵义分公司委员会。

△8月29日　贵州省副省长陈大卫听取铁通贵州分公司总经理兼党委书记谢从军、党委副书记余海忠的工作汇报，对公司的发展作了重要指示。

△9月1日至2日　贵州大学、贵州省财经学院北院、贵州省中医学院、贵州省商业高等专科学校成为贵州铁通的大客户。这是贵州铁通继酒店、小区、厂矿等集团用户后的又一新的客户群。

△9月18日　铁通毕节分公司成立。

△9月23日　省分公司召开工会会员代表大会，选举产生铁通贵州分公司工会委员会和经费审查委员会。

△9月23日　铁通贵阳分公司召开第一次党员代表大会，选举产生中共铁通贵阳分公司委员会。

△9月28日　铁通北京路营业厅举行开业庆典。

△10月22日　召开2002年党员领导干部民主生活会。铁通公司党委委员总会计师熊建平到会并作重要讲话。

△10月28日　铁通铜仁分公司成立。

△11月8日　省分公司领导班子和机关全体员工收看党的十六大开幕盛况。

△11月12日　黔东南分公司在全省经营形势分析电话会议上作了题为《真抓实干，开拓创新，加快发展》的经验介绍。

△12月2日　省分公司成立审计部。

△12月31日　完成铁通全省智能网96068密码记账式长途电话卡接入码，在其他电信运营商的数据制作工作。

（李永怀）

企业介绍

责任编辑　许　娜

主要车站

【成都车站】 为客运特等站，担负旅客和行包运输，以及旅客列车编组甩挂作业及专用线货车的取送任务。固定资产总值5 809万元，设置5个职能部门，管辖5个车间和装卸公司，共有29个生产班组，职工现员912人。

2002年，成都车站安全生产取得新突破，实现第11个安全年。消灭了责任行车、货运、行包重大大事故和责任旅客死亡事故。截至年底，实现无责任行车重大事故9 438天，无责任行车险性事故6 656天，无责任行车一般事故4 239天；无旅客伤亡事故7 856天，无职工因工责任重伤事故2 529天；无火灾爆炸事故8 315天。全年安全实现有序可控，持续稳定的目标。

客货营销取得新业绩，提前29天完成分局开行列车收入53 953万元，较上年同期增长9.01%。全年完成运输收入11 612万元，旅客发送12 751 216人，货物发送31 796吨，收入503.7万元。行包发送2 723 847件，到达2 823 886件，中转1 050 222件，旅客列车始发正点率达到99.6%。

文明路风取得新进展，硬件上档次，软件上台阶。将客运服务质量年和"三新"教育相结合，加大基础设施投入，向社会推出8项便民新举措，树立音乐茶座候车室、小红帽搬运队等特色服务品牌，兑现了服务承诺，赢得旅客广泛赞誉。连续六次获铁道部"文明车站"称号，先后被授予"全国创建精神文明行业先进单位""全国用户满意企业""全国创建精神文明行业先进单位"，路局、分局"好班子"，部级档案管理先进单位等多项荣誉。

【成都东站】 为路局、分局最大的货编特等站，担负宝成、成渝、成昆、达成4个方向货物列车的编组、解体作业，办理整车、零担、集装箱货物的装卸、保管、承运和货物加冰、货车消毒洗刷、货物接送等业务，是成都市及周边市、县、区的主要物资集散地，也是全路最大集装箱办理站和全路零担中转组织站之一。固定资产总值8 907.87万元。设置7个职能部门，管辖8个车间，下设160个生产班组；职工现员2 240人(其中，在岗2 071人)。

2002年，成都东站主要任务指标顺利完成。运输收入完成31 906.4万元，比上年增收5.2万元。其中，整车完成12 240万元，集装箱完成16 600万元，零担完成2 915万元；发送吨完成286.7万吨，为年计划的102 %；保价收入完成1 337.2万元，为年计划的100.5%；堵漏保收完成374.9万元。全年日均办理车数7 504辆，同比增加12.3 %，日均增加822.2辆；日均装车163.6辆，同比增加14.6%，日均增加20.9辆；日均卸车598.9辆，同比增加5.8%，日均增加32.9辆；货车停时19.7小时，中时4.6小时，分别较上年压缩1.9小时和0.3小时。

安全生产稳定。成都东站"7·13"事故后，安全形势压力巨大，围绕"规范管理，强基达标"这条主线，不断加强安全管理，强化责任意识，车站安全生产"有序可控，基本稳定"。截至年底，实现无责任行车重大事故536天，无责任行车大事故7 476天，无责任行车险性事故9 514天，无责任行车一般事故1 342天；无责任职工死亡事故5 881天，无责任职工重伤事故3 460天，实现了"六杜绝"，取得了多年来安全最好成绩，连续实现了三个"百安"并实现安全生产年。

【广元车站】 为一等站，管辖广元站(客运站)和广元南站(货运站)，担任成都、宝鸡、勉西、旺苍等方向的客货列车接发及编组、解体作业，办理旅客乘降及整车、零担、集装箱到发业务，承担零担货物的辅助中转及车辆检修车的取送作业。固定资产总值4 514万元，设置8个职能部门，管辖4个车间，下设33个生产班组。职工现员967人。

2002年，广元车站强化组织，确保口子畅通，全面完成生产任务。全力加强运输组织，加强与成都、宝鸡、安康调度所及相关部门的联系，精心组织互交机车173台，日均0.54台；积极组织开行满长满重列车5 010列，日均15.0列；有调办理2 010 725辆，完成计划指标的99.0%，确保列车安全、正点和"口子畅通"。全年完成运输进款收入15 842.2万元，比上年减少95.7万元，降低0.8%，比计划减少987.8万元，降低5.9%；发送旅客176.9万人，比上年减少6.1万人，降低3.3%，为计划的90.7%；发送货物69.3万吨，比上年增加26.3万吨，比计划增长150%；日均装车33.0车，日均卸车16.0车；货车静载重57.2吨。

牢固树立“安全第一”的思想，强化安全基础管理。截至年底，实现无责任行车重大、大事故9 479天，无责任险性事故8 098天，无责任行车一般事故2 797天，连续实现第7个安全年；实现无职工因工死亡事故6 038天，无职工因工重伤事故2 623天；无责任货运重大大事故15 075天，无责任行包重大大事故7 865天，无责任旅客死亡事故19 666天；消灭火灾、爆炸事故。

【绵阳车站】 为一等站，管辖绵阳、绵阳北、皂角铺3站及梅家沟线路所。承担列车的接发、会让和部分货物列车解编作业；办理旅客乘降及整车、零担、集装箱到发业务。绵阳站办理客运，行包业务；绵阳北站办理货运业务。固定资产总值4 663万元，设置5个职能部门，管辖5个车间，下设生产班组35个。职工现员911人。

2002年，绵阳车站始终坚持“安全第一、预防为主”的方针，按照“规范管理、强基达标”的要求，以开展“干部作风”整顿活动为契机，突出抓干部队伍的素质建设和作风转变，通过抓安全重点和关键，促进隐患问题的整改销号。确保了春运、暑运，防洪、新老兵及专运、特运等各项重点运输任务的安全，实现安全年。

重视企业效益，生产指标再创佳绩。全年完成运输收入23 624.22万元，为计划的94.5%；旅客发送165.6万人，为计划的92.5%；货物发送812 898吨，为计划的111.4%；装车数22 443辆，为计划的120.6%；卸车数410 055辆，为计划的116.7%；货物到达1 944 265吨，同比增长19.8%；行包到发539 607件；有调中转车251 322辆，无调中转车27 882辆。

【西昌南站】 为二等站，承担列车的接发、会让和部分货物列车的解体、改编、摘挂作业；办理旅客乘降和整车、集装箱货物的到发业务。固定资产总值3 940万元。设置4个职能部门，管辖6个车间，下设14生产班组。职工现员516人。

2002年，西昌南车站优化运输组织，保证畅通。按照“集中领导，统一指挥，维护大局的要求‘畅通一点，敞开口子，大接大出，放开外局，高运价率优先’”的工作方针，组织集结开行了新丰镇、宝鸡以远车流的技术直达列车687列，始发大湾镇、资中直达276列，有效地减轻了燕岗、成都东、广元等站的解编压力。完成运输收入6 592.9万元，为年计划的97.2%，比上年同期增收14.4万元。其中，客运收入1 441.7万元，为年计划的122%，超261.7万元，比上年同期增收280万元；货运收入5 151.2万元，为年度计划的91.9%，欠计划476.65万元，比上年同期减少265.6万元。运输收入虽未完成年度计划，仍创造历年最高水平。货物发送113.8万吨，为年计划的103.4%，超计划3.8万吨，比上年同期多发送7.8万吨，为历年之最。旅客发送19.3万人，为年计划的107.5%，超计划1.3万人。

夯实基础，规范管理，开展安全专项整治。强化逐级负责制、专业负责制、岗位负责制。截至年底，车站实现无行车责任重大大事故7 818天，无险性事故5 949天，无一般事故392天；实现无责任因工死亡事故6 429天，无职工因工责任重伤事故1 159天。

消灭路风不良反映，被评为2002年度路局“路风先进单位”。

（成都分局办公室）

【重庆车站】 重庆车站为客运一等站，现有职工690人，担负成渝、川黔、襄渝三条铁路干线28.5对旅客列车及市郊列车的始发、终到和中转作业，管辖黄沙溪车站。

车站坚持创新机制，深化改革；坚持转变服务理念，努力提高服务水平；确保安全生产。全年完成运输收入78 112万元，为年度计划80 520万元的97%。实现行车无险性及以上事故5 370天，无职工伤亡事故823天，无责任旅客伤亡18 347天，无火灾、爆炸事故5 370天，无一般行车事故427天。

2002年，车站继续保持重庆市、重庆分局文明单位称号；工会保持部“模范职工之家”称号；退管会工作保持局“退管模范职工之家”。

（尹福祥）

【内江车站】 地处成都、重庆两分局的交界口，位于成渝、内昆线交汇点，现有职工678人，查定等级为一等站，技术性质为编组站，业务性质为客运站，主要任务是编解成渝、内宜两线直通、摘挂小运转列车和直达列车的补轴或换挂车组，并办理旅客和行包的到发、中转业务，所辖内江东站办理货运业务。内江站始发内江—广州2317次，内江—重庆8611次，内江一巡场8635次客车。全年发送旅客55万人,发送货物10.5万吨,运输收入完成5 648万元,日均办理车3 324辆。

2002年车站按照"转变观念创新思维,深化改革完善机制、发展品牌安全服务,管理增效一心为民"的工作方针,坚持"团结、创新、品牌、一流"的管理理念,深入创建安全、服务两个品牌,在站改施工安全压力大、生产经营困难阻力多的条件下,2002年11月26日实现安全生产1 000天,再创安全年。

(蹇　红)

【重庆南站】　原名九龙坡站,技术性质为编组站,业务性质为客货运站,等级为一等站,是全路58个货运站之一,是西南最大的水陆联运换装站,办理各类货物和集装箱运输业务,管辖洛中子、大渡口、茄子溪、伏牛溪(危险品专办站)等站,设有4个车间和精诚、金大、金山、万顺4个公司,固定资产6 000余万元,职工1 220人。

2002年,围绕"改革出动力、管理出效率、安全出效益"的方针目标,抓住"改革、安全、效益、路风"四个重点,推行干部日常积分考核和工人全员竞争上岗,进一步强化运输组织管理,实现成本目标部门负责制。

全年旅客发送27.1万人,货物发送172.1万吨,进款收入15 366.8万元,日均办理车1 183辆,日卸车458辆,杜绝了火灾、爆炸、食物中毒等恶性事件的发生。

(郑树伟)

【达州车站】　位于襄渝线K587+345米,地处四川省达州市通川区西外镇,是襄渝线、达成线、达万线的汇集点和成都、郑州两局的分界口,技术性质为编组站,业务性质为客货运站。2001年2月由二等站晋升为一等站,2002年10月23日接管达(州)万(州)铁路,2002年11月14日由达县车站更名为达州车站。车站主要担负达州、巴中、南充、重庆、万州等市的客货运输和出入川车辆的编解任务。达州站职工现员919人,拥有固定资产4 262万元,下设5个职能部门,管辖4个生产车间和四通、利通、丰源、金霞4个公司,代管达万铁路万州、梁平、麻柳镇、开江、分水寺、李河等6个站。达州站站型为一级三场,配备TW组态式半自动驼峰系统,现车管理系统、旅客引导系统和监控系统等现代化设施,微机售票系统与全路各大站联网。

2002年,车站按照"稳大、抓小、收散、争流"的工作思路,积极组织有效客流和货源,实现从"以客补货"到"客货并进"的战略转移。完成运输收入25 004.5万元,比计划增长20.7%,再创历史新高;发送旅客302.6万人,比计划增长2.4%;发送货物179.6万吨,比计划增长30.2%;发送行包10.0万件,日均办理车2 458辆。实现了行车重大事故8 979天,无大事故7 984天,无险性事故8 101天,无一般事故2 740天,连续实现7个安全生产年。

(李本刚)

【重庆西站】　位于襄渝线K837+555.75处,是襄渝铁路终点。管辖重庆东、梨树湾、中梁山、跳蹬等站,下设6个车间,3个公司、7个股室,现有职工1 146人。主要担负成渝、川黔铁路的货物、旅客列车的到发、通过及重庆枢纽小运转货物列车的到发、解体、货车洗刷和段管线、专用线取送车作业以及货运业务办理。全站固定资产总额7 864.13万元。

2002年,日均办理车4 531辆,日均装车90.1辆,日均卸车257.88辆,货物发送127.21万吨,完成运输收入13 252.00万元,多经实现产值1 781.60万元,集经实现产值427.00万元。稳步推进改革,强化机制建设,落实经营管理,大力拓展营销,较好地实现经营管理方针目标,实现了连续安全生产800天的优异成绩。

2002年荣获铁道部"先进优质车站",工会获得重庆市"模范职工之家",重庆东站货场荣获铁道部"四星级货场"。

(谢吉林)

【贵阳站】　2002年日均办理旅客列车38对,货车24对。车站行政设股室5个,生产车间5个:客运、售票、行包、设备、运转车间(辖关田站)。年末在册职工662人(含大集体职工46人,招聘客运员31人)。

贵阳站抓住春节、"五一"、"十一"等黄金季节,提前召开新闻发布会、客流调查会,预测客流状态,及时申请加开加挂列车,调整限售区限,开行旅游专列、学生专列。深入大中专院校办理学生票;利用运价下浮优惠政策,吸引新客户,定期召开货主座谈会,加强与老客户联系,稳住货源。结合客运服务质量年活动的深入开展,把"三新"教育活动同车站"用心、用情、用智"的"三用"服务理念有机结合,打造"阳光"品牌，提升服务质量，实现增运增收。全年安全发送旅客569.30万人（其中：春运发送81.70万人，暑运发送109.19万人）；运输清算收入1 836万元，行包企业化经营收入572万元，客票销售服务费收入315万元，其他收入（资产租赁费）23万元，全年实现利润300万元。

【贵阳南站】 地处川黔、湘黔、黔桂、贵昆四条干线的交汇处，为客货运一等站。线路总长105公里，有站线64条，路内段管线、专用线47条、地方专用线30条。担负着四条干线及三条支线列车到达、始发及货物列车解体、编组等作业，最大解编量超过8 000辆，是全路双向二级五场区域性编组站。车站东货场是贵州省最大的物资集散地和跨省出海的重要码头，主要办理整车、零担、集装箱（含国际集装箱）货物到发中转以及加冰、货车洗刷除污业务。有货物作业线17条，总长4.9公里，最大起重能力为36吨，年吞吐量500万吨。

2002年有机关股室9个，多集经公司4个，生产车间9个，生产班组79个。年末在册职工1 655人。

在运输组织上，注重优化运输组织方案，加强运输分析，搞好车流预测，合理运用机车动力，确保枢纽畅通无阻。截至12月31日，客货列车正点率分别完成100%和76.4%；完成日均装车124辆；完成日均卸车261辆，较上年日均多卸13辆，净增幅度5%；净载重完成60吨；货车中转时间完成5.9小时；货车停留时间完成18.3小时；货物发送吨完成279.2万吨，较上年增长4.5万吨，运输收入完成1.8412亿元，较上年同期增收1 363万元；日均办理车7 480辆，比上年同期增长691辆。

2002年，南站获得国家档案局颁发的“企业档案工作目标管理达国家二级”称号；全国“五四红旗团委”创建单位；贵州省“安康杯”竞赛“优胜企业”；路局“好班子”称号；东货场获部“三星级文明货场”，保持局“文明示范车站”和东、西货场“贵阳市窗口行业文明示范单位”称号。

【六盘水南站】 成立于2002年1月1日，暂定为二等站，位于贵州省六盘水市南郊，管辖范围有六盘水站（于2002年4月1日并入六盘水南站）、曹家湾站和南编组站。担负贵昆、水柏、内昆及株六复线四条干线的客、货列车到发，列车编组、解体及办理客货运业务。南站设6个股室及六丰公司、多经公司和运代公司。年末在册职工人数594人。

大力开展客运营销，改善客运硬件设施，夯实服务基础，提高服务质量。全年共发送旅客1 377 318人次，完成运输收入6 904.92万元。货物运输坚持以“六盘水人为你服务”为营销口号，抓住长距离、高运价货物，全员树立市场意识和效益意识。与各大宗货主物资单位，建立良好的合作关系，为货源组织提供可靠依据。积极开展个体汽运和集装箱拼装运输。2002年，发送货物164.88万吨，运输收入完成8 768.65万元。全年装车数为27 988辆，卸车数13 862辆。货物赔偿20万元，保价收入70.1万元。截至12月31日，实现安全生产无责任重大、大事故424天。

（贵阳分局史志办）

客运分公司

【成都客运分公司】 成立于2002年9月8日，由原成都客运段、成都车辆段、攀枝花客运段、成都客运服务公司及部分分局机关干部组成。分公司担当北京西、广州、上海、昆明等18.5对旅客列车，拥有客车1 329辆，配属机械动力设备158台，车辆检修基地具备年段修820辆客车的能力，固定资产总值13.28亿元。分公司设置办公室、人力资源部、计划财务部、运营部、营销部、装备部、安全质量部、关联业务部、收入检查室、物资供应部、党委工作部、纪委办公室、工会工作部、团委办公室等14个职能部门，管辖攀枝花办事处、车辆检修基地、卧具餐营基地及18个车队、车间。分公司职工现员7 779人，其中全民制职工5 285人，招聘制职工1 823人，大小集体职工671人，干部405人。

2002年共运送旅客1 068万人，运送行包236万件，客车段修536辆，空调车中修162辆。

（办公室）

【重庆客运分公司】 成立于2002年9月6日，由原重庆客运段、重庆车辆段、重庆客运公司及部分分局机关干部组成，固定资产总值11.28亿元。职工现员4 963人，其中干部289人，下设15个部室、7个车队、10个车间、6个公司，监察大队和保洁大队各1个，担负重庆至北京、上海、广州、成都、昆明、贵阳等地10对列车的旅客、行李包裹运输和旅客餐饮供应任务。另有客技站和检修基地各1个，客车整备线12条，停留线3条，检修台位15个，年设计检修能力650辆，主要承担重庆分公司和贵阳分公司的客车段修任务，分公司具有一般客车段修检修能力及技术含量较高的发电车中修，空调车中修及25K型快速车A2级修的检修能力。

2002年，重庆分公司深入开展服务质量年活动，以T 9/T10次列车和K73/K74次列车为龙头，推行人性化、个性化的特色服务和无干扰服务。分公司重点抓了客流预测，做好开车建议、后勤基地改造、客车车辆整治、职工培训、规范网点管理、严格安全路风卡控制度、加强支部建设、加大营销宣传，塑造公司形象工作，实现安全生产、路风建设、服务质量、运营收入、管理工作的全面发展。全年共安全运送旅客298万人，运送行包81万件，完成堵漏保收890万元，段修1 071辆，空调车中修287辆，辅修1 363辆。

（办公室）

【贵阳客运分公司】 于2002年9月5日成立，由原贵铁分局客运段、车辆段客车分段、旅游车队合并组建。目前担负贵阳开往北京西、上海、广州、杭州、成都、重庆、湛江、昆明等地的12对图定列车的乘务工作和客车车辆检修工作，总乘务区段里程25 220千米，服务工作辐射14个省、市、自治区。全年日均输送旅客3.8万人次。分公司现有职工4 344人，其中干部224人，客运职工3 423人，车辆职工921人，分公司下设13个职能部门，7个乘务车队，9个生产车间(包括多集经公司、工厂)，60个乘务班组。

2002年，分公司加强安全工作的培训和演练，严格安全卡控，保持了分公司成立以来安全平稳有序。广泛开展“客运服务质量年”活动，大力加强路风建设和思想政治工作。

2002年，分公司共安全输送旅客1 387.8万人次，输送行包22.9万件；开行各种临客、专列18对，运行293趟；列车运营收入完成8 512.17万元，超年计划5.17万元，比上年增收358.62万元；全年客运全员劳动生产率人均完成57 725车辆千米，车辆运行累计完成21 714.6万车辆千米；完成客车入库修122 063辆，完成通过修222 956辆，完成客车辅修1 050辆，空调中修168辆，A1、A2、A3修程共计181辆，厂段修488辆，各类车电机具修4 683件；整个运输生产平稳有序，较好地实现了年度的经营管理方针目标。

（办公室）

车　务　段

【江油车务段】 担负宝成铁路走马岭至石马坝区段和广普铁路支线管理中心(暂由江油车务段代管)的运营管理，以及广元至成都部分客货列车和广普铁路支线管理中心的乘务工作。运营里程287公里。固定资产总值4 028.1万元，设置10个职能部门和1个列车队，管辖13个车站，职工现员1 233人。广普铁路支线管理中心固定资产66 051.4万元，设置1个职能部门，管辖9个车站，职工现员457人。

2002年，江油车务段按照“规范管理，强基达标”的安全管理思路，狠抓安全基础建设，强化逐级负责制，实现安全生产基本稳定。截至年底，实现无一般事故557天，并在分局2002年下半年安全管理逐层定期评估考核中获第一名。

在小煤窑关闭、传统货源减少的情况下，坚持“以白补黑，以客补货”的营销战略，共完成运输收入21 589万元，同比增长10.6%，创建段以来最高纪录，实现历史性突破。

以“客运站车路风专项检查”、“清理规范收费工作”等活动为主线，及时遏制影响路风建设的苗头。对收到的路风投诉举报信，均认真核实，做到件件有着落，件件有结果。

【德阳车务段】 担负宝成铁路谭家坝至天回镇区段和德天、广岳、成汶3条支线的运营管理工作。固定资产总值27 200万元(含德阳铁路支线管理中心24 100万元)，设置9个职能部门，管辖30个车站(三等站3个，四等站27个)、1个客车队、1个乘务室、6个行车公寓、2个工务管理所、1个电务管理所。职工现员1 797人(含德阳铁路支线管理中心546人)。

2002年，德阳车务段优化运输组织，强化客货营销，抓好收费治理整顿工作，提高服务质量，主要生产任务指标均实现新突破。旅客发送人数实际完成134.1万人，为年计划的105.5%，超计划7.1万人，较上年同期增加14.6万人。货物发送累计完成750.4万吨,为年计划的94.9%,欠计划40.6万吨,较上年增加3.6万吨。运输收入累计完成50 710万元,完成计划的99.4%,欠计划300万元,较上年同期增加2 416万元,增长5.0%。其中,客运收入超计划572万元,比上年增加827万元,增长16.6%;货运收入44 888万元,欠872万元,比上年增加1 589万元,增长3.7 %;查堵收入完成530万元,较上年增加164万元,增长44.8%。

截至年底,实现无行车重大,大事故6 706天,无行车险性事故3 824天,无行车一般事故161天;无职工死亡事故8 919天,无职工重伤事故1 391天。杜绝货运重大、大事故和旅客伤亡及客运行车事故,杜绝责任火灾、爆炸事故。

【成都车务段】 担负成渝铁路龙潭寺至史家乡区段及资威支线、成昆铁路沙河堡至成都南区段、达成铁路龙潭寺至城厢区段计298公里的运营管理,以及宝成铁路成都东站至广元站、成渝铁路成都站至内江站和资威支线计589公里的运转乘务工作,并担当成都站至资中站8615/8616次旅客列车客运乘务工作。段固定资产总值3 671.7万元,设置6个职能部门,管辖29个车站(三等站4个,四等站25个),1个乘务室、1个客车队。职工现员1 469人。

2002年,成都车务段突出安全永恒主题,实现安全稳定有序。截至年底,实现无责任行车重大事故8 720天,无责任职工死亡事故7 159天。

强化客货营销,认真落实“抓大、稳小、收散”和“以黑补白”的营销策略。完成运输进款收入32 338万元,较上年增加272万元;货物发送完成302万吨;货物到达完成614万吨,较上年增加32万吨;旅客发送完成179万人。

12月,西环线红牌楼、成都西、郫县开站。针对运输组织结构的调整,制定三站一所的《临时行车组织办法》、《货运组织过渡暂行管理办法》、《货运管理细则》,确保西环线的顺利开通。

【峨眉车务段】 担负成昆线双流至拉白车站区段的运营管理,成都至普雄车站的乘务工作及成都至普雄车站的8619/8620次旅客列车的运营管理工作。段固定资产总值11 175.8万元,管辖站线356公里,设置12个职能部门,管辖43个车站(二等站1个、三等站3个、四等站37个、五等站2个)和乘务室、客车队。职工现员2 089人。

2002年,峨眉车务段坚持以安全运输生产经营为中心,加大对路风的考核力度,广泛开展营销攻势,提高服务质量,运输收入创建段以来历史最高纪录。全年完成旅客发送量274.53万人,为年计划的142.24%,比上年同期增加102.43万人,增长59.46%;完成货物发送量683.16万吨,为年计划的101.36%,比上年同期增加52.33万吨,增长8.2%;完成运输收入51 360.48万元,为年计划的98.89%,比上年同期增加2 630万元,增长5.39%,超额完成分局下达的三项营销指标。

坚持“安全第一、预防为主”的方针,为提高运转职工在“非正常情况下”处理问题的能力,举办2期“非正常情况下接发列车”技术表演赛,开办业务培训50期,培训960人次,举办站长及工班长培训班2期,培训94人,使干部职工的业务素质得到较大的提高。截至年底,全段实现无行车险性事故11 802天,无职工因工死亡事故1 866天。

【西昌车务段】 担负成昆铁路普雄至沙坝区段、卫星发射基地专用线的运营管理及普雄至攀枝花的运转乘务工作。固定资产总值7 026万元,设置8个职能部门,管辖34个车站(三等站2个;四等站32个)和2个车间,下设71个生产班组。职工现员1 180人。

2002年,西昌车务段紧密围绕安全生产,完善管理制度,明确安全责任,规范安全管理,抓住重点环节,加强现场卡控。狠抓防洪和非正常情况下的接发列车安全,安全生产持续稳定。截至年底,实现连续“三个百安”,无行车重大、大事故4 577天,无职工因工死亡事故11 115天。

大力开拓营销市场,加强与重点物资单位、重点客流的联系制度,对管内年发送量在5万吨以上的物资单位派专人定期回访。对主导客流,分片包保。在稳定老客户的同时,四面出击,把铁路的营销工作延伸到铁路沿线以外的公路、民航等领域,争取铁路获得更大的营销市场。全年货物发送17 705万吨,为年计划的96.5%;旅客发送226.8万人,为年计划的79.9%;运输收入14 122.7万元,为年计划的101.6%,同比增加749.4万元,超年度计划222.7万元,为段历史上的最高纪录。

【攀枝花车务段】 担负成昆铁路米易至攀枝花区段和渡口支线的运营管理及渡口支线的乘务工作。段固定资产总值5 215.97万元。设置8个职能部门,管辖14个车站(二等站1个、三等站3个、四等站8个、五等站2个)和1个客车队。在册职工1 211人,在岗职工1 037人。

2002年,攀枝花车务段抓住安全、稳定、效益三大重点,安全生产再创佳绩。截至年底,实现无责任行车重大、大事故7 602天,无职工因工死亡事故4 128天。

以运输组织为龙头,适应市场,强攻营销,主要运输指标再攀历史新高。全年货物发送1 567.9万吨,为年计划的104.9%,比上年增加141.2万吨,比年计划多发72.9万吨;运输收入59 452.9万元,为年计划的107.5%,比上年增收6 003.7万元,比年计划多收4 120.9万元;旅客发送171.4万人,为年计划的107.1%,比上年增加20.62万人,比年计划多运11.4万人;静载重完成59.5吨,比计划增加0.3吨;停时完成12.1小时,比计划压缩1.3小时;中时完成5.2小时,比计划压缩0.3小时。

(成都分局办公室)

【北碚车务段】 现有职工1 548人,固定资产10 324万元,管辖河市坝—西永和白市驿等28个车站,1个乘务室、1个客车队,运营里程251.5公里。

2002年,全段干部职工按照"从严治本、基础取胜、规范管理、强基达标、抓小防大、务实求效"的指导思想,大力开展安全专项整治和"三新"教育活动,狠抓逐级负责制的落实考核,促进了全段安全的规范管理。截至2002年12月31日实现安全生产无任何一般事故896天的好成绩;全年共完成旅客发送378万人次,货物发送477万吨,运输收入26 674万元,均创历史最高水平。

2002年,该段获分局"好班子"和分局运输系统安全基础管理综合评比第一名,段教育室保持部级"职教达标单位"称号。

(叶建忠)

【重庆车务段】 现有职工1 998人,固定资产7 286.76万元,管辖重庆北站、川黔铁路小南海—石门坎站,成渝铁路小南海—永川站等37个车站及三万支线管理中心,并担当重庆—遵义8629/8630次,重庆—内江8611/8612次两对旅客列车途经沿线的旅客乘务工作,运营里程316.6公里。

全年旅客发送363.2万人次,货物发送1 104.4万吨,运输进款收入41 038.4万元。截至2002年12月31日,实现无大事故8 285天。

2002年,保持部先进基层党组织称号、重庆市和铁路局文明单位称号,荣获铁路局路风先进单位和分局"全心全意依靠职工办企业"先进单位称号。

(彭玉祥)

【内江车务段】 位于川南腹地,管辖成渝铁路椑木镇—又古桥13个车站97公里,内昆铁路内江南—昭通31个车站378公里、宜珙铁路9个车站67公里,总计53个车站524公里线路,以及内江乘务室和内江至巡场的8635/8636次旅客列车。管内有自贡、宜宾、盐津、昭通、隆昌、大足等6个中心站和宜珙支线管理中心(含12个工务工区、1个水电工区、1个电务工区),是川南交通运输的骨干企业和重点窗口单位。全段现有职工2 484人,固定资产5 110万元。

内江车务段以安全、营销、改革、发展、稳定为中心,大力推行各项改革措施,落实逐级负责制,推行"三线"(稳固南线——内宜线,强攻东线——成渝线、新建内昆线宜昭段,拓展外线——周边市场)、"双十一百"(设立10个营销分部,建立10个无轨火车站,组建100人以上的专业营销队伍)的营销战略和"十分安全管理考核办法"等系列活动。截至2002年12月31日,安全生产天数601天。客货运输收入连续增长,2002年完成旅客发送量230万人,货物发送量1 000万吨,运输收入达55 222万元,超计划完成4 203万元,取得安全营销的好成绩。

2002年,被成都铁路局评为"优秀企业"、"好班子"和"思想政治工作优秀单位",获"企业档案工作目标管理省(部)级合格证"。

(江宁仁)

【贵阳车务段】 2002年,根据分局总体布局的调整,关闭韦家庄、富洪村、老罗堡3个线路所,先后开通长冲、花坡2站,现管辖黔桂线贵定至谷立,贵昆线大用至石板哨及南环线、湖林支线共计280.7公里,其中复线194公里。承担黔南、黔西南自治州、贵阳市、六盘水市、安顺市、清镇市、毕节地区管辖县市的客货运输任务。段设5室

1办，辖31个车站，1个乘务室。其中三等站4个，四等站25个，线路所2个。年末在册职工总数为1 004人（含湖林支线管理中心）。

在旅客运输上，重点抓服务质量，对客运人员进行轮训，对客运设施进行更新。货物运输方面，开展货装系统安全生产专项整治，提高散堆装货物的装载质量，保证大件货物、危险货物的运输安全，规范专用线共用管理。加强运输组织，在空车来源紧张的情况下，除保证大中型国有企业装车外，优先装长运距、高运价、高附加值的货物，2002年运输收入指标比上年增加5 116万元。截至12月31日，实现了安全年和连续安全生产710天。全年装车数完成101 065辆，发送吨完成592.1万吨，旅客发送完成92.6万人，运输收入完成23 677.9万元，停时完成19.6小时。

贵阳车务段保持了成都铁路局“文明单位”称号，并获贵阳市南明区“文明单位”称号。

【六盘水车务段】 管辖贵昆线六枝至徐屯、内昆线凉水井至昭通南、水柏线玉舍至松河、水大支线裕民至大湾43个车站、1个客车队、1个乘务室，段装卸、多元、劳动服务3个公司和水大支线管理中心。为适应内昆线开通需要，分局将六盘水站从车务段划交六盘水南站管理。段机关设7个股室。年末职工在册人数1 108人。

2002年，在安全生产上，强调以现场控制为着力点，进一步健全完善安全生产的管理、监督、考核机制。深入推行领导负责制、逐级负责制、岗位责任制、专业技术管理责任制。建立安全生产问题库。对违章违纪坚决予以查处。任何施工，都有业务人员在现场协调监控。小站调车作业站长全过程跟班作业。截至12月31日，全段实现无行车重大、大事故914天。在客货营销方面，根据旅客货主的需求丰富客货服务内涵。协同各部门深入厂矿、学校、市区认真抓好春运、暑运、节假日等客流、货源的调查摸底，建立相关调查资料和档案。加大长运距、高附加值及大宗货物的营销力度。全年完成运输收入3.76亿元，发送旅客81.97万人，发送货物930.59万吨，装车154 895车，卸车67 660车。

【都匀车务段】 位于黔桂线K459+799米处。管辖麻尾至观音阁29个车站和都匀乘务室、客车队、都匀装卸服务公司、开发公司、劳动服务公司。段机关设股室8个，基层生产班组68个。年末职工总数1 002人。

2002年，客运工作在抓好堵漏保收的同时，组织职工开展送票上门等系列服务，充分利用“五一”、“十一”黄金周有利时机，组织旅游客流，把围歼旅客列车事故落实到人、到岗。对“三品”查堵、危险品运输卡控、防食物中毒、客车防火、仓库消防和客运消防进行补充和完善。货物运输在开展营销宣传，文明、优质服务的同时，将营销任务层层分劈，加强货源组织和运输组织，按照先长运距、高运价，后短运距、低运价的组织原则进行配空装车。积极组织车种代用及车辆的配送。截至12月31日，全段实现无责任行车重大、大事故6 746天，全年完成旅客发送量62.24万人，货物发送量134.86万吨，运输进款收入8 023万元；装车日均完成62.7辆，静载重完成58.8吨，卸车日均完成60.2辆，停时完成14.0小时，中时完成5.0小时，旅客列车、货物列车出发正点率分别完成94.6%、91.4%。

【遵义车务段】 地处贵州北部，管辖川黔铁路贵州段318公里线路上的44个车站，其中三等站6个（含区段站1个）、四等站1个、2个线路所。段机关行政设6个部门，下辖1个乘务室、1个客车队、1个装卸队。年末职工总数1 425人。

2002年，在运输组织上，加大对南宫山、都拉营、遵义南、小寨坝、遵义北等站的站内车辆的全过程跟踪，按照“一卸、二装、三排”的原则，积极组织卸车、装车、排车；解决了小寨坝、都拉营、遵义南站调车机使用效率不高的问题；解决了沿线保留车的排车等问题，确保川黔线的畅通。全年全段共发送货物818.2万吨，发送旅客291.41万人次，运输收入完成4.4903亿元，特别是在后两个月中，日均发送货物404车，超计划14车，运输收入完成7 958万元，超计划358万元。

【凯里车务段】 管辖湘黔线半边街至大龙25个车站。年末职工总数1 175人。

2002年，旅客运输围绕客运质量服务年，制定以“列车正点、设备设施、卫生环境、待客服务、旅客购票、列车供水、安全秩序、投诉受理”为主要内容的推进计划，认真抓春运、暑运及新老兵运输工作，搞好民工的有序流动。货物运输，主要在装载加固、专用线、危险货物、货检方面开展专项整治活动，严格执行方案装车；对危险货物、扩大货物指派专人到现场指导监控。在安全管理上，除落实各项安全措施外，抓好防洪、防汛组织工作。截至12月31日，全年发送旅客259.5万人，货物发送完成368万吨，运输收入完成25 854.8万元，货车停时完成17.4小时，客货正点率达99%以上，全年办理货运保价赔偿34件，赔款28.8万元。实现无重大大事故924天，实现该段第二个安全年。

（贵阳分局史志办）

机务段

【江油机务段】 担负宝成铁路广元至成都东323公里、广旺支线82公里运营线路的客货列车牵引任务，以及广元南、马角坝、二郎庙、江油、绵阳等站的列车编解和调车任务。段固定资产总值4.79亿元，设置10个职能部门，管辖7个车间（含机务折返段），下设98个生产班组，职工现员1 802人。

2002年，机车总走行完成：电力15 773 822千米，完成110.3%；内燃1 744 120千米，完成102.6%。总重吨公里完成：电力249.73亿吨公里，完成115.5%；内燃5.5656亿吨公里，完成105.0%。机车检修完成：电力Ⅱ级173台次、Ⅰ级428台次、外委中修38台，完成局定技术改造13项。电力机车总检修率2.7%；段修率2.7%，其中临修率0.6%。

加大安全管理力度。强化逐级负责制，狠抓一次作业标准化，强化现场作业卡控，加大对典型违章违纪的处理力度，对遵章守纪保安全的有功人员进行鼓励。认真解决和消除各种危及安全的隐患。截至年底，实现无责任行车重大、大事故3 347天，无职工因工死亡事故10 681天，实现安全年。

【成都机务段】 成都机务段担负成渝铁路成都至内江区段客货牵引，宝成铁路成都至广元3对客车牵引，德天、青灌、广岳、资威4条支线客货列车牵引任务，担负成都东、成都南、青白江、德阳等9个调车点和59条专用线的调车作业和小运转任务，以及成都站客机折返所、成都南客机折返所的机车整备、成都枢纽北环线小运转列车牵引任务；担负电力机车Ⅰ、Ⅱ级修、中修，内燃机车定修，轨道车大修，轮对大修等检修任务。2002年，段固定资产总值4.5亿元，设10个职能股室，管辖8个车间，救援列车队和广汉折返段，下设86个生产班组。职工现员1 922人。

2002年，机车总走行完成：电力7 799千机公里，为计划的114.7%；内燃4 203千机公里，为计划的107.8%。总重吨公里完成：电力1 052 508万吨公里，为计划的108.5%；内燃55 997万吨公里，为计划的94.9%。机车检修完成：电力Ⅰ级修137台，内燃Ⅰ级修66台；电力Ⅱ级修78台，大修6台，中修48台；电力机车检修率3.0%，内燃机车检修率2.4%。

成都机务段以贯彻新《机务行车安全管理规则》为契机，不断夯实安全基础工作。截至年底，实现无责任行车重大事故8 842天，无责任行车大事故7 281天，无职工因工死亡事故3 258天，无重大火灾爆炸事故6 888天。实现机车客、货分乘。认真抓好机车保养工作，共评选出14台达标机车，向路局申报示范车8台。加大机车整修力度，围绕创建局级"标准化车间"，不断提高机车检修质量。

【峨嵋机务段】 担负成昆铁路成都东至西昌南间558公里直通货物列车及成都东至燕岗间156公里的摘挂列车牵引任务。2002年，固定资产总值4.55亿元，设置8个职能部门，管辖4个车间，下设116个生产班组。职工现员1 961人（其中在岗1 620人）。

2002年，峨眉机务段安全生产稳定，消灭险性及以上事故，杜绝一切行车、人身、设备事故。截至年底，实现无责任行车重大大事故914天，无职工因工死亡事故2 951天，实现了安全年。

全年总重完成1 868 438万吨公里，为计划的105.7%，比上年多完成106 698万吨公里；总走行完成13 633 795公里，为计划的109.1%，比上年增加983 160公里；万吨公里耗电129.5千瓦小时，比指标节约0.7千瓦小时；日产量完成85.7，为计划的102.9%；日车公里完成495公里，为计划的103.3%；平均牵引总重完成2 882吨，为计划的100.8%。坚持修、养并重，加强机车整修和机车保养。机车检修率电力6.3%，内燃2.5%，机破、临修比上年有所减少。修订监控管理实施细则，监控装置出库良好率、入库良好率、转储成功率分别达100%、99.7%、99.8%，均高于局定指标。

【西昌机务段】 担负成昆铁路成都至攀枝花间749公里旅客列车，燕岗至西昌南间402公里部分货物列车，西昌南至攀枝花(密地)187公里货物列车牵引任务，以及渡口支线(攀枝花至格里坪)40.9公里和漫水湾卫星发射中心专用线的小运转及沿线站场列车编解任务。2002年，段固定资产总值3.28亿元，设置11个职能部门，以及多经、劳服2个公司，管辖7个车间，下设148个生产班组。职工现员1 682人(其中在岗职工1 474人)。

2002年，西昌机务段全面完成年初制定的全年安全生产、机车质量、经营管理目标和机务段建设目标，运输安全生产和经营管理主要指标再创历史新纪录，保持路局“安全标准示范段”，2002年度局级“文明单位”。截至年底，实现无责任行车重大、大事故7 694天，无职工因工死亡事故5 053天，实现了安全年。

全年机车总重完成15 894百万吨公里，比上年增长7.2%，为年计划的106.7%，提前22天超额完成全年计划。机车总走行14 333 116公里，为计划的107.0%，比上年增加5.8%。电力机车万吨公里平均耗电134.0千瓦小时，比计划压缩26.0千瓦小时，全年累计节电39 572千瓦小时。内燃机车万吨公里平均耗油51.0公斤，比上年下降9.9公斤，全年累计节油3 465吨。

(成都分局办公室)

【重庆西机务段】 现有职工1 587人，配属电力、内燃机车86台，固定资产3.61亿元。担负重庆西—永川、重庆西—赶水、重庆西—达州、达州—万州的货运列车牵引，重庆枢纽、达州、广安小运转调车任务及全分局电力机车检修工作。

2002年，段狠抓内实，强化管理。把ISO9000贯标作为落实”规范管理、强基达标”的重要载体，建立文件化的运用安全保证体系、机车检修质量体系、牵引电机大修质量体系，通过ISO9001:2000质量管理体系认证。

全年，段主要运输生产指标：完成机车牵引总重140.156亿吨公里，机车总走行8 711.36千机公里，电力机车中修47台次、小修110台次、辅修264台次，实现无行车险性及以上事故914天，无职工重伤及以上事故338天。

(周　晖)

【重庆南机务段】 现有职工1 340人，固定资产3.57亿元，配属机车71台，是以客运为主的机务段，也是重庆分局内燃机车检修基地。目前担当襄渝线重庆至达州、川黔线重庆至贵阳主干线、三万支线全部旅客列车和部分货物列车以及赶水站区、重庆枢纽地区的调车和小运转任务，同时承担内燃机车定修和电力机车辅修工作。

2002年，共计完成机车牵引总重866 729万吨公里，为年计划的101.6%；完成机车总走行10 597 818公里，为年计划的100.7%；完成电力机车辅修212台，内燃机车小、辅修107台。截至2002年12月31日，全段实现连续无行车重大事故9 027天，无大事故9 276天，无职工因工重伤5 323天。获得成都铁路局“节能先进单位”、“设备管理先进单位”、“标准化技术室”、“五四”先进团委等荣誉。

(夏长宁)

【内江机务段】 现有职工1 585人，固定资产1.83亿元。配属SS_1型电力机车17台，SS_{3B}型电力机车28台，DF_4型内燃机车11台，DF_5型内燃机车6台，DF_7型内燃机车3台。担任内江至重庆、内江至宜宾南、宜宾至珙县的客货列车牵引任务及调车工作。2002年5月1日内昆线通车后，担负宜宾至昭通的路用列车牵引及昭通、大关的救援工作。

2002年全段圆满完成各项运输生产任务，完成机车牵引总重吨公里83.6亿吨公里，较上年多完成0.6亿吨公里，机车总走行完成966.1万公里，较上年多完成19.2万公里，节电683.6万千瓦小时，节油6 245吨。全段安全生产稳定，截至12月31日，实现无责任行车重大事故8 233天，无责任行车大事故7 058天，无责任行车险性事故5 503天。

(刘良平)

【贵阳机务段】 主要担任贵阳南至怀化间货物列车，贵阳南至贵定的客货列车和贵阳南至六盘水间部分货物列车交路，管辖里程859公里(含复线)。2002年，行政设8个职能部门。下辖运用、检修、设备、燃整车间，监控工作所，凯里、玉屏折返段，贵阳、凯里救援列车，验收室、监控分中心，开发公司、劳动服务公司等部门。年末在册职工2 475人(含大集体16

人)。配属 SS_3 型电力机车 24 台,SS_1 型电力机车 117 台,DF_7 型内燃机车 11 台,DF_5 型内燃机车 15 台,合计 167 台。

截至 2002 年 12 月 31 日,全年消灭职工责任因工重伤以上事故,实现无行车重大大事故4 867天,无大事故8 797天,无险性事故4 373天,全年防止各类行车事故 271 件。运输生产任务完成总走行:内燃机车3 200.715千机公里、电力机车27 745.712千机公里;总重吨公里完成:内燃机车 213.73 百万吨公里、电力机车45 070.93百万吨公里;日车:内燃机车 298 公里、电力机车 532 公里;日产量:内燃机车 22.9 万吨公里/台日、电力机车 101.7 万吨公里/台日;平均牵引总重:内燃机车1 019吨/列、电力机车3 403吨/列。

【遵义机务段】 担当川黔线赶水至贵阳 321 公里及中心支线28 公里的货物和部分客运列车的牵引任务。机关设 8 个职能股室,管辖 4 个车间,中心、凉风垭 2 个机务折返段,监控所,救援列车 1 列。年末在册职工人数为1 399人。全段固定资产为2.24 亿元,配属 SS_3 型电力机车84 台、DF_4 型内燃机车 8 台、DF_1 型内燃机车 2 台、DF_7 型内燃机车 2 台。

截至 12 月 31 日,实现无责任行车重大大事故11 132天、无责任爆炸火灾事故4 732天、无职工责任因工死亡事故11 411天。全年防止各类事故 796 件,实现了安全年。2002 年由于受新线开通及川黔线运量不足和线路施工影响,对各项生产指标产生了不同程度的影响。主要运输生产任务完成运输总重:内燃19 627万吨公里、电力1 051 039万吨公里;机车总走行:内燃1 207.5千机公里、电力10 513.6千机公里;货机日产量:内燃 11.6 万吨公里、电力 47.3 万吨公里;货机日车:内燃 233 公里、电力 320 公里;平均牵引总重:内燃 1 188 吨、电力 2 449 吨。

2002 年,获"成都铁路局优秀企业(站段)"称号,保持"星级安全标准机务段"称号。获贵阳铁路分局星级文明单位称号。

【麻尾机务段】 担当黔桂线麻尾至贵定间 217 公里区段的客货列车牵引任务及都匀、麻尾两站的调车任务。行政设 6 个职能部门,生产车间 2 个,都匀救援列车 1 列,铁路局驻段验收室。年末在册职工总人数1 088人。

2002 年,在安全生产上实现了连续第 13 个安全年。截至12 月 31 日,实现无责任行车重大、大事故10 487天;无责任险性事故4 847天。全年防止各类事故 476 件。主要运输生产任务完成总重485 896万吨公里,机车总走行10 249 652公里,平均总重1 557.4 吨/列,日车公里338 公里。客货列车正点率分别达到 99.95% 和 99.86%。机车完成大修 7 台,中修 43 台,小修 205 台,辅修 215 台,机车共发生机破(机故)17 件,每十万公里 0.16 件,临修 166 件,每十万公里 1.62 件。

检修车间制动组荣获成都局 2002 年度"十五"建功立业先进集体,同年 5 月荣获贵州省"五一"劳动先进集体称号。

【六盘水机务段】 行政管辖运用、检修、设备、燃整 4 个生产车间,监控工作所,救援列车,2 个折返段,机关设 6 个股室,多经、集经公司。年末,职工总人数1 624人。配属内燃机车 16 台,其中 DF_1 型 2 台,DF_{4B}型 8 台,DF_5 型 1 台,DF_{7C}型 5 台;电力机车 114 台,其中 SS_1 型 36 台,SS_{3B}型 68 台,SS_4 型 10 台。

2002 年,在安全管理上,坚持抓重点和安全关键,对客车机车重点整治,发生客车事故苗子,一律升级分析处理。春运、暑运、防洪、调图等工作,做到早准备、早安排、早落实。强化岗位责任制,逐级负责制和事故责任追究考核。强化专业技术管理,全面开展"达标创优"活动,加强必检必控环节管理,强化机车调度室传达事项的针对性。重点抓机车分析和质量卡控措施的落实,加强监控装置、机车无线电、机车信号和列尾遥控装置的用管修工作,进一步完善运用安全微机管理系统。全年主要生产指标完成运输总重:内/电完成23 049/1 482 838万吨公里;机车总走行:内/电完成 1 540.5/11 174.6千机公里;内燃机车小修 30 台次,小辅修 28 台次;电力机车小修 127 台次,小辅修151 台次;全员劳动生产率1 010.1万吨公里/人年。

(贵阳分局史志办)

供电段

【绵阳供电段】 担负宝成铁路冉家河站至广元站间 K346 + 800 米处至新都站至天回镇站

间K659+700米处的电气化铁路牵引供电及沿线生产、生活供电、供水任务。2002年,段固定资产总值6.86亿元,管辖接触网线路939.468条公里。电力线路930.26公里,给水管路83.87公里。设置5个职能部门,管辖11个车间(领工区),下设40个生产班组。职工现员1 224人。

2002年,绵阳供电段全面实现年度经营管理目标,安全生产实现有序可控的良好局面。截至年底,实现无责任行车重大、大事故12 122天,无险性事故6 564天,无职工因工死亡事故7 813天,实现了安全年。各项经济技术指标完成年度计划。其中,牵引供电量完成31 005万千瓦小时,为年计划的155.03%;电力供电量完成4 303.41万千瓦小时,为年计划的130.41%;供水量完成504.55万吨,为年计划的97%。

【成都供电段】 担负着宝成铁路K659.700公里处至成渝铁路216.500公里处、成昆铁路成都至峨燕间158.967公里处共计686.799条公里电气化铁路牵引供电、成都枢纽454.286条公里的高低压电线路以及125.24公里给水管路的水电供给任务。2002年,段固定资产总值53 359.7万元,设置7个职能部门,管辖10个车间,下设64个生产班组。职工现员1 333人。

截至年底,实现无责任行车重大、大事故914天,无责任行车险性事故914天,无责任人身死亡事故631天,无责任人身重伤事故2 465天;无责任弓网故障176天,实现了安全年。生产任务全面完成,经济技术指标均达到或超部颁标准。牵引供电量完成168.3兆千瓦小时,比上年增加1.14%,牵引供电电费回收完成8 363万元,超计划26万元,牵引供电力率97%,损失率3.4 %;电力供电量完成79.5兆千瓦小时,比上年增加16.2%,电力供电电费回收完成4 602.3万元,超计划248.3万元,电力供电力率96%,负荷率54%,变压器利用率33.92%,自损率5.97%,电力电量回收率86.5 %;供水量完成1 599万吨,比上年增加1.72%;供水水费回收完成575.9万元,超计划5.9万元,给水净水合格率99.3%,消毒合格率98.9%。

2002年继续保持路局"综合治理模范先进单位"及路局、分局"模范职工之家"称号。

【西昌供电段】 地处成昆线中段,担负着管内北起燕岗南至攀枝花(含渡口支线)正线621公里牵引供电任务,以及沿线和成昆铁路渡口支线生产、生活供电和供水任务。段固定资产总值95 485.08万元,设置6个职能部门,9个车间,下设101个生产班组。职工现员1 555人。

全面完成生产任务,开创牵引供电、水电工作的新局面。牵引受电量完成414.1兆千瓦小时,比上年增加53.4兆千瓦小时;电力供电量完成4 047.24兆千瓦小时,为年计划的101%;供水量完成704.669万立方米。完善安全基础管理,确保了安全生产基本稳定。截至年底,实现无责任行车重大、大事故11 310天,无责任弓网事故523天,无责任电力大事故7 512天,无责任给水事故7 264天;无职工因工重伤以上事故1 753天。实现电化转产以来的连续第四个安全年。

2002年保持路局"安全标准供电段"称号,荣获路局党委、路局、凉山州委、州人民政府联合颁发的"铁路整治工作先进集体",保持铁总"模范职工之家"等称号。

(成都分局办公室)

【重庆供电段】 现有职工1 113人,固定资产38 635万元,担负成渝线重庆南—李市镇站、川黔线小南海—石门坎站、重庆枢纽小南海—重庆西站的牵引供电任务及沿线生产生活的供水供电任务,管内有接触网线路717.55条公里,牵引变电所6个,开闭所2个,电力线路785.93公里,配电室35个,给水管道161.64公里,给水所10个。

2002年,全段完成牵引供电量16 768万千瓦小时,电力供电量4 550万千瓦小时,供水量459.7万吨,水质合格率达100%,连续19年实现无险性及以上行车事故和无职工因工死亡事故。保持路局"模范职工之家"称号。

(薛林秋)

【北碚供电段】 现有职工840人,拥有固定资产原值4.55亿元,担负襄渝铁路达县—重庆及重庆枢纽部分的牵引供电和电力供电、供水工作,并代管达万新线的水电工作。

全年,完成牵引供电量9 144.5万千瓦小时;电力供电4 589.68万千瓦小时,供水量611.39万立方米,接触网运营整检480条公里,全面完成重庆东至达州正线接触网导线更换工作及电力、给水大修任务。实现无责任行车险性以上事故914天，无责任职工重伤以上事故3 008天，首次在提速线路上实现无任何弓网故障100天，劳安工作被路局授予可靠性达标单位。

2002年，被授予全路“火车头”奖杯，先后获得分局“2000年～2002年度好班子”、“十佳党风廉政先进单位”、“全心全意依靠职工办企业先进单位”、“综合治理先进单位”等荣誉称号。创建分局第一家国家二级企业档案工作目标管理标准单位。

（税建华）

【内江供电段】 担负成渝线、内昆线正线452公里的牵引供电和423公里的生产、生活供水、供电任务。固定资产总值18 779万元，设置7个职能部门，10个车间（领工区），下设52个生产班组，职工现员837人。

2002年1月11日18时，内江供电段正式接管内江站至李市镇站正线54公里的牵引供电任务。为确保内昆新线开通运营，围绕接管新线、建设新线，抓施工监督，重工程验交、设备质量、基础管理、人员、后勤设施建设，保证内昆新线的运营安全。

全年，牵引供电量完成：87.58兆千瓦小时，为年计划的109.48%；电力供电完成：2 437.9万千瓦小时，为年计划的121.89%；完成供水量：223万吨，为年计划的111.5%。全年实现无责任行车及以上事故，无责任设备事故，无弓网事故。

（王 伟）

【贵阳供电段】 主要承担贵阳、贵阳南铁路枢纽、贵昆铁路贵阳至凤凰山段、内昆铁路六盘水南至仙水段共1 260条公里接触网牵引供电任务及贵阳、贵阳南铁路枢纽的生产生活用水用电。段辖11个接触网工区，12个牵引变电所，5个分区亭，2个开闭所，16个配电室，12个电力工区。供水供电用户2万多个。2002年，行政有股室9个，段辖供电领工区5个，水电领工区3个，综合车间1个，车队1个，生产班组66个。年末在册职工总数1 303名。

2002年，在安全管理上，重点检查领工区、车间劳动安全管理工作的强化和控制，抓考核评价机制的落实，建立《职工个人安全档案》，按季、年进行考核评价。全年主要生产任务完成：牵引受电量348.00兆千瓦小时，供电量达324. 09兆千瓦小时；配电受电量55.33兆千瓦小时，供电量53.18兆千瓦小时；完成供水量671.79万吨，总扬水量841.68万吨，客车总上水量32.85万吨。

【遵义供电段】 担负川黔线石门坎至贵阳北站间正线282公里电气化牵引供电和管内工业、民用供水供电任务。管内有接触网484换算条公里、电力线路940.26换算公里、6座牵引变电所、5座电力配电室、3座给水所、1座增压静补所。2002年，行政设股室6个、管理中心1个，供电领工区3个、水电领工区1个，电检车间1个，机修车间1个，车队1个，生产班组35个。多集经设电气化工程公司、劳动服务公司各1个。年末在册职工总数628人。

2002年，在安全管理上，细化各项故障和事故的定性定责，在强化预防工作的同时，盯住重要设备缺陷，组织专项检查和整治。全年段安全形势基本稳定，实现第12个安全年，保持部“安全标准供电段”称号并连续8年加星。主要生产任务完成：牵引受电量27 139万千瓦小时，牵引供电量25 286万千瓦小时；电力受电量977.98万千瓦小时，电力供电量904.15万千瓦小时；电量回收率为92.45%。完成供水量58.87万吨，水量回收率为88%。

【凯里供电段】 管辖设备有牵引供电接触网从湘黔线大龙K545＋500米至贵定K819＋954米，黔桂线贵定K529＋400米至大土K585＋500米，有9个牵引变电所，1个开闭所。全段牵引供电设备换算接触网公里共计938.52公里。电力线路从湘黔线大龙至贵定、黔桂线大土至麻尾，换算公里1 707.56公里。给水设备换算公里737.44公里，新增施秉1＃、2＃；凯里冒沙井1＃、2＃；羊坪等3个给水所。有10千伏配电室10个。行政设股室6个、供电领工区3个、水电领工区3个、车间1个、车队1个、生产班组43个。工程公司、集经公司各1个。年末在册职工897人。

2002年，围绕质量至上、安全第一、效益优先、服务上乘的经营管理工作方针，开展增收节支降耗，实现经济的强劲发展。主要生产任务完成：牵引受电量40 557万千瓦小时、供电量37 783万千瓦小时；电力受电量2 313万千瓦小时、供电量2 208万千瓦小时；供水量367.56万吨。全年清算收入2 741.04万元，实现运输利润1.26万元。安全管理方面，实施自控、互控、他控，引入ISO

9000质量管理体系,实行全过程监控。截至12月31日,实现无职工重伤事故115天,无职工死亡、行车险性及以上事故5 769天。实现安全年,继续被铁道部授予安全标准示范供电段。

(贵阳分局史志办)

车　辆　段

【广元车辆段】　拥有固定资产总值2 916.5万元,设7个职能部门,管辖6个生产车间,下设40个班组,职工现员965人。全年完成冰冷车厂修67辆,段修1 015辆,辅修3 660辆,临修3 419辆,改滚2个,改ST缓冲器50辆;列检通过修73 787列2 485 445辆(其中,货车56 417列2 224 973辆,客车17 370列260 472辆)。一次交验合格率:厂修100%,段修98.8%,辅修99.1%,临修99.2%,轴承压装99.9%,轮对98.7%,配件抽验97.6%。全年奖励发现典型故障、防止事故421人次13 230元。至年底,实现无责任行车重大、大事故8 139天,无险性事故8 873天,无一般事故1 467天;无职工因工死亡事故10 620天,无重伤事故444天。

2002年,广元车辆段建立铁路职工互助合作保险体系获铁道部"先进单位",荣获路局"铁路治安综合治理模范单位",广元南列检所获路局"四星级"列检所称号。11月25日,通过ISO9001:2000版国家质量标准认证书。

【成都东车辆段】　拥有固定资产总值5 736.57万元,设8个职能部门,管辖7个车间,下设57个生产班组,职工现员1 237人。

全年完成首次"D"型车段修9辆、"D"型车厂修2辆。货车段修3 900辆,辅修7 310辆,棚车厂修178辆,通过修39 348列1 530 503辆,临修26 605辆;外委厂修144辆、段修439辆、辅修775辆;改滚动轴承1辆,安装防盗装置280辆,改120阀280辆,改ST缓冲器450辆,事故修28辆,行包专列整备及临修22 711辆,送闸大修1 460套。货车一次交验合格率:厂修96%,段修98.7%,轴检100%,临修99.5%,辅修99.4%,配件99.1%。完成修旧利废169.28万元。发现各类故障11 611件。至年底,实现无责任行车重大、大事故7 323天,无险性事故3 179天,无职工因工重伤事故5 796天;无火灾爆炸事故7 179天,连续实现第8个安全年,取得建段以来安全生产最好成绩。

2002年,成都东车辆段连续14年获成都市"重合同、守信用企业"。峰前场列检所荣获铁道部"火车头奖杯"并保持"四星"级优秀标准化列检所称号。2项QC成果被评为铁道部先进成果,1项科技成果被评为路局科技成果。7月顺利通过ISO9001:2000质量体系认证后的第一年复审。

【西昌车辆段】　拥有固定资产总值5 610.46万元,段设6个职能部门,管辖5个列检所,2个车间和红外线管理维修中心,下设49个生产班组,职工现员1 281人。

全年完成段修2 140辆,辅修5 470辆,轴检103辆,临修6 380辆,列检通过修3 066 172辆,客车通过修304 372辆。段修一次交验合格率98.8%,辅修一次交验合格率99.2%,一般段修修时2.3天,辅修修时19.9小时,轴检修时18.1小时,摘车临修修时17小时,日均残车93辆,综合临修率排在全局前列。多经完成产值802万元,实现利润16.3万元,集经完成产值886.4万元,实现利润28.5万元。至年底,实现无责任行车重大、大事故914天,无险性事故914天,无职工因工死亡事故5 129天,无重伤事故3 045天,顺利实现安全年。

2002年,西昌车辆段通过ISO9001国际质量标准2000版转版认证工作。继续保持铁道部"设备管理先进单位"、"档案目标管理先进单位"、路局"文明单位"、"模范职工之家",荣获路局"三八红旗集体"称号。

(成都分局办公室)

【重庆西车辆段】　拥有固定资产总值1.0709亿元,设有10个职能部门,管辖13个生产车间,职工现员1 766人。

全年完成货车厂修4辆、段修3 070辆、辅修9 460辆、临修1 223辆、通过修3 252 530辆;货车外委厂修241辆、段修612辆、辅修995辆。继续深化用工制度改革,全面推行干部"积分"考核。针对定检质量落后现状,剥离车间质检,新设段质检站,直接划归段长主管,加大质量过程控制力度,段修故障反馈率由年初的全路73位上升至57位。至年底,实现无重大、大事故3 082天,无行车险性事故7 196天,无重伤及以上人身事故2 021天。

重庆西车辆段获成都铁路局七届"优秀企业(站段)"、"物资管理先进单位"等荣誉,荣获重庆市、成都铁路局"综合治理模范先进单位",自行研制复轨器QC成果获得国家优秀成果奖。

(曾小云)

【贵阳车辆段】 担负贵阳分局管内货物列车及铁路自备车的日常维修、安全保证及定期中修任务。2002年,根据铁路局体制改革精神,成立客运公司后,配属的830辆客车及行包专用车15辆于9月份分离,属客运公司管理。机关有10个职能部门,15个生产车间,113个生产班组。年末在册职工2 919人。

全年生产任务完成:货车路用厂修4辆,路用段修2 925辆,路用辅修11 400辆;完成客车(截至2002年9月30日)辅修800辆,客车入库修9万辆,客车通过修15.8万辆。

2002年先后荣获贵州省公安厅授予的创建"无毒社区"先进单位称号、贵州省政府颁发的"先进单位"称号、铁道部授予的"职工教育达标单位"称号和铁路局颁发的"节能先进单位"称号。段档案管理工作通过国家二级验收,贵南东列检所通过铁道部"十强列检所"考评并取得全路第三名。

(贵阳分局史志办)

电 务 段

【成都电务段】 段拥有固定资产总值5.57亿元,设7个职能部门,管辖15个信号领工区、2个修配所、1个信号检修所、1个信号维修所,下设52个生产班组,职工现员962人。5月,原江油电务段撤销并入成都电务段。

2002年,成都电务段完成工电联合整治道岔240组,更换道岔安装装置角钢370组,更换不良轨距杆5 520根,更换绝缘11 207组,完成大修任务3站、中修任务3站。道岔联锁合格率99.1%,轨道电路合格率100%,信号机显示合格率100%,机车信号出库完好率100%,机车信号显示正确率99.2%,道口设备综合合格率100%。多经完成产值1 005万元,实现利润18万元,集经完成产值450万元,实现利润15万元。全年故障延时率比上年减少46小时17分,故障比上年减少53件。至年底,实现无责任行车重大、大事故9 081天,无职工因工死亡事故1 755天,无重伤事故2 657天;无重大火灾爆炸事故18 066天,在分局年度逐层定期考核工电系统中排位前四名。

2002年,成都电务段荣获路局"安全优质电务段",分局"最佳文明单位"、"劳动安全先进单位"称号。

【西昌电务段】 拥有固定资产总值2.28亿元,设6个职能部门,管辖10个信号领工区、2个信号检修所、2个机车信号检修所、2个修配所、1个中修队,下设47个生产班组,职工现员600人。6月,峨眉电务段撤销并入西昌电务段。

全年完成中修11个站(超计划3个站),工电联合整治道岔210组,轨道电路150个区段,机车线圈大修10个,巴关河站6502电气集中大修,电液安装装置90组,配合线路大修68公里,电液上道40组,微机监测施工36个站,电液转辙机大修11组,ZD6电动转辙机大修80组,信号电缆大修4.4公里,复交安装装置大修2组,侧线P43道岔改P50道岔19组,工电联合曲线整治轨道电路142个区段,电动转辙机轮修169组,整柄标志轮修60组,继电器轮修4 519台,信号防雷组织轮修1 095台,灯丝转换器轮修1 398台,防火封堵完成91个站。联锁道岔合格率98.5%,轨道电路合格率100%,信号机合格率98%,信号显示合格率100%,信号显示优质率80%,道口信号设备合格率100%,信号设备显示合格率87%,机车信号显示合格率99%,重点任务计划兑现率100%。至年底,实现无责任行车重大、大事故9 259天,无险性事故5 713天;无职工因工重伤事故3 940天。

2002年,西昌电务段荣获路局"安全优质标准电务段",分局"文明单位",继续保持了凉山州、西昌市"文明单位"称号。

(成都分局办公室)

【重庆电务段】 2002年,按照路局、分局统一部署,原北碚电务段撤销,整体并入重庆电务段。目前,重庆电务段拥有固定资产39 241万元,职工703人,担负着襄渝、川黔、达万线及重庆枢纽77个车站703公里运营线路的信号设备养护维修任务,总工作量8 740换算道岔组。

全段干部职工围绕安全效益中心,克服电务系统生产布局调整过程中遇到的困难,严控成本支出，取得安全基本稳定、效益有所增长的成绩。全年完成运输清算收入6 081万元，实现利润50万元。完成信号中修12站、场，更换电液转辙机安装装置120组，工电联合整治道岔235组，整治轨道电路186个区段，完成大更改项目52项，完成产值2 300万元。截至2002年12月31日，实现无责任重大、大事故914天，无责任一般事故86天，无职工因工死亡事故8 833天，消灭责任火灾爆炸事故。

2002年，重庆电务段荣获分局先进单位、部职工教育达标单位、重庆市"安康杯"优胜单位。

（车幼平）

【内江电务段】 现有职工468人，拥有固定资产14 900万元，担负成渝铁路内江至黄磏、内昆铁路内江至昭通站600公里58个车站信号设备的养护维修工作。

2002年完成6 440组换算道岔数的维修生产任务，设备综合合格率达99.85%；设备平均故障延时2.31小时/件；设备故障率0.88件/百组换算道岔。完成大修工程6项计90万元；更新改造26项计2 071.83万元。在时间短、要求高、涉及面广、压力大的情况下，顺利完成内昆新线和内宜电气化改造线路的接管工作。

全年完成工作量828.953万元，清算收入1 790.63万元，成本支出545.95万元，实现利润424.7万元，圆满完成资产经营目标。

截至2002年12月31日实现无行车责任重大大事故914天；无行车责任险性事故914天；无职工因工伤亡事故914天。连续12年荣获部、局"安全优质段"称号。

（刘铁石）

【贵阳电务段】 地处贵阳市黔灵山麓，是路局二级企业。2002年担负着以贵阳枢纽为中心，南至黔桂、湘黔两线交汇的大土站，北至川黔线贵阳分局管内木竹河站，西至贵昆线的马场站，线路总长481.134公里，换算道岔5 985.83组，机车信号设备257台，54个车站，20个道口的信号设备的管理和维护工作。年末在职职工482人。

2002年，在信号设备管理和基础维护工作中，先后采取加装、更改、更换、整治等措施，解决了扎佐、息烽、乌江、桐梓、太白等车站轨道电路回流不畅；川黔线39个车站轨道电路10A熔丝断丝惯性故障；电缆断线、绝缘不良、无备用芯线；以及株六复线新开通的8个车站进站信号机与预告信号机、出发信号机与出发复示信号机共用XJF电源造成熔丝断丝故障等设备基础维护方面的突出问题。全年完成通用式机车信号安装施工118台；李家湾、都拉营等4站单相电源屏改为智能型电源屏的大修改造；微机监测交验20个站；川黔线20个站机械室防火封堵整治；大土—龙里区间18信息移频自动闭塞设备和大土、谷立、长冲、贵阳北、花坡等站（线路所）电气集中信号设备的交验、开通等基大改重点工程37项。完成遵义南、木竹河、三元坝等15个车站的信号设备中修任务。大修、更新改造任务完成兑现率达100%。截至12月31日，实现无重大、大事故914天；无险性事故914天；无火灾事故914天；无职工因工重伤以上事故914天。

【凯里电务段】 主要担负湘黔线半边街—大龙间、黔桂线麻尾—观音阁67个车站的信号设备养护维修及中修、大修任务。段设行政股室4个，领工区（所、队）11个，生产班组24个，年末在册职工343人（其中大集体职工9名）。

2002年6月，按照铁路局机构调整方案，撤销都匀电务段，整建制并入凯里电务段。凯里电务段实施机关职能部门重组和富余人员转岗分流。调整了生产班组的管界，部门管辖区域按设备类型不同重新划分。

全年主要生产任务完成：继电器轮修3 303台；电源器材轮修（各类变压器、点灯装置、交流接触器、中间继电器）1 997台；移频器材轮修227台；株六复线自闭检测3 131台；电转机轮修59台；A改D上道136组；电源屏轮修15站；无磨耗方钢更换240组；液压转辙机活节头杆件更换241组，配合大修换轨完成200公里、换轨液压上道8组；计算机联锁站自闭区间工程改程序联锁试验7站；完成工电联整道岔155组、轨道电路96区段，大龙脱线抢修及液压上道7组、液压站下道13组，信号中修完成贵定、青溪、蕉溪、老王洞、镇远、大石板及大土—半边街区间共计853.65组换算组数；配合完成大土—大龙单边322公里（复线644公里）区间自闭信号点全程定测，完成大土—黄丝、大龙—老王洞区间自闭工程初验及复验。接续线焊接完成大龙—桐木寨站内、龙里—韦家庄区间及站内。信号集中修9站,其中4站被评为分局优质中修站,优质率44.5%,大修、更新改造兑现率100%。

截至2002年12月31日,安全生产实现了无重大、大事故10 228天,无责任险性事故6 997天,无人身重伤事故10 230天。

2002年,荣获路局"安全优质标准电务段",年度综合考核获路局第三名,保持分局"精神文明单位"称号。

【六盘水电务段】 担负高峰至徐屯、水大支线、内昆线六盘水至昭通南共48个站,493.819公里的信号设备大、中修及日常维修任务。段机关设行政股室5个,下设领工区(车间)7个,生产班组18个,年末在册职工302人。2002年段被贵阳分局评为"二星级文明单位"。

全段严格执行各项安全制度及作业纪律,深入开展反违章活动,加大"两违"检查考核力度。针对株六复线自闭开通人身安全的有关要求,加强对新职工的安全教育培训,加大劳动安全考核。截至2002年12月31日,实现无行车重大事故13 332天,无人身重伤以上事故13 332天,实现第18个安全年。

全年主要生产任务完成:电液转辙机安装装置大修11组(局管大修项目4组、分局管大修项目7组),电动转辙机大修(A改D)55组,水城站正线电液转辙机大修施工7组,机械室防火封堵整治19站,水大支线预告电缆大修3处。更改项目有通用式机车信号设备安装13套、提速道岔可动心轨改勾锁1组;轨汽安装通用式机车信号设备1套,DK78、DK89、DK91道口大修施工3处。重点工作完成株六复线UPS不间断电源安装15站、管内ZY4型道岔活接头更换66组、管内道岔无磨耗方钢更换668根,六枝、水城站43千克轨改50千克轨道岔施工配合12组、工电联合整治道岔91组、轨道电路92区段,高峰、天龙、下藤桥3站继电器更换2 130台、SS_1型机车信号设备安装18台,六盘水南机车信号测试环线加长施工800米,并配套对机车信号发送装置进行改造,轨道电路高强度绝缘补充340区段,夜间检修照明设备购置250台,轨道电路限流开关加强1 000个,信号点灯装置补充加强700个,尖端杆增加微调装置300组。新线配合工作完成内昆线凉水井—昭通南、六盘水南枢纽、株六复线平坝—么铺共6站4场6区间信号设备联锁试验、验收和倒替开通任务,内昆线凉水井—昭通南、六盘水南枢纽、株六复线平坝—么铺共6站4场6区间熔丝装置、插接化施工和器材检测及六盘水南枢纽各站焊接式轨端接续线施工。

(贵阳分局史志办)

工 务 段

【广元工务段】 拥有固定资产总值31亿元,设6个职能部门,管辖4个养路领工区,2个桥路领工区和1个修配所,下设39个生产班组,职工现员951人。

全年完成正线维修150.71公里,站线60.694公里,道岔333组;正线保养127.006公里,站线5.925公里,道岔88组;干线中修20.5公里,站线中修4.1公里,工电联合整治道岔70组,道床病害整治11.25公里,整治防脱护轨83处,小半径曲线整治6个234米,更换Ⅱ型枕97 097根,更换Ⅲ型枕28 518根,更换桥枕6 948根,拆除非法道口1处。桥梁维修63座6 565.68米,隧道22座8 892.05米,涵渠299座3 738.17米;桥梁保养117座5 140.82米,隧道31座12 492.25米,涵洞267座4 979.25米。维修路基排水设备198公里,路基保养1 903米。发生坍方17处1 909立方米,落石15处157.85立方米,水冲道床及隧道冒雨漏水4处,冒雨加巡4 483人次,封锁区间17次34个区间,拦停列车1列,疏通排水沟14 500米,清淤546立方米,砍伐危树2 000株。全年完成修旧利废139.2万元。完成大中修14件、防洪19件、更新改造2件共618.9万元。防止各类事故26件,奖励15人次6 250元。通过8次轨检,设备动态合格率100%,优良率99.9%。至年底,实现无责任行车重大、大事故914天,无职工因工伤亡事故914天。

2002年,广元工务段连续11年保持铁道部"安全优质工务段",连续18年实现无水害断道责任事故,连续5年保持路局"保护铁路用地优秀成果先进单位",保持四川省"先进职工之家"、路局"抗洪抢险先进单位"、广元市"最佳文明单位"和"卫生先进单位"等称号。

【绵阳工务段】 拥有固定资产总值24亿元,设5个职能部门,管辖7个养路领工区和1个桥路领工区,材料库、修配所、汽车队各1个，下设35个生产班组，职工现员1 052人。

全年完成正线维修266.94公里，站(特)线维修50.521公里，正(到发)线道岔维修213组，站线道岔维修53组，机械化维修266.944公里，专用线维修14.46公里；大机捣固87.104公里，线路中修30.2公里，小半径曲线整治2公里，工电联合整治道岔70组，抽换P60轨1.5公里，更换Ⅱ型枕9 464根，更换Ⅲ型枕12 117根，至11月12日正线木枕全部更换为混凝土轨枕。桥梁维修141座6 963米，隧道维修5座1 121米，涵渠维修313座6 320米；路基排水设备维修13 024米；护坡护墙维修206处。桥隧、路基维修优良率100%，设备保养质量评定合格率100%，轨检车质量评定合格率100%。全年完成大修费用1 082.6万元，防洪工程242.1万元，更新改造1 262.3万元，修旧利废108万元。查出违章违纪103件，考核总金额1.189万元。防止事故29件，奖励30人次4 500元。至年底，实现无责任行车重大、大事故914天，无行车险性事故914天，无职工因工死亡事故6 534天，无职工重伤事故8 218天，无道口责任事故4 717天。连续实现安全生产15周年和第17个防洪安全年，在分局安全逐层管理定期考核中获得工务系统第一名。

2002年，绵阳工务段保持铁道部和路局"模范职工之家"、荣获路局"最佳文明单位"、"一练三过硬"活动组织工作突出的站段党委，档案管理工作达到"国家二级"标准，段团委被路局团委授予"五四红旗团支部"，江油团支部被授予全国"五四红旗团支部"称号。

【成都工务段】 拥有固定资产总值15.47亿元，设13个职能部门，管辖17个领工区，下设87个生产班组，职工现员1 717人。

全年完成简阳至庙子沟间12.5公里正线和简阳、庙子沟两个站的安全优质示范线建设。完成正线维修204.694公里，站线123.017公里，道岔800组；更换新钢轨2公里，新木枕4 000根，新混凝土轨枕1万根，新岔枕317.58立方米(超计划37.58立方米)；补充道碴1.35万立方米，清筛挖翻浆25公里，新安曲线防护轨42组，加长164组，小半径曲线整治2公里，工电联合整治道岔100组，防脱护轨安装105组，成段更换砼枕7 988根，换Ⅱ型桥枕2 107根，换Ⅲ型砼枕18 924根。桥梁维修77座7 583.4米，隧道10座2 274.6米，涵渠627座10 124.9米；清理维修排水设备130 112米，防护加固设备275处，搜山扫山1 125座次，清除孤危石87处，整治小型病害89处。线路大修清筛跟进捣固64.5公里，换轨跟进整修50.6公里，更换再用轨大修9.8公里，成组更换道岔大修18组，线路中修13.5公里，成段更换混凝土轨枕9 364根，道岔挖翻浆32.25公里，桥路大修8件。道口平改立工程10处925万元，防洪预抢工程23件296.1万元。汛期封锁区间8次1 421分钟，冒雨出巡534人次，段领导值班抽查72次，在岗率达100%。对管内51处无人看守道口进行长期监护，对31处有人看守道口安装了电话，实行段调度深夜点名提示，实行领导包保、定期检查、挂钩考核。至年底，实现无责任行车重大、大事故914天，无险性事故914天，无职工因工死亡事故6 438天，无重伤事故3 907天；无道口责任事故5 638天，无火灾爆炸事故17 885天，无路外责任事故7 540天，实现安全年。

2002年，成都工务段荣获成都市"先进劳服企业"，路局和分局"模范退休职工之家"、"先进关工委"称号，段兴达工程公司荣获"国家二级施工企业资质"称号。

【彭山工务段】 拥有固定资产总值20.94亿元，设11个职能部门，管辖8个养路领工区，5个桥路领工区，中修队、机械化、大修桥机、探伤、孤石林务领工区，修配所及柏村采石场，下设78个生产班组，职工现员1 651人。

全年完成正线维修120.5公里，站线维修52.5公里，道岔维修95组，线路中修16.4公里，桥梁维修229座18 115.3米，隧道维修91座71 125.2米，涵渠维修581座12 500.2米，路基维修179.45公里。更换Ⅱ型混凝土轨枕3 607根，Ⅲ型混凝土轨枕12 804根，混凝土桥枕23 440根。更换新混凝土轨枕1万根、新木枕1 500根、新岔枕143方。补充道碴1.8万立方米，整治接头24个，整治道床病害17.5公里，道床清筛35公里，小半径曲线整治3公里，工电联合整治道岔70组，抽换P60新钢轨160根，新安装曲线防脱护轨22个，曲线防脱护轨延长78个，安装施必牢防松螺母及调高扣件12.867公里，施必牢冻结无缝线路28.6公里，正线木枕全部更换为砼枕。全年轨检动态质量合格率达100%，优良率达98%以上。在8月份线路设备整修路局交叉验收评比中，荣获分局第一名。全年完成路局大修件名6件500万元，分局大修件名3件96.3万元，道口平改立工程5件1 300余万元，均被评为优良工程。汛期出巡1 260人次，发现险情5次，拦停列车2次；拆除非法道口4处，完成防洪预抢件名14件179.4万元。至年底，实现无责任行车重大、大事故11 242天，无险性事故5 879天，无职工因工死亡事故4 886天，无重伤事故5 578天，实现安全生产无行车重大、大事故30年和第18个防洪安全年。

2002年，彭山工务段连续10年实现部级"安全优质工务段"，保持路局"安全优质工务段"、"模范职工之家"，眉山市"文明单位"称号。

【普雄工务段】 拥有固定资产总值262 577万元，设8个职能部门，管辖9个领工区，下设58个生产班组，4个后勤班组，职工现员1 087人。

全年完成正线维修96.4公里、站线24.8公里、道岔109组、机械化109公里、专用线7.026公里，正线验收优良率97.8%；正线保养106.6公里、站线24.7公里、道岔121组，合格率100%；线路中修9公里、道床清筛20公里，道床病害整治7.5公里，小半径曲线整治3.5公里，车工电道岔整治70组，道岔大修12组，换枕3 343根；更换混凝土轨枕6 500根、木枕4 400根、重伤轨363根、岔枕94立方米；大修跟进捣固67.8公里，配合大机捣固132.33公里；正线探伤3 010公里、道岔3 084组、站线952公里、焊缝3 600个；桥梁维修87座11 480.5米，隧道52座49 463.8米，涵渠154座4 576.96米，浆砌护坡144处22 046平方米，验收合格率98%；桥梁保养修91座6 759.5米、隧道81座60 784.2米、涵渠245座6 010米，验收合格率100%；路基综合维修37.7公里，路基保养56.6公里，验收合格率100%；林务绿化8万株，护坡12万株。完成防洪预抢工程19件285.9万元，分局大修件名4件85万元，路局大修件名8件490万元，路局防洪预抢工程1件50万元，水灾复旧1件60万元。汛期发生水害10处，冒雨巡查679次5 218人次，区间封锁26次18个站区36个区间，累计时间734分钟，实现水灾断道时间为零的历史最好成绩，实现第18个防洪安全年。全年轨检车检查8次，合格率均达100%，至12月11日轨检车检查，优良率达到100%。及时发现和排除重大险情19起，拦扣停货车7次、旅客列车7次。至年底，实现无责任行车重大、大事故10 338天，无险性事故481天；无职工因工死亡事故9 417天，无职工重伤事故6 318天的历史最好成绩，再创安全年。

2002年，普雄工务段保持路局"好班子"、"优秀企业"、"先进站段党组织"、"思想政治工作先进单位"、"治安综合治理模范单位"、"防洪先进单位"、"职工道德教育先进单位"，保持凉山州、路局"精神文明单位"，荣获四川省"精神文明单位"称号。

【西昌工务段】 拥有固定资产原值18.99亿元，设9个职能部门，管辖7个工务领工区（含线桥路）和米易分段、综合领工区、机械化维修领工区、修配所各1个，下设68个生产班组，职工现员1 454人。

全年完成正线维修253.767公里（其中大机维修118.267公里），站线维修90公里，道岔维修263组；更换P60新钢轨0.5公里、再用轨102根、桥枕1 220根，补充步行板8 366块，对半径≤600米的45个曲线安装防脱护轨。桥梁维修78座7 682.75米，隧道19座16 080.8米，涵渠151座3 723.08米。线路动态质量有了历史性的突破，全年轨检合格率达100%。其中第4季度取得优良率100%、平均每公里仅扣2.5分的好成绩。汛期冒雨巡查5 532人次，封锁区间38次77个区间，累计时间19时34分钟，发现病害6处。全年完成修旧利废145万元。至年底，实现无责任行车重大、大事故9 979天，无险性事故852天，无职工因工死亡事故376天，无重伤事故4 632天，无路外伤亡事故8 839天，无道口责任事故11 688天，消灭责任、非责任水害事故，实现第18个防洪安全年。

（成都分局办公室）

【永川工务段】 管辖成渝线K216+500米—K452+500米（内江至黄磏区段）正线236公里，到发线80.236公里，其他线76.28公里，线路总长392.57公里，道岔533组，管内有桥梁70座，隧道9座，涵渠857座。固定资产9.24亿元。段设7个职能部门，管辖13个领工区，下设47个生产班组，9个后勤班组，有内江铁路工程公司、内江东铁实业公司、内江铁道工程建筑有限责任公司3个多集经实体。全段现员1 197名，大集体职工289名。

截至年底，实现无责任行车重大事故11 757天，无责任行车险性事故4 344天，实现安全年。全年成段换枕33 389根，安装防脱护轨217个，工电车联合整治道岔80组，挖翻打浆35 668孔，清理侧沟88千米，补充道碴22 100立方米，大修跟进64.5公里，其中新铺无缝线路51.335公里，施必牢冻结33段，强化了安全基础的设施、设备，在路局交叉检查中荣获第二名。强化成本管理，认真落实科目负责制，实现清算收入6 361万元，利润20万元。多经完成产值2 288万元，集经完成产值1 130万元；全段完成大修工程23件1 764万元，防洪工程16件143万元，更新改造24件884万元，完成中修13.8公里188万元。

2002年，获分局党内技术练兵组织工作突出的基层党委、治安综合治理先进单位。获局治安综合治理模范单位，保持重庆市"模范职工之家"称号。

（何丽君）

【自贡工务段】 原管辖内江至安边（既有线）140公里线路，2002年5月接管内昆新线228公里设备养护及27个目标守护点看守工作，现管辖368公里正线。现有职工932人。下设7个职能部门，养路领工区7个，桥路领工区4个，综合领工区和中修领工区各1个，下设班组55个。

全年正线维修、保养145.8公里，站线维修46.573公里，正、站线中修29公里，完成率为100%。完成正线P50再用轨大修12公里，完成正线大机捣83公里，站线32公里，道岔101组，配合分局完成正线大机捣229.3公里，站线31.166公里，工电联合整治道岔完成125组。年终轨检车完成11.8分/公里，优良率95%。完成局下达件名2件，150.9万元，完成分局防洪、大修件名8件，104.2万元，完成桥梁维修12座1 146米。截至年底，实现无行车重大、大事故，无一般事故，无人身重伤及以上事故915天，实现安全年。

2002年，自贡工务段获自贡市自流井区综合治理模范先进单位。

（林黎明）

【重庆工务段】 现有职工1 847人，设置8个职能部门，拥有固定资产11.61亿元，担负川黔铁路小南海至石门坎段，成渝铁路重庆至黄磏段，襄渝铁路西永至重庆西段及重庆枢纽共计279.536公里正线，304.562公里站线的养护维修任务。下辖小南海采石场，从事二级道碴生产。

2002年，全段坚持"规范管理，强基达标"的工作思路，以安全优质为重点，严管理，控支出，增效益，全面完成分局下达的各项生产经营目标，全年完成大修工程33件，3 522.89万元，更新改造工程38件，1 117.06万元，防洪工程16件，122.5万元。

（刘成渝）

【广安工务段】 现有职工1 226人，固定资产17.2亿元，担负达渝、铜西、达成计正线273.229公里；站线191.316公里；道岔625组（不含专用线）。桥梁185座/23.465公里；涵渠873座/20.845公里。路基换算434.384公里的日常管理维修养护工作。根据分局安排，自2002年10月23日8时起，承担达万线157.077公里正线等维修养护工作。

2002年，以运输安全为龙头，以安全达标示范线建设为载体，基本建立逐级负责、逐级管理、逐级考核的管理格局。确保客车、防洪、施工"三项重点"安全目标的实现，消灭险性及以上事故，实现安全年和第18个防洪安全年。全年完成上级下达生产任务。线桥路综合维修验收优良合格率达100%。全年轨检车评分3.1分/公里。完成局大修件名3件计245万元，防洪工程1件计46万元。分局大修件名2件计35万元，防洪工程9件计92万元。

（黄国均）

【贵阳工务段】 管辖川黔、湘黔、黔桂、贵昆四条干线的部分线路和贵阳枢纽及湖林支线。管辖正线316.3公里、站线206.9公里、无缝线路85.2公里、道岔735组、道口25个，代维修专用线46.95公里，专用线道岔71组；管辖桥梁11 947米/89座、隧道16 868米/56座。2002年新增川黔货车外绕线7.8公里、湘黔下行线8.5公里，石湖线划贵昆线，贵昆线增加17.8公里（其中：客西线划入1.19公里，南西线划入1.45公里，南环线划入4.068公里，新增11.092公里）。

段机关设股室7个，实业发展公司和劳动服务公司各1个，段辖13个领工区、81个生产班组。年末在册职工总数1 019人（含大集体顶岗职工100人）。

2002年，防止"三折"事故1 423件，发现并更换重伤钢轨561根，重伤尖轨38根，重伤叉心77个，鱼尾板747块。实现无重大大事故914天,无险性事故164天,无责任因工重伤以上事故914天。完成正线维修171.877公里,保养96.569公里;道岔维修307组,保养445组;站线维修494.053公里,保养139.625公里,机械化维修111.730公里,专用线维修15.632公里;正线探伤4243.119公里,站线探伤2276.846公里,道岔探伤8776组。桥梁维修36座/6328.2米;涵隧维修200座/4584.5米。

【六盘水工务段】 管辖正线387.622公里,站线189.896公里,道岔711组,桥梁278座/36612.9延长米,隧道183座/85843延长米,涵渠778座/21675延长米,路基279路基换算公里。

段机关设股室7个,段辖18个领工区,养路领工区9个,桥隧领工区6个,线路整修队1个,桥隧工队1个,修配所1个。生产工区(班组)85个。年末在册职工1092人。

2002年,在安全管理上开展整风肃纪、安全专项整治、安全大检查等活动,层层签订安全责任承包合同。抓干部作风转变,规范安全分析会制度,抓职工安全意识教育,强化"两纪",加大检查考核力度。截至年底,实现无责任行车重大事故11066天。生产任务完成:线路维修203公里,道岔维修219组,代维修线路11.3公里,道岔21组;维修桥梁89座/7958延长米,维修隧道50座/30561延长米,维修涵渠30座/1029延长米。

【遵义工务段】 管辖里程为正线川黔线石门坎至贵阳北K131+000至K421+650,共计290.478公里(其中无缝线路37.21公里),站、岔、特线173.735公里(其中到发线107.240公里),道岔558组(其中正线道岔201组,站、岔、特线道岔357组),有人看守道口16处。隧道及明洞106座/30278延长米,桥梁111座/8490延长米,涵渠852座/20152延长米。

段职工总数1477人。设线路领工区11个,线路工区48个;桥路领工区4个,桥路工区13个;综合领工区2个;探伤工区2个;修配车间2个;机械领工区1个,机械工区3个。全段固定资产14.29亿元。

2002年,遵义工务段抓住路局、分局加大工务设备投入的有利时机,压缩各项非生产支出,挤出资金安排设备病害整治,按照工务优质达标线建设的标准要求,对标检查,从源头上对病害进行整治。至年底,实现无行车重大事故914天,无责任行车险性事故914天,无责任职工因工死亡事故914天。全年线路维修及保养完成:正线线路维修147.5公里,优良率100%;正线线路保养143.15公里,合格率100%。站线维修86.243公里,优良82.893公里,优良率96.1%;站线保养87.3公里,合格率100%。道岔维修256组,优良率100%;道岔保养282组,合格率100%。桥梁维修及保养完成:维修60座/4301.1延长米,优良率100%;保养37座/3640.8延长米,合格率100%。隧道维修及保养完成:维修53座/14143.6延长米,优良率100%。保养47座/12329.3延长米,合格率100%。涵渠维修及保养完成:维修400座/9487.7延长米,优良率100%;保养398座/8578.8延长米,合格率100%。

【都匀工务段】 管辖线路从黔桂线K310+500至K519+500止,共管辖正线209.269公里,其中无缝线路11段共9.442公里,站线91.359公里(含到发、站、特、岔线等),代维修专用线11.221公里,道岔330组,道口53处,其中有人看守道口23处,管内正线曲线281个(含两个复心曲线),总延长108.155公里,最小半径177米,最大坡度28.5‰。管内有桥梁90座,2754延长米,其中除大河一号桥有一孔28.64米钢梁是明桥面外,其余均为圬工梁碎石道床,隧道28座,延长7639米,涵渠598座,12654延长米。全段路基总长198.634公里,占管辖正线总长的94.9%。

段设机关股室5个,开发公司、劳动服务公司和工务材料厂各1个;线路领工区5个,桥路、线路中修、桥路大修领工区、料库、林场、采石场各1个,基层工区班组64个,年末在册职工总数为1003人(含大集体顶岗职工153人)。

2002年,完成维修正线120公里、站线31.613公里、道岔123组、专用线4.61公里、专用线道岔6组,单根更换重伤钢轨821根,更换重伤岔心35个、伤损尖轨21根,更换再用枕12250根、混凝土枕1000根,清挖道床翻浆43.4公里,线路补充石碴7540立方米,焊补钢轨1139根、叉心67个,安设曲线防脱护轨装置141个曲线,工电联整道岔59组、轨道电路区段10个,翻浆地段成段抬道43.8公里。大修完成施工58.8公里,更换Ⅱ

型枕27 673根、Ⅲ型枕36 030根、桥枕6 044根,合计69 747根,费用为2 052万元;中修成段更换再用轨2公里;成组更换再用道岔大修10组;道口铺面大修30处;道床病害整治8.75公里。维修桥梁47座/2 865.1米、维修隧道12座/3 180.3米、维修涵渠279座/6 230.6米,桥隧建筑物综合维修验收优良率为100%。清理排水设备87 426米,完成土石方5 698立方米,干砌片石750立方米,浆砌片石149立方米,抹面3 272平方米,勾缝1 425平方米,降路肩3 540米。

【凯里工务段】 管辖湘黔线上下行线522.19公里正线,116.678公里站线、514组道岔、608个曲线,曲线最小半径为450米,最大坡度为12‰。2002年,株六复线经重新测定里程后,湘黔线凯里工务段管内起止里程为:上行线K545+495.10米至K813+375.15米,正线267.88公里;下行线K545+495.10米至K799+808.38米,正线254.31公里。段机关设6个职能股室。下辖72个班组,1个修配所、1个多经公司、1个大集体黔鑫公司。年末在岗职工人数1 301人。

全年主要生产任务完成:正线维修267.5公里、保养252.17公里;到发线、站线维修28.48公里,保养22.19公里;道岔维修359组,保养156组。桥梁维修98座/15 317.42延长米,隧道维修113座/39 272.3延长米,涵渠维修385座/8 362.5横延米。为确保线路质量稳定、消灭线路几何尺寸超限和大摇大晃,实行闭环管理,严格执行线路定期添乘和定期静态检查制度。在路局轨检车检查的493公里线路中,优良493公里,平均扣分仅0.4分/每公里。

【安顺工务段】 管辖379.7公里。曲线355个、道岔401组;专用线27.22公里,专用线道岔30组;桥梁149座,11 430延长米;隧道107座,75 157延长米;涵渠522座,14 352横延长米。有人看守道口4处,无人看守道口2处。段机关行政设6个办公室。下属10个领工区,46个生产班组,其中养路领工区7个,桥隧领工区、路基领工区、修配所各1个。年末有在职职工754人。

2002年,在安全管理上,继续推行"一上、二抓、三控、四防、五落实"的安全管理模式。一上:以抓职工素质提高为重点,促进安全管理上档次。二抓:一抓劳动人身安全,规范相关的各项管理制度、措施、考核,抓小防大,防患于未然;二抓设备质量巩固提高。三控:自控、互控、他控。四防:防洪、防胀、防断、防撞。五落实:思想政治工作两个纳入(纳入干部政绩考核、纳入企业管理)及干部作风保安全落实;安全逐级负责、包保考核评价机制落实;创建好班子,带出好队伍落实;深化"三项制度"改革落实;深化段务公开和领工区、工区民主管理落实。截至12月31日,实现第12个安全年,实现安全生产4 492天。

全年主要生产任务完成:维修线路176.2公里、道岔231组、专用线24.7公里、专用线道岔30组;站线中修3.21公里,正线中修25.5公里;道岔大修5组;更换混凝土枕2.05万根(含桥枕、二型枕、单根抽换),更换木枕8 600根;处理翻浆73.5公里;整治道床病害15公里。维修桥梁112座计9 352.6米,隧道73座计32 948米,涵渠372座计1.05万米。防洪和大修工程完成14件,144.1万元。

(贵阳分局史志办)

【大型机械化养路段】 为局直属单位,地处成都枢纽,主要负责局管内正线的大型机械化养护作业工作。段机关设在成都市金牛区一环路北二段32号,邮编:610081,联系电话:061-22756(路电)。现有职工112人,拥有固定资产1.36亿元,全段按照"精干高效"的原则设置股室4个、大型机械检测中心1个,管辖5个机械化作业车队,主要生产班组15个。担负着全局3个分局4 000余公里正线的综合维修中的大型机械化养护以及既有线达速和新线开通任务。

全年累计完成大机施工任务1 774.92公里,其中作业贵昆、川黔、宝成、成昆、襄渝、成渝、黔桂七大干线1 025.98公里;完成内昆、水柏、株六、达万和成都西环线新线开通任务480.15公里;完成湘黔、贵昆达速任务268.8公里,施工质量合格率100%。全面完成生产任务,实现既定目标,安全生产有序可控。截至年底,全段实现无责任行车重大、大事故,无火灾爆炸事故,无人身轻伤及以上事故912天,无一般事故292天。

2002年,直属大机段继续保持局"文明单位"和"综合治理模范单位"称号,段属第二机械化作业车队团支部荣获铁道部"五四红旗团支部"称号。

(马晓阳)

工务大修段

【成都工务大修段】 拥有固定资产总值1 859.06万元，设8个职能部门，管辖6个施工队，下设21个生产班组（含后勤班组5个），职工现员486人。

全年完成成渝线资阳—资中间计57.161公里线路大修施工任务。完成线路大修64.5公里，铺设无缝线路49公里，成组更换道岔38组，成段更换混凝土轨枕31 077根，更换断鱼尾板292块，更换重伤轨26根，防洪工程9件。完成线路大修和桥路工程产值7 891万元，线路大修和桥路工程优良率为100%。多经完成产值2 367万元，超年计划0.56%，实现利润50万元；集经完成产值245万元，实现利润6万元。段属多经新都铁兴工务器材厂生产的弹条通过ISO9000质量认证，为段生产的弹条进入市场创造了条件。至年底，实现无责任行车重大、大事故7 975天，无险性事故5 364天，无职工因工死亡事故9 377天，无重伤事故5 218天；无路外伤亡事故3 680天；无火灾爆炸事故9 696天，安全生产有序可控。

2002年，成都工务大修段保持路局"社会治安综合治理模范单位"，路局、分局"文明单位"、"先进职工之家"，线路队荣获分局"青年文明号"，线路队机械工班获路局"青年文明号"称号。段长胡孝宜荣获路局"第七届优秀企业家"称号。

【西昌工务大修段】 拥有固定资产总值3 142万元，设10个职能部门，管辖线路工程队2个、桥路工程队2个，下设16个生产班组，职工现员520人。

2002年，线路大修清筛整交提前38天、线路大修换轨提前5天完成全年计划任务。完成线路P60轨大修67.8公里，成段更换P60轨正线道岔40组，铺设P60轨无缝线路38.8公里，成段更换混凝土轨枕11.06万根。完成成昆线K139+063青衣江大桥大修、K218+011新滩坝隧道病害整治、K622+522大村大桥大修、K656+312三星沟中桥大修、K682+307安宁河6号大桥大修、K703+904涵洞大修、K450危岩落石整治、K551高路堤溜坍整治；完成机械动力设备大修，以及设备更新改造全部计划项目。全年总产值完成12 010.5万元。其中，线路大修9 381万元，桥路大修620.8万元，专项整治换枕1 577.7万元，其他401万元。修旧利废完成27.3万元，节约能源95.1万元。至年底，实现无责任行车重大、大事故914天，无险性事故914天，无职工重伤及死亡事故5 463天；无火灾事故3 563天。

2002年，西昌工务大修段继续保持铁道部"模范职工之家"，路局"治安综合治理模范单位"称号。

（成都分局办公室）

【重庆工务大修段】 位于成渝线中段—四川省隆昌县，是重庆分局管内惟一的铁道线路大修专业施工企业。现有职工419人。拥有固定资产1 294万元，轨道车、捣固机等大中型施工机械设备185台。下设3个线路大修施工队，负责铺设无缝线路，更换道岔、清筛和整理交验线路工作，另有1个机械运输队和1个多经公司隆昌铁路兴得有限公司。

2002年，首次采用现场交接绝缘轨、全区间铺设超长无缝线路、接头更换一级道碴、道岔区全断面更换一级道碴新工艺、新方法。全年完成线路大修任务64.5公里，成组更换P60道岔38组，更换轨枕47 000根，完成产值9 015万元。实现安全年。

段领导班子2002年获重庆分局"好班子"称号；大修段被评为成都铁路局治安综合治理模范单位，继续保持四川省和成都铁路局文明单位称号。

（董祖荣）

【贵阳工务大修段】 是国家铁路综合工程施工二级企业。主要担负贵州铁路干线2 000余公里线路、桥隧、路基大修和房建工程、增建和扩建等综合性工程施工。段机关设6部1室，1个实业开发公司，1个劳动服务公司，生产一线设有线路大修工程队3个，桥路工程队2个，房建工程队、大型机械捣固队、修配所各1个。年末职工总数732人。

2002年，完成生产产值2.5552亿元，其中：线路换轨大修完成情况达到建段以来任务、产值的最高记录220公里，11 377万元；成段更换砼枕42 258万根，1 166万元；工务设备专项整治成段更换砼枕10.3万根，3 231.84万元；成段更换P60道岔单开道岔10组，交渡2组，376万元；铺设无缝线路91.67公里，849万元；更换站线5.14公里，25万元；路桥工程大修及防洪复旧工程1 390.96万元;大机队完成502.8公里的捣固任务,189.59万元。

(贵阳分局史志办)

房建·建筑公司

【成都建筑总公司】 拥有固定资产总值3.75亿元,设9个职能部门,下设12个公司,职工现员941人。

全年完成房建检修4 246 958换算平方米/7 580幢(件),合级率、合格率均达100%;大修、应急、未售住宅病害整治合计完成1 201万元;全年完成计划内件名35件产值649.2万元,计划外件名78件产值13 350.8万元,市场产值占实际完成总产值的95.4%。至年底,实现无职工因工死亡事故3 485天,无重伤事故6 297天,实现第9个安全年。

2001年12月18日四川兴铁建筑工程有限公司挂牌成立后,成为"一个单位两块牌子"的企业。2002年6月,兴铁公司通过ISO9001:2000质量体系认证。总公司经营产值连续5年超亿元,2002年突破1.4亿元,实现利税801万元。

2002年,成都建筑段先后被评为"全国质量稳定合格企业"、"全国质量、服务诚信示范企业"、"四川省工程质量信得过单位",兴铁公司和兴达公司双双进入"四川省建筑业先进企业"行列,保持路局"模范职工之家"、"综合治理先进单位"。

【峨眉建筑总公司】 拥有固定资产总值6 534.41万元,设6个职能部门,管辖4个修缮领工区,4个多集经公司,建材厂、物管公司、聚兴商贸公司各1个。7月,注册成立四川成铁建兴建筑工程公司。职工492人。

全年完成房屋检修7 929栋件计289.25万换算平方米,合格率100%;房屋整修1 024栋件计38.88万换算平方米,合格率100%,优良率61%;请修及时率100%,请修满意率100%;基大改工程完成产值3 103.68万元,比上年多完成743.51万元;外委工程完成产值2 477万元,比上年多完成1 702万元,优良率100%;承建住宅168户,优良率100%;多经完成产值2 389万元,实现利润37.5万元;集经完成产值1 124万元,实现利润4.5万元。至年底,实现无职工因工死亡事故10 783天,无职工重伤事故5 958天。无职工轻伤事故1 243天。

2002年,峨眉建筑总公司保持部级"标准化教育室",铁道部和四川省"档案管理工作达标单位",路局"文明单位"、"综合治理模范单位""模范职工之家"、"劳动安全达标单位",华康公司保持四川省质量、安全先进单位,建通公司保持四川省"质量信得过单位"称号,公司QC成果获得铁道部、路局优秀质量管理奖。

(成都分局办公室)

【重庆房产建筑工程总公司】 重庆铁路房产建筑工程总公司负责成渝、川黔、襄渝铁路和重庆枢纽计660公里管界内铁路房屋、建筑物的产权、产籍管理、维修以及部分基建大修工作。管辖房建设备7 346栋件/332.99万换算平方米;现员559人。总公司下设华建工程公司、重铁九龙坡建筑工程公司、重庆铁路牧业公司、房屋修建公司。

2002年,总公司对管内房建设备7 346栋件完成了大修生产任务,维修一次验收合格率100%,优良率58%,实现安全年。2个全面质量管理课题获路局优秀成果奖。获部、路局"安全优质房产建筑段";部、局、分局"文明单位";局、分局"模范职工之家";重庆市九龙坡区"治安综合治理模范单位"等称号。

(易恩宗)

【内江房产建筑工程总公司】 公司实行一套班子两块牌子的运作方式,集建、管、修和商贸经营为一体,下设六部五司一厂,拥有固资1.87亿元,担负内江至双石桥、内江至昭通、宜宾至珙县等549公里线路,54个站区,4 096栋件/159 197 015换算平方米的房屋设备的维修、大修和更新改造任务。具有丙级建筑管理资质,公司在职职工343人,集体职工127人。

全年完成维修958 174换算平方米,整修155 907换算平方米,产值2 500余万元,其中自揽任务1 487.8万元,安全天数8 631天。

2002年公司获得局综合治理先进单位,内江市计划生育先进单位称号,并连续多年保持内江市文明单位称号和内江市"重合同、守信用"明星企业。

(黄燕凌)

【贵铁房地产开发建筑工程总公司】 承担分局管内川黔、贵昆、湘黔、黔桂、内昆五条干线及三条支线的站区房屋、建筑物日常管理、大修、维修、更新改造、新建及经济适用住宅的开发任务。机关设五部一室,下设物业管理办公室、房管所、大修队、领工区(队)7个;多集经公司2个。承担维修房屋设备总量:17 277栋/441.6万换算平方米,固定资产总额4 170万元。年末在册职工1 064人。

2002年,在企业管理上,从整章建制入手,重新修订实施《部门和干部岗位责任制》、《领工区管理手册》、《班组管理手册》、《房屋租赁经营管理办法》及各项规章制度。全年实现产值1.1475亿元。

总公司荣获分局"二星级"文明单位称号;被成都铁路局授予第七届优秀企业;总公司党委获分局"一练三过硬"组织工作突出党委称号。

(贵阳分局史志办)

工程企业

【一公司】工程集团第一工程有限责任公司是国家建设部批准的市政公用工程总承包一级施工企业,通过ISO9002质量体系认证,是四川省建筑业"百强"单位。连续4年获得重庆市最佳质量效益型企业和先进企业。获得"中国质量万里行"定点示范单位称号,是重庆市质量管理协会会员先进单位。

公司现有职工1 400人,各类专业技术管理人员580人,其中高、中级技术职务128人,一、二级项目经理50余人。拥有各类大中型机械动力设备438台(套)。在铁路综合工程、市政工程、公路建设、隧道工程、桥梁工程、房屋建筑、水利水电工程等方面都有较强的施工能力,年施工能力在8亿元以上。

2002年,公司全年完成企业总产值6.08亿元,比上年同期多完成1.88亿元,同比增长45%,创历史新高。其中:局外施工产值的比重首次突破施工总产值的50%。全年实现利润总额3 364万元,与上年同比增长115%;提取百含节余438万元;净资产收益率41%;全员劳动生产率达到10.3万元/人年。

截至2002年年末,企业总资产3.801亿元,较上年增加1.05亿元;流动资产2.63亿元,较上年增加8 100万元;固定资产1.13亿元,较上年增加3 400万元;流动负债3.11亿元,较上年增加8 500万元;所有者权益6 713万元,较上年增加1 849万元。

全年共参加成都牛龙路立交桥、川藏公路立交B合同段、重庆江北滨江路石门段桥梁上下部工程、云阳县护岩工程、万州港铁路专用线、川维铁路专用线等46项工程的投标,中标15项,中标率32.6%,中标合同价款2.15亿元,完成集团公司计划的143%,创历史最好成绩。

至年末,内宜、内昆、达万房建工程、新建渝怀铁路Ⅰ标段、宝天复线Ⅰ标段、粤海铁路西环线Ⅴ标段基本完工,新建青藏铁路第30标段完成工作量的1/4。跨局施工的三项工程分别在全线施工综合评比中居于前列。杨家坪步行街桥梁工程、重庆沙滨路F标段、江北滨江路石门段桥梁工程、涪陵鹅颈关立交桥等市政工程项目得到建设单位的高度评价。公司第十六项目部成为集团公司第一个实现年产值超亿元单位。

公司通过了重庆市安全生产的资格认可,被评为"重庆市安全生产先进单位";第一项目部沙滨路F标段工程荣获"重庆市安全文明工地"称号。实现无质量事故年。全年交验工程174件,一次交验合格率100%,优良率:土建90%、房建85%。宜宾旅客站房、宜宾南区段站、成都南站立交B合同段、斜拉桥南行桥4项工程获得铁路局优质工程奖;株六复线新东山隧道荣获重庆市"巴渝杯"优质工程奖;成都南站跨线斜拉桥获"四川省用户满意工程",并被列入建设部典型工程资料库。

(行　办)

【路桥公司】2002年12月27日,工程集团路桥有限责任公司由成都铁路工程(集团)有限责任公司和成都铁路工程集团电气化工程有限责任公司等共同投资,在原第二工程有限责任公司基础上组建而成,是国家施工总承包二级企业。1998年通过ISO9002质量体系认证。现有从业人员1 393人,各类专业技术和管理人员480名。其中高、中级技术职务69名,工程技术人员176名,二级以上项目经理24人(其中一级项目经理8名)。主要从事桥梁、公路、大型土石方、隧道、水电、市政、铁路工程施工以及加工、维修和定型产品生产等综合施工。

公司拥有红旗130T架桥机及PG20A铺轨机、芬兰汤姆洛克潜孔钻机、美国英格索兰压路机、史丹利破碎锤、卡特挖掘机、日本尼桑自卸车等一批先进的施工设备,同时还拥有进口红外线断面扫描仪、全站仪、超声回弹仪等先进的测量、试验设备及检测手段。能满足高难公路、市政、桥梁及铁路工程对施工能力的要求，年施工能力在6亿元以上。

全年完成企业总产值4.25亿元，为年计划151.8%，比上年增长23.3%。其中：施工产值4.04亿元，比上年增长20.2%；工附业1 440万元，比上年增长64%；多元实现营业收入600万元，比上年增长7.3%。实现利润总额3 050万元，完成计划203.3%（其中：多经完成27万元，实现年度考核指标）。全员劳动生产率为9.15万元/人年，与上年同比增长10.33%，新增设备131台（套），价值3 237.26万元，功率8 570千瓦。全年主要设备完好率95%，使用率176%，保持较高的水平。

2002年交验单位工程项目51件，交验一次性合格率100%，优良50项，合格1项，所交的市政工程质量均被评为优良，竣工文件评为优秀。

截至年底实现无行车责任重大事故7 694天，无行车责任险性事故7 196天，无职工责任死亡事故3 398天，无职工责任重伤事故269天，无交通、锅炉压力容器、火灾爆炸及路外伤亡事故。

2002年公司再次荣获四川省建筑企业颁发的“先进单位”称号，广元新客站综合工程荣获“四川省用户满意”和“全国用户满意”建筑工程奖，株六复线新东山隧道荣获“重庆市巴渝杯优质工程奖”，获局“模范职工之家”、“优秀企业”殊荣。

（韩白莹）

【三公司】 第三工程有限责任公司是国家建设部批准的市政公用工程施工总承包一级企业，公司主要从事市政公用工程、房屋建筑工程、公路工程施工总承包及土石方、隧道工程、桥梁工程施工，年施工能力在6亿元以上。现有员工1 046人，各类专业技术管理人员317人，其中一级项目经理7人，二级项目经理35人，三级项目经理10人。

2002年公司产值利润再创历史新高，员工收入稳步增长。全年完成企业总产值3.04亿元，其中施工产值2.91亿元，多元产值0.13亿元，实现利润总额0.15亿元，全员劳动生产率达8.55万元/人年。全年新增施工机械设备59台，进一步增强施工能力。

全年共参加工程投议标38项次，中标13项，开发任务35 301.12万元，其中路外施工任务30 970.63万元，为集团公司下达的任务开发目标值12 000万元的258.1%，受到集团公司两次通令嘉奖。

产业结构调整迈出实质性步伐，建立商品砼生产基地和预制管件生产基地；贵阳金品房地产开发有限公司挂牌成立；成立碧波海鲜水产品批发市场有限公司。

贯标工作通过了中国方圆标志认证委员会四川审核中心的监督审核，确保ISO9002质量体系在全司的有效运行。交验工程66件，优良率100%。六丘田大桥、宜宾南区段站、凯里车站拉筋挡土墙被路局评为优质工程。全年无安全重大、大事故，实现安全年目标。《强化管理，推动我司机械设备管理水平上台阶》和《运用PDCA循环，确保宜宾南大中桥桥面系质量》2项QC成果参加全国建筑业协会发表和交流，发表成果的2个QC小组均被授予全国工程建设优秀质量QC小组。

（行 办）

【建筑分公司】 是具有房、水、电、暖、通、装饰装修、设备安装于一体的建筑施工企业，现有员工614人，各类专业技术管理人员194人，其中高中级工程技术人员68人，一级项目经理8人，二级项目经理18人。公司拥有资产1.3亿元，年施工能力在6亿元以上。

公司在高层建筑、大跨度厂房、住宅楼、大型水塔施工，站场给排水，高、低压电力，设备安装等方面具有丰富的经验和独到的优势，施工地域遍及云、贵、川三省及重庆市。

全年完成企业总产值1.738亿元。其中多元经营全年完成产值1 547万元。“五丁苑”工程评为成都市标准施工现场，五丁苑、体育中心被评为成都铁路局安全标准工地，重庆西站修所车棚和宜宾水塔获得局级优质工程奖。全年未发生任何安全事故，实现连续安全生产1 768天。全年交验工程88项，一次交验合格率100%，优良率88.5%。通过贯标认证升级内审和外审。各项工程均在合同工期内完成施工任务，向业主兑现了工期承诺。全年开发任务9 850万元，先后中标金阳新区行政中心、九龙城二期、温江鑫源城花园等项目。

公司被评为全局生活线建设暨管理先进单位，并先后通过铁路局局级文明单位和安全管理先进单位考核验收。

（刘 勇）

【通号分公司】 主要从事路内、外通信信号工程弱电工程施工,兼营通信信号配件、水泥制品加工,仓储、租赁、运输、餐饮、住宿等。现有员工483人,专业技术人员160人,年施工能力在2亿元以上。50多年来从没发生过重大、大事故。

全年完成施工总产值17 100万元,为年度目标15 000万元的114%,实现利润1 386万元,为年度目标800万元的173.3%,同比增长70.9%。多经完成总产值1 814.4万元,为年度目标1 000万元的181.4%,实现利润83.4万元,为年度目标100万元的83.4%。全年参与招投标25个项目,中标9项,中标率36%,开发任务完成11 236万元,为年度目标6 500万元的172.9%,同比增长99.2%。

2002年施工生产首次走出局外,承担京秦线、西合线通信信号工程施工。全年施工62个工程件名,同比增长31.9%,交验49个,同比增长38.9%,各工程均按时完成建设工期,创历史最高水平。

质量管理实现新突破。西米段、重庆枢纽光缆、广元南、重庆西、宜宾南微机联锁获局优质工程。广元站通信信号工程获省质协"2001年用户满意工程"、广元新客站综合工程在获省质协"建设系统用户满意工程"的同时获中国质协"用户满意工程"。并荣获省"重质量、守规则、讲诚信示范企业"及中国质协"全国行业质量示范企业"、"全国质量服务诚信示范企业"的荣誉称号。

(行　办)

【电化公司】 现有职工293人,2002年,工程集团电气化有限责任公司完成企业总产值11 800万元,为年度计划和集团公司考核指标的118%;实现利润1 800万元,为年度计划的225%;净资产收益率78%,成本降低率28%。全年共承揽工程任务6 800万元,为年度计划和集团公司考核指标的115%,其中,路内中标2项6 690万元,路外中标1项110万元;多元完成产值820.67万元,实现利润5.28万元。

2002年完成成昆、内宜、成渝、湘黔、贵昆、渝达、西环7条线的施工任务。完成接触网134.87正线公里,架网159.77条公里,变电所新建5座,改建9座,10千伏电力线路183.92公里,新、改建站场低压电力线29个。

全年无行车、火灾、爆炸、设备重大事故。宜宾至水富段电气化工程获局安全标准工地称号;内江至王场电气化工程获集团公司安全标准工地称号。

全年共交验工程12项,一次交验合格率100%,优良率95%。公司2002年度获全国行业质量示范企业和全国行业服务、诚信示范企业称号;广元新客站接触网工程获四川省和全国用户满意工程称号;宜宾南区段站接触网、电力工程,内江至王场电报导化工程获局优秀工程甲等;西昌南至青杠段电气化工程获2002年度铁道部优质工程。获全国工程建设系统优秀QC成果、四川省优秀QC成果1项。公司连续5年获局"文明单位"称号,2002年通过局"最佳文明单位"验收。

(行　办)

【水泥有限责任公司】 现有职工43人,主要产品是"成铁"牌普硅32.5R水泥,兼营宾馆、房屋租赁等。

2002年,公司坚持抓好水泥生产和安全、质量,强化营销工作,使水泥产销量再创历史新纪录。全员劳动生产率比上年提高61%,年产水泥83 490吨,比上年增产27.5%,人均创税利2万元。强化粉尘治理,安全生产管理到位,实现连续第18个安全年。出厂水泥合格率保持100%。在绵阳高新技术产业开发区投资1 120万元,建成两幢综合楼和一幢标准厂房,可用于经营的商业门面、单身公寓、写字间及标准厂房达6 000平方米。南充华铁宾馆的经营取得一定效益。公司初步形成多支点立业、多元化经营的格局。

(王智洲)

【实业有限公司】 现有员工2 259人,其中大集体员工43人。主要从事装饰装修、建筑幕墙、城市和道路照明工程及消防设施工程施工。是一个集建筑工程装饰装修、工程设计、施工、设备安装、物资设备租赁、仓储、国内商业贸易、汽车销售、修理、驾驶员培训、零售成品油、旅馆餐饮等业为一体的多元化经营的综合型企业,下设成铁汽车销售服务公司、五丁物业管理公司、装饰分公司、金路饭店、铁路加油站、大通工程技术分公司、印刷厂、商贸分公司、恒通驾校、设计所等10多个子、分公司。先后获得成都铁路局多种经营系统优秀企业、"重合同守信用"企业、"服务、信誉双优"企业等称号,在市场中享有较高信誉。

全年企业总产值完成1.57

亿元,比上年增长115.9%;实现利润683.9万元,比上年增长123.69%;产值利润率4.36%,全员劳动生产率29.37万元/人年。

2002年,公司参与株六、内昆、宝成、成昆、达万等线的铁路工程施工,大力开发路内外装修工程,全年共开发工程任务3904万元,完成施工产值6289万元。

成都铁路神龙汽车销售服务有限公司成立后,经营涉及西昌、宜宾、都江堰等地,建立15个营销维修网点,通过ISO9000国际质量体系认证,在路内外成功树立了"成铁汽车"品牌。2002年整车销售突破600台,实现产值6502万元,利润40.7万元。加油站积极开展定点客户的营销工作,陆续建立100余家定点客户,开业一年来营业额达到765.8万元,实现利润19.9万元。

(张　丹)

工　厂

【成都木材厂】　是路局最大的木材供应基地。工厂占地46815平方米,固定资产原值1201.1万元,有铁路专用线1条。年末在册职工205人,各类专业技术职务人员37人。行政设7个职能部门,工厂实行二级管理。

2002年工厂把工业橡胶制品和市场两大经济支柱作为经营管理目标重点工作。从资金、设备、人才等方面大力投入。向密封件分厂投入资金60.6万元,购置炼胶机、硫化机等6台设备,新建橡胶车间扩大密封件分厂生产规模,为密封件分厂发展创造了条件,保证路局工务专项整治工作的橡胶垫板的供应,全年完成销售收入696.1万元,实现利润23.8万元。利用厂区现有土地,调整营业房、仓库比例,向市场投入资金92.5万元,新建综合仓库、中转库、库房,改造仓库、公路、扩大市场经营规模,工厂现有库房10510平方米,营业房3382平方米,形成工厂主要经济增长点,全年经营收入325万元。

加快新产品研制开发进度,成功研制Ⅲ型提速橡胶垫板,试生产2组,销售收入14000元,该项产品的研制成功为密封件分厂持续发展打下良好的基础。针对工厂木制品产品附加值低,市场疲软的现状,成功开发了技术含量较高的板式家具,并进行小批量生产,增加销售收入40万元,成为木制品分厂新的经济增长点。

全年主要经营指标完成情况为:主业销售收入1942.6万元,完成利润5.7万元;多经销售收入160万元,完成利润5.2万元;集经销售收入277.9万元,完成利润26.7万元。全面完成集团公司下达的经营管理目标。实现2002年工厂安全年,累计实现安全生产无重伤责任事故5705天,无死亡事故5394天。

(林登选)

【广汉机械厂】　成都铁路局广汉机械厂位于四川省广汉市,距成都38公里。主导产品有:YQ-4型液压起道机、YQ-4A型改型液压起道机、YQ-4B型桥用起道机、YQ-4G型高行程液压起道机组、YQB-6型液压起拨道机、各类货运施封锁、ZY系列电液转辙机、新型安装装置等。产品覆盖工务、电务、车务3大领域,出口越南。2002年工厂实现销售收入2310.96万元,实现利润88.92万元。工厂设六部二室,设生产工班5个。2002年末职工总数141人。

2002年新产品开发主要是电务产品的系列化和对上年开发产品的进一步完善。电务设计开发了ZD6型电动转辙机可微调表示杆(左、右均可安装,安装时不分方向)、防旷密贴调整杆、可正反调节尖端杆,解决了电动安装装置易旷动、调节不方便等问题,上述产品已通过路局电务处技术审查;开发设计编制了ZYJ7转辙机外锁闭安装装置的图纸、工艺及其相关工装夹具。工务改进了YQB-6动力装置、液压及机架相关部分,使起拨道机的起、拨功能进一步提高、完善;改进了YQ-4B桥用起道机的液压及机架部分,使技术性能进一步提高;2002年11月20日,YQB-6,YQ-4B起道机顺利通过铁道部安全技术审查。工厂加强内部质量管理,2002年3月通过四川三峡质量认证中心外审,取得质量认证证书,11月通过复审。

隶属于广汉机械厂的集经企业——广汉成铁机械设备厂于2001年11月改制为股份制企业。作为路局改制试点单位,发展为具有自主专利产品的制造及修理工厂,实现了持续快速的发展。2002年实现销售收入365万元,创利润18万元,职工年均收入2.16万元。

(胥早霞)

【资阳配件厂】 资阳配件厂位于资阳市雁江区城北，与成渝线资阳火车站毗邻，距成渝高速公路5公里。占地面积7.04万平方米。固定资产原值2 247.68万元。主要产品有（内燃、电力）机车配件、车辆配件和电液转辙机、电气化铁道接触网零件、工务器材等2 000多项，产品辐射全路各铁路局（集团公司）和部分机车厂、地铁、地方铁路以及航运公司等。厂行政设5个职能部门，实业开发公司，4个生产车间，另有集体企业资阳金属综合工厂及福利厂各1个。年末全厂职工420人。

2002年，工厂遭遇了来自市场下滑、结构调整等方面的困扰和阻力。全厂以开发市场为突破口，更新观念，强化奋斗精神，完善金具件、转辙机、机车配件、车辆配件（含闸瓦）、电器五大支柱产品，实现全面发展。2002年工厂被中国质量检验协会授予“全国行业质量、服务诚信示范企业”。全年共完成销售收入2 900万元，实现利润5万元。

铸造产品成功开发了车钩等适应重载高速新型铸钢件产品，填补了工厂铸造技术的空白。工厂还调整了开发策略，以找准产品推出的切入点和时机，使新开发的产品享有更长的生命周期，成为市场的引领者。工厂同西南交大电气工程学院联合研制的“刚性可调式腕臂及附件”是在高速铁路上使用的新型金具件，通过了部、局的检测和安全技术审查，现已上道试用。首次同科研院校合作开发的成功，探索出一条企业与科研院校联姻，生产开发高科技产品的道路。工厂投资160万元修建金具件组装车间，为实现金具件产品上规模打好基础。在产品开发上工厂正处于起步，2002年陆续开发成功了电空接触器等铁路电器，全年电器产品销售额达150万元，实现了一个飞跃，工厂力争在未来较短的时间内将电器产品开发成为支柱产品之一。

多元经济发展注重强基务实，积极开发具有较高技术含量正处于成长期的新产品。2002年，完成销售收入832.5万元，利润10万元。集体企业积极开发独立产品，全年完成销售收入549.37万元，利润6.78万元。福利厂全年完成销售收入94.9万元，利润0.53万元。

2002年保持局级文明单位并获得资阳市文明单位称号。

（孙　勤）

【重庆配件厂】 成都铁路局重庆配件厂位于重庆市火车南站，与重庆发电厂毗邻，是铁道部定点生产铁路机车、车辆配件及工务配件、供电配件的专业厂家。工厂占地面积5.95万平方米，拥有金属切削、铸锻、热处理、冲压、铆焊及粉末冶金加工设备和各类检测试验装置等配套设备164台。

全厂现有3个生产车间，下设23个工班，行政设11个职能部门，另有重庆益庆铸造有限公司、重庆铁路配件综合工厂、重庆九龙坡铁路机械厂、重庆春光机电厂。2002年末职工455人。

2002年，按照工厂确定的发展思路与经营战略，坚持“质量第一用户至上，挖潜降耗苦练内功，科技创新开拓市场，提高素质创建一流”的企业方针，全年完成工业总产值（现行含税价）4 167.5万元，销售总产值（现行含税价）5 200万元，人均收入比2000年同期增长12%。集经工作也有较大的发展。

全年逐项完成2002年度第一次内部质量体系审核和管理评审工作，顺利通过四川巴蜀质量认证中心监督审核工作；完成高锰钢辙叉、电力机车闸瓦产品铁道部产品特许证的取证及Ⅰ型弹条换发生产许可证的工作；货车奥贝套、13号钩尾框、钩舌产品经铁道部质量监督检验中心检测合格。

随着铁路运输业的快速发展，工厂始终坚持把新产品开发作为企业生存和发展的主攻方向。2002年以来，工厂较好地完成了Ⅲ型弹条扣件JA、JB型接头弹条的试制和批量试生产工作；完成了Ⅱ型弹条；13#货车钩舌/钩尾框（碳钢、C级钢）、钢轨用新型接头夹板产品的开发；完成了转K2（左）、转8A（左、右）锻钢支撑座产品的前期开发；完成了493曲轴粗加工、A/B型弹条成型，Ⅲ型弹条成型，凸轮轴瓦、预埋铁座、高锰钢辙叉产品工艺的进一步完善和优化。

（贯金武）

【成都材料总厂】 成都铁路局成都材料总厂位于成都市东郊二仙桥地区，毗邻西南地区最大的货运编组站——成都东站。占地面积12.08万平方米，库区面积8.8万平方米，拥有各类型库房28幢近2.4万平方米，储油能力1 000吨，各型装载设备10台，总吨位71.5吨，铁路专用线4条，总长1.9公里。

全厂行政设9个职能部门，另有先行物流有限责任公司、道岔车间、广元物资站。附属配件厂。2002年末在册职工278人。

2002年主要经营管理目标完成情况:销售收入完成2.92亿元,再创历史新高,较上年同期增加1.36亿元,增幅88%。实现利润75万元,比上年同期增加44万元,增幅142%。多经销售收入完成1 940万元,比上年同期增加237万元,增幅13.9%。实现利润12万元,比上年同期增加10万元,增幅500%。集经销售收入完成2 134万元,较上年同期增加119万元,增幅5.9%。实现利润109万元,比上年同期增加29.6万元,增幅37.3%。为了探索劳动和资本相结合的企业运作模式,实现"工者有其股",经过4个多月的运作,4月26日成都先行物流有限责任公司正式挂牌营业,全年实现收入126万元。

成都材料总厂、成都材料总厂附属配件厂双获路局第七届优秀企业称号。主业和附属厂同时被路局评为局优秀企业,在路局尚属首次。11月20日,路局领导、局企协、局集经中心、集团公司领导到厂举行了优秀企业授牌仪式。

(厂　办)

【双流起重运输机械厂】 成都铁路局双流起重运输机械厂(原成铁白家装卸机械厂),是西南铁路大型起重装卸设备制造修理的专业厂家。工厂地处成昆铁路双流火车站侧,紧邻成都高新区、西南航空港、成雅高速公路,占地3.5万平方米。工厂有机械动力设备144台(套),铁路专用线300米,固定资产现值991.6万元。全厂行政设10个职能部门和器具厂(集经)。2002年末在册职工212人。

工厂连续多年获得铁道部、国家机械工业部颁发的门(桥)式起重机制造特许证,连续11年获得四川省机械产品质量检测总站颁发的《通用桥式起重机合格证》。2001年工厂通过ISO9002质量体系认证,并通过铁道部质检中心对工厂50吨桥(门)吊的质量安全评审后,2002年3月获得铁道部生产特许证,是西南地区惟一生产50吨门吊的企业。主要产品有集装箱修理、电动桥式(门式)起重机、施工便梁、行包挂车、装卸桥、集装箱吊架制造等。

2002年工厂抓住西南铁路建设发展机遇,大力开发新产品,勇拓路内外市场,内抓生产管理和产品质量,节能降耗,经过全体职工的拼搏,完成销售收入1 866万元,实现利润61.7万元。多经营业收入102万元,实现利润-14.5万元;集经营业收入82.16万元,实现利润-4.19万元。

2002年工厂继续加大新产品开发力度,4.76米路基梁、D8米便梁和变频门吊产值占总产值的65.8%,成为工厂新的经济增长点。4.76米路基梁通过了铁路局技术鉴定,并投入批量生产,全年形成销售收入400万元。变频技术成功地运用于桥门吊上,提升了工厂传统产品的技术含量,全年变频门吊合同数占门吊总合同62%。2002年还完成了新型1吨箱、集装箱专用吊具、货物转向架的试制。大力开拓路内市场,2002年仅桥门吊订货量达968万元,与上年同期相比增加52.3%。加大拓展地方市场的力度,两台D24米施工便梁在成都市红星路地下通道安装使用。这是铁路便梁首次在四川省范围内用于地方市政建设,其技术水平处于国内领先地位,受到用户好评。

(廖希平)

【德阳轨枕厂】 德阳轨枕厂位于四川省德阳市黄许镇,是以制造和销售铁路混凝土轨枕和防腐木枕为主的专业化工厂。工厂占地9万平方米,有3条微机控制半自动化混凝土轨枕生产线,1条先进的防腐木枕生产线和1条轨距挡板生产线。工厂生产工艺先进,各项检测设备齐全。年末总资产7 300万元,各类机械动力设备240台(套)。工厂行政设13个职能部门,年末职工总数320人。

2002年,工厂围绕全局安全专项整治工作,树立精品意识,狠抓产品质量,努力降低成本,完成供应轨枕120万根,保证了全局线路整治换枕所需轨枕。经过全厂职工的努力拼搏,销售收入突破2亿元大关,全面完成集团公司下达的年度资产经营责任制目标。年末工厂共完成销售收入23 251万元(其中:主业16 351万元,多经4 400万元,集经2 500万元),实现利润主业462万元;多经290万元;集经100万元。工厂通过四川省"文明单位"考核验收,通过ISO9001:2000质量体系认证。

2002年工厂相继开发出"YII-F"型、"新II型"混凝土枕和"92加强型"单开道岔用混凝土岔枕。几种新型轨枕全部符合部级标准要求,其中"92加强型"单开道岔用混凝土岔枕年底通过局级安全技术评审。新型岔枕的研发成功，可全面替代路局线路上在用的防腐木岔枕，满足了路局道岔改造的需要。年底，“YII－F”型混凝土枕通过部生产许可证现场验收检查，再次获得生产许可证。提速岔枕长线台位生产线开发成功，满足了渝怀铁路工程的需要。继续按照局工务处的要求，开发生产轨底坡1:20的适用于小半径曲线的IIIb型枕，全面满足西南铁路建设和安全专项整治的需要。

（张　成）

【成都铁路局印刷厂】　印刷厂位于成都市王家塘街4号，是铁道部定点票据专业印刷厂、铁道部印刷协会常务理事单位、四川省印刷企业协会理事单位。2002年末现有员工192名，设8个职能部门。企业资产总值1 819.47万元，固定资产1 133.90万元，拥有各类胶印机、商业票据印刷机及配套设备15台、套。

全厂以“市场为导向，印量为基础，质量为关键，服务为桥梁”为企业发展战略，通过应用新技术、新工艺、新设备，满足各类印刷技术要求，印刷产品从过去单一的铁路专用票证、内部报刊资料拓展到彩色站台票、电子客票广告、彩色人物像封面、热敏纸客票和各类纸表格的印制。为了满足市场对条码印刷的需求，企业做好了条形编码印刷的各项准备。抓好“客货运输票证管理办法”的落实，作到逐条落实，形成自控、互控、他控分级交互质量监控体系。票据生产建立健全以质量责任制为考核标准的闭环控制，杜绝质量事故、丢失被盗事件和发送差错，减少数量差错。企业票据印刷、报刊印刷质量获得铁道部、四川省新闻出版局等主管部门好评。2002年销售收入1 310.22万元，利润107万元，纳税129.94万元。荣获成都铁路局优秀企业、文明单位，厂领导班子被路局命名“好班子”，企业第一管理者被路局授予“好干部”称号，并被四川省评为“优秀青年企业家”。

（郭　叶）

【广汉科峰电子有限责任公司】

公司位于四川省广汉市湘潭路北二段，背靠宝成线广汉火车站北端，距成都市仅38公里。科峰公司是铁道部定点研制红外线轴温探测设备及其他铁路专用电子设备、计算机网络控制设备的集产品开发、制造、销售为一体的专业公司。公司生产销售的主要产品：2000型红外线轴温探测系统设备、红外线地面无线发射装置、TDL—A型道口自动（手动）栏木设备、DKXH型无人道口自动报警设备及其他铁路电子产品。2002年5月取得了ISO9001：2000质量管理体系认证证书。全年完成工业总产值1 092.5万元（90不变价），实现销售收入2 093.9万元，实现利润184.6万元，全面完成了集团公司2002年经营管理方针目标。

公司行政设4部1室和客户服务中心、产品研究开发中心。另有1个全资子公司：长盛公司；1个控股公司：科铁公司；1个参股公司：通号实业公司。年底在册职工总数247人。

2002年公司有红外线轴温探测车号识别系统、新型红外线探测系统、红外线轴温探测中心信息管理系统的3项新产品开发项目立项，并取得较大进展。根据市场需求，公司立项开发成功并投入现场使用的新产品有红外线停电检测系统、处理器常供电、成都铁路局车辆处监控中心、2000型红外线轴温探测系统三种车速的改进、相邻分局间联网、防雷组合、陇海线探测点改造、下探防冰雪装置等8项产品。

（魏　杰）

【什邡瑞邦机械有限责任公司】

公司（原什邡养路机械厂）位于四川省什邡市外西街195号，于2000年12月改制，2002年更名为“什邡瑞邦机械有限责任公司”。行政设7部1室，2个车间，多经公司、物业公司。2002年末，在岗职工235人。

2002年，全面完成年度生产经营目标。全年完成工业现价产值4 081万元，完成销售收入4 857万元，比上年增长4.40%，实现利润320万元，比上年增长5%，超出年初预订目标3.2%。多经完成销售收入1 000万元，超出年初预订目标的17.6%；实现利润35万元，超出年初预订目标40%。集经完成销售收入310万元，实现利润11万元。公司年末通过了ISO9001：2000质量管理体系认证。荣获“四川交通运输设备制造工业企业最佳效益三十强”称号。

2002年，公司出资40万元（控股80%）与广汉机械厂共同建立成都瑞邦机械销售有限责任公司，5月开始正式营业。业务范围除负责销售什邡瑞邦公司和广汉机械厂的全部产品外，还根据市场需求代理销售其他工务产品。2002年，销售捣固机共1 829台，其中N型305台，2AG、2AⅢ型机1 069台。公司在XYD－2型捣固机销售数量较上年减少30%的情况下，通过N型等捣固机的销售使整个捣固机的销售额实现1 322万元，比上年增长8%。扩张国内市场，重点抓住内昆线和宝兰二线等新线，实施重点攻关，由此实现100万元的销售收入。国际业务，通过集团公司下属的华恒公司将液压捣固机成功地推向越南市场，全年实现销售收入100万元。力求通过越南，打开整个东南亚和泛亚铁路的广阔市场。

2002年全年共代理包括锦州等4家铁路养路机械生产企业的轨缝调整器、电焊机等产品6批次，代理销售额150万元，利润4万元。

2002年，公司重点对N型捣固机和CD—2道岔捣固机进行改进，成功解决了升降系统和夹实系统的内部泄露，使既有产品技术上更可靠，使用性能更优良。2002年，公司对YB—150拨道机进行改进试制，12月，通过由成都铁路局主持的技术鉴定。8月与中南大学交通学院签订合同，共同研发小型轨道参数检测仪，年底已生产出样机。

（陈　涛）

【成都铁路局直属焊轨段】 2002年拥有固定资产总值5 463.98万元，设10个职能部门，下设11个生产后勤班组，职工现员262人。段址设在四川省成都市八里庄路55号。邮政编码：610051。

2002年全段实现销售收入1.1074亿元，较上年增收3 236.64万元，增长29%。其中完成指令性焊接长轨229.2km，完成指令性大修道岔89组，交接绝缘轨1 464根，绝缘拉杆15 910根，各型尖轨251根。全年"两经"实现销售收入9 797.16万元，缴税360.4万元，实现利润42.85万元。完成了PRV250旧轨整形机的安装调试，PD3钢轨淬火、AT尖轨的淬火、复合绝缘接头的研制，AT复式交分道岔及各型加强型道岔的生产、试铺等10余个科技创新和新产品项目的开发、生产。完成ISO9002质量体系文件的内审、管理评审，通过了三峡质量保证有限公司监督审核；全面完成旧轨整修基地一期工程建设及配套设施安装生产和二期工程的勘测设计工作。全年整修旧轨81.175km，道岔50组。至年底，实现无一切行车责任事故8 365天。

直属焊轨段获局2002年文明单位、局直属机关2001年～2002年度好班子、段务公开先进单位、局级模范职工之家、局铁路治安模范单位，预防职务犯罪工作先进单位等荣誉称号。

（汤若琳）

【成都车轮厂】 位于成都市八里庄路，拥有固定资产原值8 365.53万元（含备用轮对6 469.3万元），设9个职能部门，下设10生产班组，职工现员253人。

2002年，成都车轮厂完成轮对总产量5 538对。其中，客车轮对新组装440对，货车轮对新组装391对；完成客车滚动检修轮对2 970对（其中盘形轮对1 661对），货车滚动检修轮对731对；货车轴承检修13对；闸调器大修完成5 041套；贝氏体球墨铸铁斜楔生产38 809块；4－2W无棉低摩合成闸瓦生产36万块；加工生产车辆配件上、下心盘1 419件；生产大铸钢地砖1 806片、小铸钢地砖6 462片，纸箱37 974个。实现销售收入2 135.25万元，上缴税金120万元。轮对一次交验合格率99.7%，一次竣工合格率95.95%，一次配吨合格率87.95%，轴承组装一次合格率99.63%，轴承检修一次合格率99.7%，轮对返厂修率0.13%，设备完好率95.9%，返厂修率为0.4‰。完成基大改项目17个计201.1万元（其中自筹34.7万元）。11月，通过北京九千认证中心ISO9001:2000质量管理体系外审认证，并于12月正式颁发证书。全年，处罚"两违"人员92人次罚款1.53万元，待岗2人，奖励160人次1.285万元。至年底，实现无责任行车重大、大事故8 727天。

【马角坝采石场】 位于四川省江油市马角坝镇，拥有固定资产982.7万元，设10个职能部门，4个车间，下设13个生产班组，职工现员169人。

2002年，马角坝采石场生产水泥90 958吨，比上年同期增长15.6%，销售水泥89 586吨（其中分局管内13 866吨），销售收入1 633.1万元，平均销售单价182.73元/吨（不含税），32.5R水泥占总产量的100%，继续保持产品出厂合格率和富裕强度两个100%。生产石碴71 870吨（综合数），与上年同期相比增长10%，销售石碴71 870吨（综合数），销售收入131.44万元，平均销售单价17元/吨。石灰石生产按不同用户要求，及时组织供货。全年实现工业总产值1 764.54万元，水泥生产成本206.35元/吨，石碴生产成本

15.81元/吨;主业上缴国家税款113.33万元,企业固定资产982.7万元,企业亏损326万元(含历年暗亏)。多经实现产值519.6万元,实现利润10万元;集经实现产值32万元,完成计划105%,实现利润1万元。12月荣获中国建材质量体系认证中心、中国水泥房建材料产品质量认证中心颁发的ISO9000:2000"双证"证书。至年底,实现第12个安全年。

2002年,马角坝采石场连续14年保持四川省建材产品质量检测中心"产品质量稳定合格证",保持四川省、绵阳市、江油市"重合同,守信用"单位,绵阳市"重合同,守信用明星企业",四川省"跨世纪打假防伪保名优先进单位"。

【西昌物资供应段】 位于西昌市马道镇。2002年拥有固定资产原值635.7万元,设4个职能部门,下设西昌、燕岗、成都3个物资站,多种经营、劳动服务2个公司和汽车运务室,职工现员148人。

2002年,设备物资不再属于该段供应范围,致使供应额减少了1 500万元,基建大修投资比前年减少,但仍然超额完成任务51%。节约采购成本73.17万元,为成都分局下达节约任务的107.4%,满足站段生产用料及成本控制的需要。全年完成内部供应总额1.51亿元,再次突破亿元大关。其中:供应机电产品3 101万元,机车车辆配件6 814万元,金属434万元,非金属1 597万元,线上料1 823万元,油料1 101万元,水泥61万元,设备221万元。多集经对外销售3 803万元,其中多经产值3 276万元,实现利润9万元;集经产值527万元,实现利润31万元。至年底,实现劳动安全1 827天,无职工因工重伤事故和死亡事故。

2002年,西昌物资供应段保持西昌市"文明单位"标兵称号,档案工作目标管理达部级标准,荣获分局"物资管理先进集体"称号。

(成都分局办公室)

【贵阳材料供应段】 位于贵阳市南明区八里屯,北接东站货场,南面毗邻贵南地区铁路各单位,东临贵阳市公路主干道富源中路,西面有一条贵阳南通往贵阳东站至贵阳钢厂的铁路支线。担负贵阳分局主要物资供应任务。设行政部门7个。年末有职工137人。

2002年,物资供应坚持贯彻执行路局、分局关于"分级分权"管理和物资招标采购管理办法,杜绝"一对一"和"暗箱操作",加强物资纪律,初步建立了适应市场机制的物资采购管理运行机制,按照路局的进度要求完成物资网络有关工作,基本实现物资采供的网上作业。2002年根据贵阳分局规定,按供应额的5%清算收入,完成供应额14 456万元,总收入723.2万元,实现利润26.4万元。

【野马寨采石供应段】 位于贵州省六盘水市野马寨火车站,于2002年1月9日组建,由原平坝路料供应中心和野马寨采石中心合并而成。段机关设采石技术部、计划经营部、财务部、劳动服务部、办公室。主要生产车间(班组)有采石、破碎、配电、空压、线路、调度、运输、装卸、机修、汽修等。

2002年末,在岗员工145人,固定资产6 227.5万元,其中机械动力设备2 455.3万元,运输设备900.6万元。主要设备:大型碎石生产线两条,小型碎石生产线16条,空压机6台,装载机9台,挖掘机5台,推土机2台,各类汽车16台,各类车床4台,管内风动卸碴车115辆、宿营车15辆。

全年完成道碴生产销售46.66万立方米,其中一级道碴12.47万立方米、二级道碴34.19万立方米。路料装卸316万吨,完成产值1 534.61万元。

(贵阳分局史志办)

直属多经企业

【实业开发总公司】 2001年局多元经营管理中心对实业开发总公司进行结构性调整,原属实业开发总公司的广汉华铁自备车公司整建制划出,总公司以四川省自备车联营公司为主体,组建成立为四川自备车运贸有限公司(后更名为成都中铁西南自备车运贸有限公司,简称运贸公司)。2002年9月局多元集团公司批复同意,恢复使用"成都铁路局实业开发总公司"名称,同时停止使用"成都中铁西南自备车运贸有限公司"名称。2002年年末,总公司机关设6部,所属企业8个:四川省自备车联营公司、锦风宾馆、中国出口商品基地建设四川公司铁路公司、新疆公司、技术咨询服务部、捷达公司、华文贸易公司、荣瑞实业开发公司。总公司共有职工403人,其中正式在编人员 173 人,社会招聘 230 人。

2002 年,公司确定继续推行承包经营责任制,与各二级企业签订《承包经营合同书》和《综合治理责任书》,把各项任务指标落实到各企业,明确了企业的经营任务和责任。全公司完成经营收入 1.357 亿元,较上年同期增长 198.77%。完成利润 150.16 万元,全民职工人均创收入 78.4 万元,人均创税利 1.32 万元,全面完成中心下达的调整计划。良性资产不断增长,经济实力逐步增强,经济运行态势良好,经营效益稳中有升,职工收入同步提高。

【成都中铁西南国际运输代理有限公司】 2002 年,公司在企业经营机制转换、网点分布、营销战略、规范经营、安全生产等方面都取得较好成绩。实现了由传统的企业经营管理向执行 ISO9001 国际标准的转变;由单一的铁路运输代理向公路、水路、集装箱运输代理转变;由国内货物运输代理向国际进出口业务代理转变;11 月公司的 ISO9001:2000 标准质量管理体系通过了外审。全年,公司营业收入3 028万元;实现利润 120 万元。现有职工 51 人,下设综合部、计财部、信息部、运代部等职能部门及路生公司、特种货物中心、顺安捷公司、重庆华铁公司、重庆分公司、贵阳分公司等二级企业。

公司紧贴市场热点,集中力量突出营销,实现全员营销,开展营销攻略。公司取得了四川新中源陶瓷有限公司运输代理权,已实现了驻厂服务,合署办公。与 38 家常年固定客户签订了发送代理合同,与 2 家常年客户签订了门到站代理合同。

2002 年 8 月,特货中心在得知简阳空分厂在运输“下塔与冷凝复合器”大型设备时遇到困难的信息后,立即走访货主了解情况。该复合器是辽宁省的一个环保重点项目专门订购,体积超级超限,路程远,运输难度极大。由于北方冰冻原因,货主要求必须在 10 月 10 日前运送到吉林长山屯车站。特货中心经 3 次修改,终于制定了安全、经济、快捷的运输方案,设备于 10 月 2 日顺利达到目的地。

【华恒物资设备供应公司】 2002 年华恒公司抓住机遇,利用铁路行业优势和自身多年物资经营基础,精心组织,全面出击,充分有效地占领了市场,公司经营取得新成绩。完成了多元经营集团公司下达的 2002 年销售收入5 200万元的经营目标,全年实现利润 130 万元。通过了 ISO9001 质量管理体系年度复检,进行了公司 VI 体系建立工作,并对 VI 体系开展了初步的运用。公司有职工 18 人,设办公室、财务室、国际贸易部和国内贸易部 4 个部门。

2002 年完成国内贸易 4 876.6万元。其中:达万铁路物资销售收入1 020万元,参与了供货完成后的物资验收工作,解决了物资供应中的遗留问题;地方铁路物资销售收入 2 117万元;局内其他物资销售收入 306.6 万元;废旧物资销售收入1 433万元;参与了 7 项国内物资投标工作,共中标 3 项,中标金额共计 63 万元。国际贸易完成销售收入 235.1 万元。其中:与攀钢合作,为越南提供钢材 1 600 万吨,收取代理费 10.4 万元。销售给越南铁路专用机械设备、铁路配件、专用器材等各类物资 102 万件,实现销售收入 219.7 万元。协助德阳电缆股份有限公司参与国际投标,中标 2 项,收取代理费 5 万元。接待了越南铁路联协代表团和越南铁路局代表团,达成若干意向性协议,为 2003 年对越出口工作奠定了基础。参加外贸部主办的国际贸易展览会,促进了公司的对外交流与经营合作。

【四川华铁经济发展有限公司】 2002 年是公司组建成立的第二年,公司超额完成年初制定的经营目标。2002 年共完成销售收入4 916万元,较计划增长 45%;实现利润总额 262 万元,较计划增长 46%;资本金利润率 11.54%。

自备车运营是公司的主要支柱产业。面对铁道部“自备车回空一律起票回送”的政策,自备车管理部采取了“长短搭配,优化组合,短循环”等运输方案,开辟了几条新的运输线,有效减少了空车回送,提高重载率。公司将部分自备车长期租赁给其他单位,保证了稳定的收入,降低了运行成本。全年共完成装车5 641车(不含已出租车),完成运输收入 843 万元。全年共检车 233 辆次,检车率达 100%,安全行车,无任何大小事故。

油品经营已建立油品采购、仓储、批发、零售的销售网络。2002 年成品油业务完成收入共计1 300万元,效益较同期有所增长。2002 年罐车租赁市场受兰成渝输油管线开通及中油西北运输油品政策调整影响极大,在多次赴兰州、西宁、格尔木进行协调后,终于使公司罐车租赁收入300万元及时到账,并基本争取到2003年的租赁合同,缓解了公司的资金紧张,稳住了罐车租赁效益。自2001年公司正式接管海南金世纪商城以来,为盘活大厦资产做了产权界定、招商招租等大量工作。2002年6月29日,大厦正式开业并基本实现盈利。

随着兰成渝输油管道的建成开通,组建成立了成都西南油品运输配送有限公司。董事会成员由李自钧、郑浪宇、高建国、赵惠文、赵建国组成;监事会成员由李世明、李学斌、张健组成。公司下设:业务部、经营部、财务部、办公室。经过反复艰苦的谈判,配送公司与中油西北销售公司终于就在成都局天回镇车站装运成品油的铁路配送达成了协议,并于2002年10月18日开始油品配送的试运行工作。截至2002年底,共装车3 240车,日均装车44.4车;共装运成品油15.4万吨;完成营业收入1 418万元,实现利润76万元,保证了试运行期间装车、运输、卸车的安全。

公司所属广汉华铁自备车有限公司荣获铁路局第七届“优秀企业”和广汉市2002年度优秀企业。

【成都铁路局房地产开发公司】 2002年公司围绕加大项目开发力度,承揽建筑施工任务,抓好人才经营,提高物业管理水平,推进三项制度改革的方针,全年完成产值2 800万元,实现利润38万元。

公司积极探索走向市场的路子,对成华西街商住楼项目高度重视,严格按市场经营模式运作。该项目的成功开发为公司走向市场迈出了第一步,创造了可观的经济效益。目前楼盘已销售95.8%。积极支持鼓励员工外揽施工任务,不断完善外揽施工任务奖励办法,把外揽施工任务培育成公司新的经济增长点,全年完成外揽工程800万元。

物业管理公司强化内部管理,狠抓基础建设,加强专业培训,落实规章制度,使各项管理日趋规范。2002年11月物业管理公司通过成都市房地产管理局物业管理处审核达到四级资质。目前铁路新园住宅小区完全按照市场经营模式运作,标志着物业管理公司逐步走向市场。

2002年公司顺利完成局机关食堂合并,开支近50万元解决了47名员工多年的工资待遇问题。妥善处置了建筑队大集体员工集体上访问题。充分利用物业管理基础,积极为分流人员安排岗位,公司受到上级领导的肯定,中央电视台和四川电视台进行了采访报道。出资近60万元改善生产一线员工的办公条件,受到员工好评。

【成都铁路华太建筑工程总承包有限公司】 为适应路局关于规范铁路建筑施工企业招投标资质等级的要求,加快企业的专业化、规范化、集约化发展,多元集团公司决定,集团公司所属几家建筑施工企业,按二级总承包建筑施工企业要求进行整合重组。重组工作于2002年9月开始,2002年12月4日成都铁路华太建筑工程总承包有限公司召开第一次股东会。至此,总承包公司正式挂牌运作。总承包公司下设4个分公司,即第一、二、三、四分公司;原成铁土木工程有限责任公司为第一分公司,原华太土木工程有限公司为第二分公司;房地产开发公司建筑安装工程队为子公司。公司内设开发部、工程部、财务部、办公室。年末在册正式职工14人。

公司重组后,努力拓展市场,积极开辟新的经济增长点。在抓好经营的同时,认真抓好企业的内部管理,建立健全有关规章制度,认真贯彻执行有关法律法规,不断提高企业整体素质和专业技术水平,积极参与市场竞争,不断提高企业的经济效益和社会效益。

【西南铁路国际旅行社】 西南铁旅现有铁旅大厦、青城山职工培训中心和西南铁路广告有限责任公司3个二级企业法人单位,设10个职能业务部门,2002年在册职工263名。全年完成营业收入9 191.64万元。其中:社本部完成营业收入8 051.68万元;铁旅大厦完成营业收入834.85万元;青城山庄完成营业收入299.09万元;广告公司完成营业收入6.02万元。2002年共接待旅游团队183个,其中自组76个,地接107个,组织开行旅游专列5趟,接待旅游人数8 262人;接待旅游人天数40 191人天,旅游车辆共出车190台次,运行31万公里。

为了适应旅游发展的要求,拓展旅游业务,成立了以旅游车辆运输等旅游单项服务为主要工作职责的计调部。根据火车票代售市场的变化,将客票代理部改部门承包为各售票点风险承包。通过经营方式的调整,提高了员工积极性,收入较上年大幅增长。

青城山庄为了拓展经营渠道,降低经营成本,先后成立了成都办事处和采供部。参加在南京和上海举办的"2002年中国国内、国际旅游交易会",取得良好的企业宣传效果。狠抓旅游"黄金周"优质服务工作,黄金周期间共接待游客2 517人次,计10 677人天,比去年同期增长40%。其中,国内部接待旅游专列4列,计1 000人次,比上年同期分别增长300%、233%。暑期与康辉国际旅行社联手,强力推出了"西南快车"成都—大理、丽江旅游专列,是四川省2002年暑运期间惟一获准的一趟旅游专列。由于前期重视营销工作,特别是邀请了省、市各大电视台、报刊等单位参加了专列开行的新闻发布会,使该趟专列开行取得圆满成功。

旅行社注重安全管理和安全教育,认真落实各项安全规章制度。重大节假日期间,坚持实行24小时值班制度,多次配合上级有关部门对重点生产部门的设施、设备进行检查并整改问题,2002年实现了运用车辆完好率达到100%,安全行车31万公里,保证旅(游)客和员工的安全,确保了全社无责任事故发生的安全目标。

【四川成达国际经贸集团有限公司】 公司是由成都铁路局控股的外贸企业,注册资本1 200万元,股东包括成都铁路局多元经营集团公司、西昌铁路经济开发集团公司、重庆利达运输贸易公司、昆明铁路局实业开发总公司和贵州铁路实业总公司等。主要生产和经营磷矿产品和磷化工系列产品。2002年,公司围绕调整经营策略,强化资金回笼,积极拓展外贸业务,但由于市场及公司前期存在的诸多问题,未能摆脱困境。2002年累计销售磷矿产品234 730吨,实现销售收入5 899.77万元,利润总额-117.11万元。其中出口磷矿产品7 033吨,出口创汇36万美元。

公司外贸出口业务,由于受市场竞争带来的价格下降和全球经济增长缓慢,总体需求下降,磷矿市场竞争更加激烈等因素的影响,公司磷矿出口锐减。公司在办理外贸出口业务的同时,主动寻找外贸进口业务,通过努力成功地为几家客户办理了进口业务,受到客户的好评。目前办理进口业务虽然量小,但是锻炼了公司专业人员队伍,熟悉了进口代理业务,为拓展公司进口业务打下了坚实的基础。

2002年公司针对马边地区磷矿的逐年开采,高品位的磷矿量少、价高,经营成本不断加大,直接影响到磷矿产品参与市场竞争的能力。公司积极向马边县政府汇报马边成达磷肥厂遇到的困难,希望当地政府在矿山的征用、工厂新产品"过磷酸钙"的销售上给予大力支持和帮助。同时寻找新的货源基地,现找到两处新的磷矿资源,并开始实际运作。

【成都大西南铁路监理有限公司】 是国家建设部批准的具有甲级资质的监理企业,下设重庆、贵阳、广汉分公司,成都监理所和工务工程部、通信工程部等监理部。公司同时具有工程招标代理乙级资质。业务范围为铁路工程、房屋建筑工程、公路工程、市政公用工程(含地下铁道)、电力工程、通信工程等工程建设监理、工程招标代理、技术咨询服务等。公司设办公室、监理部、财务部、招标代理部。2002年公司职工总人数268名。其中高级专业技术人员62名,中级专业技术人员164名,取得国家监理工程师资质的56名,取得部、省监理工程师资质的82名,取得铁道部监理工程师注册岗位证书的116人。

近年来,公司在国内承担的主要项目有:株六复线、达万铁路、渝怀铁路、遂渝铁路、成昆电气化;成龙公路、成灌公路、成都三环路立交桥;成铁局体育中心、贵阳分局综合楼、南充大剧院;四川移动通信网建筑工程项目监理。公司在国外曾参加过坦赞铁路、苏丹职业训练中心、科威特阿兹佐尔南部电站、科威特高速公路、伊拉克卡迪西亚高速公路立交桥、巴格达跨河桥、摩苏尔水坝、越南顺化水泥厂等工程的施工监理。

2002年公司承担株六复线新重安江特大桥监理工程。株六复线南山河特大桥工程获铁道部优质工程一等奖;株六复线平坝—化处段线下综合工程、株六复线马场—关寨电气化V标段工程、成昆线西昌南—青杠段电气化工程获铁道部优质工程二等奖;成灌高速公路等二合同段项目监理部被评为四川省"优秀项目监理部"。2001年度,公司获成都市科学技术进步奖;青龙立交桥项目监理部被四川监理协会评为"十佳项目监理部";成都铁路枢纽北环线大件路立交特大桥工程获四川"天府杯"金奖;成灌高速公路工程获四川省"天府杯”银奖；成都铁路枢纽北环线大件路立交特大桥工程和成昆铁路眉山—杨漩、乌斯河—普雄、青杠—攀枝花电气化改造工程获铁道部优质工程二等奖。

（王　聪）

支　线
管理中心

【开阳支线管理中心】　管辖范围小寨坝至楠木坪K0+00—K32+326米，主要承担开阳磷矿、西洋肥业有限责任公司、息烽磷矿等企业以及开阳县、息烽县的部分货物运输任务。管理中心管辖4个车站、5个线路工区、1个桥路工区、1个信号工区、1个房建水电工区，现有干部10人，职工194人。

2002年，根据贵铁分劳《关于加强支线管理的通知》精神，从7月1日起除支线车务人员外，原划交支线管理中心的其他各单位人员一律回归原单位，由原单位管理并列支工资。各支线的运输生产设备分别委托所属单位管理和维修，其固定资产产权仍归属原各支线管理中心。至此，原属遵义工务段管理的72名职工划回遵义工务段管理。

截至12月31日，管理中心实现安全生产914天，取得了管理中心建立以来无一切安全责任事故的最好成绩。全年，装车完成50290辆，为年计划的103%，发送货物337万吨，为年计划的102%，运输收入2.45亿元，为年计划的111%。

（贵阳分局史志办）

基层单位
概　　况

表15-1　成　都　分　局　（2002年）

单　位	第一管理者	书　记	职工人数	电　话	地　址	邮政编码
广元车站	陈伯昌	陈　敏	967	0621-4322(路电)	四川省广元市中区下西乡	628001
绵阳车站	张金和	何正书	911	0621-8322(路电)	四川省绵阳市一环路49号	621000
成都车站	高泽龙	马昌华	975	061-37392(路电)	四川省成都市二环路一段北侧	610081
成都东车站	贺积勇	仲子文	2240	061-51722(路电)	四川省成都市八里庄路61号	610051
西昌南站	闫晓阳	段坤仁	520	060-23442(路电)	四川省西昌市马道镇	615031
江油车务段	曾强国	邓庆禄	1692	0621-6322(路电)	四川省江油市建设北路中段	621700
德阳车务段	孙　策	陈敦孝	1805	0621-75322(路电)	四川省德阳市黄河西路495号	618000

续表 15－1

单位	第一管理者	书记	职工人数	电话	地址	邮政编码
成都车务段	赵隆芬	袁习金	1469	061－33412(路电)	四川省成都市金牛区荷花池路2号	610081
峨眉车务段	罗加明	孙运良	2096	0622－68682(路电)	四川省峨眉山市桂花桥镇	614218
西昌车务段	毛昌明	钟成楷	1147	060－20142(路电)	四川省凉山州西昌市西昌火车站旁	615042
攀枝花车务段	卢廷君	李代模	1211	060－41852(路电)	四川省攀枝花市仁和区金江二村226号	617064
江油机务段	吴忠	刘元德	1802	0621－7083(路电)	四川省江油市三合镇蟠龙村五组	621709
成都机务段	谭秀春	杨义克	1926	061－52453(路电)	四川省成都市八里庄海滨湾支路	610081
峨眉机务段	郭新友	廖大敏	1982	0622－68538(路电)	四川省峨眉山市桂花桥镇	614218
西昌机务段	邱先波	周志良	1682	060－23273(路电)	四川省西昌市马道镇南路114号	615031
绵阳供电段	王建民	曾育英	1224	0621－9143(路电)	四川省绵阳市西山南路34号	621000
成都供电段	曾东海	冈启宇	1333	061－33423(路电)	四川省成都市荷花池路4号	610081
西昌供电段	程林	江远康	1417	060－22613(路电)	四川省西昌市马道镇东路37号	615031
广元工务段	李文华	洪骏声	950	0621－4565(路电)	四川省广元市市中区下西乡铁路三分会	628001
绵阳工务段	蒋茂勤	刘广汉	1055	0621－8115(路电)	四川省绵阳市一环路西段	621000
成都工务段	肖生海	淳树坤	1884	061－37215(路电)	四川省成都市荷花池路3号	610081
彭山工务段	邓先忍	贾铭琦	1651	0622－65213(路电)	四川省彭山县新村路22号	620860
普雄工务段	刘远明	吴国才	1091	0622－52547(路电)	四川省凉山州越西县普雄镇	616661
西昌工务段	刘云开	杨骥培	1449	060－22445(路电)	四川省西昌市马道镇	615031
马角坝采石场	罗辉富	邱明芳(女)	168	0621－5225(路电)	四川省江油市马角坝镇	62717
成都工务大修段	胡孝宣	唐义林	487	061－37395(路电)	四川省成都市金牛区小沙河东街36号	610081
西昌工务大修段	陈家坤	徐绍乾	520	060－20014(路电)	四川省西昌市西昌站东面南侧	615042
成都电务段	吴志成	邓从亿	962	061－34216(路电)	四川省成都市火车北站西一巷2号	610081
西昌电务段	吴勇	肖祖德	600	060－22136(路电)	四川省西昌市马道镇	615031
广元车辆段	朱自信	王明忠	965	0621－4224(路电)	四川省广元市市中区利州经济开发区	628001

续表 15-1

单 位	第一管理者	书 记	职工人数	电 话	地 址	邮政编码
成都东车辆段	何 明	刘 弘	1237	061-52754(路电)	四川省成都市驷马桥路27号	610051
西昌车辆段	牟乃礼	彭代明	1238	060-21534(路电)	四川省西昌市马道镇	615031
成都车轮厂	王志明	迟 毅	253	061-52657(路电)	四川省成都市成华区驷马桥路23号	610051
成都建筑总公司	张星民	孙国恒	941	061-34195(路电)	四川省成都市火车北站站西桥西街31号	610081
峨眉建筑总公司	张泽生	张志法	492	0622-68471(路电)	四川省峨眉山市桂花镇	614218
成都生活服务中心	王晓岚	郑大鹏	417	061-32321(路电)	四川省成都市人民北路二段262号	610081
西昌生活服务中心	程明刚	王建和	264	060-23541(路电)	四川省西昌市马道镇坡坎路55号	615031
西昌物资供应段	闫笃善	张元(女)	148	060-23128(路电)	四川省西昌市马道镇货场路1号	615031
广元铁路医院	周正华	徐 剑	387	0621-4217(路电)	四川省广元市中区利州西路三段50号	628001
成都铁路分局医院	杨关明	王令杰	420	061-31664(路电)	四川省成都市荷花池路二段32号	610081
夹江精神病医院	周裕赠	张家祥	128	0622-67324(路电)	四川省夹江县姚桥路30号	614100
峨眉铁路医院	黄吉林	何芝杰	271	0622-68637(路电)	四川省峨眉山市桂花桥镇	614218
西昌铁路卫生防疫站	邵明水	黄吉祥	69	060-20672(路电)	四川省西昌市长安南路	615042
西昌铁路医院	张惠才	杨世伟	355	060-22927(路电)	四川省西昌市马道镇	615031
攀枝花铁路医院	申国模	季 福	160	060-41477(路电)	四川省攀枝花市仁和区金江镇	617064
成都铁路运输技工学校	吴森林	刘云清	132	061-77429(路电)	一校两址:分设在成都市新都区宝光寺北侧及成都市青龙场方家桥	610500
西昌铁路高级技工学校	史国安	邓合民	153	060-20217(路电)	四川省西昌市邛海边	615022
广元铁路子弟学校	李胜会(兼)	李胜会	84	0621-4159(路电)	四川省广元市下西坝火车站	628001
绵阳铁中	蔡家棣	尚子明	78	0621-8119(路电)	四川省绵阳市西山南路30号	621000
荷花池铁中	张启国	许寿山	104	061-32259(路电)	四川省成都市火车北站站西桥西街8号	610081
西昌铁中	罗秀平	王康贵	112	060-23129(路电)	四川省西昌市马道镇	615031

(分局办公室)

表15-2 重 庆 分 局 (2002年)

单 位	第一管理者	书 记	职工人数	电 话	地 址	邮政编码
重庆车站	童勤华	唐 践	698	063-42252(路电)	重庆市渝中区菜园坝	400014
重庆西站	荆世明	张洪敏	1144	063-53652(路电)	重庆市九龙坡区中梁山西铁二村8号	400052
重庆南站	常朝荣	张均贤	1228	063-49652(路电)	重庆市九龙坡区黄桷坪铁路二村222号	400053
内江车站	李如斌	龙定云	675	0646-22654(路电)	四川省内江市铁站街40号	641001
达州车站	张曲锋	邬家稚	918	063-85652(路电)	四川省达州市朝阳西路94号	635002
重庆车务段(含三万支线中心)	莫国清	王龙林	2298	063-56652(路电)	重庆市沙坪坝区北站东路小铁村17号	400030
内江车务段(含宜珙支线中心)	邓仁富	陈光华	2484	0646-22152(路电)	四川省内江市铁站街40号	641001
北碚车务段	周秉建	张祖建	1547	063-50252(路电)	重庆市北碚区龙凤镇龙凤一村22号	400700
重庆南机务段	何福汉	喻熙悌	1336	063-49153(路电)	重庆市九龙坡区黄桷坪铁路二村228号	400053
重庆西机务段	牟来福	游 平	1587	063-53253(路电)	重庆市九龙坡区中梁山西铁一村12号	400052
内江机务段	李光明	韩炳春	1587	0646-22153(路电)	四川省内江市双苏路418号	641001
重庆供电段	陈 南	胡炳奎	1110	063-49551(路电)	重庆市九龙坡区黄桷坪新市场铁路新村40号	400053
北碚供电段	陈漫翔	陈光耀	838	063-50853(路电)	重庆市北碚区龙凤桥镇龙凤一村30号	400700
内江供电段	吴宗德	吴大尧	83	0646-22358(路电)	四川省内江市铁站街40号	641001
重庆西车辆段	玄志忠	李先进	1766	063-53524(路电)	重庆市九龙坡区中梁山西铁三村10-1号	400052
重庆工务段	翁力俊	董朝清	1855	063-49155(路电)	重庆市九龙坡区黄桷坪铁路三村161号	400053
永川工务段	王永国	黄银轩	1197	063-71155(路电)	重庆永川市火车站北路42号	402160
自贡工务段	陈祖建	曾健康	1133	0646-85255(路电)	四川省自贡市自流井区火车站路1号	643000

续表 15-2

单位	第一管理者	书记	职工人数	电话	地址	邮政编码
广安工务段	堵明正	杜先明	1226	063-82155(路电)	四川省广安县前峰镇中城巷5号	638592
重庆工务大修段	龙恩彬	荣振华	418	0646-25035(路电)	四川省隆昌县金碱镇跃进街317号	642150
重庆电务段	杨宗清	刘文修	702	063-56916(路电)	重庆市沙坪坝区天陈路22号	400030
内江电务段	孙长云	谷爱民	467	0646-22256(路电)	四川省内江市壕子口路635号	641001
重庆建筑段	伍之棣	张正聆	654	063-49551(路电)	重庆市九龙坡区黄桷坪铁路四村26号	400053
内江建筑段	熊礼才	张吉瑞	343	0646-22551(路电)	四川省内江市牌楼路4号	641001
重庆生活管理段	张　文	邹应琳	437	063-48151(路电)	重庆市九龙坡区黄桷坪铁路三村	400053
重庆材料供应段	廖礼忠	段华斌	146	063-48328(路电)	重庆市九龙坡区滩子口铁路一村307号	400053
重庆铁路医院	陈明见	郑马克	597	063-49157(路电)	重庆市九龙坡区黄桷坪新市场32号	400053
内江铁路医院	张　岗	苏小培	403	0646-22117(路电)	四川省内江市铁站街东巷48号	641001
广安铁路医院	蒋尔铸	李开林	179	063-82257(路电)	四川省广安县前峰镇中城路医学巷	638592
重庆防疫站	周立建	何熙纯	102	063-42327(路电)	重庆市渝中区菜园坝	400014
南山疗养院	肖　敏	崔　建	80	063-44424(路电)	重庆市南岸区黄桷垭文峰段	400065
重庆铁路中学	雷顺华	许大明	613	063-48499(路电)	重庆市九龙坡区黄桷坪电力五村101号	400053
内江铁路中学	黄兴力	黄　平	297	0646-22769(路电)	四川省内江市铁站街西巷64号	641001
达州铁路中学	邱毅强	薛　金	137	063-85499(路电)	四川省达州市朝阳西路94号	635002
白皎采石中心	彭绩远		57	083-1433511(市电)	四川省宜宾市珙县巡场镇	644500

（王　敏　江　毅　李光富）

表 15-3 贵阳分局 (2002年)

单位	第一管理者	书记	职工人数	电话	地址	邮政编码
贵阳站	胡朝钰	宫利民	566	065-81052(路电)	贵州省贵阳市遵义路296号	550002
贵阳南站	周本学	刘国宣	1459	065-85988(路电)	贵州省贵阳市二戈寨南站路29号	550005
六盘水南站	禹立宇	李跃成	588	0644-2518(路电)	贵州省六盘水市钟山区东风路	553000
湖林支线	徐东庭	沈亚民	207	2566282(市电)	贵州省清镇市火车站	550000
开阳支线	张世明	袁建伦	180	0851-7512640(市电)	贵州省贵阳市金中镇中心火车站	560300
水大支线	陈远伟	王都匀	262	0644-4979(路电)	贵州省六盘水市钟山区野马寨火车站	553008
贵阳车务段	胡体宪	胡岳川	901	065-71112(路电)	贵州省贵阳市遵义路113号	550002
遵义车务段	何玉麟	钟勇	1324	065-68662(路电)	贵州省遵义市火车站	563003
六盘水车务段	宋广波	熊廷松	965	0644-2101(路电)	贵州省六盘水火车站	553000
凯里车务段	马维光	侯鸣世	1162	0642-2002(路电)	贵州省凯里市清江路268号	556001
都匀车务段	王亚东	王桂宾	1002	0643-3102(路电)	贵州省都匀市火车站路	558000
贵阳机务段	杨学松	熊懋卿	2413	065-85263(路电)	贵州省贵阳市富源南路23号	550011
遵义机务段	毛寅	何金	1333	065-69611(路电)	贵州省遵义市南宫山火车站	563004
六盘水机务段	闫世英	曾林洲	1594	0644-2103(路电)	贵州省六盘水钟山区东风路	553000
麻尾机务段	吴铭康	方庆樟	1081	0643-5103(路电)	贵州省独山县麻尾火车站	558206
贵阳供电段	翁关钰	赵世平	1251	065-85106(路电)	贵州省贵阳市富源南路69号	550011
遵义供电段	冯明	陈敏堂	628	065-68589(路电)	贵州省遵义市火车站	563003
凯里供电段	潘光瑞	陈炳海	859	0642-3710(路电)	贵州省凯里市清江路	556001
贵阳车辆段	赵玉本	李占远	2020	065-85104(路电)	贵州省贵阳市富源南路6号	550011
贵阳工务段	李怀芝	彭松玺	919	065-85025(路电)	贵州省贵阳市富源南路15号	550011
遵义工务段	张继周	石广明	1399	065-68875(路电)	贵州省遵义市火车站	563003
六盘水工务段	甘修建	蒋黔林	878	0644-2105(路电)	贵州省六盘水钟山区东风路	553000
安顺工务段	余维	吴胜光	808	06449-2361(路电)	贵州省安顺市火车站	561000
凯里工务段	滕立勤	王建国	1301	0642-3015(路电)	贵州省凯里市清江路	556001
都匀工务段	钟家坪	刘征南	845	0643-2105(路电)	贵州省都匀市火车站	558000
贵阳工务大修段	练发胜	王立超	682	065-85107(路电)	贵州省贵阳市富源南路白马井61号	550011

续表 15－3

单 位	第一管理者	书 记	职工人数	电 话	地 址	邮政编码
贵阳电务段	何 宁	刘蓉生	463	065－88556(路电)	贵州省贵阳市双峰路16号	550003
六盘水电务段	史少华	易福安	286	0644－2556(路电)	贵州省六盘水市钟山区东风路	553000
凯里电务段	王洪延	梁昆川	332	0642－3146(路电)	贵州省凯里市清江路	556001
房地产开发建筑工程总公司	袁应奎	李丹洪	808	065－85671(路电)	贵州省贵阳市富源南路25号	550011
生活服务总公司	刘文彬	田孝一	533	065－81951(路电)	贵州省贵阳市铁运巷2号	550002
贵阳材料供应段	夏润生	徐皖勇	134	065－85728(路电)	贵州省贵阳市富源中路477号	550011
野马寨采石供应段	蒋承林	倪银生	49	0644－4900(路电)	贵州省六盘水市钟山区野马寨火车站	553008
贵阳铁路医院	鲍仲涛	周一新	531	065－85417(路电)	贵州省贵阳市富源中路3号	550011
遵义铁路医院	涂清源	王玉玲	189	065－69937(路电)	贵州省遵义市南宫山火车站	563004
六盘水铁路医院	陈启忠	王川香	208	0644－2187(路电)	贵州省六盘水钟山区东风路	553000
凯里铁路医院	秦国伟	彭秀学	176	0642－2017(路电)	贵州省凯里市清江路	556001
都匀铁路医院	喻明权	刘俊国	193	0643－3457(路电)	贵州省都匀市火车站	558000
贵阳卫生防疫站	张筑生	何锦秀	85	065－83357(路电)	贵州省贵阳市遵义路	550002
分局党校	吴克赛		41	065－85259(路电)	贵州省贵阳市富源南路泰安巷58号	550011
贵阳司机学校	原 理	刘书明	157	065－85809(路电)	贵州省贵阳市富源南路281号	550005
贵阳铁一中	龚自勉	张鸿志	112	065－83159(路电)	贵州省贵阳市双峰路16号	550003
贵阳铁二中	陈天鹄	蒋树立	107	065－85241(路电)	贵州省贵阳市富源南路	550011
六盘水铁中	陈春黔	姜先朗	59	0644－2269(路电)	贵州省六盘水钟山区东风路	553000
遵义铁中	黄启安	江小秋	59	065－69767(路电)	贵州省遵义市南宫山火车站	563004
凯里铁中	符志刚	余腾章	64	0642－2267(路电)	贵州省凯里市清江路	556001
都匀铁中	邹国庆	陈继麟	69	0643－2269(路电)	贵州省都匀市火车站	558000
直属贸易公司	祝胜利	李家才	50	065－86015(路电)	贵州省贵阳市北京路257号	550003
实业开发总公司	黄明达	查兰国	58	065－81641(路电)	贵州省贵阳市遵义路	550002
海南贵铁工贸公司	吴文显		32	0851－6519310(市电)	贵州省贵阳市枣山路巷天大厦	550003
深圳铁龙工贸公司	吴建生		58	065－81800(路电)	贵州省贵阳火车站广场右侧	550002

续表 15－3

单　位	第一管理者	书　记	职工人数	电　　话	地　　址	邮政编码
贵州铁路通达饭店	张渝国	戴宗舜	204	0851－5773602(市电)	贵州省贵阳火车站广场左侧	550002
贵州铁路凯里铅锌厂	阴代祥	刘玉生	39	0642－3683(路电)	贵州省凯里火车站	556001
物资工贸公司	杜凤金	陈再生	38	065－83617(路电)	贵州省贵阳市威清路	550003
厦门贵铁工贸公司	郝龙潭	周黎明	22	065－84735(路电)	贵州省贵阳市双峰路16号	550003
贵州铁路房地产开发工程公司	冯敬富	方太明	26	0851－8210272(市电)	贵州省贵阳火车站	550002
分局综合服务总公司	汪庭寿	陈文英	38	6550319(市电)	贵州省贵阳分局黔灵大厦	550003

(分局史志办)

表 15－4　客　运　公　司　(2002 年)

单　位	第一管理者	书　记	职工人数	电　　话	地　　址	邮政编码
成都分公司	贾铭理	贾铭理	7779	061－50611(路电)	四川省成都市火车北站站西路 2 号	610081
重庆分公司	潘友元	潘友元	4963	063－41685(路电)	重庆市渝中区菜园坝火车站渝铁大酒店	400014
贵阳分公司	商重阳	商重阳	4344	065－71321(路电)	贵州省贵阳市遵义路74号	550002

(游建彬)

表 15－5　工　程　(集　团)　公　司　(2002 年)

单　位	第一管理者	书　记	职工人数	电　　话	地　　址	邮政编码
第一工程有限责任公司	孟小瑜	喻修正	1355	023－68826227	重庆市杨家坪兴胜路 8 号	400050
路桥有限责任公司(二公司)	杨文远	陈晓栋	1388	028－86435157	四川省成都市一环路北二段 100 号	610081
第三工程有限责任公司	傅子献	曾伯川	983	0851－5761991	贵州省贵阳市南明区朝阳洞路建材巷 148 号	550002
建筑工程分公司	左　翼	左新民	585	028－86439397	四川省成都市一环路北二段 100 号	610081
通信信号分公司	孙毓湘	罗远东	403	028－86433167	四川省成都市一环路北二段 100 号	610081
装修实业有限责任公司	君　成	赵德新	216	028－86433517	四川省成都市一环路北二段 100 号	610081
电气化有限责任公司	冯明山	熊渝忠	293	028－86436924	四川省成都市一环路北二段 100 号	610081
水泥有限责任公司	尚言康	尚言康	41	0816－3710083 3710236	四川省江油市马角坝镇	621717

(熊　索)

表15-6 多 元 集 团 公 司 （2002年）

单 位	第一管理者	书 记	职工人数	电 话	地 址	邮政编码
成都材料料厂	孙伟尧	刘学勤	278	028-84124890 061-52558(路电)	四川省成都市二仙桥北三路11号	610051
成都木材厂	毛 为	陈远奎	205	028-83174335 061-35318(路电)	四川省成都市北站西二路58号	610081
双流起重运输机械厂	文成学	侯天理	212	028-85310024	四川省双流县火车站	610211
广汉机械厂	李裕模	杨建安	141	0838-5233054 061-71617(路电)	四川省广汉市东西大街西三段	618300
德阳轨枕厂	周家鸣	李光明	321	0838-3820020	四川省德阳市黄许镇	618007
资阳配件厂	吴传正	李金祥	420	0832-6196241 061-88444(路电)	四川省资阳火车站内侧	641300
重庆配件厂	张 渝	徐庆富	455	023-68514442 063-48258(路电)	重庆市九龙坡区黄桷坪铁路五村3号	400053
成都铁路局印刷厂	毛 谦	秦兆林	192	028-86437254 061-37254(路电)	四川省成都市王家塘街4号	610031
广汉科峰电子有限责任公司	张忆烈	程家兴	246	0838-5305387 061-71124(路电)	四川省广汉市湘潭路二段	618300
什邡瑞邦机械有限责任公司	龙文强	陈以杰	235	0838-8280282	四川省什邡市外西街195号	618400
成都铁路局房地产开发公司	傅 涛	万柱强	460	028-83195969 061-32435(路电)	四川省成都市北站西一路10号	610081
西南铁路国际旅行社	吕乾志	刘铁粱	263	028-83170995 061-33924(路电)	四川省成都市人民北路二段9号	610081
实业开发总公司	赵建国	苏玉银	170	028-83190516 061-33685(路电)	四川省成都市一环路北二段34号	610081
四川华铁经济发展有限公司	郑浪宇	于 力	36	028-83196349 061-31617(路电)	四川省成都市一环路北二段34号	610081
四川省成达国际经贸集团有限公司	李 翼	方 强	24	028-83193217 061-40580(路电)	四川省成都市一环路北二段34号	610081
成都中铁西南国际运输代理有限公司	张 健	张 健	49	028-86420221 061-22013(路电)	四川省成都市二环路北二段86号	610081
成都铁路华太建筑工程总承包有限公司	何文朝	孙 杰	7	028-83175618	四川省成都市一环路北二段34号	610081
成都大西南铁路监理有限公司	吴明洋	吴明洋	18	028-83170547 061-22547(路电)	四川省成都市一环路北二段34号	610081
华恒物资设备供应公司	唐大兴	刘 燕	18	028-83174666 061-36064(路电)	四川省成都市一环路北二段34号	610081
成都铁路局物资采购供应中心	李自钧		20	028-83172642 061-37388(路电)	四川省成都市一环路北二段11号	610081
成都铁路局装卸服务总公司	陈立志			028-83177243 061-34962(路电)	四川省成都市一环路北二段34号	610081
成都铁路局集装箱运输中心	唐忠亮			028-83172916 061-35292(路电)	四川省成都市一环路北二段34号	610081
博立实业有限责任公司	魏汉臣	魏汉臣	37	061-32141(路电)	四川省成都市一环路北二段34号	610081

（王 聪）

表15－7　成都铁路局二等站段及以上单位　(2002年)

单位 \ 分局	成都分局	重庆分局	贵阳分局	合计
特、一、二等站	成都 成都东 广元 绵阳 西昌南	重庆 重庆南 重庆西 内江 达州	贵阳 贵阳南 六盘水南	13
车务段	成都 江油 德阳 峨眉 西昌 攀枝花	重庆 内江 北碚	贵阳 遵义 凯里 都匀 六盘水	14
机务段	成都 江油 峨眉 西昌	重庆南 重庆西 内江	贵阳 遵义 麻尾 六盘水	11
车辆段	成都东 广元 西昌	重庆西	贵阳	5
供电段	成都 绵阳 西昌	重庆 内江 北碚	贵阳 遵义 凯里	9
工务段	成都 广元 绵阳 彭山 普雄 西昌	重庆 永川 自贡 广安	贵阳 遵义 凯里 都匀 安顺 六盘水	16
电务段	成都 西昌	重庆 内江	贵阳 凯里 六盘水	7
大修段	成都 西昌	重庆	贵阳	4
材料供应段	西昌	重庆	贵阳	3
工　厂	车轮厂			1
医　院	成都 广元 峨眉 西昌 攀枝花 夹江	重庆 内江 广安 南山(疗)	贵阳 遵义 凯里 都匀 六盘水	15
职(技)校	西昌	重庆(培训中心)	贵阳	3
中　学	荷花池 绵阳 峨眉 西昌	重庆 内江 达州	贵阳一 贵阳二 遵义 凯里 都匀 六盘水	13
合　计	44	31	39	114

客运公司
1. 成都分公司
2. 重庆分公司
3. 贵阳分公司

工程集团公司
1. 工程一公司(重庆)
2. 工程二公司(成都)
3. 工程三公司(贵阳)
4. 建筑工程分公司
5. 通信信号工程分公司
6. 电气化工程公司
7. 马角坝水泥公司
8. 装修实业有限责任公司

多元经营集团公司
1. 成都材料总厂
2. 成都木材厂
3. 重庆配件厂
4. 资阳配件厂
5. 德阳轨枕厂
6. 广汉机械厂
7. 广汉科峰电子公司
8. 什邡瑞邦养路机械公司
9. 双流起重运输机械厂
10. 各多元经营企业(公司)

局直属单位
1. 科学技术研究所
2. 电子技术计算中心
3. 勘测设计院
4. 党校
5. 成都运输学校
6. 内江机械学校
7. 成都铁中
8. 中心医院
9. 中心防疫站
10. 成都疗养院
11. 成都结核病防治院
12. 大型机械化养路段
13. 焊轨段

公、检、法
1. 成都铁路公安局
2. 省检察院成铁分院
3. 成都铁路运输中级法院
4. 成都铁路公安处
5. 西昌铁路公安处
6. 重庆铁路公安处
7. 贵阳铁路公安处
8. 成都铁路运输检察院
9. 西昌铁路运输检察院
10. 重庆铁路运输检察院
11. 贵阳铁路运输检察院
12. 成都铁路运输法院
13. 西昌铁路运输法院
14. 重庆铁路运输法院
15. 贵阳铁路运输法院

注：本表未含房建、生活、采石、多元经营企业单位和车务段管辖的二等站。

(马德浩)

统计资料

责任编辑 许娜

表 16－1 运 输 营 销 预 算 计 划 完 成 情 况 (2002 年)

项目 指标	计算 单位	铁路局		成都分局		重庆分局		贵阳分局	
		计划	完成	计划	完成	计划	完成	计划	完成
运输进款	亿 元	95.00	96.07	45.15	44.83	27.48	27.11	22.37	23.85
其中:客运进款	亿 元	46.50	45.44	22.15	21.04	14.89	14.66	94.60	9.74
货运进款	亿 元	48.50	50.63	23.00	23.79	12.59	12.44	12.91	14.11
换算周转量	亿吨公里	1145.0	1185.2	423.5	472.0	237.0	218.7	484.5	494.5
其中:旅客周转量	亿人公里	260.0	250.0	89.0	88.4	55.5	52.4	115.5	109.1
货物周转量	亿吨公里	885.0	935.2	334.5	383.6	181.5	166.3	369.0	385.4
旅客发送量	万 人	6900	6821	2770	2896	2270	2149	1860	1776
货物发送量	万 吨	10850	11213	4565	4728	3120	3191	3165	3294
其中:煤炭发送量	万 吨	3900	4339	770	891	1730	1853	1400	1595
货车静载重	吨/车	57.3	57.6	57.0	56.8	56.6	57.0	58.4	59.5
日均装车	辆	5190	5334	2195	2273	1510	1516	1485	1517
货车周转时间	天	2.90	2.77	2.52	2.36	2.08	2.17	2.19	2.11
货机日产量	万吨公里	71.5	74.6	78.6	79.6	82.0	77.9	63.0	69.8
货机日车公里	公里	392	413	404	416	368	370	395	423
货物列车平均总重	吨	2694	2716	2633	2658	2435	2338	2885	2924

(龚大华)

表 16－2 铁路工业计划完成情况 (2002 年)

项 目	计算单位	计划	完成	%
工业总产值	万 元	17662.8	17754.8	100.5
电液转辙机	组	500	374	75
道 碴	万立方米	24	47	195.8
混凝土轨枕	万 根	120	50	41.7

(张亚莎)

表 16－3 修建计划完成情况 (2002 年)

项 目	计算单位	计划	完成	%
全局合计	万 元	429297	409655.3	95.4
基本建设	万 元	310029	290555.2	93.7
更新改造	万 元	119268	119100.1	99.9

(张亚莎)

表16-4 全局机车综合运用主要指标 (2002年)

项目		单位	全年	其中			
				一季度	二季度	三季度	四季度
平均一日支配机车		台	992.4	955.9	973.2	1008.8	1030.8
其中:运用机车		台	709.7	711.5	707.1	709.8	710.4
机车运用率		%	71.5	74.4	72.6	70.4	68.9
支配机车日车公里		公里	420	433	428	412	407
客运机车	日车公里	公里	539	525	542	544	545
	技术速度	公里/小时	56.8	57.3	56.3	56.6	57.1
	旅行速度	公里/小时	48.3	48.0	48.4	48.4	48.7
货运机车(包小)	日车公里	公里	413	411	416	410	414
	技术速度	公里/小时	45.1	45.3	44.9	45.0	45.4
	平均牵引总重	吨	2716	2713	2731	2695	2724
	日产量	万吨公里	74.6	73.5	75.6	74.4	74.8
全周转时间		小时	19.7	18.9	18.9	20.3	20.7
周转距离		公里	338	324	330	348	352

(熊 伟)

表16-5 铁路营业里程 (2002年)

线路名称	线路起讫地点		公里
总计			4457.8
一、其中主要干线			
宝成线	广元	成都	319.7
襄渝线	达州	重庆西	255.8
湘黔线	大龙	贵定	262.8
黔桂线	麻尾	贵阳	295.1
成渝线	成都	重庆	504.6
成昆线	成都	攀枝花	751.8
川黔线	小南海	贵阳	424.5
贵昆线	贵阳南	凤凰山	367.5
内昆线	内江	梅花山	361.1
二、分省统计			
四川省			2106.2
重庆市			598.0
贵州省			1469.7
云南省			283.9

(赵振芳)

表16-6 铁路桥梁 (2002年)

项目	桥梁 座数	桥梁 延长米
总计	2945	254968
一、正、站线	2932	254616
其中主要干线:		
襄渝线	190	23695
宝成线	535	26668
湘黔线	342	54517
黔桂线	126	7393
成渝线	181	9654
川黔线	160	12467
贵昆线	260	20230
成昆线	661	53944
二、段、岔、特线	13	352

(赵振芳)

表16-7 铁路隧道及明洞 (2002年)

项目	隧道及明洞 座数	隧道及明洞 延长米	其中:隧道 座数
总计	1330	659620	1194
一、正、站线	1321	657796	1187
其中主要干线:			
襄渝线	45	26721	44
宝成线	71	37363	63
湘黔线	326	149783	309
黔桂线	60	16596	49
成渝线	44	8455	43
川黔线	121	35504	75
贵昆线	185	80490	160
成昆线	277	231673	256
二、段、岔、特线	9	1824	7

(赵振芳)

表16-8 配属机车台数 (2002年)

机车类型	总计(台)
总计	1042
一、蒸汽机车	0
前进型	0
二、内燃机车	270
东风$_4$型	8
东风$_{4B}$型	53
东风$_5$型	76
东风$_7$型	23
东风$_{7C}$型	32
东风$_{7D}$型	78
三、电力机车	772
韶山$_1$型	212
韶山$_3$型	535
韶山$_4$型	10
韶山$_7$型	15

(赵振芳)

表16-9 配属客车辆数 (2002年)

车辆类型	总计(辆)	其中:空调车
总计	3064	1423
软座车	17	17
硬座车	1505	526
软卧车	149	148
硬卧车	971	502
餐车	167	110
行李车	160	29
医务车	—	—
试验车	9	5
维修车	3	3
特种车	4	—
空调发电车	83	83

(赵振芳)

表16－10　主要信号设备　（2002年）

项　　目	单位	总　计
1. 闭塞公里总计	公里	4538.4
其中：自动闭塞	公里	570.0
半自动闭塞	公里	3927.4
2. 联锁车站	站	451
其中：继电联锁	站	387
计算机联锁	站	54
非集中	站	10
无　岔	站	0
3. 无联锁车站	站	0
4. 电气集中车站	站	453

（赵振芳）

表16－11　全局行车事故统计　（2002年）

分局	总件数	其中				责任部门									百万机车总走行公里事故率（%）
		重大	大	险性	一般	车务	机务	车辆	工务	电务	客运	厂务	他局	其他	
成都	40				40	3	14		2	3		5	7	6	0.70
重庆	31			1	30	3	15	2	1	3	1		3	3	1.07
贵阳	46		1	5	40	7	21		7	3			2	6	0.70
局计	117		1	6	110	13	50	2	10	9	1	5	12	15	0.77
与上年比较	－90	－3	＋1	－7	－81	0	－26	－6	－11	－8	0	－8	－3	－24	－0.69

（刘思泽）

表16－12　全局路外伤亡事故统计　（2002年）

分局	总件数	其中伤亡（人）				撞毁（辆）			肇事地点（件）				铁路支付金额（万元）
		死亡	重伤	轻伤	小计	汽车	拖拉机	其他车	区间	站内	有人道口	无人道口	
成都	749	364	397	1	762	7	0	0	609	134	1	5	293.8
重庆	417	228	196	3	427	0	0	0	357	60			248.4
贵阳	124	96	34		130	3	3	0	117	1	1	5	226.2
局计	1290	688	627	4	1319	10	3	0	1083	195	2	10	768.4
与上年比较	－22	－8	－14	－4	－26	－18	＋1	－2	－4	＋2	＋2	－22	＋62.2

（刘思泽）

表16－13 职工教育概况 (2002年)

项目	单位	全局	其中		
			成都分局	重庆分局	贵阳分局
一、职工学校	所	4	2	1	1
培训规模	人	4800	2500	800	1500
教职工数	人	287	117	74	96
培训人数	人	20494	9969	2677	7848
建筑面积	m^2	84628	41039	9876	33713
二、单独建制教育室	个	22	10	5	7
培训规模	人	11605	4855	2650	4100
职教干部	人	195	81	70	44
专职教师	人	151	62	44	45
培训人数	人次	55674	28218	18106	9350
建筑面积	m^2	58419	24158	17600	16661
三、合计数					
培训规模	人	16405	7355	3450	5600
教职工数	人	633	260	188	185
培训人数	人次	76168	38187	20783	17198
建筑面积	m^2	143047	65197	27476	50374

注：1. 合计数中教职人数含职教干部、专职教师数。

2. 按部新报表规定：只统计运输从业人员，多元、工程不进入统计。

（刘继敏）

表16－14 全局综合医院及专科医院规模 (2002年)

医院名称	等级	床位(张)	固定资产(万元)
成都中心医院	三级乙等	520	8311.06
成都结核病防治院		135	745
成都分局医院	二级甲等	204	4034
广元医院	二级乙等	229	2690
峨嵋医院	二级乙等	120	1615
西昌医院	二级甲等	190	2678.64
攀枝花医院	一级甲等	70	993.56
夹江精神病医院	二级乙等	120	668.38
重庆分局医院	二级甲等	350	4749.85
内江医院	二级甲等	230	3145
广安医院	一级甲等	70	1712.64
贵阳分局医院	二级甲等	224	3447.84
遵义医院	二级乙等	70	1267
六盘水医院	二级乙等	70	1077
都匀医院	二级乙等	100	1206.3
凯里医院	二级乙等	70	896
合计		2772	39237.27

（杨 泽）

表16-15 全局机械动力设备

（2002年）

类别	设备分类	保有总台数	固资原值（万元）	主要设备台数	技术状态 一级	二级	三级	四级	完好率 %	利用率 %	设备大修 需修台数	计划台数	完成台数	费用（万元）	设备报废 台数	原值（万元）	设备事故（件） 特大	重大	一般
七	机械动力设备	16057	83628.14	8939	4520	3878	387	154	93.94		139	65	64	427.08	391	1107.78			
七（一）	金属切削设备	1211	6271.48	921	350	504	57	10	92.73	44.68	25	18	18	122.30	22	30.02			
七（一）	其中：大型精密	63	1859.25	59	19	39	1		98.31	39.46	1	1	1	38.00					
七（一）	锻压剪冲设备	472	2180.84	338	116	209	10	3	96.15	44.97	22	2	2	5.0	3	6.45			
七（一）	其中：大型精密	11	177.84	11	6	5			100	28.00									
七（二）	动力设备	2236	9101.42	775	352	377	35	11	94.06	61.85	29	17	16	67.00	70	240.91			
七（二）	其中：锅炉	507	3515.34	235	109	117	7	2	96.17	51.78	13	11	10	38.20	2	2.10			
七（三）	电气设备	2859	9020.99	1869	899	865	71	34	94.36		18	5	5	52.98	36	51.69			
七（四）	工作炉、金属处理设备	281	1695.00	133	53	75	5		96.24		4	4	4	7.50	1	5.35			
七（五）	木工铸工设备	268	432.73	125	51	69	4	1	96.00		12				7	6.37			
七（六）	试验设备	1585	7633.79	975	569	368	33	5	96.10		4	3	3	5.00	53	96.73			
七（七）	工程机械	5217	36107.42	3145	1775	1141	145	84	92.72	40.33	16	13	13	126.80	159	550.06			
七（八）	杂项设备	1928	11184.47	658	355	270	27	6	94.98		9	7	7	40.50	40	120.20			
八	运输设备	5302	99993.80	3843	1823	1790	185	50	94.02	54.66	351	119	119	390.86	209	972.62			
八 其中	载货汽车	990	18297.29	856	370	429	51	6	93.34	36.62	5	4	4	16.10	30	165.17			
八 其中	载客汽车	1081	22786.83	747	370	344	24	9	95.58	46.48	19	17	17	58.50	26	299.60			
八 其中	各型起重机	1318	24449.07	901	417	445	35	4	95.67	36.86	48	22	22	145.40	38	111.19			
九	传导设备																		
合计		21359	183621.94	12782	6343	5668	567	204	93.97		490	188	187	817.94	600	2080.40			

（刘克群）

附录

责任编辑 许娜

西南地区铁路单位简介

【川东水泥有限公司】 中铁路桥集团川东水泥有限公司属全国重点建材企业之一，四川省工业企业500强。始建于1968年，原名中国人民解放军第2669工程筹建处，隶属铁道兵后勤部，1978年命名为中国人民解放军第6015工厂。1984年随铁道兵撤销并入铁道部，更名为中国铁道建筑总公司川东水泥厂。2000年企业与铁道部脱钩，进入中央企业大工委。2001年11月，在总公司资产重组中划归为中铁路桥集团有限公司。2002年7月企业改制为有限责任公司。

公司位于襄渝、达成铁路交汇的三汇镇火车站旁，铁路专用线2公里，濒临渠江、洲河，水陆交通十分便利。企业占地面积63万平方米，在岗职工1 093人，各类专业技术人员231人，拥有2条ф3.0×100.94米湿法回转窑生产线、1条ф2.8×10米盘塔式机立窑生产线和1条ф2.5×10米盘塔式机立窑生产线，日产熟料1 000吨。

主要畅销产品有"华蓥山"牌矿碴硅酸盐32.5等级、42.5等级和普通硅酸盐32.5R等级、42.5R等级水泥。产品广泛运用于桥梁、隧道、机场、高速公路、电站和高层建筑等大中型工程。同时还根据市场和工程需要生产52.5R普通硅酸盐水泥、有特殊要求的高速公路路面水泥和电站专用水泥。

面对激烈的市场竞争，2002年公司以改制为契机，更新观念，开拓进取，与时俱进，内强管理，外拓市场，产销水泥42.4万吨，实现工业总产值(不变价)6 021万元，工业总产值8 851万元，销售产值8 929万元，销售收入(含税)12 360万元，利润102万元，上交税金850万元，员工人均收入增长30%。

董事长：张永华
书　记：周家治
总经理：黄宽成
电　话：0818－5317827
传　真：0818－5317826
地　址：四川省渠县三汇镇
邮　编：635209

(方清明)

【中国南车集团资阳机车厂】 机车厂现有职工10 328人，其中各类专业技术人员2 800余人。工厂占地172万平方米，生产用房屋面积43.2万平方米，固定资产原值8亿元。工厂实行四级管理(总厂、分厂、车间、班组)、三级核算的管理体制，厂部机关设23个职能机构，下属9个分厂、分公司，4家厂办厂管单位，9家独资、控股、参股公司。通过质量/环境/职业安全健康管理体系认证，实现安全生产20年无重大责任事故目标，初步完成用工、人事和分配三项制度改革。

全年新造机车210台，销售收入首次突破10亿元大关，达到11.2亿元，同比增长24%。全面完成集团公司资产经营责任制目标。全员劳动生产率达到10.66万元/人年。

2002年获"全国精神文明建设先进单位"、"全国企业职工培训先进单位"、"四川省内审先进单位"、"四川省诚信纳税先进单位"、"四川省群众性经济技术创新工程先进单位"、"全国精神文明建设先进单位"等荣誉称号。

厂　长：郭炳强(法人代表)
书　记：罗燕鸣
电　话：0832－6281737
地　址：四川省资阳市资阳机车厂
邮　编：641301

(韩成刚)

【铁道第二勘测设计院】 简称铁二院，是部属综合性大型科技企业。持有国家计委、建设部、铁道部、交通部、环保局等国家部、委、局颁发的19个甲级资质证书，从事铁路、公路、地下铁道、城市轻轨交通、通信信号、工业与民用建筑、市政设施等工程的勘测设计、工程造价咨询、设计咨询、环境影响评价、环境污染防治、建设监理等服务。已通过质量认证，获得ISO9001认证和UKAS国际标准认证证书。

院机关设16个生产专业处(院、所)，4个公司(岩土、监理、建设、房地产)。下设贵阳、重庆、昆明3个勘测设计研究院，上海、济南、南宁3个分院，以及驻北京、青岛、南京、杭州、福州、厦门、潮州、深圳、广州、海口、湛江11个派出机构。

2002年，建立以岗位工资为主的企业工资制：实行各种承包责任制；进行结构调整，组建地质勘探分院，将成都勘研院与航测处合并重组成立航察分院；组建具有法人资格的物业管理有限公司；进行了专业技术职务评聘分开试点工作。

年末职工3 801人，比上年减少70人。工程技术人员2 064人，其中高级工程师520人，工程师1 252人。新录用大专院校毕业生65人(含硕士生4人)。

全年完成总工作量5 404.3换算公里,比上年增加1 579.3换算公里。财务总收入50 800万元,总支出49 000万元,实现利润1 800万元,比上年增加900万元。资产总额100 741万元,负债总额79 664万元,所有者权益21 077万元,国有资产保值增值率105%。

铁道部下达(含竞标)勘测设计任务20项,其中规划项目2项、预可研8项、可研10项。原项目9项,其中初设1项、在建项目8项;主要外委项目22项(铁路2项、公路11项、地铁9项);参加竞标6项,中标5项。

重点前期项目:黔桂线扩能改造(530公里),昆明至沾益增建第二线(167公里),洛湛线永川至岑溪段(470公里),成都枢纽北编组站(80公里),宝成线成都至青白江段增建第二线(28.4公里),遂渝线(129公里),胶济线(389.9公里),浙赣线提速(942公里),达成线扩能提速(166公里),大理至丽江铁路(164公里),云南国际铁路通道新建玉溪至蒙自(158公里),襄樊至石门北电气化(361公里竞标),湘桂线扩能提速技改(397公里),福厦线(258公里竞标),罗岑地主铁路(77公里竞标),襄渝线安康至重庆段增建第二线(534公里),合浦至河唇新建铁路(130公里竞标)。

主要在建项目:渝怀线及引入重庆枢纽、内昆线、水柏线、六盘水枢纽、贵阳枢纽、株六线、粤海通道,以及黎南、盘西等收尾销号项目。

主要外委项目:广州南部地区快速路(70公里),广州机场路北延线(9公里)及二期工程(15公里),广州北三环高速公路(59.17公里),昆明市安晋公路(45公里),成都市红星路下穿隧道工程,粤赣高速公路(133.94公里),广州地铁二号线(车辆段、四站),广州地铁三号线(三站、标段Ⅱ、标段Ⅳ区间),深圳地铁一期工程(三站二区间)及延长线(一站二区间),深圳地铁二期工程3号、12号线,成都地铁一期工程实验段三站二区间,重庆轻轨二号线。

2001年获省部级优秀工程设计奖、优质工程奖、优秀计算机软件奖共14项,获国家、省部级优秀QC小组成果奖21项,获科技进步奖1项。

院　长:漆宝瑞
书　记:何新权
电　话:市电(028)86445120
　　　　路电(061)45120
地　址:成都市通锦路3号
邮　编:610031

（陈雅礼）

【中铁二局集团有限公司】 中铁二局集团有限公司(原铁道部第二工程局)创建于1950年6月12日。建局时称西南铁路工程局。50多年来更名多次,机关地址数次迁移,1979年迁至成都市。1998年6月16日,铁道部第二工程局改制成立中铁二局集团有限责任公司。

中铁二局是国家工程施工总承包一级企业,具有铁路、公路、房建、市政、水利水电、设备安装6个施工总承包资质,铁路电务、电气化、铺架,公路路基、机场场道、城市轻轨、桥梁、隧道、爆破、土石方、地基基础、装饰装修、建筑幕墙、电信、预应力、混凝土预制构件、送变电、机场跑道、钢结构、管道、建筑智能、消防、电信、环保、城市轨道交通、特种专业等27个专业承包资质。享有对外经营权和对外贸易权。主要从事铁路、公路、机场、码头、地铁、市政工程、工业与民用建筑等各类土木工程和铁道电气化、建筑装修、给排水、通信、信号、电力等建筑安装工程施工。同时从事工程咨询、设计开发、工程监理等业务。

公司注册资本86 654万元,下辖中铁二局股份有限公司、贵州万达客车股份有限公司、深圳中铁二局工程有限公司、装饰装修工程有限公司、川铁国际技术合作工程有限公司、房地产开发工程有限公司、机电工程有限公司、物资工程有限公司、成都岩土工程有限公司、广西中铁二局工程有限公司10个控股公司;勘测设计院、厦门、通锦、东莞4个分公司;贵阳、兴六、苍郁3个指挥部;有工业、商业、建筑施工业、运输代理等多经企业65个。

至2002年底,中铁二局参加修建铁路干、支线91条(段),厂矿铁路专用线近200条,修建成渝、京承、兴六等高速公路,建造五星级深圳南海酒店、广东浮法玻璃厂、深圳雅园立交桥、四川二滩水电站左导流洞,广州、深圳、重庆、南京地铁,丰都长江大桥、兰州银滩黄河大桥和坦赞铁路、也门亚丁环线公路、尼泊尔国际会议中心大厦、老挝13号公路等一批享誉国内外的名牌工程。累计完成工程任务总额4 916 924万元,路基土石方71 043万立方米,桥梁497 038折合米,隧道906 690折合米,正式房屋9 410 688折合平方米,正线铺轨6 295千米,站线铺轨2 105.4千米。开发科技项目300多项,荣获国家科技进步奖特等奖、一等奖等4项,省部级科技进步奖9项;6项工程获国家优质工程奖,5项工程获中国建筑工程鲁班奖,1项工程获全国装饰工程奖,46项工程获省部级优质工程奖,1990年、1994年两度位居全国500家最大建筑工业企业第一位;1995年第50届国际统计大会授予"中国建筑业功勋企业"称号;1996年被评为"全国工程质量管理先进企业";1999年被评为"全国质量效益型先进施工企业","全国用户满意施工企业","全国最佳施工企业";3次被评为"全国优秀施工企业"。1999年11月通过ISO9001质量体系认证。

2002年,中铁二局主要承担渝怀线、新长线、青藏线、西南线、秦沈客专线、北同蒲、宝兰复线、胶新线、宁启线、内昆线等10余条铁路工程施工。企业资产总值73.8亿元,固资原值30.96亿元;职工总数29 962人,各类专业技术人员9 660人;大型施工机械设备4 320台(套),原值12.3亿元、净值7.6亿元;自有机械设备总功率281 596.67千瓦;全员技术装备率2.52万元/人,生产工人技术装备率4.32万元/人;全员动力装备率9.40千瓦/人,生产工人动力装备率16.10千瓦/人;装备生产率6.15,设备新度系数0.63。完成企业营业额57.3亿元,企业总产值55.2亿元,其中施工产值46.5元,附营产值8.7亿元,外经外贸产值2.1亿元。新签合同额67.1亿元,工程中标211项,中标金额52.6亿元。完成土石方3 734.05万立方米,隧道21 619.85折合米,桥梁27 351.74折合米,涵洞23 762.80横延米,正线铺轨84.09千米,站线铺轨9.95千米,正式房屋685 034平方米,完成公路长度200.20千米。

董事长:黄西华
书　记:黄西华
电　话:市电(028)87678257
传　真:(028)87663096
地　址:成都市马家花园路10号中铁二局大厦
邮　编:610032

(任天泽　马谋辉　谢瑞珍)

【中国南车集团眉山车辆厂】 是隶属南方机车车辆工业集团总公司的国有大型Ⅰ企业,西南地区惟一生产各类准、米轨货车及机、客、货车制动机的专业工厂,是我国最重要的铁路车辆出口基地和国内最大的制动机开发生产基地。截至2002年末,工厂在岗职工6 083人,其中,具有高级技术职务220人,中级技术职务575人。工厂占地面积106万平方米,各类机械动力设备1 955台,固定资产总值36 082万元。下设15个部室及9个公司。

工厂拥有精良的技术装备,雄厚的产品研制开发生产能力,货车年生产能力达4 000辆,制动机年生产能力达23 000套。货车主要产品有:C64型、C64T型、C62A型、C62B型敞车,P64A型、P64T型棚车、快运活动侧墙棚车,C31型米轨敞车、P31型米轨棚车及各类专用货车等20余个品种。制动机产品有:120型货车空气分配阀,104型客车分配阀,DK－1型机车阀,旋压缸及具有自主知识产权的TWG型空重车自动调整装置和KHP型快运货车制动系统等产品。

2002年,工厂采用技术引进,"产、学、研"联合开发等形式,理顺科技管理体制,实现内部资源优化组合,全年完成产品开发与技术进步项目18项,其中,快运活动侧墙棚车和米轨转向架提速改造通过铁道部技术审查;开发出具有自主知识产权的TWG型空重车自动调整装置和KHP型快运货车制动系统。

以建立现代企业制度为方向,按照规范、高效运作的要求,实施组织结构调整,积极稳妥地推进三项制度改革,完成了以制动机公司资产为大股东等7家公司融资的股份制改造。以市场为导向,开拓国际国内市场,销售收入创历史新高。全年新造各类货车3 496辆,较上年同期增长31.58%,机车车辆配件682 516套、组、件,较上年同期增长22.26%,出口越南米轨转向架110台份,中标巴基斯坦1 300辆铁路货车项目,创我国铁路货车出口数量最多、金额最高纪录。实现销售收入7.6亿元,较上年同期增长19.26%,利税总额7 380万元,较上年同期增长26.86%,利润1 289万元,较上年同期增长28.92%。利用自身在铆焊、铸造、机械加工、有色金属冶炼、金属材料处理等方面的优势,拓展经营领域,实现非主业营业收入1 000万元。

厂　长:夏春生
书　记:饶　庶
地　址:四川省眉山市东坡区
邮　编:620032

(汪清泉)

【中国南车集团成都机车车辆厂】 成都机车车辆厂是我国大型骨干企业之一,是我国南方地区惟一内燃、电力机车修理、车辆修理和大型电机制造的综合性工厂,质量体系通过了 ISO9001 认证,曾两度荣获全国质量管理金奖。该厂主要承修东风系列内燃机车、韶山系列电力机车、轨道起重机及工矿电力机车,承制各类机车主发电机、牵引电机,承修发电车、邮政车、行李车、硬坐车、22型硬卧车、25型硬卧车等车辆,并生产供应气缸套、抱轴瓦等路用配件及柴油机、电机试验台站等。

2002 年末,有职工 4 905 人,其中具有高级技术职务 150 人,中级技术职务 409 人,高级工人技师 5 人,工人技师 64 人。固定资产原值 5.12 亿元,主要生产设备 1 278 台,全厂占地面积 78.8 万平方米。2002 年,在成都铁路局等单位的支持下,工厂奋力拼搏,先后开发 DF_5 型机车厂修,进行了 DF_{7C}、SS_{4G}、DF_{4D}、DF_{8B} 机车厂修的技术准备工作;完成 JF208C、JF208A、ZD109BG、3000E 和 ZD120B 等 5 种电机的试制;夯实空调客车厂修基础,完善空调检修文件;积极参与地铁项目的相关工作。

加大市场开拓和营销力度,检修机车遍布全国 14 个铁路局及达成、攀钢、广梅汕等地方铁路;客车产品在 10 个铁路局使用;电机产品在大同、四方、资阳、二七机车等主机厂的份额逐步递增。全年共大修机车 140 台,比上年增长 28.4%,其中 DF_4 机车 115 台,DF_5 型机车 7 台,电力机车 18 台;制造各类电机 1 028 台,比上年增长 60.1%;大修客车 190 辆,比上年增长 11.1%。实现销售收入 3.08 亿元,比上年增长 33.3%,全员劳动生产率 47 949 元/人年,上交税金 1 549.9万元,利润 86 万元,巩固了扭亏成果。

厂　长:曾继宗
书　记:黄才汉
电　话:(028)84124753
地　址:成都市二仙桥北路 31 号
邮　编:610051

(王长根)

地方铁路简介

【四川省地方铁路局】 1992 年,为适应四川省地方铁路事业发展的需要,省政府组建成立"四川省地方铁路局",明确为省预算内全民所有制大型企业,负责领导全省地方铁路企业,并对国地铁联营体实行行业管理,统一组织全省地方铁路的建设及运营,代表四川省参加合资铁路的建设及管理。

四川省地方铁路局自 1992 年重新组建到 2002 年,经历了前五年打基础,后五年抓建设谋发展的阶段。经过十年的奋斗,地方铁路建设,运营和生产经营等各个方面都取得了长足的发展,共新建了隆昌至泸州、普济至乐坝、金沙湾至筠连、泸州至纳溪共 4 条地方铁路。还分别与铁道部和重庆市合资修建了达县至成都、达县至万县铁路。

现经营地方铁路 3 条 118 公里,联营铁路 2 条 87 公里,目前在建并力争 2003 年投产的铁路 2 条 100.5 公里(金筠 73 公里、泸纳 27.5 公里),合计经营铁路 218.5 公里,联营铁路 87 公里,共 305.5 公里。

自 1992 年至 2002 年,共完成旅客发送量 366 万人次,货物发送量 3 639万吨,周转量 13.88 亿吨公里,总收入 9.78 亿元,其中运输收入 3.56 亿元,生产经营收入 6.22 亿元。

四川省地方铁路局领导班子由 6 人组成,即:局长兼党委书记 1 人、副局长 4 人、党委副书记 1 人。

机构设置:局办公室、人事处、计财处、审计处、运输处(局安办)、基建处、物资处、经营处、公安处(系省公安厅编制)、监察处、党委办公室(团委)、局工会办公室。

下属企业及行业管理企业共 11 个:其中运输单位 5 个:彭州分局,经营彭州至白水河 39 公里窄轨铁路;普乐分局,经营普济至乐坝 24 公里准轨铁路;泸州铁路公司,经营隆昌至泸州 55 公里准轨铁路;中铁(宜宾)公司经营 73 公里准轨铁路(2003 年建成并投入运营);成都地方铁路公司,与成铁分局共同经营青白江至都江堰 60 公里准轨铁路。建筑施工单位 1 个:四川省铁路建设总公司,生产单位 1 个:枕梁构件厂,勘测设计单位 1 个:设计所,工程施工监理单位 1 个:监理公司,经营单位 2 个:物业公司和顺兴公司。全局现有职工 1 531 人,其中各级管理人员 315 人、具有专业技术职务 309 人、大专以上学历 268 人。

2002 年四川省地方铁路生产经营完成情况:客运量 10.82 万人次,比上年下降 11.67%,货运量 342.45 万吨,比上年增长 0.04%,其中:普乐铁路 103.77 万吨,隆泸铁路 81.39 万吨,青灌铁路 138.32 万吨,彭白铁路(窄轨)18.97 万吨,换算周转量 1.25 亿吨公里,比上年下降 3.23%。运输收入 4 518 万元,比上年增长4.45%,生产经营收入8 197万元,比上年增长8.49%,全局完成总收入1.4653亿元,比上年增长10.68%,全局连续11年实现安全年。

局　长:罗兴武

书　记:罗兴武

地　址:成都金仙桥10号

电　话:(028)87670502

邮　编:610031

(唐建林)

【彭州分局】 经营彭州境内彭州至白水河窄轨铁路(762毫米轨距),运营里程39公里。主要开展客、货运输,近年由于当地产业结构的调整,蛇纹石矿停产,石灰石矿限区开采,致使运量逐年萎缩,货运量不断下滑,2002年完成货运量18万吨。由于公路改建,致使客源流失,2003年停止客运。

【普乐分局】 经营川北广元和巴中境内的普济至乐坝准轨铁路,运营里程24公里。1995年建成通车,主要开展货物运输,2002年完成货运量103.77万吨,2003年拟续建乐坝至巴中铁路(53.5公里)并已开始前期准备工作。

【泸州铁路公司】 泸州铁路公司为原泸州分局,经营隆昌至泸州准轨铁路,运营里程55公里。该铁路1993年建成通车,主要开展货物运输。2002年完成货运量81.39万吨。2000年因续建泸州至纳溪铁路(27.5公里),改制为有限公司,新建泸纳段股东单位有四川省地方铁路局、泸州市政府和铁道部中铁建设中心。泸纳段力争2003年底建成通车,并准备续建纳溪至叙永铁路(80公里),前期准备工作正抓紧进行。

【成都地方铁路公司】 为国地铁联运的地方铁路公司,经营青白江至都江堰准轨铁路(成汶支线),运营里程60公里。主要开展货物运输,2002年完成货运量138.32万吨。

【中铁(宜宾)铁路公司】 经营宜宾境内金沙湾至筠连准轨铁路。该铁路1998年开工建设,将于2003年底建成通车,运营里程73公里,该铁路为四川省地方铁路局、宜宾市政府和铁道部中铁建设中心共建的合资铁路。

(唐建林)

文件目录

2002年局发文目录

发文编号	文件标题
001	关于公布《成都铁路局加强安全生产的决定》的通知
002	关于公布《成都铁路局2002年经营管理方针目标》的通知
003	关于公布2002年度全局路用货车使用计划的通知
004	关于公布《成都铁路局电务设备大修管理实施细则》的通知
005	转发四川省综治委《关于命名达川市通川区等23个单位为安全文明铁道线(站)的决定》的通知
006	关于加快Ⅱ代红外线轴温探测网建设进度的通知
007	关于2002年内资采购大型养路机械计划的请示
008	关于达成线万山寺隧道质量事故处理的建议意见

发文编号	文 件 标 题
009	关于印发《成都铁路局2002年资产经营责任制实施办法》的通知
010	转发铁道部2002年全路货车清查的通知
011	关于信号楼防火安全专项整治工程有关事项的通知
012	关于成立内昆线初验领导小组、综合及专业工作组的通知
013	关于下达2002年铁路运输营销预算计划的通知
014	关于表彰2001年抗洪抢险先进单位集体和个人的决定
015	关于尽快批复内昆线内江至水富段的提高轨道标准的请示
016	转发部关于做好2002年春节旅客运输工作的通知
017	关于印发《成都铁路局2002年干部培训计划》的通知
018	关于印发《2002年全局劳动安全和锅炉压力容器安全工作目标和重点》的通知
019	关于成都铁路局使用无线调度电话发车的批复
020	关于成都铁路局《铁路施工单位爆炸物品安全管理办法》几个问题的补充规定
021	关于印发《成都铁路局修订集体企业劳动用工管理暂行办法》的通知
022	关于下达2002年多元经营收入、利润计划的通知
023	关于开展客运服务质量年活动的通知
024	关于印发成都铁路局提高旅客列车正点率的通知
025	关于2002年保价投资项目的报告
026	关于成都铁路局机关直属集资修建经济适用房的请示
027	关于印发《成都铁路局机车车号识别系统运行维护管理办法细则(暂行)》的通知
028	关于印发《成都铁路局车号自动识别系统管理办法(暂行)》的通知

发文编号	文 件 标 题
029	关于充实加强运输生产一线、调整劳动定员的通知
030	关于公布《成都铁路局运输企业工资总额同经济效益挂钩实施办法》和《成都铁路局多元经营企业工资总额同经济效益挂钩实施办法》的通知
031	关于进一步搞活企业内部工资分配的指导性意见
032	关于进一步规范奖金分配的管理的通知
033	转发卫生部、铁道部、交通部、民航总局关于开展2002年春运期间“舒心旅途、放心食品”活动的通知
034	关于公布发运阔大货物、钢材、木材、料石、笨零(笨重)货物、废钢铁的车站(站内)和专用线名称表的通知
035	转发四川省人民政府办公厅《关于开展春季百日安全生产活动的通知》的通知
036	关于公布《成都铁路局职工岗位达标培训管理办法》的通知
037	成都铁路局关于深化劳动用工制度改革、促进安全生产的决定
038	成都铁路局运输岗位职工岗位达标规划
039	关于对职工岗位达标培训工作实行考核的通知
040	成都铁路局关于职工培训基地建设的决定
041	关于职工岗位达标培训期间待遇的通知
042	关于强化职工岗位达标培训经费管理的通知
043	关于印发《成都铁路局复退军人岗前培训暂行管理办法》的通知
044	关于调整内昆铁路行政区划分的请示
045	关于2002年红外线重点工作安排的通知
046	关于襄渝铁路达渝段提速一期工程建设用地问题的报告
047	关于公布《成都铁路局运输进款清算办法》的通知
048	关于铁路运输企业2002年财务结算问题有关规定的通知

发文编号	文件标题
049	转发铁道部《路网使用费管理办法》的通知
050	关于下达2002年运营财务计划的通知
051	关于下达2002年铁路运输设备大修计划的通知
052	成都铁路局　局党委关于成立达成铁路公安分处的通知
053	成都铁路局　局党委关于公布局公安局机关机构编制的通知
054	关于下达2002年度机车司机考升计划的通知
055	关于下达2002年铁路装卸机械固资折旧费使用计划的通知
056	关于下达2002年铁路计划的通知
057	关于进一步整顿和规范工程建设管理的通知
058	关于做好2002年防洪工作的通知
059	关于下达2002年成都铁路局客车检修计划的通知
060	关于局管内开行超长军列有关问题的通知
061	关于呈报《成都东站货主营业厅可研报告》的报告
062	关于评选2001年度节能先进集体、个人的通知
063	关于公布《成都铁路局铁路货车、轮轴报废及资产管理办法》的通知
064	转发铁道部《铁路科技发展“十五”计划和2015年长期规划纲要》的通知
065	转发铁道部办公厅关于科技厅等四部门印发的《国际展览管理暂行办法》的通知
066	关于印发《成都铁路局2002年施工调整图的通知》
067	转发部关于发布《铁道行业标准化委员会章程》的通知
068	转发铁道部关于加强危险货物运输安全工作的意见和关于发布铁路危险货物办理站(专用线、专用铁路)办理条件暂行规定的通知

发文编号	文件标题
069	成都铁路局关于2002年工资总额计划的编制报告
070	关于成都铁路局成人中等公安学校招生的通知
071	关于在全局继续深入开展安全生产专项整治工作的通知
072	关于表彰2001年度设备优秀单位和先进个人的通知
073	关于表彰2001年度全局物资系统先进集体、先进个人的通知
074	关于推荐水柏铁路有限责任公司董事会董事兼总经理的报告
075	关于2002年春运工作情况的报告
076	关于公布成都铁路局工务安全优质达标线建设标准的通知
077	转发铁道部《铁路危险货物托运人资质审查暂行规定》的通知
078	关于公布2001年度成都铁路局安全优质电务段的通知
079	关于公布《成都铁路局2002年工资总额宏观管理办法》的通知
080	关于对宝成复线接触网定位线夹质量事故处理意见的建议意见
081	关于公布2002年全局物资监察工作要点的通知
082	转发铁道部《铁路剧毒品运输跟踪管理暂行规定》的通知
083	关于印发《成都铁路局安全管理监督考核办法》的通知
084	关于旅客运输中有关扩能亟待解决问题的请示
085	转发部《铁路专运乘务人员轮换制度实施办法》的通知
086	关于修订《成都铁路局多元经营综合考核办法》的通知
087	关于内昆线开通临管运营的请示
088	关于发布《带计轴检查的64D型继电半自动闭塞设备暂行使用办法》的通知

发文编号	文件标题
089	转发铁道部关于《铁路利用国外贷款项目投资计划管理办法(暂行)》的通知
090	关于修订《成都铁路局更新改造、大修理、运营维修项目主要物资设备集采专供实施办法》的通知
091	关于开展站车防火防爆专项检查工作情况的报告
092	成都铁路局　局工会关于转发"关于印发《铁路实施〈中国妇女发展纲要〉十年规划》的通知"的通知
093	关于调整提高监察、纪检部门专职人员办案补贴标准的通知
094	关于达万铁路急需建设资金的报告
095	关于公布《成都铁路局2002年用工总量宏观调控办法》的通知
096	关于内昆线宜宾至六盘水南电气化开通有关工作安排的通知
097	关于印发《科学尖端保密产品、重要保密物资铁路运输警卫工作规定》的通知
098	关于新建内昆铁路执行工资区类别和艰苦地区津贴问题的请示
099	转发部《关于客车上自行携带或按包裹运输科学尖端保密产品、重要保密物资办法》的通知
100	关于对《成都铁路局国家资本予以确认的请示》
101	关于下发《成都铁路局2002年科技研究开发计划》的通知
102	关于下达路局安全生产专项整治推进计划的通知
103	关于落实站车防火防爆专项检查整改项目有关问题的通知
104	关于公布《成都铁路局机务行车安全管理实施细则》的通知
105	关于2002年全局统计人员持证上岗工作安排的通知
106	关于2002年退伍军人接收安置工作的通知
107	成都铁路局关于加强教师队伍建设的意见
108	关于申请对内宜电化按期开通给予一次性奖励的请示
109	关于公布内昆新线临时行车组织暂行办法的通知
110	铁路局　局党委　局工会　局团委命名表彰"成都铁路局十佳青年岗位能手"的决定
111	转发《铁道部关于重大死亡事故责任追究的办法》的通知
112	铁路局　局党委关于建立多元经营新格局的决定
113	关于印发内昆线列车运行图的通知
114	关于职工因病或非因工死亡待遇规定的通知
115	关于调整提高专职信访人员岗位津贴标准的通知
116	关于调整提高我局检察院、法院办案人员岗位津贴标准的通知
117	关于调整警衔津贴标准的通知
118	关于做好报废军用危险品运输安全工作的通知
119	关于将成都焊轨厂划为直属单位的通知
120	铁路局　局党委关于调整电务生产布局的通知
121	关于铁路工程项目审计中反映个别施工单位违规转包情况的报告
122	转发铁道部《铁路旅客列车消防管理规定》的通知
123	关于公布《成都铁路局机务段标准化监控新考核办法》的通知
124	关于在全局立即开展安全生产大检查的通知
125	关于请求解决成都铁路枢纽成昆电气化引入工程建设征地问题的报告
126	关于加强全局法律顾问工作的通知
127	关于公布《进一步规范成都地区各单位临时用工管理的规定》的通知
128	关于评选离退休工作及离退休职工先进集体和先进个人的通知

发文编号	文件标题
129	关于公布《运输成本"查对标"工作实施意见》的通知
130	关于公布车务行车规章管理办法的通知
131	关于下达2002年铁路运输设备更新改造(第一批科技推广)计划的通知
132	关于公布《成都铁路局电务设备"天窗"修实施办法》的通知
133	关于开展药品和医疗器械采购执法监察"回头看"活动的通知
134	关于推动全局财务会计信息化建设的若干意见
135	关于给予白旭同志行政警告处分的决定
136	关于给予白旭东同志行政警告处分的决定
137	转发铁道部关于重新发布《铁路旅客运输服务质量监督监察办法》的通知
138	关于下达成都铁路局2002年劳动工资计划的通知
139	关于请求尽快调整新建达万铁路工程计划投资的请示
140	转发《铁路旅客运输服务质量网络监督监察工作规定(试行)》的通知
141	关于开展"安全生产月"活动的通知
142	关于内昆线内宜段铁路电气化工程概算清理有关问题的请示
143	关于修订《加强营业线施工安全管理的补充办法》的通知
144	关于需在成昆线电气化改造项目工程降造费中列支有关费用的请示
145	关于印发《成都铁路局基本建设资金供应和管理责任制及考核办法》的通知
146	关于将成都车辆轮对检修段改造纳入新建成都北编组站工程的请示
147	铁路局　局党委关于成都铁路局内部客运公司组建方案的请示
148	关于转发铁道部《铁路运输通信服务标准》的通知
149	转发国家经贸委、铁道部等十部、委、局关于开展危险化学品安全管理专项整治工作的通知
150	关于印发2002年分流调整图、暑运图及做好暑运旅客运输工作的通知
151	对《关于变更成立成都铁路局多元经营集团请示》的批复
152	关于加强车站计算机联锁管理的通知
153	关于下达2001年工效挂钩工资结算的通知
154	关于修改施工"天窗"考核附表的通知
155	关于印发《成都铁路局全面预算管理实施办法(暂行)》的通知
156	关于进一步做好新形势下信访工作的通知
157	关于资阳配件厂生产13号车钩钩舌(C级钩)的请示
158	关于重庆配件厂生产13号车钩钩舌(C级钩)的请示
159	关于对铁路沿线集贸市场进行整顿确保铁路行车和人身安全的报告(送贵州省)
160	关于对铁路沿线集贸市场进行整顿确保铁路行车和人身安全的报告(送重庆市)
161	关于对铁路沿线集贸市场进行整顿确保铁路行车和人身安全的报告(送四川省)
162	关于对铁路沿线集贸市场清理整顿情况的报告
163	关于株六复线、内昆线牵引用电有关情况的报告
164	关于对管内爆炸物品安全大检查情况的通报
165	关于印发《成都铁路局抗震设防烈度区划表》的通知
166	关于成铁运校师范专业学历问题的请示
167	关于公布《成都铁路局安全效益工资考核管理办法》的通知
168	关于实行技能津贴的通知

发文编号	文　件　标　题
169	关于调整各类新进人员临时工资标准的通知
170	关于对内部退养职工增加补贴的通知
171	关于印发《成都铁路局铁路专用通信管理办法(暂行)》的通知
172	关于调整2002年铁路基本建设计划的通知
173	关于进一步加强列尾装置管理使用维修工作的通知
174	转发铁道部、铁路总工会《关于认真贯彻〈中华人民共和国职业病防治法〉及其配套规章的通知》的通知
175	关于达万铁路客货运价的请示
176	关于呈报成都铁路局环境保护"十五"建设计划的报告
177	关于给予覃长炳同志行政记过处分的决定
178	关于贯彻《机关、团体、企业、事业单位消防安全管理规定》的通知
179	转发铁道部关于《国有铁路企业及国有铁路控股企业领导人员任期经济责任审计暂行规定》的通知
180	转发铁道部《关于加强铁路工业产品质量工作的意见》的通知
181	关于印发《成都铁路局地震应急预案》的通知
182	关于转发铁道部《转发国务院和建设部等部门关于进一步加强住房公积金管理三个文件的通知》和王兆成副部长《在全国铁路住房公积金工作电视电话会议上的讲话》的通知
183	关于内昆铁路未完工程项目委托建设有关问题的通知
184	印发《关于对2001年安全设备整治资金使用情况的专项审计调查报告》的通知
185	关于增运增收、节支降耗　确保完成全年经营目标的措施
186	关于报送成都铁路局增收节支措施的报告
187	关于呈送成都铁路局住房公积金管理机构撤并调整实施方案的报告

发文编号	文　件　标　题
188	关于印发《成都铁路局牵引供电设备大修管理实施办法》和《成都铁路局牵引供电设备大修设计文件编制办法(试行)》的通知
189	对贵阳分局双线双局自动闭塞行车组织办法的批复
190	关于呈送《成都铁路局"安全生产月"活动总结》的报告
191	2002年上半年全局行车安全情况通报
192	关于印发《成都铁路局站舍房建设标准的通知》
193	关于开展全局运营固定资产清查预测系统及折旧费匡算工作的通知
194	关于设立铁路住房公积金管理中心的请示
195	成都铁路局药品和医疗器械采购执法监察"回头看"活动情况的报告
196	关于工伤保险有关待遇的通知
197	铁路局　局党委关于转发《铁路专业技术带头人选拔管理暂行办法》的通知
198	关于2002年专业职务评聘工作有关问题的通知
199	印发《成都铁路局2002年上半年对分局安全评估考核情况的通报》的通知
200	关于成都铁路局TMIS工程建设实施站段变更的报告
201	关于成立成都铁路局内部客运公司的通知
202	关于公布成都铁路局内部客运公司十三个配套管理办法的通知
203	关于调整局、分局机关职能和机构编制的通知
204	内昆线(宜宾南—六盘水南)牵引试验报告
205	成都铁路局关于2002年工资总额计划的请示
206	关于呈报2003、2004年滚动计划建议的报告
207	关于建立职工个人安全档案的通知

发文编号	文件标题	发文编号	文件标题
208	关于公布《成都铁路局超限货物运输审批程序管理(暂行)办法》的通知	228	转发部《关于"十五"期间深入推进铁路安全规范管理强基达标工作的意见》的通知
209	关于继续开展车、工、电联合整治道岔轨道电路的通知	229	关于公布《电务设备检修作业登、销记内容格式的补充规定》的通知
210	关于下达2002年度战备事业费计划的通知	230	关于水柏铁路临管运营分流运输的请示
211	成都铁路局对达成公司2002年上半年安全评估考核情况的通报	231	转发部《关于发布铁道行业标准TB/T3060－2002(机车信号信息定义及分配)的通知》
212	印发《成都铁路局关于规范企业改制的指导意见》的通知	232	关于内昆线职工工资待遇问题的通知
213	成都铁路局关于建立安全生产问题库的通知	233	关于成都铁路局2003年机车购置的请示
214	关于下发机车柴油添加剂试验安排及要求的通知	234	铁路局　局党委关于表彰全局离退休工作及离退休职工先进集体和先进个人的决定
215	关于请求安排水害复旧的资金的请示	235	关于公布《成都铁路局货车段修管理实施办法》的通知
216	关于表彰教育名师和骨干教师的决定	236	关于内昆线实行调整列车运行图的通知
217	关于公布《成都铁路局机车回送工作实施办法》的通知	237	关于下达成都铁路局2002年工资总额调整计划的通知
218	关于印发《成都铁路局贯彻〈合资铁路与地方铁路行车安全管理办法〉的实施意见》的通知	238	关于职业病防治工作专项检查情况的通报
219	转发部《关于建立铁路多元经营新格局若干问题的指导意见》的通知	239	成都铁路局关于调整2002年工效挂钩基数的报告
220	关于转发部《关于铁通公司利用铁路用地敷设通信管线有关问题的通知》的通知	240	转发铁道部《关于实现支线改革新突破试点工作的若干意见》的通知
221	关于申报、保持、终止铁道部"安全司机标兵"称号的请示	241	关于印发《成都铁路局水电设备大修管理办法》的通知
222	关于授予刘显辉等95名同志"安全先进司机"称号的决定	242	关于呈送《内昆线云南省境内牵引供电电能质量联合测试报告》的报告
223	对重庆分局《关于建立多元经营新格局方案的报告》的批复	243	关于发布《成都铁路局对〈铁路货物装载加固方案管理暂行规定〉的补充规定》的通知
224	关于对《贵阳分局建立多元经营新格局的实施方案的决定》的批复	244	关于公布《成都铁路局机车零部件无损探伤工艺》(试行)通知
225	对成都分局、分局党委《关于多元经营新格局的实施方案的请示》的批复	245	关于表彰2001年度铁路军事专用线通用保障工作先进单位的通报
226	关于命名2002年度成都铁路局"十佳机车司机"的通知	246	关于更换达万铁路有限责任公司董事会董事兼总经理人员的请示
227	关于成昆铁路电气化建设用地《国有土地使用证》需要更换土地使用者名称请示的批复	247	关于调整隆昌机库用地的决定

发文编号	文件标题
248	关于下达2002年多元经营收入、利润调整计划的通知
249	关于上报2003年运输指标预期值的报告
250	关于申请更新交通战备指挥车辆的请示
251	关于改革我局建设管理体制的决定
252	关于调整2002年铁路运输设备更新改造计划的通知
253	关于对局客运公司2002年工资总额使用计划的批复
254	转发部《中国加入WTO后铁路运输业面临的机遇挑战和对策》的通知
255	转发部《铁道行业职业技能鉴定费用收支管理办法》的通知
256	关于发布《列车运行监控记录装置安装、使用、数据处理、维修、管理办法》的通知
257	关于重新公布《成都铁路局安全管理监督考核办法》部分附件的通知
258	关于加强成都铁路局人口与计划生育管理工作的通知
259	关于做好2002年新老兵运输工作的通知
260	关于2003年春运临客开行方案的请示
261	关于增开直通客车的请示
262	关于呈送《成都铁路局2002年防洪工作总结》的报告
263	关于渝怀铁路涪陵电务段选址重庆江北的请示
264	关于印发成都铁路局水柏线分流及部分区段调整图的通知
265	关于将成都铁路局调度中心大楼纳入成都北编组站建设的请示
266	关于下达2002年铁路设备更新改造(第二批科技推广)计划的通知
267	关于成昆铁路电气化凉山段谐波负序情况报告
268	关于下发成都铁路局2003年春运准备工作计划及旅客运输组织措施的通知
269	关于达县站站改施工的批复
270	转发铁道部关于水柏铁路分流运输的通知
271	关于审计署驻成都特派办对我局1990至2000年铁路资金管理、使用情况审计提出问题说明的报告
272	关于进一步加强全局合理化建议和技术改进活动的意见
273	关于呈送《成都铁路局调度管理信息系统工程初步设计》文件的报告
274	关于颁发施行《列尾作业员、列尾值班员、通信工(平调)职业技能标准》的通知
275	关于呈送《成都铁路局调度管理信息系统工程初步设计文件的报告
276	关于下达2002年水害复旧项目的通知
277	关于2003年内资采购大型养路机械计划的通知
278	关于印发2002年新老兵运输方案的通知
279	关于2003年客运保价投资项目的请示
280	转发铁道部《铁路财务监察办法》的通知
281	关于贵阳南站申报特等站的请示
282	关于成立成都铁路局遂渝铁路指挥部的请示
283	关于《成都铁路局2003～2004年货运设备投资滚运计划》的请示
284	关于《成都铁路局2003～2005年货运设备投资保价投资补充规划》的请示
285	关于解决达万铁路开行货款债务问题的请示
286	关于公布《内六线豆梅段临管运营财务管理办法(暂行)》的通知
287	转发部《既有线提速技术条件》的通知

发文编号	文件标题	发文编号	文件标题
288	关于做好春运期间聘用劳务人员担当临时旅客列车乘务工作的通知	305	关于改建铁路成都枢纽青白江至成都段增建第二段工程和监理预招标结果的报告
289	转发铁道部《关于重新发布〈货物列车编组计划规则〉的通知》	306	关于新建铁路遂宁至重庆线站前工程施工预招标结果的报告
290	关于更换水柏铁路有限责任公司董事会副董事长的请示	307	关于新建铁路遂宁至重庆线站前工程监理预招标结果
291	关于成昆线电气化凉山段谐波、负序有关问题的汇报	308	关于调整2002年铁路运输设备更新改造计划的通知
292	关于公布《成都铁路局客货运速报统计实施细则》的通知	309	关于遂渝铁路建设重点控制工程先行用地的请示
293	关于进一步加强客运公司路风监察工作的通知	310	关于发布实行全面预算管理工作要求的通知
294	关于局客运公司客票销售和收入管理有关问题的通知	311	关于转发部产品质量监督抽查管理办法的通知
295	关于做好《成都铁路局年鉴》2003年卷编撰工作的通知	312	关于表彰路风建设先进集体和个人的决定
296	转发《关于印发〈合资铁路地方铁路及专用铁道与国家铁路接轨站安全管理办法〉的通知》	313	关于认真做好2003年春节旅客运输工作的通知
297	转发部关于加强铁路剧毒品运输管理的通知	314	关于调整2002年铁路基本建设计划的通知
298	关于遂渝铁路、成铁枢纽建设重点控制工程先行用地的请示	315	关于撤销达成铁路建设指挥部的通知
299	关于公布成昆中段货物列车安装使用列尾装置行车组织办法补充规定的通知	316	关于贵阳铁路客运分公司张军非责任因工死亡事故的报告
300	转发部《关于违反铁路运输收入纪律的处罚规定》的通知	317	关于印发《成都铁路局2003年春运售票组织办法》的通知
301	关于西环线开通道口安全问题的批复	318	关于我局客车检修三十条规定推进计划的报告
302	关于下达2002年铁路运输设备更新改造自筹计划的通知	319	关于公布《成都铁路局运输企业废钢铁管理办法》的通知
303	关于西环线开通有关问题的批复	320	关于调整2002年铁路基本建设计划的通知
304	关于请求解决基建储备周转资金的报告	321	关于下达2002年铁路运输设备大修调整计划的通知

（局办公室供稿）

2002年局党委发文目录

发文编号	文件标题	发文编号	文件标题
01	中共成都铁路局委员会关于推荐考察出席党的十六大代表候选人初步人选、省第八次党代会预备人选和省企业系统党员代表会议代表候选人工作的情况报告	13	关于进一步做好维护稳定工作的通知
02	关于选举产生成都铁路局出席中共四川省企业系统党员代表会议代表的情况报告	14	局党委、铁路局关于建立领导干部廉洁谈话制度的通知
03	关于2001年党风廉政建设责任制落实情况的报告	15	关于成立成都铁路局多元经营集团有限公司(多元经营管理中心)党委和纪委的通知
04	关于"十五"期间加强发展党员工作的意见	16	局党委、铁路局关于不稳定因素的排查报告
05	关于认真学习贯彻中央纪委七次全会精神的通知	17	关于评选"创岗建区"先锋、成绩显著共产党员和"一练三过硬"组织工作突出的站段党委、党支部及成绩显著共产党员的通知
06	局党委、铁路局关于印发《成都铁路局领导班子二OO二年创建好班子规划》和《路局领导班子成员争创好班子、争当好干部个人保证措施》的通知	18	关于满希民同志任职的请示
07	局党委、铁路局关于表彰2001年度局治安综合治理达标单位、先进单位、模范基层单位的决定	19	局党委、铁路局关于开展"廉洁奉公、勤政为民当公仆"活动的通知
08	局党委、铁路局关于下达2002年参加铁道部培训计划的通知	20	关于贯彻铁道部政治部、中华全国铁路总工会《关于评选表彰全路在"三讲"教育和"三个代表"学习教育活动中做出贡献人员的通知》的通知
09	关于提高部分离休干部享受生活待遇的报告	21	关于评选表彰全局在"三讲"教育和"三个代表"学习教育活动中做出贡献人员的通知
10	转发部党组《关于认真学习贯彻曾庆红同志重要批示,深入扎实地抓好"三个代表"重要思想学习教育活动的通知》的通知	22	关于命名表彰"创岗建区"、"一练三过硬"活动先进集体和个人的决定
11	局党委、铁路局《关于表彰全局监督系统先进集体和先进个人的决定》	23	关于贯彻铁道部政治部《关于评选表彰全路学习实践"三个代表"重要思想,基层干部先进个人的通知》的通知
12	关于2002年党风廉政建设和反腐败工作的意见	24	关于公布局属各单位政工专业职务定编的通知

发文编号	文件标题
25	关于表彰全局"三讲"教育和"三个代表"学习教育活动中成绩显著的优秀党务工作者和学习实践"三个代表"基层干部的决定
26	关于杨大松同志兼任成都铁路局客运公司总经理、党委书记的请示
27	局党委、铁路局关于学习宣传《安全生产法》的通知
28	转发部政治部《关于转发中宣部等部门对编写出版十六大文件学习辅导读物等有关问题加强管理的通知》的通知
29	局党委、铁路局关于成都客运公司领导班子组成的批复
30	局党委、铁路局关于成都客运分公司领导班子组成的批复
31	局党委、铁路局关于重庆客运分公司领导班子组成的批复
32	局党委、铁路局关于贵阳客运分公司领导班子组成的批复
33	关于成立客运公司党委和成都、重庆、贵阳客运分公司党委的通知
34	关于《四川省人民检察院成都铁路运输分院机构改革实施方案报告》的批复
35	关于《成铁运输两级法院机构改革实施方案报告》的批复
36	局党委、铁路局关于印发《客运公司、客运分公司执行专运警卫任务的规定》的通知
37	关于印发加强和改进基层党支部建设四个办法的通知
38	关于蔡瑜同志任职的请示
39	局党委、铁路局关于影响稳定因素的再排查情况的报告
40	局党委、铁路局关于对党风廉政建设责任制进行检查考核的通知
41	关于离退休职工队伍稳定工作的情况报告
42	关于刘明智等三位同志提为副局级生活待遇的报告
43	关于成立中共成都铁路局客运公司纪律检查委员会的通知
44	关于免去施成效同志职务的请示
45	关于认真学习宣传贯彻十六大精神的通知
46	关于切实加强春运思想政治工作的通知
47	关于中共贵阳铁路分局第八届委员会和纪律检查委员会第一次全体会议选举结果的批复
48	关于中共重庆铁路分局第九届委员会和纪律检查委员会第一次全体会议选举结果的批复
49	关于中共成都铁路分局第九届委员会和纪律检查委员会第一次全体会议选举结果的批复
50	关于中共成都铁路局直属机关第九届委员会和纪律检查委员会第一次全体会议选举结果的批复

（局党办供稿）

索　　引

说　明

一、本索引采用综合性复式主题索引方法，按汉语拼音字母音序排列。

二、特载专文、大事记、文件选编、统计资料、附录只作栏目索引。

三、索引名称后的数字表示页码。

A

阿米子黑　274
爱心献劳模　247
安崇伦贪污受贿案　268
安全标准化活动　81
安全大检查　259
安全管理机制　102
安全基础建设　73
安全技术审查　210
安全监察　101
安全监察培训班　104
安全考核　76　103
安全目标确定　101
安全年目标　103
安全评估　102
安全生产　63
安全生产报道　220
安全生产问题库　103
安全生产宣传　234
安全生产月　152
安全生产责任制　102
安全生产专项整治　75　102
安全天数　104
安全信息管理　104
安全宣传　219
安全优质电务段　100
安全征文　115
安全资金　162
安顺工务段　361
安顺立交桥架设　128
案件查处　238
案件受理范围扩大　267

B

八届二次职代会　245
白建生任职　106
百日安全活动　104
百岁退休职工　180
班主任夏令营　203
办公自动化系统　215
帮困基金　247
宝成包价清理　122
宝成复线建设　121
宝成复线台账管理　122
宝成工程质量回访　122
报纸编校质量　219
报纸创优工作　220
北碚车务段　346

北碚供电段 277 351
毕业生分配 150
编组站尾部停车器 65
部开发计划项目 208

C

财会学会 147
财务工作 247
财务工作会 145
财务管理 145
财务监察 147
财务体制改革 145
采石 93
蔡国华 272
曹前明 275
长远规划调研 142
厂务公开 245
车次范围 74
车队管理 167
车号识别系统 207 215
车辆 87
车辆安全生产 87
车辆春运 87
车辆段 353
车辆验收 89
车辆验收管理 160
车流调整 64
车务段 344
车务系统审计 163
车站防溜紧闸器 65
车站管理信息系统 137
车站综合管理系统 215
尘毒治理 152 155
陈承业 108
陈文清检查工作 265
陈元水 273
成本控制 146
成都材料总厂 368
成都车轮厂 371
成都车务段 345
成都车站 340
成都电务段 354
成都东车辆段 277 353
成都东站 340
成都分局 288
成都分局安全生产 293
成都分局部门负责人 289
成都分局财务管理 293
成都分局党委 296
成都分局多集经 294
成都分局干部情况 291
成都分局工会 297
成都分局工人情况 290
成都分局工业生产 294
成都分局管辖范围 288
成都分局基建项目 293
成都分局机构设置 288
成都分局技术设备 291
成都分局教育 294
成都分局领导干部 289
成都分局生活福利 295
成都分局土地管理 294
成都分局团委 297
成都分局医疗卫生 295
成都分局运输生产 293
成都分局职工队伍 290
成都分局重要记载 298
成都分局指标完成 292
成都工务大修段 362
成都工务段 357
成都供电段 351
成都机务段 348
成都建筑总公司 363
成都结防院 175
成都客运分公司 343
成都木材厂 367
成都枢纽扩能 66
成都枢纽西环线 119
成都铁路局计量所 212
成都铁路运输学校 205
成都卫生防疫站 175
成都西环线建成 115
成都运输技工学校 206
成都职工疗养院 175
成都中心医院 175
成昆电化引入工程 119
成昆电气化改造 123
成昆工程建设 125
成昆工程收尾 123
成昆工程质量 124
成昆铁路审计 125
成昆重点病害整治 124
成昆总概算清理 123
成龙路立交桥 137
《成铁金秋》 180
《成铁企业管理》 171
成渝通车五十周年 185
乘车证管理 152
承包合同纠纷案 268
处置法轮功 254
川黔货车外绕线 118
传染病疫情 173
创岗建区先锋 278
创岗建区先进党员 278
春节运输 69
春运安全 72
春运报道 220
春运策划分析 143
春运临客党支部 231
春运路风监控 168
春运培训 202
春运特点 71
春运组织 71
重庆车务段 346
重庆车站 341
重庆市党代表 274
重庆电务段 354
重庆房产建筑公司 363
重庆分局 302
重庆分局安全生产 306
重庆分局部门负责人 303
重庆分局多元经营 307
重庆分局干部情况 303
重庆分局工人情况 303
重庆分局管辖线路 302
重庆分局货运营销 304
重庆分局机构变化 302

重庆分局机构设置 302
重庆分局集体经济 308
重庆分局技术设备 304
重庆分局教育 308
重庆分局经营管理 306
重庆分局科技成果 307
重庆分局客运营销 306
重庆分局领导干部 302
重庆分局路风建设 307
重庆分局土地管理 306
重庆分局医疗卫生 309
重庆分局运输生产 304
重庆分局政治工作 310
重庆分局职工队伍 303
重庆分局职工福利 308
重庆分局职工培训 206
重庆分局重要记载 311
重庆分局主要指标 305
重庆分院 137
重庆工务大修段 362
重庆工务段 359
重庆供电段 351
重庆客运分公司 343
重庆南机务段 349
重庆南站 342
重庆配件厂 368
重庆统景海螺宾馆 137
重庆西车辆段 353
重庆西机务段 349
重庆西站 342

D

达标培训调研 202
达标培训考核 203
达成安全工作 110
达成党风路风 112
达成党委工作 111
达成党组织 111
达成工会 112
达成公司旅客运输 73
达成公司共青团 112
达成技术改造 111
达成公司客货营销 110
达成公司劳动合同 110
达成铁路 110
达成铁路公司 110
达成铁路环保验收 121
达成铁路建设 121
达成铁路用地验收 121
达成通过环保总验 115
达成完善管理 110
达成线提速改造 66
达成宣传工作 112
达成公司引进干部 110
达成公司员工培训 111
达成指挥部撤销 121
达成综合治理 111
达万调概 125
达万董事会 126
达万概算清理 126
达万工程初验 126
达万工程招投标 126
达万工程质量监督 126
达万公司股东会 125
达万计算机建设 126
达万全线竣工初验 125
达万全线临运 126
达万铁路 109
达万铁路管理 311
达万铁路建设 125
达万铁路开通 115 118
达万资金情况 126
达州车站 342
打击法轮功邪教 257
大事故 104
大型机械化养路段 361
大修计划管理 146
单项奖励 151
党代表大会 230
党费管理 232
党风廉政建设 243
党风廉政建设宣传 239
党风廉政建设责任制 239
党建带团建 250
党建政工宣传 219
党内统计 232
党群机构定员 230
党委工作 228
党委九届四次会议 228
党委七一表彰 278
党委书记工作会 228
党务督办 228
党务机要保密 229
党务刊物 229
党务文秘工作 228
党务信息 229
党务综合管理 228 229
党校函授教育 241
党校机构调整 241
党校机关党委换届 242
党校科研工作 242
党校校址搬迁 241
党校新教学楼修建 242
党校主体班教学 240
党员代表会议 230
党员电化教育 232
党员发展 232
党员干部理论教育 240
党员慰问 232
党支部建设 231
档案管理 166
倒卖客票 258
道口安全 102
道口安全管理 92
德阳车务段 344
德阳轨枕厂 369
电化公司 366
电力机车检测装置 210
电力机车检修 85
电气化工程公司 277
电气化交直交电源 210
电务 95
电务安全管理 98
电务安全控制目标 99
电务安全目标 98
电务安全生产 95
电务安全信息统计 96

电务段 354
电务更新改造 100
电务规章制度 98
电务设备管理 98
电务设备整治 98
电务生产布局调整 95 156
电务天窗修 97
电务质量管理 100
电务质量体系 97
电务逐级负责制 95
电务专项整治 95
电液转辙机 100
电子计算技术 215
调车事故 101
调度信息管理系统 207
董朝清 273
董兴荣 273
都匀车务段 347
都匀工务段 360
督办调研 166
毒品犯罪特点 258
堵漏保收 146
对外投资管理 149
多媒体示证 262
多元改制重组 189
多元干部情况 193
多元工人情况 193
多元集体经济 191
多元集团党委 191
多元集团工会 195
多元集团共青团 196
多元经济 187
多元经济效益 188
多元经济增长点 188
多元经营 187
多元经营工作会议 187
多元经营集团公司 187
多元经营新格局建立 156 187
多元经营指标完成 194
多元劳动安全 190
多元劳动工资 191
多元企业经营 190
多元企业审计 163
多元三分开成果 188
多元审计工作 190
多元信息化 191
多元质量管理 191
多元重点营销市场 189
多元资本运作 189
多元资产管理 190
渎职侵权检查 262

E

峨眉车务段 345
峨眉建筑总公司 363
峨嵋机务段 348

F

法警岗位练兵 264
法警工作 267
法警支队 264
法律顾问工作 170
法院 266
法院办公条件 267
法院调研工作 266
法院机构改革 267
法院教育培训 267
法院先进表彰 267
法院宣传工作 267
樊克敬 275
方针目标管理 169
房地产管理 177
房地产资产管理 177
房建·建筑公司 363
房建安全 178
房建大维修 178
房建经营机制 178
防洪 80
防洪工作 93
防洪抢险 161
防火防爆专项整治 79
分局调度系统 215
复退军人岗前培训 203
复杂岩溶地基加固 210
附录 394

G

干部队伍总数 157
干部队伍作风 158
干部管理 157
干部管理基础 161
干部理论学习 233
干部培训 159
干部培训中心 241
干部审查 160
干部学历清理 160
干部作风转变 101
岗位达标培训工作会 202
高级技术职务人员 280
高级政工师 286
高检一等功荣立者 276
高检院调研 265
高建国 273
高考成绩 203
各分局完成运输任务 70
跟踪审计 164
工厂 367
工程多元经营 133
工程管理中心成立 119
工程经营模式创新 134
工程企业 364
工程任务开发 133
工程施工 133
工程项目管理 117
工程招投标 116
工程质量回访 120
工程质量监督报告 116
工程质量检测 214
工程质量现场会 120
工附业利润完成 146
工会 245
工会干部培训班 245
工会工作获奖 245

工会九届二次会议 246
工会建家工作 245
工人动态 149
工伤保险 152
工伤保险待遇 183
工伤保险管理 183
工伤伤残抚恤金 183
工务 90
工务大修段 362
工务定员修订 156
工务段 356
工务科研 93
工务委员会 218
工务行车事故 92
工业产品结构 190
工业产品质量 212
工业计划 140
工业生产 197
工资调整 151
工资分配制度 151
供电段 350
公安 256
公安党组织 260
公安队伍建设 260
公安机构设置 256
公安纪检 260
公安领导班子 260
公安信息网络 259
公安宣传报道 261
公安学校招生 150
公安争先创优 260
公积金管理机构 179
公民道德建设 236
公诉改革 262
公有住房租赁 179
固定资产 146
关工委成立十周年 184
关心下一代工作 184
管理质量年活动 220
广安工务段 359
广汉机械厂 367
广汉科峰公司 370
广元车辆段 353
广元车站 340
广元工务段 356
广元客站综合工程 134
贵铁房产建筑公司 363
贵阳材料供应段 372
贵阳车辆段 354
贵阳车务段 346
贵阳电务段 355
贵阳分局 315
贵阳分局安全工作 319
贵阳分局部门负责人 316
贵阳分局党委 322
贵阳分局多元经营 321
贵阳分局干部情况 317
贵阳分局工会 323
贵阳分局工人情况 316
贵阳分局管辖范围 315
贵阳分局机构设置 315
贵阳分局技术设备 317
贵阳分局教育 321
贵阳分局科技 320
贵阳分局客货营销 319
贵阳分局领导干部 316
贵阳分局路风建设 320
贵阳分局人事制度改革 319
贵阳分局生产布局调整 319
贵阳分局收费整顿 321
贵阳分局铁路支线 317
贵阳分局团委 323
贵阳分局医疗卫生 321
贵阳分局运输生产 317
贵阳分局支线改革 319
贵阳分局职工队伍 316
贵阳分局指标完成 318
贵阳分局重点工程 320
贵阳分局重要记载 323
贵阳高级技工学校 205
贵阳工务大修段 362
贵阳工务段 359
贵阳供电段 352
贵阳机务段 277 349
贵阳客运分公司 344
贵阳南站 343
贵阳设计所 137
贵阳枢纽C标段 129
贵阳枢纽后巢隧道 129
贵阳枢纽外绕线开通 129
贵阳站 342
贵阳站改 129
贵州省党代表 274
国防要求 107
国内安全保卫 256
国有资本监管 147 149
国有资本金效绩 146 148
国有资产产权登记 148
国有资产管理 148
国债项目调查 142

H

郝龙潭 275
合资铁路 109
合资铁路管理 141
合资铁路资产 149
后勤管理 167
胡朝钰 273
胡德银 275
胡桂芳 272
胡建湘 274
胡永明 276
环保考核 174
环境管理 174
环境管理体系 174
环境监测 174
黄桶牵引变电所 129
黄文明 275
黄玉明 273
汇编修改 77
火车头十五立功 246
火车头奖杯获得单位 277
火车头奖章获得者 272
火车头送温暖 246
火车头送温暖基金 247
货车技术管理 88
货车检修 87

货车检修任务 89
货车运用 88
货票共享系统 214
货票库系统 216
货损货差减少 77
货物运输 75
货物装载加固 76
货运安全情况 77
货运技术经济指标 90
货运生产指标完成 78
货运营销 78
货运营销系统 216
货装人员培训 77

J

基本建设投资 147
基层单位概况 376
基层先进个人 279
基础教育工作 204
基建扩能改造 88
基建例会 120
基建项目前期工作 136
基建项目完成情况 118
机车互换配件 81
机车加装改造 81
机车检修 80
机车能耗 84
机车修制改革 81
机车验收 81
机车验收管理 160
机车运用指标完成 84
机车运用组织 80
机车整修 81
机关财务管理 167
机关工会 244
机关团委 244
机辆配件代理制 161
机辆配件目录 162
机务 79
机务安全生产月 80
机务春运 79
机务达标创优 83
机务段 348
机务段股道管理 210
机务节能 82
机务科技 82
机务能力 83
机务设备管理 83
机务挖掘运输潜力 80
机务用工制度 79
机务质量管理体系 83
机务专用设备更新 83
集经产品技术改造 197
集经成果展示 199
集经岗位培训 198
集经工商年检 197
集经工作会 197
集经基本养老 197
集经企业改制 198
集经退休待遇 197
集经先进表彰 198
集经新产品开发 197
集经养老保险缴纳 198
集经养老保险软件 198
集经主要指标 200
集经资质审查 197
集贸市场专项整治 103
集体合同履行 245
集体经济 197
集体企业工务配件 197
集体企业基本养老保险 197
集体企业劳动用工 197
集装箱五定班列 79
集装箱追踪 216
技工学校 205
技师鉴定 156
技师评聘 151
技术计划 216
技术职务定员 157
技协 246
计划管理基础 141
计划生育 174
计划统计 140
计量标准 212
计量检定人员培训 212
计量微机管理 212
计算机安全 259
既有线施工安全 103
纪检·监察 237 266
监所管理 260
监所检察 263
检测工作 93
检察 261
检察调研 263
检察分院机关搬迁 265
检察干警培训 264
检察基层院建设 264
检察机构改革 261
检察技术 263
检察纪检 265
检察纪律作风 264
检察局域网 263
检察室规范化 263
检察宣传 264
检察严打整治 261
检委会工作 263
检修车压缩 89
建设工作方针 114
建设管理 114
建设管理体制 120 156
建设获奖作品 220
建设目标责任制 121
建设十年会战 118
建设资质证书 115
建筑分公司 365
江油车务段 344
江油机务段 348
奖励与处分 151
降雨 92
教师队伍建设 203
教育 202
教育·科技·文化 202
教育科研 204
教育学会 204
接触网抢修演练 269
节假日装卸车 78
节日报道 220

津贴补贴待遇调整 151
禁毒缉毒 258
京秦客运通道改造 135
京秦线信号工程 135
精神文明建设 244
经济犯罪 257
经济犯罪案件查处 254
经济适用房建设 178
经营管理 140
警示教育 239
警卫 259
竞赛 246
救援能力 83
救助困难职工子女 247
旧型货车报废 89
局第八届运动会 223
局口交接量完成情况 65
剧毒品跟踪系统 216
剧毒危险品查获 198
军代处50年历程 108
军队转业干部 160
军交安全 108
军交保密工作 108
军交财经 109
军交后勤保障 108
军交技术动员 107
军交运输服务 106
军交专业训练 107
军事交通运输 106
军事训练 107
军运 64
军运队伍建设 107
军运后付费 109
军运任务完成 106
军运设施设备建设 107
军运银行账户 109
军运预算管理 109
军运资金管理 109
军专线管理 107

K

开阳支线管理 376
凯里车务段 347
凯里电务段 355
凯里工务段 361
凯里供电段 277 352
勘测设计 137
勘测设计机构 137
勘察设计资质项目 138
抗震减灾工作 178
科技成果鉴定 207
科技成果鉴定项目 208
科技成果转化 213
科技管理 207
科技进步奖 210
科技论文 215
科技强警 259
科技情报 212
科技推广 207
科普活动 218
科协换届 217
科学教育实验基地 203
科研 213
科研开发 207
科研开发项目 207
科研课题 213
可行性研究 140
客车安全 102
客车吊杆更换 87
客车购置 87
客车技术改造 87
客车整修 87
客货营销市场预测 140
客流动态调整 72
客票系统 216
客票销售 73
客运分公司 343
客运服务质量 72 75
客运服务质量年 73
客运公司成立 68
客运公司体制 69
客运公司职能调整 69
客运公司组织机构 69
客运市场调查 140 143
客运营销 74
客运运能 75
客运站车检查 167
控告申诉检察 263
会计基础工作 147
会计软件 147

L

兰开锋 274 275
劳动安全 152
劳动安全监察 152
劳动安全考核 152
劳动安全考评 152
劳动保护 152
劳动工资 149
劳动工资管理 153
劳动合同制 151
劳动教养案件 260
劳动生产率完成 153
劳动统计 153
劳动用工检查 149
劳模档案 246
劳资干部培训 157
老干部局领导检查 180
老红军祝寿 180
老领导视察 180
老年体育活动 224
老战士协会 180
老战士迎十六大 180
乐重荣 275
离退休党员慰问 180
离退休调查成果 181
离退休干部调研 181
离退休工作会 181
离退休人员丧葬费 184
离退休人员稳定 183
离退休先进集体 179
离退休职工管理 179
离退休中心党代会 180
离休干部待遇提高 180
离休干部基本情况 181
理论学习 242

李开南 276
李文林 274
立案监督 262
凉山境内治安整治 252
梁友平 272
两个纳入落实 235
列车分类及车次 74
列车尾部安全装置 65
列车运行图 66
林业 93
领导班子建设 242
领导干部廉洁自律 237
刘存明 274 276
刘刚 276
刘国友 272
刘文刚 272
刘延年 272
刘皓 272
六盘水车务段 347
六盘水电务段 356
六盘水工务段 360
六盘水机务段 350
六盘水南站 343
六丘田大桥 135
龙文强 273
路风工作 238
路风工作会 167
路风监察 167
路风事件 168
路风信访 168
路基大修 91
路基维修 91
路桥公司 364
路外伤亡事故 101
旅客抽样调查 143
旅客抽样问卷 144
旅客列车种类 74
旅客运输 68
旅客运输完成情况 69
旅游客流组织 75
罗重波 272

M

麻尾机务段 350
马角坝采石场 371
绵广高速公路 134
绵阳车站 341
绵阳工务段 356
绵阳供电段 350
绵阳货场规划 141
民兵武器库 270
民警培训 261
民事审判 266
民主生活会 230
模范人物 272
模范之家 245

N

南充客运公司 277
南明河特大桥铺架 128
内部保卫 259
内江车务段 346
内江车站 341
内江电务段 355
内江房产建筑公司 363
内江供电段 352
内江机务段 349
内江铁路机械学校 205
内江站车站系统故障 216
内昆铁路建设 132
内昆铁路接管 311
内昆铁路开通 66 115
内昆线开通营运 150
内燃机车检修 85
内宜电化建设 129
内宜电化开通 118
内宜概算清理 130
内宜建设经验 129
内宜开通准备 129
内宜收尾销号 130
内宜项目审计 163
《年鉴》发行 221
《年鉴》获奖 222
年鉴条目评选 222
年鉴学术研究 222
年鉴业务培训 222
女职工委员会 247
女职工先进 247

P

派出所基础建设 259
攀枝花车务段 346
彭乃旻 273
彭山工务段 357
票务管理 73
平等协商会 246
普雄工务段 358

Q

期刊编辑 218
齐文超 274
企协秘书长工作会 172
企业管理培训 172
企业管理协会 170
企业介绍 340
企业平均工资 184
企业文化协会 237
牵引变电故障分析 210
牵引动力委员会 218
牵引供电 81
黔桂线扩能改造 66
抢劫案破获 257
桥隧涵大维修 91
桥隧守护 270
侨务统战 237
青成二线工程 120
青成复线开工 119
青成复线招标 119
青成增建二线改造 66

青工安全生产 249
青工创新创效 249
青年岗位能手 249
青年思想教育 248
青年文明号 249
青年志愿者 248
青少年读书活动 185
青少年读书计划 248
青少年书画 185
青少年维权岗 262
清洁生产试点 174
清理整顿乱收费 168
请求车与日均装车 65
全国工会代表 274
全国共青团代表 274
全国红旗大队 203
全国青年文明号 277
全国优秀共青团干部 276
全局车站站名等级 67
全局旅客运输任务完成 70
全路货车清查 64
全路优秀党务工作者 277
确报系统 215
群众安全检查 246
群众体育活动 222
群众质量管理 211

R

人才交流培训 159
人才研究委员会 218
人才引进 158
人身安全考核 154
人事执法检查 160
人武·战备 269
人物 272
人物名表 280
任期责任审计 163
荣誉记载 277
软课题研究 170

S

三八表彰 247
三个代表先进个人 278
三个代表学习教育 230
三公司 365
三级工法评选 114
三级建库 216
三率指标完成 146
三新教育 233
扫黄打非 236
涉外运输 73
社保基金运作 184
社会保险管理 182
设备安全大检查 141
设备达标创优 102
设备基础管理 88
设备配置 76
设备专项整治 91
设计获奖 138
设计鉴定 136
设计审查质量 136
设计文件审查鉴定 136
审计 162
审计工作会 162
审计工作制度 164
审计信息 164
审计整改 120
生活线建设 247
省示范性普通高中 203
省市人民代表 274
省市政协委员 275
施工管理 133
十大代表 273
十大新闻 219
十届人大代表 274
十六大报道 220
十六大系列活动 231
十六大宣传 219
十六大学习培训 240
十六大学习宣传 232
十五计划完善 140
石板哨车站站改 128
石修锦 273
什邡瑞邦公司 370
实业有限公司 366
史志编撰 222
史志调研 222
史志工作 221
示范普通高中 204
事故分类统计 155
事故损失 101
收入专项检查 146
售票渠道 72
枢纽集装箱结点站 141
枢纽建设 141
书刊出版 221
暑期运输 73 80
暑运报道 220
暑运策划分析 143
双流起重运输机械厂 369
双优评选 171
水柏初验 131
水柏管理机制 131
水柏收尾配套 131
水柏铁路 110
水柏铁路建设 130
水柏铁路开通 66 115 131
水柏沿线经济 131
水柏运营准备 131
水电安全专项整治 82
水电工作 82
水泥有限责任公司 366
思想政治工作 243
四川省党代表 274
四川省九运会 223
四川省铁道学会 217
四五普法 235
宋平 273
遂渝站前工程 119 130
遂渝铁路建设 130
遂渝铁路招标 119
遂渝线 66
遂渝征地拆迁 130

遂渝指挥部 120 130
孙青山 275

T

贪污贿赂大要案 262
特困优秀助学金 247
特运 64
特种设备 157
体育 222
体育比赛 225
体育场馆 225
体育先进称号 222
铁道四川分公司 329
铁道通信 329
铁道学会换届 217
铁路分局 288
铁路工程造价 115
铁路建设 114
铁路建设投资 140
铁路运输 63
铁拳行动 257
铁通贵州分公司 329
铁通重庆分公司 329
铁专标准装置 212
通号分公司 366
通联工作 220
通信网络工程 216
统计报表 141
统计手段 142
统计证年检 142
统计咨询服务 142
统计资料 387
土地管理 176
土地管理办公室 178
土地管理移交 176
土地确权 176
团委 248
团委获誉 250
团委十二届二次全委会 250
团组织建设 249
退休职工基本情况 182

W

挖潜提效 63
外事工作 166
汪茂元 272
王宝顺 273 274
王德权 204
王瑞江 274 275
王志敏 275
网络建设 220
微机管理 141
危险货物运输管理 76
违纪案件特点 238
维护铁路政治稳定 255
维护稳定 252
维修技术表演赛 100
卫生防疫监督 173
卫生服务 172
卫生服务质量年 173
卫生管理 172
文秘工作 166
文明单位创建 237
文学艺术 221
文艺队伍建设 221
文艺骨干培训 221
文艺作品 221
文艺作品交流 221
污染源治理 174
吴晓艳 272
五丁苑商住楼 134
五定班列 64 78
五一劳动奖章获得者 272
五一劳动奖状获得单位 277
物资供应 161
物资管理 161
物资管理系统 211
物资人员培训 162
物资消耗 161
物资信息网应用 161

X

西昌车辆段 353
西昌车务段 345
西昌电务段 354
西昌高级技工学校 206
西昌工务大修段 362
西昌工务段 358
西昌供电段 351
西昌机务段 349
西昌南站 341
西昌物资供应段 372
西昌幼儿园 203
西环线建成投产 122
西环线立交桥 121
西环线通信信号 135
西南交通大学 218
西南铁道报社 219
险性事故 104
现代企业制度 169
线路大中修 90
线路及站场系统 213
线路维修 90
襄渝线提速改造 66
项目库建设 141
消防监督 259
小汽车控购 141
小学教师巡回讲课 203
新花苗隧道 128
新进工人情况 150
新老兵运输 107
新任局职干部 275
新闻人物 273
新闻宣传 234
新线交验和管理 82
信访工作 166
信号大修 98
信号大修改造工程 137
信号微机监测技术 98
星级优质货场 77
刑事犯罪情报 258

刑事技术工作 258
刑事审判 266
刑事审判监督 263
行包发送量统计 70
行包运输完成情况 69
行包专列 64
行包专列运输收入 70
行车安全 92
行车公寓管理 167
行车设备故障 101
行车事故 101
行政管理 166
熊敬英 274
修建计划调研 142
修建投资计划 140
修旧利废 162
徐正辉 272
宣传 232
学科竞赛 204
学术交流活动 217
学校团队 250
汛期水害 92

Y

严打电话会议 252
严打斗争 253 257
严打整治 255
严中地 275
阎世英 273
沿线小学优秀教师 185
养老保险关系 183
养老保险新程序 184
养老金调整 182
养路机械化 93
养路机械运用 94
药械采购执法监察 173
野马寨采石供应段 372
液压拨道机 211
一公司 364
一练三过硬党委 278
一练三过硬党支部 278
一练三过硬先进党员 278
医疗保险制度 172
医疗重点专科 172
医学委员会 218
医院病历系统 214
宜江综合公司 199
艺体教育 204
印刷厂 370
应急保障分队 269
营房守护 269
营销策划 143
营销策略 74
营销措施建议 143
营销规章完善 143
营销基础工作 145
营销目标跟踪预测 143
营销市场调查 143
营销宣传 236
营销综合评比 143
永川工务段 358
用地管理 176
用地年报 177
用地系统建设 177
用地验交 176
用工制度改革 149
优秀党务工作者 279
优秀工会工作者 245
优秀教师 203
优秀论文 171
优秀企协工作者 172
优质工程评选 116
有线电视 220
幼教青年教师培训 204
渝怀铁路建设 132
预可行性研究 140
预算管理 146
源头治理腐败 239
运动会比赛成绩 223
运价调整 78
运价下浮 78
运输策划调研 142
运输成本计划管理 146
运输进款 145
运输施工配合 66
运输收入管理 146
运输收入审计 163
运输体制改革 168
运输财务 147
运输营业收入 145
运输盈亏目标完成 146
运输站段达标 156
运输主要计划指标 140
运输总支出 145
运输组织 63
运行图编制 207
运营固定资产清查 148

Z

在建项目完工销号 117
债权债务清理 147
战备工程建设 269
战备设施 269
站场图像监控系统 66
站车文化建设 236
站修工作 88
张德谦 273
张国珍 275
张金瀛 275
张宪广 272
招标采购 161
招聘干部 160
招生任务 202
赵天顺贪污受贿案 268
侦查监督 262
侦破大要疑难案件 257
政法 252
政法·人武 252
政法队伍建设 254
政法综治工作会 252 254
政府特殊津贴享受者 276
政研会 237
政治工作 228
支线改革 169
职称评聘 159

职工安全档案 151
职工福利基金会 246
职工岗位达标 151
职工岗位达标培训 202
职工互助保险会 247
职工互助合作体系 246
职工培训基地建设 203
职工培训教材 203
职工平均工资 184
职工学历教育 203
职工因工伤亡 154
职业病防治 173
职业技能鉴定 156
直属多经企业 372
直属焊轨段 371
直属机关党委 242
直属机关九次党代会 243
直属系统公安保卫 260
执法监察 238
执法监督 260
执行工作 266
制服生产 197
质量监督检查 116
质量监督专家评估 116
治安管理 258
治安整治 253
治安综合治理 244
中铁二局集团 218
中修维修费用 100
钟声 274
重大路外伤亡事故 104
重点病害整治 119
重点勘测设计项目 138
重点中学校长研讨 204
周兵 274
周家鸣 274
株六18信息 128
株六安全工作 128
株六病害整治 129
株六财务工作 128
株六复线建设 127
株六工程进度 127
株六工程质量 127 128
株六工程质量回访 127
株六管理模式 120 129
株六国债资金 128
株六获五一奖状 128
株六建设管理 127
株六竣工文件交付 129
株六枢纽建设 128
株六枢纽交验 129
株六水土保持 128
株六隧道雷达检测 129
株六通信系统 128
主诉检察官 262
主要车站 340
主要运输指标完成情况 64
住房产权证办理 179
住房档案 179
住房公积金贷款 179
住房公积金管理 179
住房制度改革 179
专题调查研究 144
专项检查 239
专业学校 205
专用通信管理 100
专用线管理 76
专运 73
庄毅娟 273
咨询服务 218
资产经营责任制 169
资金管理 146
资金运作 146
资阳配件厂 368
自贡车站 277
自贡工务段 359
综合管理 166
综合研究 168
综合治理 254
综合治理考核 256
综合治理领导责任制 255
综合治理宣传教育 255
综治办主任会议 255
组织 230
组织建设 242
罪案举报 263
遵义车务段 347
遵义工务段 360
遵义供电段 352
遵义机务段 350
作风建设 243